Kurth · Das ethische Denken Romano Guardinis

In dankbarer Erinnerung an
Prälat Norbert Herkenrath (1929 – 1997)

———————

für Dewi Maria Suharjanto

Inhaltsverzeichnis

Vorwort 15

Einleitung 17
1. Gegenstand und These der Arbeit 17
2. Entfaltung der These 18
   2.1 Romano Guardini als theologisch-ethischer Denker ... 18
   2.2 Warum Romano Guardini? 21
3. Ausgangspunkt der wissenschaftlichen Untersuchung des Denkens von Romano Guardini 26
   3.1 Ein Blick auf den Forschungsstand 26
   3.2 Das Quellenmaterial 28
4. Methode und Aufbau der Untersuchung 33
   4.1 Gesichtspunkte einer Guardini-Interpretation 33
   4.2 Der methodische Ansatz der Untersuchung 36
   4.3 Zum Aufbau der Arbeit 37

Erster Teil: Die Grundlagen des ethischen Denkens 39

I. Die Aufgabe: Katholische Weltanschauungslehre 41

1. Das geistesgeschichtliche Problem der Weltanschauung und der Lehrstuhl in Berlin 42
2. „Vom Wesen Katholischer Weltanschauung" 46
   2.1 Der Akt der Weltanschauung 46
   2.2 Katholische Weltanschauung 48
   2.3 Das ‚Wesen' katholischer Weltanschauung und seine Verwirklichungsformen 50
3. Katholische Weltanschauungslehre im Denken Guardinis ... 52
   3.1 Katholische Weltanschauung und ‚Kommunikative Toleranz' 53
   3.2 Katholische Weltanschauung als Begegnung von Glaube und Welt 54
   3.3 Das Verhältnis zur Theologie und den Wissenschaften 55
   3.4 Der katholische Standpunkt 58
       3.4.1 Die katholische Weite 58
       3.4.2 Das Verhältnis der Einzelnen zur Kirche 60

II. Das Gegensatzdenken – Das Problem der Erkenntnis des Lebendig-Konkreten 63

1. Die Grundidee des Gegensatzdenkens 64
2. „Der Gegensatz. Versuche zu einer Philosophie des Lebendig-Konkreten" . 65
   2.1 Die Problemstellung 67

2.2 Der Gegensatz	69
2.3 Das System der Gegensätze	70
2.4 Die Gegensatzreihe	75
2.5 Maß und Wert des Gegensatzverhältnisses	76
2.6 Der Gegensatz im Akt der Erkenntnis	79
3. Die Bedeutung des Gegensatzdenkens	80
3.1 Die Bedeutung für die wissenschaftliche Erkenntnis	80
3.2 Die Bedeutung und Anwendung des Gegensatzdenkens in den Einzelwissenschaften	81
3.2.1 Die soziologische Anwendung	82
3.2.2 Eine Ergänzung zum Geltungsbereich des Gegensatzdenkens	84
3.3 Die existentielle Bedeutung	85
3.4 Gegensatz und Widerspruch	87
III. *Die phänomenologische Methode*	90
1. Der phänomenologische Ansatz in der Philosophie	91
2. ‚Phänomen' und Phänomenologie bei Guardini	92
2.1 Der Akt der Phänomenerfassung und die phänomenologische Beschreibung	92
2.2 Das Phänomen und das Wesen	94
2.3 Phänomenologie und Gegensatzdenken	97
2.4 Die phänomenologische Methode im ethischen Kontext	97
IV. *Das Verständnis der Offenbarung im theologischen und ethischen Denken*	101
1. Der biographische Hintergrund	101
2. Das Wesen der Offenbarung	104
3. Offenbarung und Glaube	108
4. Offenbarungsverständnis und Theologie	110
5. Konsequenzen für die Ethik	112
5.1 Voraussetzung christlicher Ethik	113
5.2 Biblische Anthropologie und geistliche Schriftdeutung als Grundlage christlicher Ethik	115
5.3 Die Offenbarungswahrheit als existentielle Wahrheit	118
5.4 Das Verhältnis von Natur und Gnade und von Natur und Übernatur	119
5.5 Christus als ‚Norm' der christlichen Ethik	125
5.5.1 „Der Herr"	128
5.5.2 Christliche In-Existenz als Ziel	131
5.6 Das Problem der Vermittlung einer christlichen Ethik	132
Zwischenergebnis des ersten Teiles	135
Zweiter Teil: Die Grundbegriffe des Sittlichen	139
V. *Das Verständnis der Person*	141

Inhaltsverzeichnis

1. Die Entwicklung des Personverständnisses 141
2. Christliches Personverständnis und biblische Anthropologie 144
   2.1 „Welt und Person" 144
   2.2 Das Wesen des Menschen: Von Gott angerufene Person 148
   2.3 Welt und Weltverantwortung des Menschen 149
   2.4 Der Mensch als Ebenbild Gottes 152
   2.5 Urstand, Paradies und Urschuld 152
       2.5.1 Urstand und Paradies 153
       2.5.2 Die Urschuld 154
       2.5.3 Die Auswirkungen der Urschuld 155
   2.6 Christliches Ethos im Horizont der Erlösung 160
3. Der Mensch als dialogische Existenz – Person und Gemeinschaft 162
   3.1 Die Frage nach personaler Gemeinschaft 163
   3.2 Der personale Bezug in „Welt und Person" 165
4. Aspekte eines personalen Ethos 168
   4.1 Die unbedingte Würde der Person 168
   4.2 Zur Unterscheidung von Person und Persönlichkeit 172
   4.3 Die sozialethische Dimension im Personverständnis Guardinis 176
       4.3.1 Personale Ordnung und Gemeinwesen 176
       4.3.2 Zur Begründung der sozialen Dimension 177
   4.4 Das Person-Prinzip in Problemen spezieller Moral 179
       4.4.1 Zur Frage des Schwangerschaftsabbruchs 179
       4.4.2 Zum Problem der Euthanasie 181
       4.4.3 Zur Frage der Todesstrafe 182

VI. Das Verständnis des sittlich Guten 184

1. Der Wert und das Gute 184
   1.1 Der Begriff des Wertes 184
   1.2 Das Glück im Sittlichen 185
   1.3 Das Gute als sittlicher Wert 186
2. Wesen und Form des Guten 187
3. Das Gute als die Wahrheit des Seienden 187
   3.1 Die erste Bestimmung des Guten 187
   3.2 Die Bedeutung der ersten Bestimmung des Guten
       im ethischen Denken Guardinis 189
4. Das Gute als das Absolute 194
   4.1 Die zweite Bestimmung des Guten 194
   4.2 Leistung und Kritik der zweiten Bestimmung des Guten 197
5. Das Gute als Selbstverwirklichung 199
6. Das Verhältnis der Formeln für das Wesen des Guten zueinander 203
7. Das Phänomen des Bösen 205
   7.1 Das ‚Wesen' des Bösen 205

7.2 Die theologische Deutung des Phänomens des Bösen 208

VII. Das Gewissen 210

1. Das Gewissen als Phänomen des sittlichen Verhaltens 211
   1.1 Die Bindung durch das Gewissen 211
   1.2 Phasen des Gewissens 212
   1.3 Das zuständliche und aktuelle Gewissen 213
   1.4 Die Bildung des Gewissens 214

2. Gewissen und Freiheit 216
   2.1 Gewissen und Selbständigkeit 216
   2.2 Das Gewissen und die Situation 217

3. Die existentielle und religiöse Dimension des Gewissens 219
   3.1 Ein existentialethischer Zugang zum Gewissensverständnis 219
   3.2 Das Gewissen als religiöses Organ 224

VIII. Das Verständnis personaler und sittlicher Freiheit 229

1. Freiheit als anthropologische Bedingung sittlichen Verhaltens 230
   1.1 Freiheit als Faktum menschlicher Erfahrung 230
   1.2 Freiheit als Selbstgehörigkeit der Person 231
   1.3 Wahlfreiheit und Wesensfreiheit 233
   1.4 Die ethische Bestimmung von Wahlfreiheit und Wesensfreiheit .. 235
       1.4.1 Die Gefährdung sittlicher Freiheit 235
       1.4.2 Sittliche Freiheit in der Verwirklichung von
             Wahl- und Wesensfreiheit 236
       1.4.3 Freiheit gegenüber dem sittlichen Gesetz 237
       1.4.4 Freiheit gegenüber der konkreten Wirklichkeit 239
       1.4.5 Wesensfreiheit als Ausdruck des Lebensgewissens 240
   1.5 Freiheit und Unabänderlichkeit 242

2. Freiheit als Freiheit vor Gott 244
   2.1 Die Verantwortung der Freiheit vor Gott 244
   2.2 Freiheit als Freiheit ‚unter' Gott 245
   2.3 Freiheit als Ziel christlicher Bildung 249

Zwischenergebnis des zweiten Teiles 250

Dritter Teil: Vollzüge sittlicher Freiheit 257

IX. Gehorsam und Autorität 259

1. Die unmittelbare Herausforderung und die Einordnung
   in das gesamte Werk 260

2. Der Gehorsam gegenüber Gott als Grundakt des Menschen 262
   2.1 Der Mensch im Gehorsam gegenüber Gott 262
   2.2 Die Autorität Gottes 264
   2.3 Religiöser Gehorsam und Hingabe 267

3. Gehorsam und Autorität als Phänomene sittlicher Wirklichkeit 268
   3.1 Die Bestimmung von Gehorsam und Autorität 268

    3.2 Weltliche Autoritäten und die Autorität Gottes 270
        3.2.1 Die Autorität der Kirche 270
        3.2.2 Weltliche Autoritäten 275
    3.3 Folgerungen für ein Ethos der Autoritätsausübung 281
        3.3.1 Die Kritik der Autorität 282
        3.3.2 Autorität und Freiheit 285
4. Die soziale und politische Dimension in Guardinis Autoritäts- und
   Gehorsamsverständnis 290
    4.1 Der soziale Kontext und die Reichweite von Guardinis
        ethischen Überlegungen zu Autorität und Gehorsam – die Umsetzung
        in gelebte Gemeinschaft 290
    4.2 Zu den politischen und geschichtlichen Auswirkungen
        von Guardinis Gehorsams- und Autoritätsverständnis in
        seiner frühen Phase 295
    4.3 Die politische und soziale Relevanz von Guardinis
        ethischen Überlegungen nach 1945 300
        4.3.1 Würde und Recht der Person gegenüber der
            staatlichen Autorität 301
        4.3.2 Zur religiösen Grundlage politischen Handelns 302

X. Die Auseinandersetzung Guardinis mit dem neuzeitlichen Gedanken der Autonomie 306

1. Der Autonomiebegriff in der modernen Moraltheologie 307
    1.1 Zum Begriff der Autonomie 307
    1.2 Der Autonomiegedanke in der modernen
        katholischen Moraltheologie 308
2. Guardinis Auseinandersetzung mit dem Autonomiegedanken 310
    2.1 Einleitung 310
        2.1.1 Gegen die Formel der freideutschen Jugend
            vom „Hohen Meißner" 310
        2.1.2 Autonomie und Säkularisierung 311
    2.2 Der Gedanke der Autonomie und die christliche Offenbarung 314
        2.2.1 Der Autonomiegedanke und seine christliche Wurzel 314
        2.2.2 Die Kritik am Autonomiegedanken von der Offenbarung her ... 317
    2.3 Die Autonomie der irdischen Wirklichkeiten und Lebensbereiche 319
        2.3.1 Die Autonomie der Lebensbereiche und die Einheit des Lebens . 320
        2.3.2 Auswirkungen auf die Sittlichkeit des Menschen 323
        2.3.3 Zur Aktualität der Gedanken Guardinis 326
    2.4 Autonomie und Heteronomie im Kontext des Offenbarungsglaubens .. 329
        2.4.1 Die Ablehnung Gottes als Akt radikaler Autonomie 329
        2.4.2 „Die Wahrheit des Seins: Theonomie" 331
    2.5 Die Autonomie des Sittlichen 336
        2.5.1 Die theonom begründete Sittlichkeit als Grundlage
            einer christlichen Ethik 336
        2.5.2 Zur Frage der Heteronomie einer christlichen Ethik –
            die relative Autonomie des Sittlichen 340
        2.5.3 Die transzendente Dimension im Sittlichen 342
    2.6 Personalität und Weltverantwortung als Prinzipien
        eines christlichen Autonomieverständnisses 347

   2.6.1 Die Sorge um die konkrete Existenz der Person 348
   2.6.2 Die Sozialität und die Verantwortung für die Welt
      als konstitutive Elemente christlicher Ethik 350
  2.7 Abschließende Bewertung 358

XI. Tugenden der Person als Verwirklichungsformen eines personalen Ethos 363

1. Das Verständnis der Tugend bei Romano Guardini 363
  1.1 Die zentralen Anliegen 363
  1.2 Elemente und Grundzüge des Tugendbegriffs 367
2. Einzelne Tugenden als Konkretionen eines personalen Ethos 371
  2.1 Die Gerechtigkeit 371
  2.2 Die Toleranz 373
  2.3 Die Sammlung 376
3. Die Annahme seiner selbst 378
  3.1 Die Annahme seiner selbst als Grundakt der Existenz 379
  3.2 Gefährdungen der Selbstannahme 381
  3.3 Die Selbstannahme als theologische Tugend 383
   3.3.1 Die Bestimmung der Selbstannahme als theologische Tugend 383
   3.3.2 Die Selbstannahme und der religiöse Gehorsam 386
  3.4 Die Annahme seiner selbst als grundlegender Akt sittlicher Existenz . . . 387
4. Zusammenfassung und Bewertung 390
  4.1 Der tugendethische Ansatz bei Romano Guardini 390
  4.2 Zur Tugend der Selbstannahme 394

Rückblick und Ausblick 398

1. Rückblick 398
  1.1 Leistung und Grenzen des Untersuchungsmodus 398
  1.2 Der moraltheologische Ertrag 399
  1.3 Die Guardini-Forschung 400
2. Das Profil des ethischen Denkens Guardinis 400
  2.1 Der moralische Standpunkt im Horizont christlichen Glaubens 400
  2.2 Ein Ethos der Freiheit 403
  2.3 Das Personprinzip 404
3. Ausblick: Ein tugendethischer Anstoß 404

Abkürzungen 408

1. Allgemeine Abkürzungen 408
2. Abkürzungen für Schriften Romano Guardinis 408

Literaturverzeichnis 409

1. Dokumente des kirchlichen Lehramtes 409
2. Schriften und Abhandlungen Romano Guardinis 410
  2.1 Bibliographie 410

2.2 Veröffentlichte Schriften Romano Guardinis 410
2.3 Unveröffentlichte Schriften Romano Guardinis 416
3. Sekundärliteratur 417

Personenregister 434

Vorwort

Durch die Arbeit an dieser Studie über das ethische Denken Romano Guardinis habe ich selbst auf vielfältige Weise erfahren, was Romano Guardini in einer Betrachtung über die Tugend der Dankbarkeit in Erinnerung gerufen hat: Danken ist eine Grundform des Lebens und der menschlichen Gemeinschaft. Echtes Empfangen und Danken ist schön. In diesem Bewußtsein sage ich an dieser Stelle gerne all denen Dank, die auf vielfältige Weise das Entstehen dieser Arbeit begleitet und zu ihrem Gelingen beigetragen haben. Namentlich und für viele andere möchte ich einige besonders nennen.

An erster Stelle danke ich dem Erzbistum Köln, unserem Erzbischof Kardinal Meisner und den anderen Verantwortlichen für die Freistellung zur Promotion, die es mir erlaubte, mich in den vergangenen Jahren auf das Studium und die Arbeit an dieser Studie zu konzentrieren.

Ich danke meinem Doktorvater Professor Dr. Gerhard Höver für die sehr gute und freundliche Betreuung. Viele Anregungen seinerseits waren mir in der Auseinandersetzung mit dem Werk Romano Guardinis und bei der Erstellung meiner Dissertation eine wertvolle Hilfe.

Das Interesse vieler anderer Menschen am Denken und Wirken Romano Guardinis hat mich bei meiner Arbeit zusätzlich motiviert. Viele haben mich mit ihrer Anteilnahme, mit guten und, wenn nötig, ermutigenden Worten begleitet. Zuerst danke ich hier meiner Familie, meinen Eltern Cläre und Heinz Kurth, meiner Schwester Angela Kurth, meinen Brüdern Peter und Anno Kurth, Frau Susanne Kurth sowie meinem Onkel Prof. Gerhard Herkenrath. In diesen Dank schließe ich die Freundinnen und Freunde, besonders Monika und Oliver Mentges sowie die Mitbrüder im „Sechserkreis" und Herrn Klaus Felder, mit ein.

Neben meiner Freistellung habe ich in der Seelsorge der Bonner Pfarrgemeinden St. Helena, St. Franziskus und St. Marien mitgearbeitet. Diese Tätigkeit hat die geistige Auseinandersetzung mit Guardini geerdet. Für die Aufmerksamkeit und die Gastfreundschaft vieler Menschen dort möchte ich ebenfalls danksagen, besonders Barbara und Ludwig Weitz und allen aus dem Bibelzirkel.

Wer sich intensiv mit Romano Guardini beschäftigt, kommt früher oder später nach Burg Rothenfels am Main, eine seiner bedeutendsten Wirkungsstätten. Hier wird nicht nur die Aura eines bewegten und spannenden Kapitels der deutschen Kirchengeschichte dieses Jahrhunderts lebendig, sondern die wissenschaftliche und gegenwartsbezogene Auseinandersetzung mit Guardinis Werk betrieben. Dieses Anliegen verfolgt besonders der dort tagende Romano Guardini-Studienkreis. Den Kolleginnen und Kollegen in diesem kompetenten Kollegium, unter ihnen Gunda und Martin Brüske, seinem Moderator Prof. Dr. Arno Schilson und auch Frau Ingeborg Klimmer sage ich herzlichen Dank für den anregenden Austausch. Der Vereinigung der Freunde von Burg Rothenfels danke ich ebenso für ihre Unterstützung.

Herrn Prof. Hans Mercker danke ich für die freundliche Unterstützung, die mir die Einsicht in das Guardini-Archiv der Katholischen Akademie Bayerns in München erleichterte.

Ich danke Herrn Prof. Dr. Lothar Roos für die Erstellung des Zweitgutachtens und der Katholisch-Theologischen Fakultät der Rheinischen Friedrich-Wilhelms Universität Bonn, die diese Studie unter dem Titel „Gehorsam gegenüber Gott und Freiheit des Geistes" als Dissertation angenommen hat. Für die Drucklegung wurde sie geringfügig überarbeitet.

Dem Ferdinand Schöningh – Verlag, namentlich seinem Lektor Herrn Dr. Jacobs danke ich für die Aufnahme dieser Arbeit in sein Verlagsprogramm und die Veröffentlichung.

Die Drucklegung der Arbeit wurde schließlich durch einen großzügigen Zuschuß der Vertriebsgesellschaft Wort ermöglicht, der ich hierfür sehr danke.

Schließlich danke ich herzlich denen, die die Mühe des Korrekturlesens auf sich genommen haben: Herrn Ulrich Feser, Herrn Raimund Litz und Herrn Kpl. Christoph Singelnstein; Frau Cornelia Iken für ihre Korrekturen sowie für die computerkundige Hilfe zur fristgerechten Erstellung der Arbeit. Frau Dewi Maria Suharjanto hat von Anfang an bis zuletzt die Hauptlast der Korrektur getragen und mir durch ihre Tätigkeit als Korrektorin einen großen Freundschaftsdienst erwiesen.

An letzter, hervorragender Stelle möchte ich meinem verstorbenen Onkel Prälat Norbert Herkenrath Dank sagen. Als jemand, der Romano Guardini noch persönlich gehört hat, hat er die Entstehung und Fertigstellung dieser Arbeit wie meinen ganzen bisherigen Weg mit dem ihm eigenen Engagement verfolgt. Er verstarb am 7. Mai 1997.

Seinem Andenken und Frau Suharjanto widme ich diese Arbeit in großer Dankbarkeit.

Bonn, 25. Februar 1998

Bruno Kurth

Einleitung

1. Gegenstand und These der Arbeit

‚Gehorsam gegenüber Gott' und ‚Freiheit des Geistes': Der Untertitel der vorliegenden moraltheologischen Studie über das ethische Denken Romano Guardinis verbindet Begriffe, die zwei Aufsätzen von Romano Guardini (1885-1968) aus dem Jahre 1916 entnommen sind.[1] Beide Begriffe kennzeichnen in ihrer spannungsvollen Einheit sein christlich-ethisches Denken. Sie sind für ihn Grund- und Leitbegriffe christlicher Existenz und haben als solche zentrale Bedeutung für sein Verständnis von Sittlichkeit im Horizont des Glaubens: Es geht um die lebendige Gottesbeziehung des Menschen, hier als Gehorsam ausgedrückt, und um die Verwirklichung sittlicher Freiheit im Glauben, die moralische Frucht der Freiheit des Geistes ist. Schließlich vermitteln die beiden Begriffe in ihrer Spannung zueinander einen Eindruck von der Reaktion, die Guardinis schriftliches Werk heute hervorrufen kann. Der urchristliche Begriff der ‚Freiheit des Geistes' findet in der modernen Theologie leicht Zustimmung. Das Wort vom Gehorsam hingegen stößt auf nicht geringe Verständnisschwierigkeiten; in eine moderne, an der Freiheit und Mündigkeit des sittlichen Subjektes orientierte Konzeption theologischer Ethik scheint es nur schwer integrierbar zu sein. Beide Empfindungen werden die Begegnung mit dem Autor Guardini und seinem ethischen Denken begleiten.

Die hier vorgelegte Studie soll Romano Guardini als ethischen Denker vorstellen und kritisch würdigen. Sie geht von der These aus, daß sein ethisches Denken als ein eigener christlich-ethischer Ansatz in der Moderne zu begreifen ist, der neben der katholischen Moraltheologie bzw. der theologischen Ethik als wissenschaftlicher Disziplin und neben der kirchlichen Morallehre und -verkündigung einen eigenen Platz beanspruchen darf, wobei das ‚neben' vielfältige Bezüge nicht ausschließt.

---

[1] Vgl. *Religiöser Gehorsam*, 12-14, und *Begriff sittlicher Freiheit*, 988. Alle Titel Romano Guardinis werden ohne Verfassername und ggfs. mit dem im Literaturverzeichnis angegebenen Kürzel, das im *Kursivdruck* steht, zitiert. Die Titel der anderen Autorinnen und Autoren werden mit deren Nachnamen und ggfs. mit dem im Literaturverzeichnis angegebenen Kürzel zitiert. Mit Verweis auf das Literaturverzeichnis verzichte ich auf eine ausführliche Bibliographierung der Titel bei ihrer Erstnennung. Erfolgen in den Fußnoten dennoch Angaben wie etwa die Jahreszahl einer Veröffentlichung, dann sollen sie wie im Text einer auf das Werk Guardinis bezogenen chronologischen oder zeit- bzw. theologiegeschichtlichen Information dienen.

2. Entfaltung der These

These und Aufgabenstellung der Arbeit sind einleitend in zwei Schritten zu entfalten. Zuerst wird Romano Guardini als ethischer Denker vorgestellt und charakterisiert; danach ist das Interesse an Guardinis ethischem Denken zu erläutern.

2.1 Romano Guardini als theologisch-ethischer Denker

Bekannt ist Romano Guardini als Theologe, Religionsphilosoph, als Lehrer christlicher Weltanschauung und als Interpret großer Denker und Schriftsteller – als katholischer Denker dieses Jahrhunderts, dessen Werk über Deutschland hinaus große Beachtung gefunden hat.[2] Sein Wirken als Seelsorger und christlicher Pädagoge, besonders in der katholischen Jugendbewegung, ist anerkannt. Romano Guardini gilt als einer der großen Impulsgeber für die Reformen der katholischen Kirche in diesem Jahrhundert und somit als Wegbereiter des Zweiten Vatikanischen Konzils, als einer der „bedeutendsten Weggeleiter" der Kirche „aus einem geistig-kulturellen Getto in die neue Zeit"[3], wie es Karl Rahner ausdrückte. Die auf dem Konzil offiziell und universal anerkannte liturgische Erneuerung ist in Deutschland untrennbar mit seinem Namen verbunden.

Als dezidiert ethischer Denker stand Romano Guardini bisher kaum im Mittelpunkt theologischer und öffentlicher Aufmerksamkeit. Abgesehen von einzelnen Schriften wie „Das Gute, das Gewissen und die Sammlung" von 1929 und der späten Monograhie über „Tugenden. Meditationen über Gestalten sittlichen Lebens" von 1963 haben erst die 1993 aus dem Nachlaß veröffentlichten Ethikvorlesungen, die Guardini von 1950 bis 1962 während seiner akademischen Tätigkeit in München gehalten hat, auf den ‚Ethiker' aufmerksam gemacht. Ein genauerer Blick auf sein umfangreiches Schrifttum zeigt jedoch, daß Guardini in seinem ganzen Werk ethische Fragen und The-

---

[2] Aus der mittlerweile umfangreichen Literatur zu Romano Guardini seien genannt: Für eine Würdigung der Persönlichkeit und des Lebenswerkes die einfühlsame Biograhie von Gerl, *Romano Guardini*; desweiteren Becker; Dirks, *Romano Guardini*; Mahr; Messerschmid, *Romano Guardini*. Als Studien und Interpretationen zu Guardinis Denken siehe u.a. Balthasar; Biser, *Interpretation*; Fries, *Nachwort*; Honnefelder/ Lutz-Bachmann, *Auslegungen des Glaubens*; Knoll, *Glaube*, die ausführlichste Gesamtstudie zum Werk Romano Guardinis; Kuhn, *Guardini – Philosoph*; Mercker, *Weltanschauung*; Ratzinger, *Wege zur Wahrheit*; Schilson, *Perspektiven* und *Konservativ mit Blick nach vorn*; Schlette, *Romano Guardini Werk*; Schmucker-von-Koch, *Romano Guardini*; Seidel. Zu den zahlreichen Übersetzungen der Werke Guardinis s. die Bibliographie von Mercker (bis 1976); vgl. *Bibliographie*, 329-336. Als jüngste Zeugnisse der internationalen Rezeption vgl. für Amerika den Aufsatz von Krieg; s. zum Interesse an Guardini in Italien, seinem Geburtsland, neben den Werk-Übersetzungen das Heft n. 132 von „Communio. Rivista internazionale di Teologia e Cultura" (1993).

[3] Rahner, *Festvortrag Romano Guardini*, 18. Die Reihe würdigender Bemerkungen und Zitate ließe sich fortsetzen; vgl. Eicher, 261 Fn. 2; Gerl, *Romano Guardini*, 9-16, und Schreijäck, 5f.

Einleitung

men behandelt hat, sei es im Zusammenhang mit anderen Schriften, sei es in eigenen, meist kleineren Veröffentlichungen. Schließlich ist die umfangreiche Vortrags- und Vorlesungstätigkeit Guardinis zu nennen, aus der ein großer Teil der Schriften entstanden ist. Wenig bekannt ist, daß Guardini bereits in seiner Berliner Lehrtätigkeit auf dem Lehrstuhl für Religionsphilosophie und katholische Weltanschauungslehre von 1923 bis 1939 Vorlesungen über Fragen christlicher Ethik gehalten hat.[4] Das Bild des ethischen Denkers vervollständigt sich, wenn berücksichtigt wird, daß die pädagogischen Schriften und Überlegungen Guardinis auch von einem moralpädagogischen Interesse motiviert sind.[5] Vor diesem Hintergrund verwundert es nicht, daß Romano Guardini selbst die Ethik-Vorlesungen als „eine Art Synthese"[6] seiner Arbeit überhaupt bezeichnet. Diese Aussage spricht sowohl für den Stellenwert der Ethikvorlesungen, als auch für das ethische Interesse Guardinis überhaupt und die Bedeutung, die er ethischen Fragestellungen in seinem gesamten Werk beimißt.

Die Apostrophierung Romano Guardinis als ethischen Denker oder „Ethiker" bedarf einer präzisierenden Erläuterung: Er kann zurecht als Ethiker bezeichnet werden, wenn Ethik allgemein als die kritische Reflexion und das Nachdenken über das menschliche Handeln und Dasein unter der Differenz von gut und böse verstanden wird.[7] Ethiker als Vertreter der wissenschaftlichen philosophischen oder theologischen Fachdisziplin ist Guardini nicht. So hat er weder eine ethisch-systematische Abhandlung zu einer einzelnen Thematik noch einen ethisch-systematischen Entwurf vorgelegt; als solche dürfen, wie zu zeigen ist, auch nicht die veröffentlichten Bände seiner Ethikvorlesungen verstanden werden. Guardini betreibt Ethik als Theologe und Seelsorger: Fundament der Moralität und der ethischen Reflexion ist für ihn der christliche Glaube in Verbindung mit der vernünftigen menschlichen Einsicht. Er möchte die Wirklichkeit sittlichen Handelns unter Rückgriff auf den christlichen Glauben einsichtig machen.[8]

---

[4] Guardini hielt 1925 Vorlesungen über „Grundprobleme des sittlichen Lebens", 1926 über „Grundfragen lebendiger Sittlichkeit", 1929 über die „Wertlehre des Neuen Testaments" und über „Askese und Christentum" und 1929/30 über „Wertprobleme im Neuen Testament". Vgl. Mercker, Bibliographie nn. 198, 222, 274, 296 und 297. Die Angaben der Übersicht in Schuster, *Guardini weiterdenken*, 273-275, weichen von Merckers Angaben bei zwei Vorlesungen ab. Laut dieser Übersicht war 1928 eine Vorlesung über „die christliche *Wert*ordnung im Neuen Testament", laut Mercker, n. 273, über „die christliche *Welt*ordnung im Neuen Testament" angekündigt [Hervorhebungen BK]; hier ist vermutlich die erste Angabe richtig. Zur Angabe einer Vorlesung über „Grundfragen lebendiger Sittlichkeit" im Jahr 1924 in der Übersicht bei Schuster, *Guardini weiterdenken*, 273, fehlt eine entsprechende Nummer bei Mercker. Von 1950 bis 1962 las Guardini dann in München über „Ethik". Gerl zitiert aus einem Brief von K. Mohlberg OSB, dem zufolge Guardini bereits 1922 eine ausgearbeitete Ethik unter seinen Unterlagen gehabt haben soll, was allerdings nicht mehr verifizierbar sein dürfte.

[5] Vgl. zum ‚christlichen Erzieher' Guardini Gerl, *Romano Guardini*, 11, und Messerschmid, *Bildungsfragen* und *Romano Guardini*.

[6] *Lebensalter*, 79.

[7] Vgl. Wieland, 13.

[8] Hier ist nicht die Frage nach dem Wissenschaftscharakter von Theologie überhaupt und der theologischen Ethik im besonderen zu diskutieren. Die theologischen Voraussetzungen des

Daß diese Einordnung Guardini gerecht wird, legen bereits die einleitenden Bemerkungen zu seinen ethischen und moralpädagogischen Monographien nahe, die stellvertretend für sein ganzes ethisches Denken stehen. So schreibt er in „Das Gute, das Gewissen, die Sammlung": „Es soll von einigen Fragen des inneren Lebens die Rede sein; sittlich-religiösen also. Doch soll damit kein System einer Ethik gegeben, sondern nur ein fruchtbarer Ansatzpunkt deutlich gemacht werden; einer unter anderen."[9] Für die Verhältnisbestimmung seines ethischen Denkens zur theologischen Ethik bzw. Moraltheologie, für die es keine direkten schriftlichen Äußerungen Guardinis gibt, können schließlich die Aussagen herangezogen werden, mit denen Guardini seine Arbeit von der theologischen Fachwissenschaft abgrenzt. Er selbst verstand sich nicht als Wissenschaftler, der in einer bestimmten, in den universitären Fächerkanon eingegliederten Wissenschaft forscht und arbeitet.[10] Als seine eigentliche Aufgabe sah er es an, „nicht die Forschung eines theologischen Faches fortzuführen, sondern mit wissenschaftlicher Verantwortung und auf hoher geistiger Ebene die christliche Wirklichkeit zu deuten"[11].

Von diesen Aussagen her läßt sich Guardinis ethisches Denken als Deutung der sittlichen Wirklichkeit unter dem Licht des Glaubens und umgekehrt als die Auslegung des Glaubens in das Medium des Sittlichen hinein bestimmen. Guardini selbst gibt keine theoretische Begründung für diese als fundamentalethisch zu charakterisierende Ausrichtung seines ethischen Denkens. Er beteiligt sich nicht an der fachwissenschaftlichen Diskussion. Von wenigen Ausnahmen abgesehen äußert er sich nicht zu speziellen ethischen Problemen, was eine gründlichere Berücksichtigung der Erkenntnisse anderer Wissenschaften erfordert hätte.

Terminologisch wird daher in dieser Arbeit der Begriff einer „Ethik" Romano Guardinis möglichst vermieden, um nicht den Eindruck eines Entwur-

---

ethischen Denkens Guardinis werden im ersten Teil dargelegt. Vgl. zur Verhältnisbestimmung von theologischer und philosophischer Ethik Pieper, 109-111; Ricken, 22-28; Wieland.

[9] *GGS*, 9. Diese Äußerung von 1929 ist durch ähnliche Bemerkungen aus späterer Zeit zu ergänzen. So schreibt Guardini 1963 im Vorwort zum Buch über die Tugenden: „Diese Deutung soll in einer ganz unsystematischen Weise vor sich gehen [...]. Sie will nicht vollständig sein, sondern greift in die tägliche Wirklichkeit [...] und sucht darin nach den Ansatzpunkten der sittlichen Selbstverwirklichung. Überall ruft sie die eigene Erfahrung des Lesers an und sucht von ihr aus zu einer Einheit des ethischen Bewußtseins vorzudringen." *Tugenden*, 10. Eine Abgrenzung von systematisch-ethischen Entwürfen nimmt Guardini auch zu Beginn der Ethik-Vorlesungen vor: „Das heute beginnende Kolleg trägt den Titel: ‚Sittliches Leben; Grundphänomene der Ethik'. Er deutet an, daß es uns nicht so sehr um Begriffe und Definitionen, als darum gehen wird, die Gestalten zu sehen, in denen das sittliche Leben sich vollzieht, um sie dann in der täglichen Wirklichkeit wieder erkennen zu können." *Ethik*, 1.

[10] Vgl. die Notizen in seinen Tagebuchaufzeichnungen vom 22.2.1954: „Der Maßstab, der in ihr [der Universität, BK] gilt und nach dem man zu ihr gehört oder nicht, ganz oder nur halb, ist die Wissenschaft. Ich bin aber kein Wissenschaftler." *Wahrheit des Denkens*, 85.

[11] *Berichte*, 37. Guardini war von Haus aus Dogmatiker: In seiner Promotion und Habilitation bearbeitete er die Theologie Bonaventuras; vgl. *Systembildende Elemente* und *Lehre des Hl. Bonaventura*. Aber auch von der Dogmatik als theologischer Fachdisziplin hatte er sich bereits durch seine Berliner Lehrtätigkeit auf dem Lehrstuhl für Religionsphilosophie und katholische Weltanschauungslehre entfernt; vgl. *Berichte*, 52f.

fes im Sinne der philosophischen bzw. theologischen Disziplin oder einer systematischen Gesamtgestalt von Ethik zu erwecken. Ich ziehe es vor, vom ‚christlich-ethischen' bzw. ‚ethischen' Denken Romano Guardinis zu sprechen.

2.2 Warum Romano Guardini?

Die Frage nach der Aktualität Guardinis im allgemeinen und seines ethischen Denkens im besonderen begründet zu beantworten, setzt voraus, die Gegenwart selbst und die gegenwärtige Situation des Christentums möglichst genau erfassen und deuten zu können. Ein solcher Deutungsversuch, sollen nicht lediglich die bekannten Stichwörter der Modernisierungstheorien, der Religionssoziologie bzw. der „Christentumssoziologie"[12] wiederholt werden, übersteigt den hier gesetzten Rahmen. Trotz dieser notwendigen Einschränkung ist diese Untersuchung aber nicht nur von einem rein moraltheologiegeschichtlichen oder speziell auf die Guardini-Forschung bezogenen Interesse motiviert. Vielmehr geht sie davon aus, daß Guardini ethische Anregungen und Einsichten formuliert hat, in denen die christlich-sittliche Existenz auch in der Gegenwart Stütze finden kann. Einige Gesichtspunkte, die diese Vermutung berechtigen, sollen im folgenden benannt werden.

Die theologische Ethik als Disziplin der kritischen Reflexion und theoretischen Begründung von christlicher Moral und Morallehre muß sich in der Gegenwart mit den Herausforderungen auseinandersetzen, vor denen die christliche Existenz überhaupt steht. Vor der Frage nach besonderen Methoden und Inhalten christlicher Moral und deren Begründung stellt sich in einer Zeit, in der sich die gesellschaftlichen Lebensbedingungen und Koordinaten beschleunigt verändern, immer neu die Aufgabe nach einer Vergewisserung des Glaubens. Das Problem christlicher Existenz ist längst nicht mehr die Unsicherheit in Bezug auf ein bestimmtes moralisches Verhalten oder die Infragestellung einer bestimmten Norm. Es geht um die Fundamente gläubiger Existenz selbst; für die christliche Moral stellt sich die existentielle Frage, wie der Glaube, der oft selbst angefochten ist, als Grundlage sittlichen Handelns begriffen werden kann. Vor diesem Hintergrund lohnt es, Guardinis Werk in einer theologisch-ethischen Untersuchung zu befragen. Guardini versuchte sehr früh, auch in seinem ethischen Denken auf diese Verunsicherung christlicher Existenz zu antworten. Er ging damit auf die Herausforderungen christlich-sittlicher Existenz ein, wie sie dreißig Jahre nach seinem Tod nach wie vor bestehen und sich eher noch verstärkt haben.

Schon seine Berufung im Jahr 1923 auf den Berliner Lehrstuhl für Religionsphilosophie und Weltanschauung brachte Guardini in eine Position, die generell die vieler Christinnen und Christen in der Moderne ist. Er stand zwischen der Kirche und Theologie einerseits und einer Gesellschaft ande-

---
[12] Vgl. Gabriel, 11-25.

rerseits, die der katholischen Kirche und der christlichen Botschaft kritisch und ablehnend begegnete. Diese Situation im Berlin der 20er Jahre kann mittlerweile als paradigmatisch für die Kirche und die Theologie in ganz Deutschland begriffen werden.

Früh verließ Guardini die binnenkirchliche Perspektive auch in den grundlegenden ethischen Fragen, ohne deshalb das Fundament christlichen Glaubens und die Entscheidung für die Kirche infragezustellen. Eine geschlossene Gestalt des christlichen Ethos setzte Guardini nicht mehr voraus. Daß selbst die Christin oder der Christ des katholischen Milieus sich in sittlichen Fragen nicht mehr einfach der kirchlichen Unterweisung anvertraut, hat Guardini zu einer Zeit wahrgenommen, als diese Einsicht noch nicht einvernehmliche Erkenntnis in der Theologie und der Kirche war. Entsprechend früh ist bei Guardini das Bewußtsein von der Notwendigkeit festzustellen, christliche Moral so zu bilden, daß das sittliche Handeln aus dem Glauben unter den Bedingungen einer pluralistischen, nicht mehr christlichen Gesellschaft verstanden und verantwortet werden kann: Die Konturen eines christlichen Ethos der Selbständigkeit auf dem Fundament des Glaubens entstehen.

An diese Einschätzung knüpft eine andere Überlegung an: Es gilt, Guardinis allgemein anerkannte Rolle als Wegbereiter kirchlicher Erneuerung, sein erfolgreiches und wirkungsvolles Engagement in der kirchlichen Jugendbewegung und der katholischen Akademikerschaft in Bezug zu seinem christlich-ethischen Denken zu sehen. Das bedeutet, daß selbst die kritische Auseinandersetzung Guardinis mit dem Autonomiegedanken und die Thematisierung von ‚Reizthemen' wie Gehorsam und Autorität, denen sich diese Arbeit zu stellen hat, nicht von vornherein im Widerspruch zu seinem reformerischen Wirken verstanden werden müssen. Eher darf vermutet werden, daß in Guardinis ethischem Denken eine christliche Moral bedacht und begründet wird, die nicht nur ihn selbst, sondern auch die, die sich auf dieses Denken einließen, zu einem erfolgreichen Einsatz für eine tiefgreifende und fruchtbare Erneuerung des kirchlichen und gesellschaftlichen Lebens befähigten.[13]

Guardini hätte sich nicht dagegen gewehrt, in der Kirche und der Theologie seiner Zeit als Mann der Tradition bezeichnet zu werden. Ein Traditionalist war er nicht. Die Person und das Denken Romano Guardinis stehen vielmehr beispielhaft für eine theologische und innerkirchliche Erkenntnis: Innerhalb der Kirche sind diejenigen Reformen fruchtbar und dauerhaft, die von einer Rückbesinnung auf die Quellen und einem lebendigen Verhältnis zur eigenen Tradition gestützt sind, was sie vom restaurativen Festhalten an überholten Zuständen unterscheidet. Anhand verschiedener Themen wird die Untersuchung zeigen, wie Guardini auch im ethischen Denken fruchtbringend an die Tradition angeknüpft hat.

---

[13] Eine genaue Untersuchung des Denkens Guardinis kann den genannten schwierigen Themen nicht ausweichen. Sie wird aber auch nicht bei der Konstatierung von Widersprüchen stehenbleiben können, sondern versuchen müssen, die tieferen Zusammenhänge und Strukturen darzulegen.

Der besondere Kairos einer erneuten Auseinandersetzung mit Guardini ist desweiteren darin zu sehen, daß sein Denken von einer kritischen Distanz der Moderne gegenüber bestimmt ist. Diese ist getragen vom Realismus christlichen Glaubens, der das Verhältnis von Glaube und Welt nüchtern einschätzt. Der Einsatz für Reform in der Kirche und in der Gestaltung christlichen Lebens geschah bei Guardini ‚aus dem Ursprung'[14] und aus einer nüchternen Wahrnehmung der Wirklichkeit heraus.[15] Der Moderne konnte er kritisch gegenüberstehen, nicht weil er kein Verhältnis zu ihr fand, sondern weil der Glaube ihm einen Standpunkt innerer Unabhängigkeit verlieh, die ihn ihre Probleme deutlich sehen ließ. Die Kritik der Moderne ist bei Guardini wesentlich von einer christlichen Sorge um die Welt und den Menschen motiviert.[16]

Die Eigenart des ethischen Denkens Guardinis wird noch greifbarer, wenn die Adressaten in den Blick kommen. Er richtete sich sowohl in seinen Vorlesungen als auch in seinen schriftlichen Arbeiten nicht in erster Linie an das Fachpublikum aus dem Bereich der Theologie oder der Philosophie. Diese Ausrichtung behält Guardini in seinem ganzen Werk bei. Er wendet sich an diejenigen, die bereit sind, seiner Wahrnehmung der Phänomene und Probleme zu folgen und sich im Glauben auf die Begegnung mit der so erfaßten Wirklichkeit einzulassen. In den Vorlesungen sind das Hörerinnen und Hörer aller Fakultäten, darunter auch Nicht-Akademikerinnen und -Akademiker.[17]

Guardinis Kritik der Neuzeit

Ein bereits angedeuteter Gesichtspunkt vieler Schriften Guardinis ist seine Kritik der Moderne. Sie könnte dazu verleiten, ihn und sein Denken als ‚postmodern' zu bezeichnen, um ihn so für die theologische Gegenwartsdiskussion interessanter zu machen.[18] Titel und Inhalt von Guardinis bekannt

---

[14] Vgl. den Titel von Balthasars Studie „Reform aus dem Ursprung".
[15] An diese Einschätzung fügt sich die folgende Bemerkung von Knapp an: Guardini war „keineswegs der Auffassung, daß mit dem Brüchigwerden des Fortschrittsglaubens auch die Grundlagen des neuzeitlichen Selbstverständnisses überwunden und damit ein neuer Zugang zu Religion und Glaube eröffnet sei. Hier hat er sich – im Gegensatz zu manchen Protagonisten einer angeblichen Postmoderne heute – keinerlei Illusionen hingegeben." Knapp, *Kontext der Guardini-Rezeption*, 9.
[16] Diese Sorge wird besonders in den unter dem Titel „Sorge um den Menschen" versammelten Aufsätzen spürbar; vgl. *Sorge I* und *II*.
[17] Es sind in kirchlicher Terminologie die interessierten ‚Laien', die in ihrem Leben besonders die spannungsvolle Begegnung von Glaube und Welt zu gestalten hatten und denen an einer Erneuerung kirchlichen Lebens gelegen war. Soziologisch gesehen, sind sie überwiegend Angehörige des katholischen gebildeten Bürgertums. Die hier skizzierte Ausrichtung des Denkens Guardinis wird in den Ethik-Vorlesungen deutlich; selbst wenn berücksichtigt wird, daß im Unterschied zu Berlin in Tübingen und München vermutlich mehr Theologen die Vorlesungen besuchten, so hat sich dies auf den Gesamtcharakter der Ethik-Vorlesungen nicht ausgewirkt.
[18] Vgl. Van der Vloet, 115, und Knoll, *Glaube*, 26 und 542-546. Siehe auch Biser, *Glaubensprognose*, 23-33: Biser stellt Guardini als „Deuter des Epochenendes" neben Lyotard. Guardini ist für Biser ein „Vordenker" der Postmoderne, der aber nicht in die geistige Bewegung der Postmoderne selbst einzureihen ist; vgl. ebd., 29.

gewordener zeitkritischer Schrift „Das Ende der Neuzeit" von 1950 legt diese Apostrophierung nahe, denn in ihr reflektiert Guardini das Ende der modernen Epoche und versucht, über die Moderne hinauszudenken.¹⁹ Ist die kritische Reflexion des Modernisierungsprozesses und der durch ihn hervorgerufenen Folgeprobleme, die das menschliche Leben unter den Bedingungen der Moderne gefährden, bereits ein hinreichendes Kriterium, um von ‚Postmodernität' zu sprechen,²⁰ dann wäre Guardini in der Tat ein ‚postmoderner Denker'.

Folgende Gründe halten mich jedoch davon ab, im Rahmen dieser Arbeit den Begriff ‚postmodern' für das Denken Guardinis zu verwenden: Erstens müßte für eine wissenschaftliche Verwendung, die der Analyse und Bewertung von Guardinis Denken dienen könnte, der Begriff selbst exakter bestimmt werden – wird er literaturwissenschaftlich, philosophisch, soziologisch, religionssoziologisch, feuilletonistisch oder einfach polemisch²¹ verwendet? Zweitens müßte die kontroverse philosophische und soziologische Diskussion über Postmodernität und die Postmoderne berücksichtigt werden. Eine solche Fragestellung könnte mit Blick auf Guardinis Werk im Anschluß an diese hier erstmals vorgelegte Untersuchung der Grundstrukturen seines ethischen Denkens bearbeitet werden.²²

Mit dieser Entscheidung ist die Neuzeitkritik Guardinis selbst noch nicht bewertet. Sicherlich sind die Diagnose und Kritik der Neuzeit feste Bestandteile im ethischen Denken Guardinis. Eine ausführliche Diskussion braucht in dieser Untersuchung aber nicht mehr zu erfolgen; diesbezüglich kann die bisherige Diskussion und die bereits geleistete Kritik vorausgesetzt werden.²³

---

¹⁹ ‚Neuzeit' und ‚Moderne' sind bei Guardini zwei synonym zu verstehende Epochenbezeichnungen. Vgl. auch Van der Vloet, 115.
²⁰ So charakterisiert der Religionssoziologe Gabriel Elemente eines postmodernen Bewußtseins; vgl. Gabriel, 17. Auch die ebd. in der Fn. 9 gegebene Begründung trifft auf Guardinis Neuzeitkritik zu: „Auf den nicht unproblematischen Begriff der ‚Post'-Moderne wird in dieser Arbeit deshalb zurückgegriffen, weil er die Zäsur zwischen den industriegesellschaftlichen, einfachen, vom Fortschrittsmythos geprägten Moderne zur reflexiven Moderne pointiert zum Ausdruck zu bringen vermag." Diese Zäsur nimmt Guardini durch seine radikale Kritik des modernen Fortschrittsglaubens, die in dieser Arbeit zur Sprache kommt, vor. In dieser Kritik der Moderne ist gewiß ein gewichtiger Grund für das in neokonservativer Richtung – die als Reaktionsmuster auf die radikalisierte Moderne selbst als Phänomen ‚postmoderner' Lebenswelt verstanden werden kann – wiedererwachte Interesse an Guardini zu erkennen. Knoll nennt als weiteren Berührungspunkt zwischen Guardini und der von ihm als Postmoderne bezeichneten „veränderten kulturellen Großwetterlage" das Eintreten für eine ganzheitliche Sicht des Menschen gegenüber der Vorherrschaft neuzeitlichen Rationalismus; Knoll, *Glaube*, 26.
²¹ Eine Kritik einer polemischen Verwendung, in der der Begriff der Postmoderne als Etikette gebraucht wird, unternimmt anhand einiger Beispiele aus der theologischen Literatur Heinze.
²² Dem ist aus biographischer Sicht auf die Person Guardinis hinzuzufügen, daß er sich selbst wahrscheinlich gegen solche Attribute gewandt hätte, die nur dem Zweck dienen, ihn für den gegenwärtigen Augenblick interessanter zu machen, ohne wirklich ihn oder sein Denken zu kennzeichnen.
²³ Guardini hat sie vor allem in „Das Ende der Neuzeit", vgl. *EdN*, und, allerdings mit weniger ablehnendem Tenor, in „Die Briefe vom Comer See", vgl. *Technik und Mensch*, vorgetragen. Guardinis Thesen zum Ende der Neuzeit wurden bereits im Anschluß an die gleichlautende Schrift kritisch diskutiert; vgl. die unter dem Titel „Unsere geschichtliche Zukunft" veröffent-

Einleitung

Sie hat die Unzulänglichkeiten und Grenzen herausgearbeitet, aber auch auf die Aspekte aufmerksam gemacht, die nach wie vor bedenkenswert sind. Stichwortartig genannt seien u.a. die Kritik des neuzeitlichen Fortschrittsglaubens, die Problematik der radikalen Autonomisierung der Lebensbereiche und die dringende ethische Frage eines Ethos menschlicher Machtausübung, auf die Guardini früh aufmerksam gemacht hat. Diese Gesichtspunkte, die mittlerweile ins allgemeine Bewußtsein gerückt sind und an Aktualität nichts verloren haben, werden sich als wichtige Themen der ethischen Reflexion bei Guardini erweisen.

Sicher ist vieles von dem, was Guardini seinerzeit vorgedacht hat, mittlerweile Allgemeingut christlichen und theologischen Bewußtseins geworden. Was Jahrzehnte vor dem Zweiten Vatikanischen Konzil neu und mitunter revolutionär war, ist es heute mehr als dreißig Jahre nach dem Konzil nicht mehr. Unter dieser Perspektive ist eine Beschäftigung mit Guardini die theologiegeschichtliche Freilegung einer Wurzel der gegenwärtigen Gestalt von Kirche, Christentum und Theologie, ohne daß bei jedem Gedanken eine eindeutige theologiegeschichtliche Traditionslinie gezeichnet werden kann. Andererseits ist festzustellen, und dies entspricht der Ungleichzeitigkeit der verschiedenen Entwicklungen innerhalb der Kirche und des christlichen Lebens, daß viele Einsichten Guardinis immer noch nicht umgesetzt sind.[24] Nicht zuletzt solche Anstöße lassen Guardini aktuell bleiben.

---

lichte Diskussion. Weder die in *EdN*, vgl. 11-46, vorgenommene Periodisierung nach dem Schema Antike – Mittelalter – Neuzeit noch das von Guardini gezeichnete Mittelalterbild sind in dieser Form haltbar. Aufgrund der Erkenntnisse historischer und sozialgeschichtlicher Forschungen, insbesondere der Mittelalterforschung, können Guardinis Epochenaufteilung und die auf ihr aufbauende Kritik der Neuzeit nicht mehr überzeugen. Siehe besonders die komprimierte Kritik von seiten des Historikers Lutz, *Neuzeitende*, der folgende Kritikpunkte nennt: Guardini berücksichtigt nicht das Erklärungspotential der Sozialwissenschaften, das die historische Wissenschaft wahrnimmt. Daher vernachlässigt er u.a. die sozialen und materiellen Bedingungen des kulturellen und geistigen Wandels; vgl. ebd., 87f., 91 und 97. Das gesamte Schema ist europazentrisch, die weltgeschichtliche Perspektive fehlt; vgl. 87f. und 106. Dies hat zur Folge, daß das europäische Schicksal des Christentums zum Maßstab der gesamten Neuzeitkritik wird. Unbefriedigend bleibt in Guardinis Epochendeutung die Einschätzung der Reformation. Ferner bleiben bei ihm „jene Prozesse der Selbstkompromittierung des Christentums" ausgeblendet, die dazu führten, daß die Menschen in der Neuzeit das Humanum außerhalb des Christentums zu verwirklichen suchten; vgl. ebd., 105. Daß „manches von dem, was Guardini als Kontur einer die Neuzeit ablösenden Epoche beschreibt, [...] aus heutiger Sicht eher als deren genuine Konsequenz" erscheint, spricht gegen die Epocheneinteilung und -bewertung Guardinis; Honnefelder, *Weltanschauung*, 120. Dies spricht aber nicht gegen Guardinis Wahrnehmung der einzelnen Probleme selbst, die ihre Gültigkeit erwiesen hat, und die in dieser Arbeit zu untersuchenden ethischen Antwortversuche. Dies stellen auch Honnefelder, *Weltanschauung*, 120f., und Lutz heraus; vgl. *Neuzeitende*, 108-110. Siehe desweiteren für eine differenzierte Interpretation von Guardinis Neuzeitkritik Biser, *Interpretation*, bes. 87-100; *Wer war* und *Glaubensprognose*, 23-33; Dirks, u.a. *Ende der Neuzeit* und *Romano Guardini*; Fonk, *Ende der Neuzeit*; Knoll, *Glaube*, und Schlette, *Romano Guardini Werk* und *Europas Aufgabe*. Überzogen scheint mir die Kritik von Theunissen in *Falscher Alarm*.

[24] Was, um ein anderes Beispiel zu nennen, auch für die Anstöße Guardinis zur liturgischen Bildung gilt; siehe *Liturgische Bildung* und *Kultakt*. Siehe hierzu auch Gerhards und Schilson, *Guardini und die liturgische Bewegung*.

3. Ausgangspunkt der wissenschaftlichen Untersuchung des Denkens von Romano Guardini

An die Bedeutung des ethischen Denkens Guardinis für die Gegenwart knüpft sich die Frage, welche Interpretation Guardinis vom Standpunkt der Gegenwart aus möglich und angemessen ist. Dafür ist ein kurzer Blick auf den gegenwärtigen Forschungsstand zu werfen. Dann ist das Quellenmaterial vorzustellen, wobei für den weiteren Verlauf der Arbeit eine ausführlichere Bemerkung zu der Veröffentlichung der Ethik-Vorlesungen bereits hier unerläßlich ist.

3.1 Ein Blick auf den Forschungsstand

Dreißig Jahre nach dem Tod Guardinis haben sich die Forschungslage und die Wahrnehmung seines Denkens innerhalb der Theologie verändert. 1979 sprach Biser in seiner Guardini-Interpretation noch vom „Verfall der Aura" Guardinis und einer „wirkungsgeschichtlichen Krise"[25] seines Denkens und konstatierte ein schnell abnehmendes Interesse der wissenschaftlichen Theologie. Gerl unterstrich Bisers Einschätzung 1985 durch den Hinweis auf die geringe Anzahl von Dissertationen über Guardini, die sie als „Zeichen seiner spärlichen universitären Rezeption"[26] wertete. Zwei Gedenkjahre gaben den Anstoß dafür, daß Guardini wieder stärker ins theologische bzw. kirchliche Bewußtsein gerückt ist. Es erschienen mehrere wichtige Veröffentlichungen über Guardini, zu denen auch die zum 100. Geburtstag Guardinis von Gerl veröffentlichte wichtige Guardini-Biographie gehört.[27] Mittlerweile hat also das Interesse an Guardini deutlich zuge-

---

[25] Biser, *Interpretation*, 11. Als Gründe sind die durch den Lehrstuhl für Weltanschauungslehre gegebene ‚Randstellung' Guardinis und seine Distanz zur wissenschaftlichen Fachtheologie zu nennen, die dazu führten, daß er von manchen Vertretern der modernen Theologie nicht ernst genommen wurde. Bezüglich einer eigentlichen Rezeption der theologischen Impulse werden in der Literatur nur Schmaus und Przywara erwähnt; vgl. ebd., 20, und Knoll, *Glaube*, 22. Ein weiterer Grund ist die Distanz Guardinis zu bestimmten für die moderne Konzilstheologie wichtigen Entwicklungen wie beispielsweise der historisch-kritischen Exegese. Ein anderer nicht weniger wirkungsvoller Grund ist die Tatsache, daß der ‚Lehrer' Guardini keinen wissenschaftlichen Nachwuchs durch Promotionen und Habilitationen heranbildete, der sein theologisches Erbe hätte pflegen und weiterentwickeln können. Siehe zu weiteren Gründen u.a. Biser, *Interpretation*, 11-20. Eine Ausnahme bildet, was die mangelnde theologische Rezeption betrifft, sicher Biser selbst. Als zweiter Nachfolger auf dem ‚Guardini-Lehrstuhl' in München und als theologischer Autor hat er die geistigen Impulse Guardinis immer wieder in die gegenwärtigen Diskussionen eingebracht. Siehe u.a. *Glaubensprognose*; seine kritische Würdigung *Interpretation* und als kurze Vorstellung Guardinis *Wer war*.

[26] Gerl, *Romano Guardini*, 370.

[27] Außer der Biographie von Gerl erschienen anläßlich des 100. Geburtsjahres 1985 u.a. von Ratzinger der Sammelband *Wege zur Wahrheit*; in zweiter Auflage von Schlette *Romano Guardini Werk*; die Studie von Schmucker-von-Koch, *Autonomie*; dann der Sammelband von Seidel, *Christliche Weltanschauung*. Zwei Jahre später ist der Sammelband von Hon-

Einleitung

nommen; wie weit es reicht und ob ‚das Blatt schon ziemlich gründlich gewendet'[28] wurde oder gar von einer Guardini-Renaissance gesprochen werden kann, sei dahingestellt. Es sind eine Reihe von Dissertationen und Studien über Guardini erschienen, auf denen die weitere Forschung aufbauen kann. Als bisher einzige ethische Studie zum Denken Guardinis ist die Arbeit von Haubenthaler zu nennen, die 1995 unter dem Titel „Askese und Freiheit bei Romano Guardini" veröffentlicht wurde.[29] Die anderen Arbeiten behandeln entweder nicht oder nur zu einem geringen Teil das ethische Denken Guardinis.[30] Mit der Untersuchung des ethischen Denkens Guardinis erfüllt diese Studie somit ein Desiderat der laufenden Guardini-Forschung. Mit ihrem Interesse an den Grundanliegen und Grundstrukturen des ethischen Denkens Guardinis betritt sie Neuland.

In der moraltheologischen bzw. theologisch-ethischen Literatur finden sich nur wenige Erwähnungen Guardinis. Sie beziehen sich im allgemeinen auf die theologischen Impulse seines Denkens, die für die Erneuerung katholischer Moraltheologie wichtig wurden: Guardini wird als Vertreter eines christlichen Personalismus gewürdigt, eine ausführlichere Bemerkung zu seinem ethischen Denken findet sich nicht.[31] Besonders sein Verständnis von Freiheit und Gewissen und seine Auseinandersetzung mit dem modernen Autonomiegedanken zeigen Übereinstimmungen mit der modernen katholischen Moraltheologie, die noch nicht wahrgenommen wurden. Diese man-

---

nefelder und Lutz-Bachmann, *Auslegungen des Glaubens* zu erwähnen. Zum zweiten Gedenkjahr 1993, dem 25. Todesjahr Guardinis, erschienen u.a. der Sammelband von Schilson, *Konservativ mit Blick nach vorn*, der verschiedene Einblicke in die Guardini-Forschung versammelt, und der Sammelband von Schuster, *Guardini weiterdenken*.

[28] Vgl. Schilson, *Ethik*, 94.

[29] Sie behandelt mit der Askese eine in Guardinis Denken wichtige sittliche Haltung; eingereicht wurde sie als theologische Dissertation am Lehrstuhl für Moraltheologie in München. Berührungspunkte zwischen dieser und der vorliegenden Studie ergeben sich in der Diskussion des tugendethischen Ansatzes und der Askese als wichtiger moralischer Grundhaltung im Denken Guardinis. 1991 erschien als nicht ethische, sondern kulturphilosophische Arbeit „Die Theologie des Maßes" von Lechner, die sich ebenfalls mit dem Thema der Askese beschäftigt. Eine Studie zum personalen Grundsatz der Ethik bei Romano Guardini ist von Maria Pelz angekündigt.

[30] Hervorzuheben ist die umfassende und profunde Gesamtinterpretation, die Knoll unter dem Titel „Glaube und Kultur bei Romano Guardini" 1994 veröffentlicht hat; vgl. *Glaube*. Was die Fülle des bearbeiteten Materials und die werkchronologisch vorgehende Interpretation angeht, die immer wieder die Bezüge zum zeitgenössischen Denken herstellt, ist auf diese Arbeit zu verweisen. Vgl. bereits ebd., 20-27, zum Forschungsüberblick. Als weitere theologische oder religionsphilosophische Arbeiten jüngeren Datums zu Guardini, seien genannt: die Arbeit zum Personbegriff Guardinis von Börsig-Hover; die ekklesiologische Studie von Faber „Kirche zwischen Identität und Differenz. Die ekklesiologischen Entwürfe von Romano Guardini und Erich Przywara" (=SSSTh 9), Würzburg 1993; die Arbeit von Fischer zur Pneumatheologie Guardinis, vgl. *Wort und Welt* von 1993; die Studie von Kleiber über „Glaube und religiöse Erfahrung bei Romano Guardini", erschienen im Gedenkjahr 1985; die religionsphilosophische Studie von Lee; die Habilitationsschrift von Mercker, vgl. *Weltanschauung*, von 1988. Hinsichtlich der Anthropologie Guardinis ist auf die in diesem Jahr erscheinende Arbeit von Gunda Brüske „Anruf der Freiheit" zu verweisen. Als frühere Studien sind zu erwähnen Berning-Baldeaux über „Person und Bildung im Denken Romano Guardinis" von 1968 und die bereits 1973 erschienene Untersuchung von Wechsler über „Romano Guardini als Kerygmatiker".

[31] Vgl. Böckle, *Bestrebungen*, 428; Langemeyer und Teichtweier, 80.

gelnde Wahrnehmung seitens der Theologie ist einer der Gründe für Fehleinschätzungen, die über Guardini bestehen und durch diese Untersuchung korrigiert werden sollen. Guardini läßt sich der moraltheologischen Entwicklung, die im deutschen Sprachraum stattgefunden hat, deutlicher zuordnen – nicht *ein*ordnen –, als dies bisher geschehen wurde.

Guardini gilt zurecht als großer Pädagoge, der nicht nur in der Jugendbewegung, sondern auch durch seine Lehrtätigkeit und seine Schriften erzieherisch wirkte. Bei ihm sind das theologische und erst recht das ethische Interesse mit dem pädagogischen verbunden.[32] So gibt es eine Reihe von Arbeiten über Guardini von pädagogischer Seite und mit pädagogischer Thematik;[33] wegen der bestimmenden pädagogischen Perspektive ist allerdings auch in ihnen die Eigenart des ethischen Denkens Guardinis trotz mancher Schnittpunkte nicht genügend erfaßt.[34]

3.2 Das Quellenmaterial

Verändert haben sich für die wissenschaftliche Forschung auch die Quellenlage und der Zugang zur Primärliteratur Guardinis. Der zunehmende zeitliche Abstand bedingt, daß das Guardini-Bild immer weniger von der Ausstrahlung seiner Person und vom lebendigen Eindruck seiner Zeitzeugen bestimmt ist. Es bleibt die Wirkung, die von seinem schriftlichen Werk ausgeht und über eine wirksame Rezeption Guardinis in der Zukunft entscheiden wird. Die Interpretation des schriftlichen Werkes wird in jüngster Zeit durch neue biographische und werkchronologische Erkenntnisse über Guardini erhellt, die die allgemeine zeitgeschichtliche Forschung ergänzen. Neben der bereits erwähnten Biographie von Gerl bereichern die mittlerweile veröffentlichten autobiographischen Schriften Guardinis das Bild seiner Persönlichkeit und helfen, den Autor zu vergegenwärtigen, was die bereits angedeutete Notwendigkeit eines geschichtlich-reflektierten Zuganges zu Guardini nicht aufhebt. Dies kommt auch dem Interesse am ethischen Denker Guardini zugute. Besonders die sein ethisches Denken bestimmende Sorge um das Humanum und das Gelingen christlicher Existenz in der Moderne erscheinen durch die genannten Schriften in einem anderen Licht, das den Eindruck des übrigen Werkes ergänzt.[35]

---

[32] Vgl. bereits die zutreffende frühe Einschätzung Guardinis bei Getzeny, 637.
[33] Vgl. überwiegend aus den letzten Jahren: Gerner, *Guardinis Bildungslehre*; Henner, *Pädagogik*; die Arbeiten von Höltershinken; Schmidt, *Pädagogische Relevanz*; Schreijäck.
[34] Vgl. beispielsweise die unbefriedigenden, hier nicht weiter zu diskutierenden, Verhältnisbestimmungen zwischen Ethik und Pädagogik und die Aufgabenzuschreibungen zwischen den beiden Disziplinen bei Henner, *Pädagogik*, 253f., und Schmidt, *Pädagogische Relevanz*, 22.
[35] Hier sind besonders die autobiographischen „Berichte über mein Leben" zu nennen, vgl. *Berichte*; unter dem Titel „Wahrheit des Denkens und Wahrheit des Tuns" die Tagebuchaufzeichnungen aus den Jahren 1942 – 1964, vgl. *Wahrheit des Denkens*, und die „Theologischen Briefe an einen Freund", vgl. *Theologische Briefe*. Vgl. stellvertretend für die vielen persönlichen Würdigungen seitens der Zeitzeugen Dirks, *Ein angefochtener sehr treuer Christ* und *Einlei-*

Einleitung

Dieser Untersuchung liegt als Material das im Literaturverzeichnis aufgeführte ethisch relevante Schrifttum Guardinis zugrunde, das über einen Zeitraum von 50 Jahren vom zweiten Jahrzehnt dieses Jahrhunderts bis in die 60er Jahre reicht.[36] Hinzu kommen die aus dem Nachlaß veröffentlichten Schriften. Sie sind deshalb von Bedeutung, weil sie in ihrer Entstehung überwiegend auf die 50er und 60er Jahre zurückgehen, in denen Guardini sich mehr als zuvor ethischen Themen widmete. Nachforschungen in den noch unveröffentlichten Schriften, die zum größten Teil im Guardini-Archiv in der Katholischen Akademie Bayerns liegen, ergänzen die Literaturstudien, wobei die unveröffentlichten Schriften und Typoskripte gemäß der Intention Guardinis nicht denselben Stellenwert haben können wie die veröffentlichten.[37] Die wissenschaftliche Arbeit mit den Schriften Guardinis wird durch die bis zum Jahr 1976 reichende, wertvolle und umsichtige Bibliographie von Mercker erleichtert. Dieses Urteil kann nicht uneingeschränkt von der seit 1986 erscheinenden Ausgabe der Werke Guardinis behauptet werden. Es ist zu begrüßen, daß durch diese Veröffentlichung die Werke Guardinis wieder der Öffentlichkeit zugänglich gemacht werden, doch genügt diese Werkausgabe leider nicht den Ansprüchen einer kritischen Edition.[38]

---

tung. Besonders Mercker berücksichtigt in seiner Studie zum Programm der christlichen Weltanschauung bei Guardini diese autobiographischen Schriften; vgl. Mercker, *Weltanschauung*.

[36] Trotzdem umfaßt es nicht das gesamte, sehr umfangreiche Werk Guardinis. Die früheste mir bekannte Schrift, in der sich Guardini direkt mit einer ethischen Frage auseinandersetzt, ist *Grundlagen des Sicherheitsbewußtseins* von 1913. 1916 folgen dann die drei wichtigen Aufsätze *Religiöser Gehorsam*; *Begriff des Befehls* und *Begriff sittlicher Freiheit*. Als letzte größere ethische Veröffentlichung ist das Buch über die Tugenden von 1963 zu nennen; vgl. *Tugenden*. Vollständigkeit war bei dem umfangreichen veröffentlichten Werk Guardinis ehrlicherweise im Zeitraum einer Dissertationsarbeit nicht zu leisten; unter den veröffentlichten Arbeiten kann diese nur von Knoll, *Glaube*, beansprucht werden. Die Primärbibliographie von Mercker aus dem Jahr 1978 führt – mit Übersetzungen, Neuauflagen und Neuveröffentlichungen der verschiedenen Abhandlungen sowie den Vorlesungsankündigungen – 1849 Titel auf.

[37] Außer dem Guardini-Archiv ist die Bayerische Staatsbibliothek in München zu nennen und das Archiv auf Burg Rothenfels, wo weiteres Material aufbewahrt wird. Die in diese Studie einbezogene unveröffentlichte Literatur ist im Literaturverzeichnis unter 2.2 aufgeführt. Besonders erwähnenswert sind der vorliegende Entwurf einer theologischen Anthropologie Guardinis, vgl. *Mensch**, und eine religiöse Gegenwartsanalyse Guardinis, vgl. *Religiöse Offenheit**, die beide aus den 30er Jahren stammen. Ich hoffe, aus der unveröffentlichten Literatur die ethisch relevanten Schriften berücksichtigt zu haben. Eine genauere Untersuchung des Materials, das der kritischen Edition der Ethik-Vorlesungen zugrundeliegt, erbrächte vermutlich noch weitere interessante Teilaspekte. Vgl. dazu das Beispiel in Kapitel VI.3.

[38] Für die Guardini-Rezeption wäre eine Auskunft über die Frage interessant, wer zu seinen neu aufgelegten Schriften greift, konkreter, ob der Kreis der Interessenten über die ‚Spezialistinnen' und ‚Spezialisten' sowie diejenigen hinausreicht, die Guardini noch erlebt haben. Vgl. hierzu auch Knoll, *Glaube*, 25f. Fn.60, der auf die Mängel hinweist; ebd., 401 Fn.43, verdeutlicht er die Kritik am Beispiel der Ausgabe von „Das Ende der Neuzeit". Die Herausgeber haben sich bei den einzelnen Bänden für einen unveränderten, nicht textkritischen Abdruck der jeweils zuletzt erschienenen Ausgabe entschieden. Die bibliographischen Angaben sind nicht immer vollständig und erfolgen unsystematisch. Vgl. zum Beispiel die Angaben in *Sorge I*, die in diesem Band in den Fußnoten erfolgen, in *Sorge II* dagegen am Ende des Bandes; es fehlt beispielsweise in *Sorge I* zu *Der unvollständige Mensch* die Angabe der Erstveröffentlichung;

Guardinis Münchener Ethik-Vorlesungen

Einen besonderen Stellenwert nehmen innerhalb der ethischen Schriften die 1993 veröffentlichten Manuskripte der Ethik-Vorlesungen ein, die Romano Guardini von 1950-1962 an der Universität München gehalten hat. Sie wurden im Auftrag der Katholischen Akademie Bayerns, die als Verwalterin des Nachlaßes von Guardini und des Guardini-Archivs fungiert, unter dem Titel „Ethik. Vorlesungen an der Universität München" in zwei Bänden herausgegeben.[39] Diese Veröffentlichung hat den ‚Ethiker' Guardini der interessierten Öffentlichkeit bekannt gemacht und, da es sich um eine kritische Edition handelt, den wissenschaftlichen Zugang zu seinem ethischen Denken erleichtert. Vorweg ist zu klären, welcher Stellenwert dieser „Ethik" eingeräumt wird, wenn auch erst die gesamte Untersuchung die Berechtigung dieser Entscheidung erweisen kann:

Die „Ethik" wird in dieser Arbeit in den Gesamtduktus des ethischen Denkens Guardinis eingeordnet, d.h. sie wird weder als Zusammenfassung noch als Schlußpunkt des übrigen ethischen Denkens Guardinis betrachtet und nicht als Leitfaden für den Aufbau der Untersuchung herangezogen.[40]

---

vgl. Mercker, n. 1035. Eine hilfreiche Zählung der einzelnen Bände ist unterblieben. Die Befürchtung wurde geäußert, daß wichtige Schriften in dieser Ausgabe keine Berücksichtigung finden; vgl. Knoll, *Glaube*, 26 Fn. 60. Eine wissenschaftliche Benutzung, darauf hat zurecht auch Faber, *Verständnis*, 2 Fn.1, hingewiesen, wird dadurch erschwert, daß die Einbindung – im entgegengesetzten Verhältnis zum Preis – nicht gerade stabil zu nennen ist. Diese Ausgabe, deren Bände noch erscheinen, habe ich zwar meistens verwendet, wegen der genannten Mängel aber nicht mehr bei jedem Titel herangezogen. Im Literaturverzeichnis wird sie mit *RGW* zitiert.

[39] „Ethik. Vorlesungen an der Universität München". Aus dem Nachlaß hg. von Hans Mercker. Unter Mitarbeit von Martin Marschall. Band 1 und 2 (Mainz 1993). Ich bezeichne dieses Manuskript im Fließtext meiner Arbeit mit seinem Titel und Anführungszeichen – „Ethik" – oder spreche einfach von den Ethik-Vorlesungen; in den Fußnoten zitiere ich unter dem Kürzel *Ethik*. Siehe die Rezensionen: Brüske, *Wahrnehmungslehre des Guten*; Faber, *Verständnis*, die die Ethik-Vorlesungen unter einem speziellen Aspekt, nämlich dem Verhältnis von Natur und Gnade, untersucht; Schilson, *Ethik*.

[40] Diesem Vorgehen widerspricht auch nicht die bereits erwähnte Bemerkung Guardinis in *Lebensalter*, 79, mit der er der Ethik-Vorlesung die Bedeutung zusprach, „eine Art Synthese meiner Arbeit überhaupt" zu sein. Zunächst legt der unmittelbare Kontext es nahe, diese Äußerung auf die Vorlesung über „Die Lebensalter und die Philosophie" zu beziehen, die Guardini laut dem Vorwort anläßlich seines 70. Geburtstages gehalten hat; vgl. ebd., 7, und ebd., 79, wo Guardini vom „morgigen Datum" spricht. Dafür spricht der persönlich gefärbte Inhalt, der von der Einstellung des Philosophen zum (eigenen) Dasein und vom Verhältnis des altgewordenen Philosophen zum Leben handelt; vgl. ebd., 79-89. Soll der Bezug der Bemerkung darüber hinaus erweitert werden, ist sie auf die Ethik-Vorlesungen zu beziehen. Dies ist dann in dem Sinne zu verstehen, daß Guardini auf die gesamte sich mit Fragen der Ethik beschäftigende Vorlesungstätigkeit anspielt, zum Zeitpunkt der Äußerung sind das zunächst die Münchener Vorlesungen bis zum 16. Februar 1955, also neun Semester Ethik-Vorlesungen; vgl. Mercker, *Bibliographie*, die nn. 787, 836, 837, 882, 883, 931, 932, 992 und 993. In einem noch weiteren Sinn kann in Guardinis Äußerung ein Ausdruck der Bedeutung gesehen werden, die Guardini seiner lebenslangen Beschäftigung mit ethischen Fragen beimaß (was ich ebenso – zugegebenermaßen pro domo – für möglich halte). Irreführend ist es aber, diese Äußerung auf die „Ethik", d.h. die schriftliche Veröffentlichung der Manuskripte der Ethik-Vorlesungen überhaupt zu beziehen, wie das nicht ungeschickt im Vorwort von Henrich nahegelegt wird;

Einleitung

In die Ethik-Vorlesungen ist selbstverständlich das gesamte ethische Denken Guardinis eingeflossen. Einzelne Abschnitte waren bereits durch kleinere Veröffentlichungen oder durch Passagen aus anderen Werken bekannt, die zu Lebzeiten Guardinis veröffentlicht wurden.[41] Den Ethik-Vorlesungen kommt, was den Umfang und die Ausführlichkeit vieler Themen angeht, gewiß eine besondere Bedeutung zu. In dieser Arbeit wird aber keine Kommentierung des gesamten Stoffes angestrebt. Letztlich ist daran zu erinnern, daß Guardini zwar eine Veröffentlichung geplant hatte – ein Exemplar befand sich im Nachlaß des Verlegers von Guardini, H. Wallmann vom Werkbund-Verlag –, der vorliegende Text aber nur unvollkommen auf eine Veröffentlichung hin überarbeitet worden ist und von Guardini in dieser Form nicht zur Veröffentlichung freigegeben wurde.[42]

Bei bestimmten ethischen Phänomenen oder Problemen wird innerhalb des Werkes Guardinis eine Entwicklung zu beobachten sein, die in den Ethik-Vorlesungen ein Problembewußtsein sichtbar werden läßt, das in den vorigen Schriften nicht zu erkennen ist. Zu anderen Punkten wiederholt Guardini, was bereits an anderer Stelle und unter Umständen früher geschrieben wurde. Es gibt jedoch auch Themen, bei denen es ratsam ist, auf frühere ethische Abhandlungen zurückzugreifen, weil Guardini deren begriffliche Klarheit in den Ethik-Vorlesungen nicht mehr erreicht hat. Insgesamt ist festzustellen, daß die Ethik-Vorlesungen keinen genuin neuen ethischen Ansatz im Denken Guardinis darstellen und sich in den Grundanliegen und Grundgedanken nicht von diesem unterscheiden. Dies gilt auch für die in ihnen erkennbaren Probleme und Grenzen, die ebenfalls im sonstigen Denken Guardinis angelegt sind.

> Drei Gesichtspunkte, die die Einordnung der Ethikvorlesungen in das gesamte ethische Denken begründen, möchte ich an dieser Stelle nennen. In der Arbeit selbst soll dann auf Probleme der Ethikvorlesungen nur eingegangen werden, wenn sie typisch für das ethische Denken Guardinis sind:
> Der erste bezieht sich auf die Behauptung, das ethische Denken Guardinis sei nicht systematisch-ethisch: Natürlich liegt dem vorliegenden Manuskript, das einen mehrsemestrigen Vorlesungszyklus vereint, eine systematische Gliederung zugrunde. Sie ergibt sich zum Teil aus dem Gegenstand, einer Betrachtung der sittlichen Wirklichkeit, vgl. *Ethik*, V-XVIII. Es kann jedoch nicht vom Entwurf

---

vgl. *Ethik*, XXII. Diese pedantisch anmutende Bemerkung ist deshalb angebracht, weil sie den Stellenwert der Ethik-Vorlesungen betrifft und beispielhaft zeigt, daß persönliche Äußerungen Guardinis behutsam und genau zu deuten sind.

[41] Vgl. folgende teils wörtliche, teils inhaltliche Übereinstimmungen mit solchen Veröffentlichungen: *Ethik*, 399-420, mit *Askese*; *Ethik*, 240-254, mit *Begegnung*; *Ethik*, 591-660, mit *Lebensalter*; *Ethik*, 845-886, mit *Politische Ethik*; nicht wörtlich, aber inhaltlich *Ethik*, 523-531 und 1171-1177 mit *Annahme*. Schließlich ist noch auf die inhaltlichen und teils wörtlichen Übereinstimmungen in *Existenz* und *Anfang* hinzuweisen.

[42] Eine für die Veröffentlichung gestraffte Neubearbeitung ist über wenige Seiten nicht hinausgekommen; vgl. *Ethik*, 1255-1271. Vgl. auch Faber, *Verständnis*, und Schilson, *Ethik*. Ein Vorteil des unvollkommenen Charakters liegt für die näher Interessierten darin, daß sie einen Einblick in die Werkstatt der Vorlesungen geben und noch die Atmosphäre der Vorlesungssituation vermitteln.

einer systematischen Ethik gesprochen werden, den Guardini selbst nicht intendiert hat. Es fehlen weitgehend Definitionen und Begriffsbestimmungen; vgl. ebd., 1. Es fehlt eine theoretische Begründung des Ansatzes. Guardini grenzt sein Vorgehen von einem geschichtlichen Ansatz ab, der eine Systematik ermöglicht hätte: Er legt keine Geschichte des ethischen Denkens vor, was nicht heißt, daß er in Unkenntnis der ethischen Traditionen arbeitet. Er setzt sich aber nicht systematisch mit einem Ansatz auseinander oder nimmt einen solchen zum Orientierungsrahmen für seine Vorlesungen. Ebd., 513, nennt Guardini beispielhaft drei Ethiken, die systematisch anhand bestimmter Auswahlprinzipien aufgebaut sind: die „Nikomachische Ethik" des Aristoteles, die „Secunda Secundae" aus der Summa Theologiae des Thomas und die „Ethik" Nikolai Hartmanns. (Vgl. auch ebd., 379, wo Guardini zusätzlich auf Schriften von Pieper, Foerster und auf Schelers Ethik „Der Materialismus in der Ethik und die materiale Wertethik" verweist.) Vgl. auch die Abgrenzung von tugendethischen Systemen, die aber nicht als Abgrenzung von einem tugendethischen Denken zu verstehen ist, ebd., 513-520. Guardini geht es um die Deutung des konkreten Daseins; er setzt bei der konkreten, von den Hörerinnen und Hörern nachvollziehbaren Erfahrung an und geht phänomenologisch vor. Guardini räumt selbst ein, daß ein solches Vorgehen die Gefahr einer möglichen Willkür und Zufälligkeit in der Auswahl der Phänomene in sich birgt; mit anderen Worten: Er ist sich der Problematik seiner methodischen Entscheidung gegen ein ethisch-systematisches Vorgehen und gegen die Berücksichtigung verschiedener ethischer Methoden und Ansätze bewußt.
Zweitens: Durch diesen zurecht hervorgehobenen phänomenologischen Ansatz, der ihren ersten größeren Teil prägt, fügt sich die „Ethik" in das Denken Guardinis ein. Denn er wendet hier nur die phänomenologische Methode, die auch in seinen sonstigen Schriften erkennbar ist, auf den Bereich natürlicher Sittlichkeit an, um die Wahrnehmung des Guten in den verschiedenen Phänomenen der Wirklichkeit zu fördern.Vgl. Kapitel II dieser Arbeit. So wird die „Ethik" zu einer „Wahrnehmungslehre des Guten", wie G. Brüske sie zutreffend genannt hat.[43] Wie in anderen Werken setzt Guardini immer wieder bei der Wahrnehmung und Beschreibung des Phänomens an. Die Ethik-Vorlesungen sind also das umfangreichste Werk, in dem Guardini die phänomenologische Methode so gekonnt anwendet, daß sich seine Phänomenerfassungen auch heute noch für einen ersten, bereits tiefgehenden Einstieg zu einem ethischen Problem eignen. Dies erlaubt es, zur Darstellung von Guardinis phänomenologischem Ansatz Aussagen aus den Ethik-Vorlesungen auf das frühere Werk entgegen der Werkchronologie zurückzubeziehen. Schon wegen dieses phänomenologischen Ansatzes wäre der von Guardini für die begonnene Überarbeitung gewählte Titel „Sittliches Leben. Sinngestalten und Zusammenhänge (Phänomene). Aus Erfahrung und Vorlesung" zutreffender gewesen; vgl. *Ethik*, 1255. Dagegen kann der Titel „Ethik" irrtümlich die Erwartung auf einen systematischen Entwurf wecken.
Drittens: Die Ethik-Vorlesungen gliedern sich in zwei Teile, deren Verhältnis unausgewogen ist. Der erste Teil, 1-976, behandelt die natürliche Sittlichkeit.[44] Der zweite Teil, 977-1243, behandelt unter dem Titel „Ethik und Offenbarung" das christliche Ethos, das aus der Begegnung von Ethik bzw. Sittlichkeit – Guardini

---

[43] Vgl. G. Brüske, *Wahrnehmungslehre des Guten*, 83. Vgl. auch die Würdigung bei Schilson, *Ethik*.

[44] Die Seitenzählung läuft über beide Bände; zwischen dem ersten und zweiten Teil wechseln die Gliederungsebenen ‚Kapitel' und ‚Abschnitt'.

spricht an einigen Stellen vom ‚Ethischen', wenn genauer das ‚Sittliche' gemeint ist – und Offenbarungsglauben entstehen soll. Leider ist dieser für eine theologische Ethik besonders interessante Teil wenig bearbeitet, die letzten Punkte sind nur stichwortartig notiert; vgl. 1240-1243. Die Verbindung des ersten Teils über die Phänomene natürlicher Sittlichkeit mit dem zweiten Teil, der christlichen Sittlichkeit, stellte sich, wie Guardini selbst in Tagebuchaufzeichnungen bemerkte, zunehmend als Problem heraus: „Sorge bereitet mir auch, wie der letzte Teil, über die eigentliche christliche Sittenlehre, mit den vorausgehenden zusammenstimmt." *Wahrheit des Denkens*, 65; vgl. weitere Notizen, die mehr oder weniger Zuversicht über das Gelingen des Unternehmens einer christlichen Ethik verraten, ebd., 69, 75, 81, 89. Theologisch kann das Verhältnis der beiden Teile unter der Frage betrachtet werden, wie es Guardini gelingt, das spannungsvolle Ineinander von Schöpfung und Erlösung in die ethische Reflexion umzusetzen. Zu ihrer Beantwortung ist die Untersuchung von Faber hilfreich, die die Ethik-Vorlesungen nach dem Verhältnis von Natur und Gnade befragt und die Spannung zwischen den beiden Manuskriptteilen verständlich macht. Sie stellt heraus, daß beide Teile auf einem schöpfungstheologisch zu begreifenden Fundament stehen.[45] So kommt Guardini im zweiten Teil eigentlich nicht über eine schöpfungstheologisch begründete Anthropologie heraus: In ihren Grundgedanken ist sie aus *Existenz* und *Anfang* bekannt, führt aber in den Ethik-Vorlesungen zu einprägsam formulierten Grundsätzen eines christlichen Ethos. Für die Bestimmung ‚des Spezifischen im christlichen Sollen', also auch zur Frage einer ‚spezifisch christlichen Ethik' finden sich nur Andeutungen; vgl. den Anhang *Ethik*, 1247-1253. Daß gerade dieser Teil der „Ethik" Fragment geblieben ist, ist auch dadurch zu erklären, daß Guardini ihn nur einmal ‚vollständig' in den Vorlesungen behandelte, während er den ersten Teil dreimal anbieten konnte.[46] Guardini hat dieses Problem einer spezifisch christlichen Ethik aber bereits pointiert in seinen Überlegungen über das Wesen des Christentums und das Offenbarungsverständnis angesprochen: In diesem theologischen Zusammenhang formulierte er bereits die entscheidende *Frage*, wie ein Ethos und eine Ethik aussehen müßten, wenn die Person Christi ihre bestimmende Norm sein soll; vgl. Kapitel IV.5.4 und 5.5 dieser Arbeit.

4. Methode und Aufbau der Untersuchung

4.1 Gesichtspunkte einer Guardini-Interpretation

Ein Phänomen der Guardini-Rezeption ist, daß sich zum Teil sehr unterschiedliche Positionen innerhalb von Theologie, Kirche und Gesellschaftspolitik auf Guardini berufen. Dies mag zum einen an der Vielseitigkeit Guar-

---

[45] Vgl. Faber, *Verständnis*, 13, und Schilson, *Ethik*, 96f.
[46] Angesichts des Gewichtes der angesprochenen Problematik, die als Frage nach dem Spezifikum oder Proprium ein Grundproblem moderner christlicher Ethik ist, sei daran erinnert, daß Guardini die Ethik-Vorlesungen im Alter von 65 Jahren begann.

dinis liegen und an unterschiedlichen Akzentsetzungen innerhalb seines Denkens, deren Zusammenhang erst bei genauerem Verstehen erkennbar wird. Zum anderen ist ein Grund darin zu sehen, daß Grundregeln nicht genügend beachtet werden, die die Interpretation eines früheren bedeutenden Autors oder einer Autorin leiten sollten. Zunächst sind folgende einfache hermeneutische Gesichtspunkte zu beachten, auf die bereits in der Guardini-Forschung hingewiesen wurde[47]:

Zu vermeiden ist eine „Berufung auf Guardini, die sein Denken im Grunde aus dem geschichtlichen Ort, an dem es steht, und aus den Situationen, in die es sich immer wieder bewußt hineingestellt hat, herauslöst und ihm damit eine gewisse Überzeitlichkeit zuschreibt"[48]. Gerade bei Guardini verleiten einprägsame Formulierungen und die scheinbare Überzeitlichkeit seiner Gedanken dazu, sie aus dem Zusammenhang zu reißen und Guardini für gegenwärtige gesellschaftspolitische sowie kirchliche Positionen und Zwecke zu vereinnahmen.[49] Guardini nicht zu vereinnahmen und sein ethisches Denken doch mit der Vermutung zu untersuchen, daß es für die Gegenwart von Bedeutung sein könne – dieser Aufgabe versucht die vorliegende Studie durch die Berücksichtigung folgender Gesichtspunkte gerecht zu werden:

Vor allem gilt es, den Kontext und die Intention der verschiedenen Aussagen Guardinis zu beachten. Bereits bei der Interpretation eines Gedankens ist die genaue Berücksichtigung der jeweiligen Schrift oder Abhandlung und deren Gesamtintention wichtig. Es gibt Schriften, deren Interpretation ohne Berücksichtigung des ursprünglichen zeitgeschichtlichen Kontextes nicht möglich ist. Die Bedeutung und Brisanz mancher theologisch-ethischer Aussagen Guardinis wird oft erst vor dem zeitlichen Kontext deutlich, in dem sie entstanden sind. Unter Umständen ist zu fragen, gegen welche Position sich Guardini direkt oder indirekt wendet und in welche Auseinandersetzung hinein er spricht. Auch bezüglich dieser selbstverständlichen hermeneutischen Regel ist eine Guardini-Interpretation gut beraten, den Autor beim Wort zu nehmen. In einer persönlichen Rede anläßlich seines 70. Geburtstages gab Guardini Rechenschaft über sein Werk: „Fast alle meine

---

[47] Vgl. hierzu Biser, *Wer war*; Knoll, *Glaube*, 25-27; Schilson, *Welt und Person*, bes. 1-4, und Schlette, *Romano Guardini Werk*, bes. 40-45.

[48] Schlette, *Romano Guardini Werk*, 42. Bei den folgenden hermeneutischen Bemerkungen beziehe ich mich vor allem auf die Überlegungen, die Schlette an verschiedenen Stellen vorgetragen hat.

[49] Ein „distanzlos repetierter Guardini" läßt sich „fast lückenlos in das Konzept [einer] zeitkritisch-restaurativen Strömung" einfügen, wie Biser zutreffend und warnend bemerkt: „So findet der Kantkritiker Guardini mit seiner radikalen Absage an das angeblich transzendenlose Autonomiestreben der Neuzeit ebenso spontane Zustimmung wie der Zeitkritiker [...]; und ebenso spricht der Warner vor der Gefahr eines liturgischen Aktionismus und der Befürworter eines auf das Gehorsamsmoment gegründeten Glaubensbegriffs all denen aus dem Herzen, die sich aus den unterschiedlichsten Gründen mit dem Weg der nachkonziliaren Kirche nicht abfinden können." Biser, *Wer war*, 442f. Schlette spricht von einer „konservativistischen" Beziehung auf Guardini, die zurecht in hermeneutischer Sicht als primitiv zu bewerten ist, sich des Namens und Ansehens Guardinis bedient, letztlich aber leicht ihre gegenwärtigen kirchen- oder gesellschaftspolitischen Zwecke erkennen läßt; Schlette, *Romano Guardini Werk*, 42.

Einleitung 35

Schriften waren Gelegenheitsschriften – das Wort so verstanden, wie soeben gesagt wurde: als etwas, das aus dem Zusammenhang des Lebens heraus zur Sprache drängte. Und es wäre schön, wenn sie auch so angesehen würden."[50] In dieser Studie wird also der Kontext des Werkes Guardinis berücksichtigt werden. Dies geschieht im Bewußtsein der Unvollständigkeit. Sie ist ein Mangel, allerdings ein verständlicher, denn umfassend kann bei der Untersuchung eines Werkes, das einen Zeitraum von ungefähr 50 Jahren in diesem Jahrhundert umfaßt, der geschichtliche, philosophische und theologische Kontext nicht aufbereitet werden.

Bei anderen Schriften oder Gedanken, die grundsätzlicher oder theoretischer konzipiert sind, kann die Kontextbindung vernachlässigt werden. So ist beispielsweise als Hintergrund der christlich-anthropologischen Schrift „Welt und Person", die 1939 erschien, u.a. die zeitgenössische anthropologische Diskussion zu benennen, durch die eine geistige Offenheit entstanden war, in die hinein Guardini sprechen konnte. Die christlich-anthropologischen Grundaussagen und das Personverständnis Guardinis aber behalten über diesen Kontext hinaus grundsätzliche Bedeutung.[51]

Zu einem geschichtlichen Zugang zum Werk Guardinis gehört es weiterhin, zwischen den verschiedenen Phasen seines Werkes zu unterscheiden.[52] Eine frühe Phase ist bei Guardini von seinen ersten Veröffentlichungen im zweiten Jahrzehnt bis ca. 1925 anzusetzen, dem Jahr der Veröffentlichung des Gegensatzbuches. Eine mittlere Phase umfaßt die Zeit bis Ende der 30er Jahre, vielleicht bis zur Veröffentlichung von „Welt und Person" im Jahre 1939, der Essenz von Guardinis christlich-personalem Denken. Danach, spätestens ab Ende der 40er Jahre ist von dem Spätwerk oder einer späten Phase zu sprechen, in der die bereits in den vorigen Phasen erkennbare Zeitkritik Guardinis deutlicher wird. Mit ihr reagierte Guardini auch auf die Erschütterung durch den Zweiten Weltkrieg und die Erfahrungen des Nationalsozialismus. Die Phaseneinteilung macht deutlich, daß bei einer Interpretation der Schriften eine ‚werkchronologische' Perspektive zu berücksichtigen ist.[53] In dieser Arbeit wird darauf zu achten sein, ob und wie bestimmte Grundgedanken und ethische Schwerpunkte im gesamten Werk wiederkehren und welche Weiterentwicklungen oder Neuansätze zu vermerken sind.[54] Die

---

[50] *Stationen*, 30.
[51] Vgl. hierzu Schilson, *Welt und Person*.
[52] Allerdings sind die Grenzen nicht scharf zu ziehen. Vgl. Knoll, *Glaube*, 535f., und leicht differierend Schlette, *Romano Guardini Werk*, 43. Hier stellt sich die Frage nach den Kriterien: Nimmt man bestimmte Werke und inhaltliche Schwerpunkte als Orientierungspunkte oder zeitgeschichtliche Daten wie das Jahr 1945?
[53] Diesen Gesichtspunkt hebt Knoll, *Glaube*, 26f., hervor.
[54] Die eine Zeit lang die Guardini-Forschung beschäftigende Aussage von Balthasars, vgl. ders., 11, daß im Werk Guardinis eine „namhafte Entwicklung" der Gedanken oder „gar eine Änderung" der Grundpositionen zwischen 1920 und 1960 nicht wahrnehmbar sei, hat endgültig Knoll in seiner Gesamtstudie als irreführend für das Verständnis Guardinis widerlegt; vgl. Knoll, *Glaube*, 20. Dementsprechend werden an einzelnen Punkten Entwicklungen und neue Schwerpunktsetzungen, die aus ethischer Perspektive im Denken Guardinis deutlich werden, festzuhalten sein. Vgl. hierzu Guardinis eigene Äußerung: Er spricht von Grundgedanken, die

chronologische Einordnung der Schriften tritt in den Hintergrund, wenn sich zeigt, daß Guardini an früh formulierten Gedanken auch in der späten Phase seines Werkes festgehalten hat.

4.2 Der methodische Ansatz der Untersuchung

Nach diesen allgemeinen Bemerkungen ist das besondere Vorgehen in dieser Arbeit vorzustellen: Bereits durch die These der Arbeit legt sich ein schwerpunktmäßig werkimmanenter Ansatz nahe. Das Hauptinteresse dieser Untersuchung gilt den Grundanliegen, dem Gesamtcharakter und den Grundstrukturen des gesamten ethischen Denkens Guardinis. Unter dieser fundamentalethischen Perspektive wird die Bedeutung und die Leistung Guardinis eher sichtbar werden, als wenn nur nach der möglichen Aktualität einzelner ethischer Aussagen und Schwerpunkte gefragt wird. Trotzdem wird sich bei bestimmten Themen und Fragestellungen eine mitunter überraschende Aktualität und Weitsichtigkeit zeigen, was im einzelnen und möglichst differenziert festzustellen ist. Die Stärke, allerdings auch die Grenze Guardinis liegt hier meistens im Grundsätzlichen: Er macht auf Probleme der sittlichen Existenz aufmerksam; die Lösungsansätze beschränken sich meistens auf die Frage nach den erforderlichen sittlichen Grundeinstellungen und Haltungen. Zur Profilierung Guardinis als theologisch-ethischer Denker und wegen des erwähnten moraltheologiegeschichtlichen Interesses werden in dieser Arbeit in einzelnen Kapiteln Positionen der modernen katholischen Moraltheologie als Bezugspunkte herangezogen.

Es gilt also, aus dem Werk Guardinis das Profil seines ethischen Denkens herauszuarbeiten. Dazu wird diese Studie unter Beachtung der genannten hermeneutischen Gesichtspunkte die inneren Zusammenhänge und Linien im Denken Guardinis verdeutlichen, die von Guardini selbst nicht expliziert worden sind. Die bisher noch nicht geleistete Untersuchung der Voraussetzungen, der Methoden, der Grundstrukturen und der zentralen Themen des ethischen Denkens soll die Grundlage schaffen, um es für die Gegenwart fruchtbar machen zu können.

Der überwiegend werkimmanente Zugang dieser Arbeit ist auch in der Eigenart von Guardinis Denken und in der Werkgestalt selbst begründet. Gewiß hat Guardini in seinem ethischen Denken wie in seinem gesamten Werk Anregungen früherer und zeitgenössischer Theologen und Philosophen aufgenommen. Guardini hat nicht in Unkenntnis der ethischen Philosophie und der theologisch-ethischen Tradition seine eigenen ethischen Überlegungen entwickelt.[55] Da er sich aber nicht systematisch mit anderen Entwürfen und

---

sich aus der immer neuen Begegnung von Glaube und Welt ergaben und als Leitgedanken immer wiederkehrten. Als solche entwickelten sie sich weiter und ergaben „in neuen Zusammenhängen neue Beleuchtungen". *Stationen*, 31.

[55] Auch zu dieser methodischen Frage ist eine Äußerung Guardinis zu erläutern, die seine Ethik-Vorlesungen betrifft: „Für die ganze Ethik, die sich nun schon ins siebente Semester erstreckt, habe ich kein Buch aufgemacht. Ich könnte es gar nicht. Es würde den Vorgang beirren und

ethischen Konzeptionen auseinandersetzt oder an diese anlehnt, ist ein ausführlicher Vergleich nicht notwendig. Daß Guardini so gut wie keine Quellen angibt, erschwert es, den vielfältigen sich anbietenden Bezügen nachzugehen, die der Guardini-Forschung noch ein weites Betätigungsfeld eröffnen.[56] Es sind Grundgedanken, die Guardini zustimmend oder sich abgrenzend aufgreift, worauf gegebenenfalls in dieser Arbeit einzugehen ist. Wie bei jeder methodischen Entscheidung gilt allerdings auch hier: Eine bestimmte Fragestellung und ein mit ihr gewählter Rahmen bedeuten immer auch eine Begrenzung.

Da das ethische Denken Guardinis in seiner eigenen Gestalt im Unterschied zu anderen Facetten seines Denkens bisher noch nicht oder kaum bekannt ist, soll der untersuchte Autor selbst als Ethiker ausführlich zu Wort kommen. Der systematische Zugang, für den das breit verstreute Material zu ordnen war, brachte dieser Arbeit den ‚hermeneutischen Vorteil' einer gewissen Distanz. Die Überzeugung, daß es leichter ist, einen Denker zu verstehen und ausführlich zu untersuchen, wenn dies mit Respekt vor dem Lebenswerk und einer gewissen Sympathie für die Grundanliegen und den Charakter des Denkens geschieht, wird dieser Studie zu Guardini dennoch anzumerken sein.

4.3 Zum Aufbau der Arbeit

Die angestrebte systematische Ordnung des aus dem Gesamtwerk herauszuarbeitenden ethischen Denkens erfolgt zunächst durch die Dreiteilung dieser Arbeit. Die Einleitungen und Zwischenergebnisse sollen den inneren Zusammenhang dieser Teile und der einzelnen Kapitel verdeutlichen.

Der erste Teil untersucht die Voraussetzungen und Grundlagen des ethischen Denkens Guardinis. Der Lehrauftrag für Religionsphilosophie und katholische Weltanschauungslehre brachte Guardini dazu, die Eigenart seines Denkens auszubilden. So ist auf die christliche Weltanschauungslehre als universitären Rahmen und Ausgangspunkt eines großen Teils des ethischen Denkens in Kapitel I einzugehen. Das Kapitel II widmet sich dem phänomenologischen Ansatz, der bereits als die bestimmende Methode im ethischen Denken Guardinis angesprochen wurde. Gerade zur Erfassung der sittlichen Wirklichkeit hat Guardini auch auf seine Gegensatzlehre zurückgegriffen, die in Kapitel III behandelt wird. In der Guardini-Forschung sind alle drei

---

Aufgaben ganz anderer Art stellen." *Wahrheit des Denkens*, 62. Aus dieser Äußerung ist nicht zu folgern, daß Guardini während seiner Auseinandersetzung mit ethischen Fragen keine Fachethiken zur Kenntnis genommen hat; vgl. dagegen bereits *Ethik*, 379 und 513. Die Aussage ist so zu verstehen, daß Guardini für die unmittelbare Vorbereitung der Münchener Ethik-Vorlesungen keine Fachbücher mehr herangezogen hat. Er wählte einen eigenen Ansatz und konnte im übrigen auf seiner über 30-jährigen Beschäftigung mit ethischen Fragen aufbauen. Vgl. zu dieser naheliegenden Erklärung auch G. Brüske, *Wahrnehmungslehre des Guten*, 83.

[56] Sie kann dabei, wie es auch in dieser Arbeit geschieht, auf der ausführlichen Arbeit von Knoll, *Glaube*, aufbauen.

Themen bekannt und bereits aus verschiedenem Blickwinkel betrachtet worden. In dieser Arbeit werden sie unter der Fragestellung untersucht, wie sie das ethische Denken Guardinis bestimmen. Mit Guardinis Offenbarungsverständnis sollen in Kapitel IV ergänzend zu Kapitel I die theologische Basis des ethischen Denkens und wichtige theologisch-ethische Fragestellungen erfaßt werden.

Nachdem im ersten Teil die für Guardini charakteristischen Grundlagen untersucht werden, geht es im zweiten Teil um sein Verständnis ethischer Grundbegriffe. In Kapitel V wird Guardinis Personverständnis untersucht, das als Dreh- und Angelpunkt des Denkens Guardinis gelten kann und entsprechend prinzipielle Bedeutung für das ethische Denken hat. Die Kapitel VI, VII und VIII behandeln Guardinis Verständnis des Guten, des Gewissens und der sittlichen Freiheit. Sie sind für Guardini die fundamentalen Phänomene sittlicher Wirklichkeit. Ihre Deutung läßt den ethischen Denker Guardini deutlich hervortreten und aufbauend auf Kapitel V die Eigenart des christlich-personalen Ethos sichtbar werden, um dessen Bildung es Guardini geht.

Im dritten Teil werden mit dem Verständnis von Gehorsam und Autorität und Guardinis Auseinandersetzung mit dem Autonomiegedanken in den Kapiteln IX und X zentrale Themen des ethischen Denkens Guardinis untersucht. Nach der systematischen Erschließung der beiden ersten Teile geht es hier um die Konkretionen, an denen die Stärken und die Grenzen von Guardinis ethischem Denken deutlich werden. Besonders über die ausführliche Diskussion seines Autonomieverständnisses wird in Kapitel X der Bezug zur modernen katholischen Moraltheologie hergestellt. Hier tritt das moraltheologiegeschichtliche Interesse der Untersuchung hervor. Das Kapitel XI verdeutlicht Guardinis Bemühen um ein personales Ethos, indem es den tugendethischen Ansatz herausstellt. Er ist besonders kennzeichnend für das Profil des ethischen Denkens Romano Guardinis.

Zum Schluß sollen mögliche Anstöße festgehalten und Ausblicke formuliert werden, die sich nach dieser Untersuchung ergeben.

Erster Teil:

Die Grundlagen des ethischen Denkens

In den vier Kapiteln des ersten Teiles werden als Grundlagen des ethischen Denkens Guardinis die Konzeption seiner christlichen Weltanschauungslehre, die Gegensatzlehre, die phänomenologische Erfassung und das Offenbarungsverständnis behandelt. Diese vier Themen sind von vornherein im Zusammenhang zu begreifen, um die Eigenart des Denkens Guardinis und seines ethischen Denkens im besonderen zu erfassen.

Kapitel I untersucht mit der Weltanschauungslehre Guardinis das Programm, das mit der Berufung auf den Berliner Lehrstuhl für „Religionsphilosophie und katholische Weltanschauungslehre" zum Rahmen seines Denkens wurde und Guardini wiederholt Anlaß gab, seinen geistigen Standort zu bestimmen. Guardinis Verständnis von ‚katholischer Weltanschauung' und ihrer Lehre sowie seine besondere Lehrtätigkeit lassen bereits charakteristische Züge seines ethischen Denkens sichtbar werden. Das christlich-ethische Denken Guardinis läßt sich auf der Grundlage der Weltanschauungslehre als die methodische Deutung der Begegnung von Glaube und Welt im Bereich sittlicher Wirklichkeit verstehen. Die Methoden, die notwendig waren, um den Akt und die Lehre der Weltanschauung rational zu klären und ihren Nachvollzug zu ermöglichen, fand Guardini in der Gegensatzlehre und in der phänomenologischen Methode. Sie werden in den Kapiteln II und III dargestellt. Die Gegensatzlehre ist im Denken Guardinis ein ‚erkenntnistheoretischer Versuch' über den Zugang zur konkreten Wirklichkeit der Welt und des Lebens, wie er in der Weltanschauungslehre vom Standpunkt des Glaubens aus eröffnet wurde. Sie wird ergänzt durch die phänomenologische Erfassung der Wirklichkeit. Guardini bediente sich beider Erkenntnismethoden auch in seinem ethischen Denken, worauf im einzelnen hinzuweisen ist. Werkchronologisch gesehen, bewegen wir uns mit den ersten drei Themen in der frühen Phase seines Denkens; sie bleiben jedoch bestimmend für sein ganzes Werk. Wenn inhaltliche Anknüpfungspunkte oder charakteristische Topoi dies nahelegen, wird deshalb das spätere Werk in die Untersuchung einbezogen.

Dies gilt auch für das vierte Kapitel, in dem das Offenbarungsverständnis Guardinis untersucht wird. Werkchronologisch führt dieses Kapitel aus der frühen Phase der 20er Jahre in die 30er Jahre hinein. Es ist in theologischer Perspektive als Entfaltung des in Kapitel I angesprochenen Standpunktes christlicher Weltanschauung – der Glaube an die Offenbarung – zu begreifen, den Guardini zu Beginn seiner Lehrtätigkeit ohne nähere Erläuterung einfach voraussetzte. Mit der Darstellung des Offenbarungsverständnisses wird die theologische Grundlage des ethischen Denkens Guardinis deutlich werden. Die theologisch-ethische Perspektive der Untersuchung bleibt bestimmend, weshalb die dogmatischen Aspekte und die hermeneutischen Fragen zum Schriftverständnis nicht intensiver behandelt werden. Nach der Untersuchung der Grundlagen in den ersten drei Kapiteln läßt das Offenbarungsverständnis am Ende des ersten Teiles bereits die Ausrichtung und inhaltliche Schwerpunkte des ethischen Denkens Guardinis erkennbar werden.

I. Die Aufgabe: Katholische Weltanschauungslehre

1923 wurde Romano Guardini auf den neu errichteten Lehrstuhl für „Religionsphilosophie und katholische Weltanschauung" nach Berlin berufen, auf dem er bis zur Auflösung dieses Lehrstuhles 1939 lehrte. Von 1945 bis 1949 setzte er nach dem Zweiten Weltkrieg diese Lehrtätigkeit in Tübingen fort.[1] 1948 wurde Guardini nach München berufen, wo er mit dem Lehrauftrag „Religionsphilosophie und christliche Weltanschauung" bis 1962 Vorlesungen zu Themen christlicher Weltanschauung gemäß der von ihm entwickelten Konzeption gehalten hat.[2] Gegenstand dieser Vorlesungen waren Themen theologisch-systematischer Art, Auslegungen des Neuen Testamentes und Interpretationen dichterischer, religiöser und philosophischer Gestalten, die ausführliche Beschäftigung mit dem Entwurf einer theologischen Anthropologie und schließlich Grundfragen eines christlichen Ethos bzw. christlicher Ethik. Vor allem in der Münchener Zeit war die Beschäftigung mit christlicher Ethik ein Schwerpunkt in der Tätigkeit Guardinis.[3] Der Lehrauftrag für katholische bzw. christliche Weltanschauung ist also der akademische Rahmen des ethischen Denkens Guardinis; viele seiner Veröffentlichungen sind aus seiner Vorlesungs- und Vortragstätigkeit hervorgegangen. Daneben wirkten sich, besonders in den 20er und 30er Jahren, Guardinis Tätigkeit auf Burg Rothenfels, in der Jugendbewegung und in der liturgischen Bewegung auf seine Schriften aus.

Der Lehrauftrag in Berlin verlangte von Guardini, Rechenschaft über den Ausgangspunkt, den Gegenstand und die Methode seiner christlicher Weltanschauungslehre zu geben. Er entwickelte sein Verständnis von christlicher

---
[1] Eine einflußreiche Rolle bei der Berufung Guardinis nach Tübingen spielte der (Bildungs-)Politiker Carlo Schmid. Zu Beginn der Vorlesungen in Tübingen gab Guardini kurz Rechenschaft über seinen Lehrauftrag. Trotz der „scharfen Prüfung" durch die Zeit des Krieges waren für ihn die Grundlage, auf welcher seine Arbeit aufbaute, und der Geist, durch den sie getragen war, im wesentlichen unverändert gültig. „So fährt die neue Arbeit mit dem fort, was im Frühjahr 1939 abgebrochen wurde – freilich so, daß die dazwischen liegende Zeit überall ihr Wort mitspricht." *Beginn der Vorlesungen**, 2.
[2] Vgl. *Vorlesungen und Lehrveranstaltungen*. Siehe ausführlicher zu den hier nur kurz erwähnten biographischen und zeitgeschichtlichen Umständen der Vorlesungstätigkeit Guardinis in Berlin, Tübingen und München Gerl, *Romano Guardini*, 140ff., 267-277, 330-333 und 343ff.; Knoll, *Glaube*, 142-173; Wirth, *Dokumente* und *Zum Guardini-Lehrstuhl*. Michael Höhle danke ich für einen noch unveröffentlichten informativen Vortrag über „Die Einrichtung eines Lehrstuhls für Religionsphilosophie und katholische Weltanschauung in Berlin", der die Einrichtung des Lehrstuhls aus kirchenhistorischer Sicht betrachtet.
[3] Vgl. *Berichte*, 45, und *Vorlesungen und Lehrveranstaltungen*, 281-285; schon im Sommersemester 1924 und 1926 las Guardini über „Grundfragen lebendiger Sittlichkeit", 1925 über „Grundprobleme des sittlichen Lebens". Aus den Münchener Ethik-Vorlesungen ist die posthume Veröffentlichung der „Ethik" hervorgegangen. Siehe zu den Themen von Guardinis Vorlesungen insgesamt auch die Darstellung bei Knoll, *Glaube*, 167-171.

bzw. katholischer Weltanschauung, das zum ‚Grund- und Leitgedanken'[4] seines Denkens wurde. Dieses ist mit dem besonderen Interesse an seiner Bedeutung für das ethische Denken zu untersuchen. Dabei sind neben der sogenannten „Antrittsvorlesung"[5] auch spätere Rückblicke und Deutungen Guardinis heranzuziehen, in die bereits die Erfahrungen und Reflexionen des gesamten Werkes eingegangen sind. Zuerst soll ein Blick auf die philosophischen Weltanschauungslehren die geistige Herausforderung verdeutlichen, vor die sich Guardini gestellt sah.

1. Das geistesgeschichtliche Problem der Weltanschauung und der Lehrstuhl in Berlin

Das Problem der ‚Weltanschauung' beschäftigte die deutsche Philosophie intensiv im 19. und in den ersten Jahrzehnten dieses Jahrhunderts.[6] Der „kaum übersetzbare Begriff der deutschen Geistesgeschichte"[7] war seit etwa 1780 bekannt und bildete sich im Anschluß an die Aufklärung heraus. Er setzte die Loslösung sinnerfüllter Welt- und Lebensanschauungen von der kirchlich vermittelten Glaubenswelt und den anderen Religionen voraus. Zugleich war Sache und Begriff der Weltanschauung in dieser Zeit in Absetzung von den naturwissenschaftlichen Erkenntnissen über die Welt zu verstehen.[8] Max Scheler bestimmte in Wiedergabe des berühmten Vortrages „Wissenschaft als Beruf" von Max Weber das Verhältnis von Fachwissenschaft und Weltan-

---

[4] Vgl. *Stationen,* 19ff., 31 und 43; Mercker, *Weltanschauung,* 11f.
[5] Gemeint ist die sogenannte Vorlesung „Vom Wesen Katholischer Weltanschauung". Eine akademische Antrittsvorlesung im eigentlichen Sinne hat Guardini in Berlin nicht gehalten. Er entwickelte sein Verständnis von Weltanschauung in den ersten Vorlesungen: „Das Nachstehende bildet den Inhalt der ersten Vorlesungen des Verfassers auf dem Gast-Lehrstuhl für Religionsphilosophie und katholische Weltanschauung an der Berliner Universität 1923." *Weltanschauung,* 7 Fn.1. Guardini spricht in *Berichte,* 43, von der „ersten, der Antrittsvorlesung sozusagen". Der Einfachheit halber wird dieser mittlerweile gewohnte Ausdruck weiter verwendet; vgl Knoll, *Glaube,* 148f.
[6] Vgl. zum folgenden besonders die Deutung von Guardinis Weltanschauungsverständnis bei Fries, *Nachwort,* 41-51; desweiteren J. Klein; Söhngen und Reding. Bezeichnend für die theologische Rezeption Guardinis in den 70er Jahren ist, daß unter dem Stichwort „Weltanschauung" in den beiden katholischen Lexika bzw. Kompendien aus den 60er bzw. 70er Jahren (im LThK von Söhngen und in Sacramentum Mundi von Reding verfaßt) Guardini nicht erwähnt wird, wohl aber im Artikel „Weltanschauung" im evangelischen RGG (von Klein).
[7] Gerl, *Weltanschauung,* 1136. Gerl führt hier Kant, die Romantik und Schleiermacher an.
[8] Klein, 1605f., unterscheidet zwischen Weltbild und Weltanschauung, die in unserer Alltagssprache meist synonym verwandt werden. Das Weltbild beschreibt „die allgemeine Struktur der Welt in wissenschaftlicher theoretischer Gesamtschau" und ist Aufgabe der Wissenschaften, vor allem der Naturwissenschaften. Im Begriff der Weltanschauung tritt die subjektive Komponente in der Deutung der Welt und in der Stellung des Menschen in ihr hervor. Für das Weltanschauungsverständnis Guardinis spielt diese begriffliche Unterscheidung keine Rolle.

schauung folgendermaßen: „Die positive Fachwissenschaft hat für die Setzung von Weltanschauung keinerlei Bedeutung. Sie muß streng wertfrei und weltanschaulich voraussetzungsfrei sein."[9] Demgegenüber bedeutete Weltanschauung nicht die wissenschaftlich analysierende Erklärung der Welt, sondern einen subjektiv bedeutsamen Entwurf, der mit Verbindlichkeitsanspruch die Gesamtheit aller Dinge in die Einheit eines Sinnganzen fügt und so ein bestimmtes Lebensverständnis ausbildet. Weltanschauungen sind nach Dilthey, der maßgeblich die Weltanschauungslehre prägt, „Versuche der Auflösung des Lebensrätsels"[10]. „Alle Weltanschauungen enthalten, wenn sie eine vollständige Auflösung des Lebensrätsels zu geben unternehmen, regelmäßig dieselbe Struktur. Diese Struktur ist jedesmal ein Zusammenhang, in welchem auf der Grundlage eines Weltbildes die Fragen nach Bedeutung und Sinn der Welt entschieden und hieraus Ideal, höchstes Gut, oberste Grundsätze für die Lebensführung abgeleitet werden."[11]

Die philosophische Weltanschauungslehre setzte sich zur Aufgabe, die einzelnen Weltanschauungen auf dem Hintergrund des Lebens und der Geschichte zu untersuchen und zu verstehen.[12] Sie anerkannte sie als Objektivierungen und geschichtliche Ausformungen der Selbstauslegung des Lebens. Das „Rätsel des Lebens" sei, so Dilthey, als „der einzige, dunkle, erschreckende Gegenstand aller Philosophie"[13] die zugrundeliegende Einheit der verschiedenen weltanschaulichen Systeme, seien sie philosophischer, religiöser oder dichterischer Art.[14] Der Anspruch einer Weltanschauung auf absolute Wahrheit und Allgemeingültigkeit muß aber im Namen des Lebens und der Geschichtlichkeit als unerfüllbar zurückgewiesen werden, denn jede Weltanschauung zeigt sich vor deren Hintergrund als bedingt, wandelbar und einseitig. Jede Weltanschauung ist zudem eine neben anderen, was eine weitere grundsätzliche Relativierung bedeutet. „Nach dem Satz: ‚Jede Weltanschauung ist wahr, aber jede ist einseitig' verbleibt als einzige Möglichkeit der philosopischen Weltanschauungslehre, eine vom Leben, vor allem vom Leben des Geistes gegebene Typologie und Klassifikation der Hauptformen der Weltanschauungen zu versuchen."[15]

---

[9] Scheler, *Weltanschauungslehre*, 13. Scheler, der sich sonst kritisch mit Weber auseinandersetzt, stimmt ihm hierin ausdrücklich zu, vgl. ebd., 17. Zur Wissenschaft gehört die „arbeitsteilige Vielheit", d.h. es gibt sie nur als Wissenschaften, während die Weltanschauung Einheit fordert. Die Wissenschaften vermitteln wahrscheinliche und korrigierbare Erkenntnisse, während die Weltanschauungen Endgültiges in ihre Überzeugungen aufnehmen wollen; vgl. ebd., 18.
[10] Dilthey, 82.
[11] Ebd. Karl Jaspers bestimmt in seiner „Psychologie der Weltanschauungen" den Begriff folgendermaßen: „Was ist Weltanschauung? Etwas Ganzes und Universales. Wenn z.B. vom Wissen die Rede ist: nicht einzelnes Fachwissen, sondern das Wissen als eine Ganzheit, als Kosmos. Aber Weltanschauung ist nicht bloß ein Wissen, sondern sie offenbart sich in Wertungen, Lebensgestaltungen, Schicksal [...] wenn wir von Weltanschauungen sprechen, so meinen wir Ideen, das Letzte und das Totale des Menschen, sowohl subjektiv als Erlebnis und Kraft und Gesinnung, wie objektiv als gegenständlich gestaltete Welt." Jaspers, *Psychologie*, 1.
[12] Vgl. Fries, *Nachwort*, 45, und Klein, 1604.
[13] Dilthey, 140.
[14] Vgl. ebd., 151f.
[15] Fries, *Nachwort*, 43. Das Zitat bei Dilthey, 224.

Ernst Troeltsch wendete die Einsicht der historischen Relativität auf das Christentum an, das unter historischer Perspektive keinen Absolutheitsanspruch mehr behaupten könne, versuchte aber, eine relative geschichtliche Überlegenheit des Christentums aufzuweisen.[16] Bei Karl Jaspers ist die Psychologie der Weltanschauungen ein Teil der verstehenden Psychologie, die die Weltanschauungen als Objektivierungen von Erfahrungen und Bewegungen der Seele achtet und durch sie verstehen möchte, was der Mensch ist.[17] Max Scheler schließlich unterzog mit den Weltanschauungen auch das Christentum und die Kirche der soziologischen Kritik. Dieser zeigten sich die Weltanschauungen und Religionen selbst dort durch soziologisch erklärbare Faktoren bedingt, wo es sich um eigentlich religiöse Vorgänge handelt.[18]

Die philosophische Erörterung erkannte den Willen der Weltanschauung zur Ganzheit und Universalität in der Betrachtung der Welt.[19] „Weltanschauung bedeutet subjektiv: das Ganze des Menschen: Denken und Werten, Wollen und Fühlen, Wissen und Glauben, Deuten und Bekennen sind im Akt der Anschauung beteiligt."[20] In der Weltanschauung sah sie die Tendenz, das Spezialistentum der Fachwissenschaften und die geistige Zergliederung des 19. Jahrhunderts zu überwinden. Doch die angestrebte Ganzheit in der Sicht der Welt erwies sich als nicht mehr möglich: Das Ganze der Welt konnte nicht mehr Gegenstand der Erkenntnis sein. Der Anspruch auf eine allgemeingültige einheitliche Sicht der Welt und des Lebens mußte in der Sicht der Philosophie scheitern, da die Weltanschauungen in ihrer historischen, psychologischen und soziologischen Bedingtheit erkannt wurden.

Das bedeutete, zumindest bei Dilthey, Troeltsch und Jaspers, keinen absoluten Relativismus der Weltanschauungsphilosophie, denn die Weltanschauungen trugen nach deren Sicht in ihrer Bedingtheit und Einseitigkeit durchaus zur Erhellung der Wahrheit des Lebens bei. Für Jaspers wurde durch die psychologische Einstellung seiner Weltanschauungslehre sogar die Frage intensiviert, „ob nicht etwas Wahrhaftes, Substantielles hinter Dingen stecke, die man gemeinhin als erledigt, als albern, als beschränkt und wie sonst bezeichnet. [...] Was alles an weltanschaulichen Einstellungen, Weltbildern [...] entstanden ist, kann nicht absolut nichtig sein."[21] Trotz der grundsätzlichen Relativierung sind bei ihm die Weltanschauungen als Versuche des Menschen zu würdigen, die Beziehung zum Ganzen des Universums zu verstehen.

---

[16] Vgl. Fries, *Nachwort*, 44f. mit Bezug auf Ernst Troeltsch, Die Absolutheit des Christentums und die Religionsgeschichte, München 1969.

[17] „Wir wollen nur sehen und wissen, was seelisch wirklich war und möglich ist. Dabei wissen wir, was das Rationale ist und wissen, daß unsere ganze universal gemeinte Betrachtung von Weltanschauungen rationales Tun ist." Jaspers, *Psychologie*, 4f.

[18] So ist die Verehrung des göttlichen Stifters soziologisch ein Entlastungsvorgang für die religiöse Gemeinschaft, da sie Distanzierung bewirkt und von subjektiver Verantwortung entbindet. „Dieser Vorgang ist stets der Sieg des *Massendruckes* und der Massenführer gegen die höheren, reineren Formen spiritueller Religiösität"; Scheler, *Probleme*, 74. Vgl. Fries, *Nachwort*, 47f.

[19] Vgl. Jaspers, *Psychologie*, 1 Fn. 11.

[20] Fries, *Nachwort*, 48.

[21] Jaspers, 4.

„Das reine Licht der Wahrheit ist nur im verschieden gebrochenen Strahl für uns zu erkennen."²² Als ‚gebrochener Strahl' der Wahrheit des Lebens behält jede Weltanschauung grundsätzliche Bedeutung. Deshalb kann sie Gegenstand der philosophischen Untersuchung in der Weltanschauungslehre werden.

Damit ist der geistige Hintergrund einer Zeit angedeutet, in der an deutschen Universitäten Professuren für die intensive Auseinandersetzung mit der weltanschaulichen Problematik eingerichtet wurden. Ausschlaggebend für die Einrichtung von Guardinis Lehrstuhl für „Religionsphilosophie und katholische Weltanschauung" waren letztlich weniger die geisteswissenschaftliche Diskussion, sondern günstige politische Umstände. Daß an der protestantischen Berliner Universität ein katholischer Lehrstuhl errichtet werden konnte, ist der Umsetzung des „Prinzips der Parität" unter den Konfessionen zu verdanken, das in diesem Falle erfolgreich vom politischen Katholizismus eingefordert wurde.²³ Für einen katholischen Theologen bedeutete ein solcher Lehrstuhl, dessen Auftrag weder Apologetik noch Fundamentaltheologie beinhalten sollte, Neuland. Die besondere inhaltliche Herausforderung bestand darin, daß nach Guardinis Überzeugung die mit dem Weltanschauungskonzept verbundene Vorstellung von der Relativität der Weltanschauungen nicht auf die von ihm darzustellende katholische Weltanschauung und Wahrheit zutreffen konnte. Guardini war sich über die konkrete Verwirklichung seiner Aufgabe zunächst unklar. In einem Rückblick erwähnt er dankbar Max Scheler, der ihm folgenden Rat gegeben hatte: „Sie müßten tun, was im Wort ‚Weltanschauung' liegt: die Welt betrachten, die Dinge, den Menschen, die Werke, aber als verantwortungsbewußter Christ, und auf wissenschaftlicher Ebene sagen, was Sie sehen."²⁴ In dieser

---

²² Dilthey, 224.
²³ Vgl. Höhle, 1-4. Umgekehrt wurde beispielsweise ein vergleichbarer protestantischer Lehrstuhl an der katholischen Universität in Münster eingerichtet. Guardini war zu dieser Zeit teils durch seine schon veröffentlichten Schriften, besonders die zur Liturgie, teils durch sein Engagement in der katholischen Jugendbewegung und schließlich als junger Dozent in Bonn bekannt. Er wurde für den vom preußischen Kultusministerium befürworteten Lehrstuhl empfohlen. Siehe die zeitgeschichtlichen Dokumente bei Wirth, *Dokumente,* und *Berichte,* 36ff. Die Einrichtung dieses Lehrstuhles an der Universität stieß allerdings auf Schwierigkeiten, die der Toleranz-Idee der philosophischen Weltanschauungsdiskussion widersprachen. In der protestantischen Universität Berlin ließ sich ein Lehrstuhl für katholische Weltanschauung weder der evangelisch-theologischen noch der philosophischen Fakultät angliedern. „Da ich mit keiner Fakultät etwas zu tun hatte", so berichtet Guardini, „stand ich außerhalb des Universitätsgefüges. [...] Für die Universität war ich der vom Zentrum aufgezwungene Propagandist der katholischen Kirche, welcher an der ‚Hochburg des deutschen Protestantismus' nichts zu suchen hatte, und sie zeigte mir das auf jede Weise"; *Berichte,* 40f. Guardini wurde Professor an der katholischen Fakultät der Universität Breslau mit der Beauftragung zur ständigen Gastprofessur in Berlin. Neben diesen Hindernissen gab es auch binnenkirchliche Auseinandersetzungen um die Aufgabe Guardinis in der Diasporasituation Berlins. Siehe zu den konkreten Umständen, die Guardini dort als ‚Vertreter des Katholizismus' zu bewältigen hatte, die autobiographischen Schilderungen in *Berichte,* 35-51; *Stationen,* 17-22, und die in Fn. 2 genannte biographische Literatur.
²⁴ *Stationen,* 19. Scheler fügte die Empfehlung hinzu, z.B. die Romane Dostojewskis von christlichem Standpunkt aus zu deuten. Die Interpretation von Literatur und Dichtung wurde

Erinnerung Guardinis an Scheler wird bereits deutlich, wie Guardini die ihm übertragene Aufgabe christlicher Weltanschauung verstand: Als Deutung der Wirklichkeit vom Standpunkt des Glaubens aus, die mit wissenschaftlicher Verantwortlichkeit und auf hoher geistiger Ebene erfolgen sollte.[25]

2. „Vom Wesen Katholischer Weltanschauung"

2.1 Der Akt der Weltanschauung

Was ist katholische Weltanschauung, und wie kann sie in einem universitären Rahmen, d.h. unter wissenschaftlichem Anspruch dargestellt werden? Diese Fragen versuchte Guardini in den ersten Vorlesungen bzw. in seiner sogenannten ‚Antrittsvorlesung' zu beantworten. Von vornherein unterscheidet er seine Aufgabe von der philosophischen Weltanschauungslehre. Diese fragt allgemein nach dem Wesen einer Weltanschauung, untersucht ihre Voraussetzungen und stellt ihre Einsichten und Behauptungen in Beziehung zu den Einzelwissenschaften. Guardini bestimmt demgegenüber seine Aufgabe als die Darlegung einer bestimmten, nämlich der katholischen Weltanschauung. Jenes Weltbild soll entwickelt werden, „das der Vortragende als Wahrheit vertritt"[26].

Dies schließt nicht aus, Fragen und Ergebnisse der philosophischen Weltanschauungslehre zu berücksichtigen. So übernimmt Guardini zunächst die Bestimmung von Weltanschauung aus der zeitgenössischen Weltanschauungsdebatte. Weltanschauung ist auch für ihn eine Erkenntnisbewegung, die sich auf die Ganzheit der Dinge und der Welt richtet. Eine Weltanschauung unterscheidet sich darin von den Einzelwissenschaften, die das Ganze des Seins zergliedern und sich auf ihr je besonderes Gegenstandsgebiet richten. Die Einheit des Ganzen ist bei ihnen nur über die Synthese methodisch getrennter Einzelheiten zu erreichen. Eine solche Synthese aber ist nicht mehr möglich, weil mit zunehmendem wissenschaftlichen Fortschritt das Einzelwissen und die Ausdifferenzierung der Wissenschaften wachsen. Der Weg zum Ganzen ist endlos geworden. Die Weltanschauung sieht dagegen „jedes Ding von vornherein ‚ganzhaft'. Sieht es als Ganzheit in sich selbst und als

---

tatsächlich ein wichtiger Bestandteil des Werkes von Guardini. Über Dostojewski las Guardini 1930; 1933 erschien die Monographie über „Religiöse Gestalten in Dostojewskis Werk". Als Detail ist noch zu ergänzen, daß sich in Guardinis Besitz das Buch des Jesuiten Friedrich Klimke „Die Hauptprobleme der Weltanschauung" von 1911 befand, das als erster Versuch gelten kann, die Weltanschauungsproblematik aus katholischer Sicht zu behandeln. Vgl. Gerl, *Romano Guardini*, 268 Fn. 35.

[25] Vgl. *Berichte*, 37.
[26] *Weltanschauung*, 8.

Die Aufgabe: Katholische Weltanschauungslehre

in eine Ganzheit"²⁷ eingefügt. Diese Ganzheit ist die Welt, die für die Weltanschauung von vornherein als Einheit da ist. Neben den Einzeldingen gibt es drei umfassende Größen, die Gegenstand von Weltanschauung sind: Die Welt als Inbegriff aller äußeren Geschehnisse und Dinge; der Mensch, der zwar zur Welt gehört, ihr aber zugleich als eine geschlossene Einheit gegenübersteht; und Gott als absoluter Grund und Ursprung von Welt und Mensch.²⁸

Schwerer fällt Guardini die Unterscheidung von den Wissenschaften, die ebenfalls das Ganze des Lebens oder der Welt zum Gegenstand haben. Diese Ausrichtung rückt die Weltanschauung in die Nähe zur Metaphysik. Guardini grenzt die Weltanschauung von dieser ab, indem er Metaphysik als die Wissenschaft bestimmt, die das ‚Wesen' in reiner Allgemeinheit erfassen will, „abgesehen davon, ob es in der konkreten Wirklichkeit verwirklicht ist oder nicht"²⁹. Metaphysik beschäftigt sich zwar mit der Wirklichkeit, aber nicht mit der eines konkreten einmaligen Dinges, sondern mit der Wirklichkeit überhaupt. Ihr Interesse richtet sich letztlich nicht auf die einmalig verwirklichte Welt, sondern auf das allein bedeutungsvolle Wesen, das durch die Wirklichkeit hindurch erkennbar ist.³⁰ Die Weltanschauung aber blickt auf die gegebene, einmalige Welt. Fragt sie nach dem Wesen, dann nur, insofern es an diese gegebene Welt gebunden ist.

Auch die Geschichtswissenschaft interessiert sich für die gegebene Welt, für das konkrete Geschehen oder eine einmalige Person. Von ihr ist die Weltanschauung zu unterscheiden, insofern Geschichtswissenschaft im einmaligen Geschehen allgemeinere Gesetze und historische, soziologische, wirtschaftliche und andere Zusammenhänge zu erkennen sucht. Wie die Metaphysik bewegt sich die Geschichtswissenschaft auf der Ebene der wissenschaftlichen, ihrem Gegenstand gegenüber distanzierten Reflexion. Die Weltanschauung ist dagegen lebensnäher. „Sie nimmt ihren Gegenstand als Aufgabe"³¹ und bleibt gegenüber der Ganzheit des Seins, auf die sie sich richtet, nicht unbeteiligt. Das unterscheidet sie auch von der „philosophischen Wertlehre"³², die Werte und Forderungen als allgemeines System und

---

[27] Ebd., 10.
[28] Ebd., 17f.
[29] Ebd., 13.
[30] Vgl. ebd., 12ff. Wucherer-Huldenfeld bemerkt, daß diese ungenaue Metaphysikbestimmung nur auf bestimmte historische Ausprägungen von Metaphysik zutrifft, „wie sie etwa in den phänomenologischen Wesenskasuistiken oder in einigen essentialistischen Weltaspekten gegeben wurden"; vgl. ders., 168. Als ungenau erweist sich Guardinis Metaphysikbestimmung, betrachtet man die Metaphysik des Thomas, was hier nur angedeutet werden kann. In ihr ist, anders als Guardini es pauschal behauptet, die konkrete Wirklichkeit Bezugspunkt und Ausgangspunkt der Analyse des Seienden. Das konkrete Seiende wird nämlich als ein durch die beiden Seinsprinzipien essentia (Wesen) und esse (Sein) konstituiertes und solchermaßen wirkliches erkannt. Die Dualität der beiden Prinzipien darf nicht, so Kluxen, auf eines hin aufgelöst weden. „Das eine, das sie zusammenfaßt, ist das Seiende [...] Der Thomismus verläßt nicht den Boden des konkreten ‚ens', auf dem die Substanzanalyse angesetzt hat, auch wenn er über sie hinausschreitet." Kluxen, 199; s. zum Ganzen ebd., 191-204.
[31] *Weltanschauung*, 15.
[32] Ebd. Guardini spricht hier nicht von Ethik.

mit innerem Abstand behandelt. Innerhalb einer Weltanschauung dagegen fordert die Welt den Menschen zu einem bestimmten Handeln und zur Nachfolge auf.

Diese Unterscheidungen bleiben, was Guardini zugeben muß, unscharf. Die Weltanschauung nimmt die Einsichten der genannten Geisteswissenschaften und auch der empirischen Einzelwissenschaften auf. „Ja, auf weite Strecken hin werden sich die Gebiete überhaupt kaum scheiden lassen, wie ja auch sonst die geistigen Bezirke ineinanderwachsen. Aber", so fügt Guardini hinzu, „von den Ursprungspunkten der jeweiligen Erkenntnishaltung her gesehen, sind beide Bereiche verschieden."[33]

Vom Leben und der handelnden Tat selbst ist der Akt der Weltanschauung als deren Grundlage abzugrenzen. So ist Weltanschauung Einsicht und nicht Werk, Kontemplation und nicht Aktion. Sie „ist Begegnung zwischen Welt und Mensch"[34], in der es nicht um Beherrschung oder Verzweckung geht. Die dem Akt der Weltanschauung zugrundeliegende Haltung ist nicht die des von vornherein schaffenden Blickes, der seinen Gegenstand zu dem macht, was er will, sondern des verstehenden Blickes, der die Wirklichkeiten zu sehen sucht, wie sie in sich sind. Der Blick der Weltanschauung ist von einem Ethos der Lauterkeit und Absichtslosigkeit, letztlich von Liebe der Welt gegenüber getragen. So bezeichnet Weltanschauung die schauende und verstehende Komponente im Gesamt der Begegnung des Menschen mit der Welt.[35]

Der Akt oder Blick der Weltanschauung ist selbst noch nicht Wissenschaft, sondern Teil des Lebens. Die wissenschaftliche Erfassung soll, so Guardini, durch die Weltanschauungslehre geleistet werden: Sie soll „die methodische, geordnete Behandlung des weltanschauenden Blickes, seiner besonderen Struktur, seiner Voraussetzungen und kritischen Maßstäbe seiner Inhalte und deren Beziehung zu den anderen Erkenntnisweisen"[36] sein.

2.2 Katholische Weltanschauung

Auf dem Hintergrund dieses allgemeinen Verständnisses bestimmt Guardini das Wesen katholischer Weltanschauung.

Wichtig ist in seiner Argumentation die Frage nach der Eigenart des Standpunktes einer Weltanschauung. Der Blick der Weltanschauung auf das Ganze eines einzelnen Dinges oder der Welt erfordert Abstand und Freiheit von der Welt, um ihr gegenüber Stellung nehmen zu können. „Weltanschauung setzt Weltüberwindung voraus"[37], die aber nur von einem Standpunkt aus möglich ist, der über der Welt liegt. Die geforderte ‚Überweltlichkeit'

---

[33] Ebd., 16.
[34] Ebd.
[35] Vgl ebd., 17ff.
[36] Ebd., 20.
[37] Ebd., 21.

darf nicht nur in quantitativer Andersartigkeit bestehen oder sich aus logischer Abstraktion herleiten, denn so könnte kein wirklicher Standpunkt ‚über' der Welt begründet werden. Sie muß vielmehr wesenhaft und qualitativ andersartig sein. Zugleich muß dieser besondere Standpunkt aber Teil des menschlichen Seinsbereiches werden, damit der Mensch ihn wirklich zum Ausgangspunkt seines Schauens, Denkens, Wertens und Handelns der Welt gegenüber machen kann. Das Andere oder Überweltliche, das den Standpunkt der Weltanschauung qualifiziert, muß zur Welt ein positives und erfüllendes Verhältnis haben. „Es müßte in seinem Seinsbestand ‚supereminenter', wie die Scholastik sagt, in höherer Fülle und Reinheit die positiven Seins- und Wertgehalte der Welt befassen."[38] Damit ist der von Guardini angestrebte Standpunkt von Weltanschauung so bestimmt, daß er innerweltlich unmöglich ist und vom Menschen nicht in eigener Leistung eingenommen werden kann. Guardini entfernt sich an diesem Punkt vom Verständnis der Weltanschauungsphilosophie. Diese erkennt zwar, daß jede Weltanschauung für sich und von ihrem Standpunkt aus unbedingte Geltung beansprucht, kann diesen Standpunkt aber nur als innerweltlichen und im Zusammenhang des Lebens liegenden verstehen. Sie nimmt selber einen übergeordneten Standpunkt gegenüber den zu untersuchenden Weltanschauungen ein und versucht diese zu verstehen, wobei sie jedoch an der Relativität der verschiedenen Weltanschauungen festhält. Guardini bejaht diese Position als angemessen für eine philosophische Weltanschauungslehre, geht aber für seine Weltanschauungslehre von der Notwendigkeit aus, die Relativität der Weltanschauungen zu überwinden. Diese Voraussetzung ist nicht zu verallgemeinern. Sie ergibt sich aus der Eigenart seines konfessionell-religiös bestimmten Auftrages, in Gestalt einer Lehre die Weltanschauung darzulegen, von deren Wahrheitsanspruch er selbst überzeugt ist.[39]

Mit der geforderten Qualifikation des weltanschauenden Standpunktes ist der entscheidende Punkt für das Verständnis christlicher bzw. katholischer Weltanschauung erreicht: „Was soeben gesagt wurde, hat als theoretische Forderung den Tatbestand ausgesprochen, wie er durch das Ereignis der Offenbarung wirklich gegeben ist."[40] ‚Offenbarung' meint in diesem Zusammenhang die positive geschichtliche, ‚übernatürliche' Offenbarung durch das Wort, das vorbereitet durch die Propheten in Christus vollendet ist, und nicht die ‚natürliche' Selbstoffenbarung Gottes in allem Geschaffenen. Weltanschauung in dem Sinne, wie Guardini ihn bestimmt, ist nur Gott möglich, der die souveräne Distanz und Freiheit der Welt gegenüber hat und zugleich in dem Verhältnis des Inne-Seins zu ihr steht, das den weltanschauenden Blick trägt. Dem Menschen ist Weltanschauung daher nur dann möglich, wenn sie ihm von Gott gewährt wird.[41] Dies geschieht von Gott her durch den Akt seiner Selbstoffenbarung und auf der Seite des Menschen durch den

---
[38] Ebd., 23.
[39] Vgl. zum dialektischen Charakter der Argumentation Guardinis auch Eicher, 267f.
[40] *Weltanschauung*, 23f.
[41] Vgl. Fries, *Nachwort*, 57. Vgl. zum Folgenden ebd. ff.

Glauben an ihn. Die Selbstoffenbarung Gottes in der Welt ist nach christlichem Glauben Jesus Christus. In ihm werden die Andersartigkeit und Distanz Gottes von der Welt und seine Liebe und Nähe zur Welt offenbar. Christus ist das Gericht der Welt und liebt sie zugleich mit der starken und schöpferischen Liebe Gottes, die anders ist als die des Menschen. „Christus hat den vollen Blick der Weltanschauung. Der weltanschauende Blick ist der Blick Christi. Der Glaubende nun tritt zu Christus. Glauben heißt, zu Christus treten, auf den Standpunkt, auf dem Er steht. Aus seinen Augen heraus sehen. Mit seinen Maßstäben messen. Der Glaubende steht [...] in jener zugleich abstehenden und hineingreifenden, verneinenden und bejahenden Haltung, wie sie die Spannung des weltanschauenden Blickes ausmacht. [...] Den Weltblick hat der wirklich Glaubende durch die Kraft seines Glaubens, mag sein geistiger Stand im übrigen bescheiden sein."[42]

Durch den Glauben an die Offenbarung unterscheiden sich Wesen und Anspruch der christlichen Weltanschauung von den anderen Weltanschauungen. Guardini deutet nur an, daß dieser Anspruch dann besonders in Frage gestellt wird, wenn nicht nur eine andere Weltanschauung oder Religion, sondern eine andere Offenbarungsreligion wie beispielsweise der Islam mit demselben Anspruch auftritt, den Standpunkt des offenbarenden Gottes zur Welt vermitteln zu können. Katholische Weltanschauungslehre ist weder Fundamentaltheologie oder Apologie noch christliche Religionswissenschaft. So genügt es Guardini als Interpret katholischer Weltanschauungslehre zu erklären, daß für ihn der christliche Glaube der wahre und allgemein gültige sei.[43] Christliche Weltanschauung setzt er schließlich – „ohne alle Polemik, einfach aus Überzeugung und Pflicht"[44] – mit katholischer Weltanschauung gleich, ohne die Wahrheit in anderen Konfessionen zu bestreiten und ohne die Beschränktheit in der konkreten Wirklichkeit des Katholizismus zu übersehen.

2.3 Das ‚Wesen' katholischer Weltanschauung und seine Verwirklichungsformen

Das sich in dieser Spannung andeutende Problem, wie sich Wesen und konkrete Erscheinungsformen des Katholischen zueinander verhalten, sucht

---

[42] *Weltanschauung*, 25.
[43] Vgl. ebd., 29.
[44] Ebd., 29. Deshalb kann Guardini einmal von ‚christlicher' und ein anderesmal von ‚katholischer' Weltanschauung sprechen. Knoll, *Glaube,* 161, weist daraufhin, daß Guardini sich mit seinem Begriff des ‚Katholischen' der „altkirchlichen und im Glaubensbekenntnis niedergelegten Sprechweise wieder annäherte". Inhaltlich setzte Guardini nicht bei spezifisch katholischen Lehrinhalten an, sondern mit der Offenbarung „bei der zentralen und auch überkonfessionell gültigen Wahrheitsinstanz". Dem ist zuzustimmen, doch läßt sich aus den Äußerungen Guardinis die konfessionelle Komponente, die ja Teil seines Lehrauftrages war, nicht herausnehmen. Tatsächlich vertrat Guardini dann die christlich-katholische Weltanschauung in einer solchen konfessionell nicht einengenden Weise, daß auch viele Protestanten unter den Zuhörenden waren.

Die Aufgabe: Katholische Weltanschauungslehre

Guardini mittels einer durch den Gegensatzgedanken vertieften Bestimmung des Wesens katholischer Weltanschauung zu lösen. Eine katholische Weltanschauung im Sinne einer geschlossenen Geisteshaltung und einer bestimmten typischen Ausprägung gibt es nicht. Die genaue Betrachtung läßt innerhalb des Katholischen eine Vielzahl verschiedener Weltbilder und für die Weltanschauung nicht nur einen katholischen, sondern verschiedene Ausgangspunkte erkennen, hinter denen verschiedene Grundtypen stehen. Die Gegensatzlehre, mit der Guardini sich in diesen Jahren befaßte, hatte die Bedeutung von Grundtypen auch in Bezug auf verschiedene Lebenseinstellungen und Weltbilder hervorgehoben. So unterscheidet sich das Weltbild des Augustinus von dem des Ignatius von Loyola nicht nur aufgrund der geschichtlichen Distanz, sondern auch wegen unterschiedlicher Grundstrukturen im Denken.[45] Gegenüber allen Typisierungsversuchen betont Guardini, daß der ‚wesenhafte Katholizismus' kein Typus neben anderen ist, sondern alle Möglichkeiten verschiedener Typen und Ausprägungen umfaßt.[46] Innerhalb des Katholischen sollte sich daher jeder weltanschauliche Typus seinem eigenen Wesen gemäß auswirken. Dagegen ist die Dominanz bestimmter Typen als ein Anzeichen ‚innerer Armut' zu bewerten.

Formal gesehen umfaßt katholische Weltanschauung die verschiedenen Ausprägungen und Typen, seien sie psychologisch, soziologisch, kulturell oder anders bestimmt, als eine letzte Gesamthaltung. Getragen sein kann sie im wirklichen Leben nicht mehr vom Einzelnen, sondern nur von einer Gemeinschaft, in der die lebendige Einheit all jener typischen Besonderungen gegeben ist. Diese Gemeinschaft ist die Kirche. „Sie ist die geschichtliche Trägerin des vollen Blickes Christi auf die Welt."[47] „Wir haben nun", so Guardini, „die letzte Antwort auf die Frage gewonnen, was katholische Weltanschauung sei: Der Blick, den die Kirche im Glauben, aus dem lebendigen Christus heraus und in der Fülle ihrer übertypischen Ganzheit auf die Welt tut. Für den Einzelnen ist's der Blick, der ihm vom Glauben her auf die Welt möglich wird; geformt von seinem besonderen Wesensbilde; aber zu einer relativen Ganzheit dadurch aufgeweitet, daß dieser typisch bestimmte Mensch in die Kirche eingefügt ist, aus ihr heraus schaut und so an ihrer Blickhaltung teilnimmt."[48]

Katholische Weltanschauung als solche ist keine Wissenschaft, läßt aber eine reflektierende Auslegung und eine theoretische Untersuchung ihrer Inhalte und Voraussetzungen zu. Die wissenschaftliche Erfassung des weltanschauenden Blickes und dessen, was er sieht, ist die ‚Katholische Weltanschauungslehre'.[49]

---

[45] Vgl. *Weltanschauung*, 31, zum Ganzen 29-35.
[46] Vgl. ebd., 34.
[47] Ebd., 36.
[48] Ebd., 38f.
[49] Ebd., 39. Vgl. auch *Berichte*, 43.

3. Katholische Weltanschauungslehre im Denken Guardinis

Mit seinem Verständnis von katholischer Weltanschauung widersprach Guardini inhaltlich den Intentionen des ihm übertragenen Lehrstuhles. Der verdankte sich unter anderem der Idee, auch der katholischen Weltanschauung *neben* anderen einen Raum an der Universität zu geben. Guardini aber vertrat den unbedingten Anspruch der christlichen Offenbarung auf Wahrheit und Ganzheit. Gegenüber dem Weltanschauungsverständnis des kulturellen und geistigen Kontextes war dieser Anspruch unerhört.[50] Mit ihm formulierte Guardini den Absolutheitsanspruch des Christentums. Ohne die Endlichkeit und Begrenztheit der menschlichen Perspektive aufzuheben, ermöglichte die Vermittlung des Standpunktes der Offenbarung durch den Glauben eine Weltanschauung, die nicht nur relativ gültige, sondern absolut gültige Wahrheit behauptete.[51] Guardinis Konzept einer katholischen Weltanschauungslehre läßt so im Ansatz bereits das Prinzip der ‚Unterscheidung des Christlichen' erkennen, das aber in den Dialog des Glaubens mit der Welt eingefügt ist.[52] Guardinis Darlegung vom Wesen der katholischen Weltanschauung ist, so bemerkt Fries, „wie ein Invitatorium zum Ganzen" und ent-

---

[50] Vgl. Fries, *Nachwort*, 51. In der Konsequenz des von Guardini vertretenen katholischen Weltanschauungsverständnisses lag es, daß sein Lehrstuhl dann 1939 durch die nationalsozialistische Kultuspolitik aufgehoben wurde. „In einem Staat, der selbst eine Weltanschauung vertritt, hat eine Professur für christliche Weltanschauung keinen Raum", lautete die Begründung; *Beginn der Vorlesungen*, 1; vgl. *Berichte*, 51ff. Die Auflösung selbst geschah, so Guardini, seitens des Kultusministeriums in korrekter Form. Mit der Aufhebung des Lehrstuhles war schon seit 1933 gerechnet worden. Daß sie erst 1939 erfolgte, lag vermutlich an der Randstellung des Lehrstuhles und daran, daß sich Guardini, wie er berichtet, in seinen Äußerungen und Verhaltensweisen zurückhielt, um die Existenz des Lehrstuhles nicht zu gefährden.

[51] Vgl. Honnefelder, *Weltanschauung*, 114; s. auch Gerl, *Romano Guardini*, 275.

[52] Vgl. Fries, *Nachwort*, 84. Knoll, *Glaube*, 223f., weist zurecht auf die Nähe dieses Prinzips zur Position der dialektischen Theologie Karl Barths hin. Guardini hatte die zweite Auflage des Römerbriefkommentars, die 1921 erschien, zu dieser Zeit bereits zur Kenntnis genommen, was eine Notiz Guardinis aus dem Jahre 1922 belegt: „Was Barth sagt, ist alles richtig. [...] Der unbekannte Gott relativiert mit seiner souveränen Gnade alles, aber anders als Barth will. Er relativiert es, ohne es aufzuheben, positiv." Ungedruckt im Romano-Guardini-Archiv der Katholischen Akademie in Bayern. Zitiert nach Knoll, *Glaube*, 224 Fn. 83; vgl. Mercker, *Weltanschauung*, 103. Die von Guardini in der Berliner Antrittsvorlesung vertretene Position vom Wesen katholischer Weltanschauung stimmt bemerkenswert mit den Aussagen Barths überein. Barth kommentierte das Pauluswort „Denn ich schäme mich der Heilsbotschaft nicht" aus Röm 1,16 so: „Die Heilsbotschaft braucht den Streit der Weltreligionen und Weltanschauungen weder aufzusuchen noch zu fliehen. Sie steht, als Botschaft von der Begrenzung der bekannten Welt durch eine andere, unbekannte, außer Wettbewerb mit all den Versuchen, innerhalb der bekannten Welt verhältnismäßig unbekannte höhere Daseinskreise auch noch zu entdecken und zugänglich zu machen. Sie ist nicht eine Wahrheit neben andern [!] sie stellt alle Wahrheiten in Frage. Sie ist Angel, nicht Türe. Wer sie versteht, der ist, indem er in dem Streit ums Ganze, um die Existenz versetzt wird, befreit von allem Streit. [...] Sie braucht nicht vertreten und getragen zu werden, sie vertritt und trägt die, die sie hören und verkündigen." Barth, 11. Knoll vermutet, daß Guardini durch Barth auf Kierkegaard aufmerksam wurde, dessen Einfluß sich im Gegensatzbuch zeigt, und mit dem sich Guardini in der wichtigen Abhandlung *Gedanken über das Christentum* von 1926 auseinandersetzt.

Die Aufgabe: Katholische Weltanschauungslehre 53

hält die „Eigenart seines philosophischen und theologischen Denkens"[53]. Mit Blick auf das ethische Denken sind nun einige Aspekte der katholischen Weltanschauungslehre Guardinis zu vertiefen.

3.1 Katholische Weltanschauung und ‚Kommunikative Toleranz'

Die Entscheidung für die christliche Offenbarung und der aus ihr folgende unbedingte Anspruch des eigenen Weltanschauungsstandpunktes wurden von Guardini in unpolemischer Weise vertreten, was aber nicht als lediglich geschicktes Vorgehen zu bewerten ist, um einen unerhörten Anspruch und einen schwer zumutbaren Inhalt in eine annehmbare Form zu kleiden. Vielmehr folgt seine Zurückhaltung aus dem von ihm vertretenen inneren Zusammenhang zwischen Anspruch, Inhalt und Darlegungsweise katholischer Weltanschauung.[54] Wenn katholische Weltanschauung im gläubigen Mitvollzug des Blickes Christi auf die Welt ihrem Gegenstand in einer Haltung von Freiheit, Abstand und liebender Nähe begegnen soll, ist auch die Frage entschieden, in welcher Weise dieser weltanschauende Blick darzustellen und in einer Lehre zu vermitteln ist. Guardini vertrat katholische Weltanschauung mit der Haltung, die die einzig mögliche im Nebeneinander verschiedener Weltanschauungen ist, sollen sowohl die fanatische oder fundamentalistische Propagierung der eigenen Weltanschauung als auch ein relativistischer Standpunkt vermieden werden.

Diese Einstellung Guardinis entspricht der Einsicht der philosophischen Weltanschauungslehre, die erkannte, daß der Mensch, der eine Weltanschauung vertritt, „wenn er es ernst meint, notwendig in *einer* Weltanschauung" steht, „aus der er auf alles sieht, und die ihm die allein wahre ist."[55] Dagegen betrachtete sie selber von außen die verschiedenen Weltanschauungen von außen, deren Kern im Modus des philosophischen Verstehens nicht zu greifen ist. „Daher steht man", so hatte Jaspers den Ort philosophischer Weltanschauungslehre beschrieben, „entweder weltanschauungslos *betrachtend,* wenn man sich über Weltanschauungen als geistige Gebilde orientiert, läßt jeder Weltanschauung relativ ihr Recht, weiß mangels eigenen Vollzugs eigentlich nicht, was Weltanschauung ist; oder man steht *an einem Ort,* den man selbst gar nicht als einen unter anderen möglichen anerkennen möchte, außer in der kommunikativen Toleranz mit dem Anderen."[56] Mit letzterem ist passend die Haltung beschrieben, aus der Guardini seine Vorstellung von katholischer Weltanschauung vortrug: Die Überzeugung von der Wahrheit des eigenen Standpunktes, nämlich des Glaubens an die Offenbarung, sollte nicht aufgegeben werden. Vertreten werden konnte und kann diese Über-

---
[53] Fries, *Nachwort,* 94 und 78.
[54] Diese Feststellung deckt sich mit dem Eindruck, den Guardini persönlich auf die Zuhörenden machte.Vgl. hierzu Wirth, *Dokumente,* 264-270; Gerl, *Romano Guardini,* 279-292.
[55] Jaspers, *Philosophie,* 207.
[56] Ebd., 208.

zeugung aber nur in einer Haltung ‚kommunikativer Toleranz'. Diese Einstellung charakterisiert, wie sich zeigen wird, auch das ethische Denken Guardinis. Toleranz ist bei ihm sowohl inhaltliches Thema der ethischen Betrachtung als auch eine anzustrebende Haltung des ethisch Denkenden selbst.[57]

Nur in dieser Haltung und Darstellungsweise konnte Guardini in seiner Lehrtätigkeit Hörerinnen und Hörer unterschiedlicher Herkunft und Voraussetzungen ansprechen. Nur so konnte auf dem Grund einer grundsätzlichen Entschiedenheit von seiner geistigen Tätigkeit eine Vermittlung ausgehen, „mit der katholische Kirche und modernes Denken sich wieder näherten [...] und der außerkatholische Raum sein generelles Vorurteil gegen den Katholizismus zu korrigieren begann."[58]

3.2 Katholische Weltanschauung als Begegnung von Glaube und Welt

Guardini hatte katholische Weltanschauung als die schauende Komponente in der Begegnung zwischen Glauben und Welt bezeichnet. Christliche Weltanschauungslehre wurde für ihn „die beständige, sozusagen methodische Begegnung zwischen dem Glauben und der Welt"[59]. Ein Vergleich der verschiedenen Äußerungen Guardinis zu der von ihm vertretenen Weltanschauungslehre zeugt von der Eindringlichkeit dieser Idee christlicher Weltanschauung als Begegnung von Glauben und Welt. Der Begegnungs-Charakter tritt dabei im Laufe der Jahre immer deutlicher hervor, bis Guardini schließlich von einer „immer neuen wechselseitigen Begegnung" spricht, in der „eine fruchtbare Erhellung des christlichen Daseins gewonnen wird", in der die Fragen und Probleme der Welt in der Offenbarung „sonst schweigende Inhalte zum Reden bringen"[60].

---

[57] Vgl. *Ethik*, 765-791; s. Kapitel XI.2.2 dieser Arbeit.
[58] Messerschmid, *Romano Guardini*, 20.
[59] *Stationen*, 20.
[60] *Stationen*, 43. In der ‚Antrittsvorlesung' von 1923 geht es Guardini um das Wesen und besonders den Standpunkt katholischer Weltanschauung. Sie ist der Blick, der im Glauben von der Kirche bzw. von den Glaubenden auf die Welt möglich ist. Vgl. *Weltanschauung*, 38. In der Dankrede zu seinem 70. Geburtstag im Jahre 1955 spricht er von der Begegnung „des Gläubigseins, wie es in diesem bestimmten Menschen lebt, mit der Welt, wie sie jeweils auf ihn zukommt. In dieser Begegnung soll der Glaube Rede und Antwort stehen; Kräfte der Wahrheit aktuieren, die sonst geschlafen hätten – ebenso wie umgekehrt die Welt sich im Raum des Glaubens den entscheidenden Fragen stellen und die letzte Aufhellung erfahren soll." *Stationen*, 21. Kasper weist hinsichtlich dieser Bestimmung zurecht auf die bekannte Aussage des Zweiten Vatikanischen Konzils in „Gaudium et spes" (GS, n.4) hin: Durch den Glauben, „der alles Erkennen übersteigt, erschließt sich die Erkenntnis der Welt neu und entschlüsselt sich die Wirklichkeit in ihrer Größe wie in ihrem Elend. Der Glaube hilft, im Buch der Welt zu lesen und die ‚Zeichen der Zeit' zu deuten"; Kasper, *Zeichen*, 30. 1965 bestimmt Guardini in der Dankrede zu seinem 80. Geburtstag Weltanschauung wiederum zunächst als Blick auf die Welt von der Offenbarung her, der „ein Bild ihres Wesens, ein Urteil über Werte öffnet, wie das sonst nicht möglich ist"; *Stationen*, 43. Dann kehrt er, wie zitiert, die Richtung um: Die Begegnung hat nun den genannten wechelseitigen Charakter.

Genau in diesem Sinne einer ‚wechselseitigen Begegnung' von Glaube und Welt ist katholische Weltanschauung der Rahmen für Guardinis christlich-ethisches Denken: Es geht darum, den Bereich des Sittlichen ‚anzuschauen' und im Licht der Offenbarungsbotschaft sittliches Leben zu beurteilen. Umgekehrt befragt christliche Ethik von den ethischen Problemen der Welt und der menschlichen Existenz aus diese Botschaft selbst nach bisher noch nicht gegebenen Antworten bzw. Lösungsversuchen, nach ‚sonst schweigenden Inhalten'.

Direkt auf sein ethisches Denken ist das Anliegen Guardinis zu beziehen, in der wissenschaftlichen Erfassung christlicher Weltanschauung die Einheit menschlicher gläubiger Existenz zu sichern und immer wieder herzustellen. Gerade in diesem Bemühen setzt sich Weltanschauungslehre in christliche Ethik fort. Es darf nicht sein, so Guardini, „daß der Mensch die Welt erfahre und dann noch, außerdem, gläubig sei; ebensowenig aber, daß er glaube, und die Welt nur nebenher als nun einmal nicht erläßliches Realisationsfeld des Gläubigseins sehe"[61]. In dieser Äußerung klingt einmal das Guardini in den 50er und 60er Jahren besonders beschäftigende moralische Thema der Verantwortung des Menschen für die Welt an. Dahinter wird als fundamentales Thema einer christlichen Weltanschauung im Medium des Sittlichen das grundsätzliche Problem erkennbar, vor dem die christliche Existenz in der Moderne steht. Es ist die Verbindung von Glaube und Moral, d.h. die Überwindung ihrer Dichotomie in einem Leben, das sich in verschiedenen Segmenten und Rollen vollzieht und die Einheit des Lebensentwurfes erschwert.

3.3 Das Verhältnis zur Theologie und den Wissenschaften

Von den anderen Wissenschaften läßt sich katholische Weltanschauungslehre leicht durch ihren besonderen Ausgangspunkt, den Glauben an die Offenbarung, den sie mit ihrem Gegenstand, der katholischen Weltanschauung gemeinsam hat, abgrenzen: Der Glaube ist der spezifische „Ursprungspunkt"[62] katholischer Weltanschauung und ihrer Erkenntnislehre. Im methodischen und reflektierenden Nachvollzug des Aktes der Weltanschauung behandelt die katholische Weltanschauungslehre unter Umständen dieselben Gegenstände wie andere Wissenschaften auch, so beispielsweise die Interpretation eines literarischen Werkes, denen sich als Fachwissenschaften die Literaturwissenschaften widmen. Guardini geht in seinen Interpretationen aber mit der spezifischen Frage heran, was aus der Sicht des Glaubens an ihnen sichtbar wird und welche Fragen von der Welt bzw. einem besonderen Gegenstand aus an den Glauben gestellt werden.

Guardini verstand sich nicht als Fachgelehrter. Dabei hat er die im Verzicht auf das jeweilige Fachwissen liegende „Gefahr des Dilettantismus"[63] durchaus

---

[61] *Stationen*, 21.
[62] Vgl. *Weltanschauung*, 8, und oben 2.1.
[63] *Berichte*, 46.

gesehen. Aus seiner Selbsteinschätzung ist also keine Geringschätzung der Fach- und Einzelwissenschaften herauszulesen, die sich mit dem Etikett eines Strebens nach intuitiver ‚Ganzheitlichkeit' rechtfertigt. Die Feststellung, seinen Lehrauftrag christlicher Weltanschauung nicht als Fachgelehrter auszuüben, habe, so Guardini deutlich, „nichts mit jener törichten Überheblichkeit gemein, welche Halbgebildete aller Art, besonders in den letzten Jahren, der Fachwissenschaft gegenüber zur Schau trugen. In Wahrheit ist die Fachwissenschaft mit ihrer Redlichkeit, Ordnung und Strenge die Grundlage der Universität. So stehe ich ihr mit der ganzen Hochschätzung gegenüber, die ihr zukommt, sie ist aber nicht meine Aufgabe."[64] Im Verhältnis zu den Fachwissenschaften und deren Ausdifferenzierungen bestimmt Guardini seine Aufgabe als einen vom Standpunkt des christlichen Glaubens aus zu leistenden Beitrag dazu, die „lebendige Einheit des Geistes zu wahren"[65]. Innerhalb der Universität, verstanden als „Wissenschaftsschule", geht es ihm um das ergänzende Ziel einer „geistigen Bildungsschule", durch die „zum Wissen und Forschen das Verstehen, Urteilen und Gestalten hinzukommen"[66].

Diese Verhältnisbestimmung gilt auch für das Verhältnis des ethischen Denkens Guardinis zur philosophischen Ethik sowie zu den für die Ethik relevanten Wissenschaften. Allerdings verfolgt Guardini die Frage, welchen positiven Beitrag in dieser Begegnung die anderen Wissenschaften, die Philosophie und Geisteswissenschaften, die Natur- und die Humanwissenschaften einbringen können, nicht weiter.[67] Bei der Behandlung einzelner ethischer Themen ist es, da Guardini keine Quellen angibt, kaum nachzuvollziehen, inwieweit er die entsprechenden Fachwissenschaften tatsächlich herangezogen hat. Als Verhältnisbestimmung ist deshalb allgemein festzuhalten: Guardini arbeitet nicht in Unkenntnis anderer Wissenschaften; er bezieht sie aber, von Ausnahmen abgesehen, nicht in die Diskussion einzelner Themen direkt oder ausführlich mit ein.

So wirkt sich das Konzept der katholischen Weltanschauungslehre auf die Auswahl der Themen, ihre Behandlung und schließlich auch die Methoden der ethischen Reflexion aus. Das Leitwort der ‚methodischen Begegnung von Glaube und Welt', die sich Guardini in seiner katholischen Weltanschauungslehre zur Aufgabe setzte, kennzeichnet auch den Schwerpunkt seines christlich-ethischen Denkens. Sein Anliegen ist das Verständnis sittlichen Handelns und Verhaltens im Licht des christlichen Glaubens. Guardini fragt nach den Grundeinsichten und Grundhaltungen, die für die christliche Existenz in der Moderne im Bereich des Sittlichen entscheidend werden, wenn dieser Bereich dem Glauben ‚begegnet'. Dabei geht es ihm um das Bewußtsein der Einheit von gläubiger und moralischer Existenz. Die Behandlung einzelner Themen dient dann der Verdeutlichung dieser Grundidee.

---

[64] *Beginn der Vorlesungen**, 3. Mit den ‚letzten Jahren' ist die Zeit des Nationalsozialismus gemeint.
[65] Ebd., 4.
[66] *Berichte*, 46.
[67] Vgl. *Weltanschauung*, 15f.

Die Aufgabe: Katholische Weltanschauungslehre

Schwerer ist das Verhältnis der von Guardini konzipierten katholischen bzw. christlichen Weltanschauungslehre zur Theologie zu bestimmen. In seinen Antrittsvorlesungen ging Guardini dieser Frage nicht nach, weil sie sich aufgrund der Einrichtung des Berliner Lehrstuhls außerhalb einer katholisch-theologischen Fakultät nicht stellte. In einer späteren Äußerung versuchte Guardini eine Abgrenzung dadurch, daß er der Theologie die methodische Begegnung mit der Welt im Allgemeinen und der Weltanschauungslehre die Begegnung mit der Welt, „im Konkreten: der Kultur und ihren Erscheinungen, der Geschichte, des Soziallebens und so fort"[68], zuschrieb. Dieser Zuschreibung ist allerdings entgegenzuhalten, daß auch in den theologischen Einzeldisziplinen ‚methodische Begegnung mit der Welt im Konkreten' stattfindet. Guardini setzte sich von der Theologie zwar einerseits durch die nichttheologischen Inhalte seiner Weltanschauungslehre ab wie sie beispielsweise die verschiedenen Literatur-Interpretationen darstellten, behandelte auf seinem Lehrstuhl aber andererseits auch theologische Themen aus dem systematischen Bereich, wenn sie seinem Programm entsprachen.[69]

Das Verhältnis der Weltanschauungslehre Guardinis zur Moraltheologie ist von dem oben bereits skizzierten Charakter seines ethischen Denkens her zu bestimmen. Guardinis Beitrag kommt hier der Aufgabe einer allgemeinen Moral im Sinne einer ‚Fundamentalmoral' nahe, wie sie Richard Egenter ungefähr zeitgleich zu den Ethik-Vorlesungen Guardinis kennzeichnete: „Die *allgemeine* Moraltheologie [...] wird [...] unter Zugrundelegung der biblischen Anthropologie einen Aufriß des christlichen Lebensvollzugs in der Begegnung des erlösten Menschen mit der sittlichen Botschaft der Offenbarung zu geben trachten."[70] Guardinis Bestimmung seines Denkens als der ‚methodischen Begegnung von Glaube und Welt' setzt allerdings noch fundamentaler an. Erst in der methodischen Durchdringung der Begegnung von Glaube und Welt im Bereich des Sittlichen werden das Bild des christlichen Lebensvollzuges und die sittliche Botschaft der Offenbarung klarer, während die Moraltheologie nach der zitierten Definition stärker von ihnen als gegebener Bezugsgröße auszugehen scheint: „Gegenstand der Moraltheologie ist *das im Selbstverständnis der Kirche einbeschlossene christliche Ethos.*"[71] Im Unterschied zu dieser Bestimmung liegt dem ethischen Bemühen Guardinis die Einsicht zugrunde, daß ein christliches Ethos in dieser Form nicht mehr vorausgesetzt werden konnte, sondern daß seine Grundstrukturen und

---

[68] *Stationen*, 20.
[69] Im WS 1923/24 führt das Verzeichnis eine Vorlesung über „Gott und die Welt" und über „Das Problem des Konkreten und die Lehre vom Reich Gottes" auf, im SoSe 1924 „Anselm von Canterbury und die religiöse Erkenntnis", im WS 1925/26 „Die christliche Gotteswirklichkeit". Vgl. *Vorlesungen und Veranstaltungen*, 273f. In dem Rückblick in *Stationen*, 20f., spricht Guardini von der systematischen Theologie, die er verlassen mußte, aber nicht aufgeben durfte, und der Welt, die er suchte. So „entstand die Einheit jenes Blickes, der vom Glauben her die lebendige Wirklichkeit der Welt erfaßte"; ebd., 21. Vgl. auch *Berichte*, 45f.; s. ausführlich Knoll, *Glaube*, 167ff.
[70] Egenter, 617.
[71] Ebd., 614.

Grundhaltungen aus der Reflexion der Begegnung von Glauben und Welt neu zu bestimmen waren.

Schließlich ist zu berücksichtigen, daß sich das Konzept, die Methode und die Inhalte der Weltanschauungslehre und die Zusammensetzung der Zuhörerschaft wechselseitig beeinflußten. Guardini sprach in seinen Vorlesungen einen breiten Zuhörerkreis aus allen Fakultäten und darüberhinaus auch Hörerinnen und Hörer aus dem nichtakademischen Bereich an.[72] Sie kamen zum Teil aus der katholischen Jugendbewegung. Katholische Theologen, in dieser Zeit fast ausschließlich Priesteramtskandidaten, werden kaum in Berlin studiert haben, da es keine katholisch-theologische Fakultät gab.[73] Auch dieser Umstand erklärt, daß es bei der Behandlung ethischer Themen nicht um Moraltheologie im fachtheologischen Sinne gehen konnte, sondern um Grundlagen-Fragen christlicher Ethik, mit denen Guardini auf die Situation der Zuhörenden einging.

3.4 Der katholische Standpunkt

3.4.1 Die katholische Weite

Mit der Aussage, daß Grundlage katholischer Weltanschauung das ‚Katholische' im ‚allumfassenden' Sinne von Katholizität sei, erreichte Guardini zweierlei. Er stellte erstens im Verhältnis zu anderen Weltanschauungen heraus, daß ‚katholische' Weltanschauung nicht eine neben anderen ist, sondern vom Wesen des Katholischen her besondere Geltung beanspruchen kann. Um diesen hohen Anspruch aber aufrechtzuhalten, mußte er deutlich machen, daß mit dem ‚Katholischen' weder ein bestimmter konfessioneller Typus noch eine zeitgeschichtliche Ausprägung wie etwa der Katholizismus seiner Zeit gemeint war.[74]

Zweitens formulierte er für den katholischen Lebensraum die Einsicht in die wesentliche Pluralität der Weltbilder und Lebenshaltungen, ein durch die Gegensatzlehre vertiefter Grundgedanke der christlichen bzw. katholischen

---

[72] Vgl. Höhle, 3. Gedacht war bei der Errichtung des Lehrstuhles u.a. an die katholischen Philologen, Lehramtsanwärterinnen und -anwärter, die im Examen religiöse Kenntnisse vorweisen mußten, in Berlin aber kein entsprechendes katholisches Lehrangebot bekamen.

[73] Aus den Berichten geht hervor, daß Studenten der evangelischen Theologie Guardinis Vorlesungen besuchten. Guardini berichtet, daß an den neutestamentlichen, also den „ausgesprochen religiös-theologischen" Kollegien viele protestantische Theologen teilnahmen; *Berichte*, 50. Siehe auch den zeitgenössischen Bericht eines evangelischen Theologen bei Wirth, *Dokumente*, 265.

[74] In der deutschsprachigen Religionssoziologie wird vom ‚Katholizismus' gerade im Blick auf die zweite Hälfte des 19. und die ersten Jahrzehnte des 20. Jahrhunderts gesprochen und unter diesem Terminus die für diese Zeit typische Sozialform katholischen Lebens verstanden, die durch die Geschlossenheit des kulturellen und sozialen Milieus und die Einheitlichkeit des Weltbildes bestimmt war. In ihr konnten die Kirche und die Katholiken auf die Moderne reagieren und katholisches Leben in den und trotz der gewaltigen gesellschaftlichen Veränderungen bis in die 50er und 60er Jahre hinein stabilisieren. Siehe dazu Gabriel, 69-104; zur Beschreibung des ‚Katholizismus' in dieser Zeit Maier, *Standort*, sowie Nell-Breuning.

Die Aufgabe: Katholische Weltanschauungslehre 59

Daseinsdeutung Guardinis: „Nicht ein Typus im Unterschied zu andern ist das Christliche, sondern das, was aus jedem Typus wird, wenn er zu Christus kommt, glaubt, die Taufe empfängt."[75] In seiner Ethik setzte Guardini diese Einsicht methodisch um, indem er verschiedene, jeweils einem Typus entsprechende Bestimmungen eines Phänomens und verschiedene Zugänge zu einem ethischen Problem ergänzend nebeneinanderstellte.[76]

Für die christliche Existenz in ihren verschiedenen Lebensfeldern leitete er aus dieser Einsicht die Aufgabe ab, die dem Katholischen wesenhafte Weite anzustreben, d.h. konkret, nicht eine bestimmte Ausprägung für die allein katholische anzusehen und sich aus einer falschen Abwehrhaltung gegenüber typischen Ausprägungen einer anderen Einstellung zum Leben und zur Welt zu lösen.[77] Guardini verwendete nicht explizit den Begriff ‚innerkatholische Pluralität'; sein Verständnis des Katholischen, das verschiedene Typen und Ausprägungen umfaßt, intendiert ihn aber. Sein gesamtes Wirken, in dem die Übernahme des Berliner Lehrstuhls einen wichtigen Schritt in eine breitere Öffentlichkeit markierte, ist durchaus auch als Eintreten für den Aufbruch katholischen Lebens aus den seinerzeit ‚typisch katholischen' Verengungen zu charakterisieren. Der von ihm behauptete Standpunkt katholischer Weltanschauung war einerseits Ausgangspunkt, andererseits Ziel seines geistigen Bemühens um ‚katholische Ganzheit'.[78]

Als weiterer mit diesem Anliegen zusammenhängender Schwerpunkt wird in Guardinis Überlegungen zur katholischen Weltanschauungslehre eine christologische Ausrichtung erkennbar. Gerade durch den Bezug auf die Person Jesu Christi konnte Guardini den Weltanschauungsrelativismus seiner Zeit überwinden und katholische bzw. christliche Weltanschauung vor der Identifizierung mit einem bestimmten Typus bewahren.[79] Die Begründung des eigenen Anspruches ist aber nur ein Ergebnis dieser Argumentation. Zugleich ergeben sich aus der konsequent behaupteten Übereinstimmung von katholischer Weltanschauung mit dem Blick Christi auf die Welt kritische Rückfragen an die konkrete Verwirklichung katholischer Weltanschauung. Wenn der Akt katholischer Weltanschauung wirklich ein ‚Mitsehen' der Welt und des Lebens von Christus her sein soll, kann dies nichts anderes als eine radikale Beunruhigung der bisherigen Sicht der Welt bedeuten. Was geschieht, wenn die Welt wirklich vom Standpunkt Christi, der der Standpunkt des Kreuzes ist, angeschaut wird? Könnte sich dann nicht eine Umwertung der bisher vertretenen Werte ergeben? Würde christliche Weltanschauung dann nicht den Gläubigen selbst im biblischen Sinne zum Ärgernis wer-

---

[75] *Madeleine Semer Nachwort*, 268. Konkret ist dieser Gedanke auf die platonische Einstellung der Welt gegenüber bezogen. Sie hat auch innerhalb des Christlichen, aber nicht als einziger Typus, ihre Berechtigung.
[76] Exemplarisch wird das in dieser Arbeit in Kapitel VI verdeutlicht.
[77] Vgl. *Weltanschauung*, 34f.
[78] In seiner ekklesiologischen Schrift, hervorgegangen aus einer Vortragsreihe, stellte Guardini diesen Wesenszug der Kirche als „Ganzheit des Wirklichen" heraus; *Sinn der Kirche*, 69.
[79] Vgl. Mercker, *Weltanschauung*, 62. Die christologische Konzentration im Werk Guardinis arbeitet besonders Schilson, *Christusverkündigung*, 150ff., heraus.

den?[80] Diese Fragen sind nicht die spirituelle Abfederung eines unbedingten Anspruches, sondern folgen wesentlich aus der theologischen, genauer der christologischen Begründung des Konzeptes einer katholischen Weltanschauung. Ohne sie gerät es leicht in die apologetische Sackgasse, lediglich die ‚Überlegenheit' des katholischen Standpunktes und den Anspruch der Kirche als ‚geschichtliche Trägerin des Blickes Christi auf die Welt' zu rechtfertigen zu versuchen. Angesichts dieser Frage wird, so Guardini in seiner ‚Antrittsvorlesung', eine Bildungslehre für christliche Weltanschauung notwendig.[81] Katholische Weltanschauung soll ja als Gesamthaltung verstanden werden, die das Ganze sieht und innerhalb derer alle „Möglichkeiten der Freiheit, Individualisierung und Typisierung" eröffnet werden.[82] Und ebenso soll die katholische Kirche als die Gemeinschaft verstanden werden, die alle individuellen, geschichtlichen und kulturellen Besonderungen, die innerhalb des katholischen Glaubens möglich und wirklich sind, umfaßt.

3.4.2 Das Verhältnis der Einzelnen zur Kirche

Die Bedeutung, die Guardini in seiner Bestimmung von Weltanschauungslehre der Kirche beimißt, legt es nahe, diesen Gesichtspunkt unter einer anderen Perspektive zu vertiefen. Sobald gemäß der Aufgabe der Weltanschauungslehre der weltanschauende Blick inhaltlich gefüllt, begrifflich bestimmt und schließlich dazu prüfend und wertend Stellung genommen werden soll,[83] macht sich allerdings die Spannung zwischen dem Wesen und der konkreten Wirklichkeit katholischer Weltanschauung und insbesondere zwischen Wesen und Wirklichkeit der Kirche bemerkbar. Katholische Weltanschauung soll ja als ‚lebendiger Akt' und nicht als hypothetischer Vollzug Gegenstand katholischer Weltanschauungslehre sein. In der Aufforderung, „das wirkliche, lebendige, geschichtlich vorhandene Wesen"[84] des Katholizismus und nicht seine Idee in den Blick zu nehmen, bleibt aber offen, wie sich das ‚lebendige Wesen' und die geschichtlich konkrete Erscheinung des Katholizismus zueinander verhalten. An diesem Problem wird eine Grenze in Guardinis frühen ekklesiologischen Überlegungen sichtbar, da das Wesen des Katholischen nicht weiter reflektiert wird.[85] Schließlich führte es Guardini u.a. zu einer weitergehenden Reflexion über den Stellenwert der Einzelnen im Verhältnis zur Kirche, die eine Akzentverschiebung erkennen läßt.

Die leitende Einsicht Guardinis hinter den frühen Schriften „Vom Geist der Liturgie" und „Vom Sinn der Kirche" war ja, daß die Isolierung der Ein-

---

[80] Vgl. *Weltanschauung*, 27f. und 34f.
[81] Vgl. ebd., 28.
[82] Fries, *Nachwort*, 60. In *Weltanschauung*, 36 Fn. 7, spricht Guardini von der „extensiven Seite" der Universalität der Kirche, kraft deren sie „die Zeiten und das Nebeneinander menschlicher Formen und Unterschiede" umfaßt, immer weiter wird „und stets neue Werte in sich einbaut".
[83] Vgl. *Weltanschauung*, 20.
[84] Vgl. ebd., 30.
[85] Vgl. Knoll, *Glaube*, 127f. Zur Ekklesiologie bei Guardini und der hier nur angedeuteten Problematik s. u.a. Knoll, *Seele*, bes. 22-26; Faber, *Kirchenbild*, und Lutz-Bachmann, *Begriff der Kirche*.

Die Aufgabe: Katholische Weltanschauungslehre

zelnen durch die objektive Gemeinschaft der Liturgie überwunden wird, und daß Liturgie und Kirche dem gläubigen Subjekt zur wahren Freiheit verhelfen.[86] Diese Entscheidung für die Kirche wird von Guardini nicht mehr in Frage gestellt.[87] Zum Verständnis der christlichen Offenbarung und der Kirche, die nach Guardinis Verständnis als Gemeinschaft die Weite katholischer Weltanschauung ermöglichen soll, gehört für ihn die Einsicht in das lebendige und spannungsvolle Verhältnis zwischen Gemeinschaft und Individuum. Die christliche Offenbarung „ist an die lebendige, wechselbezogene Ordnung von Gesamtheit und Einzelnem gerichtet. So kann sie wesensgerecht nur verstanden werden aus dieser Spannungsordnung heraus; vom christlichen Einzelnen, der in die christliche Ganzheit, das heißt in die Kirche, eingeordnet ist."[88] Doch tritt in der Reflexion über den Glauben nun zunehmend die andere Seite, d.h. die personale Dimension, die lebendige Beziehung und Begegnung mit der Person Christi in den Vordergrund, während die Einfügung der Einzelnen in die objektive Gemeinschaft der Kirche nicht mehr so betont wird wie in der ersten Phase.[89] In der Darstellung der Begegnung von Glaube und Welt rücken bei Guardini zunehmend das personale Moment und der christlich-existentielle Charakter in den Vordergrund und damit besondere Merkmale des Glaubens in der Moderne.[90] Vorausgreifend auf das nächste Kapitel zum Gegensatzdenken ist zu bemerken, daß das Verständnis der sich hier andeutenden Spannung durch das von Guardini im Gegensatzdenken erfaßte polare Verhältnis von Individuum und Gemeinschaft erleichtert wurde.[91]

In Entsprechung zu der hier skizzierten Entwicklung ist für die ethischen und anthropologischen Schriften und als Ausblick auf die noch zu behandelnden Themen festzustellen, daß Guardini den Akzent stärker auf die Exi-

---

[86] Vgl. hierzu *Sinn der Kirche*, 1, und *Geist der Liturgie*, 24-32.
[87] Bezogen auf die Kirche als Ausgangspunkt seiner geistigen Arbeit bleibt die Selbsteinschätzung Guardinis gültig: „Vor einiger Zeit hatte ich mich einmal zu besinnen, worin ich Aufgabe und Sinn meiner Arbeit sehe. Da konnte ich aus lauter Überzeugung sagen: Ich will Interpret der Kirche sein, sonst nichts. [...] Ich möchte selbst lernen, durch alles Oberflächenwesen hindurch zum Herzen der Kirche zu dringen, um von dort her Gott und Christus und das Leben zu verstehen, soweit mir davon zugemessen ist, die Maßstäbe zu finden, nach denen bewertet werden muß, und die Ordnungen, nach denen alles recht ist [...]." So Guardini in einem Brief 1925, zitiert nach Gerl, *Romano Guardini*, 276.
[88] *Heilige Schrift*, 54f. In dieser Abhandlung geht es um die Erkenntis der Schrift. Da diese sich nach Guardini wesentlich in der Gemeinschaft der Kirche vollzieht, geht er auch auf das hier interessierende Verhältnis der Einzelnen zur Kirche ein.
[89] Dieser Perspektivenwechsel im Denken Guardinis deutet sich bereits in den Schriften *Glaube, Liebe* und *Glaube in der Reflexion* aus den späten 20er Jahren an. Die Antrittsvorlesung *Weltanschauung* mit ihrer Betonung der Kirche als geschichtlicher Trägerin des Blickes Christi von 1923 ist noch deutlich von Guardinis erstem Kirchenbuch *Sinn der Kirche* bestimmt. Guardini selbst schreibt zu diesem Perspektivenwechsel in *Religiöse Offenheit**, 92: „Die Kirche wird lebendig in den Seelen', hat der Verfasser vor zehn Jahren geschrieben. Heute fügt er hinzu: Dann, wenn Christus in den Seelen lebendig wird; Er, wie er ist, aus der Sendung des Vaters an den Menschen herantretend."
[90] Vgl. zu dieser theologischen Schwerpunktänderung Knoll, *Seele*, 22f. und 25ff.
[91] Siehe bes. *Gegensatz*, 134-141.

stenz der Einzelnen legt, die sich im Glauben der Offenbarung öffnen. Er betrachtet dann die Auswirkungen dieser Entscheidung auf das menschliche Daseinsverständnis. In den ethischen Schriften ist dieser Akzent besonders mit der Thematik des Gewissens und dem umfassenden Ziel christlicher Ethik nach dem Verständnis Guardinis, nämlich der Bildung eines christlich-personalen Ethos verbunden.

Als Ansätze Guardinis zur näheren Bestimmung und wissenschaftlichen Erfassung des weltanschauenden Blickes sind schließlich seine Gegensatzlehre und phänomenologische Methode zu begreifen, denen wir uns in den folgenden Kapiteln zuwenden.

II. Das Gegensatzdenken – das Problem der Erkenntnis des Lebendig-Konkreten

1925 erschien Romano Guardinis Buch „Der Gegensatz. Versuche zu einer Philosophie des Lebendig-Konkreten". Guardini nennt diese Schrift, die einzige philosophische Monographie in seinem umfangreichen Werk, zwar vorsichtig ‚Versuche' und bemerkt später in der zweiten Auflage, daß es nicht viel mehr als eine Jugendarbeit und der Form nach nur die Skizze einer Idee gewesen sei.[1] Tatsächlich aber ist das Gegensatzdenken ein wichtiger Grund- und Leitgedanke im gesamten Werk Guardinis.[2] So heißt es bereits im Vorwort zur ersten Auflage: „Meine Versuche über die Philosophie und Theologie des heiligen Bonaventura – über seine Erlösungslehre die eine; die andere, noch ungedruckt, über die ‚Systembildner' seines Denkwerkes –; dann die Schriften ‚Vom Geist der Liturgie', ‚Vom Sinn der Kirche' und über ‚Liturgische Bildung'; endlich eine Reihe kleinerer Untersuchungen, von denen der Band ‚Auf dem Wege' einige zusammenfaßt, tragen die Gegensatzidee als Richtung und Maß in sich."[3] Späte Äußerungen Guardinis belegen ebenso die hohe Bedeutung, die er dem Gegensatzgedanken beimaß.[4] Über diese Bedeutung hinaus ist sie ein Schlüssel zum Verständnis der Geistes- und Lebenshaltung Guardinis überhaupt, wie Gerl zurecht bemerkt: „Guardinis Geistigkeit wird nur richtig in den Blick genommen, wenn seine Gegensatzlehre erfaßt wird. [...] Sie kann als Struktur von Guardinis Denken angespro-

---

[1] Vgl. *Gegensatz*, 9. ‚Versuche' ist eine für Guardini kennzeichnende Beschreibung seiner Werke. So nennt er sein Buch zur christlichen Personlehre „Welt und Person. Versuche zur christlichen Lehre vom Menschen". In *FGS*, 14, charakterisiert Guardini seine Arbeit als „immer erneute Versuche".

[2] Vgl. zu den immer wiederkehrenden Leitgedanken im Werk Romano Guardinis seine eigene Äußerung in dem Rechenschaftsbericht, den Guardini unter dem Titel „Warum so viele Bücher" 1955 verfaßte, in: *Stationen*, 31.

[3] *Gegensatz*, 7. Auch der oben angeführten Feststellung im Vorwort der zweiten Auflage fügt Guardini hinzu, daß die Gegensatzlehre Grundgedanken enthält, die „inzwischen an vielen Einzelproblemen erprobt" seien und ihm „nach wie vor richtig scheinen"; ebd., 9. Als ‚kleinere Untersuchungen' sind unter philosophischem Gesichtspunkt besonders *Begriff sittlicher Freiheit* zu nennen und die wichtige pädagogische Schrift *Grundlegung der Bildungslehre*.

[4] In einer Tagebuchnotiz Guardinis vom 20.1.1964 ist die Einschätzung zu lesen: „Die Gegensatzlehre wird noch Zukunft haben", *Wahrheit des Denkens*, 133. Schließlich sind die im Nachlaß befindlichen unveröffentlichten Anmerkungen *Für den Todesfall** und *Sinn der Gegensatzlehre**, ebenfalls von 1964, zu nennen. Gerl, *Romano Guardini*, 251f., belegt durch weitere Zitate aus Briefen und Gesprächen Guardinis, wie sehr ihn zeitlebens die Gegensatzidee beschäftigte. So schrieb Guardini noch 1967: „Wenn man die Bedeutung, die der Dialoggedanke heute gewinnt, hinzunimmt, so sehen Sie, daß jetzt die Stunde meines Buches über den ‚Gegensatz' kommt. Das ist auch schon ausdrücklich ausgesprochen worden." Ebd., 252. Vgl. desweiteren Knoll, *Glaube*, 569f.

chen werden und ist schon von daher kaum zu überschätzen; zugleich diente sie ihm zum eigenen Leben, zum Aushalten und Standhalten in eigenen Gegensätzen."[5]

1. Die Grundidee des Gegensatzdenkens

Mit der Idee vom Gegensatz hatte Guardini sich schon früh gemeinsam mit seinem Freund Karl Neundörfer beschäftigt, dem er später, 1925, sein Buch „Der Gegensatz" widmete.[6] Anstoß der Überlegungen war unter anderem die Erfahrung – vermutlich in dieser intensiven Freundschaft selbst – wie unterschiedlich die Stellungnahmen der Menschen zu gleichen Fragen menschlichen Daseins ausfallen können, und davon ausgehend der Gedanke, „dieser Verschiedenheit eine aufbauende Kraft abzugewinnen"[7]. Aufbauend auf der Gegensatzlehre hatten Guardini und Neundörfer eine Lehre der psychologischen Typen und der Grundstrukturen des kulturellen Lebens zu entwerfen versucht.[8]

Eine schriftliche Skizze zur Gegensatzlehre legte Guardini bereits 1914 unter dem Titel „Gegensatz und Gegensätze" mit der Überzeugung vor, ein Problem angedacht zu haben, das zunehmend von der philosophischen und psychologischen Forschung behandelt werde, und in der Absicht, sich das Recht auf spätere Fortführung seiner Gedanken zu sichern.[9] Als ‚Gegensatz' bestimmte Guardini in ihr „eine Ordnung zweier Momente [...], die zueinander im Verhältnis der gegenseitigen Bedingung und zugleich der gegenseitigen Ausschließung stehen (Gegensatzseiten). Jede ist nur mit der anderen, an ihr und durch sie seinsfähig und denkbar; zugleich aber wird sie in ihrer Eigenart und Eigendenkbarkeit gerade durch ihre Entgegengesetztheit zur andern bestimmt."[10] Gemeint war nicht der ausschließende oder negierende, sondern der ‚polare Gegensatz'. Die Gegensatzlehre sollte als Typenlehre die

---

[5] Gerl, *Romano Guardini.*, 250. Kuhn, *Guardini – Philosoph*, 51, widerspricht dieser Einschätzung, womit er in der von mir gesichteten Literatur alleine steht. Er sieht das Gegensatzbuch als Werk der „jugendbewegten Phase" Guardinis an, das vom Eifer des noch jugendlichen Verfassers belebt sei. Abgesehen von der noch folgenden inhaltlichen Untersuchung, die den Einfluß des Gegensatzdenkens im gesamten Werk belegt, sprechen schon die oben angeführten Äußerungen Guardinis gegen diese Geringschätzung.
[6] Vgl. *Gegensatz*, 7; *Gegensatz und Gegensätze*, 3; *Berichte*, 26f.
[7] So Guardini in einer Reminiszenz in *Friede und Dialog*, 29. In *Für den Todesfall**, 1, erwähnt Guardini Karl Neundörfer. Die Absicht hinter der Gegensatzlehre war, so Guardini, zunächst persönlicher Art: Sie betraf seine Freundschaft mit Karl Neundörfer, und sollte diese, genauer die unterschiedlichen Sichtweisen und Stellungnahmen, in denen sich vermutlich gegensätzliche Veranlagungen der beiden Freunde ausdrückten, gedanklich klären.
[8] Vgl. *Berichte*, 26f.
[9] Vgl. *Gegensatz und Gegensätze*, 3.
[10] Ebd., 5.

Prinzipien, nach denen die Gegensatzseiten in Beziehung stehen, und das variable Verhältnis zwischen den Gegensatzseiten untersuchen. Ihr Geltungsbereich sollte nach dieser kleinen Schrift der gesamte Bereich des bedingten Seins und des Erfahrbaren sein, während der Bereich des Absoluten und Unbedingten ausgeklammert wurde.

Die Gegensatzlehre war der Versuch einer „wissenschaftlichen Lehre"[11], die die jedem Seienden zugrundeliegende Struktur des Seins erfassen sollte, während die inhaltlichen oder materialen Bestimmtheiten des einzelnen Konkret-Seienden Gegenstand der Einzelwissenschaften blieben. „Die Gegensatzlehre ist die theoretische Formulierung der Tatsache, daß das Sein nicht ‚einseitig', sondern ‚zweiseitig', nicht ‚eindeutig', sondern ‚zweideutig' ist."[12] Sie sollte den Verstehenden den Blick für die objektive Allseitigkeit des Seins öffnen, sie auf die Fülle des Tatsächlichen hinweisen und insofern ‚heuristischer Natur' sein. Zugleich sollte sie korrektiv-kritisch wirken, da sie dem Verständnis des Seins neben den Kriterien der sachlichen Tatsächlichkeit und der logischen Richtigkeit das der typologischen Allseitigkeit hinzufügen und auf diesem Weg die materiale und logische Kritik ergänzen sollte. Guardini versuchte mit der Gegensatzidee einen methodischen Ansatz zu gewinnen, um die Anschauung des konkreten menschlichen Lebens in seiner Einheit auch erkenntnismäßig zu sichern und in einem ‚ganzheitlichen' Denken zu wahren. Die „Anwendung der typologischen Grundbegriffe", also der durch die Gegensatzlehre erkannten Gegensätze im Seienden, auf die Einzelgebiete des Seins sollte dann Aufgabe einer „speziellen Gegensatzlehre"[13] sein.

Nachdem die Grundintentionen genannt sind, sollen zunächst die Grundzüge der Gegensatzlehre anhand des Gegensatzbuches dargestellt werden. Dann gilt es, die grundsätzliche Bedeutung und Anwendung des Gegensatzgedankens für das anthropologische und ethische Denken Guardinis aufzuzeigen.

2. „Der Gegensatz. Versuche zu einer Philosophie des Lebendig-Konkreten"

Guardinis Buch vom Gegensatz ist als sein einziges rein philosophisches Werk zu betrachten, dessen Grundgedanke keinen theologischen Zusammen-

---

[11] Ebd., 18. Zum folgenden vgl. ebd., 16-20.
[12] Ebd., 17.
[13] Ebd., 19. Exemplarisches Feld solcher Anwendung, zugleich ja auch der Ausgangspunkt der Überlegungen, wäre die individuelle und soziale Psychologie mit dem Versuch, eine Typologie der Seelenvorgänge und Lebenshaltungen menschlichen Daseins zu entwickeln. Wichtige Gelegenheiten zur Anwendung des Gegensatzgedankens waren für Guardini bereits vor Erschei-

hang voraussetzt.¹⁴ Mit dem Gegensatz greift Guardini ein altes und grundlegendes Thema der Philosophie auf, dessen Behandlung sich schon in der Antike verschiedene philosophische Richtungen und Schulen widmeten. Die Pythagoreer dachten die Gegensätze als die Prinzipien des Seienden, und Heraklit führte „die vielheitliche Struktur des Seienden und Geschehenden auf einigende Gegensätzlichkeit"¹⁵ zurück. Platon in metaphysischer Hinsicht und Aristoteles primär unter logischem Aspekt entwickelten die Lehre vom Gegensatz weiter.¹⁶ Weitere Stationen sind die neuplatonische Philosophie und die Scholastik. Guardini selbst versteht den Gedanken der Gegensätzlichkeit als Grundbestand eines ‚platonisch' gerichteten Denkens, der immer dann lebendig wurde, wenn eine platonische Denkweise auflebte, wie es etwa in der Romantik geschah. Guardini nennt als weitere Station in der Neuzeit außerdem die Wissenschaftslehre und Philosophie Goethes, für die der Gegensatzgedanke Bedeutung hatte.¹⁷ Tatsächlich sind Begriff und Problem des Gegensatzes wieder Grundbestandteil der philosophischen Entwicklung in der idealistischen Philosophie und der Romantik. Der Gegensatzgedanke wird in der ersten Hälfte des 20. Jahrhunderts von der Lebensphilosophie aufgegriffen, von der Guardini Anregungen empfangen hat.¹⁸ Guardinis Ge-

---

nen des Gegensatzbuches das Problem der sittlichen Freiheit, vgl. *Begriff sittlicher Freiheit*, und die Bestimmung des eigentlichen Wesens der Pädagogik in *Grundlegung der Bildungslehre*. In dem kleinen Aufsatz „Richtungen" geht es um die gegensätzliche Spannung von Gemeinschaft und Vielfalt, dort heißt es programmatisch: „Leben ist Einheit der Gegensätze"; ebd., 105.

¹⁴ Vgl. Schlüter-Hermkes, 529, und Knoll, *Glaube*, 75. Zu erwähnen ist, daß Guardini 1923/24 sich in einer Vorlesung mit der Gegensatzlehre auseinandersetzte; vgl. *Gegensatz*, 7. Aus der umfangreichen Literatur über Romano Guardini und seine Gegensatzlehre seien genannt: Babolin, der in seiner ausführlichen Darstellung den philosophischen Kontext zeichnet und die Auswirkungen der Gegensatzlehre vor allem in Guardinis Werk „Welt und Person" untersucht, vgl. bes. 1-70 und 189-318; Biser, *Interpretation*, 51ff., der den Zusammenhang von Gegensatzlehre und den interpretatorischen Werken Guardinis darstellt; Borghesi, bes. 91-122; Fastenrath, 727-747; Fries, *Katholische Religionsphilosophie*, 272-274; Gerl, *Romano Guardini*, 250-66; dies., *Leben*; Knoll, *Glaube*, 74-99; Speck, bes. 187-199; Wechsler, 15-28; die ausführliche Untersuchung von Wucherer-Huldenfeld; aus früherer Zeit Schlüter-Hermkes, Sladeczek und Przywara, *Tragische Welt*. Vgl. zum philosophischen Begriff des Gegensatzes und den philosophiegeschichtlichen Stationen des Gegensatzdenkens Beierwaltes und Brugger; s. speziell zum Gegensatz-Begriff in der Logik Menne.

¹⁵ Beierwaltes, 106.

¹⁶ Vergleicht man Guardinis Gegensatzlehre mit dem Gegensatzgedanken bei Aristoteles, wird deutlich, daß Guardini bestimmte Unterscheidungen und begriffliche Differenzierungen nicht aufgreift, da er keinen Beitrag zum Gegensatz im Bereich der Logik vorlegen will. Aristoteles kennt in seiner Logik vier Arten von Gegensatzverhältnissen, nämlich den kontradiktorischen, den konträren, den privativen und den relativen Gegensatz. Vgl. Menne, Brugger und Sladeczek, 246. Guardini behandelt zwar die ersten beiden, erwähnt die beiden letztgenannten aber nicht.

¹⁷ Vgl. *Gegensatz*, 25. Gerl erwähnt die Polarität von Systole und Diastole bei Goethe, die polare Ergänzung der „zweierlei Gnaden' in jedem Atemzug, welcher das Leben überhaupt abbildet"; *Romano Guardini*, 253. Vgl. auch Knoll, *Glaube*, 76. Auf Goethe hatte sich bereits 1804 Adam Heinrich Müller in seiner Schrift „Die Lehre vom Gegensatze" bezogen.

¹⁸ Guardini selbst nennt Georg Simmel und Hans Driesch; vgl. *Gegensatz*, 39 Fn.7, 58 Fn. 17, 76 Fn. 22. Vgl. Beierwaltes, 116. Zur genaueren Darstellung der Beziehung von Guardinis Gegen-

gensatzlehre hat in der zeitgenössischen Philosophie keine weitere Auseinandersetzung hervorgerufen, was unter anderem dadurch zu erklären ist, daß Guardini selbst auf die spezifisch philosophische Einordnung in seinem Gegensatzbuch keinen Wert legte.[19]

2.1 Die Problemstellung

Ausgangspunkt des Gegensatzdenkens ist die Erfahrung des Lebendig-Konkreten im menschlichen Leben, die die Erfahrung einer bestimmten Einheit ist. Wie bei der phänomenologischen Methode steht auch hier für Guardini nicht die methodische Infragestellung, sondern das Vertrauen in die lebendige Erfahrung am Beginn der Reflexion: „Ich erfahre mich als Konkretes. Und dieses Konkrete steht in sich; von außen nach innen, von innen nach

---

satzlehre zum Gegensatzdenken in der Philosophie sei auf die Sekundärliteratur verwiesen, s. oben Fn. 14. Vgl. zur Nähe Guardinis zur Lebensphilosophie Babolin; Fastenrath, 738f.; Fries, *Katholische Religionsphilosophie*; Knoll, *Glaube*, 87-90. Fastenrath, 730ff., macht auf die Nähe zur Allgemeinen Psychopathologie von Karl Jaspers aufmerksam, was bes. die psychologische Typenlehre betrifft. Knoll weist zudem auf die ‚verstehende Psychologie' Diltheys und auf Kierkegaard hin, vgl. ebd., 87-92. Die zunehmende Beschäftigung Guardinis mit Kierkegaard veränderte den anfänglich negativen Bezug. Böhm, 614, stellt mit Berufung auf eine mündliche Äußerung Guardinis eine Abhängigkeit von Schleiermacher fest. Borghesi setzt das Gegensatzdenken Guardinis in Bezug zu Nietzsche und zu Schelers Ansätzen einer Philosophie des Lebens; vgl. bes. 94f. Schon dieser kurze Blick auf die Sekundärliteratur läßt erkennen, daß Guardini sich mit seiner Gegensatzlehre dem geistigen Suchen seiner Zeit stellte. Eine direkte Abhängigkeit ist schwer zu bestimmen, zumal Guardini von den genannten Werken abgesehen, keine Quellen nennt. Anregungen gibt Guardini selbst zu: „Vielleicht wird man sagen, diese Dinge seien bereits geschrieben. Gewiß, ich habe manche Anregung empfangen. Alles Wesentliche aber ist eigen, auch wenn Andere es teilen. Ich darf davor ohne Unrecht meinen Namen setzen, freilich mit dem Willen, daß er den meines alten Weggenossen [Karl Neundörfer, BK] mitvertrete"; *Gegensatz*, 8. Dieser Äußerung folgend beschränke ich mich auf den Entwurf Guardinis.

[19] Vgl. Schlüter-Hermkes, 529. Ebd. findet der Leser folgenden Kommentar, der deutlich macht, wie unterschiedlich die fehlende Einordnung in die philosophische Tradition und die daraus resultierende Unklarheit bewertet wurden und werden können: „Die gesprochene, fast geplauderte Redeweise, die ohne gelehrten Kothurn im Bereich der Philosophie zu lustwandeln scheint, könnte den flüchtigen Leser zu der Annahme verführen, er habe es mit Literatur zu tun. [...] Guardinis Buch vom Gegensatz hat nichts, was den durchschnittlichen deutschen Philosophiebeflissenen veranlassen könnte, es ernst zu nehmen. Keinen Zitatenreichtum, fast keine Anmerkungen, keinen Literaturnachweis, [...] wenig Fremdwörter." Gerl bringt ein aufschlußreiches Zitat aus einem Brief Guardinis, in dem dieser selbst anläßlich der zweiten Auflage das Problem des philosophiegeschichtlichen Bezuges anspricht. Guardini suchte einen Mitarbeiter für die fehlende, ihm persönlich aber nicht liegende Arbeit der geschichtlichen Einordung: „Die Einleitung bzw. das Nachwort müßte eine – je nachdem mehr oder weniger vollständige – Geschichte der Gegensatzidee geben. Vor allem fragen, ob und wie die Unterscheidung des echten und des falschen Gegensatzes; der wirklichen Polarität auf der einen, des Widerspruchs und des Schichtungsunterschiedes auf der anderen Seite herausgearbeitet worden ist. Dann wäre zu zeigen, an welcher Stelle in diesem Gesamtzusammenhang mein Versuch steht – selbstverständlich auch Kritik an ihm zu üben [...]"; Brief an Alfred Schüler vom 25.2.1950, zitiert nach Gerl, *Romano Guardini*, 254. Vgl. zur Einordnung in die Geschichte des Gegensatzdenkens ebd., 253-257.

außen; baut sich selbst auf, und wirkt aus eigenem Ursprung heraus. Das bedeutet: es ist lebendig."[20]

Wie kann die Erfahrung des Konkret-Lebendigen erkenntnismäßig und begrifflich genauer bestimmt werden? Guardini stellt zwei in der Geistes- und Kulturgeschichte gewählte Zugänge gegenüber, das wissenschaftliche Erkennen, so wie es im rationalistisch-mechanistischen Denken verstanden wird, und die irrationale, auf die begriffliche Durchdringung verzichtende, intuitive ‚Schau' des Lebendig-Konkreten. Wissenschaftliches Erkennen im Kontext eines rationalistisch-mechanistischen Denkens vollzieht sich in Begriffen, die das Lebendig-Konkrete in seiner Einmaligkeit nicht fassen können, da der Begriff sich auf das Allgemeine, Abstrakte und Formale richtet. Das Individuelle interessiert nur, insofern es auf ein Allgemeines bezogen werden kann. Das Lebendig-Konkrete wird zum Material, um „daraus die Formalien der Begriffe herauszulösen"[21]. Wendet sich die wissenschaftliche Erkenntnis in den Einzelwissenschaften doch dem Lebendig-Konkreten zu, so geht sie dabei wiederum abstrakt-begrifflich und in analytisch-zergliedernder Weise vor. „Die geschlossene leib-seelische Einheit wird in ein Bündel physiologischer oder psychologischer Vorgänge aufgelöst."[22] Die Einheit des Lebendig-Konkreten bleibt nur noch als Hilfsbegriff und undeutlicher Sammel- oder Ausgangspunkt gewahrt, wird aber nicht mehr bewußt in den Blick genommen. Dieser einseitigen Erkenntnisweise des wissenschaftlichen Begriffes steht die irrationale Wahrnehmung gegenüber, die dem Leben näher steht als die abstrahierende Verstandesarbeit der Wissenschaft. Der Gegenstand wird durch ein ‚Fühlen' und ‚Schauen' erfaßt, durch einen Akt der Anschauung, der dem Lebendig-Konkreten eher entspricht. Aber dieser Akt bleibt als Vorgang für die Erkenntnis unklar, weil er sich der Eingebung überläßt und sich kritischer Prüfung und der Frage nach dem logischen Zusammenhang entzieht. Daher ist er als Erkenntnisquelle wertlos.

Guardini sucht einen Weg, der die berechtigten Anliegen beider Zugangsweisen wahrt. Er müßte einerseits den überrationalen Charakter des Lebendig-Konkreten wahren, den die abstrahierende Begriffsbildung nicht erfassen kann. Andererseits darf er nicht auf die begriffliche Verstandesarbeit des wissenschaftlichen Denkens verzichten, wenn das Denken des Lebendig-Konkreten in seinen Einzelvorgängen nachvollziehbar und überprüfbar sein soll. „Vielleicht kann also dem Lebendig-Konkreten gegenüber doch eine ‚Schau' als zuständig erkannt werden? Aber so, daß diese [...] mit begrifflich-wissenschaftlichen Mitteln eingefangen und in den Dienst der Wissenschaft gestellt wird?"[23] Der Erkenntnisvorgang, in dem Intuition und Begriff aufeinander bezogen sind und so das Lebendig-Konkrete erfassen, erfordert ein besonderes Begriffsinstrumentarium, das Guardini im Gefüge der gegensätzlichen Begriffe findet.

---

[20] *Gegensatz*, 16. Zum Beleg für den permanenten Ausgang von der Erfahrung s. ebd., 26f., 37, 39, 46, 51, 56-58.
[21] Ebd., 17.
[22] Ebd., 18.
[23] Ebd., 24.

In der Frühschrift „Gegensatz und Gegensätze" bezog sich Guardini noch auf die Gesamtheit des Seienden.[24] Zwar äußert Guardini auch im Gegensatzbuch die Vermutung, daß der Gegensatz im gesamten Bereich des Lebendigen und darüber hinaus im Seienden überhaupt seine Geltung habe, doch beschränkt er sich nun in der Entfaltung der Gegensatzlehre ausdrücklich auf den Bereich des menschlichen Lebens. „Die ganze Gegensatzidee ist vom Menschen her gemeint. [...] Ich spreche ausschließlich von dem, was ich in mir und meinesgleichen erfahre. Der Gegensatz ist Weise menschlichen Lebens."[25] Gegenstand der Gegensatzlehre ist der Mensch in seiner leib-seelischen Einheit, die verschiedene Bereiche und Ordnungen umfaßt, ist der Mensch als Träger stofflicher, körperlicher, sinnlicher, seelischer und geistiger Akte.[26] Diese einzelnen Bereiche des menschlichen Lebens in ihrer Ausdifferenzierung, mit ihren spezifischen Bestimmungen und Eigenschaften sind nicht mehr Gegenstand der Gegensatzlehre. Diese versucht, die Grundstrukturen menschlichen Lebens zu erfassen, die wiederum die Einzelwissenschaften wie auch die ethische Reflexion der einzelnen Bereiche zu berücksichtigen haben. „Alles menschliche Leben, Gesamtes wie Einzelheit, mag seinem näheren qualitativen Inhalt und seiner besonderen Funktion nach sein, was es will; damit, daß es lebendig ist, ist es gegensätzlich gebaut. Die Gegensätzlichkeit gehört zu den Grundzügen des menschlichen Lebens. [...] Gegensätzlichkeit ist Erscheinungsform, Bauform, Wirkstruktur des Lebens."[27]

Die Gegensatzlehre soll es dem Denken ermöglichen, die Ganzheit menschlicher Wirklichkeit methodisch zu erschließen und diese begrifflich zu erfassen, ohne den Einseitigkeiten eines formalen Rationalismus oder eines irrationalen Subjektivismus zu verfallen und ohne die Einheit des konkret erfahrenen Lebens aus dem Blick zu verlieren. Mit dem Untertitel „Versuche zu einer Philosophie des Lebendig-Konkreten" ist nicht, wie Gerl hervorhebt, der Versuch gemeint, Philosophie ohne Abstraktion zu betreiben, sondern der Anspruch erhoben, „über die Abstraktionen hinaus und sie durchlaufend zu einer Sicht des von der Philosophie (jedenfalls im landläufigen Sinn) so oft verlassenen Konkreten zu gelangen. Es geht [...] um eine nachkantische und Kant überholende ‚Kritik der konkreten Vernunft'."[28] Auf dem Grund der Gegensatzidee will Guardini eine Erkenntnistheorie des Lebendig-Konkreten von der Erfahrung des menschlichen Lebens her entwickeln.

2.2 Der Gegensatz

Guardini erläutert sein Verständnis vom Gegensatz am Beispiel der Wahrnehmung einer Fingerspitze.[29] Diese wird als körperlicher Zusammenhang,

---

[24] Vgl. *Gegensatz und Gegensätze*, 9 und 15.
[25] *Gegensatz*, 146. Vgl. auch ebd., 30.
[26] Vgl. *Gegensatz*, 146 ff.
[27] Ebd., 151.
[28] Gerl, *Romano Guardini*, 255.
[29] Vgl. hierzu *Gegensatz*, 27ff.

genauer als gerundete Gestalt wahrgenommen. Das Bewußtsein darf dieser Wahrnehmung trauen gegen den Einwand etwa des Atomismus, die Anschauung des Zusammenhanges sei nur eine Abkürzung in der Wahrnehmung vieler getrennter Flächen und Gliederungen und in Wahrheit nur die Leistung des wahrnehmenden Sinnesvermögens. Zugleich ist der Wahrnehmung aber auch darin zu trauen, daß die zusammenhängende Fläche in feinere Zusammenhänge, in Vertiefungen und Falten, in die Linien und Verästelungen der Fingerkuppe gegliedert ist. Zusammenhang und Gliederung heben zunächst einander auf. Sofern etwas Zusammenhang ist, kann es nicht Gliederung sein, doch diese Ausschließung ist nicht absolut, sondern relativ, beide Seiten sind am konkreten Ding aufeinander bezogen, ohne daß die eine in die andere zurückgeführt werden kann. Es liegt eine besondere Einheit, nämlich die des Gegensatzes vor. „Dieses eigentümliche Verhältnis, in dem jeweils zwei Momente einander ausschließen, und doch wieder verbunden sind, ja, wie wir später sehen werden, einander geradezu voraussetzen; dieses Verhältnis, das innerhalb der jeweiligen quantitativen, qualitativen und gestaltmäßigen Bestimmtheiten auftritt, nenne ich Gegensatz."[30] Im Gegensatz besteht zwischen den beiden Seiten eine qualitative Grenze, so daß von der einen zur anderen Gegensatzseite nur ein qualitatives Hinübergehen, d.h. auf der Ebene der Betrachtung ein Wechsel in der Perspektive führt. Nie ist in einem konkreten Ding nur Kontinuität oder Zusammenhang, nie ist nur Zergliederung. „Das ist Gegensatz: daß zwei Momente, deren jedes unableitbar, unüberführbar, unvermischbar in sich steht, doch unablöslich miteinander verbunden sind."[31]

2.3 Das System der Gegensätze

Guardini nennt die erste Gruppe der zu betrachtenden Gegensätze ‚*intraempirische Gegensätze*': Es sind die innerhalb des Bereiches und innerhalb eines konkreten Elementes oder Vorganges menschlichen Lebens erfahrbaren Gegensätze.[32]

Als ersten Gegensatz, der sich der inneren und äußeren Wahrnehmung im menschlichen Seinsbestand anbietet, entwickelt er den Gegensatz von ‚Dynamik und Statik'. Leben wird zunächst als Akt erfahren. Es kennzeichnet ja gerade den Begriff des ‚Lebendigen Seins', daß es als ein Wirksam-Sein, als Wirklichkeit von Akten aufgefaßt wird. Leben wird als fortwährender Wandel erfahren und in der Zeitvorstellung um so bewußter als lebendiges Strömen erlebt, je intensiver es ist. Diese Erfahrung und das aus ihr resultierende Bewußtsein, Leben sei Akt und Strom, kann verabsolutiert werden und die ganze Seinsauffassung prägen, wie es klassisch schon im ‚Παντα ρει' des

---

[30] Ebd., 30. Guardini entscheidet sich für den Begriff ‚Gegensatz', den er dem der ‚Polarität' vorzieht, da er weniger zerredet sei; vgl. ebd., 25.
[31] Ebd., 45f.
[32] Vgl. ebd., 37-56.

Heraklit formuliert ist. Im Seinsbestand des Menschlichen können Akt und ständiges Strömen aber nicht in Reinform verwirklicht sein. Denn ein Akt setzt einen festen Ausgangspunkt voraus und das Strömen etwas Bleibendes, und sei dies nur die Identität dessen, was strömt, oder die Richtung der Bewegung. Die Selbsterfahrung des Lebens kennt immer auch die andere Seite, die durch Struktur, Bau, Stand und Festigkeit charakterisiert ist: „Das Leben erfährt sich selbst als Kraft und Akt, als Strom und Wandel. Erfährt sich aber auch als Bau und Ruhe, als Stand und Dauer – wobei die Frage offen bleibt, wann so und wann anders und wie diese Weisen der Selbsterfahrung zueinander stehen."[33] Das eine schließt das andere aus, und kann doch nicht ohne dieses sein. Dieses Verhältnis ist das für den Gegensatz typische Ineinander von Einschließung und Ausschließung zweier Pole.

Der zweite Gegensatz ist der von Form, Formkraft und Gestalt auf der einen und der Fülle oder der Washeit, d.h. jenem „Etwas, das vor jeder näheren Bestimmung steht"[34], auf der anderen Seite. Weder die reine Fülle noch die reine Form sind denk- oder seinsfähig, immer muß mit der einen noch ein Mindestmaß der anderen Seite gegeben sein, sofern es um die Wirklichkeit des Lebendigen und nicht um abstrakte Begriffe und Verhältnisse geht.

Der dritte ‚intraempirische Gegensatz' ist der zwischen dem Streben nach dem je größeren Zusammenhang, also der Ganzheits- oder Totalitätstendenz und ihrer Gegenrichtung auf das Besondere und Einzelne hin. Als Beispiel führt Guardini aus dem Bereich des Sozialen und Politischen eine individualistische Auffassung von Gesellschaft und Geschichte an, die das Gewicht auf die Einzelperson und deren Tat und Entscheidung legt, im Gegensatz zur totalitären, die das Einzelne und die Einzelnen dem Ganzen der Gesellschaft oder des Staates unterordnet.[35]

Diese drei ‚intraempirischen Gegensätze' finden sich im Bereich des Erfahrbaren und stehen sich jeweils auf einer Ebene gegenüber. Im Bestand des lebendigen Seins und seiner verschiedenen Vorgänge sind als weitere strukturierende Elemente eine Richtung von außen nach innen, eine Schichtung des Seins und verschiedene Grade der Tiefe zu erkennen. So wird der psychische Bereich dem körperlichen gegenüber als Innerlichkeit aufgefaßt, so daß bildlich zutreffend von Seelenvorgängen in der Tiefe im Unterschied zu oberflächlicheren Akten des Bewußtseins gesprochen wird. Ungeachtet der Frage, wie diese Abstufungen nach innen zueinander stehen, ist die Feststellung wichtig, daß es diese Richtung auf ein Innen gibt. Guardini vermeidet jede metaphysische Benennung und beschränkt sich auf die Deutung der Erfahrung: „In meiner Selbsterfahrung zeigt das Leben sich so geartet, daß es von außen nach innen ‚geschichtet' ist, und über den Bestand des Erfahrbaren hinaus auf ein letztes ‚Innen' weist. Dieses selbst wird nicht erfahren; wohl

---

[33] Ebd., 43f.
[34] Ebd., 48. Guardini erwähnt im Zusammenhang mit diesem zweiten Gegensatz die ‚materia' und die ‚materia prima' der scholastischen Ontologie. Er gibt keine Auskunft darüber, ob er mit diesem zweiten Gegensatz die Beziehung erfassen möchte, die in der Scholastik als Relation von materia und forma bezeichnet wurde.
[35] Vgl. ebd., 52ff.

aber wird wahrgenommen, daß es da sein muß. Die Tatsache ‚Leben' bedeutet, daß es einen nach innen, ‚jenseits' des Erfahrbarkeitsbereichs liegenden Ursprungspunkt hat", ein „transempirisches Zentrum" oder einen „transempirischen Punkt"[36].

Das Verhältnis des Erfahrungsbereiches, innerhalb dessen die ‚intraempirischen Gegensätze' liegen, zu diesem Innenpunkt des Lebendigen ist selber gegensätzlich (enantiologisch) bestimmt und wird von Guardini durch die ‚*transempirischen Gegensätze*' erfaßt.[37] Diese entwickelt er wiederum ausgehend von der Erfahrung des menschlichen Lebens. In ihrer Darstellung zeigt sich bereits die Ergiebigkeit der Gegensatzidee für die Anthropologie Guardinis. Sie ermöglicht es, die menschliche Wirklichkeit in ihrer Komplexität zu erfassen und eine einseitige, verengende Betrachtung zu vermeiden.

Das Leben erfährt sich als von innen hervorgebracht und aus einem inneren Bereich heraus entstehend. Das Verhältnis des oben genannten Innenpunktes zum Bereich des Erfahrbaren kann als Produktion bezeichnet werden. In der Betrachtung des freien, besonders des künstlerischen oder des geistigen Schaffens wird dies deutlich, denn hier wird nicht einfach vorhandenes Material gestaltet, sondern zugleich etwas Neues hervorgebracht. So ist jedes Werk, jede Tat und jedes Seiende im Bereich des Konkret-Lebendigen in einem gewissen Maß immer neu und einmalig. Allerdings gibt es im Bereich des konkreten Lebens, d.h. im Bereich des Endlichen nicht den Akt reinen Schaffens. Lebendiges Schaffen braucht immer ein Gegebenes als Anstoß, braucht Anregung und Material, um Neues hervorgehen lassen zu können. Dies gilt für den physikalisch-chemischen Aufbau ebenso wie für das innere, das seelische und geistige Leben oder das künstlerische Schaffen. So erfährt sich das Leben gegensätzlich zum schaffenden Akt auch als ein Ordnen und Gestalten, als Bewältigung von Vorhandenem. „Das alles wurzelt in einem bestimmten Verhältnis jenes Innenpunktes zum Bereich des Erfahrbaren: Das Leben erfährt seinen Grundakt als Selbst-Verfügung von einem herrschenden Punkt her."[38] Der erste ‚transempirische Gegensatz' ist also der von Produktion und Disposition, von Schaffen und Verfügen.

Im Verhältnis des erfahrbaren Lebens zu seinem Innenpunkt findet sich als weiterer Gegensatz der von Ursprünglichkeit und Regel, der zwar mit dem ersten verwandt ist, jedoch einen eigenen Wesenszug des Lebens strukturiert. Am Vorgang des Schaffens wird deutlich, daß Leben unter diesem Aspekt nicht erzwungen und vorherberechnet werden kann. Der Sinn des Lebens liegt nach dieser Erfahrung nicht in der Verwirklichung eines von außen her-

---

[36] Ebd., 57f. In der Gedankenskizze „Gegensatz und Gegensätze" hatte Guardini diesen Innenpunkt noch als „metaphysisches Einheitsprinzip" und Produktivgrund bezeichnet; *Gegensatz und Gegensätze*, 11. Eugen Biser macht darauf aufmerksam, daß Guardini in diesem Zusammenhang erstmals den ‚Begriff des Inneren' entwickelt, der Guardini später mit dem Gegenbegriff des ‚Oben' zur Ortung der Weltgestalt und des menschlichen Daseins in der religiösen Erfahrung dient. Vgl. Biser, *Interpretation*, 54.

[37] Vgl. *Gegensatz*, 31f. und 59-80.

[38] Ebd., 64.

Das Gegensatzdenken – Das Problem der Erkenntnis des Lebendig-Konkreten 73

antretenden Zweckes oder in der Anwendung einer außerhalb seiner stehenden Regel, sondern in ihm selbst. „Das Leben bindet sich nicht; es setzt sich immer neues Gesetz. Das Leben wiederholt sich nicht; es setzt sich stets neuen Anfang."[39] Diese Ursprünglichkeit gibt dem Leben den Charakter des Wagnisses und Abenteuers, der den Menschen, der Sicherheiten und feste Überlieferungen will, verunsichert, während er für einen anderen Typus gerade die Lockung und den Zauber des Lebens darstellt.[40] Doch ist auch diese Erfahrung in den Gegensatz gestellt. „Nur auf Ursprünglichkeit gestellt, würde das Leben sich selbst entgleiten. Es würde sich selbst nicht mehr gehören."[41] Damit wirklich Ursprünglichkeit und Eigengehörigkeit sein können und der schaffende Akt tatsächlich verwirklicht werden kann, muß eine Einordung in einen Zusammenhang gegeben sein, der von irgendwelchen Regeln bestimmt ist. Zur Einheit des Lebens gehört ‚im Gegensatz' zur Ursprünglichkeit die Fähigkeit, sich an Regel und Gesetz zu binden, gehört die Kraft zur Konsequenz. Würde jedoch dieser Wesenszug vereinseitigt werden, so verlöre sich das Leben in Erstarrung und Zwangsläufigkeit. Die Einheit des Lebens steht und verwirklicht sich im Gegensatz von Regel und Ursprünglichkeit.

Mit dem dritten, zugleich letzten der ‚transempirischen Gegensätze' erfaßt Guardini die Innenausrichtung des Lebens unter eher formalem Aspekt. Zum Leben gehört wesentlich die Innigkeit. Als Symbol des vollkommenen Seins veranschaulicht diesen Wesenszug die Kugel. Sie symbolisiert, daß das Leben eine Mitte hat, auf die es ausgerichtet ist. In dieser Tatsache wurzelt die kontemplative Haltung des Lebens, in der es in sich steht und seiner mächtig ist. Doch steht dem die Gegenseite gegenüber, ohne die das Leben in sich versinken und im Inne-Sein zugrunde gehen würde: Das Leben hat zugleich die Tendenz und Kraft, über sich hinaus zu gehen. Es greift aktiv über Grenzen hinaus und hat die Fähigkeit des Transzendierens. Selbst-Innigkeit und Selbst-Jenseitigkeit, Immanenz und Transzendenz strukturieren als weiterer Gegensatz das Verhältnis des Erfahrbaren zum Innenpunkt des Lebens.

Die drei ‚intraempirischen' und die drei ‚transempirischen Gegensätze' nennt Guardini auch ‚*kategoriale Gegensätze*'. Sie sind einander ähnlich und verwandt, jedoch nicht aufeinander zurückführbar und „stellen die letzten

---

[39] Ebd., 68. Was, so Guardini in einer Anmerkung, nicht besagen würde, das Leben sei autonom. Sein eigentlicher Sinn ist vielmehr in der Beziehung zu Gott zu suchen. Aber dieser Sinn werde in selbstaufbauender Weise verwirklicht. Bereits hier ist das Verständnis einer relativen Autonomie des Lebendigen im Verhältnis zu Gott angedeutet.

[40] Fries bemerkt zutreffend, daß diese für einen katholischen Theologen dieser Zeit erstaunlichen Äußerungen besonders das Fluidum der Lebensphilosophie spüren lassen; vgl. Fries, *Katholische Religionsphilosophie*, 271.

[41] *Gegensatz*, 70f. Besonders in der Erläuterung der ‚transempirischen Gegensätze' fällt die Nähe der Gegensatzlehre zu einer Typologie des Seelenlebens oder der Charaktere auf. Es ergeben sich Anknüpfungspunkte zur Psychologie. So weist Guardini, ebd., 70 und 73, auf seelische Erkrankungen hin, die als Verabsolutierungen der Gegensatzseiten ‚Ursprünglichkeit' und ‚Regel' gedeutet und psychoanalytisch als hysterische oder zwangsneurotische Erscheinungen bezeichnet werden können.

Allgemeinheitsstufen des Gegensätzlichen dar"[42], in denen noch inhaltliche Bestimmtheit gewahrt ist.

In der Tatsache der Gegensätzlichkeit als solcher gründen die sogenannten ‚transzendentalen Gegensätze‘, die eine Umschreibung des Faktums echter Gegensätzlichkeit an sich und die Bedingung des Gegensatzverhältnisses sind. Es sind die beiden Paare von Verwandtschaft und Besonderung, von Einheit und Mannigfaltigkeit. Das zweite Paar beschreibt den Aufbau des Gegensatzes unter struktureller Perspektive. Die Gegensatzseiten müssen in einem Zusammenhang stehen und eine Einheit bilden, um überhaupt aufeinander bezogen werden zu können. Zugleich sind sie voneinander geschieden oder gesondert, andernfalls würde Einheit durchgehende Identität bedeuten und die Vielfalt des Lebens aufheben. Absolute Kontinuität aber ist im Bereich des Lebendigen nicht mehr denkbar.[43]

Das erste transzendentale Gegensatzpaar faßt die Gegensätzlichkeit unter qualitativem Aspekt. Guardini erläutert seine Bedeutung wieder von der Erfahrung des menschlichen Lebens her. Die durchgehende Verwandtschaft in allen Lebenseinzelheiten macht es möglich, diese in größeren Zusammenhängen zu sehen. So ermöglicht es die Identität einer Person, ihr Leben durch alle verschiedenen Lebensphasen und -äußerungen hindurch als Einheit zu verstehen. Aufgrund der Homogenität des menschlichen Lebens wiederum ist die Lebensgeschichte des einzelnen Menschen in die überindividuellen Zusammenhänge von Familie, Staat und Kultur eingefügt. Das Leben erfährt sich immer auch als qualitative Einheit. Soll die so verstandene Einheit im Lebendigen nicht zum tötenden Einerlei, lebendige Verwandtschaft nicht zur einförmigen Gleichheit werden, muß immer „ein Mindestmaß wenigstens spannungserzeugender Andersartigkeit sein"[44]. Nun treten in allen Lebensbereichen, von den seelischen Vorgängen bis zu den verschiedenen Kulturakten und -gebieten, die Unterschiede hervor. In der Kraft zur Ausdifferenzierung und Selbstunterscheidung kann sogar der Rang der Lebensäußerungen gemessen werden.

Die Erkenntnis dieses Gegensatzes ist bedeutsam für das Verständnis weltanschaulicher Strömungen und geistig-kultureller Entwicklungen. Die Tatsache der qualitativen Einheit wird zum Anknüpfungspunkt aller monistischen Weltanschauungstypen, während der auf den Grundzug der Unterscheidung gestellte Weltanschauungstypus pluralistisch ist. Die Tatsache der Besonde-

---

[42] Ebd., 32f. Guardini versteht die Bedeutung der kategorialen Gegensätze für die Erfassung des Lebendig-Konkreten bzw. des menschlichen Lebens ähnlich der Bedeutung, die die Kategorien des Aristoteles für den Bereich der Logik haben. Vom Kategorienbegriff der Kantischen Logik und Erkenntnistheorie grenzt er sich in diesem Zusammenhang ab. Die logischen Kategorien bei Aristoteles sind aber durch eine ontologische Relevanz geprägt, d.h. von dem Vertrauen getragen, auch die Strukturen des Seienden ‚abzubilden‘. Ähnlich kann der Gegensatzlehre Guardinis, obwohl er dies nicht expressis verbis behauptet, eine ontologische Tendenz zugesprochen werden. Sie ist neben ihrer erkenntniskritischen Ausrichtung auch, wie Honnefelder feststellt, als „Ontologie des konkret Lebendigen und Geschichtlichen angelegt"; Honnefelder, *Weltanschauung*, 116.
[43] Vgl. *Gegensatz*, 87f.
[44] Ebd., 83.

Das Gegensatzdenken – Das Problem der Erkenntnis des Lebendig-Konkreten 75

rung ist für das Verständnis der Autonomie wichtig, denn es führt auf kulturellem Gebiet zur Anerkennung einer Autonomie der Sach- und Lebensbereiche und der verschiedenen Wissenschaften: „Zu den Grundtendenzen wesenhafter Kulturarbeit gehört, die verschiedenen Grundakte, Werte und Lebensbereiche in ihrer spezifischen Eigenart unvermischt herauszuheben. Und es gehört zum Adel geistigen Lebens, diese Bereiche in ihrer Eigen-Art geschieden zu halten; daß Wissenschaft nicht in Kunst übergehe, Politik sich nicht mit Religion vermenge, moralische Fragen nicht durch wirtschaftliche Erwägungen gelöst werden."[45] Aus der Einsicht in das Gegensatzverhältnis läßt sich aber auch die Kritik des Individualismus und im Bereich der Kultur die Kritik des Autonomismus, der als Verlust jedes inneren Zusammenhanges zwischen den verschiedenen Sach- und Wirklichkeitsbereichen des Lebens charakterisiert ist, formulieren. Die Einheit des Lebens zerfällt, wenn der Pol der qualitativen Unterschiedenheit einseitig absolut gesetzt wird und nur noch durchgehende Unähnlichkeit und Verschiedenheit bleibt.

2.4 Die Gegensatzreihe

Die Gegensatzpaare oder -einheiten lassen sich in ihrer Beziehung zueinander betrachten und untereinander ordnen. Es entstehen so Kreuzungsverhältnisse, die deutlich machen, daß die Gegensatzseiten nicht einfach auseinanderliegende Bestandteile eines Paares sind, sondern die komplexe und spannungsreiche Einheit bilden, in der sich das Leben verwirklicht.[46] Die Gegensätze lassen sich in Reihen untereinander ordnen, die sich aus der Ähnlichkeit zwischen den Gegensatzseiten ergeben. So stellt Guardini zwei Gegensatzreihen auf:

„Akt   Bau
Fülle   Form
Einzelheit   Ganzheit
Produktion   Disposition
Ursprünglichkeit   Regel
Immanenz   Transzendenz
Ähnlichkeit   Besonderung
Zusammenhang   Gliederung."[47]

---

[45] Ebd., 84. Allerdings gebraucht Guardini an dieser Stelle nicht den Begriff Autonomie selbst. Siehe hierzu Kapitel X.2.3 dieser Arbeit.
[46] Vgl. dazu *Gegensatz*, 93-98.
[47] Ebd., 99. Guardini bemerkt, ebd., 100 Fn. 25, daß in dieser Reihung die Zuordnung von Ganzheit mit Besonderung und Gliederung auf der einen Seite und die von Einzelheit mit Ähnlichkeit und Zusammenhang auf der anderen Seite stören könnte. Die Reihen drücken lediglich die vorzugsweisen und nicht die einzigen Beziehungen der Gegensatzpaare aus. ‚Vorzugsweise' und repräsentativ aber wird der Begriff der Ganzheit vom Moment der Form und des Baus bestimmt.

Diese Zusammenfassung ist nach Guardini nicht willkürlich, sondern wird durch die Erfahrung der objektiven Gegebenheiten im Leben bestätigt. Ist ein Lebensgebilde von einer Gegensatzseite her bestimmt, so zeigt sich in ihm oft eine Dominanz der übrigen Gegensatzseiten derselben Reihe. Jede Typologie, die sich auf menschliches Leben und seine Phänomene bezieht, scheint auf diese enantiologischen Reihen zurückzugehen. Besonders kommen sie im Bereich des Seelenlebens, der Kultur und im Religiösen zur Geltung.[48] Als letzter einfacher Gegensatz hinter den beiden Gegensatzreihen steht die Grundpolarität des Lebens überhaupt. Sie ist nicht im einzelnen Begriffspaar zu fassen, sondern nur durch die Vielzahl und die ganze Reihe der dargestellten Gegensatzpaare.[49]

2.5 Maß und Wert des Gegensatzverhältnisses

Unter den Leitworten ‚Maß' und ‚Rhythmus' erläutert Guardini das Verhältnis der Gegensatzseiten unter quantitativem Aspekt. Dabei werden bereits ethische Folgerungen erkennbar. Deutlich wurde nach den bisherigen Überlegungen, daß sich eine Gegensatzseite in einem Lebensakt oder -gebilde nicht allein verwirklichen kann. Die Einheit des Lebens als Grund des Gegensatzes wäre dann aufgehoben. „Lebendig möglich war immer nur ein Zustand, in dem von der Gegenseite wenigstens jenes Mindestmaß vorhanden war, das die Ausgangsseite seinsfähig und denkbar – will sagen, konkret – erhielt."[50] Im wirklichen Leben ist eine Annäherung an eine Gegensatzseite und die durch sie bestimmte Sinngestalt zwar insofern positiv, als so die konkrete Lebensgestalt an Bestimmtheit und Ausprägung gewinnt. Die ausschließliche Verwirklichung nur einer Sinngestalt aber bleibt ein Grenzfall, gleichbedeutend mit dem Untergang und der Vernichtung des Lebendigen.[51] Zwischen den im Lebendigen möglichen Endverhältnissen, die immer ein Maximum der einen mit einem notwendigen Minimum der anderen Seite verbinden, gibt es eine unendliche Reihe gleitender Verschiebungen. Die Frage stellt sich, ob ein Maßverhältnis möglich ist, in dem die beiden Gegensatzseiten sich in vollkommenem harmonischen Gleichgewicht die Waage halten. Die Erfahrung zeigt, daß dies immer nur augenblickhaft der Fall sein kann als Durchgangsmoment einer Verschiebungsbewegung. Dauern kann dieses Gleichgewicht nicht, denn dann würde das Leben die ihm eigene Spannung, die sich aus dem Verhältnis der Polaritäten zueinander aufbaut, verlieren. So zeigt sich das lebendige Gegensatzverhältnis von drei Punkten her gefährdet, von den beiden ‚äußeren' Grenzwerten der reinen Gegensatzverwirklichung

---

[48] Vgl. ebd., 102. Wucherer-Huldenfeld bietet, 206 Fn. 69, mehrere Beispiele einer typologischen Betrachtung des menschlichen Lebens in verschiedenen Wissenschaften.
[49] Vgl. *Gegensatz*, 158.
[50] Ebd., 104.
[51] Am Phänomen des Genies wird dies exemplarisch deutlich. Es verwirklicht eine Anlage in besonderer Vollkommenheit, eben in genialer Weise und ist zugleich besonders gefährdet. „Genie ist seinsmäßige Gefährdung von den Grenzwerten her." Ebd., 105f.

Das Gegensatzdenken – Das Problem der Erkenntnis des Lebendig-Konkreten 77

und vom ‚inneren' Grenzwert des Gegensatzausgleiches. Vollkommene Harmonie und reiner Typus würden, so verlockend sie erscheinen mögen, für die Einheit des Lebendigen totale Stagnation, d.h. seinen Untergang bedeuten.

Diese aus der Gegensatzlehre gewonnene Einsicht vertieft auf bemerkenswerte Weise die Bedeutung, die der Begriff der ‚Maßhaltung' – der ‚mesotes' des Aristoteles – in der klassischen Tugendlehre hat: „Von hier aus wird das tiefste Wesen der Lebensmöglichkeit sichtbar, und der lebendigen, nicht sterbenden Vollkommenheit: Es ist das ‚Maß' in der ganz besonderen inneren Bedeutung des Wortes. Und seinen letzten Sinn gewinnt es angesichts der Verführung zur todbringenden Vollkommenheit, wie sie aus dem Wesen des Lebens selbst aufsteigt."[52] Letzte Weisheit ist es, der „Verführung zum lebensvernichtenden Vollendungswillen des ‚reinen' Bildes oder des harmonischen Ausgleichs zu entsagen"[53] und statt dessen Maß zu halten. Das anzustrebende Maß aber darf selbst nicht statisch verstanden werden, sondern ist stets neu im Wandel des Gegensatzverhältnisses zu gewinnen.

Ein weiterer wichtiger Aspekt in Bezug auf das ganze Gegensatzgefüge ist die Frage, wie die Gegensatzreihen zum Wert stehen.[54] Bei jeder Gegensatzseite und im Verhältnis der Gegensatzreihen zueinander besteht die Tendenz zur Verabsolutierung und damit verbunden die Neigung, diese Einseitigkeit auch axiologisch bzw. wertmäßig zu begründen und die Verwirklichung der einen Seite mit dem wertvolleren Sein gleichzusetzen. Besonders problematisch ist unter dieser Perspektive die Gleichsetzung der Form-Reihe mit ‚Geist', die Guardini in der Kultur des Abendlandes immer wieder auftreten sieht. Schließlich würden Geist und Begriff miteinander identifiziert. In Wahrheit ist dies „offenbare Sinnlosigkeit! Denn Geist ist lebendig, konkret – wirklich – so sehr idealistischer Irrealismus das als Verdinglichung oder Materialisierung empfinden mag"[55]. So bedeutend die Gegensatzlehre als erkenntnistheoretischer Zugang zur Wirklichkeit des menschlichen Lebens für die Ethik ist, solche moralischen Wertungen sind für Guardini zurecht unzulässig. Die Gegensatzreihen sind als solche wertneutral. Ethisch bedeutsam ist die Forderung, das jeweils angemessene Maß zwischen den Gegensatzseiten in der Verwirklichung des Lebens zu gewinnen und beide Seiten in ihrem Recht zu sehen. Naive und unreflektierte Wert-Vorurteile aber sind abzulehnen. So ergibt sich die Einsicht, „wie notwendig [...] eine Kritik der konkreten Wertungsfähigkeit ist"[56].

---

[52] Ebd., 110. Gerl, *Romano Guardini*, 257, zitiert aus einem Brief Guardinis vom 5.7.1954 an Marcel Reding, in dem Guardini eine mögliche Nähe seines gegensätzlichen Denkens zur aristotelischen Theorie der ‚mesotes' anspricht. Vgl. auch ebd., 264.
[53] *Gegensatz*, 110.
[54] Vgl. ebd., 120-123.
[55] Ebd., 121f. Guardini nennt hier keine konkreten Beispiele aus der abendländischen Geistes- und Kulturgeschichte, was die Höherbewertung der Formreihe angeht. Zu denken ist zunächst an alle idealistischen Systeme.
[56] Ebd., 122. In diesen Worten ist eine Korrektur von Guardini an seinen eigenen Ausführungen in *Neue Jugend* über den katholischen Geist zu erkennen, in denen er bei der Beschreibung katholischer Geisteshaltung einen Vorrang der Form-Reihe im Gesamtwerk des Lebens be-

In diesem Zusammenhang deutet Guardini an, daß die Frage nach dem Verhältnis der Gegensatzreihen für strukturelle und funktionelle Fragen von Familie, Staat, Kirche und Kultur folgenreich sein werde. „Auch eine wirklich wesenhafte Behandlung der Frauenfrage – ja der ganzen Geschlechterfrage, ihrer soziologischen und überhaupt kulturellen Seite nach" werde „ohne diesen Gesichtspunkt nicht möglich"[57] sein. Diese aus der Feder eines katholischen Theologen im Jahre 1925 bemerkenswerte Äußerung zeigt, daß das Gegensatzdenken tatsächlich die intendierte geistige Weite und die Kritik bestehender Verhältnisse durch die Einsicht in die strukturellen Grundlagen der Wirklichkeit ermöglichen kann.[58]

---

hauptet, vgl. *Neue Jugend*, 23. Allerdings spricht Guardini zu diesem Zeitpunkt noch von einem ‚funktionalen' Vorrang der Formreihe im Sinne von Führung, Ordnung und Repräsentation; vgl. *Gegensatz*, 122f. Eine andere Bewertung im Blick auf die ‚funktionale' Bedeutung der Gegensatzreihen, die für die christliche Ethik bedeutsam ist, gibt Guardini unter anderem in *System und Augenblick*.

[57] Ebd., 123. In *Für den Todesfall** schreibt Guardini rückblickend, daß hinter dem Gegensatzbuch die theoretische Absicht stand, „der Überzeugung Ausdruck zu geben, daß die Frau in der abendländischen Geschichte nicht die ihr zukommende Stellung hat; daß sie vielmehr durch die Gleichsetzung von ‚Geist', ‚Wert' usw. mit der Formreihe überall, bewußt oder unbewußt, in den Charakter der Zweitrangigkeit gestellt worden ist"; ebd., 1.

[58] Diese grundsätzliche Einschätzung zum Gegensatzdenken soll im folgenden hinsichtlich der Geschlechterfrage, vgl. das Zitat in Fn. 57, vertieft werden: Guardini spricht von der „soziologischen und kulturellen Seite" der Frauen- und Geschlechterfrage, was zunächst auf rollenspezifische Zuschreibungen und Benachteiligungen hinweist, die aber, so wird von ihm ergänzt, durch unzulässige geschlechtsspezifische Begründungen gerechtfertigt wurden bzw. werden. Insofern die Gegensatzlehre der Erkenntnis der Strukturen und Typen des Lebens dient, stellt sich die Frage, ob sie auch für die Erkenntnis und Erfassung geschlechtsspezifischer Merkmale in den verschiedenen Lebensfeldern hilfreich sein könnte. Dabei ist vor geschlechtsspezifischen Folgerungen und Feststellungen zu warnen, schon deshalb, weil sich die Reihen der Gegensatzpaare einer statischen Zuordnung entziehen. Das Gegensatzdenken kann aber als heuristisches und kritisches Instrument eingesetzt werden, um einseitige Zuschreibungen und notwendige Ergänzungen bezüglich der Vorstellung von Männlichkeit und Weiblichkeit in den verschiedenen Lebensfeldern aufzuzeigen. Es geht also nicht darum, eine Seite der Gegensatzreihen, etwa die durch Fülle, Intuition und die Kategorie der Beziehung bestimmte, einseitig einem Geschlecht – in diesem Fall der Frau – zuzuschreiben, im Gegenteil. Hanna B. Gerl-Falkovitz, auf deren Ausführungen in *Die Frau* ich mich stütze, berichtet von einem protokollierten Gespräch Guardinis zu dieser Frage, das für unseren Zusammenhang von Interesse ist. Ein angemessenes Verständnis der Geschlechterfrage müsse davon ausgehen, das Weibliche und Männliche als die zwei voneinander unableitbaren und ebenbürtigen Grundformen des Geschlechtlichen zu begreifen. Unter dieser Voraussetzung, die auf dem Personverständnis Guardinis fußt, stellt sich für die Frau die Aufgabe, „das Spezifisch Weibliche *aus sich selbst* zu bestimmen" und zwar „weder im Vergleich noch im Bezug zum Mann, sei es zustimmend oder abgrenzend"; Gerl, *Die Frau*, 131. Eine erkenntniskritische Anwendung des Gegensatzdenkens läßt dabei als ersten Schritt den „üblichen Gegensatz Natur = Frau und Geist = Mann hinfällig" werden, der, so Guardini, eine „männliche Waffe" ist: „Geist ist Leben. Form, Gesetz, Begriff sind vom männlichen Wesen her charakterisierte Weisen, wie Geist wirken kann. [...] Um des Geistes willen müssen wir uns dagegen wehren, daß er auf eine Seite festgelegt wird. Vielmehr liegt das Problem des Geistes darin, wie er, der an sich jenseits solcher Kategorien steht, sich in den spezifischen Qualitäten des Männlichen und Weiblichen kundtut; wie die spezifisch männliche und weibliche Sphäre im Geiste wurzelt und auf ihn hingeordnet ist." Ebd., 132. (Ähnlich schreibt Guardini in *Anfang*, 100f., daß auch die mit der Gottebenbildlichkeit gegebene Freiheit als Grundform des Menschlichen nicht, wie bisher zu Unrecht ge-

2.6 Der Gegensatz im Akt der Erkenntnis

Mit den Gegensatzpaaren und -reihen hat Guardini das Begriffsinstrumentarium für eine Erkenntnis des Lebendigen in seiner Einheit gefunden, die die Einseitigkeiten sowohl der nur rational-begrifflichen als auch der intuitiven und ungenauen Erkenntnisweise vermeiden soll. Der angestrebte Erkenntnisvorgang muß als konkreter lebendiger Akt selbst gegensätzliche Struktur haben, um so die rein begrifflich-formale und die ‚fühlende‘ intuitive Erkenntnishaltung zu umfassen.[59] Intuition und Begriff dürfen dabei weder unterschiedslos vermengt noch beziehungslos nebeneinander gestellt werden. Der dem Lebendigen entsprechende Erkenntnisakt muß also durch ein Höchstmaß von Intuition und Begriffskraft bestimmt sein, um das Lebendig-Konkrete weder durch den rein formalen Begriff im Abstrakten noch durch die reine Intuition im Unfaßbaren zu verlieren. Guardini findet einen derartigen Erkenntnisakt in der ‚Anschauung‘, die nicht einfach eine Synthese aus Intuition und Begriff wäre, „sondern der in höchster Spannung sich vollziehende, lebendig-konkrete Erkenntnisakt."[60] Er verwirklicht sich konkret so, daß die Erkenntnis sich von den durch die Form-Reihe bestimmten Sonderakten, dem begrifflichen Denken, zu den durch die Fülle-Reihe bestimmten Akten der Intuition hinbewegt. Schematisch stellt sich die Anschauung als ein Nacheinander dar. Die wissenschaftliche Darstellung und Reflexion der Anschauung wird zwar wieder in rationalen Begriffen erfolgen, die stets eine gewisse Reduzierung der inhaltlichen Anschauung bedingen, doch sind sie nun durch die mitvollzogene Intuition reicher und voller. Die der Gegensatzlehre entsprechende wissenschaftliche Erfassung des Lebendig-Konkreten baut auf einem Erkenntnisakt auf, der Intuition und Begriff eint. An die Stelle freischwebender Intuition, die das Konkrete unmittelbar aber unwissenschaftlich erfaßt, tritt die durch den Begriff geformte Anschauung.[61]

---

schehen, vom Männlichen her bestimmt werden dürfe.) Bezogen auf das Verhältnis von Natur und Geist ist es dann die Aufgabe der Frau (entsprechendes gilt für den Mann), „sich ganz ins Eigene ihres weiblichen Menschentums zu stellen": „Sie hat die ganze Fülle und Kraft des Naturhaften darin zu bejahen, aber es im Geistigen zu verankern, unter die Voraussetzung des Geistes zu stellen. Wiederum aber: den Begriff davon, was Geist ist; [...] nicht vom Manne her bestimmen zu lassen und von seinen Zugangswegen zum Geiste, sondern aus der übergeschichtlichen Fülle des Geistes, im letzten: aus Gott." Gerl, *Die Frau*, 133. Vom Mann ist daher zu fordern, der Frau ‚den Weg freizugeben‘; schließlich hängt „davon, daß die Frau sich wirklich selbst finde", auch viel „für das Selbstbefinden des Mannes" ab; ebd. Soweit die grundsätzlichen, aber sehr weittragenden Gedanken Guardinis. Seinem Verständnis von personaler Beziehung, die auch seine Sicht des Geschlechterverhältnisses bestimmt, entspricht die Einsicht, daß bei diesem Prozeß der Selbstfindung der Mann die Frau nicht verstehen kann: „seine Ehrfurcht und sein Vertrauen [wird] größer sein müssen als sein Verstehen"; ebd., 134. Vgl. zur hier angerissenen Geschlechterfrage, mit der das Feld der Grundlagen im ethischen Denken Guardinis allerdings verlassen ist, auch *Ethik*, 662-703. Auch hier zeigt sich als bestimmendes Element ein personales Verständnis der Geschlechterpolarität.

[59] Vgl. zum folgenden *Gegensatz*, 165-172.
[60] Ebd., 174.
[61] Vgl. ebd., 184. Eine andere, nichtwissenschaftliche Weise, Anschauung zu vermitteln, ist beispielsweise im Kunstwerk zu sehen, während die Interpretation eines Kunstwerkes, die eine

3. Die Bedeutung des Gegensatzdenkens

3.1 Die Bedeutung für die wissenschaftliche Erkenntnis

Die Verbindung der Gegensatzidee mit erkenntnistheoretischen Fragen ist nicht unproblematisch, was Guardini selbst im Vorwort einräumt.[62] Auch wenn seine Überlegungen zur Erkenntnis des Lebendig-Konkreten bzw. des menschlichen Lebens keine Erkenntnistheorie darstellen, geht es Guardini doch um einen Beitrag zu diesem Problem. Das Verständnis der Anschauung als Akt, der Begriffskraft und Intuition eint, zielt in die Richtung einer von Guardini angedeuteten „Kritik der konkreten theoretischen Vernunft"[63].

‚Erkennen' ist im Kontext der Gegensatzlehre, die ja ein Versuch zur Philosophie des Lebendig-Konkreten ist, die Begegnung zwischen dem lebendigen, konkreten Subjekt und dem konkreten Gegenstand. Der Erkenntnisvorgang ist die Aufnahme einer lebendigen Beziehung.[64] Der Gegenstand oder das Objekt der Erkenntnis sind für Menschen nur als ‚Teile' seiner individuellen Umwelt zugänglich und erkennbar. Guardini gebraucht hier einen dreifach gestuften Begriff von Welt, der die ‚Welt an sich', die ‚objektive Menschenwelt' und die ‚besondere, die individuelle Umwelt' umfaßt. Die ‚Welt an sich' als Welt der wirklichen Dinge ist dem Menschen nicht zugänglich. Durch seine leiblich-geistige Verfaßtheit ist er nur auf einen Ausschnitt der Gesamtwirklichkeit eingestellt, wobei der einzelne Mensch als konkretes Subjekt selbst nur einen Teil der der gesamten Menschheit zugänglichen Wirklichkeit, die Guardini die „objektive Menschenwelt"[65] nennt, erfassen kann. Naiv wäre die Annahme, daß das Erkennen und Erfassen der Wirk-

---

begriffliche Annäherung ist, wiederum ein Höchstmaß gegensätzlicher Erkenntnis- und Darstellungsfähigkeit erfordert.

[62] Vgl. ebd., 8. An der Eigentümlichkeit der Intuition liegt es, daß sie als Erkenntnisweise nur schwer begrifflich zu bestimmen ist. In der zugeordneten Gegensatzreihe sperren sich die Momente ‚Fülle', ‚Ursprünglichkeit' und ‚Immanenz' der klaren begrifflichen Erfassung. Die Intuition, die die ‚füllhaften' Wirklichkeitsmomente zuerst erfaßt, verhält sich selbst polar zur begrifflichen Erkenntnis. Vgl. ebd., 171f. und das Beispiel, das Guardini ebd., 169 Fn. 40, gibt. Ein weiteres erkenntnistheoretisches Problem, auf das Guardini nicht eingeht, ist die Funktion der sinnlichen Wahrnehmung bei der Bildung geistiger Begriffe und ihre Beziehung zur Intuition. Wucherer-Huldenfeld macht darauf aufmerksam, daß Guardini nicht die logische Struktur des Urteils und der Aussage untersucht, zu der, zumindest im Modus der Behauptung, wesentlich eine Relation zur Wirklichkeit gehört. Dies bedingt, daß Guardini ‚Wirklichkeitsbezug' einseitig der Intuition im Unterschied zum abstrakten Begriff zuschreibt, um dann die Integration im Akt der Anschauung zu suchen. Guardinis Gegensatzlehre ist, wie bereits festgestellt, keine Untersuchung zu Fragen der Logik. Vgl. Wucherer-Huldenfeld, 163-175.

[63] *Gegensatz*, 122.

[64] Vgl. *Gegensatz*, 191. Ähnlich spricht Guardini in *Anselm v. Canterbury*, 47, vom Denken als lebendiger „Beziehung eines Konkreten zu einem Konkreten, eines lebendigen Subjektes zu einem eigenbestimmten Objekt." Von dieser Erkenntnisart zu unterscheiden wäre beispielsweise die mathematische Erkenntnis geistiger Begriffe und Gesetze und schließlich die Erkenntnis Gottes. Zum Ganzen vgl. *Gegensatz*, 187-211.

[65] Ebd., 192.

Das Gegensatzdenken – Das Problem der Erkenntnis des Lebendig-Konkreten 81

lichkeit vorurteilsfrei möglich sei. Immer ist die oder der Einzelne durch individuelle Voreinstellungen bestimmt, die zugleich eine persönliche Stärke ausmachen können. Der konkrete Mensch steht wesentlich im Vorurteil. Seine Beziehung zur Umwelt wird von bestimmenden Charakterzügen und verwandten Eigenschaften im Gegenstand geprägt, wie sie in den Seiten der Gegensatzreihen typologisch erfaßt sind. Daraus folgt für die in Wissenschaft und Forschung Arbeitenden nicht die Forderung, von solchem Vorurteil ganz loszukommen, sondern, sich der jeweiligen Vorurteilshaltung bewußt zu werden und sie der Kritik zu unterziehen, die sich an der gegensätzlichen Struktur des Lebens orientieren kann. Der Gegensatzgedanke wird als theoretisches Prinzip zum „Regulator, um die Fehlerquellen der individuellen Einstellung zu überwinden"[66]. Ganz überwinden wird das konkrete Subjekt diese individuelle Einstellung jedoch nie, wohl aber kann es das ihm mögliche Maß „organischer Universalität, will sagen, individueller Bezogenheit auf die Menschen-Gesamtwelt"[67] erreichen. Mit dieser kritisch-korrektiven Funktion wird die Gegensatzidee auch für das ethische Denken Guardinis in der Erfassung seines Gegenstandes, nämlich der Wirklichkeit menschlichen Lebens, fruchtbar.

3.2 Die Bedeutung und Anwendung des Gegensatzdenkens in den Einzelwissenschaften

Aus der Gegensatzlehre ergeben sich für die wissenschaftliche Arbeit neben der Kritik der Erkenntnisfähigkeit weitere Konsequenzen. Allgemein wird der Gegensatzgedanke den Wissenschaften zur Mahnung, sich nicht auf der reinen Begriffsebene zu verlieren, sondern sich der Einheit des konkreten Lebens zuzuwenden.[68] Zweitens kann der Gegensatzgedanke der wissenschaftlichen Arbeit die systematische Grundlage für eine dem spezifischen Gegenstand der Einzelwissenschaft angemessene Typologie geben, die aber nicht den möglichst unvoreingenommenen Ansatz in der Erfahrung und der unableitbaren Ursprünglichkeit des Lebendigen erübrigt. Als Beispiel ist bereits die Nähe der Gegensatzlehre zur menschlichen Charakteriologie und Typenlehre genannt worden.

Aus der Einsicht, daß der Grenzfall als die Verwirklichung nur einer Gegensatzseite die Gefährdung der konkreten Einheit des Lebendigen bedeutet, leitet Guardini drittens ein methodisches Prinzip ab, das auch für anthropologisches und ethisches Denken bedeutsam ist. Ihm folgend darf das

---

[66] Ebd., 196.
[67] Ebd.
[68] In dem unvollendeten Typoskript über Nietzsche, in dem Guardini eine direkte Auseinandersetzung mit Nietzsche begann, die indirekt auch seine sonstigen Werke prägt, wird eine Gemeinsamkeit dieser Forderung Guardinis mit Nietzsches Kritik an den Wissenschaften erkennbar. Nietzsche habe, so Guardini, zurecht die Gefahren einer Wissenschaftlichkeit gesehen, die die Gesetze der Logik achtend an der Konkretheit des Lebendigen, am Menschen vorbeisieht; vgl. *Nietzsche**, 19.

Denken in der Begriffs- und Definitionsbildung nicht beim Grenzfall stehen bleiben und ihn zum Maßstab für das lebendige Konkretum nehmen. Der Ansatz beim Grenzfall kann die wissenschaftliche Reflexion zunächst zur größeren Genauigkeit bringen. Den Grenzfall aber gibt es nicht, und deshalb kann das betreffende Lebendige nicht vom reinen Grenzfall her definiert werden, ohne sein Wesen zu zerstören.[69] Auch die wissenschaftliche Begriffsbildung muß immer wieder zum konkret gegebenen Fall, d.h. zur jeweiligen Wirklichkeit in ihrer Komplexität zurückkehren. Wird diese methodische Forderung auf die ethische Argumentation und die Begründung sittlicher Normen und Regeln übertragen, heißt das, daß diese nicht auf eine mögliche Anwendung in konstruierten Grenzfällen, sondern auf ihre Tauglichkeit im Bereich des konkreten Lebens, d.h. der alltäglichen Erfahrung praktischer Vernunft zu prüfen sind.

An die allgemeine Gegensatzlehre oder Enantiologie kann in den Einzelwissenschaften die besondere anknüpfen, die den Gegensatzgedanken auf die Einzelgebiete des Menschlich-Lebendigen anwenden soll. Guardini nennt u.a. die Bereiche des psychischen und des geistigen Lebens, den gesellschaftlich-politischen Bereich und den Bereich des sittlichen Lebens. Guardini selbst hat zwar keine besondere Gegensatzlehre für ein einzelnes wissenschaftliches Gebiet entwickelt. Die Gegensatzidee wirkt sich aber, dies ist für die weitere Untersuchung dieser Arbeit festzuhalten, auf die Behandlung verschiedener Themen und Probleme in der Anthropologie und Ethik aus.[70] Sie dient hier zunächst zur Wahrnehmung der Wirklichkeit des menschlichen Lebens und besonders zur Erfassung seiner gegensätzlichen Strukturen. So kann Guardini sie auch zur Erkenntnis sittlicher Phänomene anwenden, was er bereits im Gegensatzbuch am Phänomen der Freiheit exemplarisch durchführt.[71]

3.2.1 Die soziologische Anwendung

Als besondere Anwendung, die auch in der ethischen Reflexion Guardinis zum Tragen kommt, ist die soziologische zu erwähnen. Guardini beansprucht nicht, im Gegensatzgedanken den alleinigen Faktor für die soziolo-

---

[69] Vgl. *Gegensatz*, 190.
[70] Vgl. ebd., 189. Guardini nennt ebd., 7, die wichtigsten Werke dieser Zeit, in denen der Gegensatzgedanke ihn leitete. Siehe oben S. 63. Über die dortgenannten Titel hinaus sei auf die „Briefe über Selbstbildung" hingewiesen, in denen Guardini ‚gegensätzlich' denkt; exemplarisch ist der achte Brief, ebd., 132 ff., zum Verhältnis von Einsamkeit und Gemeinschaft. Die Bedeutung des gegensätzlichen Denkens für die Einzelwissenschaften ist von verschiedenen Autoren angesprochen oder untersucht worden. Siehe u.a. Gerner, bes. 21-46, der auch die Rezeption von Guardinis Gedanken in der Pädagogik untersucht; Schmidt, bes. 74-106; Speck und Höltershinken. Fries, *Katholische Religionsphilosophie*, behandelt die Beziehung zur Religionsphänomenologie, Gerhards mögliche Folgerungen für die Liturgiewissenschaft. Vgl. auch Schlüter-Hermkes, 535. Was die für die Ethik bedeutsame Anthropologie angeht, so trifft zwar die Beobachtung von Knoll, *Glaube*, 92, zu, daß die Gegensatzlehre selbst im Denken Guardinis zurücktritt und das Personverständnis zunehmend wichtiger wird. Zur Erfassung der verschiedenen ethischen und sozialen Probleme, dies wird die Untersuchung zeigen, bedient sich Guardini aber weiterhin der Gegensatzidee.
[71] Vgl. *Gegensatz*, 175-184; s. dazu das Kapitel VIII.1.1 und 1.3.

gische Betrachtung des Lebens gefunden zu haben.[72] Viele Probleme von Gemeinschaft und Gesellschaft sind jedoch seiner Meinung nach gegensätzlich zu erfassen. So sind seine Stellungnahmen zu sozialen und politischen Themen deutlich vom Gegensatzdenken geprägt. Schon bei der Behandlung des dritten ‚intraempirischen Gegensatzes' von Ganzheit und Einzelheit und des ‚transzendentalen Gegensatzes' von Ähnlichkeit und Besonderung deutete sich eine Anwendung des Gegensatzgedankens auf das Verhältnis zwischen der Person und einer Gemeinschaft und darüber hinaus auf alle Gemeinschaftsformen an.[73]

In sich einheitliche Gegensatz- oder Individualsysteme können zu anderen in Beziehung treten und ein neues System bilden, das wieder in gegensätzlicher Spannung aufgebaut ist. Auf einer komplexeren Ebene ereignet sich neu das ganze Spiel der Gegensätze, das für das einzelne Individualsystem galt. So entstehen im Sozialen ausgehend von der Person und der familiären Gemeinschaft vielfache und immer größere Strukturen bis zum Staat. Grundsätzlich gilt, daß die ‚höhere' oder kollektive Einheit gefährdeter ist als die individuelle. Im einfachen individuellen Gegensatzsystem können die Seiten nicht für sich bestehen. Aus dem größeren System aber können sich die Individualsysteme wieder lösen. „Trotzdem ist die kollektive Einheit eine in sich stehende Wirklichkeit. Freundschaft, Werkgenossenschaft, Familie, Gemeinde, Staat sind lebendige Einheiten, deren Eigenschaften, Funktionen, Wesensbilder nicht durch bloße Zusammenzählung von Einzelsystemen aufgebaut werden können."[74] So hat auch der Staat als komplexes Gebilde, das in der Ausrichtung des Lebens auf Ganzheit gründet, sein Eigenwesen. In diesem liegt aber auch eine Tendenz zur Totalität, die dazu führen kann, über die Einzelnen hinwegzugehen und diese nur als funktionierende Elemente des Ganzen zu sehen, wie es alle kollektivistischen und totalitären Ideologien kennzeichnet. Dem gegenüber ist die Gesamtheit nach individualistischem Verständnis nichts weiter als eine notwendige Organisationsform der allein in Betracht kommenden und maßgeblichen Einzelnen und ihrer Interessen. Die Aporien beider einseitigen Anschauungen lassen erkennen: Das Verhältnis der Einzelnen zur Gesamtheit und der Gesellschaft zum Individuum wird nur als Gegensatz richtig gefaßt, in dem die Seiten nicht nur gegeneinander stehen, sondern aufeinander bezogen sind. „Vom Standpunkt der Gegensatzlehre werden wir [...] zum entschiedensten Solidarismus gedrängt. Der besagt: Einzelner und Gruppe können nicht abgeleitet werden. Jedes hat

---

[72] Vgl. *Gegensatz*, 136. An diesem Punkt zeigt sich besonders der Einfluß der Lebensphilosophie und Soziologie Georg Simmels auf Guardini. Als Student der Volkswirtschaftslehre hatte Guardini bereits 1905/1906 Simmel gehört, vgl. *Berichte*, 74. Hermanns untersucht Guardinis soziologisches Denken in der Vorkriegszeit und zeigt die Bedeutung der Gegensatzlehre für Guardinis Soziologie-Verständnis; vgl. Hermanns, 183ff. Er berichtet, daß der Bonner Moraltheologe Werner Schöllgen, der in seiner Moraltheologie besonders die Soziologie berücksichtigte, die Aufgeschlossenheit Guardinis für soziologische Probleme würdigte; ebd., 179.
[73] Vgl. *Gegensatz*, 50-55 und 81-88.
[74] Ebd., 139.

sein ursprünglich in sich selbst stehendes Wesen; aber keines kann ohne das andere sein, sondern ist von vornherein im anderen mitgegeben."[75]

Der Gegensatzgedanke führt so zu einer Kernaussage der Anthropologie und Personlehre Guardinis: „Ein isoliertes, auf sich allein hingeordnetes Einzelnes gibt es nicht. ‚Person', um den Kern des menschlichen Einzelseins zu nennen, ist zugleich auf Gesamtheit bezogene Eigenständigkeit. Eigenständigkeit, denn sie entsteht nicht durch Gemeinschaft, sondern ist in sich selbst gegeben. Aber wesentlich auf diese bezogen."[76] Dieser Grundsatz bestimmt Guardinis liturgische und ekklesiologische Schriften ebenso wie seine Überlegungen zu Fragen der Sozialethik und der politischen Ethik.[77]

3.2.2 Eine Ergänzung zum Geltungsbereich des Gegensatzgedankens

Zur Betrachtung weiterer möglicher Anwendungen der Gegensatzidee ist es notwendig, den von Guardini intendierten Geltungsbereich des gegensätzlichen Denkens zu beachten und die genaue Verwendung des Gegensatzbegriffes in seinem Sinne zu berücksichtigen. Die Gegensatzlehre erfaßt nicht die ganze Wirklichkeit des Konkret-Lebendigen, in der es Strukturen und Verhältnisse gibt, die anders als gegensätzlich zu begreifen sind. So ist, um mit Guardini ein wichtiges Beispiel zu nennen, das Verhältnis von Geist und Leib oder von Materie und Geist nicht als Gegensatz zu verstehen. Geist und Körper bilden vielmehr ein spezifisches Verhältnis, das die für den Menschen konstitutive Einheit des Lebens überhaupt begründet: Jeder ‚geistige' Akt ist immer von der leiblich-seelischen Einheit getragen, und der Körper des Menschen ist immer nur als ‚Leib', d.h. als von der Seele durchwirkte Stofflichkeit da.[78]

Ein weiteres Beispiel für eine unzutreffende Übertragung des Gegensatzgedankens wäre es, die im Titel dieser Arbeit aufgegriffene Spannung zwischen den beiden Begriffen Gehorsam und Freiheit als Gegensatz zu begreifen. In der Alltagserfahrung mögen Gehorsam und Freiheit als gegensätzlich

---

[75] Ebd.
[76] Ebd., 140.
[77] Für das Kirchenverständnis beispielsweise folgt aus ihm die Einsicht, das Verhältnis der Glaubensgemeinschaft in ihrer verfaßten Form zu den Glaubenden in ihr so zu verstehen und zu gestalten, daß die darin liegende gegensätzliche Spannung als eine zum Wesen der Kirche gehörende Tatsache erkannt wird und nicht als ein Problem, das erst durch den neuzeitlichen Individualismus verursacht worden ist. So heißt es in *Sinn der Kirche*, 28: „Das Menschen-Sein ist als Persönlichkeit und als Gemeinschaft zugleich gegeben. Und beides steht nicht getrennt nebeneinander; vielmehr ist die Gemeinschaft bereits als Anlage lebendig in der Persönlichkeit vorhanden, so wie diese notwendig bereits in der Gemeinschaft enthalten ist – ohne daß dadurch die relative Eigenständigkeit der beiden Urformen des Lebens angetastet würde. [...] So ist die Gemeinschaft der Kirche wesentlich persönlichkeitsbezogen; und die christliche Persönlichkeit richtet sich wesentlich auf die Gemeinschaft." Vgl. Faber, *Kirchenbild*, 71. Zur Liturgie vgl. *Geist der Liturgie*, 24-32, und *Liturgische Bildung*, 63-78.
[78] Vgl. *Gegensatz*, 26 und 146-149. Guardini weist, ebd., 149 Fn. 34, auf die Formel ‚anima forma corporis' des Konzils von Vienne hin, um das Verhältnis von Geist und Leib in der Erfahrung des Menschlichen zu erfassen. Die geistige Seele ist Wesensbild und Entelechie des Leibes. Vgl. zur Unterscheidung dieses Verhältnisses vom Gegensatz *Ethik*, 77 die Anmerkung *.

erfahren werden. ‚Gehorsam gegenüber Gott' und ‚Freiheit des Geistes' weisen aber als religiöse Begriffe in das Gott-Mensch-Verhältnis hinein, das den Bereich der Gegensatzlehre übersteigt. Während sich im echten Gegensatzverhältnis der eine Pol im Gegenüber zum anderen verwirklicht, wachsen Freiheit des Geistes und religiöser Gehorsam in wechselseitiger Beziehung. Beide sind im Verständnis Guardinis Zielbegriffe christlicher Existenz.[79]

Schließlich ist auch die Frage nach einer theologischen Relevanz des Gegensatzgedankens dadurch beantwortet, daß das Gegensatzdenken bei Guardini eine Erkenntnisweise der menschlichen, endlichen Wirklichkeit ist.[80] Entsprechend stellt Guardini zunächst in einer Anmerkung des Gegensatzbuches fest: „In Gott gibt es keine Gegensätze."[81] Erfaßt jedoch das Gegensatzdenken zutreffend menschlich geschöpfliche Wirklichkeit, kann es per analogiam auch eine Erkenntnis über die Wirklichkeit Gottes vermitteln. Das Nachdenken über die Einheit der Gegensätze, das die Unmöglichkeit eines dauernden Gleichgewichtes zwischen ihnen im Bereich des endlichen und menschlichen Lebens aufzeigt, führt per analogiam zu der ‚irreal-hypothetischen' Aussage: „Gott ist im Absoluten das, was im Endlichen das Leben wäre, falls stehendes Gleichgewicht der Gegensätze möglich wäre. Nun ist das aber tatsächlich unmöglich. So bedeutet jene Aussage den Versuch, den Begriff eines nicht-endlichen Lebens zu fassen; aber mit den Begriffsmitteln, die endliches Leben bietet."[82]

3.3 Die existentielle Bedeutung

Unter den Leitworten ‚Offene Haltung' und ‚Mitte und Maß' vertieft Guardini die existentielle Bedeutung des Gegensatzgedankens und führt die implizit tugendethische Überlegung fort, die sich mit dem Begriff der Maßhaltung bei der Darstellung der Gegensätze andeutete.[83] Eine am Gegensatzdenken orientierte Einstellung zum Leben wird zur inneren Haltung, in der der Mensch der spannungsvollen Vielseitigkeit des lebendigen Seins zu entsprechen sucht und vorschnelle Vereinfachungen, die nur durch eine der gegensätzlichen Seiten bestimmt sind, vermeidet. Betrachtet der Mensch sein

---

[79] Vgl. *Religiöser Gehorsam*, 23. Dieser hier nur zur Verdeutlichung des Gegensatzgedankens angeführte Gedanke wird in seiner fundamentalen Bedeutung in Kapitel IX.2.1 und 2.3 erörtert.
[80] Vgl. zum folgenden *Gegensatz*, 125-127.
[81] Ebd., 126 Fn. 29.
[82] Ebd. Vgl. ähnlich ebd., 150 Fn. 35. Damit erinnert Guardini an einen Grundgedanken der Theologie von Nikolaus von Kues. Gott als „oppositorum oppositio sine oppositione" hebt in seiner Andersheit die Gegensätze auf und übersteigt sie. Der Gedanke geht auf Johannes Scotus Eriugena zurück, der Gott als den denkt, der alles umfaßt und verursacht. So umfaßt er auch die Gegensätze und fügt sie in unaussprechlicher Harmonie in Eintracht zusammen. Gott ist Grund dafür, daß Gegensätze als Gegensätze sind, und er ist Gegensatz zu diesen Gegensätzen (oppositorum oppositio), weil sie in Ihm als Momente seiner Einheit aufgehoben sind. Vgl. Beierwaltes, 110f.
[83] Siehe oben 2.5.

eigenes Dasein zwischen den Gegensätzen des Lebendigen, öffnet er sich der Fülle seines Lebens und der ihm eigenen und nur ihm gegebenen Möglichkeiten. Zugleich gewinnt er Einsicht in die eigenen Grenzen. Er bekennt sich zu seinem besonderen Weg, auf dem er auf Gemeinschaft angewiesen und hingeordnet bleibt.[84]

Die Gegensatzidee verdeutlicht die mit der Endlichkeit gegebene Begrenztheit menschlichen Lebens, indem sie das Maß im Verhältnis der Gegensätze zueinander und die Gefahr, die von den Grenzbereichen der Gegensatzseiten her droht, ins Bewußtsein bringt. Die jedem Leben gesetzten Grenzen können weder durch Verneinung noch durch den Versuch überwunden werden, sie zu überschreiten. Die einzig mögliche ‚Überwindung' oder Bewältigung setzt die Bejahung des dem einzelnen Leben entsprechenden Maßes voraus. Diese Bejahung hat existentielle Bedeutung: „Wenn wir die Grenze bejahen, verzichten wir auf Unendlichkeit. Wir gewinnen dadurch, was im Bereich des Endlichen deren Äquivalent ist, wenn man so sagen darf: die Sättigung des Endlichen mit der ihm zugewiesenen Bedeutungsfülle, Vollendung."[85] In einer Abhandlung über das Denken Kierkegaards zeichnet Guardini als Gegenbild dieser verinnerlichten Gegensatzhaltung den Charakter des Romantikers, der sich weigert, das ihm mögliche Maß im Leben zu akzeptieren. „Romantisch ist die Sehnsucht ins Geborgene, Heimatliche, deutlich Durchgestaltete, aber auch deren Gegenpol, die Sehnsucht ins Grenzenlose, das Schweifen, das alles will [...]. So wird die Flucht vor der Grenze zur Flucht vor dem charakterisierten Sein. In besonderer Weise trägt der Romantiker die Möglichkeit des Chaos und die der Enge in sich. Und jedes mit ‚schlechtem Gewissen', weil die Gegenmöglichkeit immer Wand an Wand lauert. So ist er, was er ist, in Gefährdung."[86]

Das Bemühen um das persönliche und je eigene Maß darf nicht, so das Mißverständnis der Romantik, mit dem Begnügen in der Mittelmäßigkeit verwechselt werden.[87] Es will vielmehr die Wahrheit des Seins und des eigenen Daseins ausschöpfen und verwirklichen. Menschliches Dasein wahrt sein Geheimnis und seine besondere Größe in der Schwebe zwischen der unmöglichen Maßlosigkeit und dem ebenso unmöglichen ruhenden Gleichgewicht. Diese Aufgabe, die wie eine mühsame und enorme Anstrengung gegenüber der Versuchung zur Ruhe und zum Ausgleich oder zur Flucht ins Extrem anmutet, ist Ausdruck der Sorge um die menschliche Existenz.[88] Ihr Ethos ist es, sich in dieser Spannung zu verwirklichen. Es wahrt die Ehrfurcht vor dem Geheimnis des Lebendigen und ermöglicht die Offenheit für die Wirklichkeit in ihrer ganzen Gestalt und Tiefe.[89] Die Gegensatzlehre läßt bereits die Sorge Guardinis um den Menschen erkennen, die seine weiteren ethi-

---

[84] Vgl. *Gegensatz*, 206f.
[85] Ebd., 208.
[86] *Ausgangspunkt Kierkegaards*, 483. Vgl. auch ebd., 490f.
[87] Vgl. *Gegensatz*, 110.
[88] Vgl. ebd., 209.
[89] Vgl. ebd., 201.

schen und anthropologischen Überlegungen leitet. Zurecht wurde sie daher ihrer Intention nach als Lebens- und Weisheitslehre charakterisiert.[90]

3.4 Gegensatz und Widerspruch

Eine wesentliche und für die Ethik fundamentale Erkenntnis aus der Gegensatzlehre ist für Guardini die Unterscheidung von Gegensatz und Widerspruch. Im Gegensatzbuch selbst geht er zwar noch nicht näher auf diese Unterscheidung ein, führt sie aber in vielen späteren Äußerungen auf die Gegensatzlehre zurück und sieht besonders in ihr eine der wichtigsten Bedeutungen des Gegensatzdenkens.[91]

Der echte Gegensatz ist ein Strukturelement im Aufbau des Lebens, dessen Einheit wesentlich beide Gegensatzseiten umfaßt. Im Gegensatz schließen sich die Polaritäten nur in relativer Weise aus. Sie bleiben aufeinander bezogen und bestimmen sich gegenseitig. Ein Widerspruch aber schließt absolut aus. Widersprüche sind für Guardini vor allem ‚Gut und Böse' und ‚Ja und Nein'.[92] Hier bestimmen sich die widersprechenden ‚Pole' nicht gegenseitig, sondern die positive ‚Seite' bestimmt sich durch sich selbst, das Ja durch das Ja, das Gute durch das Gute, während das Nein sich nur als Nein zu einem Ja bestimmen kann und das Böse der Widerspruch zum Guten ist.[93] Das bedeutet, daß die Einheit des Lebens nicht dadurch gewahrt werden kann, daß beiden Seiten des Widerspruches gleiches Recht zugestanden und der Widerspruch bejaht wird. Die Vermengung von Gegensatz und Widerspruch ist nicht nur Ausdruck einer gedanklichen Unklarheit, sondern wirkt sich bis auf den personalen Kern menschlicher Existenz aus: „Den Widerspruch zur Polarität zu machen, zerstört den personalen Ernst."[94]

---

[90] So Schlüter-Hermkes, 539, und Przywara, *Tragische Welt*, 192. Guardini selbst spricht von „ärztlicher Hut", der es um das Heilsein des Menschen geht; *Gegensatz*, 209.
[91] In einem Brief vom 10.5.1968, zitiert bei Gerl, *Romano Guardini*, 257, räumt Guardini ein, daß er es im Gegensatzbuch versäumt habe, auf die Frage einzugehen, wie das Phänomen des Gegensatzes zu dem des Widerspruches stehe. Siehe zu diesem Aspekt *Ethik*, 67 und 77; *Wahrheit des Denkens*, 133, und ähnlich *Für den Todesfall**.
[92] Vgl. *Gegensatz*, 156 und 29; *Ethik*, 67; *Sinn der Gegensatzlehre**, 2. In *Gegensatz*, 156, bezeichnet Guardini noch die Verhältnisse ‚Voll und Leer' sowie ‚Hell und Dunkel' als Widerspruch. Sie sind aber (nach der Logik des Aristoteles) genauer als privative Gegensätze zu bezeichnen. In *Ethik*, 76, bezeichnet Guardini ‚Tag und Nacht' als Polaritäten, also als Gegensatz. Vorausgesetzt, daß ‚Tag und Nacht' als Synonym für ‚Hell und Dunkel' gelten kann, korrigiert er damit die Benennung im Gegensatzbuch. Wenn Guardini gelegentlich vom ‚kontradiktorischen Gegensatz' spricht, so ist damit nicht der logische Terminus gemeint. In der Logik des Aristoteles ist ein kontradiktorischer Gegensatz oder Widerspruch die Verneinung einer bejahenden Aussage in genau derselben Hinsicht. Deutlich wird hier, daß Guardini Aristoteles nicht direkt berücksichtigt hat. Vgl. Gerl, *Romano Guardini*, 257 Fn. 14, sowie Menne.
[93] Vgl. *Ethik*, 67; *Sinn der Gegensatzlehre**, 2; Das Gute ist souverän und genügt sich selbst, so heißt es in *Mensch**, 373f., – bonum iudex sui ipsius et mali.
[94] *Ethik*, 77; ähnlich *Sinn der Gegensatzlehre**, 3: „Es bedeutet existentielle Zerstörung einfachhin, wenn ‚Gegensatz' und ‚Widerspruch' gleichgesetzt werden"; vgl. auch *Gegensatz*, 26.

Mit seiner Gegensatzlehre unterscheidet Guardini sich dezidiert von allen Monismen, die in ihren ‚Einfühlungen' dazu tendieren, Widersprüche zu versöhnen.[95] Exemplarisch für einen solchen Monismus ist die psychologische Struktur gnostischer Lebenshaltung, die Guardini im Zusammenhang der Unterscheidung von Widerspruch und Gegensatz wiederholt erwähnt. Er beschreibt sie prägnant in seiner Schrift „Das Christusbild".[96] Die psychologische Struktur der Gnosis kommt zunächst der vom Gegensatzdenken geforderten offenen Haltung gegenüber der Vielseitigkeit des Lebens entgegen. Sie zeichnet sich durch ein besonderes Gespür für die Spannungen des Daseins aus und weiß, daß Probleme und Sachverhalte nur selten auf einen einfachen Nenner zu bringen sind. So empfindet sie zu jeder Position sofort die Gegenposition hinzu und zeigt sich der Gegensätze im Aufbau der Lebenswirklichkeit bewußt, die es ja, so die Erkenntnis der Gegensatzlehre, tatsächlich gibt. Außer den Gegensätzen gibt es aber grundsätzlich verschiedene Antithesen, die Widersprüche. Ihre Momente können nicht dialektisch in einem übergeordneten Ganzen zusammengefügt werden, sondern stehen im Verhältnis des Entweder-Oder. „Zwischen dem Ja und Nein, zwischen dem Guten und dem Bösen gibt es weder ‚Dialektik' noch ‚Synthese', sondern nur die Entscheidung. Sie synthetisch zu behandeln, macht geradezu die Unreinheit des Geistes aus. Eine Grundgefahr der geschilderten Haltung besteht nun gerade in der Neigung, ‚Widersprüche' zu ‚Gegensätzen' zu machen und als notwendige Elemente des Daseinsganzen zu verstehen. Daß diese Gefahr die Kehrseite einer ebenfalls wesenseigenen Kraft, nämlich des Sinnes für den Spannungsreichtum und die Vielstimmigkeit des Daseins bildet, braucht nicht besonders betont zu werden."[97]

Diese gnostische Lebenseinstellung ist nach Guardinis Einschätzung weiter – offenbar oder verborgen – wirksam.[98] Deshalb spricht er der Gegensatzlehre besonders in späten Äußerungen eine aktuelle Bedeutung zu, da sie die überall wirksame gnostische Grundidee aufdeckt, die Widersprüche zu Polaritäten erklärt und das Böse und Negative zu dialektischen Elementen des Lebens macht.[99] Guardini sieht sie in der Alchemie und Theosophie – heute ist verallgemeinernd die Esoterik zu nennen – hervortreten und nennt neben Hesse und Thomas Mann auch Goethe, für den das Böse als eine Grundkraft der Welt ebenso notwendig wie das Gute sei. Grundsätzlich sei sie eine Gefahr der romantischen Haltung.[100] Schließlich wird diese Gesinnung „in aller Form durch C.G. Jung verkündet und therapeutisch aktiviert. Es scheint sich in der modernsten Literatur auszusprechen, in welcher alles gesagt werden kann, ja gesagt werden soll, weil alles, was auch immer es sei, zum Dasein gehört – vorausgesetzt, daß es ganz bejaht, in reiner Form gestaltet wird. Das einzige Unrecht besteht im Ausklammern irgend eines Ele-

---

[95] Vgl. *Gegensatz*, 156.
[96] Vgl. zur folgenden Zusammenfassung *Christusbild*, 138f.
[97] Ebd., 138f.
[98] Vgl. *Für den Todesfall**, 1.
[99] Vgl. ebd.; *Theologische Briefe*, 51f.; *Wahrheit des Denkens*, 133 die Notiz vom 20.1.1964.
[100] Vgl. *Erscheinung der Romantik*, 243 Fn.1.

Das Gegensatzdenken – Das Problem der Erkenntnis des Lebendig-Konkreten 89

ments jenes Ganzen, das Leben, das Welt heißt. Es wird sich zeigen, daß die genaue Erkenntnis, die scharfe Herausarbeitung dessen, was ‚Widerspruch' und was ‚Gegensatz' heißt, die Grundvoraussetzung bildet, um Ordnung zu schaffen."[101]

Die Einschätzung der einzelnen von Guardini angeführten Denker und Schriftsteller kann hier ebenso wie die Bewertung der Tiefenpsychologie Jungs nicht weiter kommentiert werden.[102] Auch die interessante Frage, wie die dargestellte ‚gnostische' Grundidee in Literatur, im Kultur- und Geistesleben weiterwirkt, muß hier auf sich beruhen. Es genügt, die grundsätzliche und immer aktuelle Bedeutung dieser Einsicht, die Guardini mittels der Gegensatzlehre gewinnt oder doch zumindest begründet, für das ethische Denken festzuhalten: Die Unterscheidung von Gegensatz und Widerspruch dient Guardini zur Klarstellung der ethischen Differenz zwischen Gut und Böse, die sich in der praktischen Vernunft mit dem Prinzip der Widerspruchsfreiheit verbindet.[103] Die Einsicht in diese Differenz ist so alt wie die Ethik und eine ihrer theoretischen Grundlagen. Doch geht es nicht nur um die intellektuelle Erkenntnis, sondern um ihre Verinnerlichung in der Moralität des Menschen. Im Sinne einer personalen Grundeinstellung ist sie Voraussetzung sittlichen Handelns und unverzichtbar, um überhaupt einen moralischen Standpunkt einzunehmen. Eine Unklarheit in dieser Frage wird dagegen immer die ethische Urteilskraft und die Fähigkeit zu sittlicher Entscheidung und sittlichem Handeln beeinträchtigen.[104]

---

[101] *Theologische Briefe,* 51f.
[102] Sie trifft Guardini zufolge auf den von Goethe gezeichneten Typus des Faust im ersten Teil des „Faust" zu; bei Hesse ist u.a. auf „Narziß und Goldmund" und den in der Jugendbewegung vielgelesenen Roman „Demian" zu verweisen. Zum Urteil über Jung sei angemerkt, daß sich im Nachlaß Guardinis die wichtigen und von Guardini durchgearbeiteten Schriften von Jung (und Freud) finden. Von Guardinis Beschäftigung mit Freud zeugt u.a. die Abhandlung „Sigmund Freud und die Erkenntnis der menschlichen Wirklichkeit", vgl. *Sigmund Freud.*
[103] Vgl. Wieland, 55f.
[104] Daß die Bestimmung und Unterscheidung des Guten und Bösen im konkreten sittlichen Urteil oft nicht klar und eindeutig durchgeführt werden kann, ist eine weitere Frage, der sich Guardini in seinen ethischen Abhandlungen bewußt ist.

III. Die phänomenologische Methode

Am Ende des Gegensatzbuches schreibt Guardini: „Die Wirklichkeit wird uns wieder sichtbar, nachdem wir lange in Formeln gelebt. Die Welt der Qualitäten, Gestalten und Geschehnisse. Die Welt des Dinges. Und alles kommt darauf an, daß wir den Dingen ganz offen stehen; sie sehen, spüren, ergreifen. Alles kommt darauf an, daß wir wirklich der Welt begegnen im Erkennen, im Werten und Entscheiden, im Handeln und Schaffen."[1] Diese Worte stehen programmatisch für Guardinis gesamtes Denken und sein Bemühen um eine offene Erkenntnishaltung. Sie zeigen seine Nähe zum phänomenologischen Denken als wichtiger Strömung in der Philosophie seiner Zeit, die durch Edmund Husserl begründet und unter anderen von Max Scheler und Martin Heidegger weitergeführt wurde.[2] Mit der Maxime ‚Zurück zu den Sachen' sollte das phänomenologische Denken neu den Reichtum und die Lebendigkeit des Gegebenen und Objektiven erschließen und so einen rein formalen Subjektivismus neukantianischer Prägung überwinden.[3] Dieses Anliegen, das der in der Gegensatzlehre verfolgten Hinwendung zum Lebendig-Konkreten entgegenkam, teilte auch Guardini. So sprach er in der Schrift „Die Sinne und die religiöse Erkenntnis" von einem Wandel in der Philosophie und der neuzeitlichen Erkenntnishaltung, durch den der „Schwerpunkt aus dem Denken ins Sehen rückt; aus dem so seltsam verselbständigten Zwischenbereich der Begriffe in das der Dinge. Worauf es ankommt, wäre dann, vor die Wirklichkeit zu gelangen, ihren Stoß zu empfinden, von ihrer Sinngestalt betroffen zu werden – das heißt aber, zu sehen, zu hören, zu greifen."[4] Die Darstellung der Gegensatzlehre hat gezeigt, daß diese Worte nicht so mißverstanden werden dürfen, daß Guardini Schau und Intuition anstelle des Denkens und der begrifflichen Arbeit setzen will. Sie kennzeichnen ihn vielmehr als Denker einer Anschauung, die mit der möglichst unvoreingenommenen Wahrnehmung der Wirklichkeit beginnt und dann mit der begrifflichen Erfassung und Durchdringung zu verbinden ist.[5]

---

[1] *Gegensatz*, 210f.
[2] Siehe hierzu und zum Ganzen Frese, *Phänomen*; ders., *Phänomenologie*; Delius, *Phänomenologie*, und Lehmann.
[3] Vgl. außer den in Fn. 2 genannten Titeln Fries, *Nachwort*, 79f., und Przywara, *Hauptrichtungen*, 184, in dessen kurzer und zeitnaher Darstellung von 1933 noch die geistige Atmosphäre dieser Wende zum ‚Objektiven', „zum Ansatzpunkt eines neuen Objektivismus der Wahrheit" spürbar ist.
[4] *Auge*, 37. Diese Schrift ist zwar erst 1950 erschienen, geht aber auf frühere Überlegungen zurück; vgl. die Vorbemerkung in „Die Sinne und die religiöse Erkenntnis", 11.
[5] Die Betonung des Sehens in der Phänomenologie entsprach Guardinis Denken auch deshalb, weil „er durch seine Schulung in der mittelalterlichen Philosophie, gerade an der Lichtmetaphysik und ihrem Element der ‚evidentia objectiva' Bonaventuras, ohnehin die erkenntnistheoretischen Voraussetzungen" für sie mitbrachte; Gerl, *Romano Guardini*, 146f.

Die phänomenologische Methode   91

Dies gilt auch für die Erfassung der ethischen Phänomene. So leitet Guardini die Münchener Ethikvorlesungen folgendermaßen ein: „Das heute beginnende Kolleg trägt den Titel: ‚Sittliches Leben; Grundphänomene der Ethik'. Er deutet an, daß es uns nicht so sehr um Begriffe und Definitionen, als darum gehen wird, die Gestalten zu sehen, in denen das sittliche Leben sich vollzieht, um sie dann in der täglichen Wirklichkeit wieder erkennen zu können."[6] Diese Einleitung gilt aber nicht nur für die Ethikvorlesungen, sondern sie kennzeichnet den Ansatz und eine Methode des gesamten ethischen Denkens Guardinis. Diese Methode, d.h. die Eigenart der phänomenologischen Beschreibung Guardinis soll in diesem Kapitel herausgestellt und im Zusammenhang seines Denkens gewürdigt werden, wofür zuerst ein kurzer Blick auf das Phänomenologieverständnis in der Philosophie geworfen wird.

1. Der phänomenologische Ansatz in der Philosophie

‚Phänomenologie' bezeichnet denjenigen Teil einer Wissenschaft oder einer wissenschaftlichen Erörterung, „der sich ausschließlich mit der differenzierend-beschreibenden Darstellung der Tatsachen oder Gegebenheiten eines bestimmten Sachbereichs befaßt im Gegensatz zu aller theoretischen, interpretierenden oder erklärenden Behandlung dieser Gegebenheiten"[7]. Daher hat alles Erklären im Sinne eines Zurückführens auf andere Wirklichkeiten in der streng phänomenologischen Beschreibung zu unterbleiben, um eine unvoreingenommene Haltung dem Gegebenen, d.h. dem Phänomen gegenüber zu ermöglichen. In diesem Sinne ist Guardinis Methode zur Erfassung einer Wirklichkeit zurecht als phänomenologisch zu bezeichnen. Er beginnt die Erörterung einer Gegebenheit oder eines Sachverhaltes oft mit einer differenzierenden Beschreibung und enthält sich zunächst jeder Deutung.

Bei Husserl meint ‚Phänomenologie' die von ihm entwickelte „Methode reiner, alle Theorie radikal ausschließender Beschreibung von Phänomenen, durch die sich der Zugang zu einer Domäne evidenter, absolut gewisser Erkenntnisse öffne und damit die Möglichkeit, Philosophie als strenge Wissenschaft zu begründen"[8]. Der methodische Schritt der Ausschaltung aller Vorurteile, vorgefaßter eigener oder von anderen übernommener Ansichten wird auch ‚Epochè' oder ‚Reduktion' genannt. Bei Husserl sind die Gegenstände, welche die phänomenologische Methode beschreibt und erfaßt, nicht die Gegenstände, die sich dem Menschen in der natürlichen Wahrnehmung oder der empirischen, naturwissenschaftlichen Forschung darbieten; „vielmehr sind es die nach der These von der Intentionalität des Bewußtseins jedem

---
[6] *Ethik*, 1.
[7] Delius, *Phänomenologie*, 320.
[8] Ebd.

derartigen und jedem möglichen Gegenstand überhaupt entsprechenden Bewußtseinserlebnisse [...]"[9]. Die zweite Reduktion richtet sich auf die Bewußtseinsinhalte, die Phänomene selbst. Sie schließt die Existenzfrage aus, ob den im Bewußtsein gegebenen Phänomenen ein „Korrelat in einer dem Bewußtsein transzendenten Wirklichkeit entspricht"[10]. Dem Reich des Bewußtseins wird absolutes und unbezweifelbares Sein zugesprochen, der räumlich-zeitlichen Welt – dem Bereich der konkreten Dinge, wie Guardini sagen würde – nur ein *intentionales* Sein, das relativen Sinn hat, da es Sein *für* ein Bewußtsein ist.[11]

2. ‚Phänomen' und Phänomenologie bei Guardini

2.1 Der Akt der Phänomenerfassung und die phänomenologische Beschreibung

Zur Erläuterung seines Verständnisses des ‚Phänomens' und der phänomenologischen Methode geht Guardini von der griechischen Herkunft des Wortes aus. Zunächst ist mit dem Begriff, der vom griechischen Wort ‚phainestai' – ‚erscheinen' – kommt, gesagt, „daß da etwas ‚erscheint', sichtbar und in seinem Sinn verständlich wird. Daß ‚etwas' erscheint; das Sich-Darbietende also kein Phantom, sondern das Deutlichwerden von Wesenhaftem ist. Daß es ‚aus sich' heraus hertritt und so dem Sehenden gegenüber unabhängig ist. Alle Versuche, diese Objektivität wegzuschaffen, scheitern am unmittelbaren Einspruch des Bewußtseins [...]."[12] Das Phänomen hat den Charakter eines Bildes, was bedeutet, daß es wesentlich als eine Einheit erscheint, die nicht dadurch entsteht, daß das Bewußtsein verschiedene Einzelheiten aneinanderfügt und die Einheit konstruiert. Es ist ein Ganzes einzelner zusammenhängender Elemente. „So ist der erste, alle späteren tragende und sich immer weiter vertiefende Akt der Phänomenerfassung ein Hinblicken und Sehen. Mein Blick sieht das Wesen; und zwar so, daß dieses sich selbst bezeugt. Das Wesen ist ‚evident', herausblickend: es blickt an, und sein Anblicken macht erst das meinige möglich, ja ruft es."[13] Mit dieser Erklärung aus „Religion und Offenbarung", die eine besondere religionsphänomenologische Betrachtung einleitet, faßt Guardini sein Verständnis von Phänomen und phänomenologischer Beschreibung zusammen, das auch das Vorgehen in seinen übrigen, insbesondere den anthropologischen und ethischen Schrif-

---

[9] Ebd.
[10] Frese, *Phänomenologie*, 433.
[11] Vgl. Delius, *Husserl*, 494.
[12] *Religion*, 11.
[13] Ebd., 19.

ten bestimmt. Verschiedene dem obigen Zitat entsprechende Erklärungen aus den Ethik-Vorlesungen verdeutlichen dieses Verständnis.[14] So fordert Guardini in einer an den Hörerkreis gerichteten methodischen Bemerkung dazu auf, sich im Sinne der Epochè vorgefaßter und übernommener Begriffe und Meinungen zu enthalten: „Unsere Arbeit hier wird immer wieder an dieses Hinblicken zum Phänomen; an dieses Aufnehmen der Evidenz, der herschauenden Erscheinung appellieren. Ich werde Sie immer wieder auffordern müssen: Betrachten Sie den Vorgang. [...] Sehr oft haben wir, wenn wir zu erkennen meinen, in Wahrheit gar keine wirkliche Erkenntnis, sondern bewegen uns in Aussagen, die wir übernommen haben. [...] So bedeutet die Berufung auf das ‚Phänomen', daß wir diesen ganzen Wust bei Seite schieben und uns die Sache vergegenwärtigen. Nicht gehörte Worte, nicht übernommene Begriffe, sondern die Sache selbst, und von dorther urteilen [...]."[15] „Echtes Philosophieren", so bestimmt Guardini die Voraussetzung des ethischen Denkens, beginnt damit, den „stumpfmachenden, verdummenden Schein der Selbstverständlichkeit" abzustreifen und sich „der Merkwürdigkeit, der Ursprünglichkeit der Phänomene auszusetzen"[16].

Unter dieser Voraussetzung erfolgt in Guardinis Abhandlungen, seien sie religionsphänomenologischer, ethischer oder anderer Art, die genaue und mitunter ausführliche Beschreibung eines Phänomens. Guardini versucht mit ihr der Anforderung Rechnung zu tragen, „höchste Präzision", die philosophisches Denken haben soll, mit „der echten und reinen Aufnahme des Phänomens", die auf einem „echten Berührt- und Erfaßtsein ruhen muß"[17], zu verbinden. Diese Methode läßt die Absicht erkennen, die Zuhörenden bzw. die Leserschaft am genauen Blick auf die Wirklichkeit und ihre Phänomene teilhaben zu lassen und so zum ‚Sehen' anzuleiten.[18] Das vorurteilsfreie und absichtslose Hinschauen als erster Schritt, die phänomenologische Beschreibung als zweiter Schritt und die Bereitschaft von Zuhörenden und Leserschaft, beide Schritte mitzuvollziehen, ermöglichen die Kommunikation und gemeinsame Reflexion auch über Phänomene und Probleme des sittlichen Lebens. So charakterisiert Guardini seine Methode in den Ethikvorlesungen: „Wir werden [...] vom Phänomen selbst, wie wir es in uns und um uns her antreffen, von der sittlichen Erfahrung ausgehen. Ich werde also bemüht sein, nichts zu sagen, was Sie nicht unmittelbar nachprüfen können."[19]

---

[14] Vgl. *Ethik*, 13ff. und 289-295.
[15] Ebd., 292f.
[16] Ebd., 294.
[17] Ebd., 1089.
[18] Vgl. beispielsweise die Hinführungen zu den theologischen Deutungen von ‚Gnade' und ‚Schicksal' in *FGS,* 103-120 und 155-179, und die Beschreibung der Freiheitserfahrung in *Lebendige Freiheit,* 86-101. Guardini geht in vielen Schriften wie in den Ethikvorlesungen von phänomenologischen Beschreibungen aus. Siehe dazu auch *Phänomen* und *Auge.* Zur phänomenologischen Beschreibung bei Guardini vgl. Mercker, *Weltanschauung,* 100f.; Schilson, *Ethik,* 96 und 99, und Gerl, *Romano Guardini,* 147f.
[19] *Ethik,* 289.

2.2 Das Phänomen und das Wesen

Die ontologische Frage nach der Existenz und Seinsqualität des Seienden an sich wird von Guardini nicht explizit thematisiert, doch haben phänomenologisches Denken und phänomenologische Methode bei ihm ein ontologisches Fundament. Indirekt ist die reale und ‚objektive' Existenz des Seienden stets vorausgesetzt. Die in der Phänomenologie Husserls geforderte zweite Reduktion, also die Ausklammerung der Frage nach der Existenz eines dem Bewußtsein transzendenten Seienden wird von Guardini nicht vollzogen. Damit steht Guardini der phänomenologischen Richtung nahe, wie sie durch Scheler und Hartmann vertreten wird. Die Worte, mit denen Hartmann seine Metaphysik der Erkenntnis eröffnete, kennzeichnen auch Guardinis Verständnis: „Die nachstehenden Untersuchungen gehen von der Auffassung aus, daß Erkenntnis nicht ein Erschaffen, Erzeugen, oder Hervorbringen des Gegenstandes ist, wie der Idealismus alten und neuen Fahrwassers uns belehren will, sondern ein Erfassen von etwas, das auch vor aller Erkenntnis und unabhängig von ihr vorhanden ist."[20] Sinnliche Wahrnehmung und Erfassung des Phänomens gibt es zwar immer nur als subjektive, „gibt es für mich immer nur als die meinige"[21], doch führt diese Einsicht nicht zu der Folgerung, dem Seienden an sich Selbstand abzusprechen oder die Frage nach seinem ‚objektiven' Sein als gegenstandslos abzulehnen. Schon die in der Gegensatzlehre begegnende Aufforderung, der konkreten Erfahrung und der sinnlichen Wahrnehmung der Wirklichkeit zu trauen, läßt auf diese ontologische Voraussetzung schließen.[22] Der Vorgang des Erscheinens im Phänomen ist keine Täuschung oder der Schein eines Nicht-Realen, sondern das Aufleuchten, das Deutlichwerden von etwas Positivem und Realem.[23] Schließlich ist die erkenntnistheoretische Voraussetzung der Existenz des Seienden bei Guardini auch schöpfungstheologisch gesichert. Die Tatsache, daß die Welt und die Wirklichkeit alles Seienden ihr eigenes Sein und ihren

---

[20] Hartmann, *Grundzüge einer Metaphysik der Erkenntnis*, 1. Vgl. Knoll, *Glaube*, 85. Hirschberger schreibt zu dieser programmatischen Einleitung: „Das Wort war eine klare Absage an den Neukantianismus und bedeutete den Beginn einer neuen realistischen Philosophie, die sich nunmehr dem ganzen Reichtum des Seienden [...] zuwenden bereit war"; Hirschberger, 553. Guardini bezieht sich nur einige Male auf Nikolai Hartmann: In *Ethik*, 379, empfiehlt er, was in unseren Zusammenhang paßt, die Ethik Hartmanns, weil sie „sehr reich an Phänomendarstellung ist". Besonders schätzte Guardini Max Scheler, dessen Phänomenologie wohl den stärksten Einfluß auf ihn ausübte, was *Ethik*, 379, durchklingt. Guardini spricht vom großen Werk Max Schelers, „das den entscheidenden Durchbruch durch den Bann des Kantianismus vollzogen hat." Den Unterschied zwischen Husserl und Scheler formuliert Gerl, *Romano Guardini*, 145: „Die Phänomenologie ermöglichte eine Kritik des Kantianismus, nämlich des Subjektivismus, wenn nicht Skeptizismus der Erkenntnis, und die Begründung einer Erkenntnis des Objektiven. Anders und weitergehend als Husserl war es gerade Scheler, der diese Objektivität nicht bloß als Intentionalität (Objektgerichtetheit) des Bewußtseins, sondern wirklich als ‚Welt', als gegebenen und den Sinnen zugänglichen Gegen-Stand erschloß."
[21] *Zusammenhang menschlichen Schaffens**, 11. Vgl. zu dieser Frage ebd., 10-13.
[22] Vgl. *Gegensatz*, 26ff., und *Ethik*, 13-15.
[23] Vgl. *Ethik*, 13f. und 289f.

Die phänomenologische Methode 95

Selbstand haben, ist in der Schöpfung durch Gott begründet und gilt unabhängig vom Bewußtsein des Menschen.[24]

‚Phänomen' ist für Guardini das Erscheinende, aber nicht das einzelne konkrete Seiende oder die Gegebenheit an sich. Das sich im Phänomen zeigende Positive ist das Wesen eines Seienden: „Im Phänomen tritt das Wesen des betreffenden Seienden hervor; so, daß der, der das Phänomen sieht und versteht, das Wesen des betreffenden Seienden sieht und versteht."[25] An einem konkreten Geschehen oder einem konkreten Ding der Wirklichkeit tritt sein Wesen – „die Sinngestalt, das Wesens- und Wertbild"[26] – hervor. Es wird zum Phänomen und so der Betrachtung einsichtig. Ziel der phänomenologischen Betrachtung ist es also, das Wesen einer Sache oder einer Gegebenheit zu erfassen.[27] Ein Gleichnis für das Erscheinen des Wesens am Phänomen ist das Verhältnis zwischen Körper und geistiger Seele eines Menschen. Die Seele als das Wesen des Menschen ist als solche nicht zugänglich und sich selbst vorbehalten. Sie „tritt aber ins Antlitz, genauer gesagt, ins bewegte, zumal in das sich herwendende, den Betrachter meinende Antlitz vor und wird darin offen"[28], wird zum Phänomen. Guardini selbst stellt sich mit diesem Ver-

---

[24] Vgl. *Auge*, 26-32. In diesem Zusammenhang betrachtet Guardini schon die Geschaffenheit der Dinge als eine Eigenschaft, die die vorbehaltlose Wahrnehmung an ihnen zu erkennen vermag, auch ohne den Glauben an die Schöpfung des Seienden durch Gott vorauszusetzen.

[25] *Ethik*, 290.

[26] Ebd., 14.

[27] Auch in der Phänomenologie Husserls sollte der Schritt der ‚eidetischen Reduktion' zur Erkenntnis des Wesens, zur ‚Wesensschau' führen. ‚Eidetische Reduktion' ist ein Abstraktionsvorgang, der an den individuellen Bewußtseinserlebnissen ansetzt, auf die sich die phänomenologische Betrachtung zuerst richtet, und von dem Zufälligen und Wechselhaften der einzelnen Bewußtseinserlebnisse absehen soll. So „erschaut" die eidetische Reduktion das „Wesen" der Bewußtseinserlebnisse „in strenger Allgemeinheit" und gelangt „damit in den Besitz von Erkenntnissen [...], die für jedes entsprechende individuelle Bewußtseinserlebnis und ferner für jeden zugehörigen individuellen Gegenstand (als einen wesentlich nur vermittels dieses Erlebnisses zur Gegebenheit kommenden) Gültigkeit haben"; Delius, *Phänomenologie*, 320f. Vgl. auch Frese, *Phänomenologie*. Durch diese Wesensschau oder – in der Terminologie Husserls – Intuition unterscheidet sich die Phänomenologie von einer rein deskriptiven Psychologie. Sie ist ‚Wesenswissenschaft', da sie über die Bewußtseinserlebnisse hinaus deren Wesensstrukturen und das Wesen der in den Erlebnissen vermittelten Gegenstände zu erkennen sucht. Der Unterschied zum Phänomenologie-Verständnis und der Methode Guardinis besteht darin, daß dieser nicht begrifflich und sachlich das Wesen des Bewußtseinserlebnisses von dem Wesen des durch das Bewußtsein vermittelten Gegenstandes trennt. Seine Bestimmung des Phänomens ist offen für eine ontologische Aussage, während Husserl nicht die Ebene des Bewußtseins verläßt und als Phänomen nur das Bewußtseinserlebnis gelten läßt.

[28] *Ethik*, 14. Deutlich wird, daß es Guardini um die besondere Qualität des unmittelbaren ‚lebendigen Sehens' geht. Siehe dazu *Auge*, 20f., wo Guardini die Äußerung eines materialistischen Anatomen anführt, „er habe schon viele menschliche Körper seziert, dabei aber noch nie eine Seele gefunden. Das Wort ist von einer erschütternden Blindheit. Was dachte dieser Gelehrte denn vor sich zu haben, wenn er eine ‚Seele' gefunden hätte? Ein Klümpchen merkwürdiger Substanz? Oder ein Spezialorgan, das keine organischen Funktionen hätte, sondern ausschließlich Gedanken produzierte? Oder eine besondere Art elektrisch-neurologischer Vorgänge? Die Seele befindet sich nicht im Körper, wie ein materieller Teil neben den anderen, sondern ist [...] in der Form des Ausdrucks gegeben. Wenn jener Anatom im Laufe der Arbeit seinen Assistenten anblickte, sah er in dessen Gesicht die Bewunderung über einen ge-

ständnis von Phänomen und phänomenologischer Erkenntnis in eine bestimmte philosophische Linie: „Sobald also in unseren Überlegungen vom Phänomen gesprochen wird, ist immer dieses gemeint: Ein Gegenstand der Erfahrung bildet zunächst ein Vordergründiges; darin wird aber ein Hintergründiges, eigentliches deutlich. Es ist die Weise der Weltauffassung, die, wenn auch in verschiedener Deutung, in der klassischen Erkenntnislehre der Griechen und wieder in der mittelalterlichen bis zum Nominalismus herrscht; die in der Neuzeit durch die verschiedenen Formen der Skepsis in Frage gestellt wird, um dann durch die Phänomenologie besonders Max Schelers wieder zu Ehren zu kommen."[29]

Die Frage nach der Seinsqualität des Wesens an sich, die in den Bereich der Metaphysik gehört, verfolgt Guardini nicht weiter: „Das Wesen des jeweils Seienden ist an sich in einem – hier nicht näher darzulegenden – Sinn verborgen. Es ist sich selbst vorbehalten und reicht ins Ewige zurück, platonisch gesprochen, in seine Idee. Im wahrgenommenen Ding tritt es vor, wird offenbar, wird Phänomen."[30] In diesem Zitat zeigt sich zwar eine Nähe zwischen Guardinis Verständnis des ‚Wesens' und der platonischen Vorstellung der ‚Idee', doch ist ein deutlicher Unterschied festzuhalten. Guardini ist nicht am Wesen interessiert, dem in Unabhängigkeit von der Scheinwirklichkeit das eigentliche Sein zukommt, sondern nur an dem Wesen, das am konkreten Seienden erscheint und so bewußt wird. Das Wesen und das Phänomen bleiben bei ihm an die empirische Realität des konkreten Seienden gebunden.[31] Die phänomenologische Methode bot sich Guardini deshalb an, weil sie der Erkenntnis einen Zugang zu dieser Realität erschloß. Er wendet sie nicht mit der ursprünglichen Strenge der philosophischen Phänomenologie an. „Er betrachtet", so beschreibt es Berning-Baldeaux, „das Gegebene intuitiv durchdringend, bis sich ihm eine Wesensstruktur als Erscheinungsgestalt in möglichster Klarheit darstellt."[32]

---

nialen oder die Schadenfreude über einen mißlungenen Schnitt; und wenn er am Abend in einem guten Gespräch mit seiner Frau war, sah er in ihrem Gesicht das Verständnis und die Zärtlichkeit. In beiden Fällen sah er die Seele dieser Menschen. Und er dachte auch gar nicht daran, das zu bestreiten – bis zu dem Augenblick, in dem er glaubte, wissenschaftlich werden zu müssen. Dann verleugnete er das *lebendige Sehen, aus dem heraus er Tag für Tag existierte* [Hervorhebung BK], und redete ‚wissenschaftlichen' Unsinn."

[29] *Ethik*, 15.
[30] Ebd., 14, und ein wenig geändert in der nur für wenige Seiten begonnenen Neubearbeitung, ebd., 1267.
[31] Zur Qualifizierung Guardinis als platonischer Denker s. auch Kapitel VI.3.2 Fn. 29. Die angeschnittene Frage zeigt bereits, daß solche Qualifizierungen der Differenzierung bedürfen. Guardini vermeidet jeden Dualismus zwischen einer Welt der Ideen und einer der konkreten (Schein-)Wirklichkeit. Schlette macht zu Recht darauf aufmerksam, daß Guardini zwar für den Platon der ewigen Werte, des höchsten Guten und der Ideen optierte, nicht aber für den Platon des Leib-Seele-Dualismus. Die bei Guardini zu konstatierende Option für ein an Platon orientiertes Denken ist im theologischen und kirchlichen Kontext, der neuscholastisch geprägt war, auch als ein Mittel zu verstehen, „um den Freiraum des Denkens im katholischen Bereich zu erweitern"; Schlette, *Romano Guardini Werk*, 16.
[32] Berning-Baldeaux, 22.

2.3 Phänomenologie und Gegensatzdenken

Mit dem platonischen Denken verbindet Guardini die Wertschätzung der intuitiven Wahrheitsfindung und Anschauung. Sie kommt im phänomenologischen Ansatz zum Ausdruck, ist aber durch das gegensätzliche Denken zu ergänzen. Der Gegensatzgedanke schärft die Anschauung als maßgebliche Gestalt im Denken Guardinis. Er ermöglicht eine zusätzliche begriffliche Differenzierung in ihrer Darstellung und eine methodische Überprüfung.[33] Seine Anwendung dient zudem der in der Phänomenologie verlangten Enthaltung von vorgefaßten subjektiven Voreingenommenheiten. Im Gegensatzbuch hatte Guardini ja der Gegensatzidee diese kritische Bedeutung zugeschrieben. Sie sollte Wahrnehmung und Erkenntnis regulieren und so zur Verwirklichung der jeweils möglichen Individualität in der Erkenntnis und in der Lebenshaltung beitragen.[34] So ergänzt der Gedanke vom Gegensatz als Strukturprinzip „die in der Phänomenologie erfolgte Wende zum Objekt auf glückliche Weise [...]: das Sein wird als lebendiges Sein begriffen und in seiner Differenziertheit und Polarität gesehen und gegen jede monistische Verfälschung, sei es nach der rationalen, der irrationalen oder der positivistischen Seite, geschützt."[35] Ziel des phänomenologischen Denkens Guardinis ist die Erkenntnis des Lebendig-Konkreten in seiner Vielfalt.

2.4 Die phänomenologische Methode im ethischen Kontext

Um die Eigenart des Denkens Guardinis gerade im Blick auf die Erfassung der ethischen Phänomene zu verstehen, bedarf es einer wichtigen Weiterführung. Guardini beläßt es nicht bei der Wahrnehmung der an den konkreten Dingen und Ereignissen aufscheinenden Sinn- oder Wesensgestalt. Die Wahrnehmung oder Anschauung ist vielmehr ein ‚Betroffensein‘, das durch die Vorstellung eines unbeteiligten Rezeptionsvorgangs, also einer bloßen Abbildung nicht erfaßt werden kann. Der Akt der Anschauung bekommt so den Charakter eines Dialoges mit den wahrgenommenen Sach- und Wesensgehalten. „Das Erscheinen des Wesens und das Auffassen der Erscheinung, Her-Blick und Hin-Blick, müssen ins Einvernehmen kommen [...]"[36]. Der dialogische Impuls kommt bei Guardini nicht nachträglich zur Gegenstandserfassung und Erkenntnis hinzu, sondern ist „in der Intuition bereits mitgegeben"[37].

Im Werk Guardinis zeigt sich hier ein struktureller Zusammenhang. Der dialogische Charakter im Vollzug der Anschauung führt zum Dialog mit be-

---

[33] Vgl. *Religion*, 19f., und *Gegensatz*, 184. Vgl. Biser, *Interpretation*, 29ff.
[34] Vgl. *Gegensatz*, 194-196; vgl. auch Fries, *Nachwort*, 80f.
[35] Fries, *Katholische Religionsphilosophie*, 281.
[36] *Ethik*, 292. Vgl. auch *Religion*, 20.
[37] Biser, *Interpretation*, 31. ‚Logos‘ ist daher, worauf Biser aufmerksam macht, bei Guardini noch die ursprüngliche Einheit von schaubarem Sinn und auszusagendem Wort; Denken ist für ihn ein ‚Denk-Sprechen‘, bei dem immer schon die sprachliche Aussageform entschieden ist. Vgl. *Stationen*, 28.

stimmten Gestalten und Werken der Geistes- und Literaturgeschichte, deren ‚Gestaltdeutung' bzw. Interpretation wichtiger Bestandteil von Guardinis Konzept einer christlichen Weltanschauungslehre wurde.[38] Entsprechend erfolgt auch der Dialog im Gespräch mit den Zuhörenden in den Ethikvorlesungen oder den imaginären Gesprächspartnern in den Schriften nicht aus einer lediglich kommunikativen oder ‚kerygmatischen' Rücksicht. Er ist eine Konsequenz der inneren Gestalt des Aktes der Anschauung. Das Ethos des Dialoges als eine der Grundhaltungen Guardinis ist unter anderem in dieser Gestalt verankert.[39]

Die von Guardini angestrebte Erkenntnis ist schließlich existentieller Art. Wirkliche Erkenntnis ist nur möglich mit innerer Beteiligung und persönlichem Einsatz. „Man kann nicht in Gleichgültigkeit erkennen."[40] Gilt dies schon für jede Art von Erkenntnis, mag sie auch noch so abstrakt erscheinen, so erst recht, wenn der ‚Gegenstand' den personalen Kern menschlicher Existenz betrifft wie die ethische Erkenntnis. Guardini erinnert in den Ethikvorlesungen an Kierkegaards Vorstellung des ‚beteiligten Denkens'.[41] Eine ‚wirkliche' Erfassung der ethischen Phänomene und ethische Erkenntnis sind nicht Sache bloßer Empirie und Logik. In kühler Gleichgültigkeit und theoretischer Neutralität kann ethische Erkenntnis nicht gedeihen. „In der echten Erkenntnis ethischer Probleme liegt schon ein Moment der Verwirklichung."[42] Die Bedeutung der phänomenologischen Methode und des gegensätzlichen Denkens ist in ihrem Beitrag zu solch ‚echter Erkenntnis' zu sehen.

In der Verwurzelung des anschauenden Blickes und der Wesenserkenntnis im Herzen des Menschen zeigt sich als ein weiteres Merkmal des Denkens Guardinis seine Prägung durch Augustinus: „Die Wurzeln des Auges liegen im Herzen; in der innersten, durch die personale Mitte des Menschen vollzogenen Stellungnahme zur anderen Person wie zum Dasein als Ganzem. Letztlich sieht das Auge vom Herzen her. Das hat Augustin gemeint, wenn er sagte, die Liebe allein sei fähig, zu sehen. [...] Ihr erster Akt ist nicht ein Hin-Zu, sondern ein Zurück-Von."[43] Als innere Erkenntnishaltung bewahrt die Liebe im Erkenntnisvollzug die Ehrfurcht gegenüber dem zu Erkennenden. Sie weist ein Begehren oder Beherrschenwollen zurück. Die von der

---

[38] Zu nennen sind die Studien über Augustinus, Pascal und Sokrates: *Augustinus; Christliches Bewußtein; Tod des Sokrates;* dann u.a. die in dieser Arbeit nicht berücksichtigte Interpretation zu Dostojewskijs Werk „Religiöse Gestalten in Dostojewskijs Werk" (Mainz, 7. Aufl. 1987); die Dantestudien „Der Engel in Dantes göttlicher Komödie" (Leipzig 1937) und „Landschaft der Ewigkeit" (München 1958); „Weltbild und Frömmigkeit" über Hölderlin (München, 3. Aufl. 1980); „Rainer Maria Rilkes Deutung des Daseins. Eine Interpretation der Duinesier Elegien" (München 1953) und „Über Wilhelm Raabes Stopfkuchen" (Würzburg 1932).

[39] Vgl. Simon, 191f.

[40] *Ethik,* 294. Vgl. auch *Zusammenhang menschlichen Schaffens,* 11. An diese grundsätzlichen Aussagen müßte sich eine Erörterung der konkreten Erkenntnisbedingungen anschließen, die Guardini in diesem Zusammenhang nicht durchführt; vgl. *Ethik,* 292 und 298-303.

[41] Vgl. *Ethik,* 295 und 298-302.

[42] Ebd., 302.

[43] Siehe *Auge,* 33f.

Phänomenologie geforderte Zurückhaltung (Epochè) aller Voreingenommenheiten und des subjektiven Zugriffes hat hier eine letztlich religiöse Basis. „So liegt im Sehen von vornherein eine Entscheidung: Tue ich es, um mich selbst durchzusetzen, oder um die Wahrheit zu erkennen? Will ich mit meinem Sehen ‚herrschen', das heißt das Seiende vergewaltigen, oder ‚dienen', das heißt, dem Sinnbefehl des Seienden gehorchen?"[44] Von dieser Entscheidung hängt ab, ob die Wahrheit um ihrer selbst willen frei gegeben wird und das Wesen der Dinge als das hervortreten kann, was es ist, oder ob alleine das Interesse des erkennenden Subjektes dominiert. Sie bestimmt den Erkenntnisvollzug in allen Bereichen der Wirklichkeit, besonders aber in Fragen des menschlichen Lebens wie in der Ethik.

Festzuhalten ist, daß Guardini die von der Phänomenologie angestrebte umfassende und unvoreingenommene Darstellung eines Phänomens aufgrund seiner Sprachbegabung und Fähigkeit zur einfachen und klaren Diktion in einer Weise durchführen konnte, die auch heute noch anspricht. So gelang es ihm, mit Einfühlungsvermögen und sprachlicher Präzision zugleich die betreffenden Phänomene, im Bereich der Ethik die Phänomene des Sittlichen, zu erfassen und ihren Sinn bzw. das eigentliche Problem zu erschließen.[45] Das erklärt zum Teil die Wirkung, die von Guardinis Schriften ausging bzw. ausgeht.

Wird die phänomenologische Methode in den Kontext des gesamten Denkens Guardinis gestellt und nach ihrem Verhältnis zum Standpunkt christlicher Weltanschauung gefragt, der durch den Glauben an die Offenbarung markiert ist, zeigt sich eine Spannung. Die von der Phänomenologie geforderte Reduktion, das strenge Ausscheiden aller Vorurteile und Deutungen gilt in der Phänomenologie Guardinis nur auf der ersten Stufe der sorgfältigen phänomenologischen Wahrnehmung und Beschreibung. Nach diesem ersten ‚phänomenologischen' Schritt kann dann durchaus eine Deutung des Phänomens erfolgen. Sie geschieht in der Begegnung bzw. Auseinandersetzung mit dem Blick, der vom Standpunkt der Offenbarung aus auf das angeschaute Ding, die Gegebenheit oder die interpretierte geistige Gestalt fällt. Die phänomenologische Methode dient gewissermaßen dazu, wirkliche Begegnung von Glaube und Welt stattfinden zu lassen, in die aber durch den Glauben andere Momente hinzukommen. Durch diese Deutung von einem Punkt außerhalb der phänomenologischen Wahrnehmung und Analyse unterscheidet sich Guardini von der sonstigen Phänomenologie.

Sind Guardinis phänomenologische Ansätze also eher Einführungen als Hinführungen, wie Mercker gefragt hat?[46] Kommt durch den Glauben und

---

[44] Ebd., 24.
[45] Als Beispiele seien hier die kleine Schrift „Vom Sinn der Schwermut" mit ihrer Darstellung und Sinnerschließung des Phänomens und die aus den Ethikvorlesungen entstandene Veröffentlichung „Die Lebensalter. Ihre ethische und pädagogische Bedeutung" genannt. Vgl. zu dieser Einschätzung Guardinis u.a. Schilson, *Ethik*, 96.
[46] Vgl. Mercker *Weltanschauung*, 100f., der sich hier auf Guardinis religionsphilosophische Untersuchung *Offenbarung und Endlichkeit* stützt. Vgl. mit Bezug auf die Ethikvorlesungen Schilson, *Ethik*, 99.

die Betonung des Offenbarungsstandpunktes ein dialektischer Umschlag in das Denken Guardinis, der die phänomenologische Erfassung zum Vorspann herabstuft, an dem dann, manchmal fast antithetisch, die eigentliche Erkenntnis vom Standpunkt der Offenbarung aus ansetzt? Oder führt die phänomenologisch sachgerechte Darstellung eines Phänomens nicht doch zu einem Verständnis eigener Berechtigung, an dem Vermittlung und nicht nur abrupter Umschlag im Erkenntnisvorgang möglich wird? So bewertet von Balthasar die phänomenologischen Beschreibungen Guardinis als echte Hinführungen zur Erkenntis. Das Licht vom Standpunkt der Offenbarung hat vermittelnde Funktion; es läßt als Licht von Gott her „die weltlichen Strukturen nicht in Entfremdung, sondern in tieferer Vertrautheit aufleuchten, als entschleierten sie endlich ihr wahres, nie ganz erschautes Gesicht"[47]. Eine Antwort auf die aufgeworfene Frage und damit eine Bewertung der phänomenologischen Methode Guardinis hängt davon ab, welche Texte Guardinis zugrundegelegt werden. Ist sein Ziel primär die ‚Unterscheidung des Christlichen', wie es besonders die religionsphänomenologischen Schriften bestimmt, so ist die phänomenologische Darstellung ‚nur' der erste Schritt, auf den eine mitunter antithetisch erscheinende Deutung der Offenbarung folgen kann. Ist sein Anliegen hingegen die genaue Wahrnehmung des Lebens als ‚natürlicher' Wirklichkeit, die für Guardini immer auch geschöpfliche Wirklichkeit ist, so führt gerade die phänomenologische Methode zu einer Erkenntnis, die auch ohne den expliziten Offenbarungsbezug gilt. Dieses Vorgehen kennzeichnet besonders den ersten Teil der Ethikvorlesungen, in dem Guardini Probleme und Phänomene des sittlichen Lebens als Phänomene natürlicher Sittlichkeit behandelt.[48] Sittliche Erfahrung, so die Voraussetzung von Guardinis phänomenologischer Methode, ist als eigene Erkenntnisquelle ein genuiner Ausgangspunkt der Ethik, der unabhängig von Metaphysik und Glauben gegeben ist. Christliche Ethik ist dann die Deutung und Reflexion dieser Erfahrung vom Standpunkt des Glaubens aus. Ein weiteres Beispiel, das diese Bewertung bestätigt, sind Guardinis Meditationen über die Tugenden.[49] In den einzelnen Betrachtungen dient das phänomenologische Vorgehen Guardinis der Erschließung sittlicher Wirklichkeit, unter der zunächst das sittliche Handeln und Verhalten im Sinne der sogenannten ‚natürlichen Tugenden' zu verstehen ist. Schon auf dieser Ebene kann Guardinis Phänomenologie und Sinndeutung der Tugenden für sich stehen. Die Betrachtung führt aber jeweils an den Punkt, von dem aus Guardini in einer Art ‚aufsteigendem' Denken die Tugenden im Kontext des Glaubens deutet und nach einer analogen Entsprechung dieser Orientierungen zum Guten in der Wirklichkeit Gottes fragt. In diesem Zusammenhang ist die phänomenologische Erschließung der grundlegende Schritt. Sie wird durch die theologische Deutung nicht ab-, sondern aufgewertet und führt zur Einsicht in die sittliche Wirklichkeit im Lebensraum der im Glauben angenommenen Erlösung.

---

[47] Von Balthasar, 45, der sich hier auf *FGS,* 127-150, bezieht.
[48] Vgl. *Ethik*, 1-976.
[49] Vgl. *Tugenden*. Siehe dazu Kapitel XI.

IV. Das Verständnis der Offenbarung im theologischen und ethischen Denken

Die Offenbarung, verstanden als die geschichtliche und übernatürliche Offenbarung Gottes in Jesus Christus, ermöglicht sowohl die für die Weltanschauung nötige Freiheit gegenüber der Welt als auch das für die Begegnung von Glaube und Welt positive Verhältnis zur Wirklichkeit der Welt.[1] In persönlicher Glaubens-Beziehung zu Christus und zugleich eingefügt in die Glaubensgemeinschaft der Kirche gewinnt der Mensch so den Standpunkt christlicher Weltanschauung. Diese grundsätzliche Aussage zum Programm einer christlichen bzw. katholischen Weltanschauungslehre ist nun durch eine Skizze des Offenbarungsverständnisses Guardinis zu vertiefen, von der aus die theologischen Voraussetzungen seines ethischen Denkens erkennbar werden.[2]

1. Der biographische Hintergrund

Die autobiographischen „Berichte über mein Leben" geben Einblick in den biographischen Hintergrund des Offenbarungsverständnisses Guardinis. Die Entscheidung für die Offenbarung und die Kirche wurde zur unverlierbaren Voraussetzung seines theologischen Denkens.[3] Das innere Moment dieser bewußten Entscheidung ist ein ‚Bekehrungserlebnis' Guardinis während seiner Studienzeit. Nach einer Phase der religiösen Krise, in der der bewußte Glaubensvollzug immer schwächer wurde, näherte sich Guardini, der damals 20 Jahre alt war, wieder dem christlichen Glauben. An dem biblischen Wort

---

[1] Vgl. *Weltanschauung*, 23ff. Siehe Kapitel I.2.2 und 2.3.
[2] Siehe zur Theologie der Offenbarung bei Guardini besonders seine Schriften *Offenbarung*; *Religion* (zum Teil aus dem ersten Kapitel von *Offenbarung* hervorgegangen); *Wesen des Christentums* und *Bewegung Gottes*. Eine intensivere Untersuchung des Offenbarungsverständnisses Guardinis, die zu einer notwendigen Auseinandersetzung mit dem bisherigen Forschungsstand führen würde, kann hier nicht stattfinden. Siehe hierzu Biser, *Interpretation*, 113-122; Eicher und Mercker, *Weltanschauung*, bes. 14-48 und 95-131. Zum Verhältnis von Religion und Offenbarung bei Guardini sei auf die Studie von Martin Brüske hingewiesen, dem ich zugleich für wesentliche mündliche Hinweise zu diesem Kapitel danke. Faber, *Verständnis*, untersucht das Verhältnis von Natur und Gnade in den Ethikvorlesungen Guardinis, was auch für das Verständnis der Offenbarung und deren Stellenwert im ethischen Denken aufschlußreich ist.
[3] Vgl. Gerl, *Romano Guardini*, 63.

„Wer seine Seele festhält, wird sie verlieren; wer sie aber hergibt, wird sie gewinnen" in Mt 10,39 entzündete sich für ihn eine einleuchtende Erkenntnis, die zum Schlüsselerlebnis wurde: Unter ‚Seele', griechisch ψυχη, verstand Guardini das ‚lebendige Selbst' des Menschen und erkannte so in dem Bibelwort das geistige Gesetz, „wonach der Mensch, wenn er ‚seine Seele behält', das heißt, in sich selber bleibt und als gültig nur annimmt, was ihm unmittelbar einleuchtet, das Eigentliche verliert. Will er zur Wahrheit und in der Wahrheit zum wahren Selbst gelangen, dann muß er sich hergeben [...] Meine Seele hergeben – aber an wen? Wer ist im Stande, sie mir abzufordern? So abzufordern, daß darin nicht doch wieder ich es bin, der sie in die Hand nimmt? Nicht einfachhin ‚Gott', denn wenn der Mensch es nur mit Gott zu tun haben will, dann sagt er ‚Gott' und meint sich selbst. Es muß also eine objektive Instanz sein, die meine Antwort aus jeglichem Schlupfwinkel der Selbstbehauptung herausziehen kann. Das aber ist nur eine einzige: die katholische Kirche in ihrer Autorität und Präzision. Die Frage des Behaltens oder Hergebens der Seele entscheidet sich letztlich nicht vor Gott, sondern vor der Kirche."[4] Diese Einsicht wurde für Guardini zum eigentlichen Schlüssel seines persönlichen Glaubens und seines Glaubensverständnisses; die aus ihr folgende Entscheidung für die Offenbarung und die Kirche wurde Grundlage seines Denkens und Wirkens.

Die Begegnung mit dem Dogmatiker Wilhelm Koch in Tübingen während seines Theologiestudiums brachte Guardini weitere Klarheit.[5] Guardini

---

[4] *Berichte*, 71f. Diesem „Bekehrungserlebnis" wird hier deshalb breiter Raum gegeben, weil es als entscheidendes biographisches Faktum für das Verständnis des Denkens Guardinis nicht übersehen werden darf. Die Unbedingtheit des Anspruchs der Offenbarung, die Guardini hervorhebt, ist nicht ohne diese persönliche Erfahrung zu verstehen. Inwieweit diese Schlüsselerkenntnis nun als ‚Bekehrungserlebnis' zu bezeichnen ist, mag offen bleiben. Immerhin spricht Guardini von einer „Wendung" zum Glauben hin und vom „ruhigen und stillen Glück", das ihn nach diesem Erlebnis erfüllte, vgl. ebd., 70 und 72. Er selber bezieht sich immer wieder auf diese Einsicht, so u.a. in *Begegnung*, 20; *Ethik*, 250 ff., mit Bezug auf die Parallelstelle Mt 16,25 und *Existenz*, 491. Aufschlußreich ist auch ein Brief Guardinis von 1952 an Pius XII.: „Als ich mich [...] dem priesterlichen Beruf zuwendete, wurde mir eine große Gnade zuteil, nämlich die Erkenntnis, daß der Glaube an die Kirche der Schritt in die wahre Ordnung, und der Gehorsam gegen sie das Prinzip der wahren Freiheit ist. Mit dieser Überzeugung empfing ich im Jahre 1910 die Priesterweihe, und sie ist seitdem die Grundlage meiner Arbeit gewesen"; zitiert nach Gerl, *Romano Guardini*, 59f. Interessant ist in diesem Zusammenhang eine Beobachtung Ratzingers in *Liturgie*, 130f., auf die ausführlich Mercker, *Weltanschauung*, 24-28, eingeht: Zwischen dem ‚Bekehrungserlebnis', wie es Guardini in den *Berichten* schildert und der Bekehrung in der berühmten Gartenszene in den Confessiones des Augustinus ist eine Ähnlichkeit erkennbar. Mercker führt dazu eine ganze Reihe von flankierenden Umständen an wie den Einfluß von Freunden und Bekannten, Begegnungen etc. und verweist auf Guardinis Schrift „Die Bekehrung des Aurelius Augustinus". Er vermutet gestalterische Absicht, die das Gewicht unterstreicht, das Guardini seinem Erlebnis beimißt. „Der zentrale Punkt ist in beiden Szenen die Herausstellung dessen, was mit Glauben gemeint ist: die Aufgabe der autonomen Selbstbehauptung, das Hergeben der Seele, der Entschluß zur Metanoia, das Standfassen in einer neuen Bewußtseinsebene, ‚ein Loslassen des alten Daseins'." Merker, *Weltanschauung*, 28. Ob nun eine bewußte Ausgestaltung der Erfahrung und eine Stilisierung der Einsicht vorliegt oder nicht, eine Interpretation hat in jedem Fall das Gewicht, das Guardini ihr zuspricht, zu beachten.

[5] Vgl. hierzu und zum folgenden *Berichte*, 79-87, sowie Gerl, *Romano Guardini*, 54-64. Wilhelm Koch wurde 1916 indiziert, verurteilt und seines Lehrstuhles enthoben. Romano Guardi-

schätzte an Koch die freimachende Wirkung des Ernstes für die Wahrheit, der sich mit der Offenheit verband, alle theologischen Fragen zur Sprache kommen zu lassen, die andere durch das Gewicht der Autorität oder durch Glaubenspathos im Keime erstickten. Koch galt in der Zeit des Modernismusstreites als ‚moderner' Theologe, was Guardini dazu bewog, in Tübingen zu studieren. In ihm begegnete Guardini einem Theologen, der nach dem Lebenswert der Offenbarungslehre und der Dogmen fragte, was sich prägend auf das theologische Denken Guardinis auswirken sollte.

Bei aller Wertschätzung Koch gegenüber stellte Guardini jedoch auch Grenzen fest, die er in einem zu großen Respekt vor einer positivistisch verstandenen Wissenschaft und einer Einengung der Theologie auf das geschichtlich-biblische Faktum sah. Gerade in der Bewältigung moderner historischer Erkenntnisse bestand ja eine der theologischen Aufgaben in der Zeit des Modernismus. Biblische Offenbarung, kirchliche Tradition und die Einsicht der Geschichtswissenschaften waren aufeinander zu beziehen, ohne das jeweils Besondere einzuebnen.[6] Genau dieses besondere Bewußtsein von der Offenbarung trat nach Meinung Guardinis bei Koch nicht deutlich genug hervor. Guardini verstand die Offenbarung als „gebende Tatsache und Kraft", um „von ihr aus mit Zuversicht jenes Bild der neuen Schöpfung aufzubauen, welches Theologie heißt"[7]. Sie war „objektive Wahrheit", die aber, worin Guardini das existentielle Anliegen Kochs aufgriff, zugleich „ein Existieren aus ihr"[8] heraus ermöglichte. So erkannte Guardini als Ergebnis der Auseinandersetzung mit der modernen liberalen Theologie die Aufgabe der theologischen Kritik darin, „das Wesen der gläubig=theologischen Erkenntnis von dem der anderen Erkenntnis- und Wissenschaftsformen zu unterscheiden; sie in ihre Quelle zu fundieren"[9]. Diese Quelle war die christliche Offenbarung. Als Ziel des theologischen Denkens Guardinis deutet sich in diesen Überlegungen die Bildung eines christlichen Bewußtseins an, dessen Aufgabe zunächst darin bestand, sich des eigenen Standpunktes, also des Glaubens an die Botschaft der Offenbarung reflektierend zu vergewissern. „Wir entdeckten", so faßt Guardini das Finden seines theologischen Standpunktes zusammen, „die Offenbarung als das ‚gebende Faktum' der theologischen Erkenntnis, die Kirche als ihre Trägerin und das Dogma als die Ordnung des theologischen Denkens. [...] Wir waren dezidiert nicht=liberal. Wir nahmen gerade das, was die liberale Haltung als Beunruhigung und Fessel empfunden hatte, zur Basis des Denkens und machten die Erfahrung, daß sich uns erst durch diese ‚kopernikanische Wendung' des gläubigen Geistes

---

ni erinnerte sich in der Einführung zu „Die Existenz des Christen" dankbar an das Bemühen Kochs, die theologische Durchdringung des Offenbarungsinhaltes an Leben und Existenz des Menschen heranzuführen; vgl. *Existenz*, 4. Zu Wilhelm Koch hat Max Seckler die Studie „Theologie vor Gericht. Der Fall Wilhelm Koch – Ein Bericht" (Tübingen 1972) veröffentlicht.

[6] Vgl. Gerl, *Romano Guardini*, 55.
[7] *Berichte*, 84.
[8] Ebd., 85.
[9] Ebd., 85f.

die Tiefe und Fülle der heiligen Wahrheit erschloß; uns aber außerdem ein Blick auf die Weite und Wirklichkeit der Welt hinzugeschenkt wurde, wie ihn die liberale Haltung mit ihrem beständigen Hinüberschielen zur profanen Wissenschaft und ihrer verbitterten Opposition gegen die kirchliche Autorität nicht hatte."[10] Der entschiedene Ton Guardinis in der Charakterisierung seines theologischen Ansatzes darf nicht übersehen lassen, daß es sich um eine Zielbestimmung handelt. Entsprechend schließt denn auch seine biographische Schilderung: „Damit will ich nicht sagen, ich hätte das, was in diesen Sätzen steht, auch wirklich vollzogen, aber es war das nie in Frage gestellte Ziel."[11]

2. Das Wesen der Offenbarung

Mit dem Begriff der Offenbarung bezeichnet Guardini, „jene Selbstbekundung Gottes, wie sie sich literarisch im Alten und im Neuen Testament ausdrückt"[12] und sich zentral in der Menschwerdung Jesu Christi ereignet, also die ‚übernatürliche' Offenbarung durch Gottes Wort und Handeln in der Geschichte der Welt im Unterschied zur ‚natürlichen' Offenbarung Gottes, die in allem Geschaffenen liegt.[13]

Der erste Satz jeder Lehre von der Offenbarung lautet: „Was diese ist, kann nur sie selbst sagen. Sie bildet keine Stufe in der Folge der natürlichen Daseinserschließungen, sondern kommt aus dem reinen, göttlichen Anfang. Sie bildet auch keine notwendige Selbstmitteilung des höchsten Wesens, sondern ein freies Tun des persönlichen Gottes. [...] So gehört es zum Wesen der Offenbarung, daß sie nicht aus der Welt abgeleitet werden kann, sondern aus ihr selbst entgegengenommen werden muß."[14] Der Inhalt der Offenbarung kann nicht von ihrem Akt gelöst werden, so daß man nach dem Geschehen der Offenbarung mit selbständiger Erkenntnis ihren Inhalt erfassen könnte. „So bleibt die Aneignung der Offenbarung – der Glaube im genauen Sinne – immer an den gebenden Vorgang des Offenbarens gebunden. Ihr Wesen be-

---

[10] Ebd., 86. Zu beachten ist, daß Guardini seinen Standpunkt als „nicht-liberal" und nicht als „anti-liberal" bestimmt. [„Nicht=liberal" ist die Schreibweise in der vorliegenden Ausgabe der „Berichte".]
[11] Ebd., 118.
[12] *Ethik*, 986.
[13] Vgl. *Weltanschauung*, 23ff. Schon an dieser Stelle sei bemerkt, daß die theologische Unterscheidung ‚natürlich – übernatürlich' auch im Verständnis Guardinis letztlich eine begriffliche Abstraktion darstellt. Die Offenbarung Gottes durch die Schöpfung und die Offenbarung durch das positive Wort und die Heilsgeschichte bilden die eine Einheit des Handelns Gottes. Ebenso ist die Unterscheidung zwischen ‚Natur' und ‚Gnade' nur innerhalb des umfassenden Zusammenhanges der Schöpfung zu sehen. Siehe zu dieser Problematik unten 5.4.
[14] *Offenbarung*, 1.

steht nicht in einem selbständigen Denken, Sichvertiefen, Handeln und Schaffen, sondern in einem Hören, Gehorchen und Folgen."[15]

Die Offenbarung im alt- und neutestamentlichen Sinne steht quer zu jedem innerweltlichen Erfahrungsbereich und durchbricht den Zusammenhang von innerweltlicher religiöser Erfahrung und Weltdeutung.[16] Das Religiöse in der Welt ist in sich mehrdeutig und führt nicht von sich aus zur Offenbarung.[17] Schon in der Offenbarungsgeschichte Gottes mit Israel wird die Unableitbarkeit der Offenbarung aus dem Religiösen deutlich. Sie erfolgt nicht aus der natürlichen religiösen Veranlagung eines Volkes, sondern muß sich geradezu gegen deren Widerstände durchsetzen. So erfordert die Offenbarung „von ihrem Empfänger eine Überwindung seiner unmittelbaren religiösen Neigungen; eine Auswanderung ‚aus Volk und Land' auch im Religiösen selbst."[18] Sie ereignet sich rein aus der Selbstbezeugung des souveränen Gottes und ist Ausdruck seines Ratschlußes und seiner freien Initiative.[19]

Die Offenbarung Gottes ergeht durch das Wort an den Menschen, nicht so, daß jeder Mensch unmittelbar angesprochen wird, sondern vermittelt durch die Worte anderer, die als Führer, Propheten oder biblische Autoren in der Gemeinschaft des Volkes in besonderer Weise angesprochen werden. Die Offenbarung nimmt den Charakter des Bundes an. Gott offenbart sich durch sein Handeln in der Geschichte, vor allem durch die Geschichte seines auserwählten Volkes Israel. So tritt im Alten Testament der für das Verständnis der Offenbarung entscheidende Charakter der Geschichtlichkeit hervor. Deshalb kann die Offenbarung nicht in mythologischen und nicht allein in philosophisch-absoluten, sondern angemessen nur in personal-geschichtlichen Kategorien gedacht werden.[20] Dieser entscheidende Schritt ist im Alten Testament vollzogen und jeder, der sich der Offenbarung glaubend anvertraut, vollzieht ihn neu. Exemplarisch für diese Deutung des Offenbarungsgeschehens reflektiert Guardini die Berufung Abrahams nach Gen 12,1-9 und die Berufung des Moses nach Ex 3,1-14.[21]

Am Anfang der Offenbarung steht keine Lehre, die angenommen wird, sondern ein Anruf und ein Befehl, die in ein Tun übergehen und mit denen eine Geschichte beginnt. An dieser Geschichte und durch sie soll sich Schritt für Schritt enthüllen, wer Gott ist, wer der Mensch ist und was die Welt.[22] Guardini geht in seinen offenbarungstheologischen Aussagen noch einen

---

[15] *Zusammenhang menschlichen Schaffens**, 80.
[16] Vgl. *Religiöse Erfahrung*, 325.
[17] Vgl. u.a. *Religiöse Erfahrung*. Siehe ausführlich zum Verhältnis von Religion und Offenbarung bei Guardini die Untersuchung von M. Brüske.
[18] *Offenbarung*, 57; vgl. Eicher, 278f.
[19] Vgl. *Bewegung Gottes*, 295.
[20] *FGS*, 244 Fn. 51. Um von Gott und der Offenbarung zu sprechen, reichen Absolutheitsbegriffe nicht aus, müssen die der Tatsächlichkeit und Faktizität hinzugenommen werden; vgl. *Mensch**, 56.
[21] Vgl. u.a. *Existenz*, 31-42; *Ethik*, 1125-1132; *Offenbarung*, 54ff.; *Glaubenserkenntnis*, 80ff.
[22] Vgl. *Ethik*, 1130.

Schritt weiter: Die Offenbarung vollzieht sich nicht nur in einer und durch eine Geschichte als ihrem äußeren Medium, sondern sie hat selbst Geschichte und ermöglicht diese. „Man könnte sagen, die Wahrheit habe den Charakter eines Lichtes, das auf einen Weg fällt: er reicht immer so weit, als nötig ist, um den nächsten Schritt zu tun; wird der getan, dann wandert das Licht weiter."[23]

Die Offenbarung als Handeln Gottes gewinnt ihre entscheidende Form in Jesus Christus. Seine Menschwerdung erfüllt die Verheißungen der Offenbarung des Alten Testamentes. In der Menschwerdung Jesu Christi zieht sich „die Grundoffenbarung zusammen, daß Gott nicht nur ist, sondern tut; nicht nur waltet, sondern handelt; nicht nur erfüllt, sondern kommt; daß er Person ist und in Freiheit, aus der reinen Initiative seines Willens Geschichte vollzieht und Schicksal annimmt."[24] Der Charakter der Geschichtlichkeit der Offenbarung wird von Guardini konsequent entfaltet: In Christus erreicht die Offenbarung als Geschichte einen unüberbietbaren ‚Höhepunkt', da Gott in Jesus Christus nicht nur weiter Geschichte in Gang setzt, sondern sie selbst in eigener Person bis zum Tod erleidet.

Deshalb ist die Menschwerdung Gottes in Jesus Christus nicht nur unüberbietbare Form der Selbstoffenbarung Gottes. In ihm gehen vielmehr Form und Inhalt eine untrennbare Einheit ein. „Auf die Frage, wer Gott sei, lautet die christliche Antwort nicht: Gott ist das höchste Wesen, oder der Weltgrund, oder der absolute Geist, sondern: er ist Jener, der aus der Existenz Christi redet [...] Der lebendige Gott ist an sich verborgen; erst in Christus wird er offenbar. Christus ist Gottes Epiphanie. Wer ‚ihn sieht, der sieht Gott' (Joh 1,14.18; 14,9; 1 Joh 1,1-3)."[25] Die Offenbarung des Neuen Testamentes besagt die absolute Heilsbedeutung dieser einen geschichtlichen Person. So wie die Offenbarung die Maßstäbe der Welt sprengt, so ‚durchbricht' Christus das Religiöse in der Welt. Die Unterscheidung der Person Jesu von anderen religiösen Führern wie Buddha oder den alttestamentlichen Propheten dienen deshalb in Guardinis christologischen Ausführungen nicht der apologetischen Rechtfertigung seines Offenbarungsanspruches. Guardini will nicht die einzigartige Bedeutung und Überlegenheit Jesu im geschichtlichen Vergleich beweisen, sondern seine absolute Andersartigkeit betonen, die nur im Glauben als Wahrheit angenommen werden kann.[26] Die christologische Zentrierung von Guardinis Offenbarungsverständnis läßt sich vorerst mit Eicher so zusammenfassen: „Offenbarung nach dem Neuen Testament ist deshalb letztlich überhaupt *nicht kategorial* faßbar, sondern nur im Hinweis auf diese geschichtliche Person zu bezeu-

---

[23] *Glaubenserkenntnis*, 82; s. auch *Offenbarung*, 58ff.
[24] Ebd., 76.
[25] Ebd., 79.
[26] So in *Wesen des Christentums*, 14-20; vgl. Eicher, 285. In *Offenbarung*, 92f., heißt es entsprechend: „Christus ist keine aus der Reihe jener Gestalten, durch welche sich immer neu die religiöse Erfahrung der Menschheit ausdrückt. Er löst keine Welle im religiösen Fluß der Geschichte aus. Er ist kein religiöses Genie; kein Entdecker neuer geistlicher Werte und göttlicher Möglichkeiten; [...] Christus ist die absolute Ernüchterung, auch des Religiösen."

gen: das Wesen des Christentums, begriffen als Offenbarungsglaube, ‚ist ER SELBST'."[27]

In der Offenbarung Gottes in Jesus Christus wird die Dreieinigkeit der Wirklichkeit Gottes erkennbar, die wiederum von allen anderen Dreiheiten, wie sie die Religionsgeschichte kennt, und von allen philosophischen Ideen über eine Entfaltung des göttlichen Geistes zu unterscheiden ist. Das ‚hermeneutische Prinzip' zum vollen Verständnis der Offenbarung liegt in ihr selbst. Die Offenbarung kann nur angenommen und geglaubt werden im Heiligen Geist, in dem sie selbst geschieht.[28] Die Andersartigkeit der Offenbarung gegenüber der Welt kann der Mensch nur überwinden, wenn im Heiligen Geist eine gemeinsame Ebene zur Begegnung von göttlichem und menschlichen Leben geschaffen wird. Sein Wirken ist die Bedingung dafür, „daß der Mensch Gottes Wahrheit auffassen, Gottes Liebe empfangen, in die Gemeinschaft des göttlichen Lebens und Handelns eintreten"[29] kann, wie es im Pfingstereignis exemplarisch realisiert und dargestellt ist.

Wenn sich in Christus die Offenbarung erfüllt, und wenn christliche Offenbarung wesentlich geschichtlich ist, stellt sich die Frage, ob diese Geschichte mit Christus an ein Ende gekommen ist: „Die Offenbarung geht nicht über Christus hinaus; so besteht das heilige Geschehen von nun an darin, daß Christus in die Welt getragen, die Welt in ihn hereingeholt wird. In seinem persönlichen Dasein hat die neue Schöpfung begonnen; sie entfaltet sich im Raum der Freiheit und Gnade. Sie zu führen, ist nun der Gegenstand des göttlichen Handelns."[30] Weil die Begegnung der Menschen mit Christus nicht den Kräften der Geschichte und nicht den Menschen alleine anvertraut werden konnte, handelt Gott nun in der Welt auf besondere Weise durch seinen Geist: Lebendige Christusbeziehung ist nur im Pneuma möglich.

Guardini fragt weiter, wie sich die in der Geschichte ereignende Glaubens-Begegnung des Menschen mit Christus im Pneuma hat vollziehen können. Das religiöse Gefühl könnte antworten: in immer neuen Begegnungen ohne Norm und Autorität, alleine aus der freien Bewegung des Herzens und schöpferischer Ursprünglichkeit. Dieser Antwort steht aber das tatsächliche Handeln Gottes gegenüber. Einmal mehr ist die Geschichtlichkeit des Offenbarungsgeschehens in ihrem ganzen Ernst und mit dem Ärgernis, das ihre Faktizität gerade an diesem Punkt hervorrufen mag, anzunehmen. „Christus hat sein Bild und seine Botschaft nicht einfachhin dem freien Strömen des Geistes und den schöpferischen Kräften des Herzens anvertraut, denn er hat nicht nur den Geist gesandt, sondern auch die Kirche gegründet. [...] Auch die im Amt und mit Verbindlichkeit anordnende Kirche ist Werk des Geistes; und um sie zu formen und zu führen, ist der Geist gekommen. Mit ihr ist Christus unlöslich verbunden."[31] Diese Verbundenheit ist bei Guardini

---

[27] Eicher, 287, mit einem Zitat aus *Wesen des Christentums*, 65.
[28] Vgl. *Offenbarung*, 112ff. und 80; zum folgenden s. ebd., 112-135.
[29] Ebd., 116.
[30] Ebd., 119.
[31] Ebd., 124.

nicht exklusiv gemeint. Aber für den Regelfall, von dem beim Verständnis der geschichtlichen Offenbarung auszugehen ist, gilt, daß sich die Begegnung mit der Gestalt Christi vor allem in dem Sinnraum vollzieht, den die Kirche durch ihre Verkündigung, durch die Liturgie und ihr Zeugnis eröffnet, und umgekehrt durch die Mängel der Kirche behindert wird, die diesen Sinnraum entstellen.

3. Offenbarung und Glaube

Dem Offenbarungsverständnis entspricht bei Guardini ein bestimmtes Verständnis des Glaubensaktes. In jedem Erkenntnisvorgang wird das zu erkennende Objekt von einem zugehörigen Organ wahrgenommen und erkannt. So wendet sich die Erscheinung an das Auge, das Wort an das Ohr.[32] Die oder der Erkennende muß mit einer bestimmten Einstellung an das Objekt herantreten. Es bedarf des Einvernehmens mit Form und Absicht des zu Erkennenden, damit sein Inhalt aufgefaßt werden kann. Um so intensiver und mit um so tieferen Schichten der Persönlichkeit muß sich die Person engagieren, je mehr der „Gegenstand" die ganze Persönlichkeit angeht und deren Heil bedeutet. „Das gilt in neuer und letzter Weise vom Glauben."[33] Er ist das Organ für die Annahme der Offenbarung, in biblischer Metapher das Herz des Menschen. Nur der Glaube erkennt im menschlichen Wort des biblischen Schriftstellers das Wort Gottes und im Irdischen die höhere, andere Wirklichkeit. „Das Auge, das die Offenbarung voraussetzt", so Guardini, ist „von der Art wie der Blick für den anderen Menschen, nämlich innere Bereitschaft, Güte, Selbstlosigkeit. Das Neue Testament nennt diese Bereitschaft das „reine Herz" (Mt 5,8). Damit ist nicht so sehr ethische Schuldlosigkeit gemeint; vielmehr, daß dieser Mensch die rechte Liebe habe, offen sei für das Eigentliche, bereit, um dieses Eigentlichen willen über sich selbst hinauszugehen. Wo das der Fall ist, verwirklicht sich die Antwort auf die Offenbarung: der Glaube."[34]

Wenn im Verständnis der Offenbarung ihre Unableitbarkeit hervorgehoben und die Aussage betont wird, daß sie nicht von innerweltlichen Voraussetzungen und mit ihr fremden Maßstäben beurteilt werden kann, rücken entsprechend an der Gestalt und dem Akt des Glaubens bestimmte Aspekte in den Vordergrund. Wie gelangt man in den Gesamtzusammenhang von Offenbarung und annehmenden Glauben, wenn der Offenbarung nicht nur geglaubt werden muß, was sie aussagt, „sondern auch was sie selbst ist – ja so-

---

[32] Vgl. für diesen von Guardini oft beschriebenen Erkenntnis-Zusammenhang u.a. *Offenbarung*, 67; *Existenz*, 21-23, und *Lebendiger* Geist, 125-131.
[33] *Offenbarung*, 67.
[34] *Existenz*, 22.

Das Verständnis der Offenbarung im theologischen und ethischen Denken 109

gar, daß sie überhaupt ist"[35], wenn die Offenbarung ein Anfang ist und nichts hat, auf das sie sich zwingend berufen könnte? Aus dem Bereich der innerweltlichen Existenz gelangt man in den neuen Existenzbereich der Offenbarung nicht auf einem kontinuierlich verlaufenden Weg, der sich Schritt für Schritt entwickelt, sondern durch einen ‚Sprung', der Entscheidung und Wagnis beinhaltet. Es bleibt, so Guardini, immer eine Kluft zu überwinden, damit das Neue, Andere und Existenzbegründende der Offenbarung herantreten und vom Menschen aufgenommen werden kann.[36] Die Möglichkeit des Widerstandes, des Ärgernisnehmens und der Ablehnung gegenüber der Offenbarung Gottes bilden die negative Kehrseite der Tatsache, daß der Mensch in seiner Freiheit zu dieser Entscheidung gerufen ist. Der Schritt in den Bereich der Offenbarung „kann nichts anderes als ein Risiko sein. Der Eintritt in eine Existenz kann nicht bewiesen und erzwungen, sondern muß empfangen bzw. gewagt werden. Das ist ein Grundgesetz, das überall gilt – wie erst, wenn es sich um die vom Souveränitätsbereich Gottes her werdende Existenz handelt?"[37] Es mag Annäherungen und Hinweise auf die neue Existenzweise des Glaubens geben,[38] was aber nicht den Charakter des echten und unableitbaren Neuanfangs aufhebt. Diesen personal-existentiellen Aspekt betont Guardini seit den Schriften Ende der 20er Jahre, in denen er zunehmend bibeltheologisch argumentiert.[39] Der Glaubensbegriff verbindet

---

[35] *Offenbarung*, 6.
[36] Vgl. *Ethik*, 1118ff.
[37] Ebd., 1120.
[38] Da sich Gott auch durch die Wirklichkeit der von ihm geschaffenen Welt offenbart, ist die Frage berechtigt, ob es in ihr nicht „Vorentwürfe" für das eigentliche Offenbarungsgeschehen gäbe. Der erste Teil der Offenbarungsschrift, vgl. *Offenbarung*, 7-46, und die darauf aufbauende Schrift *Religion* (als erster Band 1958 erschienen, dem ein zweiter Band über die christliche Offenbarung folgen sollte) behandeln dieses Thema. Solche Überlegungen haben den Zweck, auf das Verständnis der Offenbarung vorzubereiten, vgl. *Offenbarung*, 6. Für den Einzelnen können außerdem die Erfahrungen anderer, schließlich das Glaubenszeugnis der Gemeinschaft der Kirche zu Hinweisen und Annäherungen werden. Aber auch diese, betont Guardini, ersparen nicht die eigene Entscheidung und den Eintritt in das neue Dasein. Vgl. *Ethik*, 1119. In *Heilige Schrift*, 39, greift Guardini auf einen weiteren Gedanken der theologischen Tradition zurück. Zwar gehört die Offenbarung nicht zur Welt. Sie ist transzendent und ‚übernatürlich', so daß ihr „mikrokosmisch kein menschlicher Wesensbestand" entspricht. „Dennoch", so der neue Gedanke, „lebt im Menschen etwas, das auf sie wartet: Jenes, das Augustinus meint, wenn er sagt, die Seele sei ‚christlich von Natur'; was Scotus, Franz von Sales, Scheeben meinen, wenn sie sagen, auch ohne Sünde wäre Gott Mensch geworden, um die Schöpfung zur Gnadengemeinschaft zu führen." Entscheidend für diesen anderen Zugang zum Glaubensverständnis ist der Ansatz beim Begriff der Schöpfung unter Wahrung der analogia entis. Der Glaube aktuiert dann dieses im Menschen und in der Schöpfung angelegte „etwas", so faßt Guardini zusammen; vgl. ebd., 39f.
[39] Vgl. *Heilige Schrift* von 1928 und die beiden Schriften „Die Liebe im Neuen Testament" (*Liebe*) und „Der Glaube im Neuen Testament" (*Glaube*), beide von 1930. So lautet dem Glaubensverständnis entsprechend der Gedankengang in *Liebe*, 125: Im Akt der christlichen Liebe antwortet der Mensch Gott, der ihm liebend in Jesus Christus entgegentritt. Dieser Akt ist dem Menschen aber zugleich von Gott geschenkt und wird als Akt der ‚göttlichen Tugend' zum Mitvollzug der innertrinitarischen Liebesbewegung des dreieinen Gottes. Deutlich wird ein Erstes, „das nicht weiter zurückgeführt werden kann. Es ist der Ring, in welchem kein

sich „mit dem der Wiedergeburt: Glauben setzt Wiedergeburt voraus. Glauben ist nicht eine natürliche Kraft des Menschen, die christlich würde durch eine neue Gesinnung oder durch einen neuen Gegenstand. Glauben ist Auswirkung eines empfangenen neuen Seins. [...] Glaube ist ein Beginnen. Und zwar ein Beginnen in Gabe und eigenem Akte zugleich; wobei der Gegenstand des Aktes und der Akt selbst zugleich gegeben sind."[40] Was wie eine Zirkelbewegung aussieht, da schon die Bereitschaft, mit der alles beginnt, selbst als eine Wirkung des neuen Lebens anzusehen ist, ist tatsächlich das Phänomen eines Anfangs, mit dem nur der Lebensanfang vergleichbar ist. „Wenn Glaube wird, dann geht ein Aufbruch von neuem Leben aus einem eigenen Anfang hervor. Der vollzieht sich wohl, vordergründig, in psychologischen Akten, des Denkens, Entschließens usw.; er hat aber das Bewußtsein, daß hinter ihnen mehr steht. Dieses Mehr, dieses Zentrum, das eigentliche Subjekt des Glaubens ist ‚der neue Mensch'; der Wiedergeborene, das Kind Gottes, das überhaupt erst durch die Gnade geschaffen wird."[41] In der christlichen Existenz verbindet sich so die Offenbarung als „objektive Gotteserschließung" mit der „Wiedergeburt zur subjektiven Teilnahme am Leben Gottes"[42].

4. Offenbarungsverständnis und Theologie

Schon in der Tübinger Studienzeit hatte sich Guardinis Überzeugung vom eigenen Wissenschaftscharakter der Theologie herausgebildet: „Gerade die Verantwortlichkeit wissenschaftlichen Denkens müsse fordern, daß sie auf einen eigenen Erkenntnisgegenstand, nämlich die Offenbarung und ein eigenes Erkenntnisprinzip, nämlich den im Dogma verfaßten Glauben begründet sei – wozu natürlich alles zu kommen habe, was Sorgfalt der Methode und Achtung vor den empirischen Fakten heißt."[43]

Sein Theologieverständnis formulierte Guardini in der Antrittsvorlesung über Anselm von Canterbury anläßlich der Habilitation in Bonn im Januar 1922.[44] Er ging von dessen Grundsatz ‚credo ut intelligam' aus. Zwischen den Zeilen der auf diese Vorlesung zurückgehenden Abhandlung über das Wesen der Theologie nach Anselm ist auch Guardinis eigenes Theologieverständnis

---

Eingang ist, in dem man nur durch Geburt auftaucht. Und es steht darin die Einmaligkeit der Person Jesu, die selbst nicht abgeleitet werden, sondern der man nur begegnen kann."
[40] *Glaube*, 492.
[41] *Heilige Schrift*, 40f. Vgl. ähnlich *Leben des Glaubens*, 44.
[42] *Gedanken über Christentum*, 172.
[43] *Berichte*, 34.
[44] Veröffentlicht unter dem Titel „Anselm von Canterbury und das Wesen der Theologie" (*Anselm v. Canterbury*) in *AdW*, 33-65; ebd., 166, auf das Jahr 1921 datiert. Vgl. *Berichte*, 32ff., und genauer Knoll, *Glaube*, 138 Fn. 36. Siehe zum Ganzen ebd., 138-141.

zu erkennen. Der Glaube, so deutet Guardini Anselms Grundsatz, ist insofern die Voraussetzung der Theologie, als sie durch ihn ihren besonderen ‚Gegenstand', nämlich die Offenbarung als eine „konkrete Wirklichkeit" vermittelt bekommt und die zu ihm gehörige „übernatürliche Gewißheit", daß er vorhanden und so beschaffen ist.[45] „Der Glaube an das, was Gott offenbart, ruht also nicht auf der Einsicht in dessen innere Richtigkeit, sondern [...] auf dem Vertrauen zur Wahrhaftigkeit des offenbarenden Gottes. Dieser Glaube muß vorhanden sein, soll Vernunfteinsicht in den Inhalt des Geglaubten überhaupt möglich werden."[46] Der Glaube selbst sucht diese Vernunfteinsicht, wiewohl das Glaubensgeheimnis nicht in Vernunftkonstruktionen aufgelöst werden und die Offenbarung nicht als nur begriffliche Wirklichkeit erfaßt werden kann. Inhalt der Theologie also ist „das Offenbarungsereignis; sein Inhalt und seine Voraussetzungen; die Weise, wie dies Ereignis in der Geschichte fortlebt, als Lehre, als Kraft und Einrichtung, in Gemeinschaft (Kirche) und Einzelpersönlichkeit (Gotteskindschaft). Diese Wirklichkeit, das Reich Gottes, ist Gegenstand der Theologie."[47] Diesem Gegenstand nähert sich die Theologie mit der ganzen Kraft des Denkens, mit äußerster Genauigkeit und dem vom Glauben getragenen Willen zu vernünftiger und wissenschaftlicher Einsicht. Intellekt und Glaube gehen eine Synthese ein. So gelingt es Anselm – oder Guardini, der sich auf Anselm beruft –, die religiöse Erkenntnis vor einer irrationalen Einschränkung auf das Emotionale und Erlebnismäßige und den Glaubensvollzug vor einer einseitigen Engführung auf das Mystisch-Praktische zu bewahren.[48] Diesen Extremen begegnet mit aller Schärfe die Theologie, insofern sie „wirkliche, rationale, methodische Wissenschaft" ist. Gegenüber allen Versuchen, sie in den „natürlichen Wissenschaftsbereich" einzuordnen, betont sie ihren spezifischen Charakter als „Wissenschaft vom übernatürlichen Gegenstand der Offenbarung"[49] und bewahrt so ihre Sonderstellung innerhalb der Geisteswissenschaften. Theologie ist daher als „jene methodische Erkenntnisbemühung" zu begreifen, „welche den Raum öffnet und sichert, in welchem die Offenbarung frei, voll und ohne jede Angleichung an innerweltliche Maßstäbe reden kann"[50].

Subjekt der Theologie ist der glaubende Mensch, aber nicht der „individualistisch abgesonderte", sondern der „in die Gemeinschaft der Kirche eingebettete Mensch"[51]. Die Kirche als Glaubensgemeinschaft ist das Erkenntnissubjekt, das den besonderen Gegenstand der Selbstoffenbarung Gottes und ihr Wirken in Menschheit und Seele erfassen kann, allerdings nur durch ein übernatürliches Prinzip, das von Gott selbst kommt, durch den Heiligen Geist. Der Ganzheit und Fülle des Menschlichen, auf das sich die Offenba-

---

[45] *AdW*, 52.
[46] Ebd., 37.
[47] Ebd., 49f.
[48] Vgl. ebd., 41f. und 53.
[49] Ebd., 53.
[50] *Wahrheit des Denkens*, 21.
[51] *Anselm v. Canterbury*, 56.

rung bezieht, wird die Kirche gerecht, indem sie als organische Einheit und Erkenntnisgemeinschaft die verschiedenen, im Laufe der Zeit entstehenden und von den individuellen Erkenntnissubjekten stammenden theologischen Einsichten ordnet und zusammenfaßt. Also ist Theologie „die wissenschaftliche Verarbeitung jenes Glaubensbewußtseins, das die Kirche von Gott und Gottes Reich hat. Sie wird nur möglich, wenn das individuelle Denken sich in das Denken der Kirche einfügt, selbst ‚Kirche' wird."[52] Hier fügt sich die Aussage Guardinis über die Bedeutung des Dogmas als der verbindlichen Ausformulierung des kirchlichen Glaubensbewußtseins an. In seinem theologischen Denken habe er es nie als Einschränkung seiner Geistesfreiheit verstanden, sondern als Koordinatensystem, das von der Offenbarung her die volle Wirklichkeit gläubigen Bewußtseins eröffnen würde.[53]

Vorläufig ist zum Offenbarungs- und Theologieverständnis Guardinis folgendes festzuhalten: Sein biographischer Hintergrund ist das Bekehrungserlebnis und die eigene persönliche Glaubensentscheidung. Dies läßt verstehen, warum Guardini im Verständnis der Offenbarung und des Glaubens den Charakter der Entscheidung betont, mit der die Offenbarung und die Einordnung in die Kirche zum Ausgangspunkt der Theologie gemacht werden. Guardini entwickelte sein Offenbarungs- und Theologieverständnis in der Zeit der Antimodernismuskrise und, wie er berichtet, in innerer Auseinandersetzung mit seinem Tübinger Lehrer Koch. Daraus folgt allerdings nicht, worin Mercker und Ratzinger zuzustimmen ist, daß man seine Position ausreichend mittels der Alternative Modernismus oder Antimodernismus und in den damit gesetzten Grenzen verstehen kann.[54] Guardini reagiert vielmehr mit diesem auf persönlicher Erfahrung basierenden Grundgedanken auf die Situation und Herausforderung des christlichen Glaubens in der Moderne. Ein Kernanliegen seines gesamten Wirkens wird darin deutlich. Christliche Bildung, die der Befähigung zur Begegnung von Glaube und Welt bzw. Kultur dienen soll, hat als erstes Ziel die Bildung eines christlich-personalen Ethos, zu dem wesentlich die personale Glaubensentscheidung gehört.

5. Konsequenzen für die Ethik

Mit wesentlichen Gedanken seines Offenbarungsverständnisses ist Guardini in die Entwicklung der Offenbarungstheologie dieses Jahrhunderts einzuordnen, wie sie schließlich in die Konstitution Dei Verbum des Zweiten Vatikanischen Konzils eingegangen ist.[55] Der Offenbarungsvorgang wird nicht

---

[52] Ebd., 60.
[53] Vgl. *Berichte,* 43 und 118. Siehe auch *Glaubenserkenntnis,* 127-158.
[54] Siehe Mercker, *Weltanschauung,* 43f., und Ratzinger, *Liturgie,* 132.
[55] Vgl. besonders DV, die nn. 2-5 und 7-9. Ich beschränke mich hier auf die Darstellung der Grundzüge im Offenbarungsverständnis Guardinis, s. die Bemerkung oben in Fn. 2; eine

mehr als Mitteilung bestimmter materialer Offenbarungsinhalte und göttlicher Wahrheiten verstanden, sondern als Selbstoffenbarung und Selbstmitteilung Gottes. Die Offenbarung hat den Grundcharakter einer in ihrer Faktizität und Geschichtlichkeit unableitbaren Wirklichkeit, die ihre Ursache allein in Gottes freiem und souveränen Handeln hat. Der theologische Begriff der Offenbarung reflektiert somit die Heilsgeschichte Gottes mit den Menschen. Diese ereignet sich in Wort und Tat, die sich wechselseitig deuten.[56] Konsequent stellt Guardini die Geschichtlichkeit und den personal-geschichtlichen Charakter der Offenbarung heraus.[57] Der Glaube ist als Antwort auf dieses Geschehen das Eintreten der Menschen in das Handeln Gottes. Er bedeutet so für die einzelnen Glaubenden und die Gemeinschaft der Kirche die Eröffnung einer Geschichte, die Teil der umfassenden Heilsgeschichte ist, die mit der Schöpfung beginnt und in Christus ihre Mitte hat. Daher sind die Offenbarungswahrheiten existentiell, d.h. als Aussagen über das eigene Dasein zu verstehen. Schon aus dem hier skizzierten Offenbarungs- und Theologieverständnis werden grundsätzliche Konsequenzen und Weichenstellungen für das ethische Denken verständlich, auf die nun einzugehen ist.

5.1 Voraussetzung christlicher Ethik

Der Glaube an die Wahrheit der christlichen Offenbarung ist gemäß seines Programms christlicher Weltanschauung die Voraussetzung des ethischen Denkens Guardinis.[58] Sie wird als solche nicht mehr in Frage gestellt. „Hier beweisen wir nicht", so Guardini in dem zweiten ‚offenbarungsethischen' Teil der Ethikvorlesungen, „das Recht der christlichen Offenbarung, sich als die entscheidende Wahrheit zu bezeichnen, sondern gehen von diesem Recht aus. Wir fragen nach dem Inhalt der Offenbarung und nach dessen Bedeutung für das sittliche Leben."[59] Diese Voraussetzung bestimmt das ethische Denken auch da, wo sein Gegenstand der Bereich bzw. ein Phänomen natürlicher Sittlichkeit ist, es sich also auf das „unmittelbare, aus natürlicher Einsicht erwachsende sittliche Verhalten"[60] bezieht, und die Botschaft der Offenbarung in ihrer Relevanz für die Ethik und das sittliche Verhalten methodisch zurückgestellt wird. Unter dieser grundsätzlichen Voraussetzung schränkt eine Ethik, die jedes Glaubenselement ausscheiden will, das Phänomen des Ethischen bereits ein, „denn die Offenbarung ist eine Tatsache, auch

---

ausführlichere offenbarungstheologische Kommentierung und Würdigung der Position Guardinis muß in diesem Rahmen unterbleiben. Vgl. dazu u.a. Biser, *Interpretation*, 120-122. Interessant ist die Frage, ob und auf welchem Wege Guardinis offenbarungstheologische Überlegungen wegbereitend für das Zweite Vatikanum wirkten.

[56] Vgl. DV, 2.
[57] Vgl. auch Biser, *Interpretation*, 120ff.
[58] Siehe *Ethik*, 1102.
[59] Ebd., 1115.
[60] Ebd., 1; vgl. ebd., 1260.

wenn der einzelne Mensch sie ablehnt. Unser Dasein ist ein für allemal ein Zusammenhang von Personen und Dingen, Handlungen und Werken, Geschehnissen und Ordnungen, in welchem die Tatsache der Offenbarung steht, und die Ethik kann nicht tun, als ob diese Tatsache nicht bestünde."[61]

An dieser Stelle sei auf ein kulturgeschichtliches Argument Guardinis hingewiesen, das auch ohne jede theologische Voraussetzung gilt. Guardini weist darauf hin, daß das abendländische Ethos maßgeblich durch die Verkündigung der christlichen Offenbarung geprägt ist und es ein von der christlichen Botschaft völlig unabhängiges Ethos in der westlichen Kultur und in den von Europa geprägten Kulturen noch nicht gibt.[62] Dies gilt auch für den Widerspruch gegen die christliche Verkündigung: „Selbst dann, wenn ein Denker die christliche Offenbarung ablehnt, (Karl Marx, Friedrich Nietzsche, Nicolai Hartmann, Jean Paul Sartre) steht er faktisch zu ihr in einem Bezug, der auch überall zur Geltung kommt."[63]

Mit diesem kulturgeschichtlichen Argument verbindet sich bei Guardini ein kritischer Einwand gegenüber der geistesgeschichtlichen Entwicklung in der Moderne. Guardini weist u.a. in der bekannten zeitkritischen Schrift „Das Ende der Neuzeit" auf die ‚Säkularisation' christlicher Werte und Sinngehalte hin. Er wirft der Neuzeit „Unredlichkeit"[64] vor: Sie bestehe darin, einerseits bestimmte Werte in Anspruch zu nehmen, die in der christlichen Tradition wurzeln, andererseits aber den christlichen Glauben und die Offenbarung als ‚Garanten' dieser Werte abzulehnen.[65] Unbeschadet mancher notwendiger Differenzierung in der Beurteilung der neuzeitlichen Entwicklung[66] ist die grundsätzliche Anfrage Guardinis, die in der vom Standpunkt der christlichen Offenbarung aus vorgetragenen Kritik liegt, berechtigt und aktuell: Auf welchen Grundlagen kann in einer modernen säkularen Gesellschaft die Verwirklichung und Bewahrung der Werte stehen, die einerseits für die Achtung der menschlichen Person und das soziale Zusammenleben

---

[61] Ebd., 1257f., vgl. auch 1f.
[62] Vgl. ebd., 1f., 1121 und 1260f.
[63] Ebd., 1261. Guardini setzt sich, dies ist im Zusammenhang dieses Argumentes zu bemerken, zwar mit atheistischen, nicht aber mit agnostischen Positionen auseinander. Der zeitliche Kontext, bei den Ethik-Vorlesungen die 50er und 60er Jahre, ließ eine ausgeprägte Gleichgültigkeit agnostischer Art gegenüber der christlichen Botschaft noch nicht als Herausforderung sichtbar werden.
[64] *EdN*, 91.
[65] Vgl. ebd., 85-94, bes. 87. Vgl. die ähnliche Argumentation in *Dienst*, 67-73, wo es im einzelnen um die Verwurzelung menschlicher Dienst- und Hilfsbereitschaft im christlichen Glauben geht. Allgemeiner ist dieser Gedanke im Sinne Guardinis auf soziale Haltungen und Werte überhaupt zu beziehen.
[66] Die Neuzeitkritik Guardinis ist nicht ohne Widerspruch geblieben. Siehe Punkt 2.2 in der Einleitung dieser Arbeit. Verwiesen sei auf die Diskussion in den 50er Jahren, die in *Unsere geschichtliche Zukunft* wiedergegeben ist. Siehe zur Kritik mit Bezug auf das Offenbarungsverständnis Schlette, *Religiösität*, 65-68. Bei seinem kulturgeschichtlichen Argument muß, dessen ist sich Guardini bewußt, die in unserer Zeit zunehmende Herausforderung durch den Dialog und die Begegnung mit anderen Kulturkreisen außer acht gelassen werden. Guardini stellt die Frage, ob der Osten und die asiatischen Kulturen das Dasein auf eine von der christlichen Offenbarung wirklich unabhängige Grundlage stellen könnten; vgl. *Ethik*, 1122, und *EdN*, 90.

unverzichtbar sind, sich aber andererseits zu einem guten Teil der christlichen Tradition verdanken, von der diese Gesellschaft sich immer mehr entfernt?

5.2 Biblische Anthropologie und geistliche Schriftdeutung als Grundlage christlicher Ethik

Guardini entnimmt die anthropologischen Grunddaten, auf denen sein ethisches Denken aufbaut, den biblischen Aussagen über das menschliche Dasein. Diese inhaltliche und methodische Voraussetzung ist bei der Untersuchung einzelner Grundstrukturen und Themen im ethischen Denken Guardinis zu beachten. Die Deutung wichtiger biblischer Texte schafft das Fundament zur Erörterung anthropologischer Fragestellungen und Probleme.[67] Die Begründung für dieses Vorgehen ist in Guardinis Offenbarungsverständnis zu sehen, demzufolge die biblischen Offenbarungsschriften die Wirklichkeit der Welt und des Menschen, wie sie von Gott her zu verstehen sind, beleuchten. So ist zu Recht von einer biblischen Anthropologie bei Guardini zu sprechen, die offenbarungstheologisch fundiert ist.[68] Dabei vermitteln seine Deutungen oft tiefe Einsichten in das Verständnis der biblischen Aussagen und zeugen von einer Durchdringung, die, wie Guardini es für die Theologie forderte, Gläubigkeit und Verstandesarbeit vereint.

Unbeschadet dieser Würdigung stellen sich dabei Fragen, die Guardinis Methode der geistlichen Schriftauslegung und sein Verhältnis zur historisch-kritischen Exegese betreffen. Guardinis Verhältnis zur historisch-kritischen Exegese ist distanziert, was hinsichtlich der für ihn wichtigen Frage nach dem hermeneutischen Zugang zur Schrift unter anderem auch dadurch zu erklären ist, daß er sich ab einer bestimmten Zeit nicht mehr intensiv mit der Diskussion innerhalb der historisch-kritischen Exegese auseinandersetzte.[69]

---

[67] Fundamentale biblische Texte für Guardinis Anthropologie sind Gen 1-3 und Ex 3,1-15. Siehe beispielsweise *Existenz*, 81-205; *Ethik*, 1088-1096, zur Kreatürlichkeit von Welt und Mensch; 1125-1132, zur Offenbarung am Horeb; 1154- 1217, zu den Begriffen der Schöpfung, des Guten und zu „Paradies und Urzustand"; 1218-1239, zu „Prüfung und Ursünde"; vgl. auch *WuP* 27-36, 98-105 und 139-145, um nur einige Passagen in wichtigen Werken Guardinis zu nennen.

[68] Vgl. Schilson, *Christsein*, 171f.

[69] Dieses Problem der Theologie Guardinis kann an dieser Stelle nicht ausführlich diskutiert werden. Aus Guardinis Schriften ist besonders der Abschnitt in *Christusbild*, 16-41, zu nennen, wo Guardini, bezogen auf das Neue Testament eine Erläuterung seiner Schriftauslegung gibt; vgl. auch *Der Herr*, 648f.; *Anfang*, 59f. und 110. Zur kritischen Diskussion über Guardinis Methode der Schriftauslegung und sein Verhältnis zur historisch-kritischen Exegese seien aus der Literatur genannt: Biser, *Interpretation*, 65-69; Gerl, *Romano Guardini*, 304-310; Mertens; Theobald; Wechsler, 174ff. und 216ff. Gerl weist auf den Dissens hin, der in dieser Problematik zwischen Guardini und seinem „Schüler" Kahlefeld bestand; vgl. Gerl, *Romano Guardini*, 306.
Auch bei dieser Vermutung ist der theologiegeschichtliche Kontext zu berücksichtigen. Die historisch-kritische Methode setzte sich in der Theologie im allgemeinen erst in der Zeit des Spätwerkes Guardinis durch. Dies gilt erst recht mit Blick auf die Berücksichtigung der histo-

Hier können nur die Grundsätze seiner Schriftauslegung genannt und die Gesichtspunkte festgehalten werden, die das ethische Denken betreffen. Guardinis Schriftverständnis und seine Methode der Schriftauslegung entsprechen seinem Offenbarungsverständnis: Die der Offenbarung allein angemessene ‚Erkenntnisweise' ist der Glaube an die Offenbarung. Sie kann nicht durch andere menschliche Erkenntnisweisen erfaßt werden, es sei denn, diese ergänzen methodisch den Glauben und die ihn kennzeichnende hermeneutische Entscheidung für die Offenbarung. Entsprechend gilt für die Methoden der Schriftauslegung, daß sie von den Forschenden so anzuwenden sind, „daß das Phänomen der Offenbarung nicht gehindert wird, sich zu entfalten"[70]. Vom Denken verlangt dieses Verständnis die Überwindung eines kritisch-distanzierten Standpunktes der Schrift gegenüber[71]: „Man muß der Heiligen Schrift in der Bereitschaft gegenübertreten, zu hören, was sie sagt: nicht ihr befehlen wollen, was sie zu sagen habe. Im Bewußtsein, daß hier Gott redet, nicht im Überlegenheitsgefühl des modernen Kulturmenschen, der einen alten Text kritisch in seine Grenzen weist. Wer mit dieser Bereit-

---

risch-kritischen Exegese durch die katholische Moraltheologie. Vgl. Böckle, *Bestrebungen*, 425f. Böckle erwähnt in diesem Aufsatz von 1957 die Bibelbewegung als eine Strömung, die zur Erneuerung der Moraltheologie beigetragen hat. In diese ist nun auch Guardini trotz seiner Distanz zur kritischen Exegese mit seinem Buch „Der Herr" und den anderen Schriftauslegungen einzuordnen. Vom kirchlichen Lehramt wurde die Berücksichtigung der kritischen Exegese in der Moraltheologie erst auf dem Zweiten Vatikanischen Konzil in dem Dekret für die Priesterausbildung anerkannt und befürwortet; vgl. OT, n.16.
Ich spreche hier allein von der historisch-kritischen Exegese, weil diese zur Zeit Guardinis die einzige sich durchsetzende wissenschaftliche Methode war, und nicht von anderen exegetischen Zugängen, wie beispielsweise einer Exegese mit tiefenpsychologischen und psychoanalytischen Methoden. Vgl. zur Frage eines ‚psychologischen' Zuganges Guardinis Schrift „Die menschliche Wirklichkeit des Herrn. Beiträge zu einer Psychologie Jesu", Würzburg 1958. Was Guardinis Verhältnis zur historisch-kritischen Exegese angeht, besteht weiter Forschungsbedarf. Festzuhalten ist, daß Guardinis Entscheidung für eine geistliche Methode der Schriftauslegung hermeneutisch reflektiert ist. Es müßte u.a. geklärt werden, ob sich Guardini von bestimmten exegetischen Positionen absetzt. Guardini hat Entwicklungen innerhalb der evangelischen Theologie und die dortige Diskussion um die Exegese und die hermeneutische Problematik der Schriftauslegung zur Kenntnis genommen. Der damalige Hintergrund, der u.a. durch Bultmann bestimmt ist, macht Guardinis biblisch-hermeneutische Position verständlicher. Sie rückt in die Nähe zu Barths Reaktion auf das Scheitern der liberalen Leben-Jesu-Forschung. Den Römerbrief-Kommentar Barths hat Guardini bereits in der zweiten Auflage gelesen; vgl. Knoll, *Glaube*, 223. Er hätte vermutlich folgender Aussage von Barth ohne weiteres zugestimmt: „Die historisch-kritische Methode der Bibelforschung hat ihr Recht: Sie weist hin auf eine Vorbereitung des Verständnisses, die nirgends überflüssig ist. Aber wenn ich wählen müßte zwischen ihr und der alten Inspirationslehre, ich würde entschlossen zu der letzteren greifen: Sie hat das größere, tiefere, *wichtigere* Recht, weil sie auf die Arbeit des Verstehens selbst hinweist, ohne die alle Zurüstung wertlos ist." Barth, V. Zur Verwandtschaft zwischen der dialektischen Theologie Barths und Guardinis Motiv der ‚Unterscheidung des Christlichen' siehe Kapitel I Fn. 52 in dieser Arbeit.

[70] *Christusbild*, 30.
[71] Vgl. *Lebendiger Geist* 129ff. Die zitierten Schriften datieren aus unterschiedlichen Zeiten, unterscheiden sich aber in den grundsätzlichen Aussagen über den geistlichen Charakter der Schriftauslegung nicht. Wichtige Schriften sind diesbezüglich *Anfang*; *Bild von Jesus* und *Heilige Schrift*.

schaft in die ersten Kapitel der Schrift hineinhorcht, gewinnt Einsichten ins menschliche Dasein, wie nicht Wissenschaft noch Philosophie sie geben können."[72]

Wegen ihres Offenbarungscharakters sind die biblischen Schriften unvergleichbar mit anderen Texten: Deshalb unterscheidet Guardini die Deutung eines anthropologischen Phänomens vom biblischen Zeugnis her von anderen Deutungen des menschlichen Daseins, wie sie die Mythen darstellen, und von wissenschaftlichen, historischen, philosophischen oder psychologischen Erklärungen.[73] Bezeichnendes Beispiel dafür ist, daß Guardini es vermeidet, im Zusammenhang mit biblischen Texten und Begriffen überhaupt vom Mythos zu reden, anstatt, wie es auch möglich wäre, das literarische Genus des Mythos als ein Ausdrucksmittel biblischer Offenbarung zu verstehen.[74]

Guardini geht es in seiner geistlichen Schriftauslegung um eine christlich-existentielle Interpretation, die die geschichtliche Distanz zum biblischen Text in einer unmittelbaren Beziehung, die vom Glauben bestimmt ist, zu überwinden sucht. Das biblische Wort ist, so Guardini, nicht rein geschichtlich zu verstehen: Durch das Wort der Schrift richtet sich Gottes Wort „an jede Zeit und fordert Glauben. Wendet sich auch an unsere Zeit, an mich. Und jeder hat das Recht, ja die sinngemäße Aufgabe, aus seiner Zeit heraus es unmittelbar zu vernehmen."[75] Das angemessene Verständnis der Heiligen Schrift als Wort Gottes, das die Menschen quer durch die Zeit anspricht, wird durch den Geist Gottes ermöglicht. „Der eigentliche Vorgang, in welchem das Wort Gottes vernommen, die Schrift verstanden wird, ist ein geistlicher."[76] Exemplarisch wird das Anliegen, in der Auslegung der Schrift ein unmittelbares Verhältnis zwischen Text und christlicher Existenz zu gewinnen, bei Guardini in seinem Zugang zum Neuen Testament erkennbar. Es führt bei ihm zur Entscheidung für Paulus, als es darum geht, eine Annäherung zum Ganzen des Neuen Testaments zu finden. Diese ist deshalb bei Paulus und nicht bei Johannes oder den Synoptikern zu suchen, „weil dieser sich Jesus gegenüber grundsätzlich in der gleichen Situation befunden hat, wie jeder Hörer der Botschaft sonst"[77]. Paulus hat den irdischen Jesus nicht gekannt und begegnet allein dem auferstandenen Christus im Glauben.

Ein Manko dieser ‚geistlichen Schriftauslegung' ist allerdings darin zu sehen, daß sie methodisch nicht abgesichert ist. So wird die Auswahl der

---

[72] *Anfang*, 60.
[73] Dies wird deutlich werden bei der Interpretation von Gen 1-3, auf die in Kapitel V.2.5 eingegangen wird.
[74] Vgl. *Ethik*, 986-996, und *Existenz*, 55-59.
[75] *Heilige Schrift*, 51. Als weiteres theologisches Paradigma, das dieses Verständnis von Schriftauslegung unterstützt, ist der Gedanke der Gleichzeitigkeit von Kierkegaard zu nennen; vgl. Gerl, *Romano Guardini*, 308, und Knoll, *Glaube*, 482-485 und 494f. Guardini wendet ihn sowohl auf die Schriftauslegung an, als auch auf die Kirche, die die von Kierkegaard gemeinte Gleichzeitigkeit vermittelt.
[76] *Heilige Schrift*, 52.
[77] *Christusbild*, 39. Diese grundsätzliche Gleichheit in der Ausgangssituation des Glaubens wird für Guardini auch durch die besonderen Christuserfahrungen des Paulus nicht in Frage gestellt.

Schriftstellen für die anthropologischen Aussagen nicht begründet – die Anthropologie stützt sich bei Guardini biblisch fast nur auf Gen 1-3 –, und auch für die einzelnen Aussagen gibt Guardini keine Kriterien und methodischen Schritte seiner Auslegung an. Dies wirkt sich im ethischen Denken auf die Auswahl bestimmter Themen und die Perspektive aus, aus der sie betrachtet werden.

Hinsichtlich der Bedeutung der geistlichen Schriftauslegung Guardinis für sein ethisches Denken sind also zwei Gesichtspunkte festzuhalten: Erstens die schöpfungstheologisch orientierte Begründung der Anthropologie und zweitens das Anliegen, einen unmittelbaren Zugang zur Schrift zu eröffnen, der zur Begegnung mit dem Christus der Schrift und zur lebendigen Gottes- und Christusbeziehung führen soll. Diese ist die Grundlage eines christlich-personalen Ethos. Guardini benutzte die Bibel nicht als Belegquelle für bestimmte ethische Gedanken im Sinne besonderer christlicher Normen oder Werte; sein Interpretationsbewußtsein ließ einen solchen Umgang mit der Schrift nicht zu. Dies bewahrte ihn vor exegetisch unhaltbaren Begründungen bestimmter moralischer Aussagen.[78]

5.3 Die Offenbarungswahrheit als existentielle Wahrheit

Die Offenbarung liegt dem ethischen Denken nicht allein als Quelle anthropologischer Einsichten zugrunde. Sie ist im Verständnis Guardinis mehr als die Kundgabe übernatürlicher Sachverhalte. Bei der Offenbarung handelt es sich nicht um ein System von Lehrsätzen und begrifflichen Wahrheiten, sondern um die Heilsgeschichte, die Gott mit den Menschen durch die Schöpfung begonnen hat und an jeder und jedem Einzelnen im Glauben neu beginnen will. Ihre Mitte ist Jesus Christus, der die Gesinnung offenbart, mit der Gott den Menschen begegnet. In ihm wird in einmaliger Weise offenbar, „daß der Mensch etwas vor Gott und für Gott schlechthin Wichtiges ist. Gott hat es für richtig gehalten, sich für die Erlösung des Menschen persönlich einzusetzen"[79], in die Verantwortung des Menschendaseins einzutreten, aus ihr sein Schicksal anzunehmen und schließlich in Jesus Christus auf ewig sein göttliches Dasein an die Menschengestalt zu binden. „Diese Selbstbindung Gottes heißt Liebe."[80] Die Offenbarung ruft daher den ganzen Menschen an, in Glauben und Liebe auf die Gesinnung Gottes zu antworten. Die Antwort des Menschen entscheidet so über den Sinn seiner ganzen Existenz. „Die Offenbarungswahrheit ist wesentlich Heilswahrheit. Sie ruft an und verpflichtet. Sie deutet nicht nur, sondern begründet die Existenz des Menschen."[81] „Aus der Offenbarung heraus wird deutlich, daß

---

[78] Zur Bestätigung dieser Einschätzung vgl. die Diskussion in Punkt 5.5, insbesondere den Blick auf das Christusbuch „Der Herr".
[79] *Offenbarung*, 81.
[80] Ebd.
[81] *Existenz*, 5.

Das Verständnis der Offenbarung im theologischen und ethischen Denken 119

der Mensch ein anderer ist, bzw. werden soll, als von ihm allein her erkannt werden kann."[82]

Wenn das in solcher Weise sich abzeichnende Dasein zur Aufgabe wird, stellt sich die Frage, ob in ihr Werte und Normen deutlich werden, „die sich aus dem unmittelbaren Dasein nicht ergeben"[83]. Die Formulierung läßt die Thematisierung und Begründung spezifisch christlicher Wert- und Normvorstellungen erwarten, die aber nicht erfolgt. Guardini bleibt seinem existentiellen Ansatz verbunden und setzt den Schwerpunkt auf einer grundlegenden ethischen Ebene. Aus der Offenbarung sollen nicht bestimmte ethische Positionen oder einzelne Lebensanweisungen abgeleitet werden, sie ist vielmehr als Fundament einer neuen Existenzweise zu reflektieren.[84] So wie die Existenz des Menschen im Licht der Offenbarung zu sehen ist, so ist umgekehrt die Wahrheit der Offenbarung in ihrer Bedeutung für die menschliche Existenz auszulegen.

Die Geschichtlichkeit der Offenbarung konsequent zu denken, heißt die gegenwärtige und die zukünftige Existenz des Menschen in das Offenbarungsdenken einzubeziehen und zu fragen, wie diese sich in der Begegnung mit dem offenbarenden Gott erneuern kann. In dieser Begegnung kommt die Offenbarung jeweils neu an ihr Ziel. Im Offenbarungsdenken Guardinis deutet sich so eine Offenheit an, die sich auch im ethischen Denken auswirkt. Denn „die Offenbarung erzählt nicht nur, was geworden ist, sondern in der Offenbarung selbst wird etwas. In ihr handelt Gott; und nicht nur einmal, damals, sondern immerfort. Immerfort tritt Gott an den Menschen heran und führt ihn in eine neue Möglichkeit des Daseins. So daß eine Theorie der Offenbarung die Aufgabe hat, eine Geschichte zu verstehen, die in bestimmten Ereignissen begonnen hat, immerfort weitergeht, und heute noch, auch und gerade in dem Verstehenden selbst, auch und gerade durch das Verstehen weitergehen soll."[85]

5.4 Das Verhältnis von Natur und Gnade und von Natur und Übernatur

Die Unterscheidung von ‚natürlicher' Offenbarung, verstanden als die Offenbarung Gottes, die in allem Geschaffenen liegt, und ‚übernatürlicher' Offenbarung führt zum theologischen Problem des Verhältnisses von Offenbarung und Natur bzw. von Natur und Gnade. Da Guardinis Verständnis

---

[82] *Ethik*, 1121.
[83] Ebd.
[84] Vgl. ebd. und *Existenz*, 5: Die Frage ist nicht in erster Linie, „welche praktischen, ethisch-religiösen Folgerungen sich aus dem Inhalt der Offenbarung ergeben", sondern, „wie das Dasein des Menschen gebaut sei, der mit ihr in eine ernsthafte Beziehung tritt". In diesem wesentlichen Ansatz unterscheiden sich die beiden aus dem Nachlaß herausgegebenen Werke „Die Existenz des Christen" und die Ethikvorlesungen nicht, zumal beide in ihrem Ursprung auf dieselbe Zeit, d.h. auf Guardinis Vorlesungstätigkeit in München zurückgehen.
[85] *Ethik*, 1124f.

dieses Problems für die Grundstruktur seines ethischen Denkens bedeutsam ist, ist seine Berücksichtigung für die weitere Untersuchung unverzichtbar.[86]

Die grundlegende Aussage der Offenbarung über die Welt, die Natur und den Menschen lautet, daß sie geschaffene Wirklichkeiten sind, hervorgegangen aus dem Handeln Gottes. Daher hat „die Unterscheidung von Natur und Gnade, mit der unser religiöses Denken arbeitet, [...] ihre Stelle erst innerhalb einer alles umgreifenden Gnadenentscheidung, aus welcher das ganze Dasein hervorgeht und der es gefallen hat, daß überhaupt Welt sei."[87] Die Unterscheidung ‚natürlich – übernatürlich' ist im Blick auf die Welt und den Menschen also eine theologische Hilfskonstruktion. Letztlich gibt es nach christlichem Verständnis weder die rein ‚natürliche' Welt noch den ‚natürlichen' Menschen. Vielmehr ist der Mensch auf die Verwirklichung in der Gnade, d.h. auf Christus hin geschaffen und in dieser Bestimmung von Gott gewollt, ohne daß damit die Gnade, verstanden als die Selbstoffenbarung und Zuwendung Gottes in Jesus Christus und die im Glauben gewährte Teilhabe des Menschen am göttlichen Leben, zu einem „Wesenselement des Menschen"[88] gemacht wird. Diese bleibt ungeschuldet, aus der Welt und dem Wesen des Menschen nicht notwendig ableitbar und insofern ‚übernatürlich'. Das Schöpfungs- und Erlösungshandeln Gottes ist also in einer inneren Einheit aufeinander bezogen, deren Grund Christus ist. Mit anderen Worten: Die Schöpfung ist von Beginn an auf die Inkarnation ausgerichtet. So kann Guardini zu Beginn seines theologisch-anthropologischen Entwurfes „Der Mensch" das Verhältnis von ‚natürlicher' und ‚theologischer' Anthropologie als ein „Ineinandergreifen"[89] bestimmen. Dies gilt grundsätzlich auch für seinen ethischen Ansatz, in dem die Betrachtung der natürlichen Sittlichkeit und die eines Ethos auf der Grundlage der Offenbarung zusammenhängen.

Wie gestaltet sich das ‚Ineinander' der beiden Größen? Zur Beantwortung dieser Frage ist die Verhältnisbestimmung hilfreich, die Guardini in der Ab-

---

[86] Der leitende Gesichtspunkt der folgenden Beobachtungen ist also nicht der einer systematischen Untersuchung dieser Problematik. Knoll, *Glaube*, 234f., stellt zurecht fest, daß es Guardini selbst nicht um eine systematisch-theologische Behandlung der hier anstehenden Problematik ging, sondern um deren Bedeutung für die konkreten Probleme. In Guardinis Behandlung werden jedoch durchaus die Grundgedanken zur theologischen ‚Lösung' der Problematik erkennbar. Knoll, ebd., 214-260, entfaltet die Problematik unter dem Gesichtspunkt des Verhältnisses von Christentum und Kultur. Er stellt die Auseinandersetzung Guardinis mit Kierkegaard dar und setzt Guardinis Gedanken in Bezug zur zeitgenössischen Theologie. Siehe desweiteren Mercker, *Weltanschauung*, 77f. und 101-107; Schilson, *Christsein*, 168-171.
Dieser Punkt entfaltet theologisch die Fragestellung, die in der Einleitung hinsichtlich der Ethikvorlesungen angesprochen wurde. Vgl. Einleitung 3.2 und aus der Sekundärliteratur besonders Faber, *Verständnis*.

[87] *WuP*, 31.

[88] *FGS*, 132 Fn.18. Mit dieser Fn. bezog sich Guardini auf die damalige theologische Diskussion über das Verhältnis von Natur und Gnade, die 1950 zur Aussage in der Enzyklika „Humani generis" führte, die wahre Gnadenhaftigkeit der übernatürlichen Offenbarung (wörtlich „Ordnung") nicht dadurch zunichte zu machen, daß die Hinordnung auf sie (wörtlich, aber von der Intention her gleich, auf die „seligmachende Schau") zum Wesenselement des Menschen erklärt werde. Vgl. *DH*, n. 3891.

[89] Vgl. *Mensch**, 1.

handlung „Gedanken über das Verhältnis von Christentum und Kultur" gibt. Das Verhältnis zwischen Offenbarung und dem Bereich der Natur-Kultur ist als Ineinander von Unähnlichkeit und Ähnlichkeit zu bestimmen: „Die in Geschichte eintretende Gotteswirklichkeit ist andersartig, unableitbar, neu, und in etwa immer unbekannt; sie ist übernatürlich; trägt Gnadencharakter. Zugleich ist aber das Natürliche ihr verwandt, wartet auf sie, steht empfänglich für sie. *Gratia supponit naturam et perficit;* die übernatürliche Wirklichkeit setzt die natürliche als Grundlage voraus und vollendet sie."[90]

Aus dem ersten Moment folgt eine grundsätzliche Infragestellung der Natur und Kultur durch die Begegnung mit der Offenbarung. Der Glaube erhält den Charakter der Herausforderung und des Wagnisses, und es erwächst die Möglichkeit des Ärgernisnehmens und der Ablehnung der Offenbarung von seiten des Menschen. Drei Gesichtspunkte sind besonders zu nennen: Inhaltlich stellt die Offenbarung die Natur bzw. die Kultur und das menschliche Leben vor allem durch die Aussage von der Geschöpflichkeit in Frage, woraus für Guardini die Kritik jeder absolut verstandenen Autonomie folgt.[91] Eine weitere Infragestellung liegt in der Aussage von der Ursünde und ihren Auswirkungen auf die Wirklichkeit menschlichen und natürlichen Daseins, die zugleich ihre Erlösungsbedürftigkeit beinhaltet.[92] Die dritte Beunruhigung menschlichen Lebens geht schließlich von der spezifisch christlichen Aussage und Forderung aus, die Person Jesu Christi in die Mitte der Existenz zu stellen.[93]

Das zweite Moment der Ähnlichkeit und der in der Schöpfung angelegten Empfänglichkeit der Natur und des Menschen für die Gnade, ihr „Hingeschaffensein"[94], gibt gewissermaßen die gnadentheologische Legitimation, eine christliche Ethik bei der Betrachtung bzw. Erschließung natürlicher Sittlichkeit anzusetzen. Schöpfungstheologisch ist dieses Vorgehen dadurch begründet, daß die natürliche Wirklichkeit Schöpfung Gottes und als solche gut ist. Dies erklärt, warum im ethischen Denken Guardinis schon bei der Betrachtung der natürlichen Sittlichkeit immer wieder solche Stellen erkennbar werden, an denen seine Deutung über den natürlichen Bereich hinaus-

---

[90] *Gedanken über Christentum*, 160. Guardini übernimmt dazu aus der Beziehung von Gott und Endlichem den Begriff des analogen Verhältnisses. Vgl. dazu die ausführliche Untersuchung dieser wichtigen Abhandlung Guardinis, die zugleich eine Auseinandersetzung mit Kierkegaard ist, bei Knoll, *Glaube*, 235-260.

[91] Das theologische Verständnis Guardinis von Natur, Welt und Mensch als geschaffenen Wirklichkeiten wird in den folgenden Kapiteln entfaltet. Der Grundgedanke der Ablehnung der absolut verstandenen Autonomie zieht sich durch das ganze Werk Guardinis. Siehe dazu Kapitel X. Er bestimmt auch den Tenor der Ethikvorlesungen. Diese setzen im ersten Teil schöpfungstheologisch an, vgl. *Ethik*, 3-976, und auch der zweite Teil „Ethik und Offenbarung (Das christliche Ethos)" wird von der Aussage der Kreatürlichkeit bestimmt; vgl. *Ethik*, 977-1243. Zutreffend stellt Faber, *Verständnis*, dies mit Blick auf die Ethikvorlesungen heraus; vgl. ebd., 5f. und 16.

[92] Vgl. hierzu Kapitel V.2.5.3.

[93] Vgl. den nächsten Punkt 5.5.

[94] *Gedanken über Christentum*, 160. Dieses ‚Hingeschaffensein' ist mit einem Terminus Rahners das ‚übernatürliche Existential' des Menschen, das gnadenhaft und ungeschuldet ist; vgl. Rahner, *Verhältnis*, 339f.

geht, und er Aussagen trifft, die bereits den Glauben an die Offenbarung voraussetzen.⁹⁵ Die innerweltliche und sittliche Wirklichkeit wird transparent für die religiöse Dimension, wobei ‚religiös' hier nicht im Unterschied zum christlichen Glauben zu verstehen ist, sondern in dem Sinne, daß die religiöse Deutung in den Bereich des christlichen Glaubens führt.⁹⁶

Vor diesem Hintergrund und bei Wahrung der Spannung von Hinordnung und Infragestellung ist allerdings, und dies ist für eine christliche Ethik wesentlich, die relative Eigenständigkeit von Natur und Kultur zu betonen. Sie ist theologisch begründet, denn „echte Übernatur kann im religiösen Bewußtsein [...] nur dann rein gewahrt werden, wenn zugleich rein gewahrt wird die Natur, und zwar in ihrer relativen Eigenständigkeit."⁹⁷ Die Einsicht in die relative Eigenständigkeit der natürlichen Sach- und Wertbereiche gehört damit wesentlich zu einem Ansatz christlicher Ethik bei der natürlichen Sittlichkeit. Guardini wendet sich hier gegen einen Integralismus, der die gesamte Wirklichkeit unmittelbar religiös gestalten will. Zwar erfahren alle irdischen Werte und Wirklichkeiten durch das Christliche eine Infragestellung. Doch es ist abzulehnen, „vom Christlichen her die Welt als wesenhaft wertlos oder widerwärtig zu erklären. [...] Das Christliche; Christus und sein Wort; das Wort der Erlösung darf nicht abgetrennt werden vom

---

[95] Exemplarisch seien die Phänomene des sittlich Guten und Bösen, des Gewissens, der Verantwortung und der Autorität genannt, die in den Kapiteln VI, VII und X behandelt werden; siehe dort die Verweisstellen aus den Ethik-Vorlesungen u.a. Dieser theologische Grund erklärt, warum Guardini auch im ersten Teil der Ethikvorlesungen seinen Ansatz nicht ‚streng' in dem Sinne durchhalten muß, daß er nur im Bereich der natürlichen Sittlichkeit bliebe, da es im strengen Sinne vom Standpunkt der Offenbarung her gesehen die ‚rein natürliche' Sittlichkeit nicht gibt. Vgl. Faber, *Verständnis*, 4. Rahner hat zum Verhältnis von Natur und Gnade herausgearbeitet, daß es nicht möglich ist, in der Betrachtung menschlicher und weltlicher Wirklichkeit eine „saubere Horizontale zwischen dieser Natur und dem Übernatürlichen (Existential und Gnade)" zu ziehen. „Wir haben diese postulierte reine Natur ja nie für sich allein, um überall *genau* sagen zu können, was in unserer existentiellen Erfahrung auf ihr Konto, was auf das des Übernatürlichen kommt." Rahner, *Verhältnis*, 340f. Eine saubere Trennlinie zwischen den beiden Bereichen kann also nicht gezogen werden. Jedoch sind einzelne Stellen bzw. Fragestellungen und Erfahrungen auszumachen, an denen die Trennlinie durchbrochen wird.

[96] Bereits in der Einleitung der Ethikvorlesungen heißt es entsprechend: „Ja, es wird sich zeigen, daß schon die Elemente des Ethischen eine Beziehung zum Religiösen im allgemeinen Sinne, ja sogar zum Spezifisch-Offenbarungsmäßigen haben." *Ethik*, 2. Eine Vorbemerkung Guardinis zu den Ethikvorlesungen gibt den Eindruck wieder, den dieses Vorgehen auf einige der Hörenden machte: „Ich weiß, daß in früheren Vorlesungen Stimmen laut geworden sind, wie die: Hier würden interessante Dinge gesagt und einleuchtende Gedanken vorgetragen; immer aber komme störend und verengend das Christliche dazwischen." *Ethik*, 1105. Auf die Unterscheidung und das Verhältnis von Religion und Offenbarung ist hier nicht näher einzugehen. Vgl. dazu M. Brüske und bezüglich der Ethikvorlesungen Faber, *Verständnis*, 11f.

[97] *Gedanken über Christentum*, 169. Entsprechend stellt Rahner, *Verhältnis*, 341, fest, daß der Begriff der relativ in sich stehenden Natur auch gnadentheologisch ein „notwendiger und sachlich begründeter Restbegriff" bleibt, um die Ungeschuldetheit der Gnade trotz der inneren Hinordnung des Menschen auf sie bewußt zu machen. In Guardinis Argumentation liegt der Schwerpunkt auf der Unterscheidung der beiden Wirklichkeiten. Soweit ich seine gnadentheologischen Überlegungen überblicke, spricht Guardini zwar von der Unableitbarkeit und Nichtnotwendigkeit der Gnade (bzw. übernatürlichen Offenbarung), nicht aber von ihrer Ungeschuldetheit, was der theologischen Klärung dienlich gewesen wäre.

Das Verständnis der Offenbarung im theologischen und ethischen Denken 123

Wort des Vaters. Das Wort des Vaters aber ist gesprochen in der Schöpfung; in den Dingen."[98]

Aufschlußreich ist in diesem Zusammenhang eine Bemerkung Guardinis zum Verhältnis von philosophischer und theologischer Erkenntnis: Dieses könne verschieden verstanden werden. Einmal wird die philosophische Erkenntnis als *ancilla theologiae* direkt der theologischen untergeordnet.[99] Auf anderem Wege wird die philosophische Erkenntnis an sich, d.h. ohne direkte religiöse Absichten angestrebt und versucht, „in Lauterkeit ihren inneren Forderungen zu genügen. Das Religiöse steht hier in der Gesinnung des Denkenden; darin, daß er am Ende vom Glauben eine Kritik entgegennehmen, und das als widersprechend Erwiesene vom Glauben her aufgeben wird – ohne sich aber dadurch in der eigentlich philosophischen Arbeit etwas schenken zu lassen, die nötigenfalls im ‚*non liquet*' stehenbleibt. Auch das bedeutet Dienst Gottes; denn es heißt, ihn anerkennen und anbeten, wenn die Wesensgebiete seiner Schöpfung, hier der Sachprobleme und des Denkens, geachtet werden. Es ist immer eine schlechte und im tiefsten ihrer selbst unsichere Gläubigkeit, hier vom unmittelbar Religiösen her Gewalt zu üben."[100] Diese Bemerkung hat grundlegende Bedeutung für den Stellenwert und die Einbeziehung jeder wissenschaftlichen Erkenntnis in eine christliche Ethik nach dem Verständnis Guardinis. Gerade die theologische Ethik ist zur Lösung ethischer, vor allem spezieller Probleme besonders auf die Erkenntnisse anderer Wissenschaften und den interdisziplinären Austausch angewiesen. Ihr Interesse an sachlich exakter und begründeter Erkenntnis ist nach obiger Bemerkung nicht nur wissenschaftlich-methodisch, sondern spezifisch theologisch begründet, mögen die wissenschaftlichen Ergebnisse auch Fragen und Widersprüche innerhalb eines überlieferten Ethos provozieren. Allerdings ist in einem solchen Fall die von Guardini nicht angesprochene Frage zu klären, inwieweit ein Widerspruch wirklich auf einer Glaubensaussage basiert und von ihr aus notwendig wird.

Guardini vermeidet es, den Unterschied zwischen Natur und Gnade bzw. zwischen Natur und Übernatur zur unüberwindbaren Kluft werden zu lassen. Ein „Zwei-Stockwerke-Denken"[101] ist bei ihm überwunden. Das man-

---

[98] *Gedanken über Christentum*, 161. Vgl. auch *Madeleine Semer*, 605f.
[99] Vgl. *Gedanken über Christentum*, 160 Fn. 13.
[100] Ebd.
[101] Pesch, *Gnade*, 253. Hierin stimmt Guardini mit dem theologischen Anliegen der sogenannten zeitgenössischen „Nouvelle theologie" im französischen Raum überein. Für Guardinis eigene Standortbestimmung ist eine längere Fußnote in seinem Pascalbuch aufschlußreich, in der er auf die Geschichte der gnadentheologischen Auseinandersetzungen eingeht. Guardini weist besonders auf zwei extreme Positionen hin, die er folgendermaßen skizziert: „Die eine sieht im Menschen erst dann einen wirklichen Menschen, wenn er in der Gnadenverbundenheit mit Gott steht. Ohne diese ist das ‚geistbegabte Lebewesen' noch kein eigentlicher Mensch. [...] Genau entgegengesetzt die andere Auffassung, wonach der Mensch in seiner leib-seelischen Einheit durchaus als Existenz vollendet ist. Das Angerufensein durch die Offenbarung, der Glaube und die Gottesgemeinschaft bedeuten dann nur eine Sinnbeziehung des seinsmäßig in sich fertigen Menschen zu dem ihm ‚gegenüber' oder ‚über' ihm stehenden Gott. Wurde im ersten Typus die Gnade zu einem seinsnotwendigen Element der menschlichen Natur, dann im

gelnde Vermögen, Natur und Gnade in ihrer inneren Bezogenheit zu denken, führte zur Trennung der beiden Größen in einem Extrinsecismus, der die Gnade zum bloßen, wenn auch schönen Überbau einer in sich eindeutig bestimmten und eigentlich fertigen menschlichen Natur machte.[102] Aus dieser fast dualistischen Position folgten zwei Tendenzen oder Positionen. Zum einen führte sie zu der Voraussetzung einer vermeintlich eindeutig umgrenzten Natur des Menschen. Man meinte bestimmen zu können, was diese menschliche Natur *genau* sei, und orientierte sich dabei an einem an der Natur nichtmenschlicher Dinge oder Lebewesen angelehnten Naturbegriff. Diesem Begriff von der Natur des Menschen, gewonnen aus der „Anthropologie der Alltagserfahrung und der Metaphysik"[103] stand der theologische Begriff des Übernatürlichen gegenüber. Übernatürliche Gnade war dann der jenseits der Erfahrung liegende Überbau über der menschlichen Natur. Einen solchen Naturbegriff kritisiert auch Guardini in der Einleitung seiner Ethikvorlesungen, da auf den Menschen der Begriff der Natur nicht mehr klar und eindeutig anzuwenden ist: „Eine Naturbestimmung des Menschen gelingt nur bis zu einer gewissen Grenze, dann gerät sie ins Ungewisse. Der Mensch hat eben keine Natur in der Art, wie sie Tier und Pflanze haben. Seine ‚Natur' besteht gradezu darin, daß er keine solche hat."[104] Menschliche Existenz vollzieht sich wesentlich in Begegnungen und in Freiheit, sie ist geistbestimmt. Das läßt nur noch mit Vorsicht von der ‚Natur' des Menschen sprechen.[105] Schließlich stehe am Ende eines solchen Dualismus von Natur und Übernatur folgerichtig die Selbstverschließung der Natur und des Menschen, der neuzeitliche ‚Autonomismus', den Guardini entschieden kritisiert.[106]

---

zweiten zu einer bloßen, durch Entscheidung gesetzten Intention [...]" Pascals Auffassung – aus der Interpretation Guardinis ist zugleich seine eigene herauszulesen, worauf Schilson, *Christsein*, 169, zurecht hinweist – stehe zwar der ersten Auffassung näher, vermeide aber deren Extrem. Pascal „geht nicht von einem abstrakten Begriff der menschlichen Natur aus und erklärt, die Gnade gehöre zu deren Vollendung, sondern vom Menschenbild der Offenbarung, vom Menschen, wie ihn Gott gewollt hat. Dieser Mensch ist ‚auf Gott hin geschaffen', und seine Existenz ist die der Gottbezogenheit." *Christliches Bewußtsein*, 101ff. Fn. 1. In dieser Frage zeigt sich eine bemerkenswerte Nähe zwischen der Position Guardinis und der von Rahner, wie dieser sie in seinem Aufsatz „Über das Verhältnis von Natur und Gnade" entfaltet; vgl. Fischer, 150-152. Rahner hat seine Überlegungen 1950 veröffentlicht; vgl. *Verhältnis*, 323 Fn.1. Wie beim Offenbarungsverständnis überhaupt bedürfte es einer näheren theologiegeschichtlichen Untersuchung, die Position Guardinis, dessen Überlegungen in seinem Pascalbuch, in der Anthropologie *Mensch** und in *WuP* in die 30er Jahre datieren, innerhalb der deutschsprachigen Theologie zu würdigen.

[102] Vgl. zu dieser Skizzierung Rahner, *Verhältnis*, 324f.
[103] Ebd., 325.
[104] *Ethik*, 7f.
[105] Ebd., 8.
[106] Vgl. hierzu ausführlich Kapitel X. Rahner spricht, *Verhältnis*, 329, ähnlich von der Möglichkeit, daß sich in einer Gnadenlehre, die Natur und Gnade extrinsecistisch gegenüberstellt und die Gnade als Überbau einer „in sich dazu indifferenten Natur" darstellt, „die Natur immer auch in ihren eigenen Kreis einschließen kann." Das ist letztlich der von Guardini kritisierte ‚Autonomismus'.

Diese Überlegungen zum Verständnis von Natur und Offenbarung und von Natur und Gnade bei Guardini sind notwendig, um die theologischen Bedingungen bewußt zu machen, unter denen sein Ansatz einer ethischen Betrachtung der natürlichen Sittlichkeit, wie sie sich dem unmittelbaren „natürlichen Bewußtsein"[107] darstellt, steht. Hinzu kommt das oben angedeutete kulturgeschichtliche Argument über den Stellenwert der Offenbarung im abendländischen Bewußtsein. „Wenn wir also im Folgenden von einem unmittelbaren ethischen Bewußtsein sprechen", leitet Guardini die Ethikvorlesung ein, „so tun wir es mit all den Vorbehalten, die sich aus dem Gesagten ergeben. Der Begriff eines ethischen Verhaltens, das bloß vom Menschen und seiner Stellung in der Welt ausginge, ist nur in der Form einer Annäherung zu gewinnen."[108] Diese Aussage bestimmt nicht nur den Ansatz des ethischen Denkens Guardinis in einem großen Teil der Ethikvorlesungen. Sie gilt für sein ganzes ethisches Denken, deren Gegenstand die Begegnung von Glaube und Welt im Bereich des Sittlichen ist.

Die entscheidende Frage einer christlichen Ethik ist daher nicht im Unterschied zu einer „rein ethischen Ethik"[109] zu stellen, die vom Standpunkt der Offenbarung her gesehen eine Unmöglichkeit ist. Guardini formuliert sie folgendermaßen: „Wo liegt das Spezifische des christlichen Sollens, im Unterschied nicht zum rein Natürlichen, weil uns das nicht gegeben ist; sondern zum Zustand des Menschen und der Welt, wie sie sind?"[110] Die Spannung zwischen der Offenbarung in der natürlichen Wirklichkeit und der ausdrücklichen geschichtlichen Selbstoffenbarung Gottes im Wort und in Jesus Christus macht sich in der Ethik bemerkbar, wenn aus der Offenbarung in Jesus Christus ein christliches Ethos abgeleitet werden soll. Zwei verschiedene Ansätze eröffnen sich einer christlichen Ethik, wird diese Spannung zugrundegelegt: Der eine geht von der Schöpfungswirklichkeit und der Erfassung der ‚natürlichen' Sittlichkeit aus, der andere von der einzigartigen geschichtlichen Offenbarung in Jesus Christus und fragt nach einer besonderen christlichen Sittlichkeit.

5.5 Christus als „Norm" der christlichen Ethik

Guardini betont, daß die konkrete geschichtliche Person Jesu Christi Mitte der Offenbarung ist. Mit der Forderung, Christus als Mitte und Bezugspunkt christlichen Handelns zu verstehen, spricht Guardini ein Grundproblem christlicher Ethik an. Es besteht darin, eine einmalige geschichtliche Person und nicht eine allgemeine Norm oder eine Idee, die von der Person Jesu Christi abgeleitet und losgelöst betrachtet werden könnte, als Prinzip des theologisch-ethischen Denkens zu nehmen.

---

[107] *Ethik*, 5.
[108] Ebd., 6.
[109] Ebd., 1247.
[110] Ebd.

Die Bedeutung Christi und der personalen Beziehung zu ihm hatte Guardini bereits in der Abhandlung „Das Wesen des Christentums" herausgearbeitet.[111] Die ‚Christlichkeit' einer christlichen Ethik ist also primär nicht in „besonderen Qualitäten des Inhalts", im „autoritären Charakter der Offenbarung"[112] oder in einer besonderen christlichen Begründung auch ansonsten gültiger ethischer Grundideen zu suchen, sondern in der ‚Kategorie Christus': „Wie aber das christliche Bewußtsein, wie der christliche Erkenntnisakt und sein methodischer Fortgang, also die christliche Wissenschaft, geartet sein müssen, sobald Christus die Kategorie dieses Bewußtseins und dieser Erkenntnis ist, scheint nicht theoretisch gefragt, vielmehr der religiösen Nachfolge überlassen zu werden."[113]

Guardini konkretisiert diese grundsätzliche methodische und inhaltliche Frage an der herkömmlichen Aussage, daß das Christentum die Religion der Liebe sei. Denn diese Aussage kann dann nicht die „religiöse Liebe überhaupt" meinen, sondern jene, „die auf eine bestimmte Person bezogen, ja durch sie überhaupt erst möglich gemacht ist, nämlich die Person Jesu. Wenn das Christentum die Religion der Liebe sein soll, dann kann das nur in dem Sinne zutreffen, daß es die Religion der sich auf Christus, durch Christus aber auf Gott sowohl wie auf den anderen Menschen richtenden Liebe ist."[114] In diesem spezifischen Bezug gilt das Doppelgebot der Liebe als das bestimmende Gebot des christlichen Daseins überhaupt. Dann stellt sich aber die Frage, was es bedeutet, „die verschiedenen ethischen Aufgaben, die ja doch das Dasein mit all seinen Situationen, Wirklichkeiten und Werten enthalten sollen, als Liebe zu Christus und durch Ihn zu vollziehen? Wie kann die Mannigfaltigkeit der Handlungen, welche die Welt aufbauen sollen, inhaltlich und formal in der Liebe zu Christus begründet sein?"[115] Paradigmatisch für diesen Grundgedanken ist die eschatologische Gerichtsrede in Mt 25, 31-46.[116] Was, so fragt Guardini, ist die Norm, nach der das Handeln der Menschen beurteilt wird? Die Antwort könnte lauten: Es ist die Verwirklichung des Liebesgebotes in den verschiedenen Situationen. Die ‚Poin-

---

[111] Sie ist, so Guardini, die gültige Kategorie für sein Christusbuch „Der Herr" und die biblische Studie „Das Bild von Jesus dem Christus im Neuen Testament". Vgl. *Wesen des Christentums*1, 1. Siehe auch den Hinweis in *Der Herr*, XI. Er findet sich noch nicht in der ersten Auflage von *Der Herr* (1937), obwohl die Abhandlung „Das Wesen des Christentums" bereits 1929 in der Zeitschrift „Die Schildgenossen" erschienen ist. Vgl. Mercker, *Bibliographie*, nn. 284 und 503. „Die Offenbarung" erschien 1940. Guardini hat diese Grundfrage einer christlichen Ethik also schon vor der offenbarungstheologischen Schrift entwickelt. Theologisch bilden letztlich die christologischen und offenbarungstheologischen Überlegungen einen Zusammenhang, den Guardini erst Ende der 30er bis Anfang der 40er Jahre in seinen Schriften explizierte, wobei er die Grundgedanken wohl früher entwickelte. Diese werkgeschichtlichen Detailbemerkungen gehören zu einer Untersuchung der Christologie Guardinis. Sie müssen hier als Hinweis mit der Vermutung genügen, daß Guardini selbst sich erst in dieser Zeit der Bedeutung der von ihm entwickelten Kategorie klar bewußt wurde.
[112] *Wesen des Christentums*, 66.
[113] Ebd.
[114] Ebd. f.
[115] Ebd., 67.
[116] Vgl. *Wesen des Christentums*, 57f., und *Offenbarung*, 105f.

te' aber liegt in dem wiederholten ‚mir' aus dem Munde des endzeitlichen Richters: „Was ihr für einen meiner geringsten Brüder getan habt, das habt ihr mir getan" (Mt 25,40). „Der Maßstab des Urteils ist also nicht ‚die Barmherzigkeit', ‚der Wert', die ‚sittliche Kategorie', sondern Er selbst."[117] Die Erfüllung oder das Versäumen der Liebe des Menschen gegen den Menschen geschieht an Christus. Nicht ein allgemeines Gebot, eine Norm oder eine Idee entscheidet über die christlich-sittliche Gültigkeit des Handelns, sondern die Aussage, daß es um Christi willen erfolgt oder auf ihn bezogen ist, „auch dann, wenn der nächste Beweggrund irgend ein besonderer Wert und das nächste Ziel irgend ein Mensch ist"[118], und möglicherweise so, daß diese Beziehung selbst weder intendiert noch bewußt ist. In der christlichen Ethik wird das Doppelgebot der Gottes- und Nächstenliebe als oberste Handlungsnorm verstanden. Es ist die Antwort auf den „alles übergreifenden Handlungsmaßstab"[119] der Liebe Gottes. Aus den bisherigen Überlegungen Guardinis ergibt sich für eine christliche Ethik die Aufgabe, nicht nur begründend auf Jesus als denjenigen zu verweisen, der mit der Zusammenfassung von Gottes- und Nächstenliebe eine bedeutende systematisch-ethische Leistung erbrachte, sondern die gesamte Gestaltung christlichen Lebens als die Erfüllung dieses Gebotes aus der lebendig-gläubigen Beziehung zur Person Christi zu bedenken.

In der Schrift „Die Offenbarung" formuliert Guardini dieses Problem als Frage nach der inhaltlichen Bedeutung der Offenbarung Christi für die christliche Ethik. Christliche Ethik, so die erste Feststellung, kann nicht einfach die Ergänzung einer Ethik durch bestimmte von der Offenbarung abzuleitende neue Werte und Inhalte bedeuten, sondern muß sich in einem neuen Ansatz zeigen. Grundsätzlich gilt: „Der Inhalt der christlichen Ethik ist die Erfüllung des heiligen Willens Gottes; dieser Wille offenbart sich aber zuerst und entscheidenderweise nicht aus den bestehenden Ordnungen der Dinge, sondern aus Gottes ausdrücklicher Äußerung."[120] Jesus Christus ist der eigentlich Antwortende auf die Äußerung Gottes. Er „führt das Werk der Erlösung durch die Geschichte weiter und baut in der Kraft des Geistes das Reich auf [...]. Vom Christen aber ist gefordert, daß er in dieses Handeln eintrete."[121] Der nähere Inhalt dieser Forderung „ergibt sich aus dem, was Christus ist, aus seiner Haltung, seinem Tun, seinem Schicksal, seinen Lehren und Weisungen."[122] Sind, so fragt Guardini, aus diesem grundlegenden, aber inhaltlich immer noch unbestimmten Prinzip erkennbare Aufgaben, also konkrete Weisungen für das Leben in der Wirklichkeit der Welt abzuleiten? An diesem Punkt wäre zu erwarten, daß Guardini bestimmte Werte und Weisungen nennen würde, die sich aus einer Art jesua-

---

[117] *Wesen des Christentums*, 58.
[118] Ebd., 27.
[119] Korff, *Ethik*, 924.
[120] *Offenbarung*, 82.
[121] Ebd.
[122] Ebd., 83.

nischen Ethik ergeben könnten. Stattdessen aber greift er allgemein auf zwei Ansatzpunkte einer biblisch orientierten schöpfungstheologisch ausgerichteten Ethik zurück, die in Spannung zueinander stehen: Zum einen sind die Ordnungen der Welt und der Wirklichkeit Ordnungen, hinter denen der Schöpferwillen Gottes steht, was bedeutet, daß das in der jeweiligen Situation Richtige und Vernünftige als der Wille Gottes begriffen werden kann.[123] Zum anderen ist die im biblischen Begriff der ‚Ursünde' und ihrer Folgen festgehaltene anthropologische Grundaussage zu beachten, daß die Ordnungen der Welt durch die Sünde gestört sind und der Mensch zu Gott im Verhältnis des Widerspruchs steht. Daher erscheint die Offenbarung in der Sicht der Welt immer auch als eine Größe, die die bestehenden Ordnungen radikal in Frage stellt. Beide Gesichtspunkte deuten einen je eigenen ethischen Ansatz an. Leitet der erste zu einer Vernunftethik über, die mit dem Begriff des Naturrechtes argumentiert, so kann der zweite dem christlichen Handeln die Stütze des Welthaft-Vernünftigen, also rationaler Argumentation nehmen. Christliches Ethos wird dann zum Ethos eines unmittelbaren Gehorsams Gott gegenüber, ohne daß damit schon über die einzelnen Inhalte, Werte und Normen entschieden ist. Theoretisch, so Guardini, lassen sich diese beiden Gesichtspunkte einer christlichen Ethik nicht auf einen Nenner bringen: „Der Christ muß in den Ordnungen der Wirklichkeit stehen, weil er sonst zum Phantasten wird; ja weil gerade diese Wirklichkeit von der Erlösung gemeint ist, und Gott sie durch die Menschwerdung in sein eigenes Dasein aufgenommen hat. Derselbe Christ muß aber auch wissen, daß die ganze Wirklichkeit in der Verworrenheit und Verschlossenheit der Sünde steht, und daher jene Ordnungen umgeschmolzen werden müssen."[124] Ihre Spannung ist auszuhalten in der Wirklichkeit des konkreten christlichen Lebens. Die Antwort kann nur praktisch im Vollzug der Glaubensexistenz selbst gegeben werden. Die ‚Lösung' ist in der personalen Glaubensbeziehung zu Christus zu suchen: „Die lebendige Mitte des Verhältnisses liegt wohl im Zusammenleben mit Christus. Im Maße der Glaubende sich mit Ihm einläßt, sieht er, was Gott verlangt. Er sieht immer deutlicher die Wirklichkeit der Welt und den Ernst der in ihnen liegenden Schöpfungsordnungen; zugleich wird sein Inneres hörend für die jeweilige Forderung des Augenblicks und vermag aus ihr heraus das Richtige zu tun."[125]

5.5.1 „Der Herr"

Die Überlegungen zur Schriftauslegung Guardinis und zum Stellenwert der Person Christi als Maßstab des ethischen Denkens finden in den Aussagen von Guardinis bekanntem Christusbuch „Der Herr" eine Bestätigung. Das Prinzip seiner geistlichen Schriftauslegung ist, bei der Interpretation des Neuen Testamentes nicht zwischen dem historischen Jesus der Geschichte

---

[123] Vgl. ebd.
[124] Ebd.
[125] Ebd., 83f.

und dem ‚Christus des Glaubens' zu unterscheiden.[126] Aus der Sicht der Schrift, die für eine gläubige Schriftauslegung Maßstab der Interpretation ist, gibt es diese Unterscheidung nicht. Unter Voraussetzung dieses Prinzips versucht Guardini in seinen Schriftauslegungen, die Gestalt Jesu Christi zu deuten. Dabei geht es darum, zwei Elemente zu vereinen, „seine echte und zugleich einzigartige Menschlichkeit sichtbar zu machen" und die „Entwicklung der theologischen Zusammenhänge"[127], die in der Offenbarung gründen, wahrzunehmen. So möchte Guardini mit seiner Schriftauslegung die Gestalt Jesu Christi – den wirklichen Jesus Christus des Glaubens – vor Augen stellen und der lebendigen Christusbeziehung im Glauben dienen.[128] Welche ethisch relevanten Aussagen finden sich vor diesem Hintergrund in seinem Christusbuch?

Guardini zieht auch hier die Schrift nicht als Belegquelle für einzelne ethisch-inhaltliche Überlegungen oder für eine neue Ethik heran. Er lehnt die Vorstellungen ab, nach denen Christus der Lehrer einer neuen Moral gewesen sein soll. Christus tritt „nicht in die Reihe der Philosophen, um eine reinere Sittenlehre zu lehren" oder in die Reihe „der Ethiker, um eine reinere Sittenlehre zu verkünden"[129]. Versuche, aus der Lehre Jesu eine neue Ethik abzuleiten, werden der Intention der Schrift nicht gerecht. Entsprechend deutet Guardini den Gesamtcharakter der Bergpredigt: „Man hat gesagt, sie verkünde die Ethik Jesu. In ihr spreche er all das Neue über das Verhältnis des Menschen zu sich selbst, zu den Andern, zur Welt und zu Gott aus, wodurch die christliche Ethik sich von jener des Alten Testamentes und der Menschheit sonst unterscheide. Sobald man ‚Ethik' aber im Sinne der Neuzeit versteht, als Lehre vom Sittlich-Gesollten, trifft die Meinung nicht zu. Was sich hier offenbart, ist keine bloße Sittenlehre, sondern ein volles Dasein – in dem sich freilich sofort auch ein ‚Ethos' kundtut."[130] Es gibt für Guardini also keine im Neuen Testament begründbare spezifisch christliche Ethik oder ein spezifisch christliches Ethos, die sich, auf eine Ebene neben andere Ethiken oder Ethosformen gestellt, mit diesen vergleichen ließen. Ein solches Unterfangen würde voraussetzen, über vergleichende Maßstäbe zu verfügen, was der Inkommensurabilität der Offenbarung und der Gestalt Christi im Neuen Testament widerspricht.[131] Christus bzw. das Offenbarungswort der neutestamentlichen Schriften verkündet die Umkehr des ganzen Daseins zu

---

[126] Hinter dem letzteren wäre dann, so Guardini in Anspielung auf verschiedene Erklärungsversuche christlichen Auferstehungsglaubens, als Auslöser nur eine religiöse Erfahrung oder das Bedürfnis der Jüngerschaft Jesu zu sehen, die sich mit dem irdischen Tod Jesu nicht habe abfinden können. Vgl. *Der Herr*, 648f., und *Christusbild*, 21f. Die hermeneutischen und methodischen Überlegungen, die Guardini in *Der Herr*, 646-650, nur angedeutet hat, entfaltet er ausführlicher in *Christusbild*, 13-41.

[127] *Christusbild*, 14.

[128] Vgl. *Der Herr*, 649. ‚Methodologisch' verweist Guardini auf die den christologischen Arbeiten vorangehenden Gestaltdeutungen zu Augustinus, Dante, Dostojeskij, Pascal und anderen, in denen er seine Interpretationsmethode herausgebildet habe. Vgl. *Christusbild*, 14.

[129] *Der Herr*, 345.

[130] Ebd., 85.

[131] Vgl. *Der Herr*, 649f.

Gott und ruft zu einer neuen Daseinsweise auf. In dieser ‚erwacht' ein neues Ethos, das dadurch bestimmt ist, daß sich sittliches Handeln nun in der Gegenwart Christi vollzieht. Paulinisch ausgedrückt bedeutet dies: Die ganze Existenz des Menschen soll geistlich werden im Unterschied zum fleischlichen Menschen (Guardini verweist auf 1 Kor 2): „Der ganze Mensch: Leib und Seele, Inneres und Äußeres, Essen und Trinken so gut wie Wissenschaft, Musik und was es an höchster Kultur gibt, aber auch Gewissen und Ethik und Menschenliebe – alles ist ‚Fleisch'."[132] Dies alles soll im paulinischen Sinne geistlich, d.h. eine Neuschöpfung des Heiligen Geistes werden, in die ein christliches Ethos als sittliche Gestalt christlicher Existenz integriert ist.

Eine inhaltliche Bestimmung dieses neuen Ethos mittels spezieller Normen oder Werte gibt Guardini in „Der Herr" nicht. Er nennt als ‚Prinzip' die Liebe, die sich an Gottes Liebe und Vollkommenheit (Mt 5,48) ausrichtet. Im Neuen Testament geht es um das neue Dasein, das aus der Liebe kommt und in dem „die Fülle des ‚Ethischen' möglich"[133] wird. Es wird deutlich, daß dieser Gedanke keine rein ethische Aussage, sondern eine Glaubensaussage ist. Daß die Orientierung an der Liebe Gottes Prinzip eines Ethos wird, ist nur auf der Grundlage des Glaubens verstehbar. In ihm erkennt die christliche Existenz eine Forderung an, „die zugleich Fülle der Gnade sein muß, weil dergleichen aus Menschenkraft nicht möglich ist"[134].

Festzuhalten sind nach diesem Blick auf das Buch „Der Herr" drei Punkte: Erstens die Zurückhaltung Guardinis bezüglich ethischer Inhalte und Weisungen, die spezifisch christlich-ethisch zu nennen wären. Zweitens die Ausrichtung auf die neue christliche Daseinsweise als den umfassenden Horizont, in dem Christus der Maßstab ist. Ihre Grundlage ist eine gläubige Gottes- und Christusbeziehung. Drittens die Liebe als Prinzip eines christlichen Ethos, das erst vor diesem Hintergrund im Sinne des Neuen Testamentes verständlich und als Gnade realisierbar wird. Guardini kommt damit, wenn auch auf einem anderen methodischen Wege, zu wesentlichen Aussagen auch heutiger theologischer Ethik.[135]

> Im Durchgang durch die Betrachtungen, aus denen sich das Buch „Der Herr" zusammensetzt, zeigen sich einzelne Ausnahmen von dieser Gesamtbewertung: Nach der Deutung Guardinis zeigen sich in diesen Einzelaspekten besondere Werte eines christlichen Ethos. So nennt er als ein spezifisch christlich-sittliches

---

[132] Ebd., 522.
[133] Ebd., 92.
[134] Ebd., 93.
[135] Vgl. hierzu Auer, *Autonome Moral*, 79-103. So schreibt Auer im Sinne Guardinis ebd., 94: Es kann „keine sittliche Forderung geben, die ohne Bezug zur Person Jesu steht." Ein ausführlicher Vergleich, der dann mit moraltheologischen Entwürfen aus der Entstehungszeit des Buches „Der Herr" erfolgen müßte, kann in diesem Rahmen nicht stattfinden. Die spätere Moraltheologie hat auf der Basis der neutestamentlichen Forschung deutlicher als Guardini die eschatologische Ausrichtung und den Gedanken der Gottesherrschaft als Leitgedanken der Botschaft Jesu betont. So stellt Auer den eschatologischen Horizont und den Leitgedanken der anbrechenden Königsherrschaft Gottes im ‚Ethos' Jesu heraus; vgl. 96-103. Vgl. auch Böckle, *Fundamentalmoral*, 197-205, der die sittliche Botschaft Jesu in den Rahmen der Basileia Verkündigung Jesu stellt; s. zum Ganzen Merklein, *Jesu Botschaft*.

Phänomen die Tugend der christlichen Demut. Guardini geht nicht auf die Frage ein, ob die Demut eine Tugend ist, die nur in einem christlichen Kontext geschätzt wird. Bedeutet sie die Annahme des Geschöpfseins, wie Guardini sie zuerst bestimmt, dann ist sie mindestens allen Religionen gemeinsam, die einen Schöpfungsglauben teilen. Wird sie, wie Guardini weiter erläutert, als der Mitvollzug der demütigen Gesinnung Gottes verstanden, die sich in Christus zeigt, dann ist sie eine spezifisch christliche Tugend.[136]

Die drei anderen Konkretionen, die das neue christliche Ethos exemplifizieren, können zusammenfassend genannt werden: Es sind ein neues Verhältnis zum Besitz im Sinne des evangelischen Rates der Armut und eine neue Sicht von Ehe und Jungfräulichkeit. Spezifisch christlich sind sie unbeschadet anderer möglicher (religiöser) Kontexte für Guardini dadurch, daß sie Formen der Christusnachfolge sind, die nur in einer lebendigen Christusbeziehung möglich werden. „Christliche Ehe und Jungfräulichkeit werden unverständlich, sobald darin nicht mehr Jesus Christus das Eigentliche, die Norm und die Wirklichkeit ist."[137]

5.5.2 Christliche In-Existenz als Ziel

Guardinis Überlegungen zur christologischen Ausrichtung christlicher Ethik decken sich bemerkenswerterweise mit der Forderung, Christus als Prinzip der christlichen Moral zu nehmen und von ihm aus die katholische Moraltheologie zu entwerfen, die im Zusammenhang der Erneuerungsbemühungen innerhalb der katholischen Moraltheologie vor und nach dem Konzil erhoben wurde.[138] In der Geschichte der Moraltheologie bzw. der theologischen Ethik lassen sich mit Korff drei Linien unterscheiden: eine „spirituell-entfaltungsorientierte"[139] Entwicklungslinie, die nach der Gestalt christlichen Lebens vor allem unter der Perspektive der Nachfolge, d.h. der gläubigen Beziehung zu Christus, fragt; eine „kasuistisch-anwendungs-orientierte" Linie, der es vor allem um konkrete und situationsbezogene Handlungsnormierungen geht; und eine „systematisch-grundlegungsorientierte" Linie, die das sittliche Handeln in einen theologischen Gesamtrahmen zu rücken sucht. Guardinis Postulat, die Person Christi als die ‚Kategorie' christlicher Ethik schlechthin zu beachten, gewinnt angesichts dieser Entwicklung an

---

[136] *Der Herr*, 387. Die Demut ist, so Guardini, nicht mit Schwäche oder Selbsterniedrigung zu verwechseln: „Demut und Liebe sind keine Degenerationstugenden. Sie entspringen in der alle natürlichen Mächte aufhebenden schöpferischen Bewegung Gottes und richten sich auf die aus ihr werdende neue Welt. So kann ein Mensch überhaupt nur in dem Maße demütig sein, als er des Großen inne wird, was er von Gott her ist und werden soll." Ebd. In dieser Aussage ist eine verborgene Anspielung gegen Nietzsches Verzeichnung des christlichen Glaubens zu sehen.
[137] Ebd., 328. Vgl. zum Ganzen ebd., 318-337. Den evangelischen Rat des Gehorsams behandelt Guardini im Kontext von „Der Herr" nicht im besonderen. Gehorsam ist hier in einem allgemeinen Sinn die Bereitschaft, den Ruf zur Nachfolge zu hören und die Entscheidung, vor die Christus stellt, zu vollziehen.
[138] Vgl. Teichtweier, 76f., und Böckle, *Bestrebungen*, 438.
[139] Dieses Einteilungsschema der drei Linien katholischer Moraltheologie entnehme ich Korff, *Ethik*, 912; vgl. ebd., 912-915 zur „spirituell-entfaltungsorientierten", 915-918 zur „kasuistisch-anwendungsorientierten" und 918-923 zur „systematisch-grundlegungsorientierten Entwicklungslinie".

Bedeutung. Sie weist auf den Einheitsgrund christlicher Ethik hin, der angesichts der wissenschaftlichen Ausdifferenzierung verschiedener moraltheologischer Richtungen und angesichts der Loslösung der spirituellen Aszetik von der Moraltheologie notwendigerweise zu bedenken ist, damit die beschriebene Entwicklung nicht zu einem beziehungslosen Nebeneinander führt. Das bedeutet auch, daß die gläubige Christusbeziehung nicht allein der praktischen Frömmigkeit, der Aszetik oder Spiritualität überlassen werden darf, sondern ebenso Gegenstand der wissenschaftlichen Reflexion bleiben muß.[140]

Das aber ist ein, wenn nicht der ‚unterscheidend christliche' Grundgedanke in der Ethik. Diese Aufgabe kann dadurch erfüllt werden, daß sittliches Handeln im christlichen Horizont unter das Leitthema der Nachfolge oder der Freundschaft gestellt wird. Der ‚Rahmenbegriff' für die Integration des Sittlichen in die christliche Existenz ist bei Guardini vor allem das Leitwort der christlichen ‚In-Existenz' nach Gal 2,19f. Für die weitere Untersuchung ist aus diesen Überlegungen die Frage festzuhalten, wie Guardini die von seinem Offenbarungsverständnis her geforderte Ausrichtung christlicher Ethik auf die personale Christus-Beziehung in seinem ethischen Denken realisiert. Festzuhalten ist bereits an dieser Stelle, daß das Personverständnis und das personale Ethos als Schwerpunkte im Denken Guardinis ihre entsprechende theologische Basis in seinem Offenbarungsverständnis haben, in dessen Mitte die Person Christi steht.

5.6 Das Problem der Vermittlung einer christlichen Ethik

Guardini war durch den Berliner Lehrauftrag in besonderer Weise vor das Problem der Vermittlung christlicher Daseinsdeutung gestellt, denn er sollte katholische bzw. christliche Weltanschauung in einem gesellschaftlichen Umfeld vertreten, in dem der Glauben an die christliche Offenbarung nicht mehr vorausgesetzt werden konnte. Bezogen auf die Thematik christlicher Sittlichkeit, die schon Gegenstand der Berliner Lehrtätigkeit und wichtiger Bestandteil seines gesamten Werkes ist, stand er mit anderen Worten in besonderer Weise vor der Frage nach der Kommunikabilität christlicher Ethik, was seinen Lehrstuhl von den moraltheologischen Lehrstühlen der katholi-

---

[140] Zu einer spezifisch christlichen Ethik nach dem Verständnis Guardinis gehört daher inhaltlich die personale Glaubensbeziehung zu Christus in ihren verschiedenen Aspekten. So nennt er im Entwurf für den letzten Teil der Ethikvorlesungen u.a. als vorgesehene Themen: „Die Erlösung", „Die Person Christi" – darunter „Christus und die Möglichkeit der existentiellen Teilhabe an Ihm" und „Die Nachfolge" –, desweiteren „Der Nächste", „Die Vorsehung" und „Die Kirche", schließlich die nach traditioneller Aufteilung in den Bereich der Aszetik oder Spiritualität gehörenden Themen „Das Mysterium und der Kult" und als individuelle Aspekte „Das Gebet", „Die Askese", „Die Arbeit" und „Die christliche Verwirklichung in Bildung und Begegnung" und zuletzt das „Eschaton"; *Ethik*, 1241ff. Auch eine fortlaufende, mit Stichwörtern angereicherte Skizze im Anhang nennt diese Themen; vgl. ebd. 1252f. Leider ist Guardini nicht mehr dazu gekommen, diesen für unsere Thematik entscheidenden Gesichtspunkt im zweiten Teil seiner Ethikvorlesungen auszuarbeiten.

schen Fakultäten, deren Hörer fast nur katholische Theologen waren, unterschied.

Der Ansatz bei der Erfahrung natürlicher Sittlichkeit, also der Betrachtung und Deutung des „unmittelbaren, aus natürlicher Einsicht erwachsenden sittlichen Verhaltens"[141] ist bereits eine Antwort auf dieses Problem. Der Glaube wird ebensowenig wie ein bestimmtes christliches Ethos vorausgesetzt, sondern es wird die konkrete sittliche Erfahrung der Zuhörerinnen und Zuhörer bzw. des Leserkreises zum Ausgangspunkt genommen. Dieser Ansatz ist allerdings von der Entscheidung für die christliche Offenbarung getragen und dem Ziel, sie in der Begegnung von Glaube und Welt im Medium des Sittlichen auch in ihren ethischen Konsequenzen möglichst klar und ‚unverfälscht' darzustellen. Zustimmung, interessierte Zurkenntnisnahme oder Ablehnung sind dann Sache der jeweiligen ‚Gesprächspartnerinnen und Gesprächspartner'. Der echte Gedanke der Offenbarung sei aber im Stande, so Guardini in seinem Spätwerk „Die Tugenden", „für die menschliche Existenz Wirkungen zu tun, zu denen die verwaschenen Vorstellungen des allgemeinen ethischen Bewußtseins nicht fähig sind"[142]. Entsprechend charakterisiert Guardini 1965 in einem Brief an Paul VI. den Standpunkt und das Programm seines Lebenswerkes: „Noch zur Zeit meiner ersten theologischen Studien wurde mir etwas klar, das von da ab meine ganze Arbeit bestimmt hat: Was den modernen Menschen überzeugen kann, ist nicht ein historisch oder psychologisch oder wie immer modernisiertes Christentum, sondern nur die uneingeschränkte Botschaft der *Offenbarung*. Natürlich ist es dann die Aufgabe des Lehrenden, diese Botschaft mit den Problemen und Nöten unserer Zeit in Beziehung zu setzen. Ich habe das in den verschiedensten Milieus zu tun versucht, darunter zwanzig Jahre in der gewiß wenig christlichen Luft von Berlin."[143]

Die Entschiedenheit in den Äußerungen Guardinis kann den Eindruck von Rhetorik oder Rigorismus hervorrufen. Zwei Bemerkungen lassen er-

---

[141] *Ethik*, 1. Dieses Zitat aus der Einleitung zu den Ethikvorlesungen ist kennzeichnend für das gesamte ethische Werk.
[142] *Tugenden*, 177.
[143] *Brief an Paul VI**,1f. Aufschlußreich in derselben Richtung ist eine persönliche Zwischenbemerkung Guardinis aus den Ethikvorlesungen: „Meine Damen und Herren: erlauben sie mir, persönlich zu sprechen: Wenn man sich durch bald fünf Jahrzehnte um die Tatsache und den Inhalt des Christentums, wie auch um sein Verhältnis zur Geschichte gemüht hat, dann wird einem eines klar: ein halbes Christentum lohnt nicht. [...] Die christliche Offenbarung ist kein philosophischer Gedanke, der so viel wert ist, wie seine Gründe; dessen Aussprache bedeutet, daß er zur Diskussion gestellt, und je nach deren Ausgang, in den Gedankenbestand des Einzelnen oder der Zeit aufgenommen oder ausgeschieden wird. Sondern die Offenbarung ist Wort Gottes in die Welt hinein. So hätte es gar keinen Sinn, wenn ich versuchen wollte, sie Ihnen mundgerecht zu machen. Der Besuch dieser Vorlesung hat also einen Sinn nur für diejenigen unter Ihnen, die entweder selbst in der christlichen Überzeugung stehen – oder aber zu hören wünschen, was diese sagt, und bereit sind, das Gesagte in ernsthafte Erwägung zu ziehen." *Ethik*, 1105. Guardini schließt mit der Empfehlung, auf den Besuch der Vorlesung zu verzichten, wenn das Christliche nur als Störung zwischen ansonsten einleuchtenden und interessanten Gedanken empfunden würde.

kennen, daß Guardini selbst sich dessen bewußt war. Sie machen auf Aspekte aufmerksam, die für ein christliches Ethos, das sich auf die unbedingte Entscheidung für die Offenbarung gründet, wesentlich sind.

Die erste, persönlicher Art, ergänzt den biographischen Einstieg zu Beginn dieses Kapitels. Selbstkritisch gesteht Guardini im Rückblick auf die Entwicklung seiner theologischen Grundoptionen ein, daß er auch zum Fanatiker hätte werden können. Gerade dann könnten Menschen, entsprechende Veranlagungen vorausgesetzt, dieser Gefahr erliegen, wenn sie nach einer Zeit der inneren Unsicherheit und Krise ein so prägendes Bekehrungserlebnis, eine so eindeutige Einsicht in Lebens- und Glaubensfragen erfahren würden.[144]

Die zweite ist grundsätzlicher Art. Der entschiedene Ton, der in den Zitaten immer wieder durchklang, soll die Voraussetzung der Offenbarung betonen und sie als (möglichst) gemeinsame Basis zwischen Guardini und den Zuhörenden bzw. dem Leserkreis ins Bewußtsein rücken. Bei der Verwirklichung dieser fundamentalen Entscheidung im konkreten christlichen Ethos aber ist jeder Radikalismus – ebenso entschieden – abzulehnen. „Aussagen wie: Entweder ist einer ganz Christ oder er ist es gar nicht [...] widersprechen der Intention der Offenbarung. Diese will glaubend angeeignet und lebend verwirklicht werden; das geschieht aber nicht in einem extremen Entweder – Oder. Derartige Anschauungen sind – vom Charakter der Unduldsamkeit abgesehen – immer irreal. Gewiß gibt es im Leben des Christen das Entweder – Oder: die Entscheidung, ob er die Wirklichkeit des Lebendigen Gottes als die eigentliche und alles Andere begründende bzw. richtende Wirklichkeit anerkennt oder nicht; ob er den Willen Gottes als für sein Leben grundsätzlich maßgebend bejaht oder nicht. Die Verwirklichung geschieht aber in dem Leben, wie es wirklich ist; in langsamer Annäherung; in einem Auf und Ab des Gelingens und des Versagens."[145] Der Prozeßcharakter, der der Verwirklichung eines christlichen Ethos eigen ist, prägt auch die begleitende und unterstützende Reflexion in der christlichen Ethik. Unter diesem Gesichtspunkt wird die Nüchternheit und Zurückhaltung verständlich, die bei aller Entschiedenheit im Grundsätzlichen die Schriften und die Ethikvorlesungen Guardinis ebenso kennzeichnet, vor allem, wo er auf einzelne ethische Probleme einzugehen und Antworten auf bestimmte Fragen des menschlichen Lebens aus der Botschaft der christlichen Offenbarung heraus zu geben versuchte. Von der Wahrheit der christlichen Offenbarung überzeugt zu sein, heißt eben nicht, sich der Gestalt und Methode ihrer Vermittlung, geschweige ihrer Verwirklichung sicher zu sein.

---

[144] Vor dieser Gefahr bewahrten ihn, so Guardini, u.a. Wilhelm Koch und seine beiden Studienfreunde Karl Neundörfer und Josef Weiger; vgl. *Berichte*, 86.
[145] *Existenz*, 10.

Zwischenergebnis des ersten Teiles

Das Verständnis katholischer bzw. christlicher Weltanschauung, das Gegensatzdenken und die phänomenologische Methode sind die Grundpfeiler des theologischen und des in dieser Arbeit zu untersuchenden ethischen Denkens Romano Guardinis. Der Glaube an die christliche Offenbarung ist die Voraussetzung. „Die Unbedingtheit des gläubigen Denkens", d.h. die reflektierte Entscheidung für die Offenbarung und die Kirche, verbindet sich bei Guardini mit dem „unbefangenen Blick auf die Wirklichkeit der Dinge und den Reichtum der Kultur"[1]. In der Spannung von ‚Unbefangenheit' und ‚Unbedingtheit' wird die Eigenart von Guardinis Denken deutlich. Es ist getragen von dem Willen, die Wirklichkeit menschlichen Daseins in ihrer Vielgestaltigkeit möglichst genau und rational verantwortlich zu erfassen, und der Überzeugung, daß nur im Licht der Offenbarung die ganze Wirklichkeit der Welt und des menschlichen Lebens begriffen werden kann. Nach der Untersuchung der einzelnen Grundlagen kann nun rückblickend ihr wechselseitiger Bezug verdeutlicht werden.

Die christliche Offenbarung ist kein System von Lehrsätzen oder theologischen Wahrheiten, sie ist bezogen auf die Ethik keine Sammlung von Lebensanweisungen und Normen, sondern die Selbstoffenbarung Gottes in der einen konkreten Person Jesu Christi. Christliche Weltanschauung aber ist nach Guardinis Verständnis die Teilhabe des glaubenden Menschen an der Anschauung der Welt durch Christus. Sie ist die sich jeweils konkret ereignende Begegnung von Glaube und Welt. Zur rationalen und nachvollziehbaren Erfassung der Weltanschauungslehre galt es, einen erkenntniskritischen Zugang zur Wirklichkeit des Lebens und der Welt zu finden. Guardini entwickelte diesen in seiner Gegensatzlehre, die den Stellenwert einer Kategorienlehre des Lebendigen einnimmt,[2] und in seiner phänomenologischen Methode. Beide lieferten ihm die Auslegungsregeln der besonderen, vom Glauben ermöglichten Welterfahrung. Guardini selbst fragt nach dem Verhältnis des weltanschauenden Blicks zum Erkenntnisakt, den er in seinem Gegensatzdenken zu bestimmen versucht: „Der weltanschauende Blick", so Guardini, „deckt sich nicht mit jenem, der das Konkrete sieht. Dieser ist vielmehr in jenem enthalten, erschöpft ihn aber nicht. Damit die Anschauung des Konkreten zur Schau des Welthaften werde, muß noch jener eigentümliche Abstand hinzukommen, den erst der außerweltliche Standpunkt, der Glaube, gibt. Dann allerdings gewinnt die Gegensatzhaltung für den Vollzug dieser Sicht äußerste Bedeutung."[3] Der Gegensatzgedanke und die genaue, phänomenologische Wahrnehmung leisten die notwendige Kritik und Aufklärung des innerweltlichen Vollzuges der auf dem Glauben ruhenden christlichen Weltanschauung. Auf der Ebene des Aktes der Anschau-

---
[1] *Berichte*, 86.
[2] Vgl. zu dieser Bewertung Honnefelder, *Phänomenologie*, 13f.
[3] *Gegensatz*, 204f.

ung befähigt die Gegensatzhaltung das Subjekt dazu, die konkrete Wirklichkeit in ihrer Ganzheit zu erfassen. Auf der theoretischen Ebene der Weltanschauungslehre dient sie als methodisches Korrektiv für die begriffliche Erfassung und Darstellung der angeschauten Wirklichkeit. Gerade bei der Erfassung der sittlichen Wirklichkeit wird sich die Bedeutung dieser beiden Erkenntnismethoden im ethischen Denken Guardinis zeigen. Guardinis Weltanschauungslehre und sein ethisches Denken erhalten so eine methodische Absicherung, die deshalb erforderlich war, weil Guardini weitgehend darauf verzichtete, zur Erfassung der Wirklichkeit auf die jeweiligen Fachwissenschaften zurückzugreifen.

Wenn auch die Gegensatzlehre ein rein philosophischer Versuch ist, der die Glaubensannahme nicht voraussetzt, so hat sie wie die phänomenologische Methode nicht nur eine implizite ontologische Grundlage, sondern bei Guardini auch ein schöpfungstheologisches Fundament, das in der Untersuchung des Offenbarungsverständnisses herausgearbeitet wurde.

Die in der Weltanschauungslehre behauptete Überzeugung, daß das Christliche bzw. Katholische keine Daseinsdeutung wie andere ist, sondern verschiedene typische Ausprägungen dieser Deutung im Katholischen ihr Recht haben und sich einander ergänzen, konnte Guardini durch die Gegensatzlehre vertiefen. In Guardinis Denken selbst sind die Gegensatzlehre und die phänomenologische Erfassung der Wirklichkeit auch deshalb wichtige Ergänzungen, weil sie den Zugang zur empirischen Wirklichkeit vermitteln und so verhindern, daß die konkrete Wirklichkeit zugunsten absoluter Ideen und Werte vernachlässigt wird.[4] Die Frage nach der Wahrheit und dem Wahrheitsanspruch christlichen Glaubens ist zwar in theoretischer Abstraktion verhandelbar und hätte als solche Gegenstand katholischer Weltanschauungslehre sein können. Guardini aber wählte mit seiner Weltanschauungslehre zur Beantwortung dieser Frage den Weg durch die konkrete Wirklichkeit der Welt und des menschlichen Lebens. Wichtig ist der Zugang zur konkreten Realität im Denken Guardinis auch deshalb, weil die Unbedingtheit des theologischen Ansatzes, die in der Entscheidung für den absoluten Standpunkt der Offenbarung liegt, sich im ethischen Denken mit dem Blick auf die Wirklichkeit des sittlichen Lebens verbinden muß, um die Gefahr eines religiösen Absolutismus zu vermeiden.

Christliche Ethik oder christlich-ethisches Denken ist bei Guardini also wichtiger Bestandteil seiner christlichen Weltanschauungslehre, ohne daß er als Ethiker oder Moraltheologe im Sinne des Fachwissenschaftlers zu bezeichnen ist. Die Grenzen und Probleme dieses Ansatzes wurden bei der Bestimmung des Verhältnisses zu den anderen Wissenschaften deutlich. Die Eigenart von Guardinis christlich-ethischem Denken zeichnet sich ab. Es ist der denkerische Nachvollzug der Begegnung von Glauben und Welt im Bereich des Sittlichen. Aus dem Verständnis der Offenbarung heraus, deren

---

[4] Vgl. *Nachwort Madeleine Semer*, 261f. Das läßt, um eine noch näher zu erläuternde Typisierung des Denkens Guardinis aufzugreifen, einen aristotelischen Zug in Guardinis Denken erkennen, der die platonisch-augustinische Prägung ergänzt.

Mitte die Person Christi ist, deutet sich als wichtige Weichenstellung im ethischen Denken Guardinis das Interesse an einem personalen christlichen Ethos an, das auf der Grundlage der eigenen existentiellen Entscheidung die ganze Existenz bestimmt und prägt. ‚Norm' einer christlichen Ethik ist für Guardini die einmalige Person Christi. ‚Gläubiges Einvernehmen mit der Offenbarung' ist das Eintreten in die Gemeinschaft mit Christus und seinem Handeln, das zur Grundlage christlichen Ethos wird. Als Ziel und ‚Standort' wird im ethischen Denken Guardinis das personale Sein jeder und jedes Einzelnen in Christus erkennbar, das den existentiell-gläubigen Mitvollzug des Blickes auf die Welt und den Mitvollzug der Einstellung Christi zur Welt trägt.

Zweiter Teil:

Die Grundbegriffe des Sittlichen

Nach der Grundlagenklärung im ersten Teil ist nicht zu erwarten, daß wir in Guardinis ethischem Denken einem geschlossenen ethischen System begegnen, das von methodischer Distanz zu seinem Gegenstand, der Wirklichkeit sittlichen Lebens, bestimmt ist. Eine systematische ethische Diskussion über die Prinzipien und Grundlagen einer christlichen Ethik findet nicht statt. Die durch das Weltanschauungsverständnis bedingte Abgrenzung von den Fachwissenschaften bedingt, daß sich Guardini in Fragen spezieller Moral zurückhaltend äußert. Dennoch entwickelt Guardini auf der dargelegten methodischen Basis Prinzipien und Grundbegriffe einer christlichen Ethik. Sie gilt es im folgenden darzustellen, um die Konturen seines ethischen Denkens herauszuarbeiten. Zugleich werden damit Grundanliegen Guardinis und zentrale Züge eines christlichen Ethos deutlich, zu dessen Bildung Guardini beitragen will.

Das fünfte Kapitel greift die im Denken Guardinis bereits festgestellte personal-existentielle Ausrichtung auf, indem sein Person-Verständnis ausführlich untersucht wird. Mit dem Ende der 20er Jahre ist die verstärkte Zuwendung Guardinis zum Thema der Person festzustellen, die zu einem Schlüsselbegriff im Denken Guardinis wird. Daher leitet der Begriff der Person bei Guardini diesen zweiten Teil ein. Aus dem Verständnis der Person werden sich wichtige Grundsätze und Konsequenzen seines ethischen Denkens und einzelne ethische Konkretisierungen ergeben, die bereits über den zweiten Teil hinausweisen, aber in den Zusammenhang des Personverständnisses gehören. Grundphänomene der sittlichen Existenz sind das Gewissen und die Freiheit, die daher Grundbegriffe jeder personal ausgerichteten Ethik sind. In ethischer Perspektive sind sie ausgerichtet auf das sittlich Gute. Das Gute, das Gewissen und die Freiheit bilden den einen Zusammenhang sittlichen Handelns. So schließen sich an das Kapitel über das Verständnis der Person das Kapitel VI über das Gute, das Kapitel VII über das Phänomen des Gewissens und das Kapitel VIII über die sittliche Freiheit an. Mit diesen ethischen Grundbegriffen sollen nach den Grundlagen im ersten Teil dieser Arbeit die Grundstrukturen und Anliegen des ethischen Denken Guardinis erfaßt und herausgearbeitet werden.[1]

---

[1] Meine Auswahl entspricht hier der Gliederung in den Ethikvorlesungen, deren erster Abschnitt als Grundphänomene des Sittlichen „Das Gute", *Ethik*, 13-64, und das „Das Gewissen", ebd., 97-129, behandelt. Das Phänomen der sittlichen Freiheit wird eigens im VIII. Kapitel behandelt, weil ihr als Faktum sittlicher Wirklichkeit im Gesamt des ethischen Denkens Guardinis große Bedeutung zukommt, worüber ihre Behandlung in einem Unterpunkt der Ethikvorlesungen als eine anthropologische Bedingung neben anderen hinwegtäuschen kann;

Die theologischen Grundlagen des ersten Teils werden so um die christlich-anthropologische Thematik erweitert. Methodisch ist vorauszuschicken, daß in diesem zweiten Teil eine chronologische und werkhistorische Perspektive, die noch für die ersten drei Kapitel gelten kann, durchbrochen wird. Zwar ist die Entwicklung zum personal-existentiellen Denken in die zweite Hälfte der 20er Jahre und die 30er Jahre zu datieren,[2] doch sind sowohl frühere Abhandlungen als auch spätere Schriften von ethischem Interesse, was nicht zuletzt für die Ethikvorlesungen gilt. Zur Vertiefung der Untersuchung wird an einigen Punkten der Bezug zur katholischen Moraltheologie bzw. zur katholisch-ethischen Tradition hergestellt. Dadurch werden die Leistung Guardinis, aber auch Grenzen in seinem ethischen Denken deutlich werden.

---

vgl. ebd., 139-144. Das Phänomen des Bösen, vgl. *Ethik*, 65-96, wird anders als in den Ethikvorlesungen nicht in einem eigenen Kapitel thematisiert, sondern (seinem ‚metaphysischen Charakter' als dessen Negation entsprechend) dem Guten untergeordnet, s. Kapitel VII.7. Theologisch kommt es schon in Kapitel V.2.5 in seinen ethischen Auswirkungen zur Sprache, der entscheidende ethische Grundsatz Guardinis ist bereits in Kapitel III.3.4 zum Gegensatzdenken herausgestellt. Natürlich ist, um eines von den in dieser Arbeit nicht behandelten Themen zu nennen, in moraltheologischer und christlich-existentieller Hinsicht die Frage der Schuld und der ‚Aufarbeitung der Schuld' wichtig, vgl. *Ethik*, 443-478. Doch wäre mit ihr die Ebene der Grundbegriffe in systematisch-ethischer Hinsicht verlassen; Guardini behandelt sie in den Ethikvorlesungen unter dem Abschnitt der ethischen Verwirklichung.

[2] Vgl. Knoll, *Seele*, 22f.

V. Das Verständnis der Person

Der Begriff und das Verständnis der Person haben zentrale Bedeutung für Guardinis Denken, wie bereits in verschiedenen Studien dargestellt wurde.[1] Hier sollen die Aspekte hervorgehoben werden, die als Grundlage für sein ethisches Denken und die weitere Thematik dieser Arbeit unerläßlich und aufschlußreich sind. Der Blick auf die Grundlagen des ethischen Denkens wird am Ende des Kapitels in Punkt 4.4 erweitert, wenn Fragen der speziellen Moral betrachtet werden, die Guardini ausgehend von seinem Personverständnis behandelt hat. Sie haben Ausnahmecharakter innerhalb seines Denkens, das sich überwiegend im fundamentalethischen Bereich bewegt und auf grundsätzliche Aussagen beschränkt.

1. Die Entwicklung des Personverständnisses

In den 20er Jahren entwickelt Guardini die Grundzüge seines Personverständnisses, das er zu diesem Zeitpunkt noch nicht ausdrücklich biblisch-anthropologisch begründet. So fragt Guardini 1926 in dem Aufsatz „Über Sozialwissenschaft und Ordnung unter Personen" nach der Eigenart personaler Ordnung und dem Wesen der Person zunächst nur mit der Absicht, den Gegenstand der Sozialwissenschaft zu bestimmen. Er bezieht sich auf das klassische Personverständnis und nennt die Elemente, an denen er in seinem gesamten Denken über die Person festgehalten hat. Die Person ist nicht nur „Akt-Subjekt und Intentionsträger", sondern „dauernder Beziehungspunkt für mein währendes Sein"[2]. Damit grenzt Guardini sein Personverständnis von dynamischen oder aktualistischen Konzeptionen ab, die das Person-Sein konstitutiv an bestimmte personale Akte oder aktualisierte Zustände wie Liebe, Treue oder Selbstbewußtsein binden, so daß die Person nur in deren Vollzug erscheint.[3] Er hält daran fest, daß die Person schon vor ihren Akten

---

[1] Siehe u.a. Berning-Baldeaux; Biser, *Interpretation*, bes. 81-87; Börsig-Hover; Fastenrath, 760-773; Fischer, *Wort und Welt*, 106-148; Henner, 107-174; Knoll, *Glaube*, bes. 92-95 und 350-375; Lenz; Schreijäck, die Kapitel C.D.F.I.; Splett, *Personbegriff*, und Wechsler, 81-88.

[2] *Über Sozialwissenschaft*, 37.

[3] Vgl. ebd., 36. Guardini nennt in Fn.1 als Vertreter eines aktualistischen Personbegriffs Sören Kierkegaard. Zwischen den Zeilen ist außerdem der Bezug zu zeitgenössischen anthropologischen Positionen erkennbar. Besonders ist Max Scheler zu nennen, mit dem Guardini den Vorrang der Person vor dem Primat des transzendentalen Ich teilt. Bei Scheler ist das Person-

da ist und personales Leben als Zusammenspiel statischer und dynamischer Momente begriffen werden muß.

Er knüpft in seiner Begriffsbestimmung an die auf Boethius zurückgehende mittelalterliche Definition der Person als ‚naturae rationalis subsistentia' an. Person ist wesentlich die Eigengehörigkeit eines vernünftig-freien Wesens.[4] In Entfaltung dieser Bestimmung deutet Guardini das Person-Sein als Eigengehörigkeit im Numerischen – die Person ist einmalig; als Eigengehörigkeit im Qualitativen – jede Person ist einzigartig; und als die Eigengehörigkeit in Selbst-Bewußtsein, Freiheit und Tat, durch die sich die Person als Trägerin von Geist aus den naturhaften Sach- und Wirkzusammenhängen erhebt. Person bedeutet schließlich die Eigengehörigkeit in Innerlichkeit und Würde, die in die innere Einsamkeit der Person führt. Guardini bezieht sich hier wieder auf die gegensätzliche Struktur menschlichen Lebens, insbesondere auf die Polarität von Immanenz und Transzendenz. Unter dieser Perspektive stellt die Innerlichkeit die Tatsache der Selbstgehörigkeit nach der immanenten Seite und die Würde die Selbstgehörigkeit nach ihrer transzendenten Seite hin dar. Die Person darf „nicht eingerechnet, eingefügt, durchschaut, unter Zwecke gestellt, gebraucht, gegriffen werden [...]. Nur sie selbst verfügt über sich. Und was sie betrifft, findet seine Verwirklichung nur, wenn es zugleich auch in ihrer Initiative ruht."[5] Damit hat Guardini nicht nur ähnlich der zweiten Formel von Kants kategorischem Imperativ die Würde und den Selbstzweck der Person zur Maxime sittlichen und personalen Lebens erhoben, sondern auch ihre Freiheit zur Bedingung aller Phänomene des personalen und sittlichen Lebens erhoben, was für die Betrachtung anderer ethischer Phänomene festzuhalten ist.[6]

Guardini geht nicht auf die philosophische Frage nach der Substantialität und dem Sein der Person ein. Spricht er dennoch vom ‚ontischen Charakter' der Person, so bedeutet dies, daß die Zuerkennung des Person-Seins nicht von geistigen, ethischen, religiösen oder biologischen Qualitäten oder sonstigen Wert-Kategorien abhängig gemacht werden kann. Das Person-Sein ist allen anderen Bestimmungen des Menschen vorgegeben: „Mensch-sein [...] heißt Person-Sein. Der Mensch, jeder Mensch ist Person. Er ist es nicht durch Begabung, oder gar durch Genialität. Auch der Schlichteste ist Person."[7] Die Personalität ist eine reale Bestimmung, die jedem Menschen von seinem Wesen her zukommt und die unverlierbar ist. Insofern ist sie keine

---

verständnis allerdings an die Aktphänomenologie gebunden. Sie erlebt sich „nur als aktvollziehend und steht nicht hinter oder über den Akten. Sie ist vielmehr in jedem konkreten Akt die ganze Person. Aufs schärfste lehnt Scheler die Verwechslung mit einer Seelensubstanz ab." Scherer, 314. Bei Guardini ist die Person eine in ihren Akten nicht aufgehende Größe, das Person-Sein schon vor den Akten gegeben und anzuerkennen.

[4] *Über Sozialwissenschaft*, 38. Die klassische Formulierung des Boethius lautet: „persona est naturae rationabilis individua substantia", in „Contra Eutychen et Nestorium", 1-3; zitiert nach Fuhrmann, 280.
[5] *Über Sozialwissenschaft*, 39.
[6] Zum Vergleich mit Kant s. Punkt 4.1 in diesem Kapitel.
[7] *Über Sozialwissenschaft*, 40.

Wert-, sondern eine ‚Seinskategorie' menschlichen Daseins.[8] Dies bedeutet für jede wesentliche Aussage über den Menschen, daß sie das Faktum des Personalen zu berücksichtigen hat. Alle Akte und Handlungen aber, die vom Menschen ausgehen und sich auf den Menschen richten, stehen unter dem Kriterium, ob und wie sie sich auf die Personalität beziehen.[9]

In diesem wichtigen Aufsatz zum Personverständnis spart Guardini weitgehend den theologischen Zusammenhang aus, abgesehen von der philosophie- und theologiegeschichtlichen Bemerkung, daß der Anstoß zur Bildung der Personkategorie vom Christentum ausging.[10] Er erfolgte durch die theologischen, näherhin die christologischen Auseinandersetzungen des vierten und fünften Jahrhunderts, in denen zur Klärung der christologischen Fragen der Personbegriff, der ursprünglich aus dem antiken Theater und der Grammatik stammte, aufgegriffen und in seinem Bedeutungsgehalt wesentlich erweitert wurde. Der christliche Glaube, so erläutert Guardini diese Entwicklung, habe die Erlebnisgrundlage zur Bildung der philosophischen Kategorie gegeben. „Durch die Glaubensüberzeugung von der Gott-Unmittelbarkeit, der Gott-Ebenbildlichkeit und Gottes-Kindschaft der einzelnen Seele lernte der einzelne Christ wohl sich zusammennehmen mit dem andern in der Beziehung auf den gleichen himmlischen Vater und in der Gemeinschaft des gleichen ‚Corpus Christi mysticum'; zugleich aber ‚Seele' als etwas zu leben und zu denken, das wiederum mit ‚Seele' nicht zusammengezählt werden kann."[11] Theologie- und dogmengeschichtlich trifft diese Bemerkung nicht zu, denn der ursprüngliche Anlaß für die theologische Rezeption des Personbegriffs waren die christologischen und trinitarischen Auseinandersetzungen. Guardini geht es um eine auf die christliche Existenz bezogene Interpretation des Personbegriffs. Aus dem christlichen, d.h. dem neuen Erleben der Seele entwickelte sich seiner Meinung nach das abendländische Personverständnis. ‚Gott-Unmittelbarkeit', ‚Gott-Ebenbildlichkeit' und ‚Gottes-Kindschaft': Mit diesen Begriffen sind entscheidende Stichworte für eine theologische Anthropologie auf biblischer Grundlage genannt. Sie tritt in den im folgenden untersuchten Schriften Guardinis in den Vordergrund.

---

[8] Vgl. ebd., 53. In diesem Sinne spricht Guardini auch in den Ethikvorlesungen von einem „ontologischen Personbegriff"; so u.a. *Ethik*, 207.
[9] Vgl. *Über Sozialwissenschaft*, 54.
[10] Vgl. ebd., 54 und 37-41. Vgl. ähnlich *Ethik*, 218f. Siehe zur Herkunft des Personbegriffs Fuhrmann. Etymologisch wird auf ein etruskisches Wort hingewiesen, das wahrscheinlich Maske oder Schauspieler bedeutete. Diese Bedeutung hatte auch das griechische ‚προσωπν' und das lateinische ‚persona', das erst ein Terminus des Schaupiels war und dann in das Gerichtswesen übernommen wurde, um die Rollen vor Gericht zu bezeichnen. Auf diese Begriffe konnte die Theologie in ihren christologischen Auseinandersetzungen zurückgreifen. Vgl. hierzu auch Pannenberg.
[11] *Über Sozialwissenschaft*, 55.

2. Christliches Personverständnis und biblische Anthropologie

2.1 „Welt und Person"

Guardini entfaltete sein spezifisch christliches Personverständnis in der bedeutenden christlich-anthropologischen Schrift „Welt und Person" von 1939, durch die er sich als Vertreter eines biblisch inspirierten dialogischen Personalismus auswies. Sie steht im zeitlichen Kontext verschiedener philosophisch-anthropologischer Entwürfe.[12] 1928 erschien Max Schelers „Die Stellung des Menschen im Kosmos", ebenfalls 1928 Helmut Plessners „Die Stufen des Organischen und der Mensch" und 1940, also nach Welt und Person, Arnold Gehlens „Der Mensch. Seine Natur und seine Stellung in der Welt". Guardini selbst hatte sich mit der Frage nach der Person bereits in den oben angeführten Aufsätzen der 20er Jahre beschäftigt. In den 30er Jahren hielt er Vorlesungen zur theologischen Anthropologie in Berlin.[13] Guardini spricht im Vorwort zu „Welt und Person" die Offenheit der Frage nach dem Wesen des Menschen an: Die bis dahin geltende Sicherheit sowohl der Geisteswissenschaften als auch der Naturwissenschaften, den Menschen zu kennen, sei erschüttert: „Der Mensch ist inne geworden, daß er anders sei, als er dachte, sich selbst unbekannt und zur Aufgabe gesetzt. Die Spitze des Menschen liegt wieder in Dunkel und Zukunft. Daher kommt jene Offenheit, von der wir sprachen. Die Frage nach dem Menschen ist wieder wirklich Frage. So wird es möglich, auch wieder mit Zuversicht jene Antwort zu suchen, welche die christliche Offenbarung auf sie gibt."[14]

> Eine ‚erkenntnistheoretische' Erläuterung für den Rückgriff auf die biblische Offenbarung zur Klärung des anthropologischen Problems gab Guardini in dem 1927 erschienenen Aufsatz „Lebendiger Geist". Er unterscheidet in ihm drei Formen menschlicher Erkenntnis. Da ist erstens die ‚natürliche' Erkenntnis, die den Bereich der Welt, d.h. alle dem Menschen zugänglichen Wirklichkeiten „sowie die aus oder an diesen Wirklichkeiten erfaßbaren Ideen, Werte, Sinngehalte, Kategorien, logischen Formen"[15] erfaßt. Dieser steht zweitens die ‚übernatürliche' Erkenntnisweise der Wirklichkeiten gegenüber, die mittels eines besonderen Vorgangs, nämlich der Offenbarung, vom Menschen erfaßt werden. Guardini

---

[12] Zum geistesgeschichtlichen Hintergrund s. Schilson, *Welt und Person.*
[13] Aus ihnen ging ein im Nachlaß befindlicher umfangreicher Entwurf „Der Mensch. Grundzüge einer christlichen Anthropologie" hervor. Er liegt als überarbeitetes, allerdings unvollendetes Typskript vor und ist (noch) unveröffentlicht. Nach Mercker, *Vorlesungen*, 277ff., hielt Guardini mit Unterbrechungen vom WS 1933/34 bis zur Lehrstuhlaufhebung 1939 in Berlin Vorlesungen über das Thema „Der Mensch. Grundzüge einer christlichen Anthropologie". Siehe hierzu ausführlich G. Brüske, „Anruf der Freiheit" (1998).
[14] *WuP*, 9. In der *Mensch** heißt es ähnlich: „Wenn uns am heutigen Denken über den Menschen etwas vertrauenswürdig erscheint, dann das Gefühl, nicht zu wissen, was er sei"; ebd.,14. Siehe auch Schilson, *Welt und Person*, 4, der auf eine ähnliche Aussage Schelers hinweist.
[15] *Lebendiger Geist*, 125.

bestimmt ‚Offenbarung' in diesem Zusammenhang formal als einen Vorgang, in dem durch eine innerweltliche Gegebenheit, durch einen Menschen oder ein Wort, ein nicht zur Welt gehöriger Inhalt als solcher menschlicher Erkenntnis gegenübertritt.[16] Der Offenbarung als besonderer Gegebenheitsform der Erkenntnis entspricht der Glauben als besonderer Erkenntnisakt. Nach dieser Unterscheidung kommt Guardini zur dritten Erkenntnisweise, die den höchsten Gegebenheiten im natürlichen Bereich entspricht. Sie sind die kompliziertesten, zugleich aber die wertvollsten: „die geistig-personalen Gegebenheiten"[17]. Vom existentiellen Denken erfordern sie den höchsten Einsatz. Zu ihnen zählen die Person, der lebendige Geist und „alles, was sich mit diesen Gegebenheiten an Werten, Forderungen, Ordnungen verbindet: Freiheit; Liebe; die verschiedenen Wesensformen der menschlich-persönlichen Beziehung, wie Ehe, Freundschaft, Staat; die Grundphänomene der Geschichte [...]. Es ist jener Bereich, in welchem die Probleme unserer eigentlichen, menschlichen Existenz liegen, und in welchem die Entscheidung über ebendiese Existenz fällt."[18] Diese Wirklichkeiten gehören zwar zum natürlichen Bereich, sie sind menschlicher Erfahrung und Erkenntnis zugänglich, können aber in ihrem Wesen mittels der natürlichen Erkenntnis allein nicht vollständig erkannt werden. Damit der Mensch sie klar erfassen und existentiell zu ihnen Stellung nehmen kann, müssen sie durch entsprechende „im Analogieverhältnis zu ihnen stehende Offenbarungswahrheiten emporgehoben"[19] werden. „Was Person ist, die wirkliche, eigentliche Person, gelangt erst zur vollen Gegebenheit, [...] wenn der Glaube, aus der Offenbarung, die religiöse Wirklichkeit der Gotteskindschaft auffaßt: daß der Mensch aus schöpferischer Liebe Gottes heraus Kind, Sohn und Tochter Gottes wird. Daß er, ebendamit aber, Gegenstand absoluter Wertung wird, nämlich der Liebe Gottes [...]."[20]

„Im Gesagten liegt eine Entscheidung"[21], so Guardini, nämlich die theologisch und hermeneutisch reflektierte Entscheidung für die biblisch-christliche Offenbarung als ‚gebendem Faktum' seines Denkens. Guardini ist sich bewußt, daß er mit dieser Voraussetzung neuzeitlichem Denken widerspricht, das von der Autonomie menschlicher Vernunft ausgeht.[22] Der Entscheidungscharakter in dieser ‚Begründung' ist zu beachten. Sie ist keine logisch zwingende Begründung, sondern konkretisiert mit Bezug auf die Phänomene und Probleme des geistig-personalen Lebens das Programm von Guardinis christlicher Weltanschauungslehre. Die Plausibilität ihres Erkenntnisanspruchs hängt also von der Bereitschaft ab, deren Standpunkt zu teilen oder zumindest möglichst unvoreingenommen zur Kenntnis zu nehmen.

Guardinis Zuversicht, mit der er seinen christlich-anthropologischen Entwurf vorlegt, ist nicht nur von der Überzeugung getragen, die der christlichen Weltanschauung zugrundeliegt. Eine zusätzliche Rechtfertigung erhält sein Versuch ei-

---

[16] Vgl. ebd., 126.
[17] Ebd., 130.
[18] Ebd.
[19] Ebd., 131.
[20] Ebd., 131f.
[21] *Lebendiger Geist*, 133. Vgl. zu dieser hermeneutischen Entscheidung Kapitel IV dieser Arbeit.
[22] „Mit der naiven Geistsicherheit des idealistischen Denkens" sei, so Guardini, durch diesen Ansatz „grundsätzlich gebrochen". Ebd.

nes christlichen Diskussionsbeitrages durch die von ihm als ‚anthropologische Offenheit' beschriebene Problemlage. Einerseits hat das materiale Wissen über den Menschen, insbesondere das der Humanwissenschaften mit allen dazugehörigen Anwendungen enorm zugenommen – ein Prozeß, der sich durch die elektronische Datenverarbeitung und die modernen Kommunikationsmedien exponentiell steigert. Andererseits hat die Frage nach dem Wesen und der Bestimmung des Menschen in der Moderne und besonders im 20. Jahrhundert die unterschiedlichsten und einander widersprechenden Antworten hervorgerufen. Dem Ausmaß des humanwissenschaftlichen Wissens, das die Möglichkeiten von praktisch-technischen Eingriffen in das menschliche Leben ständig revolutioniert, entspricht nicht eine zunehmende und allgemein akzeptierte Einsicht über die Bestimmung des Menschen, die als Grundlage für alle praktisch-humanwissenschaftlichen Anwendungen wünschenswert ist.[23] Ebenso wie die Frage nach der Bestimmung des Menschen können, so die Folgerung aus dieser Feststellung, die sozialen und ethischen Probleme, die unmittelbar das Menschenbild und Personverständnis berühren, nicht ohne den Rückgriff auf vorgegebene weltanschauliche oder religiöse Grundlagen beantwortet werden. Sie sind nicht allein theoretisch-wissenschaftlich verhandelbar, so unverzichtbar wissenschaftliche Erkenntnisse auch für ihre Beantwortung und Lösung sind. Auf diesem Hintergrund darf und muß die christliche Sicht auch in einer pluralistischen Gesellschaft dargestellt werden, was das Anliegen Guardinis mit seiner Weltanschauungslehre war.[24] Dazu gehört die Annahme, daß die Gottesfrage, die im Glauben an die Offenbarung eine Antwort erfährt, eine Vorbedingung für die Erkenntnis des Menschen bildet.[25] Diese ‚unterscheidend christliche' Position ist in einer pluralistischen Gesellschaft so zu vertreten, daß ihre Voraussetzungen reflektiert und benannt werden und ein von ihnen ausgehender christlicher Antwortversuch in dem Bewußtsein vorgetragen wird, einer neben anderen zu sein, ohne damit den eigenen Anspruch aufzugeben.

Guardinis Ziel in seiner mit der ihm eigenen Vorsicht ‚Versuche' genannten Schrift ist also nicht eine philosophische oder religionsphilosophische Anthropologie, sondern die Darlegung des christlichen Menschenbildes im Licht der Offenbarung.[26] Dabei könne er, so Guardini, an die Überwindung sowohl des Evolutionismus als auch des Individualismus in der Gegenwart anknüpfen. Der Grundgedanke seines Antwortversuches auf die Frage nach dem Menschen ist, „daß der Mensch nicht als geschlossener Wirklichkeitsblock oder selbstgenugsame [!], sich aus sich selbst heraus entwickelnde Gestalt, sondern zum Entgegenkommenden hinüber existiert"[27].

---

[23] Vgl. zu dieser problematischen Antinomie *Ethik*, 1050-57.
[24] Hier geht es um eine Rückbindung des anthropologischen Entwurfes von Guardini an sein Programm einer christlichen Weltanschauungslehre. Mit diesen Überlegungen wird die wissenschaftstheoretische Frage nach dem Charakter von theologischer Erkenntnis und Theologie überhaupt angeschnitten, die hier nicht behandelt werden kann.
[25] Vgl. *Den Menschen erkennt*, 44f. Schon der Titel „Den Menschen erkennt nur, wer von Gott weiß" formuliert den in der Frage enthaltenen Anspruch und die Provokation für jedes, und sei es nur methodisch, atheistische oder agnostische Denken.
[26] Vgl. *WuP*, 9f.
[27] Ebd., 10.

Guardini führt eine phänomenologische Betrachtung durch, die sich auf das konkrete menschliche Leben richtet und mehrere Schichten im Aufbau der Person freilegt: die Gestalt, die Individualität und schließlich die Personalität, die durch Freiheit, Selbstbewußtsein und Geistbestimmtheit ausgezeichnet ist. „Der personal existierende Mensch steht in der Einheit all der Strukturen und Prozesse, welche die dingliche Natur ausmacht. Der Körper des Menschen besteht aus den gleichen Stoffen und gehorcht den nämlichen Gesetzen wie der des Tieres. Auch ist er von den Vorgängen der Natur abhängig und in eine Umwelt einbezogen. Durch ihn kommt der ganze Zusammenhang in den Bereich der Person und erhält darin den Charakter der Selbstgehörigkeit."[28] Auf die Frage nach dem Wesen „Was ist da?" lautet die Antwort zunächst: „Ein gestaltetes, in Innerlichkeit begründetes, geistig bestimmtes und schaffendes Wesen."[29] Die Person selbst aber ist dann erst angesprochen, wenn die Frage ‚Wer ist dieser da?' gestellt wird. Die Antwort kann nun nicht lauten: Eine Person, sondern ‚Ich'. Die Person ist „das gestalthafte, innerliche, geistig-schöpferische Wesen, sofern es – mit den Einschränkungen, von welchen noch die Rede sein wird – in sich selbst steht und über sich verfügt."[30] Person-Sein bedeutet, „daß ich von keinem anderen gebraucht werden kann, sondern Selbstzweck bin."[31]

Diese Bestimmung der Person ist kategorisch. In die konkrete Person gehen zwar alle Bereiche der konkreten Wirklichkeit des menschlichen Lebens ein, aber das Person-Sein im Sinne von Würde und einer Wesensaussage kommt jedem Menschen unabhängig von deren Verwirklichung zu. Noch

---

[28] Ebd., 131; zum Ganzen vgl. 110-131. Die Beschreibung des Aufbaus personalen Lebens, in *WuP*, 10-121, erinnert an Schelers „Stufenfolge des psychischen Lebens", die allerdings differenzierter ist; vgl. *Stellung des Menschen*, 11-35. Besonders trifft dies für das Phänomen der Individualität zu, vgl. ebd., 16 und 30f. Den Wesensunterschied des Menschen bestimmt Scheler durch das außerhalb des Lebens stehende Prinzip des Geistes, das nicht auf „natürliche Lebensevolution zurückgeführt werden kann. Im Geist zentrieren sich das Vernunftdenken, das Selbstbewußtsein, aber auch die emotionalen und volitiven Akte wie Güte, Reue und Liebe"; 37f. Geist ist nach Scheler „*existentielle Entbundenheit vom Organischen*, Freiheit, Ablösbarkeit [...] von der Abhängigkeit vom *Organischen*, vom ‚*Leben*' und allem, was zum Leben gehört [...]. Ein ‚geistiges' Wesen ist also nicht mehr trieb- und umweltgebunden, sondern [...] ‚*weltoffen*': Ein solches Wesen hat ‚*Welt*'." Ebd., 38. Die Person ist das Aktzentrum des Geistes. Auch Guardini erfaßt die Individualität und Innerlichkeit des Lebens beim Menschen im Unterschied zum sonstigen Leben als geistbestimmt, auch für ihn ist die Selbstbewußtheit wesentlich, vgl. *WuP*, 115-121. Die Weltoffenheit des Menschen als Geistwesen ordnet Guardini aber, was der entscheidende Unterschied ist, in das christliche Schöpfungsverständnis ein, so daß Weltoffenheit auch Mitkreatürlichkeit und im Person-Sein von Gott her begründete Weltverantwortung bedeutet. Anders als Scheler, vgl. *Stellung des Menschen*, 9f., stellt sich Guardini mit seiner Personlehre bewußt in die jüdisch-christliche Tradition. Der in der philosophischen Anthropologie herausgestellte Aspekt der Instinktunsicherheit und Mängelhaftigkeit des Wesens Mensch (A. Gehlen), den Biologie und Verhaltensforschung aufgewiesen haben, wird von Guardini erwähnt, aber nicht ausführlich entfaltet. Vgl. *WuP*, 112f. und 118: Der Mensch ist in seinem Verhalten „im unmittelbaren naturhaften Sinne weniger sicher" als das Tier, da er geistbestimmt ist.

[29] *WuP*, 121.
[30] Ebd.
[31] Ebd., 122.

deutlicher wird die unbedingte und absolute Geltung der Personbestimmung durch ihre christlich-biblische Begründung, auf die nun einzugehen ist.

2.2 Das Wesen des Menschen: Von Gott angerufene Person

Der unbedingte Sinn der Person, der ja nicht von der konkreten Verwirklichung und Aktualisierung bestimmter personaler Werte und Zustände abhängig gemacht werden soll, übersteigt ihr Seinsgewicht. Dieser Sinn und die absolute Würde der Person kann nicht aus ihrem endlichen und begrenzten Sein heraus begründet werden, sondern muß „aus einem selbst Absoluten kommen"[32]. Die menschliche Personalität ist absolut im Schöpfungsakt Gottes begründet. Sie hat ihren Ursprung darin, „daß Gott sie als Person gesetzt hat. Mit dem Satz, Gott habe die Person geschaffen, ist anderes gesagt, als mit dem, er habe ein unpersönliches Wesen ins Sein gestellt. Das Unpersönliche, Lebloses wie Lebendiges schafft Gott einfachhin, als unmittelbares Objekt seines Wollens." Die Person schafft er „durch einen Akt, der ihre Würde vorwegnimmt und ebendamit begründet, nämlich durch Anruf. Die Dinge entstehen aus Gottes Befehl; die Person aus seinem Anruf. Dieser aber bedeutet, daß Gott sie zu seinem Du beruft – richtiger, daß er sich selbst dem Menschen zum Du bestimmt."[33] Der Mensch steht wesenhaft im Du-Verhältnis zu Gott. Dies kann der Mensch im Akt des fundamentalen Ungehorsams ablehnen, heraustreten aus diesem Verhältnis kann er nicht. Es gehört zu seinem Wesen und ist deshalb nicht davon abhängig, ob der Mensch es im Glauben bewußt in einer lebendigen Beziehung zu Gott zu realisieren versucht. Geschieht dies, so verwirklicht der Mensch seine menschliche Bestimmung. „Tut er das nicht, so hört er nicht auf Person zu sein [...]; aber er tritt in Widerspruch zu seinem eigenen Wesen [...]."[34] Dieses biblisch begründete

---

[32] Ebd., 144.
[33] Ebd.
[34] Ebd. Mit dieser Bestimmung der Person unterscheidet sich Guardini von dem anthropologischen Entwurf Schelers in „Die Stellung des Menschen im Kosmos." Scheler hatte das Sein des Geistes und der Person als „pure Aktualität" bestimmt: „Die Person ist nur in ihren Akten und durch sie." *Stellung des Menschen*, 48. Nach Guardini *ist* die Person in Wesen und Würde als von Gott geschaffene schon *vor* ihren Akten, in denen sie ihr Person-Sein nur aktuiert. Scheler lehnt für seine philosophische Betrachtung die „theistische Voraussetzung eines geistigen persönlichen Gottes" ab; ebd., 91f. Guardini nimmt sie mit seiner Entscheidung für die Offenbarung zum hermeneutischen Ausgangspunkt, auch wenn er in seiner phänomenologischen Betrachtung zuerst methodisch einen induktiven Weg einschlägt. Schelers Aussage über das metaphysische Verhältnis des Menschen zum Grunde der Dinge, zum „obersten Seinsgrund", ebd., 47, fällt anders aus: „Für uns liegt das *Grundverhältnis des Menschen zum Weltgrund* darin, daß dieser Grund sich im Menschen – der als solcher sowohl als Geist- wie als Lebewesen nur je ein Teilzentrum des Geistes und Dranges des ‚Durch-sich-Seienden' ist – ich sage: sich im Menschen selbst unmittelbar *erfaßt und verwirklicht.*" Ebd., 91. Gott als „die formalste *Idee eines überweltlichen unendlichen und absoluten Seins*", ebd., 88, wird in der Deutung Schelers als die „*steigende Durchdringung von Geist und Drang allererst*" miterzeugt; ebd., 91. Ein ens a se ohne die Mitwirkung des Menschen kann es daher nicht geben,

Person-Verständnis, also die in Gott fundierte Personalität, bleibt für Guardinis personales Denken bis zu den Ethik-Vorlesungen bestimmend.[35]

2.3 Welt und Weltverantwortung des Menschen

Wenn Guardini im Zusammenhang des christlichen Personverständnis von ‚Welt' spricht, meint er den Zusammenhang der Wirklichkeit, in der der Mensch steht. Welt bedeutet also das Ganze des Daseins. Sie ist für den Menschen nicht in reiner ‚Objektivität' vorhanden, sondern immer nur als die Welt, die seine Um-Welt ist und der er in Subjektivität begegnet. Die Berücksichtigung der Subjektivität des Daseins und der Wirklichkeitserfassung führt bei Guardini nicht dazu, eine außerhalb des Subjektes gegebene Wirklichkeit oder Objektivität der Welt und der Dinge aus dem Denken auszuschließen und damit jede ontologisch-realistische Aussage abzulehnen. Es gibt die in sich stehende Realität der Dinge und das Seiende in seiner Fülle.[36]

Das Dasein baut sich wie eine Ellipse in der Spannung zweier Pole auf, deren einer die Gegenständlichkeit der Welt und der Dinge und deren anderer das Ich der Person als das jeweilige Zentrum in der Welt ist. Die Welt „als Ganzes ist von vornherein auf die Person und ihr Schicksal bezogen. So fällt in jeder Person die Entscheidung über den Sinn der Welt."[37] Diese Entscheidung ist als personale jedesmal neu und unersetzbar. „Diesen Charakter meinen wir, wenn wir sagen, die Welt sei Dasein. Die Worte ‚Dasein' und ‚Welt' bedeuten das gleiche, nur daß es im ersten von der Person und ihrer Heilsentscheidung, im andern vom Ganzen und dessen Ins-Spiel-gesetzt-sein her gesehen wird."[38]

Theologisch ist der Weltbegriff durch die Aussage der Offenbarung fundiert, daß Gott die Welt erschaffen hat. Daher stehen das christliche Weltverständnis und die christliche Ethik zuerst vor der Aufgabe, sich diese Glaubensaussage bewußt zu machen. Die Welt ist „Schöpfung im reinen Sinn des durch freie Tat hervorgebrachten Werkes. Sie ist nichts ‚Natürliches', Selbstverständliches, sich durch sich selbst Rechtfertigendes, sondern bedarf der

---

was dem Bewußtsein des biblischen Glaubens von Gott als dem vom Menschen unabhängigen Schöpfer und Grund der Welt fundamental widerspricht.

[35] Vgl. die entsprechenden Aussagen zum Personverständnis in *Den Menschen kennt*, 48: „Gott hat den Menschen in eine Beziehung zu sich gesetzt, ohne die er weder sein noch verstanden werden kann." Vgl. ebd., 46-50, und u.a. *Ethik*, 988-996.
[36] Vgl. *WuP*, 72f.
[37] Ebd., 72.
[38] Ebd., 73. Das Symbol der Ellipse hatte Guardini in diesem Zusammenhang schon früher, nämlich 1929 in „Das Gute, das Gewissen und die Sammlung" eingeführt: „Die Beziehung jedes Einzelnen zur Welt ist wie eine Ellipse. Sie hat zwei Brennpunkte: Der eine liegt in mir; der andere in der Gesamtheit vor mir, um mich. So oft es den ‚Ich' sagenden Menschen gibt, so oft werden die beiden Brennpunkte in Spannung aufeinander bezogen." *GGS*, 69. Vgl. ähnlich in *Ethik*, 939. Knoll weist auf die Parallelität zwischen Guardini und Heidegger im Verständnis des menschlichen Daseins als ‚In-der-Welt-sein' hin; vgl. *Glaube*, 351f. Zu den Kontakten Guardinis mit Heidegger s. ebd., 352 die Fn. 108.

Begründung; und begründet wird sie von der Instanz her, die sie nach Wesen und Wirklichkeit geschaffen hat."³⁹ Als geschaffene Wirklichkeit ist die Welt weder eine Notwendigkeit noch die Auswirkung einer immanenten Kausalität, sondern schlicht eine ‚Tat-sache' aus Gottes reiner Freiheit und Souveränität. ‚Schöpfung' ist im strengen Sinne der biblischen Offenbarung die allein dem lebendigen Gott vorbehaltene Weise des Wirkens. Wenn die gesamte Botschaft der Schrift als Motiv der Schöpfungstat die Liebe Gottes angibt, so hebt dies keineswegs die Freiheit der Schöpfungstat auf. Gott hat die Welt nicht aus der Überfülle einer drängenden Liebe geschaffen, was auf eine Deutung hinausliefe, die das schöpferische Handeln zur Wesensnotwendigkeit Gottes erklären würde, wie sie unter anderen Geistesströmungen der Neuplatonismus vertreten hat. Die Liebe, von der die Offenbarung spricht, „ist die Gesinnung des freien Gottes, der allem von der Welt her bestimmbaren Warum entzogen ist. Sogar jenem Warum entzogen, das der denkende Geist auf Grund eines Schemas der Vollkommenheit aus Gott selbst als dem absoluten Wesen ableiten könnte."⁴⁰

Von diesem Verständnis von Welt und Person im Licht der Offenbarung her erfahren die das neuzeitliche Bewußtsein kennzeichnenden Begriffe der Natur, des Subjektes bzw. der Persönlichkeit und der Kultur eine entscheidende Korrektur. Für das neuzeitliche Bewußtsein, das sich zunehmend aus dem Raum der Offenbarung gelöst hat, bedeutet das Gefüge dieser Momente „ein Letztes, hinter das nicht mehr zurückgegriffen werden kann. Es ist autonom, bedarf keiner Begründung und duldet keine Norm über sich."⁴¹ Guardini kritisiert diesen Anspruch auf radikale Autonomie des Menschen, der Natur und der Kultur als Werk des Menschen. Ausdrücklich anerkennt er jedoch die berechtigte und notwendige „Sachlichkeit und Redlichkeit"⁴² im Verhältnis zur Welt, die das mittelalterliche Bewußtsein noch nicht kannte. Es neigte dazu, die gesamte Wirklichkeit unmittelbar vom Absoluten und Religiösen her zu deuten und so tatsächlich die Wirklichkeit der Welt zu vernachlässigen. Ist das neue Verhältnis zur Welt der Maßstab, so ist sicher von einem echten Fortschritt der Neuzeit zu sprechen. Er manifestiert sich in den Wissenschaften und der Technik mit ihrer Genauigkeit, allgemeiner in den neuen Möglichkeiten des Menschen zu Planung und Gestaltung der Wirklichkeit.⁴³ Entscheidend für das Urteil über die Neuzeit aber ist, wie sie die Welt und das Dasein im Verhältnis zu Gott versteht. Soweit die neuzeitlichen Begriffe Natur, Subjekt und Kultur sagen, „der abendländische Mensch habe mit dem Beginn der Neuzeit einen nicht mehr rückgängig zu machenden Schritt auf eine neue, in der psychologischen wie geschichtlichen Situation begründeten Weltverantwortung hin getan und müsse ihr genügen, bleiben sie in Geltung; aufgehoben wird nur ein Bild vom Maß,

---

[39] *WuP*, 28. Siehe auch *Ethik*, 988-996.
[40] Ebd., 29.
[41] Ebd., 23. Siehe auch die ausführlichere, aber im Kern des Gedankens gleiche Analyse und Kritik des neuzeitlichen Bewußtseins in *EdN*, 36-46.
[42] Ebd., 26.
[43] Vgl. ebd.

vom Recht und von der Pflicht dieser Verantwortung, das Gott aus seiner Herrschaft drängt."[44]

So gilt es, den positiven Sinn der neuzeitlichen Entwicklung mit der Aussage der biblischen Offenbarung über die Schöpfung zu verbinden, also schöpfungstheologisch zu fundieren.[45] Das Verhältnis der Menschheit zur Natur bzw. zur Welt hat sich in der Moderne grundlegend gewandelt. Es ist entscheidend von der Mündigkeit des Menschen bestimmt, der aufgrund des wissenschaftlichen und technischen Fortschritts weniger von den Naturgewalten abhängig ist. Zunächst bezeichnet diese Mündigkeit nur die Struktur des Weltverhältnisses und ist noch nicht sittlich qualifiziert. Als strukturelle Mündigkeit aber wird sie zur sittlichen Aufgabe, zu der wesentlich die Wahrnehmung der Verantwortung für das Handeln in und gegenüber der Welt gehört. In christlicher Perspektive bedeutet dies die Aufgabe der Weltverantwortung vor Gott. In bemerkenswertem Vorgriff auf eine Grundaussage des Zweiten Vatikanischen Konzils über den Laien in der Kirche und in der Welt formuliert Guardini den Zusammenhang zwischen der Wahrnehmung der Weltverantwortung und dem „neuzeitlichen Phänomen des Laien": „Dessen Wesen kann nicht – wie das so oft geschieht – negativ bestimmt werden; daher, daß er keinen *ordo* habe. In Wahrheit stellt er die erste und grundlegende Form des gläubigen Menschen dar. Während der Priester unmittelbar der Offenbarung dient, ist er in besonderer Weise auf die Welt bezogen; die Welt aber ist Gottes Schöpfung. Die Verantwortung für sie ist ihm als christliche Aufgabe übergeben. Als Christ hat er sich nicht nur vor den Gefahren der Welt zu schützen und so ‚seine Seele zu retten', sondern das Retten der Seele geschieht, indem er dafür sorgt, daß die Welt vor Gott richtig wird. Dazu muß er sie aber sehen, wie sie ist, und ihren Möglichkeiten standhalten."[46] Mit der Weltverantwortung ist das biblisch-theologische Prädikat der Gottebenbildlichkeit des Menschen verbunden, dem wir uns nun zuwenden.

---

[44] Ebd., 30.
[45] Vgl. ebd., 35f. Die hier nur kurz skizzierten Gedanken zur Weltverantwortung des Menschen werden weiter in Kapitel X.2.6.2 entfaltet.
[46] Ebd., 36. Im Zweiten Vatikanischen Konzil wurde der Gedanke der Weltverantwortung der Laien thematisiert als „Weltcharakter der Laien" in LG 31; in GS 43 und schließlich in AA 7: „Circa mundum vero consilium Dei est, ut homines concordi animo ordinem rerum temporalium instaurent iugiterque perficiant...Laicos autem oportet ordinis temporalis instaurationem tamquam proprium munus assumere et in eo, lumine Evangelii ac mente Ecclesiae ductos et caritate christiana actos, directo et modo definito agere [...] (Ita instaurandus est ordo temporalis ut, propriis eiusdem legibus integre servatis, ulterioribus vitae christianae principiis conformis reddatur, variisque locorum, temporum et populorum, condicionibus aptatus.)" Hinsichtlich der Welt aber ist es der Plan Gottes, daß die Menschen einträchtig die Ordnung der zeitlichen Dinge aufbauen und gemeinsam vervollkommnen... Die Laien aber müssen den Aufbau der zeitlichen Ordnung als ihre eigentliche Aufgabe übernehmen und dabei, vom Licht des Evangeliums und vom Geist der Kirche geleitet und von christlicher Liebe gedrängt, direkt und entschieden handeln... (So ist die zeitliche Ordnung aufzubauen, daß sie unter völliger Achtung der ihr eigentümlichen Gesetze den höheren Grundsätzen des christlichen Lebens entsprechend gestaltet wird, dabei jedoch den verschiedenen Bedingungen der Orte, Zeiten und Völker angepaßt wird). AAS 58 (1966), 843f.

2.4 Der Mensch als Ebenbild Gottes

Deutlicher als in „Welt und Person" wird der Gedanke der Ebenbildlichkeit von Guardini in den Meditationen über Gen 1-3 entfaltet, die 1961 unter dem Titel „Der Anfang aller Dinge" erschienen.[47] Nach Gen 1, 26f. hat Gott den Menschen als sein Ebenbild geschaffen, als Mann und Frau. Die Gott-Ebenbildlichkeit der Menschen zeigt sich in ihrer von Gott, der Herr ist „von Wesen und Ewigkeit"[48], in Gnade und auf Zeit verliehenen Fähigkeit, über die Erde zu herrschen. Die Gottähnlichkeit besteht aber nicht allein in der Tatsache, daß die Menschen diese Fähigkeit zur Weltherrschaft haben. Sie soll vielmehr – das ‚Sollen' als schöpfungstheologisch begründete Norm verstanden – auch darin zum Ausdruck kommen, daß das ‚Herrschertum' der Menschen das göttliche nachahmt, „daß es sich nicht nur aus der Macht, sondern aus dem Sinn; nicht nur in Gewalt, sondern in Maß und Güte"[49] verwirklicht. Guardini deutet also – hierin der theologischen Tradition, insbesondere einem Grundgedanken der Ethik des Thomas von Aquin nahe – die Ebenbildlichkeit des Menschen durch seine besondere, nämlich sittliche und personale Stellung zu und in der Welt.[50]

2.5 Urstand, Paradies und Urschuld

Von Bedeutung, auch für das ethische Denken, ist in Guardinis christlich-biblischer Anthropologie die Interpretation vom Urstand, vom Paradies und der Urschuld.[51] Guardini selbst machte bezüglich seiner eigenen theologisch-heilsgeschichtlichen Deutung auf eine Ungenauigkeit aufmerksam: „Möglich auch, daß die [...] entwickelte Vorstellung vom Paradies als von einem einmal wirklichen, aber ‚vorgeschichtlichen' Zustand in christlicher Deutung als ‚Rückwärtsprojektion' des eschatologischen ‚Neuen Himmels' und der ‚neuen Erde' in den Anfang zu verstehen ist."[52] Erklärbar wird dieser Umstand

---

[47] Die zeitliche Nähe zu den Ethikvorlesungen und den Vorlesungen, die den Grundstock für „Die Existenz des Christen" bilden, erklärt die Übereinstimmungen in den biblisch-anthropologischen Passagen der drei Werke.
[48] *Anfang*, 32.
[49] Ebd., 33.
[50] Gemeint ist der Grundgedanke der Ethik des Thomas, wonach der Mensch kraft seiner Vernunft das Wesen der Verantwortung für sich und für andere ist – sibi ipsi et aliis providens (S.th. I-II, 91,2); vgl. Honnefelder, *Autonomie*, 1295.
[51] Erstaunlich ist daher, daß dieser in Guardinis Anthropologie wichtige Aspekt bisher wenig Beachtung gefunden hat, wie Haubenthaler, 94, bezogen auf das Verständnis der Erbsünde bemerkt. Ausführliche Passagen finden sich bei Guardini in *Anfang*, 44-116; *Existenz*, 116-195, und *Ethik*, 1187-1239, die sich inhaltlich überschneiden. Guardini verwendet die Begriffe Urschuld und Erbsünde weitgehend synonym, wobei zwei verschiedene Aspekte hervortreten: ‚Urschuld' ist die Tat am Anfang als Teil der Gesamtlehre vom Urstand. ‚Erbsünde' oder ‚Erbschuld' ist die Urschuld in ihren Auswirkungen auf die weitere Geschichte der Menschheit.
[52] *Existenz*, 108 Fn. 1. Darauf hat auch Eugen Biser, *Vermächtnis* 445, in einer Besprechung von „Die Existenz des Christen" aufmerksam gemacht: Die Protologie liest sich wie eine rück-

durch die Intention Guardinis, auf der heilsgeschichtlichen Folie des Anfangs den gegenwärtigen Zustand von Welt und Mensch zu deuten. Es geht ihm um eine existentielle Interpretation der biblischen Aussagen.

Worin liegt die Bedeutung der Lehre von Urstand und Urschuld, die von etwas lang Vergangenem spricht, für eine Ethik, die das Gegenwärtige bedenkt? In einer Zwischenbemerkung der Ethikvorlesungen beantwortet Guardini diese Frage. Er geht von der Feststellung aus, daß jede Ethik mit einer normativen Vorstellung oder einem Leitbild von dem, was erstrebenswert ist, arbeitet. Dieses Bild eines sittlich gelungenen menschlichen Daseins ist aber davon bestimmt, ob an den Anfang der Entwicklung menschlichen Daseins „eine Entfaltung aus naturhaften Voraussetzungen" gesetzt wird oder „ein geschichtliches Geschehnis; Begegnung zwischen Person und Person; genauer gesagt, zwischen Gott und dem Menschen. Eine ganz verschiedene ethische Grundfigur entsteht, wenn der Anfang als Beginn einer notwendigen Entwicklung gesehen wird – oder aber als Freiheit, die sich entscheidet [...]."[53] So zeichnet die biblische Offenbarung vom Anfang menschlicher Geschichte eine besondere ‚Grundfigur' und einen Grundcharakter des menschlichen Daseins. Diese will Guardini in ihrer Bedeutung für ein christliches Existenzverständnis fruchtbar machen.

2.5.1 Urstand und Paradies

Die erste Grundaussage der biblischen Schöpfungsberichte wurde bereits dargestellt. Gott hat die Welt erschaffen, und als Werk seiner göttlichen Freiheit und Liebe ist die Welt gut. Gott „steht dafür ein, daß sie ist, statt nicht zu sein, und daß das ‚gut' ist"[54], was der erste Schöpfungsbericht siebenmal hervorhebt (Gen 1,4.9.12.17.21.25.31). Gott verantwortet zudem, daß in der Welt der Mensch als das Wesen personaler Freiheit, die zugleich endlich und gefährdet ist, sein Ebenbild ist. So stellt sich die auf die eigene Existenz bezogene Aufgabe der Selbstannahme von Gott her. „Bis in die Tiefe unseres Selbst hinab müssen wir damit einverstanden werden, daß wir geschaffen sind. Uns selbst immer aufs neue aus der Hand Gottes entgegennehmen [...]."[55] Das Schöpfersein Gottes ist im Verhältnis zum Menschen stets bezogen auf die personale Beziehung zwischen Gott und Mensch zu denken. Denn die biblischen Berichte lassen den schöpferischen Willen Gottes erkennen, daß die Menschen nicht ihm eigen sein sollen wie eine Sache oder ein Gefäß dem gehört, der sie gemacht hat, „sondern so, und unendlich reiner [...], wie ein liebender Mensch dem eigen ist, der ihn liebt; als Person, die in sich steht und überhaupt nicht besessen, sondern immer nur aus freier Selbstschenkung empfangen werden kann. Wohl hat Gott auch dieses Person-Sein geschaffen, aber nicht durch Griff und Befehl, sondern durch sei-

---
wärts gewandte Eschatologie, weswegen die eigentliche Zukunftsperspektive kaum belichtet ist. Diese Feststellung gilt auch für die „Ethik" und „Der Anfang aller Dinge".
[53] *Ethik*, 1219f.
[54] *Anfang*, 19.
[55] Ebd., 21.

nen Ruf und im Anhauch seines Geistes. Dadurch hat Er das Geheimnis unserer Freiheit überhaupt erst begründet; unserer Freiheit, die von Ihm geschaffen, ebendadurch aber unsere Eigen-Freiheit ist [...]."[56] Die Schöpfungsberichte geben in Bildern darüber Auskunft, wie das Verhältnis des Menschen zu Gott ‚sein sollte'; die Aussage der biblischen Berichte über einen „ersten" Zustand des Menschen geben weder eine historische noch eine biologische Auskunft, sondern sind anthropologisch und im Sinne eines normativen Leitbildes zu verstehen.

Die Berichte über das Paradies stellen ein Bild menschlichen Daseins in der Welt vor Augen, dessen „Möglichkeiten des Lebens und des Werkes unsere Vorstellung übersteigen"[57]. So bedeutet das Paradies „die Welt, wie sie beständig um jenen Menschen her wird [...], der Ebenbild Gottes ist und immer vollkommener dieses Ebenbild verwirklichen will. Der Gott liebt, Ihm gehorcht und die Welt beständig in die heilige Einheit hereinholt [...]. Es war die Welt, wie Gott sie gewollt hat; die zweite, die immerfort aus der Begegnung des Menschen mit der ersten erstehen sollte. In ihr sollte alles geschehen und geschaffen werden, was Menschenleben und Menschenwerk heißt: Persönlichkeit und Gemeinschaft, Erkenntnis und Gestaltung und Kunst – aber in Wahrheit, Reinheit und Gehorsam."[58] Um dieses Bild nicht falsch zu deuten, ist es wichtig, aus dem ‚paradiesischen Zustand' keinen Bereich menschlicher Existenz auszuklammern. Die im Bild des Paradieses gemeinte Daseinsform umschloß sowohl Natur als auch Kultur, so daß sich Kultur im Einklang zur Natur hätte entwickeln können. Zum menschlichen Dasein sollte die umfassende Erkenntnis der Welt wie die Selbsterkenntnis der Menschen gehören und ebenso die Entfaltung des geschlechtlichen Lebens in Geschlechtsgemeinschaft und Fruchtbarkeit.[59] Alle Möglichkeiten menschlicher Entfaltung waren gegeben und von Gott gewollt. Die Entfaltung der Menschen aber sollte im Einklang mit Gott, mit sich, dem bzw. der Anderen und der Welt geschehen. Deshalb gehen Deutungen des Paradieses mittels psychologischer oder anderer Kategorien fehl, nach denen hier ein natürlicher Entwicklungsanfang symbolisiert würde, der notwendigerweise hätte überwunden und weiterentwickelt werden müssen. Die Existenz des ersten Menschen ist nicht die eines Unmündigen oder eines Primitiven, sondern von äußerster Seinsintensität, denn anders als im Zustand der Mündigkeit hätte der Mensch gar nicht seinen Weltauftrag erfüllen können.[60]

2.5.2 Die Urschuld

Das Wesen der Urschuld und die von ihr ausgehende Störung der Seins-Ordnung des Menschen werden durch die Deutung des Baumes in der biblischen Geschichte von der Urschuld verständlich. Am Baum des Paradieses

---

[56] Ebd., 25.
[57] Ebd., 44.
[58] Ebd., 50.
[59] Vgl. *Ethik*, 1195f. und 1231.
[60] Vgl. ebd., 1198.

Das Verständnis der Person

(Gen 2,9.16-17) sollte der Mensch entscheiden, „ob er gewillt ist, in der Wahrheit des Ebenbildes zu leben"[61]. Die Tat der Urschuld, das Essen von der verbotenen Frucht des Baumes, war nicht der für die Entwicklung notwendige Durchbruch zu Mündigkeit, Erkenntnis und Einsicht, denn alle diese personalen Eigenschaften und Vollzüge gehören zur Gottebenbildlichkeit der Menschen. Was sich im Beachten des einen Gebotes vollziehen sollte „war nicht der Verzicht auf Einsicht, sondern, im Gegenteil, aller Einsicht Grundlegung: nämlich die von personalem Ernst getragene Anerkenntnis, daß Gott allein Gott ist, der Mensch aber nur Mensch. Diese Grundwahrheit zu bejahen oder zu verneinen, war jenes „Gute und Böse", vor dem sich alles entscheiden sollte."[62] So bedeutet der Baum als „Malzeichen von Gottes Hoheit" jedem Menschen, der die biblische Botschaft in gläubiger Bereitschaft hört, „daß nur Gott ‚Gott' ist, du hingegen Geschöpf. Die Tatsache, daß du wohl Sein Ebenbild bist, aber nur Ebenbild; Urbild Er allein. [...] Das ist die Ordnung. Aus ihr heraus sollst du dich verstehen und in ihr leben. In ihr zur freien Persönlichkeit wachsen, Wahrheit erkennen, dich in Fruchtbarkeit erfüllen und die Welt in Besitz nehmen. Von der Frucht des Baumes nicht zu essen, bedeutet keinen Verzicht auf Wesentlichkeiten deines menschlichen Seins, sondern den Gehorsam, in welchem du deine Endlichkeit anerkennst; und damit die Entscheidung für die Wahrheit."[63]

2.5.3 Die Auswirkungen der Urschuld

Da die Ordnung der Existenz des Menschen überhaupt von der Anerkennung seiner ‚Ich-Du-Beziehung' zu Gott abhängig ist, muß sich die tiefe Störung dieser Beziehung durch die Urschuld konsequent auf alle Bereiche der menschlichen Existenz, auf sein Verhältnis zur Welt wie zum Anderen auswirken.[64] Drei dieser Konsequenzen sind für das ethische Denken Guardinis besonders wichtig. Als entscheidende theologische Feststellung ist den einzelnen Punkten vorauszuschicken, daß ‚Störung' in der Interpretation Guardinis nie die völlige ‚Zerstörung' bedeutet.

2.5.3.1 Die Verwirrung menschlichen Selbstbewußtseins und Existenzverständnisses

Die von der Urschuld ausgehende Störung der menschlichen Daseinsordnung betrifft die Selbsterkenntnis des Menschen als Grundlage des ethischen Denkens. Sie hat eine „erkenntnistheoretische Auswirkung", die als Verschleierung der Erkenntnis des Menschen über sich selbst zu beschreiben ist.[65] Der Mensch kann sich aus seinem jetzigen Zustand heraus nicht verstehen, „deshalb nicht, weil der Geist, der ihn verstehen will, selbst in dem Zu-

---

[61] *Anfang*, 51; vgl. ähnlich *Ethik*, 1236.
[62] *Anfang*, 55f.
[63] Ebd., 60.
[64] *Ethik*, 1200.
[65] Vgl. *Lebendiger Geist*, 129ff. mit der Fn. 4.

stand befangen ist"⁶⁶. Als Konsequenz dieser Unklarheit menschlicher Selbsterkenntnis setzt das neuzeitliche oder moderne Denken voraus, daß „der Mensch unserer Erfahrung" der Mensch einfachhin sei, „das Dasein, wie wir es erleben, das Dasein überhaupt. Darin gebe es wohl Störungen und Zerstörungen, und dem Denken seien dadurch schwere Probleme gestellt; über diese könne aber nur aus dem Zusammenhang heraus gedacht und gesprochen werden, der uns heute gegeben ist."⁶⁷ Alle darüber hinausgehenden Ansatzpunkte zur Deutung der menschlichen Existenzsituation werden daher in die für einen vernünftig begründeten Wahrheitsanspruch untaugliche Sphäre privater Meinung und Weltanschauung verwiesen. Werden dagegen die biblischen Aussagen ernst genommen, lautet die Aussage über die Wirklichkeit des Menschen anders. Nach ihnen bildet „der Zustand, in dem der Mensch sich jetzt vorfindet, nicht den der ersten Wirklichkeit; es ist vielmehr etwas geschehen, das die Verfassung des Lebens, wie sie damals war, verändert hat"⁶⁸.

Mit dieser Deutung der menschlichen Erkenntnissituation ist mit jedem unreflektierten Optimismus bezüglich der Situation des Menschen gebrochen und der neuzeitliche Fortschrittsglaube entlarvt. Dies ist ein zentraler Gedanke der Zeitkritik Guardinis in den 50er Jahren, der in der biblisch orientierten Deutung menschlichen Daseins theologisch-anthropologisch begründet ist: Fortschritt, Bildung und Kultur, alle Errungenschaften erscheinen nun deutlich in ihrer Fragwürdigkeit und Ambivalenz. Gewiß sind die ungeheuren Leistungen in den Wissenschaften, im Sozialwesen und in der Technik anzuerkennen, aber dies alles zeigt sich zugleich von einer tiefen Verwirrung durchsetzt. Der blinde Optimismus übersieht, welchen Preis „der Mensch für sein Werk bezahlen muß, nachdem er es aus der Wahrheit herausgerissen hat."⁶⁹ Wohlgemerkt: Guardini wendet sich nicht nur gegen einen unreflektierten Optimismus, sondern ebenso gegen einen unkritischen Pessimismus, der in allem nur das Schlechte sieht. Guardini geht es um die Wahrheitsverpflichtung dem menschlichen Leben gegenüber, die die angemessene Erkenntnishaltung eines personalen Ethos ist. In ihr konkretisiert sich die den Christinnen und Christen aufgegebene Treue zur Welt und zum Leben.⁷⁰

Der biblische Ansatz führt zu einer an der Geschichte orientierten theologischen Anthropologie. Menschliches Dasein ist aus dem Ablauf wirklicher Geschichte heraus zu begreifen. Dem realistischen Menschen wird deutlich, daß sie eine „personale Geschichte" ist, „deren bestimmende Elemente Freiheit, Entscheidung, Verantwortung, Schuld und Schicksal heißen. Er erfährt, wie bis in den Grund hinein alles Menschliche verwirrt ist, und welchen Wi-

---

⁶⁶ *Ethik*, 1235, und ähnlich 1191.
⁶⁷ *Anfang*, 81.
⁶⁸ Ebd. Unmittelbar ist die hier zitierte Aussage Guardinis auf die Frage nach dem Tod im Leben des Menschen bezogen; sie läßt als existentielle Aussage aber eine Verallgemeinerung zu.
⁶⁹ *Anfang*, 96f.
⁷⁰ Vgl. ebd., 97.

derstand es dem Willen entgegenstellt, die Dinge richtig zu machen."⁷¹ Angesichts der Geschichte des 20. Jahrhunderts, der „Taten barbarischer Grausamkeit, pathologischer Hybris und einer schauerlichen Kälte dem Menschen gegenüber", lautet das realistische Urteil über den Menschen: Er ist „nicht jenes ordnungswillige, gute, zu immer Besserem bereite Wesen, als das der Optimismus des Fortschrittsglauben ihn sieht"⁷². Jede christliche Geschichtsdeutung hat daher die biblischen Aussagen über die erste Tat menschlicher Freiheit und ihre Auswirkungen ernst zu nehmen. So weist Guardini mit der Frage „Wo sind die ‚Disteln und Dornen' (Gen 3,18) in der Geschichte des Menschen?" auf die Kehrseite menschlicher Erfolgsgeschichte und auf die vielen Opfer hin, die berücksichtigt werden müssen, soll eine wahrhaftige Menschheitsgeschichte geschrieben werden.⁷³

2.5.3.2 Der Widerstand in der Verwirklichung des Guten

Der Mensch ist Wesen der Freiheit. Er kann in sittlicher Freiheit „dem Bösen widerstehen, das Gute durchsetzen – freilich sich auch dem Guten versagen und das Böse wählen"⁷⁴. Als Freiheitswesen existiert er aber konkret immer nur in einem geschichtlichen Zusammenhang mit anderen Freiheiten, die seine Freiheitsverwirklichung beeinflußen, d.h. sie möglicherweise fördern, ihr aber auch entgegenstehen. Er lebt in Geschichte und schafft selbst Geschichte.

Die ethische Bedeutung der Lehre von Urstand und Urschuld liegt in der Erkenntnis, daß der Mensch nicht nur in seiner Freiheit die Möglichkeit zum Guten oder zum Bösen hat, sondern daß in seinem Dasein ein Impuls wirkt, der von einer ersten Entscheidung zum Bösen stammt und seitdem das Dasein stört, ohne daß diese erste Tat historisch bestimmt werden müßte.⁷⁵ In

---

71 Vgl. *Der Heilige*, 231.
72 *Glaube in unserer Zeit*, 108. Die Desillusionierung des Fortschrittsglaubens ist heute selbstverständlich, während sie in der ‚Aufbruch- und Wirtschaftswunder-Stimmung' der 50er und 60er Jahre auf Unverständnis stoßen mußte. Im Bewußtsein des Zusammenhangs von reflektierter und ‚verarbeiteter' Geschichte und menschlicher Daseinsdeutung sind auch Guardinis Äußerungen zur Verantwortung vor der ‚jüdischen Frage' zu lesen. Das geschehene Unrecht, das „Ungeheuerliche" in der zurückliegenden Geschichte sei, so Guardini in seiner Rede 1952, noch „vollkommen unaufgearbeitet". *Verantwortung*, 39, zum Ganzen s. ebd., 30-41.
73 Vgl. *Anfang*, 93-96. Ebd., 99, bezieht Guardini diesen Gedanken auf das Verhältnis der Geschlechter und spricht von den „Dornen und Disteln", die das Dasein der Frau bestimmt haben; vgl. Gerl, *Die Frau*. In diesem Zusammenhang ist an den Beschluß „Unsere Hoffnung" der Synode der deutschen Bistümer von 1975 zu erinnern: Die christliche Hoffnungsbotschaft läßt nicht zu, daß die Leidensgeschichte der Menschheit vergessen wird; vgl. ebd., 89f. Die Synode stellte, worin Guardini ihr vorangegangen war, die Frage, ob unser öffentliches Bewußtsein nicht zu lange von einem naiven Entwicklungsoptimismus bestimmt war. Schließlich spricht sie vom nüchternen Realismus über den Menschen und seine geschichtliche Selbstvollendung. Vgl. 96f.
74 *Askese*, 31.
75 Vgl. *Ethik*, 937. Ich gehe in dieser auf das ethische Denken fokussierten Arbeit nicht auf die metaphysische bzw. religiöse Frage nach dem Ursprung des Bösen ein. Vgl. dazu *Ethik*, 1237f., und *Anfang*, 62ff. Siehe auch Kapitel VI.7. Die biblische Geschichte läßt die symbolische Deutung zu, daß die menschliche Freiheit nicht gänzlich für das Böse im Sinne des malum morale

der Geschichte, die als Tatsachenfolge menschlicher Freiheit zu begreifen ist, besteht an jeder Stelle nicht nur von der Freiheit der Menschen „her die Möglichkeit, sondern von der Verstörung her die Wahrscheinlichkeit des Fehlgehens [...], welches Fehlgehen dann als Faktum in der Geschichte weiterwirkt"[76]. Der Begriff der Urschuld ist daher ein Bestandteil christlich-ethischer Personlehre. Mit ihm verbindet sich das Bewußtsein, daß die Verwirklichung des Guten von der sittlichen Urteilsbildung über die Realisierung des Urteils im Handeln bis zur sich verfestigenden Haltung der Person nicht nur gegen die „Passivität eines Stoffes, sondern auch gegen den Widerstand eines Nichtwollens, ja eines Gegenwollens durchgesetzt werden"[77] muß. Deshalb ist zur Verwirklichung des Guten die Askese unverzichtbar. Sie bedeutet zunächst, „diese Tatsache mit Nüchternheit zu sehen, aus ihr die nötigen Folgerungen zu ziehen und gegen die widerstrebenden Tendenzen im eigenen Wesen durchzusetzen"[78]. Im Sinne Guardinis und nach christlichem Verständnis steht Askese weder im Widerspruch zur Selbstverwirklichung noch zur Freiheit, sondern in deren Dienst. Denn das Gute, zu dessen Durchsetzung sie befähigt, ist nicht nur das der Welt und den Dingen Wesensgemäße, sondern auch „die der Wahrheit seines Wesens entsprechende Selbstverwirklichung des Menschen"[79]. Christliche Askese bedeutet nicht die Verneinung der Welt, sondern ihre Bejahung, die aber durch die Überwindung ihrer Verfallenheit hindurch verwirklicht werden muß.[80]

2.5.3.3 Die Macht des Menschen

Die Störung der menschlichen Daseinsordnung wirkt sich schließlich problematisch auf die Möglichkeit und die Wirklichkeit menschlicher Machtausübung aus: „Am Phänomen der Macht wird die Widersprüchlichkeit des Menschlichen besonders deutlich."[81] Auf dem Stand heutigen Problembewußtseins sind die Ausführungen Guardinis bemerkenswert aktuell. Allerdings beschränken sie sich weitestgehend darauf, auf dem Hintergrund des biblisch-christlichen Personverständnisses die grundsätzliche ethische Frage ins Bewußtsein zu rufen. Guardinis Kritik menschlicher Macht ist von zwei Faktoren bestimmt: einerseits von der Einsicht in die durch die Urschuld gestörte Verfassung des Menschen und andererseits vom Ernstnehmen der Weltverantwortung. Die Sorge um den Menschen und die Ge-

---

allein verantwortlich ist. Der Mensch gab einer Versuchung nach, die von außen an ihn herangetragen wurde und in der biblischen Erzählung durch die Schlange verkörpert wird.
[76] *Existenz*, 193.
[77] *Askese*, 32.
[78] Ebd.; vgl. ähnlich *Ethik*, 407f. Auf die Bedeutung der Askese im Gesamt des ethischen Denkens braucht in dieser Arbeit nicht ausführlicher eingegangen zu werden. Hier ist auf die Dissertation von Reinhard Haubenthaler „Askese und Freiheit bei Romano Guardini" zu verweisen.
[79] *Ethik*, 55. Vgl., Haubenthaler, 236ff. und 241ff., der ebenfalls den Zusammenhang von Askese, Selbstverwirklichung und Freiheit im Denken Guardinis herausstellt. Siehe hierzu Kapitel VI. 5.
[80] Vgl. *Ethik*, 1017.
[81] *Existenz*, 194.

fährdung des Humanum durch den Menschen ist das tragende Motiv dieser Kritik, wobei die Erfahrungen zweier Weltkriege und des staatlichen Machtmißbrauchs im Nationalsozialismus katalysatorisch wirkten. Ist der optimistische, aber unreflektierte Fortschrittsglaube, der die Moderne prägt, als solcher entlarvt, wird deutlich, daß im Menschen Impulse wirken, die ihn zum Mißbrauch der eigenen Macht treiben.[82] Die nüchterne Selbsterkenntnis des Menschen ist der erste notwendige Schritt zur Bewältigung eines Problems, das sich mit „der wie im Zwang vorandrängenden wissenschaftlich-technischen Entwicklung"[83] verschärft hat und den Menschen auf neue Weise in seiner personalen Verantwortung herausfordert. Mit steigender Geschwindigkeit wächst die Macht des Menschen über die Natur und über die biologischen Grundlagen des eigenen Lebens, wachsen die Eingriffsmöglichkeiten in das menschliche Sein. „Ob dabei aber", so die mahnende Frage Guardinis, „die Fähigkeit des Menschen mitwächst, seine eigene Macht in der Hand zu behalten, zu ihr die richtige Einstellung zu haben, sie richtig zu ordnen, was immer zugleich bedeutet, ihr gegenüber unabhängig zu sein?"[84] So wird eine Antwort auf die Frage dringlich, wie den „anonymen Impulsen des Machtwillens, des Erwerbstriebes, der Experimentiersucht, des ‚Alles-machen-Wollens'" begegnet werden kann. Deutlich spricht aus den Worten Guardinis die mittlerweile Allgemeingut gewordene Einsicht, daß der Mensch nicht alles darf, was er kann. „Das ethische wie das pädagogische Problem der Macht – das Wort im weitesten Sinn, für die Fähigkeit, zu erobern und zu meistern genommen – sind noch kaum gestellt. Ebensowenig wie das einer Theologie der Macht."[85] Diese hat, soviel geht aus Guardinis Andeutungen hervor, erstens weltorientiert und realistisch zu sein, darf sich also dem Problem nicht ideologisch entziehen. Die Macht „für etwas einfachhin Böses zu erklären, ist ein – in der gegenwärtigen Situation dazu noch sehr gefährlicher – Irrtum"[86]. Eine Theologie der Macht muß zweitens in der Wahrheit der biblischen Offenbarung gründen. Die Ebenbildlichkeit der Menschen, die sie zur Herrschaft über die Welt befähigt, soll sich darin zeigen, daß sie sich auch in der Weise ihrer Machtausübung am Urbild Gottes orientieren und ihre Macht in einer Haltung der Fürsorge und Güte ausüben. „Von hierher erwächst die Aufgabe, Wesen und Verantwortung des Menschen in der Welt neu zu durchdenken und Pflichten zu formulieren, deren Größe noch nicht abzusehen ist. Und damit

---

[82] Tatsächlich beschäftigte diese Problematik Guardini zunehmend, wie die späten Schriften zeigen. Vgl. besonders die der ganzen Thematik gewidmete Schrift *Macht*; s. auch *der unvollständige Mensch*; desweiteren *Glaube in unserer Zeit*, 106-110; *Theologie der Welt*, 67-81; *Theologische Briefe*, 38f., wo Guardini explizit Dresden und Hiroshima nennt, und *Ethik*, u.a. 264ff., 837-843. Ausführlich ist die hier angeschnittene Problematik in der jüngst erschienenen Studie von Haubenthaler, der einleitend, bes. 1-30, den aktuellen Problemhorizont darstellt, behandelt worden.
[83] *Glaube in unserer Zeit*, 109.
[84] *Existenz*, 194.
[85] *Glaube in unserer Zeit*, 109.
[86] Ebd.

bekommt die religiöse Haltung selbst einen neuen Inhalt. Die Gefahr der Abseitigkeit und des Virtuosentums wird leichter überwunden und die Frömmigkeit verbindet sich mit dem Schicksal von Gottes Welt."[87]

2.6 Christliches Ethos im Horizont der Erlösung

Bisher beschränkte sich die Darstellung auf den Gedanken der Urschuld und ihrer Auswirkungen, der in den betreffenden Schriften Guardinis quantitativ tatsächlich einen großen Raum einnimmt. Guardini räumt selbst ein, daß ein insgesamt pessimistischer Eindruck entstehen könne und die negativen Momente in der Existenz des Menschen stark betont worden seien.[88] Ein solcher Pessimismus ist aber nicht Charakteristikum des Glaubens an die Offenbarung. Denn dem Glauben eignet „auch jenes Vertrauen, das aus der nie aufzuhebenden Tatsache von Gottes Liebe erwächst, wie sie sich in der Schöpfung und Erlösung kundgetan hat – und aus dem Bewußtsein, daß die Gabe der Freiheit und des schöpferischen Lebensgrundes nicht vom Menschen genommen ist", ebenso wenig wie die Auszeichnung der Gottebenbildlichkeit.[89] In christlich-biblischer Sicht bilden die Schöpfung als der Anfang der Geschichte und die Erlösung den einen Zusammenhang göttlichen Heilshandelns. Die Offenbarung sagt über die Geschichte, daß Gott die Tat des Menschen nicht zum Untergang der Menschen hat werden lassen. Dies war bereits der Beginn der Erlösung als der Initiative Gottes, durch welche die Entscheidung des Menschen und seine Schuld überwunden werden sollte. Durch Christus ist sie vollzogen worden. Durch seine heilige Existenz in der unheilig gewordenen Welt und durch sein Schicksal in ihr hat „Gott im Zusammenhang der alten Geschichte den Beginn einer neuen gesetzt. Aus diesem Beginn soll mit den ‚Materialien' der bisherigen Welt eine neue entstehen: jenes Ganze, das Christus ‚Reich Gottes' nennt."[90]

Für ein christliches Ethos erneuert sich durch diese neue geschichtliche Heilsinitiative Gottes der Weltauftrag. Die sittliche Aufgabe lautet nun, aus der Kraft der Erlösung und aus dem Einvernehmen mit dem Erlöser aufs neue die Welt zu bebauen und bewahren[91]. Der Christ soll dafür sorgen, „daß es mit der Welt richtig werde"[92], und das Werk Gottes, d.h. das Leben davor retten, durch die hybride gewordene Macht des Menschen zerstört zu werden. Ziel des im Horizont des Glaubens verstandenen sittlichen Handelns ist für die einzelnen Glaubenden die christliche In-Existenz, d.h. die ihnen verheißene Freiheit als Kinder Gottes, für die Gemeinschaft und die Welt das Reich Gottes. Aus der schöpfungstheologisch begründeten Mit-

---

[87] Ebd., 110.
[88] Vgl. *Anfang*, 111, und die Zwischenbemerkungen in den Ethikvorlesungen, bes. 1187f.
[89] *Anfang*, 111.
[90] *Theologie der Welt*, 71; vgl. auch *Ethik*, 1191.
[91] *Theologische Briefe*, 33.
[92] *Glaube in unserer Zeit*, 81.

Das Verständnis der Person 161

Verantwortung des Menschen für die Welt wird nun die gnadenhaft „ermöglichte Mitherrschaft mit Christus"[93].

Mit dieser Aufgabe steht die Christin und der Christ im Horizont der eschatologischen Verheißung, die ebenfalls in Beziehung zum Anfang der Heilsgeschichte zu sehen ist. Das Paradies ist verloren. „Aber", so Guardini, „es sind uns Verheißungen gegeben, die sagen, daß etwas kommen soll, das zu ihm steht wie die Erlösung zur Schöpfung. Es liegt im ‚Einst' der Zukunft; jenseits der Grenze des Todes, wie das Paradies im Einst der Vergangenheit, jenseits der Grenze der Schuld [...]. Jeder Beginn aber geht auf Zukunft zu. Sie ist das, was Paulus und Johannes den ‚neuen Menschen' nennen, der einst, ‚unter dem neuen Himmel und auf der neuen Erde', seine Heimat haben soll; durch die Wiedergeburt zu leben begonnen hat und in der Auferstehung sich offenbaren wird."[94] So berühren sich bei Guardini in der Deutung der Gegenwart menschlichen Daseins Protologie und Eschatologie.[95] Die Geschichte menschlicher Freiheit vollzieht sich in der Spannung zwischen Schöpfung und Erlösung. Der Anfang im Paradies ist der vorgeschichtliche Zustand, während die verheißene Zukunft eines neuen Himmels und einer neuen Erde die Geschichte menschlicher Freiheit zur Vollendung bringen wird.

Die Relevanz dieser Daseinsdeutung für das sittliche Leben und die Begründung eines christlichen Ethos ist nun erkennbar: Durch die Erlösung und die gnadenhafte Teilhabe des Menschen an ihr wird die Erfüllung des schöpfungstheologisch fundierten Auftrages der Weltverantwortung ermöglicht und geschichtlich, wenn auch unter eschatologischem Vorbehalt, wirksam. Diese Teilhabe und die Ausrichtung auf die verheißene eschatologische Zukunft stärken diejenigen, die sich im Glauben mit ihrer Existenz in diese heilsgeschichtliche Perspektive hineinstellen und ‚hineinwagen', in ihrem Personsein. Sie motivieren sie in sittlicher Hinsicht, ohne daß die heilsgeschichtliche Aussage dadurch auf ein sittliches Movens reduziert werden soll.[96]

---

[93] *WuP*, 101.
[94] *Anfang*, 114f.
[95] Siehe zu dieser Verknüpfung oben 2.5 und *Existenz*, 108 Fn. 1.
[96] Guardini war sich bewußt, daß die seelischen Auswirkungen der theologischen Lehre von der Urschuld nicht unterschätzt werden dürfen. Eine einseitige, den Zusammenhang der Erlösung vernachlässigende Darstellung und Verkündigung hat hier alles andere als sittlich motivierend, eher kontraproduktiv gewirkt. So wurde das neuzeitliche Ressentiment gegenüber der Lehre von der Urschuld verstärkt und ihr christliches Verständnis erschwert. Der Vorwurf war bzw. ist, daß das Christentum durch den Gedanken der Urschuld und der Erbsünde das ganze Dasein unter den Akzent der Schuld gesetzt habe. Der Instinkt der Verkündiger habe sich in ihrem Machtstreben die urmenschliche Angst um das Heil zunutze gemacht und durch die Lehre von Schuld und Sühne die Menschen religiös an die Kirche gebunden. Wenn angesichts einer solchen Verkündigung von Erlösung gesprochen werden soll, „dann nur in dem Sinne, daß der Mensch vom Druck des religiösen Schuldgedankens selbst, von der metaphysischen Bedrohtheit und der Heilssorge befreit, und die Ursprünglichkeit des Lebens losgegeben wird." „Es unterliegt keinem Zweifel", so Guardini zu dieser (bis in seine Zeit und darüberhinaus) wirksamen Tendenz, „daß an diesem Gedanken Wahres ist. Dem Christen selbst muß daran gelegen sein, den seelischen Komplex, der hier mitwirkt, herauszuheben und aufzuar-

3. Der Mensch als dialogische Existenz – Person und Gemeinschaft

Guardini wird mit seinem Personverständnis in die Reihe der katholischen Vertreter des dialogischen Personalismus eingeordnet.[97] Seine Schrift „Welt und Person" rückte ihn tatsächlich in die Nähe dieser philosophischen Richtung und deren Rezeption in der Theologie.[98] Die genaue Untersuchung zeigt jedoch, daß Guardini in seinem Personverständnis Grundaussagen der theologischen Tradition, Einsichten aus der Gegensatzlehre und eine biblische Anthropologie mit möglichen Anregungen der zeitgenössischen Philosophie und Theologie zu einer eigenständigen Gestalt verband. Zudem dürfen andere Wurzeln im Person-Denken Guardinis nicht übersehen werden. Dies gilt besonders für das in der Ethik wichtige Verständnis der Person als dialogische und soziale Existenz und ihre Beziehung zur Gemeinschaft.[99] Seine Erfahrungen in der Liturgie und liturgietheologische Überlegungen sind als Einflüße auf Guardinis Personverständnis nicht zu unterschätzen.[100]

---

beiten. Es gibt wirklich eine Art der Glaubensverkündigung, welche immerfort das dumpfe Gefühl des Bedrohtseins, die Angst vor der Verlorenheit weckt. Eine Art, die Welt zu sehen, welche diese beständig ins Unrecht setzt, indem sie alles das, was ‚Leben' im unmittelbaren Sinne heißt – den Elan der Vitalität, den Eros in all seinen Formen, die Zuversicht der Weltbegegnung, die Freudigkeit der Welteroberung usw. –, unter den Akzent des Unrechts bringt. Diese Tendenz durchzieht die ganze Geschichte der christlichen Ethik und Lebensformung", in verschiedenen Formen, seien sie dualistischer, puritanisch-pessimistischer oder rigoristischer Gesinnung; *Existenz*, 213. In diesem Gedanken klingt auch die intensive Auseinandersetzung Guardinis mit Nietzsche durch; vgl. zu dem Aspekt der falschen Weltverachtung auch *Madeleine Semer*, 604-606.

[97] So Langemeyer, 247-264, und Schrey, bes. 107-112. Vgl. auch Scherer, 318. Pannenberg allerdings bezeichnet Guardini als „Exponenten eines am Individuum orientierten Personalismus"; Pannenberg, 233.

[98] Diese Einordnung bedeutet keine direkte Abhängigkeit, die vorerst nicht zu belegen ist. Auf die Nähe und den Unterschied zwischen Guardini und Buber, dessen Personverständnis aktualistischer ist und der dialogischen ‚Ich-Du-Beziehung' eine konstitutive Bedeutung gibt, hat bereits Berning-Baldeaux hingewiesen; vgl. 49-53. Interessant ist, daß Guardini im Typoskript *WuP** Bubers Schrift „Ich und Du" erwähnt, 38 Fn. 1, aber nicht mehr in *WuP*, vielleicht, um Mißverständnisse auszuschließen. Aufschlußreich bezüglich seiner Quellen ist die Fußnote Guardinis in *WuP*, 145 Fn. 53: Ausdrücklich weist er auf Anregungen durch Theodor Haecker hin, der Kierkegaard im katholischen Raum bekannt gemacht hat, mit dem Guardini sich aber auch selbst intensiv beschäftigte; vgl. u.a. *Ausgangspunkt der Denkbewegung Kierkegaards*. Guardini spricht desweiteren Übereinstimmungen mit Ferdinand Ebner an, auf die er allerdings erst von Dritten hingewiesen wurde, so daß keine gedankliche Abhängigkeit bestanden haben kann.

[99] So baut die Erkenntnis der dialogischen und sozialen Existenz des Menschen auf dem Gedanken des Gegensatzes zwischen Einzelnem und Ganzheit als Strukturelement des Lebens auf, vgl. *Gegensatz*, 50-55.

[100] Die Reflexion über das Wesen der Liturgie ist zwar auch vom Gegensatzgedanken bestimmt, doch ist das Erlebnis der Liturgie durchaus als genuine Quelle für die Erfahrung des Verhältnisses von Individuum und Gemeinschaft zu würdigen. So spricht Guardini schon in „Vom Geist der Liturgie" von der „individualistischen Seelenverfassung", der die soziale gegenübersteht; *Geist der Liturgie*, 30. Siehe desweiteren das Kapitel „Der Einzelne und die Gemein-

Das Verständnis der Person 163

Auch das Wesen der Kirche ist von dieser gegensätzlichen Struktur bestimmt, worauf Guardini in seinen ekklesiologischen Arbeiten hinweist.[101] Schließlich sind die in der Jugendbewegung gemachten und reflektierten Erfahrungen für sein dialogisches Personverständnis fruchtbarer Hintergrund gewesen, wie der Aufsatz „Möglichkeiten und Grenzen der Gemeinschaft" zeigt, dessen erste Fassung in das Jahr 1928 datiert.[102] Schon in „Möglichkeit und Grenzen der Gemeinschaft" werden die Aufgabe eines personalen Ethos angesprochen und wichtige Gedanken von „Welt und Person" vorweggenommen.[103] Zuerst wenden wir uns diesen beiden Werken zu, um mit einem Blick auf diesbezüglich relevante Passagen der Ethikvorlesungen zu schließen.

3.1 Die Frage nach personaler Gemeinschaft

Guardini betrachtet ausgehend vom Gemeinschaftsbezug das Problem von Person und Gemeinschaft. Die Einheit des Lebens kann, so das erkenntnistheoretische Prinzip der Gegensatzlehre, nur in mehreren gegensätzlich gestellten Spannungsfiguren erkannt werden. So steht der Lebensbewegung auf Gemeinschaft die der Einsamkeit gegenüber, von denen keine in Ausschließlichkeit das Leben bestimmen darf. „Werden aber beide richtig vollzogen, so

---

schaft" in *Liturgie*, 63-78. Die Liturgie, so die wichtige Erkenntnis, die Guardini der katholischen Jugendbewegung vermitteln konnte, lebt von der gelungenen und ausgehaltenen Spannung zwischen der eigenständigen Persönlichkeit und dem Ganzen der liturgischen Gemeinschaft.

[101] Vgl. *Sinn der Kirche*, 35-47. In der Kirche ist die dialektische Spannung zwischen der Kirche als neuer geistgewirkter Schöpfung und der gnadenhaft ergriffenen Persönlichkeit des Einzelnen lebendig. „Christus selbst durchstaltet [durch den Heiligen Geist, BK] als innerlich wirkende Kraft den einzelnen Christen wie die Kirche und ordnet beide aufeinander hin, so daß Einzelpersönlichkeit und Gemeinschaft werden und bestehen können." Auch das ‚übernatürliche' Leben ist von der gegensätzlichen Spannung bestimmt, durch die Christus als Prinzip dieses Lebens quer hindurch wirkt. Vgl. Schilson, *Perspektiven*, 225.

[102] Diese frühere Fassung erschien unter dem Titel „Mögliche Gemeinschaft" 1928 in der Zeitschrift „Schildgenossen". Vgl. Mercker, *Bibliographie*, nn. 264 und 323. In der Ausgabe „Unterscheidung des Christlichen" von 1963, nach der hier *Möglichkeit und Grenzen* zitiert wird, ist irrtümlich das Jahr 1932 angegeben; vgl. ebd., 5; tatsächlich erschien *Möglichkeit und Grenzen* 1930. Notwendige Ernüchterungen und Krisen in den Gemeinschaften der Jugendbünde, die wie der Quickborn den Kinderschuhen entwachsen waren, gaben Anlaß zu einer Vertiefung und Klarstellung des Personverständnisses. Aus Guardinis Worten spricht die Atmosphäre dieser Zeit: „Als wir von ‚Gemeinschaft' sprachen, als wir voll Glück entdeckten, daß der furchtbare und selbstsüchtige Individualismus überwunden werden könne und Gemeinschaft möglich sei – was haben wir da gemeint? ‚Wir' [...] unsere Zeit; jene Menschen, in denen das Herz dieser Zeit pochte und die seinem Drang folgten [...]"; ebd., 65. Bezogen auf die Gemeinschaft der Jugendbünde zielte der Aufsatz auf einen Ausgleich zwischen Gemeinschaftsstreben und dem Recht der individuellen Persönlichkeit.

[103] Bei den angesprochenen Einordnungen aus der Sekundärliteratur, vgl. Fn. 97, werden die frühen Aufsätze nicht berücksichtigt. Zu nennen sind *Über Sozialwissenschaft*; *Möglichkeit und Grenzen* und *Lebendiger Geist*. Einzelne Aussagen über die Person, die sich am Gegensatz von Gemeinschaft und Selbständigkeit orientieren, finden sich bereits in *Bedeutung des Dreifaltigkeitsdogmas* von 1916, 88-91.

gewinnt das Leben als Ganzes eine neue Ebene. [...] Gemeinschaft und Einsamkeit bestimmen sich darin gegenseitig, bezogen auf die geistige Person."[104]

Der Mensch ist kein „Eingesperrter im zugemauerten Selbst"[105], sondern existiert in Gemeinschaft und auf Gemeinschaft hin, was sich unter anderem im Phänomen des Sprechens zeigt. Die Sprache kommt nicht zusätzlich zum fertigen lebendigen Dasein hinzu, sondern die Menschen existieren wesentlich im Wort und im Gespräch auf die Anderen hin „aus der umfangenden Gemeinsamkeit des Lebens heraus"[106]. Was für die Sprache gilt, ist auch von den anderen Grundakten des Daseins zu sagen. Sie binden in die Gemeinsamkeit mit Anderen. Die persönliche Lebensgestalt des Menschen – Guardini spricht von der ‚Schicksalsgestalt' – ist aus einer Umgebung hervorgegangen und durch diese geprägt.

In ihr treten aber auch die Unterschiede hervor und so wird im Blick auf das ganze Leben schließlich die Grenze der Gemeinsamkeit unter Menschen sichtbar. Die verschiedenen Unterscheidungen führen zur wesenhaften Einsamkeit der Person, deren bildlicher Ausdruck die Rede von der Innerlichkeit ist. Sie verwirklicht sich dort, wo die Person zu sich steht, das Unaufhebbare des ‚so bin ich', und ‚das ist mir zugewiesen' anerkennt, also ihr Selbst und Schicksal auf sich nimmt und in sittlicher Entscheidung die Verantwortung für ihr Tun und Sein übernimmt.[107] Theologisch ist die Einmaligkeit der Person in ihrer Herkunft von Gott begründet: „Jeden Menschen hat, in der Einmaligkeit seiner Person, Gott, als er ihn schuf, gerufen, bei seinem ‚Namen' gerufen. Dieser Name ist nur zwischen Gott und ihm. Er ist die Weise, wie Gott ihn gemeint hat. Gottes Gabe an ihn, und auch Gottes Forderung."[108]

Wenn Einmaligkeit und Einsamkeit Bestimmungen der Person sind und im unmittelbaren Ich-Du-Verhältnis der Person zu Gott zudem ihre Grundlage haben, was ist dann über die Möglichkeit personaler Gemeinschaft zu sagen? Guardini unterstreicht die Fragestellung, indem er an Krisen der Gemeinschaftserfahrung erinnert. Trotz des ehrlichen Bemühens um wechsel-

---

[104] *Möglichkeit und Grenzen*, 65.
[105] Ebd.
[106] Ebd., 67.
[107] Vgl. ebd., 70.
[108] Ebd. Guardini nahm dieses Namensmotiv in der Betrachtung „Der Name der Menschen" in *Den Menschen erkennt*, 61-70, auf. An dieses Motiv knüpfen zwei wichtige Gedanken an. Erstens führt es zu einer Definition der Göttlichkeit und der göttlichen Personalität, die sowohl die Analogie wahrt als auch die absolute mit der ökonomischen Trinitätslehre verbindet: „Das Letzte der Person und ihrer Einmaligkeit kann mit allgemeinen Begriffen nicht gesagt werden. Es wird in der Liebe Dessen gesagt, der diesen Menschen so liebt wie keinen anderen. Das bedeutet keine Anmaßung, denn Gott liebt Jeden als ihn selbst, und also anders als jeden Anderen, weil Er allein realisiert, was Person ist. (Daß Er das aber vermag: für Jeden als ihn allein da zu sein, ist eine sehr tiefe Definition seiner Göttlichkeit.)" Ebd, 68. Der zweite Gedanke bezieht die personale Gemeinschaft in die eschatologische Vollendung mit ein. In der „Lebenseinung zwischen Gott und den Menschen" werde jede und jeder ganz selbst sein, unverwechselbar eigen und frei, zugleich aber in Gemeinschaft mit allen stehen. Ebd., 69.

seitige Anteilnahme und Gemeinschaft ist die Erkenntnis wesentlich, daß die einzelne Person nicht in der Gemeinschaft aufgehen kann. „Manch ein Mensch ist nicht zum Charakter geworden, weil immerfort das, was der strengen Klarheit des verantwortlichen ‚Ich' bedurft hätte, in die Unverbindlichkeit des ‚Wir' zerfloß."[109] Alle Versuche, einander zu verstehen, führten doch zu der Erkenntnis, daß auch die Gemeinschaft des Verstehens begrenzt und die andere Person in ihrer Fremdheit anzuerkennen ist. „So heißt denn mögliche Gemeinschaft letztlich: Daß ich über die Fremde hin den Anderen anerkenne. Daß ich ihn freigebe in die Freiheit seines Eigenseins, was aber zugleich bedeutet: in sein Geheimnis und seine Undurchdringbarkeit."[110]

Diese Erfahrungen führen zum Kern des Person-Problems und eines personalen Ethos. Jede Person ist, obwohl sie nur im Zusammenhang mit anderen existieren kann, einzig und einmalig. Die Dinge der Wirklichkeit können erfaßt, angeeignet und vergegenständlicht werden, die Person nicht. „Die Person erfasse ich, mit ihr trete ich in Gemeinschaft nicht durch den einfachen Akt, welcher ‚Das da', sondern durch den dialektischen Akt, welcher ‚Du' meint."[111] Der Verzicht auf sachhaftes Verhalten in der absichtslosen, die andere Person respektierenden „Ich-Du-Begegnung" wird zur tragenden Tugend eines personalen Ethos und personalen Verstehens. So ist die persongerechte Haltung die Preisgabe naiver Selbstsucht und Egozentrik, in der nur das ‚Ich' Mittelpunkt der Welt ist. Sie ist „jener Verzicht, dessen reiner Vollzug Weisheit und Heiligkeit ist, der aber bereits im täglichen Dasein beginnt; die wirkliche Zulassung, nicht nur gedacht, sondern getan, daß auch dort echte Mitte ist, personaler Ursprung und personales Ziel [...]. An Stelle des naiven Weltbildes – ethisch ‚naiv'; technisch hingegen, psychologisch, ästhetisch, wissenschaftlich, sozial kann es höchst entwickelt, ja raffiniert sein –, an dessen Stelle tritt das personal-ethisch durchgearbeitete Weltbild."[112]

3.2 Der personale Bezug in „Welt und Person"

Ging der Gedankengang in „Möglichkeit und Grenzen der Gemeinschaft" von der Frage nach der Möglichkeit personaler Gemeinschaft aus, so ist es in „Welt und Person" die phänomenologische Betrachtung des Ich-Du-Verhältnisses. Die Person ist von vielfachen Zusammenhängen physischer, biologischer und geistiger Art abhängig. Sie bedarf dieser Wirklichkeits- und Sinnzusammenhänge, um existieren zu können, ist aber selbst und als solche nicht durch sie bedingt.[113] Wie aber verhält es sich mit der personalen Ich-Du-Beziehung? Diese bestimmt Guardini wieder durch die Achtung der Selbstzweckhaftigkeit der anderen Person. „Zum Du wird mir der andere erst dann, wenn die einfache Subjekt-Objekt-Beziehung aufhört. Der erste

---
[109] Ebd., 72.
[110] Ebd., 75.
[111] Ebd., 78.
[112] Ebd., 79.
[113] *WuP*, 132.

Schritt zum Du ist jene Bewegung, welche die ‚Hände wegnimmt' und den Raum freigibt, worin die Selbstzweckdienlichkeit der Person zur Geltung kommen kann. Sie bildet die erste Auswirkung der ‚Gerechtigkeit' und die Grundlage aller ‚Liebe'. Die personale Liebe beginnt entscheiderweise nicht mit einer Bewegung zum Anderen hin, sondern von ihm zurück."[114] Wird eine solche Einstellung zur Tugend, verändert sich das Subjekt. Diese offene personale Haltung bedeutet ein Wagnis, denn sie wartet auf die Vollendung des Verhältnisses durch die entsprechende Bewegung von seiten des oder der Anderen. In dieser dialektischen Begegnung entsteht und entscheidet sich personales Schicksal. Es „entspringt erst in der ungeschützten Offenheit des Ich-Du-Bezuges oder aber jenes Ich-Bezuges, dem die Vollendung vom Du her versagt bleibt"[115]. Wenn das personale Schicksal von dem Gelingen personaler dialogischer Ich-Du-Begegnung abhängt, stellt sich die Ausgangsfrage erneut. „Bedarf also die Person, um sie selbst sein zu können, der anderen Person?" Mit seiner Antwort grenzt sich Guardini von einem dialogisch-aktualistischen Personverständnis ab, demzufolge die Person nur im Akt des Ich-Tuns besteht: Die Person entsteht nicht in der dialogischen Begegnung, sondern sie aktuiert sich in ihr und erfüllt so den Sinn ihres Seins auf andere Personen hin.[116]

So kann zusammenfassend und im Vergleich zu anderen Personkonzeptionen das Personverständnis Guardinis wie folgt charakterisiert werden: „Der Mensch *wird* nicht erst zur Person im Aktuieren seiner selbst (Scheler) oder in der antwortenden Begegnung mit Gott (Ebner) bzw. mit Gott auf dem Wege über den Mitmenschen (Buber), auch wenn dies alles grundsätzlich in ihm angelegt ist. Er *ist* vielmehr immer schon Person, weil immer schon ein Ich-Du-Bezug gesetzt ist, nämlich der Bezug zu Gott. Die Gottbezogenheit ist damit die erst aus der Offenbarung verständliche Voraussetzung sowohl für das substantielle Verständnis des klassischen, wie für das aktualistische Verständnis des modernen Personalismus."[117]

> Der Bezug zur anderen Person erfährt seinen wesentlichen Ausdruck darin, daß der Mensch im Dialog steht, was Guardini durch eine Reflexion vertieft. Das Wort bzw. die Sprache ist nicht nur ein Mittel zur Verständigung oder die Möglichkeit, Sinnverhalte auszudrücken, sondern selbst „der Sinnraum, in welchem jeder Mensch lebt"[118]. Die Sprache gewährt dem Menschen „überhaupt erst die Möglichkeit, inmitten der Offenheit von Seiendem zu stehen"[119]. Das Sprechen aber verweist den Menschen wesentlich auf die oder den Anderen. „Damit bildet

---

[114] Ebd., 134.
[115] Ebd., 135.
[116] Ebd., 136f.
[117] Knoll, *Glaube*, 368f. Vgl. ähnlich auch Böhm, 619.
[118] Beide Zitate *WuP*, 137. Auch dieser Gedanke ist schon zugrundegelegt in *Möglichkeit und Grenzen*, 67. Dort erwähnt Guardini wie in *WuP*, 138 Fn. 51, die Anekdote aus der Chronik von Salimbene über Friedrich II. von Hohenstaufen und dessen Menschenexperiment, die Ursprache der Menschheit durch die völlige sprachliche Isolation von heranwachsenden Kindern zu erforschen, der diesen verzweckten Kindern das Leben kostete.
[119] Ebd., 138. Guardini zitiert hier Heideggers Schrift „Hölderlin und das Wesen der Dichtung" (1937), S. 7.

Das Verständnis der Person 167

die Sprache den objektiven Vorentwurf für das Zustandekommen der personalen Begegnung."[120] Guardini geht es auch an diesem Punkt nicht um eine rein philosophische Beobachtung zur dialogischen Existenz des Menschen, sondern um eine christliche Begründung des Personverständnisses. Der Sachverhalt der dialogischen Existenz des Menschen „erhält seinen letzten Sinn aus einer Offenbarung, die sich durch das Alte Testament zieht und in der Logoslehre des Johannesevangeliums vollendet wird"[121]. Sie offenbart Gott als den Redenden. „Das Wort bildet den Herzpunkt des göttlichen Daseins. Gott ist in sich selbst Sprechender, Gesprochener und liebende Innewerdung der ewigen Rede."[122] „Gott ist Person mit Bezug auf das Wort. Er spricht sein unendliches Geheimnis aus; ebendarin existiert er als Der, der spricht, auf Den hin, der gesprochen wird – und auch, so darf man wohl sagen, der eigentlich Hörende ist."[123] Der Gedanke führt vor das Geheimnis des innertrinitarischen Dialoges, in dem im Heiligen Geist „sich das Verborgene ins Wort öffnet und das Offengewordene die Liebe wahrt, denn er ist die Liebe"[124]. Guardini führt die johanneische Logoslehre auf die alttestamentliche Wort-Gottes-Theologie zurück, insbesondere auf die Lehre, daß die Dinge Worte Gottes sind, der die Welt durch Sein Wort geschaffen hat.[125] Deshalb tragen die Dinge selbst Wortcharakter und sind mehr als bloße Wirklichkeiten im stummen Raum. Für den Menschen als dialogische Existenz bedeutet dies, daß sein Sprechen sich auf dem Grund des Wort-Charakters der ganzen Welt vollzieht. „Daß die Welt in der Form der Gesprochenheit besteht, ist der Grund, weshalb überhaupt in ihr gesprochen werden kann."[126] So vollendet sich die dialogische Existenz des Menschen in seinem Verhältnis zur Welt in der Bestimmung, daß durch ihn die Dinge in der Form der Antwort zu Gott zurückkehren sollen. Die Dinge der Welt „sind die Worte, durch die der schaffende Gott seine Sinnfülle in die Endlichkeit hinausspricht; unterwegs, den zu suchen, der sie verstehe und durch sie lobend, dankend, gehorchend mit dem Sprechenden in die Ich-Du-Beziehung des Geschöpfes zum Schöpfer trete."[127]

---

[120] Ebd.
[121] Ebd., 139. Auf die Gewichtung in der bibeltheologischen Begründung weist auch Langemeyer, 255, hin. Guardini steht, so Langemeyer, hier in Nähe zu anderen Theologen seiner Zeit wie E. Brunner und C. Tresmontant.
[122] WuP, 139.
[123] Ebd., 140.
[124] Ebd., 140f. Vgl. auch de Vries, 38, der diese trinitätstheologische Betrachtung stützt. Das „pros ton theon" des Johannesprologs offenbart die Beziehung im Sinne ursprünglicher Relation zwischen den göttlichen Personen. Gerade die Relation der göttlichen Personen und die dadurch aufgeworfenen Fragen nach dem Person-Sein waren bekanntlich ein wichtiges Thema in der frühkirchlichen und der scholastischen Personlehre bzw. Persondiskussion. Eine ausführliche Zusammenfassung bei Fuhrmann und Kible.
[125] WuP, 141. Diese exegetische Bemerkung Guardinis richtete sich seinerzeit vermutlich gegen Bultmann, der 1923 die These vom Ursprung des Logos-Hymnus in gnostisch inspirierten Täuferkreisen aufgestellt hatte. Laut Schnackenburg, 264, war diese These lange in Deutschland einflußreich. Die Ausführungen bei Schnackenburg, 205-207 und bes. 259-269, bestätigen Guardinis Behauptung. „Da der griechische Geist nicht der Vater des joh. Logosgedankens sein kann, liegt es nahe, eine biblische Herleitung zu versuchen. Nun hat sich tatsächlich schon im AT eine Theologie des ‚Wortes-Gottes' entwickelt, die vom Schöpfungsbericht und Offenbarungsgeschehen ausgeht und über poetische Stücke in die spätjüdische Weisheitsliteratur hinüberführt." Ebd., 259.
[126] Ebd., 141.
[127] Ebd. Dieser Gedanke faßt die christlich-anthropozentrische Bestimmung des Mensch-Weltverhältnisses zusammen, die Ergebnis des in der Offenbarung verkündeten Handelns Gottes

4. Aspekte eines personalen Ethos

Aus dem Personverständnis Guardinis ergeben sich wichtige Prämissen für sein ethisches Denken, auf die nun einzugehen ist.

4.1 Die unbedingte Würde der Person

Eine zentrale Konsequenz des Personverständnisses bei Guardini ist die Forderung, die unbedingte Würde und den absoluten Seins-Wert der Person zu achten, die zu einem Prinzip seines ethischen Denkens wird. Die Formulierungen Guardinis in den verschiedenen Schriften, die die Selbstzweckhaftigkeit der Person betonen, stimmen mit dem Würdebegriff der Person in der autonomen Moral überein, wie ihn Kant in der zweiten Formulierung des praktischen Imperativs geprägt hat. „Daß der Mensch Person ist, heißt: er kann nie Mittel zu Zwecken werden, und sei der Zweck selbst sein eigenes, aber auch von anderen bestimmtes Wohlergehen. Immer ist er auch Selbstzweck"[128], so Guardini in der Ethik.

> Johannes Schwartländer hat eine weitere Brücke geschlagen zwischen Guardinis person-orientiertem Ansatz und Kants Moral der Autonomie. Er bezieht sich auf Guardinis bekannte Schrift „Das Ende der Neuzeit". Aus ihr spricht wie aus den

---

an der Welt und dem Menschen ist. Er bleibt zentral auch für die moderne Moraltheologie, für die stellvertretend Auer, *Bedeutung* 55, wiedergegeben sei: Die Dinge und „alle Geschöpfe sind ‚Worte Gottes'. Es muß jemand geben, der sie vernehmen und ver-antworten kann. Der Mensch allein vermag kraft seines Geistes die nicht-geistige Welt in seine Antwort an Gott hineinzunehmen." Gerade bei Alfons Auer liegt die Vermutung einer Beeinflussung durch Guardini nahe. Vgl. Knoll, *Begegnungen*, 92f., der von den Kontakten Auers mit Guardini in Tübingen berichtet, als Auer Studentenseelsorger war und Guardini dort den Lehrauftrag für Religionsphilosophie und christliche Weltanschauung ausübte. Nicht umsonst war Auer als ein möglicher Nachfolger Guardinis auf dem Münchener Lehrstuhl im Gespräch. Siehe auch Kapitel X.2.6.2.2.

[128] *Ethik*, 856; vgl. auch 226. Entsprechende Stellen finden sich im gesamten Werk Guardinis: Die erste Formulierung datiert 1916 in *Bedeutung des Dreifaltigkeitsdogmas*: „Der Mensch kann dem Menschen nie Mittel zum Zweck, sondern nur Selbstzweck sein [...]", ebd., 90. Vgl. *Über Sozialwissenschaft*, 39 (von 1926); die haltungsethische Umsetzung des Personprinzips in *Möglichkeit und Grenzen*, 78-81; vgl. *WuP*, 122. Die betreffende und bekannte Formulierung lautet bei Kant in der „Grundlegung zur Metaphysik der Sitten": Die Person ist als vernünftiges Wesen von Natur aus durch ihre objektive Selbstzwecklichkeit ausgezeichnet, BA 64f. Das oberste praktische Prinzip des Willens lautet daher in der (zweiten) Formulierung des praktischen Imperativs: „Handle so, daß du die Menschheit, sowohl in deiner Person, als in der Person eines jeden andern, jederzeit zugleich als Zweck, niemals bloß als Mittel brauchest", ebd., BA 66.
Da Guardini sich mit seinem Personverständnis bewußt in die theologische Tradition stellt und sich mit Bonaventura in seiner Promotion und Habilitation beschäftigt hat, ist hier ein weiterer Einfluß zu vermuten. In der franziskanischen Tradition scholastischer Theologie ist der Gedanke der Personwürde ein wichtiges Element der Diskussion. Seit Alexander von Hales, dem Lehrer Bonaventuras, ist „die Würde [...] als ‚ratio ultima personae' nicht mehr wegzudenken, sie ist für ihn eine ‚proprietas eminens' oder gar ‚supereminens'"; so Kible, 289.

Ethikvorlesungen Guardinis die Sorge um den Menschen und um das Gelingen personalen Lebens und sein Engagement „für die mögliche Humanitas auch in der modernen Welt"[129]. Schwartländer stimmt Guardinis Einspruch gegen den „Idealismus des absoluten Geistes" zu, der um der Person, d.h. um der Freiheit der Person willen zu erheben ist: „Der Mensch", so Guardini, „ist auch nicht, wie der Idealismus ihn sieht. Dieser nimmt wohl den Geist an, setzt ihn aber dem absoluten Geiste gleich und wendet die Kategorie der Entwicklung auf letzteren an. Der Prozeß des absoluten Geistes ist der Gang der Welt, und der Mensch ist in diesen Gang hineingenommen. So kann es für diesen eine Freiheit im redlichen Sinn des Wortes, eine echte Entscheidung aus eigenem Anfang nicht geben. Daher kann es auch die Geschichte im redlichen Wortsinn nicht geben, und der Mensch verliert seinen wesenseigenen Daseinsraum. So ist er aber nicht. Er ist endliches Wesen, aber echte Person; unaufhebbar in seiner Eigenständigkeit, unverdrängbar in seiner Würde, unvertretbar in seiner Verantwortung."[130] In der Bestimmung der Freiheit des Menschen im „redlichen Wortsinn", in der Bestimmung und Achtung des Menschen als Person, sieht Schwartländer das gemeinsame Anliegen sowohl Guardinis als auch der Philosophie des „kritischen Idealismus", was beide vom spekulativen Idealismus unterscheide.[131] Zur Redlichkeit gehöre es aber, die Erfahrung der für die menschliche Person wesentlichen Endlichkeit ernst zu nehmen und „die ‚Endlichkeit' und ‚Bedingtheit' des Menschen nicht zu vergessen". Sie seien in den Ansatz jeder kritischen Bestimmung der Person und ihrer Freiheit hineinzunehmen.[132] Die Philosophie der sittlichen Autonomie anerkennt die Würde des Menschen und begründet sie in der Fähigkeit des Menschen als Wesen der Vernunft, sich frei zum Gut-Sein selbst zu bestimmen. Doch kommt ihm diese Würde genau genommen „nicht schon aufgrund seiner Möglichkeit zum theoretischen Gebrauch der Vernunft – in der Wissenschaft, Technik oder Spekulation" zu, sondern als seinsmäßige Auszeichnung. „Er verdankt sie ursprünglich nicht seiner eigenen Leistung, Tugend genannt, sondern seinem So-geschaffen-Sein. Und er hat deshalb die unbedingte Pflicht, dieser seinsmäßigen Auszeichnung, un-bedingter Wert zu sein, zu entsprechen. Nur so kann er die ihm angewiesene Stelle in der Schöpfung erfüllen."[133] Diese ‚seinsmäßige' Bestimmung der Würde des Menschen kommt tatsächlich der Aussage über den ontologischen Status der Person und ihrer Würde bei Guardini nahe, genauso wie das zunächst formal bleibende Prinzip eines personalen Ethos, der Würde und dem unbedingtem Wert zu entsprechen, indem das Person-Sein angenommen und im „Sollen" des eigenen Lebens eingeholt wird.

Bei Kant liegt der Grund für die Würde der Person in der Autonomie des Willens, sei diese auch – so die angeführte Interpretation Schwartländers – ‚seinsmäßig qualifiziert'.[134] Bemerkenswerterweise finden sich auch bei

---

[129] Siehe hierzu Schwartländer, *Sittliche Autonomie*, 21.
[130] *EdN*, 68.
[131] Schwartländer, *Sittliche Autonomie*, 23.
[132] Ebd., 21, mit Bezug auf *EdN*, 69.
[133] Ebd., 29.
[134] „Unser eigener Wille, sofern er, nur unter der Bedingung einer durch seine Maximen möglichen allgemeinen Gesetzgebung, handeln würde, dieser uns mögliche Wille in der Idee, ist der eigentliche Gegenstand der Achtung, und die Würde der Menschheit besteht eben in dieser Fähigkeit, allgemein gesetzgebend, obgleich mit dem Beding, eben dieser Gesetzgebung zugleich selbst unterworfen zu sein." Kant, Grundlegung zur Metaphysik der Sitten, BA, 86f.

Guardini Passagen zur Begründung der Personwürde, die den Interpretationsrahmen der christlichen Offenbarung nicht mehr in der Eindeutigkeit voraussetzen, wie es sonst bei Guardini der Fall ist, sondern auf die Autonomie sittlicher Freiheit verweisen. So heißt es in dem Aufsatz „Zum Begriff der sittlichen Freiheit": *„Sittlich selbständig ist jenes Subjekt, das den rechten Gebrauch von seiner psychologischen Freiheit macht. Es ist um so selbständiger, je vollkommener sein innerer Trieb mit dem Sittengebot harmoniert, je besser sein Wille, je sicherer sein sittliches Urteil ist und je zuverlässiger es die getroffene rechte Entscheidung festhält."*[135] Diese Passage beschreibt nichts anderes als die Verwirklichung der Autonomie des Willens, die Guardini in diesem Aufsatz als Ziel der Pädagogik schlechthin vorstellt. Da es mit anderen Worten aber die Aufgabe der Pädagogik ist, der Verwirklichung des Wesensbildes der Person zu dienen[136], ist zu folgern, daß die besondere Würde der Person darin begründet ist, das Wesen sittlicher Freiheit bzw. sittlicher Autonomie zu sein. Daß Guardini von der Selbstzweckhaftigkeit und Würde der Person auch in einem nichttheologischen Gedankengang ausgehen kann, zeigt desweiteren der Aufsatz „Über Sozialwissenschaft und Ordnung unter Personen"[137]. In „Das Recht des werdenden Menschenlebens" setzt Guardini „die Ehrfurcht vor dem Menschen und die Verantwortung für seine Würde"[138] als Prinzip des Zusammenlebens unter bewußtem Verzicht auf christliche Überzeugungen voraus, weil er sich an einen breiteren, nicht nur christlichen Adressatenkreis wendet.

Das bedeutet: Die Beachtung der Personalität bzw. die Achtung der Personwürde an sich ist im Denken Guardinis noch nicht das Unterscheidungsmerkmal zwischen gläubiger und nichtgläubiger Ethik.[139] Dieses ist vielmehr in der theologischen *Begründung* der Personwürde und in der Ausdeutung der personalen Bezüge zu suchen. Den nicht theologisch argumentierenden Passagen zur Personwürde stehen die Schriften gegenüber, in denen Guardini eine christliche Daseinsdeutung vorlegt.[140] Da auf ihr das Hauptgewicht liegt, gilt mit Blick auf das *gesamte* Werk Guardinis: Die Würde und Achtung der Person sind nicht philosophisch, sondern vor allem theologisch-anthropologisch in der personalen Beziehung zwischen Gott und Mensch, in

---

[135] *Begriff sittlicher Freiheit*, 988f.
[136] Vgl. *Grundlegung der Bildungslehre*, 323-328.
[137] Vgl. *Über Sozialwissenschaft*, 37-42. Trotz der theologischen Verweise setzen die wesentlichen Aussagen über die Person, besonders in der Begründung der Personwürde, nicht zwingend den theologischen Zusammenhang voraus.
[138] *Recht des werdenden Menschenlebens*, 153.
[139] Dies muß differenzierend gegen Faber, *Verständnis*, 15, festgestellt werden. Abgesehen davon, daß Guardini einer nichtchristlichen Ethik nicht unterstellt hat, die Personalität nicht zu achten, scheint mir diese Aussage auch mit dem ansonsten von Faber gut herausgearbeiteten schöpfungstheologischen Ansatz in der Ethik Guardinis nicht vereinbar. Denn ihm folgend ist die Einsicht in die Achtung und Würde der Person als solche schon auf ‚natürlich-vernünftigem' Wege dem Menschen möglich.
[140] Vgl. *WuP*; *Anfang*; *Den Menschen erkennt* und *Existenz*.

Das Verständnis der Person   171

dessen Kreatürlichkeit und Gottebenbildlichkeit begründet.[141] Tragendes Fundament dieser religiösen Sicht und Begründung ist der christliche Glaube, „daß Gott den Menschen achtet. Er will ihm nicht nur wohl; Er sorgt nicht nur für ihn, sondern hat ihm Freiheit und ebendamit Verantwortung und Würde gegeben. Das bestimmt Gottes Haltung dem Menschen gegenüber, trotz dessen Endlichkeit und auch trotz seiner Sünde. Es muß auch in der Haltung des Menschen selbst in alledem, was Bewußtsein der Geschöpflichkeit, Demut, Schuldgefühl, Reue, Hilfsbedürftigkeit heißt, zur Auswirkung kommen."[142] Die Gesinnung Gottes gegenüber dem Menschen und die Bestimmung des Menschen kommen in Christus zur unüberbietbaren Erfüllung. In ihm offenbart sich die Gesinnung Gottes als Liebe. „Sie will des Menschen zeitliches und ewiges Heil – in ihr nimmt Gott aber auch den Menschen als für Ihn selbst wichtig. Bedenken wir: des ewigen Vaters Sohn ist für ewig der Mensch-Gewordene."[143]

---

[141] Siehe als Vertreter der gegenwärtigen Moraltheologie ähnlich Auer, *Bedeutung* 57: Der letzte Grund für die Würde des Menschen liegt in seiner Unmittelbarkeit zu Gott. Das ist genau der (gewiß nicht neue) Gedanke Guardinis.
Die Interpretation Schwartländers sucht das Verbindende zwischen dem kritischen Idealismus Kants und einer christlichen Moralphilosophie herauszustellen und die sittliche Autonomie als möglichen Weg zum Glauben verständlich zu machen, vgl. Schwartländer, *Sittliche Autonomie*, 33. Wir berühren hier das im Zusammenhang mit dem Autonomie-Gedanken wiederkehrende Problem der Kant-Interpretation und insbesondere der Kant-Interpretation Guardinis; s. Kapitel X Fn. 1. Guardini wendet sich, wenn er von Kant spricht, auch gegen den Neukantianismus seiner Zeit bzw. gegen einen neukantianisch interpretierten Kant; diese Hypothese müßte durch eine spezielle Untersuchung erst belegt werden, obwohl es in den Ethik-Vorlesungen auch solche Stellen gibt, in denen sich Guardini direkt auf Kant und die Lektüre seiner Schriften bezieht; vgl. u.a. *Ethik*, 462, 1100, ähnlich 1108 und 1150. Vom Standpunkt der Guardini-Forschung ist die Interpretation Schwartländers schon deshalb zu würdigen, weil sie durch den Versuch, eine Gemeinsamkeit der Theorie sittlicher Autonomie im Kontext des Glaubens mit Guardini aufzuzeigen, zur erneuten Beschäftigung mit Guardini anregt. Beim genauen Blick auf die Zitate fällt allerdings auf, daß Schwartländer dieses Ansinnen dadurch verfolgt, daß in den Guardini-Zitaten die Stellen ausgelassen werden, aus denen der Unterschied zwischen Guardini und Kants philosophischem Ansatz in der Begründung der Personwürde hervorgeht. Die entscheidende Passage in *EdN*, 55, lautet: Das Wort Person ist „nicht auf Entfaltung, sondern auf Definition gerichtet [...]. Auf jene Einmaligkeit, *die* nicht aus besonderer Veranlagung und Gunst der Situation, sondern *daraus kommt, daß er von Gott angerufen ist*; und die zu behaupten und durchzusetzen nicht Eigenwilligkeit oder Privileg, sondern Treue gegen die Grundpflicht des Menschen bedeutet" [Hervorhebung BK]. Bei Schwartländer, ebd., 21, heißt es: „Person ist nicht auf Entfaltung gerichtet, sondern auf ‚Definition', auf jene ‚Einmaligkeit' und ‚Würde', die ihren Grund ‚nicht in besonderer Veranlagung und Gunst der Situation' hat und die zu behaupten ‚nicht Eigenwilligkeit oder Privileg, sondern Treue gegen die Grundpflicht des Menschen bedeutet'." Es fehlt die *kursiv* hervorgehobene Passage, wodurch sich der Sinn verändert. Die Seitenzahlen von *EdN* bei Schwartländer wurden der jüngsten Ausgabe entsprechend geändert.

[142] *Existenz*, 73f.
[143] Ebd., 326. Vgl. ebd., 338: Gott nimmt den Menschen so ernst, daß er in Christus dessen Schicksal als sein eigenes annimmt. Die Glaubensaussage vom Gericht interpretiert Guardini als den „letzten" Ausdruck dessen, daß Gott die Person des Menschen ernst nimmt und achtet. Sie ist die Bejahung der Tatsache, daß Gott die Freiheit des Menschen will und Rechenschaft fordert. „Gericht' bedeutet aber auch, daß Gott dem Menschen Recht gibt, – jenes Recht, das Er selbst begründet hat, indem Er ihn als Person schuf." „Das Gericht offenbar

Ein Grund für den in Guardinis Personlehre dominierenden theologisch-anthropologischen Ansatz, der auch in den Ethikvorlesungen hervortritt, ist neben dem erklärten Ziel, eine Ethik aus der Sicht der christlichen Offenbarungsbotschaft zu entwickeln, die Sorge Guardinis um die Würde der Person. Denn diese ist nur dann, so die Intention Guardinis, absolut und unantastbar, wenn sie im Absoluten begründet wird. Absoluter Grund für die menschliche Person kann aber nur eine Personalität sein, die in sich selbst absolut ist, nämlich der dreieinige Gott. Diesen Grund kann der Mensch nicht setzen, sondern ‚nur' im Glauben anerkennen.

4.2 Zur Unterscheidung von Person und Persönlichkeit

Erkennt man in der Sorge um die Person und um das Gelingen personaler Existenz ein zentrales Anliegen Guardinis, wird die Unterscheidung zwischen Person und Persönlichkeit verständlich, die er in seiner Schrift „Das Ende der Neuzeit" anführt. Als Folgerung aus seinem Personverständnis ist sie für sein ethisches Denken von Bedeutung.

„Persönlichkeit" ist nach Guardini ein „geschichtlich bedingter Struktur- und Wertbegriff"[144], der zum großen Teil von Begabungen, Leistungen, Entfaltungsformen und -möglichkeiten etc. bestimmt ist, die wandelbaren und vielfach bedingten Vorstellungen unterliegen. So hat sich mit dem Begriff der Persönlichkeit in der abendländisch-neuzeitlichen Kultur ein bestimmter Wertkomplex verbunden, der für das Leben des Individuums Maßstabcharakter gewonnen hat; exemplarisch ist hierfür die Persönlichkeit als Ideal humanistischer Bildung, zu dem die „Originalität des Wesens"[145], die Freiheit zur persönlichen und individuellen Entfaltung und die Möglichkeit gehörten, die eigene Umwelt zu prägen. Dieses Bild von ‚Persönlichkeit' versteht Guardini als „historisches Phänomen", d.h. als ein „von einer bestimmten Epoche geschaffenes Normbild"[146].

Am Ende der Neuzeit hat diese Sicht an Geltung verloren, ihre Zeit ist vorbei.[147] Der Mensch kann nicht mehr Persönlichkeit und Subjekt im Sinne des Ideals sein, das die Neuzeit mit diesen Begriffen verband. Diese Entwicklung, die durch die modernen Lebensbedingungen verschärft wird, reflektiert Guardini zunehmend in den späten Schriften. In einer Zeit, in der Funktionalisierung, Rationalisierung und das Streben nach meßbarer Effektivität zunehmen, wächst die Tendenz zur Uniformität. Technik und Wirtschaft durchdringen alle Lebensbereiche bis in den Freizeitbereich hinein und beeinflussen den Lebensrhythmus. Diese Entwicklung hat zur Folge,

---

die Achtung Gottes für den Menschen." *FGS*, 223. Es beinhaltet, daß der Mensch die Antwort auf die vielen unbeantworteten Fragen nach dem „Warum" bekommt. Siehe ebd., 217-231, und *Theologische Briefe*, 30f.

[144] *Gesichtspunkte*, 737; vgl. außerdem *Ethik*, 206 und 214.
[145] *Erwiderung*, 23.
[146] Ebd., 24.
[147] Vgl. ebd., 23.

Das Verständnis der Person   173

so Guardini, daß „die Möglichkeiten originalen Sich-Entfaltens"[148] abnehmen.

Der Beobachtung Guardinis ist, was das Verschwinden eines bestimmten Persönlichkeitsideals angeht, zuzustimmen. Kritisch ist jedoch infragezustellen, ob dieses Ideal tatsächlich für eine ganze Epoche stehen kann, weil es in soziologischer Hinsicht eher das einer bestimmten sozialen Schicht zu beschreiben scheint.[149] Ein weiterer Einwand, den als erster Münster äußerte, lautet, daß mit einem bestimmten und zeitlich bedingten Persönlichkeitskult nicht der Begriff der Persönlichkeit als solcher seine Bedeutung für die Moderne verloren hat.[150] So betrifft die oben skizzierte Entwicklung moderner Gesellschaften nicht nur ein historisch überholtes Persönlichkeitsideal, sondern auch die Persönlichkeit und die Person in der Gegenwart, ohne daß eine klare Trennung möglich ist. Der Begriff der ‚Persönlichkeit' ist keine soziologische oder historische Kategorie, deshalb taugt die Unterscheidung zwischen Person und Persönlichkeit für eine sozialwissenschaftliche Gegenwartsanalyse wenig.[151] Der umgreifende Wandel menschlicher Lebensbedingungen in der Moderne, ihre Unübersichtlichkeit und Komplexität bedingen sowohl eine Gefährdung personaler Identität als auch eine mögliche Beeinträchtigung der Entfaltung individueller Persönlichkeit, mag diese Auswirkung auch von der oder dem Einzelnen mehr oder weniger intensiv empfunden werden. Zudem ist zu fragen, ob nicht das Ideal einer Persönlichkeit als Ausdruck des neuzeitlichen Individualismus in modernen Umwandlungen und (Teil-) Synonymen weiterwirkt.[152] Schließlich ist auch in ethischer und

---

[148] *Gesichtspunkte*, 737.
[149] Guardinis Überlegungen zur Persönlichkeit in der Neuzeit und deren Bedeutungsverlust scheinen mir stark auf eine bestimmte soziale Schicht (das ‚Bildungsbürgertum') bzw. die ‚oberen Schichten' ausgerichtet und deren Empfindungen angesichts moderner Entwicklung wiederzugeben. Exemplarisch für diese eingeschränkte Perspektive ist dieses Zitat: Der moderne Mensch, so Guardini, „hat gar nicht den Willen, in seiner Gestalt und originell in seiner Lebensführung zu sein, noch sich eine Umwelt zu schaffen, die ihm ganz und möglichst ihm allein entspricht [...]. Er fügt sich vielmehr mit Selbstverständlichkeit in die Organisation ein, welche Form der Masse ist, und gehorcht dem Programm als der Weise, wie ‚der Mensch ohne Persönlichkeit' in Richtung gebracht wird." *EdN*, 53. Bei der Wendung „Mensch ohne Persönlichkeit" ist eine Anspielung auf Robert Musils „Der Mann ohne Eigenschaften" von 1930 und 1943 wahrscheinlich, handelt doch gerade dieser Roman von der Identitätskrise des bürgerlichen Intellektuellen und der Bedrohung seiner Persönlichkeit in der Moderne bzw. in den ersten Jahrzehnten dieses Jahrhunderts nach Krieg und Revolution. Bei dieser Kritik ist allerdings zu berücksichtigen, daß sie nicht nur auf Guardinis Überlegungen, sondern leicht auf den gesamten Bereich christlicher Bildung und Theologie erweitert werden kann. Die eigentliche ethische Konsequenz, auf die der Gedankengang, wie zu zeigen ist, hinausläuft, durchbricht die eingeschränkte soziologische Perspektive.
[150] Vgl. Münster, *Ende der Neuzeit*, 11. Vgl. zur Kritik auch die gesamte Diskussion in „Unsere geschichtliche Zukunft"; Biser, *Interpretation*, 97, und Theunissen.
[151] Das war bereits die berechtigte Kritik Münsters, vgl. ebd. Eine solche Analyse war allerdings von Guardini nicht beabsichtigt.
[152] Unter diesem Aspekt sind zum Beispiel moderne bzw. postmoderne Leitbegriffe wie ‚gelungener Lebensentwurf', ‚Lifestyle', die Rede von ‚Lebenskünstlern' oder das Motto ‚Mein größtes Kunstwerk bin ich selbst' zu nennen. Auf diese und verwandte Vorstellungen trifft wiederum die in Fn. 149 geäußerte Bemerkung zu, nur in bestimmten sozialen Milieus Geltung zu haben.

moralpädagogischer Perspektive das Leitbild der Persönlichkeit nicht überholt und von durchaus aktuellem Wert. Innerhalb eines Ethos spielt die Persönlichkeit in der Gestalt des Vorbildes eine wichtige moralpädagogische Rolle, erst recht wenn es sich um ein an Tugenden orientiertes Ethos handelt. Persönlichkeiten, die die sittliche Verwirklichung menschlichen Daseins konkret erfahrbar machen, werden wichtig für die eigene sittliche Entwicklung und können auch andere durch ihr Beispiel zur moralischen Selbstverwirklichung motivieren.

Trotz dieser kritischen Anmerkungen gegen Guardinis Zeitkritik hat die Unterscheidung von Person und Persönlichkeit für das ethische Denken einen bleibenden Wert. Von fundamentaler Bedeutung ist nämlich die ethische Konsequenz, die Guardini aus ihr zieht. Während das Wertbild der Persönlichkeit nicht mehr maßstabgebend sein kann, gilt es, so Guardini, die mit dem Begriff der Person verbundene Bestimmung des Menschen umso mehr zum Wert und Maßstab für das Leben der Zukunft zu nehmen. „Statt also im Namen einer von Persönlichkeiten getragenen Kultur gegen die heraufkommende Masse zu protestieren, wäre es richtiger, sich zu fragen, wo die menschlichen Probleme dieser Masse liegen? Sie liegen darin, ob die Einebnung, welche mit der Vielzahl gegeben ist, nur zum Verlust der Persönlichkeit, oder auch zu dem der Person führt. Das Erste darf geschehen; das Zweite niemals."[153] Die Unterscheidung zwischen Persönlichkeit und Person dient Guardini dazu, den unaufgebbaren und ethisch bedeutsamen, den „existentiellen Kern"[154] der Person herauszustellen und von wandelbaren und bedingten Vorstellungen zu trennen. So äußert er in „Das Ende der Neuzeit"

---

[153] *EdN*, 57. Bemerkenswert ist die Kritik Clemens Münsters an der Terminologie Guardinis und Guardinis Entgegnung: Beide verdeutlichen das interpretatorische Problem, den Sinn der Aussagen Guardinis zu erfassen, da sie genauen fachwissenschaftlichen Bestimmungen nicht (immer) genügen. Nach Münster sei das Wort „Masse" „ohne eine klare Begriffsbestimmung überhaupt nicht mehr anwendbar". In der Tat ist es zumal wegen eines peiorativen Untertons mißverständlich. Zurecht bemerkt Münster: „[...] welche Definition man dem Begriff Masse zugrunde legen, auf welchen gesellschaftlichen Befund man abzielen mag, es gibt kein durch große Zahl oder kollektive Bindung gekennzeichnetes Sozialgebilde, das nicht in höherem Maße die Personalität bedrohte als förderte." Münster, *Ende der Neuzeit*, 11. Trotz der soziologischen Unschärfe des Begriffes der „Masse" bei Guardini ist er nicht unbestimmt. Das Wort Masse bezeichnet „nichts Unwertiges, sondern eine menschliche Struktur, die mit Technik und Planung verbunden ist [...], im Wesen bildet sie eine geschichtliche Möglichkeit wie andere auch. Sie wird nicht die Lösung der Existenzprobleme bringen und ebensowenig die Erde zum Paradies machen; aber sie trägt die Zukunft – die nächste Zukunft, welche dauern wird, bis die übernächste anfängt." *EdN*, 52. In seiner Entgegnung auf Münster legt Guardini den Schwerpunkt auf das „Qualitative", auf die besondere „Weise, zu empfinden, zu denken, zu handeln. Diese Weise ist der technischen Welt zugeordnet. Sie ist ihr ‚Stil', bestimmt durch Präzision des Denkens und Tuns, Schärfe der Zusammenordnung, Notwendigkeit der Planung, Sparsamkeit und Gleichförmigkeit in Wohnung, Gebrauchsdingen, Verkehr und Lebensform. Sie zeigt sich auf allen Stufen der wirtschaftlich-geistigen Wirklichkeit und kann sich zum Guten wie zum Schlimmen wenden." *Erwiderung*, 22. Mag diese Bestimmung in ihren Einzelheiten auch für eine Beschreibung heutiger Lebensbedingungen nicht mehr ausreichen, so erlaubt das „qualitative" Moment des Begriffes die Übertragung auf die Lebensbedingungen der Moderne in einem umfassenden Sinne.

[154] *Erwiderung*, 24.

1950 die Annahme, daß unter den neuen Lebensbedingungen „das, was eigentlich ‚Person' ist, das Gegenüber zu Gott, die Unverlierbarkeit der Würde, die Unvertretbarkeit in der Verantwortung, mit einer geistigen Entschiedenheit hervortreten" werde, „wie sie vorher nicht möglich war"[155]. Als Indiz für Guardinis Vermutung könnte etwa die Tatsache angeführt werden, daß die moderne Menschenrechtsdiskussion ein gewachsenes Bewußtsein von der Würde und dem unaufgebbaren Kern der Person zeigt. Doch entzieht sich Guardinis Prognose letztlich einer wissenschaftlichen oder empirischen Verifikation.[156]

Die Aktualität von Guardinis Überlegungen zum Stellenwert der Persönlichkeit und zum Wert der Person in der Moderne zeigt sich also nicht in der genauen Analyse der Gegenwart, wozu das wissenschaftliche Instrumentarium fehlt, oder in der Gültigkeit einer Prognose, die offen bleiben muß. Sie liegt in der Sensibilität und Sorge für das Humanum und in der grundsätzlichen Frage nach den Chancen und dem Gelingen personalen Lebens unter den Bedingungen der Moderne. Aus ethischer Perspektive haben die Gedanken Guardinis normative Bedeutung. Politisch-ethisch betrachtet zeigen sie, daß Guardini mit der Herausstellung des Wertes der Person auch auf ein Grundlagenproblem einer demokratischen Ordnung einging.[157] Aus seiner christlichen Personlehre ergibt sich im Sinne eines Prinzips die stets gültige und dringliche Aufgabe, die Würde der Person und die Möglichkeit personalen Lebens gegen alle Bedrohungen zu wahren, „um zunächst jenes Mindeste zu retten, von dem her allein er [der Mensch, BK] noch Mensch sein kann. Von da wird die neue Eroberung des Daseins durch den Menschen und für die Menschlichkeit auszugehen haben, welche die Aufgabe der Zukunft bildet."[158] Dieses ‚Mindeste' ist freilich nicht wenig. Es ist das Bewußtsein von der Würde und der Bestimmung der Person, die jedem menschlichen Individuum unbedingt zukommt und in der Erschaffung des Menschen von Gott und in der wesensmäßigen ‚Ich-Du-Beziehung' des Menschen zu Gott ihr ontologisches Fundament hat. Antwort auf diese Bestimmung ist die im christlichen Glauben gründende Achtung der Person. So folgt im Kontext eines christlich-ethischen Denkens aus dem Glauben nicht nur eine besondere Verpflichtung, sondern auch eine Motivation zur Ver-

---

[155] *EdN*, 57.
[156] Guardini äußert die Zuversicht: „So seltsam es klingen mag; die gleiche Masse, welche die Gefahr der absoluten Beherrschbarkeit und Verwendbarkeit in sich trägt, hat auch die Chance zur vollen Mündigkeit der Person in sich." Ebd. Gegen sie wendet sich ein weiterer kritischer Einwand Münsters, der Zweifel an Guardinis Zuversicht äußerte bzw. nach der Begründung für die Annahme fragte, „daß sich der Kern der ‚Person' als wesentlich unzerstörbar erweisen könnte". Münster, *Ende der Neuzeit*, 11. Nun wird sich das Bedenken ebenso wie die Zuversicht hinsichtlich der Zukunft der Person nicht zwingend begründen lassen. Vielmehr lassen sich für beide Positionen Argumente und Indizien finden.
[157] „Die Entscheidung über die Zukunftskraft der demokratischen Werte liegt aber darin, ob sie in die Kargheit und Existenzstrenge der Person umgedacht und umgelebt werden – jener Person, die in der Masse steht", und nicht mehr unter dem Anspruch der Persönlichkeit stehen kann. *EdN*, 59.
[158] *EdN*, 55.

wirklichung dieses Prinzips. Sie ist von der Zuversicht getragen, daß es den Glaubenden im Einvernehmen mit der „schöpferischen Freiheit Gottes" gelingen werde, die „Es-Mächte"[159] zu überwinden, die die Person bedrohen.

Dieses zentrale Anliegen des ethischen Denkens Guardinis durchzieht die Behandlung verschiedener ethischer Themen, von denen einige nun betrachtet werden.

4.3 Die sozialethische Dimension im Personverständnis Guardinis

4.3.1 Personale Ordnung und Gemeinwesen

Jede Reflexion über soziale Fragen muß unabhängig von ihrer Methode die Tatsache berücksichtigen, daß sie Probleme einer personalen Ordnung berührt, die als Freiheitsordnung qualifiziert ist.[160] Sollen die Fragen sozialer Ordnung nicht beim Vorletzten stehen bleiben, ist die tiefere Dimension einzubeziehen, die in der Wirklichkeit der Person besteht.[161]

Dieses Prinzip prägt auch die ethischen Reflexionen Guardinis über das Gemeinwesen und den Staat. Sie sind ‚personale Ordnungen' und deshalb mehr als der soziale Zusammenschluß von Individuen in einer übergeordneten politischen Einheit.[162] Wenn daher die Grundtatsache der Person übersehen wird, gefährdet dies nicht nur die oder den Einzelnen, sondern auch das Wesen des Staates selbst. Ein Gemeinwesen ist nur dann ‚Staat', wenn in ihm die Einzelnen als Personen existieren und sich entfalten können. „Insofern hat der Staat selbst personalen Charakter."[163] Im Widerspruch zu dieser personalen Bestimmung des staatlichen Lebens leugnen der totalitäre Staat und die totalitäre Theorie die unbedingte Würde der menschlichen Person und das Personsein, indem sie die Menschen staatlichen Interessen unterordnen und sie nach sozialen, wirtschaftlichen oder gar biologischen Maßstäben beurteilen. Die Person steht dem Staat gegenüber, als Trägerin von Grundrechten und einer Würde, die der Rechtsstaat anzuerkennen hat, selbst aber nicht begründen kann. Nach christlichem Personverständnis ist der Begriff der Person dem Staat, sofern er Rechtsstaat und Gemeinwesen personaler Ordnung ist, als Wert- und Normbegriff vorgegeben.[164] Umgekehrt wendet sich

---

[159] Ebd., 93.
[160] So bereits in *Über Sozialwissenschaft*, 60. Vgl. ebd., 58–63.
[161] Vgl. ebd., 63. „Erst wenn ich als ‚Person' lebendig zu leben suche, und zwar überall, spüre ich die Probleme, die dadurch entstehen, daß dieses Andersartige sich im Bereich des Biologischen, Psychologischen zur Geltung bringt. Erst der Durchbruch des Personalen treibt die Probleme hervor und bringt dann deren Lösungen."
[162] So in *Ethik*, 845–854; vgl. auch *Über politische Ethik*.
[163] *Ethik*, 857.
[164] Dieser Gedanken führt zur Thematik der Menschenrechte, besonders zur Frage ihrer Begründung. Der Begriff selbst kommt bei Guardini so gut wie nicht vor. Die Sache wird unter dem Stichwort der Achtung der Person verhandelt. Von einer Bemerkung in *Ethik*, 558, abgesehen, ist als Ausnahme ein unveröffentlichtes Typoskript unter dem Titel „Die Menschenrechte und die Wirklichkeit", das sich im Nachlaß in der Katholischen Akademie Bayerns befindet, zu nennen, s. *Menschenrechte**. Zum Berliner Katholikentag 1952 entstanden, aber nicht

die Ordnung des Staates an das Individuum als freie Person: „Sie will vom Einzelnen, der Person ist, in seine Verantwortung aufgenommen, als Pflicht bejaht und in Freiheit verwirklicht werden."[165]

4.3.2 Zur Begründung der sozialen Dimension

Die Ableitung des Personverständnisses aus der biblisch begründeten Anthropologie gibt diesem ein starkes Fundament, das allerdings die Glaubensentscheidung für die biblisch-christliche Offenbarung voraussetzt. Die Auswahl der Bibelstellen mit dem Schwerpunkt auf Gen 1-3 bedingt, daß die soziale Dimension im Personverständnis von Guardini nicht eigentlich biblisch – innerhalb seines gesamten Ansatzes bedeutet das einen qualitativen Unterschied – begründet ist, wobei ‚soziale Dimension' den Sozialbezug des Menschen meint, der über die Ebene der personalen Begegnung zwischen Ich und Du, also die dialogische Perspektive hinausgeht.[166] Die methodische Basis Guardinis in dieser Frage ist eine soziologische Anwendung des Gegensatzgedankens, insbesondere der Polarität von Gemeinschaft und einzelner Person. Die gegensätzliche Struktur dieses Zugangs wirkt sich auf Guardinis Auswahl und die Reflexion der ethischen Probleme aus: Thema ist vor allem das spannungsvolle Verhältnis von Person und Staat als personaler Ordnung unter verschiedenen Aspekten: das Recht und die Würde der Person ‚gegenüber' der Gemeinschaft und dem Staat; die ethische Aufgabe des Staates ‚gegenüber' der Person und umgekehrt die Verpflichtung der Person ‚gegenüber' dem Recht und der Autorität des Staates. Damit sind zweifelsohne wichtige Fragen politischer Ethik berührt, die auf dem Hintergrund der negativen Erfahrungen im Nationalsozialismus umso verständlicher sind. Über die Personlehre wirkt sich das Gegensatzdenken als Korrektiv gegenüber kollektivistischen Strömungen aus, sowohl auf der Ebene der kleineren Gemeinschaft, als auch auf der Ebene der Politik. So kommt Guardini von sei-

---

in die Veröffentlichung *Den Menschen erkennt* eingegangen, wendet es die theologische Begründung der Person auf die Begründung der Menschenrechte an: Die absolute Gültigkeit der Menschenrechte ist erst in Gott, dem Absoluten, hinreichend begründet. Der Menschenrechtsbegriff ist als Ansatzpunkt zu verstehen, um auf globaler Ebene und mit Anspruch auf universale Gültigkeit über die Würde und die Rechte zu diskutieren, die sich im abendländisch-christlich geprägten Raum mit dem der „Person" verbinden. Das Problem, diesen christlich-abendländischen Hintergrund nicht interkulturell vermitteln zu können, erklärt mindestens teilweise die Schwierigkeiten der Menschenrechtsdiskussion auf globaler Ebene. Eine Bemerkung in „Das Ende der Neuzeit" deutet diese Problematik an. Guardini fragt, wie das Verständnis des menschlichen Daseins und die Ordnung des menschlichen Lebens in einem nichtchristlichen Raum aussehen würde. „Ein Versuch, das Dasein nicht nur in Widerspruch zur christlichen Offenbarung zu bringen, sondern es auf eine von ihr wirkliche unabhängige, welt-eigene Grundlage zu stellen, müßte einen ganz anderen Realismus haben. Es bleibt abzuwarten, wie weit der Osten ihn aufbringt, und was dabei aus dem Menschen wird." *EdN*, 90.

[165] *Ethik*, 857. Damit berühren wir bereits das Verständnis von Autorität und Freiheit und dessen sozial- und politisch-ethische Implikationen, auf die im Kapitel IX eingegangen wird.
[166] Siehe hierzu die in dieser Arbeit nicht ausführlich berücksichtigten ethischen Ausführungen Guardinis zur Begegnung in *Ethik*, 240-254, und *Begegnung*.

nem theologisch-anthropologischen Personverständnis aus zu bleibend gültigen ethischen Einsichten über die personalen Grundlagen und Voraussetzungen von Gesellschaft und Politik. Allerdings ist damit auch die Grenze seiner politisch- und sozialethischen Überlegungen markiert. Sie reichen, von den grundsätzlichen Aussagen abgesehen, nicht über den Bereich eines personalen Ethos hinaus.[167] Guardini bewegt sich überwiegend im Horizont der personalen ‚Ich-Du-Gemeinschaft'.

> Um die begrenzte Sicht in der biblischen Begründung des Personverständnisses bei Guardini zu verdeutlichen, sei kontrastierend auf eine andere biblische Interpretation hingewiesen, die Ben-Chorin vertritt. Sie steht innerhalb der jüdisch-biblischen Tradition des Bundesgedankens und bezieht auf der Grundlage einer biblischen Anthropologie die einzelne Person von vornherein auf die Gemeinschaft. Nicht die gegensätzliche Spannung, sondern das Ineinander bestimmt in dieser Sicht das Verhältnis. Im Zentrum der jüdisch-biblischen Tradition steht die Selbstoffenbarung Gottes im Sinaibund mit dem Volk Israel, so daß die Einzelnen von vornherein auch in ihrer Gottesbeziehung in die Gemeinschaft des Volkes hineingestellt sind. Der Bundesschluß am Sinai, der mit der Offenbarung des Dekalogs verbunden wurde, ist als Erweiterung vom Individuellen, dem Bund mit Abraham, ins Kollektive, dem Bund mit dem ganzen Volk, zu verstehen, so wie die Offenbarungsvorgänge als solche das Individuelle ins Kollektive erweitern und die Offenbarung Gottes an Mose im Dornbusch nach Ex 3 in dieser Perspektive zum Vorspiel der großen Selbstkundgebung Gottes im Sinaibund wird (Ex 19 und Dtn 5).[168] So ist schon in der Präambel des Dekalogs, in der Gott sich als der Erlöser offenbart und ‚vorstellt' (Ex 20, 1f., Dtn 5,6), „der Einzelne wie das Volk kollektiv in dem Du umfaßt..., das intendiert wird"[169]. Bundesgemeinschaft und Individualität bedingen sich wechselseitig, denn im „Du" sind beide angesprochen und nicht nur die einzelne Person. Die Wahrung des Bundes in der Beachtung seiner Forderungen ist jeder und jedem Einzelnen wie dem Volk aufgegeben. „Die Bundesgemeinschaft löscht die Individualität nicht

---

[167] Vgl. zu dieser Einschränkung ausführlicher die politisch-ethischen Überlegungen in Kapitel IX.4.
[168] Ich stütze mich hier auf die Ausführungen Schalom Ben-Chorins in seinem Buch „Die Tafeln des Bundes", vgl. ebd. 21f., 32f. Ben-Chorin beansprucht nicht, für die jüdische Tradition und Theologie insgesamt zu sprechen. Er will lediglich *„eine* jüdische Deutung" geben; vgl. ebd., 8. Für den hier verfolgten Zweck, durch den Kontrast die eingeschränkte Perspektive in der biblischen Begründung des Personverständnisses bei Guardini zu verdeutlichen, ist sie allerdings ausreichend. Der Vergleich zwischen Ben-Chorin und Guardini ist durch die Gemeinsamkeiten im Schriftverständnis berechtigt: Bei der zitierten Schrift Ben-Chorins und bei Guardinis Bibeldeutung insgesamt handelt es sich um einen biblisch-anthropologischen Ansatz, der an einer existentiellen Deutung interessiert ist und einen unmittelbaren Bezug zwischen dem biblischen Text und der Gegenwart sucht. Vermittelt ist er bei Ben-Chorin durch die jüdische, bei Guardini durch die christliche Tradition, nicht durch die historisch-kritische Exegese. Der Unterschied zwischen beiden liegt darin, daß die Dimension der Gemeinschaft bei Ben-Chorin konsequenter biblisch gedeutet wird, während Guardini sich an diesem Punkt vom Gegensatzdenken leiten läßt.
Siehe als Zusammenfassung der alttestamentlich-exegetischen Dekalog-Forschung, die mit Ben-Chorin in der zentralen Bedeutung des Dekaloges für den Bund übereinstimmt, Hossfeld, *Dekalog*.
[169] Ben-Chorin, 42.

aus, sondern gibt ihr ein verstärktes Gewicht, denn der Einzelne ist so gesehen nicht nur für sich allein, sondern für die Gesamtheit verantwortlich und wird damit Träger und Gestalter eines Geschichtsschicksals."[170]

4.4 Das Person-Prinzip in Problemen spezieller Moral

Das Personverständnis ist unmittelbar für die ethische Bewertung des Schwangerschaftsabbruchs und der Euthanasie bedeutsam. Sowohl die komplexe Situation des Schwangerschaftskonfliktes, als auch eine Situation, in der der Gedanke nach Euthanasie aufkommen kann, sind Grenzfälle, in denen es unter besonderen Bedingungen am Beginn und am Ende menschlicher Existenz auf das ‚Gelingen' personaler Beziehung im Interesse des Lebens ankommt. Zum moralischen Konfliktfall werden beide Situationen in dem Augenblick, wo noch nicht bzw. nicht mehr von dialogischer Verwiesenheit aufeinander gesprochen werden kann, und die eigentlich personale Sichtweise zurückgetreten ist bzw. aufgegeben wurde. Entgegen seiner sonstigen Vorsicht, im Bereich der speziellen Moral über grundsätzliche, von seinem Personverständnis aus sich ergebende Fragen nicht hinauszugehen, äußert sich Guardini zu beiden Problemen konkreter.[171]

4.4.1 Zur Frage des Schwangerschaftsabbruchs

Guardini verzichtet in seiner Stellungnahme zu diesem Problem auf die christlichen Gesichtspunkte des Problems, weil er bewußt einen breiteren Adressatenkreis in den Blick nimmt. So ist seine Argumentation eine Anwendung des Personprinzips seines ethischen Denkens vom rein philosophi-

---

[170] Ebd., 36. „Der Dekalog bleibt sowohl die Forderung an den Einzelnen wie an die Bundesgemeinde und damit die Grundlage jüdischer Existenz durch die Jahrtausende." Ebd. Demgegenüber ist in der christlichen Tradition zwar die soziale Dimension der einzelnen Gebote, bes. der zweiten Tafel gesehen, das Ineinander von Individuum und Gemeinschaft als Adressaten des Dekalogs dagegen kaum betont worden. Die Zehn Gebote wurden als biblische Grundlage „des allen Menschen gemeinsamen Sittlichkeitsbewußtseins", später des natürlichen Sittengesetzes, verstanden und seit Augustin mit dem Doppelgebot der Gottes- und Nächstenliebe verbunden; Gründel, *Dekalog*, 66. Sie wurden Kernstück der moralkatechetischen Unterweisung und richteten sich überwiegend an die und den Einzelnen. Die Einseitigkeit dieser Verwendung verfestigte ein Rollenverständnis, nach der die Kirche eigentlich nur noch als Lehrerin des Dekaloges auftrat und sich kaum mehr als Adressatin seiner Forderungen verstand.

[171] In der Beurteilung des Schwangerschaftsabbruchs und der Euthanasie bleibt Guardini auf der Basis seines Personverständnisses im Rahmen der kirchlichen Lehre. Entsprechend schickt Guardini seinem Vortrag vor den Ärzten die Bemerkung voraus: „Ich habe Ihnen wirklich nichts weiter zu sagen, als was die Kirche lehrt. Vielleicht darf ich aber doch auf einen Unterschied aufmerksam machen, der oft übersehen wird: diese Lehre vertrete ich nicht deshalb, weil die Kirche als Obrigkeit so befiehlt, sondern weil ich überzeugt bin, daß sie wahr ist. Und den Weg zu dieser Bejahung habe ich mir mindestens nicht leichter gemacht als irgendjemand, der nicht an sie glaubt, den Weg zur Ablehnung"; *Soziale Indikation*, 926. Zur Lehre der Kirche s. *GS*, 27 und 51; zuletzt *EV*, nn. 58-67; *KaEK* 2, 288-292, 296f. und 306-313; *KKK*, nn. 2270-2273 und 2276f.

schen Gesichtspunkt aus.[172] In der anstehenden Frage haben nicht nur die unmittelbar Betroffenen und die Fachleute aus Medizin, Sozialwesen und Rechtswissenschaft, sondern alle das Recht zur Stellungnahme, weil sie unmittelbar „den Grundcharakter der menschlichen Existenz" betrifft und an einem sensiblen Bereich das Verhältnis von Person und Staat berührt.[173] Aus dieser Perspektive behandelt Guardini die Frage: „Ist es erlaubt, das im Schoß der Mutter heranreifende Leben des Kindes zu zerstören?"[174] Er beschränkt sich hier aber auf die Bewertung der sozialen Indikation. Das Kind ist auch im unmittelbaren Lebenszusammenhang mit der Mutter während der Schwangerschaft Person, ein langsam erwachendes Wesen, „das ihr seiner innersten Bestimmung nach entzogen ist. Dadurch wird die Größe, aber auch die Tragik des Muttertums begründet. Das Kind ist mit der Mutter zutiefst verbunden und bildet mit ihr einen einzigen Lebenskreis. Darin geht es aber nicht auf, sondern steht zugleich und vom ersten Augenblick seiner Existenz an unmittelbar zum Dasein, unmittelbar zu den absoluten Normen, unmittelbar zu Gott."[175] So steht auch das Verhältnis der Mutter zum Kind „unter dem Gesetz der eigenen, zwar noch schlummernden, aber bereits gegebenen Personalität", das ihr „wesentlicherweise nicht mehr Rechte" über das Kind einräumt, „als ein Mensch über den anderen Menschen haben kann"[176].

Für die Ebene des staatlichen Handelns im Schwangerschaftskonflikt, also für Gesetzgebung und medizinisch-soziale Versorgung, ist das anzuwenden, was allgemein im Verhältnis der Person dem Staat gegenüber gilt: „Gehört der Mensch sich selbst bzw. der Familie und dem Staat, oder steht er unter der Hoheit einer absoluten Instanz, deren Norm persönliche Wünsche wie soziale Forderungen übersteigt?"[177] Die Hoheit des Menschen darf nicht angetastet werden. Dieser Grundsatz verpflichtet als sittliche Norm den Staat auch im Problemfall der durch eine Schwangerschaft entstandenen Notlage. Weitere Gründe sprechen für Guardini gegen eine staatliche Erlaubnis: Nach der besonderen Logik der ethischen Existenz können ethische Gesichtspunkte auf Dauer nicht ohne Schaden zurückgestellt oder Nützlichkeitserwägungen geopfert werden. „Sie besagt, daß ethisch falsche Handlungen, auch wenn sie noch so nützlich scheinen, am Ende in eine Zerstörung auslaufen."[178] Jede Antastung der Person an einem bestimmten Punkt, geschehe sie aus noch so schwerwiegenden Gründen, bereite den Boden dafür, auch in anderen Konfliktsituationen das Leben des oder der Einzelnen anderen

---

[172] Vgl. *Recht des werdenden Menschenlebens*, 153. Dieser Aufsatz wurde zuerst 1949 veröffentlicht und geht auf einen Vortrag vor Ärzten zurück, der 1947 als „Die soziale Indikation für die Unterbrechung der Schwangerschaft" erschien und von Guardini überarbeitet wurde; s. *soziale Indikation*; vgl. Mercker, *Bibliographie*, n. 719.
[173] *Recht des werdenden Menschenlebens*, 153.
[174] Ebd., 154.
[175] Ebd., 162.
[176] Ebd., 163.
[177] Ebd., 172.
[178] Ebd., 173.

Das Verständnis der Person   181

Zwecken gefügig zu machen, wobei Guardini Ende der 40er Jahre auf die Erfahrungen des Nationalsozialismus zurückblickt. Wer staatliches Handeln unter personal-ethischer Perspektive betrachtet, kann schließlich an der Frage nicht vorbei, die sich bei jeder aus sozialer Not entstehenden Konfliktsituation stellt, erst recht, wenn soziale Indikation Grund für einen Schwangerschaftsabbruch sein soll. Bevor der Staat das Mittel der Abtreibung menschlichen Lebens zuläßt, „sollte er prüfen – mit dem ganzen Ernst des Gewissens prüfen – , ob er alles – wirklich alles – getan hat, was möglich ist, um eine echte Ordnung herzustellen. Dann wird er ohne Zweifel zum Ergebnis kommen: Wenn er will – wirklich will – , dann braucht nicht getötet zu werden, damit gelebt werden könne. Es braucht nur gehandelt und geopfert zu werden."[179] Die Argumentation Guardinis, der sich auf das Verhältnis der Mutter zum ungeborenen Kind und auf das ärztliche und staatliche Handeln beschränkt, bedarf einer wichtigen Ergänzung. Gerade eine personale Sicht erfordert es, nach Möglichkeit alle beteiligten und verantwortlichen Personen und Handelnden, d.h. konkret im Schwangerschaftskonflikt auch den Vater oder Erzeuger und unter Umständen das familiäre und soziale Umfeld in die Konfliktlösung einzubeziehen.

4.4.2 Zum Problem der Euthanasie

Am Grenzfall des Menschen, bei dem der neuzeitliche Begriff der Persönlichkeit nicht greift, weil er als Wertbegriff latent ein gewisses Maß von geistiger Begabung und persönlicher Leistungsfähigkeit voraussetzt und zu Werturteilen über einen Menschen verleitet, zeigt sich die Bedeutung des unbedingt geltenden Personbegriffes. So ist auch der durch Krankheit oder äußere Schädigung in der Entfaltung seiner Persönlichkeit behinderte oder gestörte Mensch Person. Guardini spricht in den Ethikvorlesungen von latenter, nicht aktualisierter Personalität, die auch dann zu respektieren ist, wenn sie sich nicht zur Geltung bringen kann.[180] Es mag ein Urteil über Qualitäten, Handlungen, Leistungen des Menschen geben, „nicht über seine Existenz als solche, denn die hat personale Würde und ist als solche unbeurteilbar [...]"[181].

Bereits die ‚ontologische' Personbestimmung in „Welt und Person", die 1939 veröffentlicht wurde, ließ deutlich zwischen den Zeilen die Ablehnung der Euthanasie erkennen. Sie ist ein Beispiel dafür, wie Guardinis Gedanken auf die politische Situation zu beziehen sind: Ohne diese direkt anzusprechen, haben seine Überlegungen unmittelbare politisch-ethische Relevanz. Wer vor dem Hintergrund der Verletzung und Mißachtung der Menschenwürde im Nationalsozialismus und angesichts einer ideologischen Rechtfer-

---
[179] Ebd., 174.
[180] Vgl. *Ethik*, 208f. Siehe zur ethischen Beurteilung der Euthanasie auch Höver, *Menschenwürdig sterben*.
[181] Ebd., 208. Als Hintergrund dieser Entfaltung des Personverständnisses sind deutlich die Erfahrungen im Nationalsozialismus zu erkennen. Zu den Konsequenzen für die Beurteilung spezieller Probleme der Moral s. Punkt 6.4 in diesem Kapitel.

tigung, die den Wert menschlichen Lebens von geistig-körperlicher Gesundheit oder ‚Rassenzugehörigkeit' abhängig zu machen versuchte, Guardinis Schrift las, mußte die Unvereinbarkeit der staatlichen Ideologie mit dem christlichen Personverständnis erkennen und zu einer klaren moralischen Ablehnung der Euthanasiepraxis kommen. Die Einsicht in die absolut verpflichtende Norm, die Person des Anderen nicht anzutasten, begründet also die Ablehnung der Euthanasie. Guardini geht allerdings nicht detailliert auf sie ein; er unterscheidet nicht zwischen direkter und indirekter, passiver und aktiver Euthanasie.[182] Doch geht aus dem Kontext hervor, daß die direkte Tötung, also die sogenannte ‚aktive Euthanasie' gemeint ist.[183] Grundsätzlich gilt, daß der Mensch im Zustand der unheilbaren Krankheit und im Sterben ohne Einschränkung als Person in Würde und Achtung zu behandeln ist und deshalb sein Leben nicht angetastet werden darf. Damit beginnt allerdings erst die Wahrung der Personwürde. Die weitere moralische Herausforderung liegt darin, die Situation von ihrem eigentlich personalen Anspruch her zu begreifen und anzunehmen. Sie fordert die Verantwortung, die Kraft der Rücksichtnahme und „die Fürsorge der in der Kraft des Lebens Stehenden für den zu Ende Lebenden"[184] heraus, die sehr schwer werden kann. Eine personale Erörterung des Euthanasieproblems wird zudem nicht vor den Fragen ausweichen, die unheilbar Kranke oder Sterbende in ihrer Lebenslage den Gesunden und der Kultur einer Gesellschaft stellen.

4.4.3 Zur Frage der Todesstrafe

Auf die Frage der ethischen Beurteilung der Todesstrafe geht Guardini nur kurz ein.[185] Er macht darauf aufmerksam, daß der in diesem Zusammenhang diskutierte Abschreckungseffekt in Wirklichkeit nicht so stark wirkt, daß er die Anwendung der Todesstrafe rechtfertigen könne.[186] Zwei weitere Gründe sieht Guardini tatsächlich hinter der Praxis der Todesstrafe im Rechtsstaat und hinter dem Plädoyer für ihre Wiedereinführung wirksam, wobei er den Mißbrauch in einer Diktatur wie dem Nationalsozialismus ausklammert: Das erste ist das absolut verstandene Moment von „Schuld und Sühne, von

---

[182] Vgl. *Ethik*, 657f. und 962-965.
[183] Guardini erinnert an die staatlich durchgeführte Euthanasie an unheilbar Kranken, Behinderten, Arbeitsunfähigen und alten Menschen im Nationalsozialismus; vgl. *Ethik*, 657f. Siehe zur Terminologie Leuenberger, bes. 99ff. „Aktive Euthanasie (‚mercy killing')" ist die „Erleichterung des Sterbens durch gezielte und direkte Lebensverkürzung – wobei wiederum zwischen einer entsprechenden Handlung auf Wunsch des Patienten und einer solchen ohne dessen Wunsch zu unterscheiden ist (juristisch: ‚Tötung auf Verlangen' und ‚vorsätzliche Tötung')"; ebd., 100f.
[184] *Ethik*, 657.
[185] Vgl. hierzu *Ethik*, 208f. und 468f. Siehe auch *Zur Todesstrafe* von 1961, ein kurzer Aufsatz, der im Zusammenhang der damaligen Diskussion in der Bundesrepublik über die Wiedereinführung der Todesstrafe steht. In *Recht des werdenden Menschenlebens*, 155, erwähnt Guardini, daß in der Todesstrafe ähnlich wie im Fall der Notwehr und des Krieges eine Ausnahme des Grundsatzes vom absoluten Tötungsgebot gesehen wurde. Diese Bemerkung ist nun im Kontext der Argumentation auf die Vergangenheit zu beziehen und zu vernachlässigen.
[186] *Zur Todesstrafe*, 750.

Das Verständnis der Person 183

Ordnungsverletzung und Ordnungswiederherstellung"[187]. Das zweite, gewichtigere ist ein Staatsverständnis, das der staatlichen Rechtsordnung und dem staatlichen Rechtshandeln ein ontologisches Gewicht beimißt, was eine metaphysisch-religiöse Voraussetzung erkennen läßt. Der Staat wird hier als Träger einer Autorität gesehen, die über Leben und Tod richten kann, letztlich als „innergeschichtlicher Repräsentant jener Instanz, [...] die Autorität schlechthin ist, also Gottes und seiner Hoheit."[188] Da beide Gründe oder Gesichtspunkte nicht mehr im allgemeinen Bewußtsein gegeben sind, folgert Guardini zur Frage der Wiedereinführung der Todesstrafe, daß „die eigentliche Begründung fehlen würde"[189]. Mit dieser Argumentation kommt er zwar zu einer Ablehnung der Wiedereinführung, doch erscheint diese in systematischer Betrachtung, d.h. im Blick auf den Gesamtzusammenhang seines Autoritätsverständnisses unbefriedigend, weil Guardini sonst für das Bewußtsein gerade einer absoluten oder religiösen Dimension staatlicher Autorität plädiert.[190] Schließlich ist seine Stellungnahme auf dem Hintergrund seines Personverständnisses, also unter dem Bewußtsein von der unbedingten Würde der Person und den aus ihr folgenden ethischen Konsequenzen inkonsequent. Das „Urteil des Gerichts, das auf die Todesstrafe erkennt", so Guardini in den Ethik-Vorlesungen, beurteile „nicht das Recht des betreffenden Menschen [...] ob er existieren dürfe, sondern eine Tat, die er begangen hat und die nach dem geltenden Recht den Tod als Strafe nach sich zieht"[191]. In dieser Argumentation nun trennt er abstrahierend, was in der Todesstrafe konkret zusammenkommt und die besondere Problematik ausmacht, die sie von allen anderen Urteilen unterscheidet, die eine Person für ihre Handlungen verantwortlich macht. Im Fall der Todesstrafe wird das Urteil über die Tat eines Menschen zum von Guardini sonst abgelehnten Urteil über sein Recht auf die eigene Existenz als solche.[192]

---

[187] *Ethik*, 468f.
[188] *Zur Todesstrafe*, 751.
[189] Ebd.
[190] Vgl. Kapitel IX.3.2. Vgl. auch *Ethik*, 468, wo Guardini gerade auf diese absoluten Momente hinweist. Konsequenter wäre dann beispielsweise die Frage, ob nicht gerade der Bezug der staatlichen Autorität auf die Autorität Gottes im christlichen Glauben zur Ablehnung der Todesstrafe führt.
[191] *Ethik*, 208f. Auch in der kurzen Stellungnahme „Zur Frage der Wiedereinführung der Todesstrafe" kommt Guardini letztlich zu keinem anderen Urteil. Die Person des Verurteilten und deren unantastbares Recht ist auch hier nicht im Blick.
Zur offiziellen kirchlichen Position, die sich in der Beurteilung der Todesstrafe zunehmend von der bisher vertretenen Billigung entfernt, s. *KKK*, n. 2266f., und *EV*, n. 56. Die in *EV* und im *KKK* eingeschlagene Linie fortführend fällt die Beurteilung in *KaEK* 2, 284ff., differenzierter und in der Ablehnung ‚entschiedener' aus. Sie weist auf die sich verstärkende Überzeugung hin, „daß Christen – besonders in unseren Verhältnissen – keine Verfechter der Todesstrafe sein können"; ebd., 286.
[192] Vgl. *Ethik*, 208.

VI. Das Verständnis des sittlich Guten

Zur Untersuchung des Verständnisses des sittlich Guten bei Guardini empfiehlt es sich, zunächst das betreffende Kapitel der Ethik-Vorlesungen über „Das Gute" heranzuziehen, weil es das Ergebnis einer Entwicklung im ethischen Denken Guardinis darstellt, die in den verschiedenen Ausführungen zum Verständnis des Guten und zur Struktur christlich-ethischen Denkens in seinem Werk zu erkennen ist.[1]

1. Der Wert und das Gute

1.1 Der Begriff des Wertes

Guardini nähert sich dem Verständnis des Guten in der „Ethik" über den Begriff des Wertes. ‚Wert' ist ein Charakter, den ein bestimmtes Seiendes „hat bzw. haben kann, und der ihm eine besondere Bedeutung gibt"[2]. Diese Bedeutung wird subjektiv in der menschlichen Wertfühlung und Wertschätzung für ein Seiendes empfunden. Es wird als schön, als nützlich oder angenehm wahrgenommen; der Wert-Begriff erfaßt also eine besondere Weise des Verhältnisses zwischen dem Menschen und seiner Umwelt. Die Eigenschaften des Seienden werden als Wert qualifiziert und so zu Orientierungspunkten und ‚Leitzeichen', nach denen sich menschliches Verhalten ausrichtet. Durch eine zwischen den verschiedenen Werten bestehende Rangordnung oder schlicht durch eine sich aus den Umständen ergebende Dringlichkeit üben die Werte eine ordnende Wirkung auf das menschliche Streben aus.[3] So wird beispielsweise die Nahrungssicherung dringlicher zu bewerten sein als ein ästhetischer Genuß oder eine geistige Herausforderung, mögen diese auch in einer personal-geistigen Werteordnung höher stehen.

Gegen die Position einer rein subjektivistischen Wertsetzung hält Guardini daran fest, daß der Wertcharakter immer auch jene „objektive Eigenschaft des Seienden"[4] meint, kraft derer es den Werteindruck erst hervorru-

---

[1] Vgl. *Ethik*, 13-64.
[2] *Ethik*, 16; vgl. zum folgenden ebd., 15-27.
[3] Vgl. *Ethik*, 18ff.
[4] Ebd., 16.

fen und Bedeutung für das Subjekt erlangen kann. Damit vermeidet er einen Dualismus zwischen der Welt des Seienden und einem in sich stehenden Bereich der Werte.[5] Angesichts der damit verbundenen philosophischen Frage, welche ontologische Qualität dem ‚Wert in sich' zukommt, bezieht Guardini eine Position zwischen der Idee-Konzeption Platons, nach der die Ideen oder Werte die eigentlich objektive Wirklichkeit darstellen, und einem Positivismus, der nur den empirischen Dingen Realität zuerkennt. „Die Dinge und Vorgänge der Welt offenbaren Sinngestalten. Diese Sinngestalten sind in den Dingen real, hängen aber in ihrer Gültigkeit nicht von ihnen ab. Ja sie haben ihnen – wie auch der sie denkenden Vernunft – gegenüber den Charakter des Gesetzes oder der Norm. [...] Für sich genommen, sind die Sinngestalten nur gedacht; hinter ihnen geht es aber ins Metaphysische zurück. Den vollkommensten Ausdruck für das Verhältnis hat Augustinus gefunden, wenn er sagt, die Ideen seien Gedanken Gottes über die Welt; Sinn-Normen, die im Logos wurzeln, und nach denen er die Welt geschaffen hat."[6] Der metaphysische Hintergrund des Wertebegriffs Guardinis ist also, wenn überhaupt, nicht bei Platon zu suchen, sondern bei Augustinus, der den platonischen bzw. neuplatonischen Ansatz theologisch aufgriff und die Wirklichkeit der Sinngestalten und Werte auf Gott zurückführte.[7]

Der Wertcharakter eines Seienden hat noetische Bedeutung, insofern er die menschliche Erkenntnis anspricht und zum Verstehen seines Sinnes auffordert. Er hat praktische Bedeutung, insofern er Ziel menschlichen Strebens im Schätzen, Wollen und Handeln wird. Die Werte drängen zur Verwirklichung im menschlichen Lebensbereich, die, wenn sie gelingt, je nach Art, Maß und Rang des angestrebten Wertes in Empfindungen wie Befriedigung, Lust oder Glück bewußt werden können.

1.2 Das Glück im Sittlichen

Die wichtige ethische Frage nach der Bedeutung von Glück und Wohlbefinden für das Handeln beantwortet Guardini durch Abgrenzung von extremen Lösungen.[8] Gegen einen Hedonismus, für den allein die Lust und der subjektive Glücksertrag zum Prinzip des Handelns werden, weist er auf den objektiven Sinngehalt in den Dingen hin. In dieser Frage setzt sich Guardini in den Ethikvorlesungen u.a. mit Nietzsche auseinander: Dessen Ethik sei „enthusiastischer" Ausdruck einer dem Hedonismus verwandten Position, nach der alle Werte auf den Wert des Lebens hingeordnet sind und „sittlich gut" das ist, „was das Leben fördert, es gesünder, stärker, fruchtba-

---

[5] Dies ist im Unterschied zur materialen Wertethik Schelers festzustellen, in der sich dieses Problem stellt; vgl. Ricken, 53.
[6] *Ethik*, 23.
[7] Siehe zum Einfluß von Platon und Augustinus auf Guardini unten die Fn. 29.
[8] Vgl. *Ethik*, 23-27 und 362-370.

rer, tiefer macht. Auf Grund dieser Anschauung versteht es sich von selbst, daß das Glück, die Freude, das lustvolle Erfahren des sich steigernden Lebens das Ziel des ethischen Verhaltens ist."[9] Auch für Guardini sind Glück und Lebensfreude von Bedeutung für das sittliche Leben, doch darf dies nicht zur Umkehrung der geistigen Werte-Ordnung – zum ‚Umsturz der Werte' – führen. Nicht das um seiner selbst willen angestrebte Gefühl begründet das Glücksempfinden, sondern die innere Gültigkeit des Wertes im Seienden. Ebenso ist das andere Extrem eines Puritanismus zu vermeiden, der Lust, Freude und Glück aus der Realisierung eines Wertes herausnimmt, und den Wert nur um des bloßen Wertes willen anstrebt. Die Verwirklichung des sittlich Guten und ein Glücksempfinden stehen für Guardini nicht in einem Gegensatz zueinander: Das Phänomen des Sittlichen wird dann zutreffend erfaßt, wenn Glück, Freude und die anderen „Formen positiven Gefühls" als die Weisen verstanden werden, in denen „das getane Gute zu Bewußtsein kommt"[10].

1.3 Das Gute als sittlicher Wert

Während der Begriff des Wertes von Guardini in einem weiteren Sinn für jedes mögliche positive Ziel menschlichen Strebens verwendet wird, reserviert er den Begriff des ‚Guten' für den sittlichen Wert im spezifisch moralischen Sinn. Das Gute unterscheidet sich von den übrigen Werten durch seinen unbedingten und universellen Geltungsanspruch. „Die Forderung des Guten [...] bezieht sich auf das menschliche Dasein als solches und einfachhin. Wie immer die Sondersituation sein mag, immer steht sie unter der Forderung des Guten."[11] Das Beispiel eines Malers erläutert diesen Unterschied. Als Künstler steht er vor der Forderung des ästhetischen Wertes, die ein Kunstwerk an ihn stellt. „Sie ist dringlich, hat aber nicht jenen Charakter, den die sittliche hat, wenn sie sagt: du sollst das Gute wollen, immer und überall. Jene trifft ihn als Künstler, das heißt relativ; diese erfaßt ihn als Mensch, das heißt absolut. Das Gebundensein durch sie nennen wir Pflicht."[12] Dem Künstler kann zwar die Kunst zur sittlichen Pflicht und der ästhetische Wert zum sittlichen Wert werden, dies aber nicht im absoluten Sinne, sondern deshalb, weil er als Künstler für diesen besonderen Wert Verantwortung übernommen hat. An sich bleibt der ästhetische Wert relativ. Entsprechend könnte ein Künstler umgekehrt sein Können dazu verwenden, ein Kunstwerk meisterhaft zu fälschen. Er würde dann zwar den besonderen Wert künstlerischer Leistung verwirklichen, die Verwirklichung des sittlichen Wertes, des Guten aber verfehlen.[13]

---

[9] Ebd., 363.
[10] Ebd., 369.
[11] Ebd., 29.
[12] Ebd.
[13] Vgl. ein ähnliches Beispiel ebd., 31.

2. Wesen und Form des Guten

Das Gute ist ein der sittlichen Erfahrung evidentes Urphänomen, das nicht aus anderen Phänomenen oder Gegebenheiten biologischer, psychologischer oder sonstiger Art abgeleitet werden kann.[14] Zum Wesen des Guten gehört die Unbedingtheit seiner Forderung. Kategorisch gilt, daß das Gute zu tun ist. Unbedingt ist das Gute auch, weil seine Verwirklichung nicht nur einen besonderen Bereich des menschlichen Lebens betrifft wie ein anderer Wert, sondern die Existenz der Person selbst. Doch ist die Unbedingtheit stets in Bedingtheiten eingewoben. Die absolute Geltung bedeutet nicht, „daß immer und überall und von allen das Gleiche für gut angesehen wird"[15]. Die inhaltliche Bestimmung des Guten ist von geschichtlichen, sozialen und kulturellen Umständen abhängig, was an der Vermittlung moralischer Inhalte durch ein bestimmtes Ethos deutlich wird. So steht eine christliche Ethik wie jede Ethik, die den Unbedingtheitscharakter in der Forderung des Guten nicht von vornherein relativiert, vor dem Problem, „wie sich die zweifellose Absolutheit des Guten an sich zur ebenso zweifellosen Relativität seiner konkreten Deutung verhalte. Immer enthält es den absoluten Kern; in ihm drückt sich das Ewige aus, das vom wachen Gefühl empfunden wird. Immer verdichtet es sich aber in relativen Formen; in ihnen drückt sich das aus, was Geschichte heißt, und ohne das keine Verwirklichung möglich ist."[16]

3. Das Gute als die Wahrheit des Seienden

3.1 Die erste Bestimmung des Guten

Nach der Unterscheidung des sittlich Guten von allen anderen Werten ist das positive Verhältnis zwischen beiden zu bestimmen. Wie steht das Sittlich-Gute zur Welt und zum Dasein? Die erste Antwort lautet: „Das Gute ist die Wahrheit des Seienden, sofern es Inhalt des Handelns wird. Dadurch bekommt der Begriff der Wahrheit einen praktischen Charakter: aus dem Wahren wird das Richtige. So lautet die genauere Antwort: Das Sittlich-Gute ist das Richtige, wie es sich jeweils aus dem Wesen des Seienden ergibt."[17] Guardini greift mit dieser Bestimmung einen Grundgedanken ethischer Tradition auf, in dem besonders der Welt- und Wahrheitsbezug des Menschen zum Ausdruck kommt. Der Mensch ist als Vernunftwesen fähig, in den Struktu-

---

[14] Vgl. zum folgenden ebd., 32-37.
[15] Ebd. 36.
[16] Ebd.
[17] Ebd. 37f. Vgl. zum folgenden ebd., 37-45.

ren der Natur – ,Natur' verstanden als das, was unabhängig vom Subjekt „von sich aus wirkt und da ist"[18] – eine Orientierung für sein praktisches Verhalten zu gewinnen. „Alle Dinge, alle Lebensvorgänge, alle menschlichen Beziehungen haben ihr Wesen. Daraus ergeben sich die Richtigkeiten des jeweiligen Handelns, und demgemäß die verpflichtenden Forderungen."[19] Die aus den Sinnstrukturen des Seienden zu erkennende Verpflichtung oder Orientierung kann also nicht nach Belieben beachtet werden, sondern wird zum maßgeblichen, wenn auch nicht einzigen und ausreichenden, Kriterium für die sittliche Beurteilung menschlichen Verhaltens. Es gibt, so die Grundaussage dieser ethischen Position, intelligible Vorgegebenheiten in Natur, Kultur und Geschichte, über die eine handlungsleitende Ethik nicht beliebig hinweggehen kann.[20]

Wenn das Gute die Wahrheit des Seienden ist, die als Forderung an die sittliche Freiheit herantritt, bleibt die Frage offen, wodurch die Wahrheit des Seienden für das Subjekt verbindlich wird und woher der Charakter des Unbedingten am Guten kommt. Eine Antwort gibt zunächst die unmittelbare Daseinserfahrung. Der Mensch ist fähig, „den Sinn des Seienden zu erkennen, seine Werte zu empfinden und frei, über es zu verfügen. Daraus kommt die unmittelbare Einsicht: Das Seiende ist mir zur Verfügung gestellt."[21] Menschsein bedeutet, „für die Welt verantwortlich zu sein"[22]. Doch der Hinweis auf die Selbsterfahrung menschlichen Daseins und die Evidenz des Weltverhältnisses bleibt vorläufig. „Warum ist das Menschsein, warum das Weltsein so geartet?"[23] Mit dieser Frage berührt die ethische Reflexion die religiöse Dimension des Sittlichen. In den Ethikvorlesungen Guardinis ist dies einer der Punkte, an denen der ethische Ansatz, sich auf die Phänomene ,natürlicher' Sittlichkeit zu beschränken, durchbrochen wird und die Ethik sich dem Religiösen öffnet.[24] Die Welt und das Dasein des Menschen sind ,so geartet', weil Gott die Welt und den Menschen so geschaffen hat. Die Frage nach dem Ursprung der Verantwortlichkeit des Menschen für die Welt ist biblisch-theologisch mit dem Begriff der Gottebenbildlichkeit zu beantworten. Der Mensch ist als Ebenbild Gottes fähig, über die Welt zu herrschen

---

[18] Vgl. Korff, *Naturale und geschichtliche Unbeliebigkeit*, 147.
[19] *Ethik*, 39.
[20] In diesem Sinn spricht Honnefelder von „naturalen Strebenszielen" und einem „naturalen Dispositonsrahmen", auf den sich eine Ethik bezieht; *Ethik*, 903. Hinzu kommt die geschichtliche Dimension menschlichen Handelns, die im „Wesen" „aller Lebensvorgänge und menschlichen Beziehungen" mitenthalten ist, von denen Guardini spricht; *Ethik*, 39, s. Fn. 18. Bezüglich der geschichtlichen und naturgegebenen Bedingungen ist die Normativität menschlichen Handelns mit den Worten Korffs als „natural und geschichtlich unbeliebig" zu beschreiben; vgl. Korff, *Naturale und geschichtliche Unbeliebigkeit*, 158 und 160. Menschliches Handeln ist also mit Rücksicht auf ein „naturales Gestaltungsgesetz" und ein „vernünftig-konstruktiv" zu entfaltendes „Regelfeld" zu bestimmen; ebd., 156.
[21] *Ethik*, 41.
[22] Ebd.
[23] Ebd., 42.
[24] Vgl. zum Ansatz Guardinis *Ethik*, 1f. und 1257f.; s. zur Frage der religiösen Dimension im Bereich natürlicher Sittlichkeit desweiteren Kapitel IV.5.4 in dieser Arbeit.

und für sie Verantwortung zu übernehmen. Er ist nach der klassischen Formulierung des Thomas von Aquin das Wesen der Für- und Vorsorge für sich und andere.[25]

Guardini vertieft diesen wichtigen Aspekt menschlicher Verantwortung durch eine zweifache Deutung des Begriffes ‚Welt'. ‚Welt' meint erstens den Inbegriff dessen, was ohne Zutun des Menschen besteht, wofür auch der Begriff der ‚Natur' im weitesten Sinne des Wortes als Natur der Dinge und des Menschen stehen kann. „Welt ist hier das dem Menschen – auch in ihm selbst – Gegebene."[26] Zum andern bedeutet ‚Welt' den Inbegriff dessen, was aus der Begegnung des Menschen mit dem Seienden oder der Natur entsteht, gleichsam die ‚Kultur' im weitesten Sinne des Wortes. Diese zweite Welt ist die Aufgabe für den Menschen. Schöpfungstheologisch ist dieser doppelte Weltbegriff Ausdruck des göttlichen Weltauftrages an den Menschen. Gott, „der die erste Welt geschaffen und den Menschen als Erkennenden und Freien ins Dasein gerufen [hat], hat ihm ebendamit die Dinge in die Hand gegeben und ihn beauftragt, die zweite Welt hervorzubringen"[27]. Aus dieser Deutung menschlichen Daseins leitet Guardini folgende Kurzformel für eine schöpfungstheologisch begründete Ethik ab, die die erste Bestimmung des Guten aufgreift: Der Mensch ist in der Welt, um das richtige Handeln Gottes fortzusetzen. „Er soll ihren Charakter objektiver Gutheit in menschlicher Weise fortsetzen, indem er innerhalb der Welt die Dinge seinerseits aus reiner Absicht und so tut, wie sie nach der Wahrheit getan sein wollen."[28]

3.2 Die Bedeutung der ersten Bestimmung des Guten im ethischen Denken Guardinis

Als ein Ergebnis der bisherigen Untersuchung ist zunächst festzustellen, daß die in der Guardini-Literatur vertretene Charakterisierung Guardinis als platonischer, mehr noch als augustinischer Denker mit Blick auf sein ethisches Denken zu korrigieren, d.h. zu ergänzen ist, mag sie auch für sein sonstiges Werk zutreffen.[29] Bei der Bestimmung des Wesens des Guten und des Gewis-

---

[25] Vgl. Höver, *Autonomie*, 1296: Die „aktive Teilhabe des Menschen am ewigen Gesetz" durch die Erkenntnis des natürlichen Gesetzes und die Gewißheit der obersten praktischen Prinzipien im Gewissen weist ihn als Wesen der Für- und Vorsorge für die sittliche Ordnung aus (S.th. I-II, 91,2); s. auch Honnefelder, *Ethik*, 903; Korff, *Ethik*, 920.
[26] *Ethik*, 42.
[27] Ebd., 43.
[28] *Ethik*, 1182.
[29] Folgende Werke Guardinis erweisen ihn u.a. als Denker der platonischen und augustinischen Tradition: die beiden Bonaventura-Studien *Lehre des Hl. Bonaventura* und *Theologie Bonaventuras*, dazu die Monographien *Augustinus, Tod des Sokrates* und auch *Christliches Bewußtsein;* aus seinen Abhandlungen *Madeleine Semer* und *Nachwort Madeleine Semer* und *Notizen zum platonischen Denken*. Schlette charakterisiert mit Bezug auf diese Tradition das gesamte Werk und Denken Guardinis als von einer „Priorität der Schau, der gestaltenden Idee, der Liebe gegenüber der Empirie, der kritischen Rationalität, dem ‚System'" geprägt; Schlette, *Romano Guardini Würdigung*, 260. Vgl. zu dieser geistesgeschichtlichen Einordnung Guardi-

sens bezieht sich Guardini erkennbar auf die Konzeption einer christlichen Ethik, die auf Thomas von Aquin zurückgeht.[30] Allerdings greift Guardini auch, wie sich noch zeigen wird, auf die platonisch-augustinische Denktradition zurück, die ihm durch die unmittelbare Beschäftigung mit den platonischen Schriften, mit Augustinus und zudem durch seine Bonaventura-Arbeiten besonders vertraut war.

Guardini hat seine Wertschätzung für Thomas von Aquin schon früh in einer kleinen Rede über Goethe und Thomas von Aquin zu erkennen gegeben.[31] In ihr nennt Guardini als tragende geistige Einstellung des thomanischen Denkens die Ehrfurcht vor der Welt und vor dem Wesen der Dinge, die im Schöpfungsglauben ihren Grund hat. „Sie macht keine gewaltigen Systeme zurecht, nach denen das Leben sich richten soll, sondern läßt sich von der Ordnung leiten, die in ihm selbst wirkt. Für sie liegt in den Dingen eine tiefe Vernunft vom Schöpfer her, und Bildung bedeutet für sie, diese Vernunft zu vernehmen und ihr handelnd Raum zu geben."[32] Nicht Rationalismus bzw. Überschätzung menschlicher Vernunft, sondern solche im

---

nis auch ders., *Romano Guardini Werk,* 16 und 25f.; Honnefelder, *Phänomenologie* 11f.; Fries, *Nachwort,* 78-81; Wechsler, 18ff.; Mercker, *Weltanschauung,* 87-94, und Haubenthaler, 85. Es ist der ‚christliche Platon', auf den sich Guardini bezog, und der ihm besonders durch Augustinus vertraut war. Neben Schlette hebt auch Biser, *Interpretation,* 29-31, hervor, daß Guardini eigentlich Augustinus näher steht. Diese Einordnung läßt allerdings, ebenso wie die genannten Autoren, die philosophiegeschichtliche Frage der Beziehung zwischen Aristoteles und Platon und deren Interpretation durch Thomas außer Betracht; vgl. Schlette, *Romano Guardini Würdigung,* 260.

[30] Vgl. *Ethik,* 37f. und 43f.; s. auch *GGS,* 24-27, und *Nachwort Madeleine Semer,* 253f., wo Guardini Augustinus und Thomas von Aquin in eine größere geistige Nähe rückt. Die in Anlehnung an das thomanische Denken erfolgte Bestimmung des Guten ist als ethischer Gedanke eine Weiterentwicklung früherer nur vereinzelter Überlegungen Guardinis zum thomanischen Denken, die unten angeführt werden. So ist, was diesen Punkt angeht, auch das die Guardini-Forschung betreffende Urteil zu berichtigen, nach dem von einer ‚eigentlichen Weiterentwicklung' in seinem Denken nicht gesprochen werden könne; vgl. Balthasar, 11.

[31] Vgl. *Von Goethe und Thomas von Aquin.* Es handelt sich hier um eine ‚Erinnerung', die auf einen Vortrag anläßlich des 175. Geburtstages Goethes und des 700. Geburtstages Thomas von Aquins im Jahr 1924 auf Burg Rothenfels zurückgeht. Vgl. auch Gerl, *Romano Guardini,* 85ff.; Gerl weist auf die Wertschätzung Guardinis für Thomas hin, schließt aber mit der Feststellung, daß die geistige Beeinflußung durch Augustinus bei Guardini bestimmend ist. Die ethisch bedeutsamen Aussagen Guardinis, die eine Nähe zu Thomas erkennen lassen, werden bei ihr wie in der sonstigen Sekundärliteratur nicht berücksichtigt.

Hörer dieses Vortrages über Goethe, Thomas von Aquin und den klassischen Geist war auch der junge Josef Pieper. Er berichtet in einer Ehrung zum 70. Geburtstag Guardinis unter dem Titel „Bedeutende Fördernis durch ein einziges Wort", wie dieser Vortrag ihm eine fundamentale Erkenntnis vermittelt und den Anstoß für sein erstes Buch über Thomas von Aquin gegeben habe. Der entscheidende Gedanke lautet in der Formulierung Piepers: „Alles Sollen gründet im Sein; das Gute ist das Wirklichkeitsgemäße. Wer das Gute wissen und tun will, der muß seinen Blick richten auf die gegenständliche Seinswelt... Er muß absehen von seinem eigenen Akt und hinblicken auf die Wirklichkeit". Pieper, 324. Auf diese Formulierung Piepers bezieht sich wiederum Auer, *Autonome Moral,* 16, in seiner Bestimmung des Sittlichen als „Ja zur Wirklichkeit", so daß indirekt Guardini als Wegbereiter für Auers Rückgriff auf diesen klassischen Gedanken gelten kann; dieser Hinweis bei Haubenthaler, 83f.

[32] *Von Goethe und Thomas von Aquin,* 23.

Glauben schöpfungstheologisch begründete und weltoffene Geisteshaltung führt bei Thomas zum Prinzip einer Vernunftethik, nach der das sittlich Gute „das jeweils Vernünftige"[33] ist. Guardini sieht in diesem Denken eine Haltung, „die vom Sein ausgeht; den Primat des Logos vor dem Ethos und vorher noch den des Seins vor dem Tun behauptet"[34]. Der Sinn dieser griffigen, für eine Ethik aber mißverständlichen Formel vom ‚Primat des Logos vor dem Ethos' wird in diesem Kontext verständlich.[35] Er weist auf das thomanische Axiom ‚agere sequitur esse' zurück. Die Bestimmung des Handelns geht vom Sein, genauer von der durch die Vernunft im Sein erkannten Wahrheit und Sinnhaftigkeit aus. In diesem Sinn zeigt sich als Grundhaltung christlicher Moral der „Gehorsam gegen den wesenhaften Anruf des Schöpfers im Sein dessen, was er geschaffen – trotz aller Verstörung durch die Sünde"[36].

Der Vorteil dieser ersten, sich an Thomas anlehnenden Bestimmung des Guten liegt darin, daß sie bei der Vernunftnatur des Menschen ansetzt, diese in ihrer Weltoffenheit und ihrem Bezug auf Wahrheit versteht und so das ethische Denken über den normativen Orientierungsrahmen, der von der Vernunft in den Strukturen der Welt bzw. der Natur zu erkennen ist, an die empirische Wirklichkeit bindet. Dieser Ansatz schafft zugleich eine gemeinsame Basis zwischen einem nichtchristlichen und einem im Kontext des Glaubens stehenden ethischen Ansatz. So würdigt Guardini in diesem Zusammenhang neben der Ethik des Thomas auch die Ethiken des Aristoteles, der Stoa und der Aufklärung.[37]

Guardini geht es allerdings nicht um die theoretische Vereinbarkeit verschiedener ethischer Konzeptionen; dafür bleiben seine Ausführungen zu sehr auf den grundlegenden Gedanken beschränkt. Sein Interesse ist u.a. moralpädagogischer Art. Es richtet sich in fundamental-praktischer Absicht auf die Wirkung, die eine solche ethische Denkrichtung für die Menschen als moralische Subjekte haben kann. So stellt er ihre „große pädagogische und

---

[33] Ebd.
[34] Ebd., 23f.
[35] Sie stammt ursprünglich aus dem letzten Kapitel der liturgischen Schrift „Vom Geist der Liturgie", vgl. *Geist der Liturgie*, 86-99. Dort bezeichnet sie zunächst das zweckfreie liturgische Geschehen und steht für die der Liturgie zugrundeliegende katholische Haltung, die sich besonders gegen die Verzweckung der Liturgie im Sinne einer direkt intendierten moralischen Erbauung und Belehrung wendet. Der Liturgie nach katholischem Verständnis, so Guardini, „ist es vor allem darum zu tun, die grundlegende christliche Gesinnung zu schaffen. Sie will den Menschen dahin bringen, daß er sich in die rechte, wesenhafte Ordnung vor Gott stelle", d.h. in die Wahrheit, die allem Tun vorausgeht. Guardini grenzt sich in diesem Kapitel dem Kant der damals (1918) gängigen antikantianischen katholischen Interpretation und, polemisch-konfessionell, vom Protestantismus ab. Diese hätten den Schwerpunkt des Lebens von der Erkenntnis in den Willen, aus dem Logos in das Ethos verlagert; vgl. ebd. 89f. und 93. Dagegen hielte die katholische Geisteshaltung, die in der Liturgie ihren Ausdruck findet, am Primat des Logos über das Ethos fest. Die letzte Bedeutung dieses Gedankens sei: „Den endgültigen Vorrang im Gesamtbereich des Lebens *soll nicht das Tun haben, sondern das Sein*"; ebd. 95f.
[36] *Von Goethe und Thomas von Aquin*, 24.
[37] *Ethik*, 44.

soziale Kraft" heraus, „denn sie erfüllt den Menschen mit dem Gefühl der Verantwortung für das Seiende und erzieht ihn zum offenen Blick auf das, was ist. Zugleich bildet sie in ihm die Fähigkeit aus, das Ineinander der verschiedenen, in der Situation zusammenlaufenden Seinsforderungen auf eine einsichtige und realisierbare Formel zu bringen. Das alles wird um so wichtiger, je größer die Fähigkeit des Menschen wird, über die Welt zu verfügen; je mehr das Dasein ihm in den Willen gegeben ist [...]."[38]

Mit dem Stichwort der zunehmenden Verfügbarkeit der Welt und des eigenen Lebens deutet Guardini die ethischen Probleme an, die heute das Bewährungsfeld jeder ethischen Konzeption darstellen; genannt seien nur die Bioethik und die gesamte ökologische Problematik. Aufgabe einer christlichen Ethik ist es, angesichts dieser Probleme das vernunftethische und auf die Realität bezogene Potential dieser Denkrichtung mit einem aus dem Glauben motivierten Verantwortungsgefühl für die Welt und das menschliche Dasein zu verbinden. Genau in diesem Sinne spricht Guardini in seiner zeitkritischen Schrift „Die Macht" von einer „echten" und „realistischen Frömmigkeit"[39], die den Menschen am ‚Ende der Neuzeit' befähigen könne, der Herausforderung durch das Problem der Macht zu begegnen und nicht nur Macht über die Natur, sondern auch Macht über seine eigene Macht auszuüben. ‚Realistisch' wäre diese Frömmigkeit, weil sie sich sachlich ganz auf die diesseitige Wirklichkeit in ihrer Endlichkeit einlassen, sie aber nicht nach subjektiven Voraussetzungen denken, sondern als von Gott geschaffene begreifen würde. Freiheit bestände dann „nicht darin, das persönlich oder politisch Beliebige, sondern das vom Wesen des Seienden her Geforderte zu tun"[40].

Der theologische Grund für die bewußte Anknüpfung an Thomas ist in der schöpfungstheologischen Basis zu sehen, auf der Guardinis ethisches Denken steht, und die besonders die Ethikvorlesungen kennzeichnet. Diese Basis begründet das Vertrauen in die Wahrheit des Seienden und das Vertrauen in die Kompetenz sittlicher Vernunft, sich an den normativ disponierenden Strukturen der Natur orientieren zu können. Mit diesem Vertrauen geht eine theologische Ethik „vom Seinkönnen des Menschen im Zeichen der Schöpfung, dem sich in seiner Eigenwirklichkeit und Eigenbedeutung durchtragenden Bezugsgrund aller gnadenhaften Vollendung" aus und nicht „vom Seinkönnen im Zeichen der Sünde"[41], wodurch jede natürliche Kompetenz des Menschen zur Erkenntnis des Sittlichen fundamental in Frage gestellt

---

[38] Ebd.
[39] *Macht*, 174.
[40] Ebd., 178.
[41] Korff, *Ethik*, 919f. Im Unterschied zu einer Auffassung, nach der Kompetenz zur Erkenntnis des Sittlichen erst im Licht der Offenbarung und unter dem Beistand der Gnade erreicht werden kann, ist die Position Guardinis durch folgende wesentliche Differenzierung zu kennzeichnen: Die ‚ganze' Erkenntnis des Sittlichen kann erst im Licht der Offenbarung erreicht werden, weil die religiöse bzw. christliche Dimension zum Verständnis des ganzen Phänomens des Sittlichen gehört. Aber eine ‚natürliche' menschliche Kompetenz im Bereich des Sittlichen wird dadurch nicht abgelehnt. Auch in dieser Frage scheint Guardini Thomas näher als Augustinus zu stehen, der der ersten Auffassung zuneigt.

würde. Dem widersprechen auch nicht die im vorigen Kapitel dargestellten Ausführungen Guardinis zur Urschuld und ihren Auswirkungen, da Guardini in ihnen nicht so weit geht, die schöpfungstheologische Basis seines ethischen Ansatzes zu zerstören.[42]

Die wenigen Bemerkungen Guardinis in den Ethikvorlesungen zum Begriff des ‚Naturrechts' bestätigen diese Einschätzung. Auch hier entwickelt er keine systematische ethische Theorie. Eine gründliche Auseinandersetzung mit der Bedeutung des ‚Naturrechts' und des ‚natürlichen Gesetzes' in der Moraltheologie unterbleibt ebenso wie eine nähere Bestimmung des ‚Umfangs' des Naturrechts.[43] Die grundsätzlichen Äußerungen zeigen jedoch, daß er den Begriff des Naturrechtes grundsätzlich im dargestellten Sinn versteht. Aus der ethischen Bedeutung des Schöpfungsglaubens folgt dieser Begriff als grundlegende Kategorie für den Umgang mit den Dingen.[44] Mit ihm ist, so Guardini mit Bezug auf die Geschichte der Ethik, „jene Normativität gemeint, die sich ohne besondere rechtliche Regelung aus dem Wesen der Dinge selbst ergibt"[45]. Er setzt voraus, daß die Natur als ein Gefüge von sinnverwirklichenden Ordnungen, d.h. als Normquelle und nicht als bloßes Faktum erkannt wird. Gegen alle ethischen Theorien positivistischer oder naturpositivistischer Art ist aber geltend zu machen, daß der Mensch nicht in dieser Seinsbestimmtheit aufgeht, sondern als Person geistbegabt und damit frei ist.[46] Die Wesensbestimmungen in der Natur der Dinge und des Menschen begründen Ordnungen, die einen Rahmen für menschliches Verhalten ergeben, aber selbst im Raum der Freiheit stehen und so auch gestaltungsbedürftig sind. Grundsätzlich hat daher der Mensch „nicht nur das Recht, sondern die Pflicht zur Distanz, nicht nur den Dingen, sondern auch sich selbst gegenüber; zum Urteil und zur Entscheidung; zum Setzen von Zielen, die nicht einfachhin im Naturzusammenhang gegeben sind, sondern sich auf das beziehen, was wir das Werk des Menschen nennen, das Werk der Zivilisation, der Kultur in allen ihren Gebieten"[47].

---

[42] Vgl. Kapitel VI.2.5.3 und 2.6 dieser Arbeit.
[43] Bei Thomas ist der ‚Umfang' des ‚natürlichen Gesetzes', wofür bei Guardini der Begriff ‚Naturrecht' steht, so bestimmt, daß er die auf Nichtwidersprüchlichkeit angelegte menschliche Erkenntnis und Entscheidungsvernunft, die daraus abgeleiteten obersten praktischen Prinzipien und schließlich die generellen, dem Menschen eignenden ‚natürlichen Hinneigungen' als gleichermaßen normierende wie normierungsbedürftige Größen umfaßt. Vgl. Korff, *Ethik*, 920. Der Begriff der ‚natürlichen Hinneigungen', der ‚naturales inclinationes' fehlt bei Guardini. Siehe zum Begriff des Gesetzes in der Ethik, besonders bei Thomas von Aquin, Feldhaus/Korff. Vgl. auch Hilpert, *Das Gute*, 1115: Die inhaltliche Bestimmung des Guten geschieht durch die Tugenden und durch „dem Menschen als solchem inhärierende Strebetendenzen (appetitus naturalis, inclinationes bzw. ‚Natur')".
[44] Vgl. *Ethik*, 1167; s. zum Ganzen ebd., 1163-1168, 586-589 und 1034.
[45] Ebd., 586. Daß dieses und die folgenden Zitate aus dem ersten Teil der „natürlichen Ethik" stammen, zeigt, daß es für Guardini, der schöpfungstheologisch denkt, eine „rein natürliche Ethik" eigentlich nicht geben kann, sie jedenfalls an dieser Stelle ihre religiösen Voraussetzungen durchscheinen läßt. Vgl. Kapitel IV.5.4.
[46] Diese grundsätzliche Aussage hatte Guardini schon in dem frühen Aufsatz *Begriff sittlicher Freiheit* herausgestellt; vgl. ebd., 985.
[47] *Ethik*, 589. Vgl. auch ebd., 10.

Im rationalen Realismus dieser ersten Bestimmung des Guten zeigt sich in der Bewertung Guardinis allerdings auch eine Kehrseite. Das ‚Eigene' des Guten, sein absoluter Charakter kommt nicht mehr deutlich genug zum Vorschein, wenn es nichts anderes als das Wahre, d.h. das der Wirklichkeit des Seienden entsprechende Vernünftige ist, das zur Aufgabe des Menschen wird. Dieses Unbehagen führt zur zweiten Bestimmung des Guten.

> Für ein christliches Wissenschaftsethos folgt aus diesem schöpfungstheologischen Fundament eine besondere Einstellung zur empirischen Wirklichkeit und zur wissenschaftlichen Erkenntnis als deren rationaler Durchdringung. „Erkenntnis ist nicht die Aufhellung des an sich Dunklen, sondern der Eintritt in jenes Licht, welches wesentlich, von Gott her, in der Welt ist."[48] Entsprechend ist wissenschaftliche Erkenntnis unter dieser Perspektive nicht ein „autonomes Ordnungsstiften in etwas, das von sich aus Chaos wäre". Sie ist „kein Hineinbringen von Wahrheitssinn in eine bloße Vorhandenheit, die von sich aus nichts mit Wahrheit zu tun hätte, sondern die Wissenschaft ist grundsätzlich das Nachdenken der Gedanken Gottes [...]"[49]. Diese theologische Bestimmung beeinträchtigt nicht die Eigenart wissenschaftlichen Denkens und Forschens. Die Forderungen nach Genauigkeit, nach Methodik, theoretischer Durchdringung und Kritikfähigkeit bleiben bestehen. Im Gegenteil werden die Verantwortung und Mühe des Forschens noch größer, denn in der zu erforschenden Erkenntnis oder Wahrheit geht es in dieser Perspektive des Glaubens zugleich um die Wahrheit Gottes, so daß Ehrfurcht eine Haltung christlichen Wissenschaftsethos wird. Wird diese theologische Voraussetzung nicht geteilt, so läßt sich umgekehrt nach diesem Gedanken immerhin die in das Vorfeld eines Wissenschaftsverständnisses gehörende Frage stellen, ob die „absolute Strenge der Wahrheitsforderung" und der „unbedingte Drang nach Wahrheitserkenntnis [...] überhaupt anders begründet werden können als durch eine solche, den ontologischen Grund des Seienden treffende Bestimmung"[50].

4. Das Gute als das Absolute

4.1 Die zweite Bestimmung des Guten

Die Entfaltung dieser Bestimmung fällt Guardini schwerer, denn sie scheint eine besondere sittliche Intuition und Erfahrung vorauszusetzen. Eine Annäherung ermöglicht die Selbsterfahrung einer Person, die „in einer lebendigen Stunde sagt: ich möchte gut werden"[51]. In diesem Wunsch strebt sie, so Guardini, mehr an als die Verwirklichung der Wesensforderung des je-

---

[48] *Über den Sinn der Erkenntnis*, 258.
[49] *Ethik*, 1168.
[50] Ebd.
[51] Ebd., 45. Vgl. zum folgenden ebd., 45-53.

Das Verständnis des sittlich Guten 195

weils gegebenen Seienden. Im Verlangen nach dem Guten tritt etwas unverwechselbar Eigenes hervor, das in der ersten Bestimmung nicht erfaßt ist und über alle Einzelwerte, auch über den des Wahren, hinausgeht.

Guardini knüpft hier an die platonisch-augustinische Denktradition und den Begriff des Guten bei Platon, das agathon, an. Das Gute ist in der platonischen Daseinsgliederung das Letzt-Eigentliche, das den Ideen ihren Sinn gibt. „Hier erscheint das Gute in seiner ursprünglichsten und umfassendsten Bedeutung: es ist der Sinn als solcher; die Quelle davon, daß überhaupt Sinn ist und zu erkennen ist [...]. Es ist unendlich reich in seinem Inhalt, denn es begründet alle Ideen; zugleich ist es ganz einfach in seiner Form, da es in jeder Idee wirksam wird. Auf es richtet sich das Erfüllungsvermögen des Menschen, der Eros."[52] Charakteristisch für den platonischen Begriff des Guten ist, daß das Gute nicht nur der Unbedingtheitscharakter ist, der zu den Werten oder Dingen als den qualitativen Substanzen hinzukommt, sondern das „eigentliche Qualitativum"[53], das den Werten ihre Gültigkeit verleiht.

Dieses Verständnis des Guten konnte Augustinus mit seinem Begriff des ‚summum bonum' aufgreifen. Er meint nicht ein höchstes oder letztes Glied einer Wertstufung, sondern „ein Absolutum: den vollkommenen Wert einfachhin"[54]. Auf dieses Gute richtet sich die Liebe des sittlich gewillten Menschen. Die Integration der platonischen Konzeption in den christlichen Kontext wurde besonders dadurch erleichtert, daß von Platon über Plotin zu Augustinus immer stärker der religiöse Charakter des Guten und dessen Transzendenz hervortreten. Ist bei Platon das Gute der Name für das philosophisch gefaßte Göttliche und bei Plotin für das Über-Seiende, das die Welt aus sich entläßt, so ist das Gute bei „Augustinus endlich jener Begriff, mit welchem er die absolute Seins- und Wertfülle des Gottes der Offenbarung denkend zu erfahren sucht."[55] Mit der augustinisch-platonischen Tradition

---

[52] Ebd., 46f.
[53] Vgl. ebd., 47. Guardini vermeidet auch hier ontologische Begriffe, da es ihm nicht um metaphysische Aussagen geht.
[54] Ebd., 48.
[55] Ebd. Deutlich wird bei dieser Deutung des Guten, daß es der ‚durch Augustinus getaufte Platon' ist, der Guardini interessiert. Eine Zwischenstufe, auf der die religiöse Valenz des Guten in dieser Geisteshaltung deutlich wird, beschreibt Guardini in *Tod des Sokrates*, 143f.: Der geistig erwachsene Mensch wird eines Unbedingten inne, „das jenseits des Lebensstromes und seiner Rhythmen, jenseits auch der Geburt und des Todes steht: des Gerechten, des Wahren, des Heilig-Guten, welches ihn in einer einzigartigen Weise anruft und bindet." Von einer „christlich getauften platonischen Geisteshaltung" spricht Guardini selbst in *Madeleine Semer Nachwort*, 253. Aufschlußreich ist hierzu auch eine Anmerkung Guardinis in *Notizen zum platonischen Denken*, 543f. Auf die Frage, wie das griechische, d.h. das platonische Denken zum Christlichen stehe, und ob es eine „rein platonische", nicht-christliche Deutung Platons gebe, antwortet Guardini, daß das griechische Denken zunächst in keiner direkten, weder positiven noch negativen Beziehung zum Christlichen stehe. „In Wahrheit steht es vor der Entscheidung, welche beide Möglichkeiten enthält; christlich ausgedrückt, im Advent. Erst wenn es vor Christus gelangt, kommt die Entscheidung. Wenn es also nicht erlaubt ist, dieses Stehen im Advent schon als christlich zu bestimmen, dann aber ebensowenig, es als heidnisch im heutigen Sinn zu bestimmen, denn darin bedeutet das Wort etwas anderes, als es einst bedeutet hat, nämlich die Absage an Christus." Damit wird Guardinis eigene Position klar. Er entschei-

versteht Guardini also das Gute in der zweiten Bestimmung als ‚das Absolute' und ‚Höchste' schlechthin.

Für die Ethik ergibt sich bei dieser Bestimmung das Problem, daß das Gute in seiner Einfachheit, Unendlichkeit und Wertfülle zwar Ziel des Denkens und des Willens sein, nicht aber als praktisches Ziel einer Handlung erfaßt werden kann. Eine Lösung dieses Problems versucht Guardini über den Begriff der Situation. Die Situation ist allgemein der Zusammenhang verschiedener ‚Elemente', zu denen Ort, Zeit, andere Menschen, Dinge und Zwecke gehören. Sie ragt aus dem Zeit- und Lebenskontinuum heraus und bildet sich in ihrer jeweiligen Gestalt immer wieder neu um eine Person als deren Mittelpunkt. Das Gute interpretiert sich durch die Situation ins Besondere. So wird die Unendlichkeit und Einfachheit des Guten aufgebrochen und der konkrete Akt auf ein endliches und besonderes Gut als sein Ziel ausgerichtet. Damit nähert sich Guardini allerdings wieder der ersten Bestimmung des Guten an. Denn das Gute bestimmt er nun konkret als das jeweils Richtige, Wirklichkeitsgemäße und Vernünftige, sofern es sich in einer Situation fordernd an die Person wendet.[56]

Mit dem Hinweis auf die Situation wird das Gute nicht zu einer Sache „subjektiver Divination" oder „schöpferischer Prägung eines an sich neutralen Lebensstoffes"[57]. Gegen diese Tendenz ist festzuhalten, daß das sittliche Urteil auch in der Situation dem folgt, was ist. Es orientiert sich an der Forderung, die sich aus der Konfiguration der Dinge in einer Situation ergibt. Trotzdem tritt durch den Begriff der Situation ein schöpferisches Element im sittlichen Handeln hervor. Die sittliche Freiheit ist besonders herausgefordert, wenn die Situation nicht einfach schematisch unter bereitliegende Regeln gestellt, sondern in ihrer Einmaligkeit und auf unerkannte Möglichkeiten hin begriffen wird. In dieser Spannung zwischen Gehorsam gegenüber dem Seienden und schöpferischer Freiheit bildet die Situation „die Einlaßstelle, durch welche das Gute in die Welt tritt"[58].

Auch in dieser Bestimmung deutet Guardini den Verpflichtungscharakter des Guten religiös. Das absolute Gute weist auf die Heiligkeit Gottes hin. Dies führt in den Ethikvorlesungen zu einer zweiten Kurzformel für sittliches Handeln im Horizont des Glaubens. Sie setzt nicht bei der schöpfungstheologisch begründeten und vermittelten Wahrheit in der Welt und im Seienden an, sondern geht unmittelbarer von der Wirklichkeit Gottes aus und führt in die Welt hinein: „Seinem religiösen Sinn nach bedeutet sittliches Tun das Hineintragen der Hoheit Gottes in die Welt."[59] Was in der ersten Bestim-

---

    det sich mit Augustinus für einen aus christlicher Perspektive interpretierten Platonismus. Zu Guardinis Nähe zu Platon und Augustinus vgl. oben Fn. 29.

[56] Vgl. *Ethik*, 19 und 38. So heißt es ebd., 51: „Das Gute sagt: Ich bin, daß du diese Situation bewältigst; daß du die erwartete Antwort in Wahrhaftigkeit, zugleich in Klugheit und Güte gebest; daß du diese Arbeit sachgemäß tuest [...]."

[57] Ebd.

[58] *Ethik*, 52. Eine ähnliche Situationsbeschreibung gibt Guardini bereits in *GGS*, 30ff. Siehe hierzu ausführlicher Kapitel VII.2.2.

[59] *Ethik*, 1184.

mung des Guten die ‚zweite' vom Menschen zu schaffende Welt war, wird nun unter veränderter Perspektive „zum Reich des Guten, der natürlichen Vorstufe zum Reich Gottes, wie es sich in der Offenbarung Christi entfaltet."[60]

4.2 Leistung und Kritik der zweiten Bestimmung des Guten

Wenn der Begriff des absoluten und höchsten Guten für die konkrete inhaltliche Bestimmung und damit für eine handlungsleitende Ethik wenig taugt und Guardini sich über die Situationsbeschreibung wieder der ersten Bestimmung des Guten annähert, so stellt sich die Frage nach dem besonderen Vorzug dieser zweiten Bestimmung und dem Grund für ihre Berücksichtigung in der Ethik.

Ein Grund wurde bereits deutlich: Die ‚Größe' des Guten kommt nach Guardinis Verständnis in dieser Bestimmung entschiedener zum Vorschein. Es rechtfertigt sich aus sich selbst und bedarf nicht äußerer Begründung. Der so hervortretende Absolutheitscharakter des Guten läßt die Beziehung des sittlich Guten zum religiös verstandenen Absoluten selbst deutlicher werden. Die Bedeutung der zweiten Bestimmung des Guten ist u.a. in diesem Transzendenzbezug zu sehen. Durch sie kann Guardini seine Überzeugung zum Ausdruck bringen, daß sich Moralität letztlich ohne Religion nicht angemessen verstehen läßt.[61]

Als weiterer Grund ist die besondere seelische Bewegung und Antriebskraft zu nennen, die platonisch als ‚Eros' bezeichnet wird und das Streben meint, das im Menschen dem Wert und dem Guten als ‚objektiver' Wirklichkeit entspricht.[62] In ethischer Perspektive ist der Eros das sittliche Strebevermögen und Verlangen des Menschen nach dem Guten. Diese Dynamik und Motivationsfähigkeit möchte Guardini auch in eine christliche Moral integrieren. Ziel ist es, den „Idealismus im richtigen Sinn des Wortes", den „Antrieb ins Absolute" und „die Begeisterung für die Herrlichkeit des Guten"[63]

---

[60] Ebd., 52.
[61] Vgl. Splett, *Spiel-Ernst*, 66-68.
[62] Vgl. *Notizen zum platonischen Denken*, 543. Zum platonischen Begriff der Idee, ihrer Wirkmächtigkeit und zum Eros im Verständnis Guardinis s. ebd., 540-543, und *Tod des Sokrates*, 236-246.
[63] *Ethik*, 53. Hier sei auf die frühere Schrift Guardinis „Das Gute, das Gewissen und die Sammlung" hingewiesen. In ihr zeigt sich noch deutlich eine antikantianische Tendenz und Polemik, die sich in diesem Punkt in den Ethikvorlesungen nicht mehr findet. Guardini richtet sich mit Berufung auf das platonische Denken gegen eine reine Pflicht- und Regelethik, die nach seiner Interpretation Kant vertreten hat. „Unser sittliches Leben verarmt, weil es langweilig wird. Weil es lange Zeit, unter dem Einfluß einer rationalistischen Ethik, unter dem Einfluß des Kantischen Formalismus und einer schematisierten Moral, als Ausführung von Vorschriften aufgefaßt wurde. Das ist es aber nicht. Wir müssen einmal in Platon hineinhorchen, um hier, im ersten bewußten Aufbrechen des Problems, das ganze schöpferische Pathos des ethischen Tuns zu spüren"; *GGS*, 24. Guardini bewegt sich hier auf der damals üblichen katholischen, maßgeblich von Scheler beeinflußten, antikantianischen Linie.

zu stärken und im sittlichen Willen über die Gebundenheit durch die bloße Pflicht hinaus die Liebe zum Guten und die Bereitschaft zum Wagnis zu wecken.[64] Guardini greift auf die platonisch-augustinische Tradition zurück, weil sich in ihr eine besondere sittliche Erfahrung ausdrückt, die vor jedem konkreten Handeln dazu bewegen kann, überhaupt einen moralischen Standpunkt einzunehmen und sich dessen bewußt zu werden. Es geht bei diesem Rückgriff weder um eine Begründung oder Findung konkreter sittlicher Urteile noch um die inhaltliche Bestimmung des Guten, sondern vor allem um die Grundlegung der Sittlichkeit im Horizont des Glaubens.

So bleibt in Guardinis ethischem Denken die christliche Rezeption des platonischen Denkens durch Augustinus wirksam. Die Anziehungskraft, die das höchste Gute über die Ideen auf den Eros ausübt, wird unter christlicher Perspektive zur sich selbst schenkenden Liebe Gottes. Den Eros setzt Augustinus „mit dem Heimverlangen des gottgeschaffenen menschlichen Herzens nach seinem Ursprung gleich"[65], das Streben nach dem Guten wird zur Bewegung auf Gott hin. In seiner christlichen Gestalt wird der platonische Geist so zum „lebendigen Mahner" der Transzendenz, „daß die Welt sich nicht ernster nehme, als sie es verdient. Daß die causae secundae, vor lauter Realismus und Geschichtlichkeit, nicht unmerklich sich vergötzen; Gott an den Rand der Existenz drängen; [...] So wird der Platoniker der ewige Protest gegen die Verendlichung des Daseins; die immer neu sich aufrichtende Erhebung gegen die Verbürgerlichung des Lebens."[66]

Doch birgt auch diese Bestimmung des Guten eine charakteristische Gefahr für das moralische Denken, weshalb sie alleine nicht ausreichen kann, um das Phänomen des Sittlichen zu erfassen. Der Wille oder die Gesinnung zum reinen Guten droht „‚idealistisch' im schlechten Sinne des Wortes, nämlich phantastisch"[67] zu werden. Die Gefahr des Platonikers ist die Irrealität. „Es entsteht ein unechtes Verhältnis zwischen dem Menschen und dem Absoluten."[68] Der für die sittliche Verwirklichung entscheidende Bereich der ‚causae secundae' und der Geschichte gerät aus dem Blick. Richtet sich das

---

[64] *Ethik*, 53.
[65] Vgl. *Notizen zum platonischen Denken*, 543 Fn. 2. Im Zusammenhang mit dem augustinischen Begriff des Herzens ist auch an den ‚l'esprit de finesse' und die ‚logique du coeur' bei Pascal zu erinnern. Das Herz - ‚le coeur' - ist Sitz des ‚l'esprit de finesse' und Organ für den Wertcharakter des Seins; vgl. *Christliches Bewußtsein*, 176-180. Guardini weist ebd., 175, auf die Tradition der ‚theologia cordis' hin. Auf diesen Aspekt geht ausführlicher Borghesi, 112-116, ein. Er macht auf Scheler aufmerksam, der in „Der Formalismus und die materiale Wertethik" die Bedeutung des pascalschen Begriffs der ‚logique du coeur' hervorgehoben hat. Guardini selbst nennt in der von mir nicht berücksichtigten Schrift „Rainer Maria Rilkes Deutung des Daseins. Eine Interpretation der Duineser Elegien" im Zusammenhang der Lehre vom Herzen Scheler als denjenigen, der diese Tradition, die auf Augustinus, Dante und Pascal zurückgehe, wieder aufgenommen habe; vgl. ebd., 113 Fn. 88.
[66] *Nachwort Madeleine Semer*, 264. In diesem Nachwort zur Übersetzung eines französischen Buches von Felix Klein über Madeleine Semer (1874-1921) deutet Guardini diese beeindruckende Frau als eine exemplarische Christin von platonischer Geisteshaltung und Lebenseinstellung. Vgl. auch *Madeleine Semer*.
[67] *Ethik*, 53
[68] *Nachwort Madeleine Semer*, 261.

Denken und Wollen nur auf das Absolute und Vollkommene, geht leicht das Verhältnis zum Relativen und Endlichen, d.h. aber zur empirischen Wirklichkeit der Welt verloren, was im Extrem zur dualistischen Abwertung der endlichen Wirklichkeit führen kann.[69] Deshalb ist die „Rettung des Platonikers der Weg ins Geschichtliche; der Weg des Ernstes; der stets erneuten ‚Verwirklichung'; der Entscheidung und Treue"[70]. In puncto Realismus erweist sich das aristotelische Denken dem platonischen überlegen. Aus moralpsychologischer Sicht ist zudem vor einem bei jedem Idealismus drohenden Rigorismus zu warnen. Der sittliche Wille wird dann „ungeduldig und übersieht alles das, was Maßhaltung, Besonnenheit, Einübung, Annäherung heißt. Er wird rigoristisch, verliert die Barmherzigkeit und den Humor"[71], damit aber nicht nur den Zugang zur Wirklichkeit des Lebens, sondern den menschlichen Charakter der Moral überhaupt.[72]

5. Das Gute als Selbstverwirklichung

In beiden bisher untersuchten Bestimmungen steht das Gute, sei es als transzendente und absolute Mächtigkeit, sei es als Wahrheit des Seienden, der subjektiven Freiheit gegenüber. Das Gute gilt ‚an sich', wenn auch die Anerkennung seiner verpflichtenden Geltung durch die Freiheit erfolgt. In beiden Bestimmungen wird nicht deutlich genug, daß die einzelne Person selbst in die Verwirklichungsaufgabe des Guten hineingehört. „Wenn das Gute ist, als was es gezeichnet wurde, dann bedeutet es auch die Erfüllung meiner selbst. Auch darin soll ich also das Gute tun, daß ich selbst werde, was mein Wesen verlangt; daß ich in mir das Reich des Guten schaffe. Das Gute ist dann jeweils für den Einzelnen die Verwirklichung seiner selbst."[73] Nach dieser grundsätzlichen Feststellung der sittlichen Bedeutung der Selbstverwirkli-

---

[69] Vgl. *Tod des Sokrates*, 241.
[70] *Nachwort Madeleine Semer*, 263.
[71] *Ethik*, 53.
[72] Die geistig-platonische Haltung kann sich, so Guardini, mit der Schwermut verbinden, die Guardini in einer phänomenologisch einfühlsamen Untersuchung gedeutet hat; vgl. *Sinn der Schwermut*. In ihr äußert sich das Verlangen nach dem Vollkommenen und dem Absoluten, wird das Leiden an dem Vergänglichen und Unvollkommenen besonders schmerzlich erfahren. Der Sinn der Schwermut liegt darin, Anzeichen dafür zu sein, daß es das Absolute und Ewige gibt, und den Menschen dadurch in einem zwar schmerzvollen, aber guten Sinne zu beunruhigen, vgl. ebd., 527f. Aber wie beim platonisch-geistigen Typus liegt auch in der Schwermut das Problem im Verhältnis zur endlichen und konkreten Wirklichkeit, das in der Unmittelbarkeit zum Absoluten oder zum Religiösen unterzugehen droht, vgl. ebd., 531. Entsprechend befähigen die gleichen Haltungen und Tugenden, die einen ethischen Rigorismus, der das Moralische absolut setzt, verhindern, auch dazu, mit der Schwermut zu leben, nämlich geistige Weite verbunden mit Maßhaltung, Besonnenheit und Humor.
[73] *Ethik*, 55.

chung, stellt sich allerdings die Frage, welches ‚Selbst' verwirklicht werden soll. Die Aufgabe der Selbstverwirklichung erfordert Selbsterkenntnis und die Fähigkeit zur Selbstkritik.

Nur kurz geht Guardini in den Ethikvorlesungen, soweit sie als Editionstext vorliegen, auf dieses Problem ein. Einen allgemeinen Hinweis gibt er mit dem metaphysischen Gedanken des Augustinus, „daß ‚Sein' ein Akt ist; und er um so intensiver, der Mensch um so wirklicher wird, je mehr das Gute in ihm wächst. Von hier aus gesehen, können wir sagen, das Gute sei die der Wahrheit seines Wesens entsprechende Selbstverwirklichung."[74] Selbstverwirklichung kann nicht bedeuten, die autonome Selbstverwirklichung in den Mittelpunkt einer Ethik zu stellen. Zu ihrem wahren Verständnis führt statt dessen das Grundgesetz geistigen Lebens, „daß der Mensch sich in dem Maße [...] realisiert, als er, sich selbst vergessend, die jeweils an ihn herantretende Forderung erfüllt."[75] Die Bestimmung des Guten als Selbstverwirklichung bleibt so den anderen beiden Bestimmungen untergeordnet, wobei aber Guardini anmerkt, daß der betreffende Punkt noch genauer ausgeführt werden müsse.[76] Um auf diese für eine katholische Ethik der 50er Jahre bemerkenswerte Bestimmung des Guten als Selbstverwirklichung näher eingehen zu können, werden im folgenden zum vorliegenden Editionstext zwei Abhandlungen aus dem Nachlaß herangezogen, in denen Guardini das aufgeworfene Problem ausführlicher behandelt. Sie gehören einer vermutlich früheren Redaktionsstufe der Ethikvorlesungen an.[77]

---

[74] Ebd.
[75] Ebd., 56.
[76] Vgl. ebd.
[77] Die Texte sind *Dritte Formel für das Wesen des Guten** und *Verhältnis der Formeln für das Wesen des Guten**. Beide befinden sich im Romano Guardini-Archiv in der Katholischen Akademie Bayerns in einer Mappe mit leider undatierten Typoskripten und Entwürfen zur Ethik (Archiv-Nr. 1637-1640; s. *Ethik*, XXVII, n. (11)). Die Überschrift des ersten Textes lautet: „11. Dritte Formel für das Wesen des Guten: Das Gute als Verwirklichung der persönlichen Möglichkeit"; er trägt die Seitenzahlen 85-96, eine Kennzeichnung R 3 (für dritte Redaktion) und den handschriftlichen Vermerk Guardinis „besser weglassen? Nicht klar genug?" sowie weitere handschriftliche Korrekturen. Der zweite Text ist überschrieben: „13. Das Verhältnis der Formeln für das Wesen des Guten zu einander"; er hat die Seitenzahlen 105-110, ebenfalls die Kennzeichnung R 3 und so gut wie keine Korrekturen, so daß er einen fast druckfertigen Eindruck macht. Beide Texte gehören als Gliederungspunkte zum Ersten Kapitel, Erster Abschnitt, Erster Teil der Ethikvorlesungen, das „Das Gute" als Phänomen des Sittlichen behandelt. Sie zählen zu dem Teil der Ethikvorlesungen, den Guardini dreimal in München, nämlich im WS 1950/51, im SoSe 1957 und im SoSe 1960, gelesen und am stärksten überarbeitet hat; vgl. Mercker, *Vorlesungen* und *Ethik*, XXXV.
Die textkritische Frage, ob es sich bei beiden Texten um eine spätere oder frühere Textversion im Vergleich zum Editionstext handelt, kann hier nicht endgültig entschieden werden. Anzunehmen ist mit Sicherheit, daß sie in den Vorlesungen vorgetragen wurden. Die vom Herausgeber Hans Mercker angeführten Argumente zum Textbefund und zur Redaktionsgeschichte scheinen vorerst dafür zu sprechen, sie als Gliederungspunkte einer früheren Redaktion anzusehen, die später von Guardini im Blick auf eine Edition zur Straffung herausgenommen wurden; vgl. *Ethik*, XXV – XXXVI. Folgende auf den Textinhalt bezogene Gründe sprechen dafür, beide Texte hier heranzuziehen: Sie bieten die von Guardini angemerkte weitere Ausführung des Gedankens. Der in der *Ethik* nach dem vorliegenden Text unter „8. Der Zusam-

Guardini erläutert den Gedanken der Selbstverwirklichung mit einem Blick auf die menschliche Lebensgestalt.[78] Ausgehend von der einzelnen Situation kommt die Frage auf, ob sich die Situationen nur zufällig im Lebenslauf aneinanderreihen oder einen charakteristischen Zusammenhang bilden; und, wenn das zweite zutrifft, nach welchen Prinzipien oder welcher Auswahl sich dieser Zusammenhang eines Menschenlebens bildet.

Die Frage führt zum Begriff der ‚Baugestalt‘, unter der Guardini die verschiedenen auswählenden und ordnenden Faktoren zusammenfaßt, die zunächst den Lebenslauf bestimmen. Zu ihnen gehören zuerst die geographischen, die wirtschaftlich-sozialen, kulturellen und geschichtlichen Bedingungen, unter denen das Leben des Menschen sich vollzieht und die seine besondere Umwelt bilden.[79] Hinzu kommen die Momente, die in jedem Menschen selbst liegen und als Veranlagung im weiten Sinne bezeichnet werden können: die körperliche Beschaffenheit, das Geschlecht als grundlegende Prägung, die individuellen physischen, psychischen und geistigen Veranlagungen und Fähigkeiten, dann die weiteren Begabungen und auch die durch das eigene sittliche Verhalten erworbene persönliche Haltung, der Charakter. Die zweite Gestalt, die sich im menschlichen Leben bildet, ist die ‚Werdegestalt‘. Sie vollzieht sich durch die verschiedenen Lebensphasen und Reifeprozesse hindurch, aus deren Zusammenhang das Kontinuum personaler Identität erwächst, obwohl keine der Phasen nur um der anderen willen da ist und zu deren bloßer Vorstufe degradiert werden kann.[80] Bau- und Werdegestalt stehen nicht nebeneinander, sondern verwirklichen sich in wechselseitiger Beziehung. Sie wirken im Lebensganzen „als Prinzipien der Auswahl für das, was dem betreffenden Menschen geschieht, denn sie schließen bestimmte Ereignisse aus, ziehen andere an, machen wieder andere wenigstens möglich"[81]. Es entsteht das charakteristische Bild des Lebenslaufes. „Das Ineinander dieser beiden Gestalten bildet mit Bezug auf das, was dem Menschen geschehen kann [...] gleichsam einen Vorentwurf des Kommenden. Unter diesem Gesichtspunkt nennen wir es die ‚Schicksalsge-

---

menhang der Situationen: Die Lebensgestalt" ausgeführte Punkt ist inhaltlich eine passende Erläuterung des Themas der Selbstverwirklichung und deshalb in *Dritte Formel für das Wesen des Guten** passend in diesen Zusammenhang gliederungsmäßig eingeordnet. Ebenso fällt die Verhältnisbestimmung der beiden Formeln des Guten in *Ethik*, 53f. (= Erster Teil, Erster Abschnitt, Erstes Kapitel, Punkt 7.) im Unterschied zu *Das Verhältnis der Formeln für das Wesen des Guten** zu kurz aus, während Guardini im zuletzt genannten Text ausführlicher begründet, warum er in seinen Vorlesungen drei Formeln des Guten heranzieht.

[78] Vgl. *Ethik*, 56-64. Es ist im vorliegenden Editionstext der Punkt „8. Der Zusammenhang der Situationen: Die Lebensgestalt", der sich dem Punkt 7., in dem Guardini kurz von der Selbstverwirklichung spricht, anschließt. Teilweise enthält dieser Punkt 8. des Editionstextes Gedanken aus dem Text *Dritte Formel für das Wesen des Guten**, in dem beide Gesichtspunkte, die Selbstverwirklichung und die Lebensgestalt, miteinander verbunden sind, ein Zusammenhang, der hier übernommen wird.
[79] Vgl. ebd., 57f.
[80] Vgl. ausführlich dazu den in dieser Arbeit nicht weiter behandelten Abschnitt über „Die Lebensalter und das Ganze des Lebenslaufes", *Ethik*, 591-660; auch einzeln als „Die Lebensalter. Ihre ethische und pädagogische Bedeutung" veröffentlicht, vgl. *Lebensalter*.
[81] Ebd., 63.

stalt'."⁸² Menschliches Leben vollzieht sich in der dialektischen Spannung zwischen der durch die Schicksalsgestalt gegebenen Bestimmung, die in einzelnen Situationen sogar als Notwendigkeit erfahren werden kann, und der geistbegründeten Freiheit der Person. Die Person kann, wenn auch in je unterschiedlichem Maße, durch Erziehung, durch Selbsterziehung und Lebensplanung, die eigene ,Schicksalsgestalt' bzw. die anderer mit formen und ändern. Die sich aus der Bau- und der Werdegestalt zusammensetzende Schicksalsgestalt stellt aber nicht nur das ,Material' zur Selbstverwirklichung der Person dar, sondern gibt gleichsam wie eine ,persönliche Natur' auch Anhaltspunkte für das Gelingen personaler Selbstverwirklichung. So sind Lebensentscheidungen, die die Weichen für den persönlichen Entwurf der Selbstverwirklichung stellen, vernünftigerweise mit Blick auf diese ,Schicksalsgestalt' zu treffen.⁸³

Der Gedanke der Selbstverwirklichung basiert auf Guardinis Verständnis der Person, das der Selbstverwirklichung einen ethisch bedeutsamen Rahmen vorgibt. So wie die Person stets in Beziehungen existiert, so verwirklicht sich das Selbst in Begegnungen und in der Beziehung zu anderen und zur Welt, wodurch auch der Wertcharakter menschlichen Werdens und menschlicher Selbstverwirklichung bestimmt wird. Umgekehrt setzt jede ,echte Begegnung' voraus, daß die Person in ihr „als ein Selbst"⁸⁴ an andere oder die Welt herantritt, Stellung bezieht und sie in Wahrheit und Liebe in die Verantwortung nimmt. Selbstverwirklichung bedeutet, daß ein Mensch sich selbst offenbart und die inneren Möglichkeiten in seinem Sein und seinem Schicksal deutlich werden lassen kann, und ebenso, „daß in ihm sich die Welt offenbare, in den Zustand des Erkannt- und des Gewürdigtseins, der Wahrheit und der Liebe gelange"⁸⁵. Die Einordnung in die personalen Beziehungen grenzt die Bestimmung des Guten als Selbstverwirklichung von der „Forderung des Sichauslebens"⁸⁶ ab. Aus dieser Forderung ließe sich keine Norm eines ethisch verantworteten Verhaltens ableiten. Das Dasein des Menschen ist nicht amorph, so daß der Einzelne es aus reinem Belieben absoluter Freiheit formen müsse oder könne, wie es eine radikale existentialistische Theorie behaupten würde.

Gewichtiger aber ist ein anderer Einwand. Kann denn der unbedingte und kategorische Wert des Guten überhaupt mit dem Gedanken persönlicher Selbstverwirklichung verbunden werden, obwohl der Mensch in seinem Sein endlich und bedingt ist? In der Antwort Guardinis zeigt sich, daß er mit dem Gedanken der Selbstverwirklichung konsequent an sein Person-Verständnis

---

⁸² Ebd.
⁸³ Im Zusammenhang mit dem Begriff der ,Schicksalsgestalt' und dem Gedanken der Selbstverwirklichung ist an die frühe Abhandlung *Grundlegung der Bildungslehre* von 1928 zu erinnern, in der Guardini es als Aufgabe bzw. Wesen des pädagogischen Bemühens bestimmt hatte, dazu beizutragen, daß sich das Bild des Menschen, das jeder und jedem eigen sei, im Leben offenbare und keinem anderen Wert untergeordnet werde; vgl. ebd., 324.
⁸⁴ *Dritte Formel für das Wesen des Guten**, 94a.
⁸⁵ Ebd., 95.
⁸⁶ Ebd., 95a.

Das Verständnis des sittlich Guten 203

anknüpft. Denn bei aller Bedingtheit ist im Menschen als Person ‚etwas Absolutes' in dem Sinne, daß der Mensch als Person sich besitzt und sich in einer durch nichts zu verdrängenden und vertretenden Verantwortung handelnd verwirklicht.[87] Ebenso hat das Weltverhältnis einen absoluten Charakter. „Zwischen mir und dem, was ist, soll Begegnung stattfinden. Darin soll ich der werden, der ich sein kann, und die Welt das, was ihr als Möglichkeit gegeben ist. Das heißt: es soll Dasein entstehen."[88]

6. Das Verhältnis der Formeln für das Wesen des Guten zueinander

Um das Phänomen des sittlich Guten vollständig zu erfassen, sind die drei behandelten Bestimmungen dialektisch aufeinander zu beziehen und zu ergänzen.[89] In der ersten kommen die unverzichtbare Bedeutung menschlicher Vernunft und der Bezug auf die empirische Wirklichkeit in der Ethik zum Tragen. Sie ordnet das Handeln zudem in die Geschichte ein. Allerdings liegt in diesem ethischen Ansatz die Tendenz, sich ausschließlich auf die Welt und den Menschen zu beziehen bzw., wogegen sich Guardinis Kritik richtet, Mensch und Welt in radikaler Autonomie zu verstehen. Der religiöse Bezug ergibt sich bei diesem Ansatz erst dann, wenn eine solche vernunft- und wirklichkeitsorientierte ethische Theorie in einen theologischen Kontext integriert wird. Demgegenüber weist die zweite Bestimmung auf die Absolutheit und den Transzendenzbezug des Guten hin. Sie verhindert den ausschließlichen Bezug auf die empirische Wirklichkeit und beugt der Neigung zur Verabsolutierung der Autonomie von Mensch und Welt vor.

In beiden Bestimmungen des Guten droht jedoch „das Element des lebendigen menschlichen Werdens, im Einzelnen wie in der Geschichte"[90] vergessen und zu einer Theorie des bloßen Sollens zu werden. Demgegenüber erinnert die dritte Formel an den existentiellen Bezug des Guten, das im lebendigen Sein der Person selbst verankert wird. Deutlich wird, daß schon die ‚innere' Möglichkeit menschlicher Freiheit als solche sittlichen Charakter in sich trägt. Mögliche Formen übersteigerter Selbstbezogenheit – zu denken ist an Persönlichkeitskulte unterschiedlicher Prägung, an Selbst-Ästhetisierung und narzißtische Lebens- oder Persönlichkeitsformen – werden durch den Bezug auf die objektive Gutheit der Dinge, die absolute Forderung des transzendenten Guten und die personalen Beziehungen vermieden.[91] Mit die-

---
[87] Vgl. ebd., 95b.
[88] Ebd., 95c.
[89] Vgl. zum folgenden *Verhältnis der Formeln für das Wesen des Guten**.
[90] Ebd., 107.
[91] Vgl. ebd., 108.

ser dritten Bestimmung des Guten versucht Guardini auf die berechtigten Gedanken einer existentialistischen Ethik und damit auf eine Strömung modernen Lebensgefühls einzugehen. Schließlich hängt mit dem Gedanken der Selbstverwirklichung unmittelbar der der Selbstannahme zusammen, den Guardini in derselben Zeit, also den 50er Jahren entwickelt, da die ‚Annahme seiner selbst' eine der fundamentalen Tugenden der Selbstverwirklichung ist.[92]

Da Guardini in den Ethikvorlesungen und in seinen gesamten ethischen Schriften vor allem das Anliegen der Grundlegung und der grundsätzlichen Vergewisserung des Sittlichen im Kontext des Glaubens verfolgt, kann er die Frage nach dem Vorrang einer der Bestimmungen und ihrer Leistungsfähigkeit angesichts bestimmter ethischer Probleme offen lassen. Auch in der Frage, welcher der drei Zugänge zum sittlichen Leben den Willen besser motiviere, ist keine eindeutige Entscheidung möglich. Alle drei Formeln drücken ein Motivationspotential aus. Ebenso ist bei jeder von ihnen ein spezifischer moralischer Extremismus oder eine Zerrform möglich. Jede Bestimmung eröffnet einen Zugang zum ethischen Phänomen im Bereich des Glaubens.

Hinter dieser Verhältnisbestimmung ist der Grundsatz christlicher Weltanschauung zu erkennen, daß christlicher Glaube nicht auf einen Denktypus festzulegen ist und sich zu keinem Denktypus in Konkurrenz begreifen muß.[93] Angewandt auf die Ethik bzw. die ethische Bestimmung des Guten folgt daraus, daß christlicher Glaube sich nicht nur nicht mit einer bestimmten ethischen Denkstruktur identifizieren läßt, sondern deren Pluralität anerkennt und sich zu eigen macht. Die verschiedenen Ansätze und Denktypen behalten ihre Eigenart und Berechtigung auch im Kontext des Glaubens und können integriert werden.

So kann Guardini in den Vorlesungen auf die Veranlagung der Einzelnen verweisen, ohne damit subjektiver Beliebigkeit das Wort zu reden.[94] Er drückt in diesem Hinweis sein Verständnis von Philosophie im allgemeinen und von Ethik im besonderen aus. Beide streben nach einer Deutung und Erkenntnis des Daseins, in die das Subjekt existentiell einbezogen ist. In diesem Sinn kann es keine Universalphilosophie, wohl aber verschiedene „echte Philosophien"[95] geben. Von einem richtigen Ausgangspunkt herkommend versuchen sie das ganze Dasein zu erfassen, was ihnen jedoch nicht erschöpfend gelingen kann. Daher müssen sie sich ihrer Grenzen bewußt bleiben und durch andere philosophische Ansätze korrigieren bzw. ergänzen lassen. „Dem echten Philosophieren liegt also eine Wahl zu Grunde"[96], vor der die oder der Einzelne erkennen und entscheiden muß, welches System das der jeweiligen Person entsprechende ist. Die Frage dabei ist, von welchem Standpunkt aus der Auftrag im eigenen Leben erfüllt werden kann; metaphysisch gesehen, geht es um die Erkenntnis der jeweils persönlichen „Be-

---

[92] Vgl. *Annahme*; s. Kap XI.3.3 dieser Arbeit.
[93] Vgl. Kap I.2.2 und 2.3 dieser Arbeit.
[94] Vgl. *Verhältnis der Formeln für das Wesen des Guten**, 109f.
[95] Ebd., 109.
[96] Ebd., 110.

Das Verständnis des sittlich Guten

rufung"[97]. Im Rahmen der Ethikvorlesungen ist die Vorstellung verschiedener Ansätze zur Bestimmung des Guten somit ein Angebot, das die Freiheit und Persönlichkeit der Hörerinnen und Hörer respektiert und diese zugleich auffordert, den eigenen ethischen Standpunkt zu bestimmen.

7. Das Phänomen des Bösen

7.1 Das ‚Wesen' des Bösen

Dem sittlich Guten steht in der ethischen Reflexion als Phänomen seines Widerspruchs das Böse gegenüber.[98] Damit ist nicht gesagt, daß das Böse wesentlich zum Guten gehört und als ein notwendiges Element in der Ganzheit des Daseins zu verstehen ist. Grundsätzlich gilt: „Das Gute bedarf nicht des Bösen, um in seinem Sinn deutlich zu werden. [...] ‚Das Gute ist Maßstab seiner selbst, wie auch des Bösen'. Sein Wesen ist durch es selbst evident, während das Böse nur vom Guten her bestimmt werden kann."[99] Wohl kann in der Realität sittlichen Lebens der Sinn des Guten einleuchtender erfahren werden, wenn diese Erfahrung in Absetzung vom Bösen gemacht wird, wie es bei einer Sinnesänderung oder Umkehr im Leben geschehen kann. Die grundsätzliche Einsicht, daß das Böse von seinem Wesen her überflüssig ist, verbindet sich mit dem bereits in der Gegensatzlehre herausgestellten Unterschied zwischen einem Widerspruchsverhältnis und einem polaren Gegensatz. „Zwischen dem Bösen und dem Guten steht nicht die Polaritätsspannung mit ihrem relativen ‚Sowohl-als-auch', sondern die Entscheidung mit ihrem radikalen ‚Entweder-oder'. Diese hat den Charakter der Unbedingtheit: Das Gute ist jenes, das getan werden soll; das Böse jenes, das nicht getan werden darf."[100]

Das Bewußtsein dieses Unterschiedes sichert also die Erkenntnis des obersten praktischen Prinzips ‚bonum faciendum et malum vitandum est'. Auch hier geht es Guardini nicht allein um die rein theoretisch-ethische, sondern um eine personal-existentielle Erkenntnis, mit anderen Worten, um den ‚habituellen' Besitz dieses Prinzips als Grundlage moralischen Handelns. Deshalb setzt sich Guardini mit anderen Deutungen des Bösen auseinander, die es zu einem notwendigen Element im Dasein überhaupt und im Prozeß menschlicher Selbstverwirklichung erklären, wobei ‚Auseinandersetzung'

---

[97] Ebd.
[98] Vgl. *Ethik*, 65. Vgl. zum Ganzen *Ethik*, 65-96. Da bereits im Kapitel zum Gegensatz, s. Kapitel II.3.4 , ein wichtiger Aspekt der ethischen Stellungnahme zu diesem Problem entfaltet und die theologisch-anthropologische Deutung Guardinis im Kapitel zum Personverständnis, s. Kapitel V.2.5.2 und 2.5.3, dargestellt wurde, kann dieser Punkt hier kurz ausfallen.
[99] *Ethik*, 65.
[100] *Ethik*, 67; vgl. auch 75-77.

nicht eine differenzierte und ausführliche Erörterung, sondern die Unterscheidung im Prinzip bedeutet. Diese Deutungen können wissenschaftlicher bzw. philosophischer Art sein; Guardini führt als Beispiel die von der tiefenpsychologischen Erklärung des Schuldgefühls nach Freud abgeleitete Interpretation des Bösen im Schema der Ödipussage an.[101] Desweiteren wendet er sich gegen das in der Geistesgeschichte in unterschiedlichen Varianten immer wieder auftauchende dualistische Prinzip, das den Widerspruch zwischen Gut und Böse zur Polarität umdeutet und so den personalen Ernst im Sittlichen, d.h. das Fundament der Moral zerstört.[102] Ein anderer Angriff auf das Verständnis des Bösen und damit auf die Sittlichkeit wird schon in der Sophistik in der Anschauung erkennbar, nach der es die Unterscheidung von Gut und Böse als dem, was von sich aus sein soll, und dem, was nicht sein darf, gar nicht gibt. „Die einzigen ursprünglichen und echten Werte sind die des starken, reichen, sich selbst erfüllenden Lebens." Nachträglich erst werden sie mit der moralischen „Charakterisierung des Erlaubten bzw. Verbotenen, Guten bzw. Bösen versehen, je nachdem einer auf der gewinnenden oder verlierenden Seite steht oder die gegebene soziologische Situation es erfordert [...]"[103]. Als typischen Vertreter dieser Anschauung nennt Guardini Nietzsche. Es handelt sich hier entweder um „Phänomenblindheit"[104] oder um den theoretischen Ausdruck einer Revolution der Moral, d.h. des Willens, eine Umwertung der Werte vorzunehmen.

Nun gibt es eine Faszination des Bösen, die den Eindruck vermitteln kann, daß das Böse einen positiven Erlebnisinhalt hat. Dichtung, Literatur und bildende Kunst, so Guardini, sprechen von der „Herrlichkeit der durchbrechenden Leidenschaft", so daß es schwerer erscheint, „die Lebensfülle des Guten als die des bösen Tuns zu zeigen. Das Böse erscheint als das unmittelbar Farbige, Leuchtende; das Gute hingegen als farblos, reizlos und langweilig."[105] Außerdem ist von einer „berechtigten Notwehr gegen das Gute" zu sprechen, nämlich dann, wenn dies in einer kleinlichen Form oder in „Perversionen des Gutseins"[106] erscheint, die geradezu zur Opposition reizen, wie es gegenüber dem Puritanismus der Fall ist. Diese und andere Erfahrun-

---

[101] Vgl. ebd., 71f.
[102] Vgl. ebd., 75-77. Guardini geht es also um eine grundsätzliche Einsicht und um einen in der Geistesgeschichte immer wieder auftauchenden Typus. Die Frage, ob er in ihm ein besonderes moralisches Problem der Gegenwart sieht, kann daher offen bleiben. Als Beobachtung ist allerdings festzuhalten, daß Guardini in den 60er Jahren, d.h. im zeitlichen Zusammenhang der Beschäftigung mit der Ethik sich wiederholt zur Bedeutung der Gegensatzlehre äußert, die er gerade in der Herausstellung dieses Unterschiedes sieht. Vgl. *Theologische Briefe*, 51f.; *Für den Todesfall** und *Sinn der Gegensatzlehre**.
[103] *Ethik*, 78.
[104] Ebd.
[105] Ebd., 81. Ebd., 82, nennt Guardini Dostojewskijs literarische Gestalten, den Typus des düsteren Helden in der Romantik und den „Monsieur Ouine" von Bernanos. Er weist auf den Satanismus hin, der sich als dunkles Element durch die abendländische Geschichte zieht. Die Beispiele ließen sich fortführen bis hin zu okkulten und satanistischen Phänomenen der Gegenwart.
[106] Ebd., 82.

Das Verständnis des sittlich Guten

gen dürfen aber nicht über die grundsätzliche Erkenntnis hinwegtäuschen, daß das Böse als solches keinen positiven Inhalt hat und nicht aus sich selbst heraus definiert werden kann: „Was es an Positivem enthält, ist immer ein verneintes, mißbrauchtes, in falsche Richtung und falsches Maß gebrachtes Gutes; es selbst ist nur dessen Verneinung."[107]

Nach diesen grundsätzlichen Klärungen bleibt die Frage offen, warum es überhaupt das Böse gibt, wenn es in seinem Wesen negativ und überflüssig ist. Sie ist eine „der schwierigsten Fragen, die jeder Versuch, den ethischen Charakter des Daseins zu verstehen, in irgendeiner Weise beantworten – bzw. vor der er sagen muß, warum er sie nicht beantworten könne"[108]. Vor jedem Antwortversuch gilt es, realistisch die Verworrenheit des menschlichen Daseins zu sehen und anzuerkennen. Sie zeigt sich darin, daß die Antriebe menschlichen Verhaltens, die aus den körperlichen, seelischen und sozialen Bedürfnissen des Lebens hervorgehen, nicht durch die innere Ordnung oder ‚Ökonomie' bestimmt sind, die von selbst das Gelingen und die Gesundheit des Lebens gewährleisten würde.[109] Die Ordnung des Lebens, das ist ein zweiter Aspekt, ist auch im sozialen Miteinander ständig infragegestellt und gestört. Immer wieder wirkt sich die Neigung der Menschen aus, sich selbst jeweils als Mitte zu setzen und so das Recht der anderen und ihr Personsein zu verletzen. Der vernünftige Ausgleich zwischen Eigen-und Fremdinteresse gelingt nur zu einem gewissen Maß, so daß immer ein Konfliktpotential bleibt. So kommt in das Dasein als ein Prinzip „das Gegeneinander der Initiativen, der Kampf"[110]. Diese Phänomene unter anderen bewirken, daß trotz der ethischen Notwendigkeit einer grundsätzlichen Unterscheidung in der Realität menschlichen Daseins das Böse mit dem Guten derart verwoben ist, „daß eine Trennung kaum möglich scheint"[111]. Dies zeigt deutlich die Erfahrung in allen Berufen, in denen es darum geht, unmittelbar mit anderen Menschen zu arbeiten oder unter Umständen andere Menschen und deren Handeln zu beurteilen. Die Problematik verschärft sich in Handlungssituationen, in denen die Umstände und die Folgen des eigenen Handelns kaum mehr überblickt werden können, wofür Guardini andeutungsweise auf die modernen Wissenschaften und das wirtschaftliche Handeln verweist.[112] Auch an diesem Punkt der Argumentation geht es Guardini darum, einen moralischen Standpunkt im Leben zu beschreiben, von dem aus die Menschen sowohl den moralischen Anspruch wahrnehmen, als auch der Realität des Lebens in der Verwobenheit von Gutem und Bösen gerecht werden können. So macht er auf die Gefahr aufmerksam, „entweder mit Unbedingtheit das Gute zu wollen und darüber lebensfremd und rigoristisch – oder aber die Bedingtheiten des Lebens zu sehr zu sehen und darü-

---

[107] Ebd., 80.
[108] Ebd., 89.
[109] Vgl. ebd., 89f. Eine Erfahrung, die, so Guardini, wissenschaftlich durch die psychologische Erforschung des seelischen Lebens erhärtet wird; vgl. ebd., 86f.
[110] Ebd., 91.
[111] Ebd., 92.
[112] Vgl. ebd., 92f. Guardini nennt explizit die Atomphysik.

ber skeptisch oder zynisch"[113] bzw. unfähig zum verantwortlichen moralischen Handeln überhaupt zu werden.

7.2 Die theologische Deutung des Phänomens des Bösen

Eine unmittelbar praktische Lösung gibt es angesichts der Verwobenheit von Gut und Böse im Dasein nicht. Guardini verweist auf personale Haltungen, die der Realität gerecht werden können. Er empfiehlt besonders den „Humor, der das Leben liebt, seine Verworrenheiten versteht, und es auch dann noch gelten läßt, wenn es unangenehm wird", und die „Geduld, die weiß, daß durch heftige Aktion nichts besser wird, weil echte Änderungen sehr langsam vor sich gehen"[114]. Die Frage nach der Entstehung des Bösen im Dasein steht aber damit noch offen. Auf sie antwortet Guardini mit der theologischen Deutung des Bösen, indem er auf die ersten Kapitel aus dem biblischen Buch Genesis und die Begriffe des Urstandes und der Urschuld verweist. Gerade das Phänomen des Bösen erweist sich als eine der ‚Stellen', an denen die ethische Reflexion Guardinis zur religiösen bzw. christlich-theologischen Deutung führt.[115]

Das Böse im Dasein des Menschen ist nicht natürlich, sondern die Folge einer Entscheidung des Menschen gegenüber Gott. Die „Unentwirrbarkeit des Daseins", die Verwobenheit von Gut und Böse in der Realität und die Störungen des sittlichen Handelns „sind Phänomene des geschichtlich gewordenen, nicht eines ursprünglich-natürlichen Daseins"[116]. Mit dieser Deutung ist zum einen die Nichtnotwendigkeit des Bösen ausgesagt. Zum anderen wird, was anthropologisch und ethisch bedeutsam ist, die menschliche Freiheit ernst genommen, wenn auch um den Preis, daß ihr zunächst die Verantwortung für das Böse zugesprochen wird. Die entscheidende Aussage der theologischen Deutung über das Böse ist aber, daß das Böse und seine Bewältigung in den Horizont der Erlösung gestellt wird.[117] Im Glauben gilt,

---

[113] Ebd., 92.
[114] Ebd. Vgl. ähnlich *Mensch**, 185, wo Guardini angesichts der Widersprüchlichkeit des Daseins den Humor als Haltung einer verstehenden und geduldigen und zugleich den Charakter wahrenden Menschlichkeit empfiehlt.
[115] Siehe zu diesem methodischen und inhaltlichen Schritt im ethischen Denken Guardinis Kapitel IV.5.4. Die theologische Deutung ist in dem hier untersuchten Gliederungspunkt der Ethikvorlesungen immer präsent. So geht Guardini schon bei der Frage der Nichtnotwendigkeit des Bösen auf die biblische Geschichte von der Urschuld und insbesondere auf die Deutung des Symbols des Baumes ein. Vgl. *Ethik*, 72-75. Ebd., 87f., weist er auf die christliche Rede über Satan hin, der als Gegner Jesu nach der biblischen Offenbarung hinter der Realität des Bösen steht. Dieser ist weder ‚Prinzip des Bösen', noch wird der geschichtliche Ursprung des Bösen in der Freiheit, die sich gegen Gott richtet, durch ihn aufgehoben, sondern verstärkt.
[116] *Ethik*, 96.
[117] Soweit die Argumentation an dieser Stelle der Ethikvorlesungen. Ein Gedanke aus den „Theologischen Briefen an einen Freund" zeigt ergänzend, daß Guardini auch angesichts des Bösen als malum morale Schöpfung und Erlösung zusammenhängend denkt, und das Problem des Bösen nicht allein mit der Freiheit des Menschen erklärt ist. Das bedeutet aber mit

daß es durch Jesus Christus überwunden ist. So ist von Gott her ein neuer Beginn geschaffen, der im gläubigen Dasein wirksam wird. Die konkreten Phänomene, in denen sich das Böse manifestiert, werden dadurch nicht verändert. Das christliche Dasein enthält „all die Verwirrungen, von denen die Rede war, dazu aber einen neuen Faktor, den der Erlösung und der Gnade, von dem aus sich die Situation verändert."[118] Mit diesen Andeutungen, in denen aber bereits das Entscheidende gesagt ist, ist der Bereich der ‚natürlichen' Ethik verlassen und die christliche Sicht ins Spiel gebracht.[119] Der moralische Standpunkt der menschlichen Freiheit gegenüber dem Bösen, den Guardini zunächst durch das richtige Verständnis des Phänomens und die Abgrenzung von unzureichenden Deutungen zu sichern suchte, wird in die christliche Daseinsdeutung integriert. Die sittliche Freiheit in der Existenz der und des Einzelnen kann und soll durch den christlichen Glauben gestärkt werden.

---

anderen Worten, daß in der Perspektive des Schöpfungsglaubens die Frage der Anthropodizee immer auf die der Theodizee verweist. Wenn das Böse überflüssig ist und Gott das Böse absolut ablehnt, „ist es dann denkbar", so fragt Guardini vorsichtig, „daß Er, indem Er den Menschen erschafft, ebendamit auch die Möglichkeit schafft, daß das Böse geschehen könne? [...] Offenbar ist Ihm das Endliche so wichtig, daß Er diese Möglichkeit ‚wagt'. Das ist die ‚Kühnheit' Gottes, die geheimnisvolle, an die man nur in äußerster Ehrfurcht hindenken darf. Wenn man den Gedanken in solcher Ehrfurcht weiterdenkt, dann scheint aber der ‚Ernst' dieser Kühnheit darin zu bestehen, daß der Schöpfer ‚vom ersten Anfang an' auch die Verantwortung für das Geschehen des Bösen durch sein Geschöpf auf sich nimmt. Daß Er die Schuld des Bösen, das der Mensch tun kann und tun wird, selbst zu sühnen gewillt ist." *Theologische Briefe*, 11f.

[118] *Ethik*, 96.
[119] Vgl. ebd. Über den ‚neuen Faktor', so Guardini, „können wir hier nicht weiter sprechen. Er wird behandelt werden, wenn wir von der christlichen Ethik sprechen." In den Ethikvorlesungen ist Guardini nicht mehr dazu gekommen, dieses Vorhaben durchzuführen. Siehe Kapitel V.5.4.

VII. Das Gewissen

Das Gewissen ist jenes Organ im Menschen, das dem Guten zugeordnet ist. Es nimmt die Forderung des Guten wahr und bildet mit ihm zusammen das Ganze des sittlichen Bezuges.[1] „Es gehört mit dem Guten zusammen, so, wie das Auge mit dem Licht zusammengehört."[2] In der ethischen Reflexion über das Phänomen des Gewissens wird deutlich, was im Gewissen selbst schon auf spezifische Weise ‚gewußt' wird: Das sittlich Gute zeigt sich „nicht bloß objektiv", sondern als „das jeweils uns angehende Gute"[3].

In dem betreffenden Kapitel der Ethikvorlesungen betrachtet Guardini das Gewissen als Phänomen des ‚natürlichen' sittlichen Verhaltens.[4] Entsprechend ist seine Deutung weitgehend phänomenologisch und stellt keine entfaltete Gewissenslehre dar. So fehlt, um ein Element der klassischen Gewissenslehre zu nennen, die Behandlung des Gewissensirrtums.[5] Ebenso bleibt in den Ethikvorlesungen das für das Denken Guardinis wichtige Verständnis des Gewissens als religiöses Organ ausgeklammert. Auf diesen Aspekt ist daher anhand früherer Schriften einzugehen.[6] Schließlich soll der Bezug zur theologisch-ethischen Tradition und zu entsprechenden Überlegungen innerhalb der modernen katholisch-theologischen Ethik aufgezeigt werden. Dadurch werden sowohl die Leistung als auch die Grenzen von Guardinis ethischem Denken in der Gewissens-Thematik deutlich, und es zeichnet sich an einzelnen Gesichtspunkten ab, wie Guardini weitergedacht werden könnte bzw. wurde.

---

[1] Vgl. *Ethik*, 97.
[2] Ebd., 283.
[3] Ebd., 97.
[4] Vgl. *Ethik*, 97-129. Es handelt sich um das dritte Kapitel im ersten Abschnitt über das Grundphänomen natürlicher Sittlichkeit.
[5] Vgl. Honnefelder, *Praktische Vernunft*, 22: Die drei Momente Gewissensbindung, Gewissensprüfung bzw. Gewissensirrtum und Gewissensbildung sind als unverzichtbar für eine Gewissenslehre anzusehen und entsprechend in den klassischen Gewissenslehren der philosophischen Tradition von Thomas von Aquin bis zu Kant berücksichtigt worden.
[6] Zu nennen ist vor allem „Das Gute, das Gewissen und die Sammlung" von 1929, vgl. *GGS*. Diese Schrift ist von Guardini als Beitrag zur Erwachsenenbildung verfaßt worden. Sie ist als Fortsetzung zu „Gottes Werkleute. Briefe über Selbstbildung" konzipiert; vgl. ebd., XI. Diese Briefe, die unmittelbar an die Quickbornjugend gerichtet waren, erschienen 1925 zusammengefaßt als Buch, vorher in Einzelheften.

1. Das Gewissen als Phänomen des sittlichen Verhaltens

1.1 Die Bindung durch das Gewissen

Ähnlich der Erörterung des Guten nähert sich Guardini in den Ethikvorlesungen dem Phänomen der Gewissenserfahrung über das Werterlebnis. Er erinnert an den augustinischen Begriff des Herzens als des Organs der Werterfahrung, die im Menschen bzw. in seinem Herzen eine besondere Bewegung, die des platonischen Eros, auf den Wert hin hervorruft.[7] Vor diesem Hintergrund ist das Gewissen das Organ für die Erfahrung des sittlich Guten, das in einer bestimmten Situation und in Gestalt einer bestimmten inhaltlichen Forderung bewußt wird.

Schon das Wort „Ge-wissen" weist wie das lateinische conscientia oder das griechische syneidesis darauf hin, daß es um ein bezügliches Wissen in der Form eines Selbstverhältnisses geht. Gemeint ist ein Wissen, „das sich auf sich selbst zurückwendet, sich selbst durchdringt, ein Mit-sich-selber-Wissen. Etwas Innerlich-Intensives also, das das Zentrum des Lebens angeht."[8] Den für das Gewissen charakteristischen Doppelaspekt drückt Guardini deutlicher in der Schrift „Das Gute, das Gewissen und die Sammlung" aus. Das Gewissen meint ein „Wissen um" und ein „Wissen mit sich selbst"; es meint „etwas Verborgenes, im Innersten der Person Umschlossenes. Denn es geht um den letzten Sinn von mir, um mein Heil, wenn es gilt, den letzten Sinn der Situation, das Gute zu verwirklichen."[9] So ist die Erfahrung der besonderen Beanspruchung im Gewissen eine hervorragende Sinnerfahrung des Menschen, die ihn in seinem personalen Kern und in seiner Unvertretbarkeit betrifft. Der Mensch hat „im Gewissen ein ursprüngliches Wissen um das Gute in seiner die Existenz betreffenden Bedeutung"[10]. Das ‚Wissen um' bedeutet aber auch, daß diese Würde des Gewissens nicht „im Sinne einer unspezifischen Inhaltlichkeit verstanden werden"[11] darf, sondern in ihrem Bezug auf Wahrheit, konkret auf eine erkannte sittliche Wahrheit zu sehen ist, an die sich die einzelne Person in ihrer Überzeugung bindet. Zum Phänomen des Gewissens gehört die Einsicht in einen betreffenden sittlichen Wert. Die ‚Gewissensregung' ist nicht ein Gefühlsausbruch oder eine beliebige Meinung, sondern eine Tätigkeit der praktischen Vernunft und als solche auch begründbar. Das Ineinander von ‚Wissen um' und ‚Wissen mit sich selbst' führt zu der dem Gewissen eigenen Gewißheit. Sie ist, so Höver, die „Identität mit einer bestimmten Überzeugung und dem damit angesprochenen Sachverhalt. [...] Wo sich jemand auf das Gewissen beruft, steht somit seine Identität auf dem Spiel."[12]

---

[7] Vgl. *Ethik*, 104.
[8] Ebd., 105.
[9] *GGS*, 41.
[10] Höver, *Normativität*, 14f.
[11] Höver, *Gewissen*, 79.
[12] Ebd., 81.

Wie das Gute ist auch das Gewissen nach Guardinis Verständnis ein Urphänomen des Sittlichen, das weder aus anderen Momenten abgeleitet noch auf andere Funktionen des Bewußtseins bzw. des seelischen Lebens gänzlich zurückgeführt werden kann. Im Phänomen des Gewissens drückt sich die Tatsache aus, daß der Mensch Freiheits- und Vernunftwesen ist. Notwendigkeiten allein, werden sie psychologisch oder funktionalistisch erklärt, können die im Gewissen vernommene unbedingte Forderung des „Du sollst" nicht hinreichend begründen. Damit verneint Guardini keineswegs die Bedeutung der Humanwissenschaften für die Erforschung des Gewissens. Vor allem für die Frage nach der Genese des Gewissens und der Entfaltung des sittlichen Bewußtseins im Lebenszusammenhang sind psychologische und soziologische Erkenntnisse aufschlußreich. „Das Wesentliche aber, die unmittelbare Antwort des Gewissens auf das Gute; der Bezug, der von der unbedingten Forderung des Guten auf der einen und von der unbedingten Gebundenheit des Gewissens auf der anderen Seite gebildet wird, ist ein Urphänomen, das nicht abgeleitet, sondern nur angetroffen, angenommen und aus ihm selbst verstanden werden kann. Es ist eines jener Momente, die den Menschen als solchen bestimmen. Der Mensch ist das Wesen, das Gewissen hat."[13] Die Normativität des Gewissens, eben die im Gewissen gewußte Bindung durch das Gute, ist im Sinne Kants ein ‚Faktum der Vernunft', „das nur konstatiert zu werden braucht, aber nicht noch einmal begründet werden muß"[14].

1.2 Phasen des Gewissens

Guardini unterscheidet nicht ausdrücklich zwischen dem Gewissensurteil und dem Handlungsurteil. Statt dessen teilt er den Gewissensakt in drei verschiedene Phasen, die des vorausgehenden, des begleitenden und des urteilenden Gewissens. In der ersten stellt der Mensch sich eine Situation im Bewußtsein vor, er „erwägt Wertverhältnis, Forderung, Wunsch und kommt zum Urteil: ‚Das ist recht, das ist unrecht; das ist Pflicht, das erlaubt, das verwehrt.'"[15] Während die Handlung realisiert wird, ist das Gewissen in der zweiten Phase begleitend, kritisierend und gegebenenfalls korrigierend tätig.

---

[13] *Ethik*, 112.
[14] Honnefelder, *Vernunft und Gewissen*, 117. Vgl. zum Aspekt der Faktizität des Sollens und des Gewissens ausführlicher ebd., 116-119, und ders., *Praktische Vernunft*, 31f.: Schon die Frage nach der Begründung des Wollens durch Gründe, d.h. durch ein Sollen, die Frage also, „warum der Mensch überhaupt Gewissen haben" soll, setzt voraus „daß allem vernunftbestimmten Wollen ein Wollen dieses Wollens, aller praktischen Freiheit eine ‚Bejahung der Freiheit durch Freiheit' vorausgeht, die die Selbstgestaltung des Willens allererst zur unbedingten Aufgabe werden lassen."
[15] In Guardinis begrifflich hier nicht differenzierender Beschreibung, vgl. *Ethik*, 113f., überschneidet sich also die Tätigkeit des vorausgehenden Gewissens mit der des praktischen Handlungsurteils. Die Differenzierung zwischen Gewissensurteil und Handlungsurteil ist für die Ethik zur genauen Erfassung des Gewissens-Phänomens bedeutsam geworden. Das Gewissensurteil „urteilt über die sittliche *Gutheit* des Handelnden, während die praktische Vernunft in

Schließlich tritt der Akt des Gewissens in seine dritte Phase, in der die Handlung auf die Person zurückbezogen wird. Das Urteil über die Handlung wird zur Selbstbeurteilung und betrifft die eigene Identität. In dieser Phase rückt das Phänomen der Verantwortung in den Mittelpunkt. Das Gewissen spricht dem Subjekt die Verantwortung für eine Handlung zu. Verantwortung für eine Handlung übernehmen bedeutet zugleich, die Tatsache der Urheberschaft und der sittlichen Freiheit anzuerkennen. „Das Gute hat mich angerufen und verpflichtet. Ich habe darauf mit Entscheidung und Tat geantwortet. [...] Ich sollte das Gute tun, veranlaßt durch die Unbedingtheit seines Geltens; [...] aber ich mußte es nicht [...]"[16] Die Tat gehört nun zur Geschichte personaler Existenz, in ihrer Gutheit bedeutet sie für die Existenz einen „ethischen Wertzuwachs"[17], während umgekehrt das getane Böse sich negativ auswirkt.

1.3 Das zuständliche und aktuelle Gewissen

Als ‚zuständliches Gewissen' bezeichnet Guardini jenen Akt und Inhalt menschlichen Selbstbewußtseins, in dem die Verantwortung für das eigene Dasein bewußt wird. Aus der unmittelbaren Erkenntnis des Selbstbewußtseins, die sich in dem Satz ‚Ich bin' ausdrückt, folgt im zuständlichen Gewissen die An-Erkenntnis der existentiellen Aufgabe überhaupt, ausgesprochen in der Formel ‚Ich soll sein'.[18] Sie ist von der Verantwortung angesichts einer bestimmten sittlichen Aufgabe oder Forderung zu unterscheiden. Als Fundament oder transzendentaler Grund liegt sie dieser freilich immer zugrunde. Die Reichweite der Verantwortung für das Dasein weitet sich über das eigene Dasein hinaus auf die Familie, dann auf eine andere Gemeinschaft bis hin zur politischen Verantwortung. Obwohl diese Verantwortung für das Dasein überhaupt von Person zu Person in unterschiedlichem Maße empfunden wird, bildet sie doch die Grundlage für die ethische Haltung oder Tugend der Solidarität aller Menschen in der Menschheitsverantwortung.

---

seiner konkreten Handlungssituation das sittlich *Richtige* zu ermitteln hat. Das Gewissensurteil bleibt so auf die praktische Vernunft bezogen, ohne mit ihr formell ineins zu fallen." Schockenhoff, *testimonium*, 78. Es fehlt in Guardinis Gewissensdarstellung die für eine explizite Gewissenslehre wichtige Unterscheidung zwischen dem sittlichen Urteil und seinen Grundsätzen; es fehlt zwar nicht das Bewußtsein, wohl aber der ‚Begriff' des obersten praktischen Prinzips, daß das Gute zu tun, das Böse zu lassen ist. Guardini erreicht so in seiner phänomenologischen Darstellung nicht die zur genauen Erfassung des Gewissensurteils erforderliche Perspektive, nach der sich „das sittliche Urteil [...] als die Anwendung des obersten Prinzips auf die konkrete Handlungssituation, das *Gewissensurteil* als die voraufgehende oder nachfolgende Prüfung des Handlungsurteils an dem in ihm eingeschlossenen Prinzip" zeigt; Honnefelder, *Vernunft und Gewissen*, 115. Siehe ausführlicher mit Blick auf die Gewissenstheorien bei Thomas und Kant Honnefelder, *Praktische Vernunft*, 25-28 und 33-38.

[16] *Ethik*, 114.
[17] Ebd., 116.
[18] Ebd., 117. Vgl. zum folgenden ebd., 117-122.

Durch den Begriff des Gewissens rückt die einzelne individuelle Person in den Mittelpunkt der ethischen Betrachtung. Das Gewissen bedeutet ja die Übereinstimmung mit sich selbst, darüber hinaus die Unvertretbarkeit und Einmaligkeit der Person. So ist es Ausdruck der Würde jedes Menschen.[19] Indem Guardini den Geltungsbereich der im ‚zuständlichen Gewissen' bewußten Verantwortung auf das Dasein überhaupt und die Welt weitet, vermeidet er eine individualistische Engführung im Gewissensverständnis. Das allgemeine immerfort wirksame „Gefühl, überhaupt unter der ethischen Forderung zu stehen", erfährt nun eine erste inhaltliche Ausrichtung und Bestimmung als das Bewußtsein, nicht bloß in die Welt ‚geworfen', sondern für sie und das Dasein verantwortlich zu sein.[20] Die jeweilige konkrete Verwirklichung des Guten ist Sache des ‚aktuellen Gewissens'. Es nimmt die allgemeine Forderung des Guten und den Anspruch der Daseins-Verantwortung in einem bestimmten Augenblick und einer bestimmten Forderung wahr und kann sie so realisieren.

1.4 Die Bildung des Gewissens

Das Gewissen ist im Wesen des Menschen angelegt, aber in seiner Entwicklung nicht notwendig gesichert, es ist beeinflußbar und kann sich richtig oder falsch bzw. nur schwach entwickeln. Das Gewissen bedarf als lebendiges Zentrum des existierenden Menschen wie alles Menschliche der Bildung. Sie ist notwendig, um den Wahrheitsanspruch des als gut Erkannten und damit die Würde des Gewissens selbst zu sichern. Ethisch naiv und ein Zeugnis geringer Menschenkenntnis wäre es, den Menschen angesichts ethischer Probleme und Entscheidungen einfach auf sein Gewissen zu verweisen, ohne die Verantwortung für das Gewissen und seine Bildung zu berücksichtigen.[21] „Das Gewissen ist unser letztes Richtmaß; aber dieses Richtmaß kann selber aus der Richte geraten."[22] Auf das für die Gewissenslehre wichtige Problem des Gewissensirrtums geht Guardini nicht bzw. nur indirekt ein, insofern die Einsicht in die Notwendigkeit der Gewissensbildung die Irrtumsfähigkeit des Gewissens voraussetzt.[23]

Jeder Erziehungsvorgang und jedes Bemühen um Bildung ist selbst schon im Kern ein Akt der Gewissenserziehung.[24] Jede Bildung des Menschen führt

---

[19] Vgl. die Zusammenfassung bei Wieland, 55-61.
[20] Vgl. *Ethik*, 120.
[21] Vgl. *GGS*, 42.
[22] Ebd., 42.
[23] Die zitierte Aussage Guardinis ist nach meiner Kenntnis die einzige, die als Niederschlag der ethischen Einsicht verstanden werden kann, daß auch das irrige Gewissen zu respektieren ist und der Mensch selbst seinem irrigen Gewissen zu folgen hat. Implizit mag man diesen Gedanken zwar in der Betonung der Pflicht des Gewissens, dem in einer bestimmten Situation als gut Erkannten zu folgen, enthalten sehen, doch wird er nicht thematisiert. Vgl hierzu Hilpert, *Gewissen* 623; Honnefelder, *Praktische Vernunft*, 33-36.
[24] *Ethik*, 122. Siehe hierzu auch Guardinis frühe Schrift über die „Grundlegung der Bildungslehre" von 1928, in der er der Frage des Wesens der Pädagogik nachging. ‚Bildung' ist hier wie

auch zum Gewissen. „Denn wenn Bildung eine solche des Menschen sein soll, dann muß sie von der Freiheit bejaht und in die Gesinnung aufgenommen sein, das heißt aber: das Gewissen muß sie sich zu eigen gemacht haben."[25] Gewissensbildung ist biographisch gesehen zunächst Gewissenserziehung, die wie Erziehung überhaupt mit dem Ziel erfolgt, daß das Gewissen mit zunehmendem Alter und Reife sich selbst erzieht und bildet. Ist aber das Gewissen nicht nur Produkt der Erziehung, psychischer und sozialer Beeinflussung, die nur internalisiert wird, dann muß „im Gewissen – das [...] selbst der Bildung bedarf – etwas sein, das bereits im Rechten, bereits gebildet ist bzw. über der Bildungsnotwendigkeit steht."[26]

Guardini sieht hierin einen Ausdruck der „Paradoxie der geistigen Existenz"[27]. In ethischer Hinsicht bedeutet geistige Existenz, in der Bindung durch das Gute zu existieren. Diese Bindung, die kein Zwang, sondern Verpflichtung ist, wird im Gewissen erfahren. Zugleich begleitet das Gewissen als „Entscheidungsstelle und Regulationsstelle"[28] die Entwicklung der geistigen und moralischen Existenz. Es begleitet damit seine eigene Bildung. Zur Erklärung dieser Paradoxie müssen im Vollzug dieser Selbstregulation zwei ‚Positionen' des Gewissens unterschieden werden, die zugleich zwei Funktionen bezeichnen: „Das in der ersten Haltung stehende Gewissen nimmt das in der zweiten stehende von dem her, was es aus der unmittelbaren Beziehung zum Guten her weiß, unter Kritik, prüft es, beurteilt es und erzieht es so."[29] Das ‚etwas', das bereits im Gewissen als ursprünglicher Grund aller Gewissensbildung gegeben ist, ist also diese ‚unmittelbare Beziehung zum Guten'. Es ist von vornherein gültig, gleichwohl sich seine Geltung in der konkreten Existenz des Menschen und in der Formung des Gewissens noch durchsetzen muß.[30]

An dieser Stelle macht sich bemerkbar, daß Guardini in den Ethikvorlesungen auf eine systematische Durchdringung des Gewissens-Phänomens und auf eine Auseinandersetzung mit der philosophischen Gewissenslehre verzichtet. Sowohl die angesprochene ‚Paradoxie' im Gewissensphänomen als auch das eigentümliche Phänomen des Selbstverhältnisses im sich selbst beurteilenden Gewissen sind mittels der Unterscheidung zwischen Urgewissen und Gewissen zu erklären, die Thomas von Aquin mit den Begriffen ‚synderesis' und ‚conscientia' in die Gewissenslehre eingeführt hat.[31] Was Guardini als „unmittelbare Beziehung zum Guten" bezeichnet, ist mit der Gewissenslehre des Thomas als innerer Besitz des Prinzips des Sittlichen –

---

sonst bei Guardini nicht im Sinne eines bestimmten, etwa bürgerlichen, humanistischen oder sonstwie bedingten Bildungsideals zu verstehen, sondern als Bemühen darum, daß der heranwachsende Mensch sein ihm eigenes Bild verwirkliche.
[25] *Ethik*, 122f.
[26] Ebd., 123. Zur Frage nach dem Ursprung des Gewissens s. Wieland, 58.
[27] *Ethik*, 123.
[28] Ebd., 124.
[29] Ebd.
[30] Vgl. ebd., 125.
[31] Vgl. hierzu Honnefelder, *Praktische Vernunft*, 23ff.

das Gute ist zu tun und das Böse zu lassen – im Urgewissen, der ‚Synderesis‘ genauer zu bezeichnen. Dieses oberste praktische Prinzip ist nach Thomas ein „natürlicher Habitus" der praktischen Vernunft, eine mit ihrem Vermögen ursprünglich verbundene Prägung.[32] Die Unterscheidung zwischen dem Urgewissen als habitus und der conscientia als aktiver Gewissenstätigkeit macht die von Guardini mittels der zwei Positionen beschriebene Gewissensstruktur verständlicher. Gewissen „im Sinn von ‚conscientia‘, von Mit-Wissen" ist als jener Akt eines Urteils zu begreifen, „in dem die praktische Vernunft das ihr habituelle eigene, für die Leitung von Handeln maßgebliche Wissen auf die einzelne vergangene oder zukünftige Handlung bezieht"[33].

Die Erörterung der Gewissensbildung schließt mit einem Blick auf die problematischen Phänomene eines gestörten Gewissens, das entweder unempfindlich oder überempfindlich geworden ist.[34] Guardini verneint, obwohl er die Erfahrungen der Gewissenskorruption bzw. -manipulation in der deutschen Geschichte des 20. Jahrhunderts bewußt erwähnt, die Möglichkeit, daß das Gewissen ganz ausfallen und der Mensch vom Gewissensspruch völlig, d.h. in allen Bereichen des Lebens, unberührt bleiben könne. In diesem Sinne gilt, abgesehen von totaler physisch-neurologischer Behinderung oder schwerer psychischer Krankheit, daß es den „radikal amoralischen Menschen"[35] nicht gibt. Im Fall der Überempfindlichkeit ist der Gewissensakt nicht mehr in das Ganze des menschlichen Lebens integriert. Es entstehen die Fehlformen eines ängstlichen und skrupulösen Gewissens oder eines moralischen Rigorismus, in dem ein einzelner sittlicher Anspruch alle anderen Werte verdrängt. Jede dieser Fehlformen ist inklusive psychologisch zu betrachtender Krankheitsformen letztlich durch den Verlust der Freiheit des Gewissens und des Geistes charakterisiert. Aus dem Anruf und der Verpflichtung durch das Gute ist ein Zwang geworden, damit das Sittliche selbst aber aufgehoben. Angesichts dieser Gefährdungen des Gewissens ist Gewissensbildung Bildung und Ermutigung sittlicher Freiheit und Selbständigkeit.

2. Gewissen und Freiheit

2.1 Gewissen und Selbständigkeit

In den verschiedenen Äußerungen Guardinis zum Gewissen ist die Hervorhebung des schöpferischen Elementes in der Gewissenstätigkeit bemerkens-

---

[32] Vgl. auch Hilpert, *Gewissen*, 622f.
[33] Honnefelder, *Praktische Vernunft*, 24.
[34] Vgl. *Ethik*, 127ff.
[35] Ebd., 1097. Vgl. ebd., 128.

wert. Das Anliegen Guardinis ist auch hier weniger theoretisch-systematischer als vielmehr moralpädagogischer Art.

Schon in den beiden frühen Aufsätzen „Zum Begriff des Befehls und Gehorsams" und „Zum Begriff der sittlichen Freiheit" aus dem Jahre 1916 hatte Guardini das Recht und die Pflicht zur Selbständigkeit im sittlichen Leben behauptet und auf die Notwendigkeit hingewiesen, im Verhältnis zur Autorität die Unabhängigkeit des Gewissensurteils zu stärken. Die ruhige Sicherheit des eigenen Gewissens, so Guardini, ist der beste Schutz gegen Manipulation und Machtmißbrauch und Voraussetzung für die Widerstandskraft gegen widersittliche Forderungen.[36] Die sittliche Freiheit des Subjektes realisiert sich unter anderem als Freiheit im Verhältnis zur ‚Regel‘, worunter Guardini die ‚Sitte‘, also das jeweils geltende Ethos als Komplex von kulturell, sozial und geschichtlich bedingten Regeln und moralischen Anschauungen versteht. Sittliche Freiheit bedeutet daher im Verhältnis zu einem vorgegebenen Ethos die Freiheit und die Pflicht des Gewissens, „die Regel als das anzusprechen, was sie ist, nämlich eine Forderung von nur relativer Gültigkeit, und damit eine abwartende, prüfende Stellung einzunehmen, also *Freiheit von der Regel*"[37]. Die hier geforderte Unabhängigkeit und die Kritikfähigkeit gegenüber der jeweiligen gesellschaftlich bedingten Gestalt eines Ethos als Gestalt moralischer Beanspruchung sind Voraussetzungen für ein personales Ethos der Selbständigkeit und der Freiheit.

2.2 Das Gewissen und die Situation

Die ethischen Erläuterungen zum Gewissen und der Situation in der Schrift „Das Gute, das Gewissen und die Sammlung" setzen diese frühen Überlegungen fort. An der Situation, in der sich das unendlich inhaltsvolle und einfache Gute konkretisiert, wird deutlich, daß die Funktion des Gewissens sich nicht allein in der Anwendung von Regeln erschöpfen kann, soll sie der Komplexität der Situation gerecht werden.[38] Die Situation ist zunächst Schnittpunkt zusam-

---

[36] Vgl. *Begriff des Befehls*, 842. Diese beiden Aufsätze haben systematischen Charakter, da Guardini in ihnen eine theoretische Klärung und Bestimmung der betreffenden Begriffe vornimmt. Daß diesen heute selbstverständlichen Aussagen auch eine politische Relevanz, wenn nicht Brisanz zukam, wird deutlich, wenn sie direkt vor ihrem damaligen zeitlichen Kontext von 1916 gelesen werden. Zum einen ist an die innerkirchliche Situation zu erinnern, die durch den Modernismusstreit und die antimodernistische Linie des kirchlichen Amtes belastet war, zum anderen an die politische Lage im Ersten Weltkrieg, die im Innern des Deutschen Reiches zunehmend durch die militaristische und autoritäre Kriegsregierung bestimmt war, worauf das Wort vom ‚Machtmißbrauch‘ bezogen werden *konnte*.
[37] *Begriff sittlicher Freiheit*, 983.
[38] Auch hier ist in Guardinis Gewissensdarstellung nicht zwischen der spezifischen, das Handlungsurteil prüfenden Gewissenstätigkeit und der praktischen Vernunft, die das handlungsleitende sittliche Urteil trifft, unterschieden. In der philosophischen Ethik wird die Tätigkeit der praktischen Vernunft zur Findung eines konkret handlungsleitenden Urteils, bei Guardini die des Gewissens in einer Situation, nicht „in Form einer Deduktion aus Prinzipien (per modum conclusionum), sondern in Form einer Determination eines allgemein sich stellenden Anspruchs (per modum determinationis)" beschrieben; Honnefelder, *Vernunft und Gewissen*, 119.

menlaufender und unter Umständen widersprechender Forderungen. Vor allem aber ist jede Situation einmalig und deshalb nicht ausreichend durch feste Regeln und Schemata zu erfassen. „So ist auch, was in ihr zu geschehen hat, noch nicht geschehen und wird es nicht wieder. Es muß also erraten und schöpferisch gestaltet werden."[39] Dabei sind allerdings auch die Erfahrungen anderer, die teils durch Tradition und Ethos vermittelt werden, sowie sittliche Gebote und schließlich die berechtigte Weisung einer Autorität mit zu beachten.[40] Die Aufgabe der sittlich handelnden Person aber, in einer konkreten Situation selbst zu entscheiden, wird durch diese sekundären Moralinstanzen nicht abgenommen. Gewissensbildung bedeutet unter der Perspektive der Situation, die Enge des Blickes für ihre Vielgestaltigkeit und die verschiedenen möglichen sittlichen Antworten zu öffnen.[41] Die Tätigkeit des Gewissens als Organ, mit welchem die immer geltende Forderung des Guten in der jeweiligen Zeit bewältigt werden muß, ist daher ein „Gehorchen und Neuschaffen"[42] zugleich.

Die Verknüpfung von Situations- und Gewissensverständnis findet sich wieder in „System und Augenblick", einer Interpretation christlichen Daseinsverständnisses aus dem Jahre 1939.[43] Mit den Begriffen ‚System' und ‚Augenblick' bezeichnet Guardini in Anwendung des Gegensatzgedankens zwei verschiedene Denkweisen und -strukturen, mit denen menschliches Dasein erfaßt werden kann. Nach dem ersten Schema, dem des ‚Systems', wird das in einer Situation richtige Handeln vor allem von „ewigen Ordnungen", von „in langer Tradition herausgearbeiteten Wesenseinsichten und Lebenserfahrungen bestimmt"[44], konkret also von einem bestimmten Ethos oder einer bestehenden Morallehre. Die Situation ist dann nur der besondere Fall des ewig und allgemein Gültigen. Entsprechend wird der Gewissensakt als Anwendung und Ausführung geltender Gesetze und Regeln begriffen. „Das Gesetz wird verstanden, der Fall in seinem Charakter aufgefaßt, und aus beiden das Urteil gewonnen, wie gehandelt werden soll."[45] Im zweiten Schema, dem des ‚Augenblicks', wird die Situation von ihrer Einmaligkeit her verstanden, nach christlichem Daseinsverständnis schließlich von der Einmaligkeit des göttlichen Handelns her. Auch in diesem Schema steht das Handeln grundsätzlich unter der Forderung des Gehorsams, der sich aber nun nicht als Anwendung bestehender und allgemeingültiger Regeln realisiert, sondern als ‚inneres' Einvernehmen und als Wagnis der Tat, die nicht einfach abgeleitet werden kann.

---

[39] GGS, 32.
[40] In einer Fußnote konkretisiert Guardini diese Forderung: Zur Situation gehört alles, „was den darin Befindlichen angeht; und daß sein Gewicht sich nach der Bedeutung bemißt, die es in sich hat. Das Wort der Offenbarung, die Lehre der Kirche, die christliche Tradition gehören also hinein, und beanspruchen in deren Beurteilung mit ihrem wesenseigenen Gewicht zur Geltung zu kommen. Eine Deutung der Situation, die von ihnen absähe, würde die Wirklichkeit, wie sie ist, nicht erfassen." GGS, 30 Fn.1.
[41] Vgl. ebd., 31.
[42] Ebd., 35.
[43] Vgl. *System und Augenblick*, s. auch die Angabe zum Titel im Literaturverzeichnis.
[44] Ebd., 37.
[45] Ebd.

So treten nun im Gewissensakt andere, nämlich „entdeckerische, wagende" und „schaffende"[46] Funktionen in den Vordergrund, die das Einmalige und nur in dieser einen Situation Mögliche erkennen helfen. Der Mensch wird zum Anwalt des Möglichen. In christlicher Sicht wird deutlich, daß es das „christlich Neue" gibt. „Nicht nur als neue Anwendung des bereits Bekannten, sondern als Entdeckung des noch Unbekannten. Das christliche Tun soll das Reich Gottes heraufführen."[47] Durch das Verständnis der Situation rückt in der Gewissensdeutung Guardinis die Tätigkeit in den Mittelpunkt, die in klassischer ethischer Terminologie als ‚adinventio', als „erfinderische ‚Ergänzung' und ‚Hinzufügung'"[48] bezeichnet wird. Im Vollzug sittlicher Freiheit wird die schöpferische Initiative bedeutsam, die über den zwar frei geleisteten, aber nur reaktiv bleibenden Gehorsam gegenüber einem bestehenden sittlichen Gesetz oder einer Regel hinausgeht. Damit deutet Guardini an, wie eine christliche Ethik oder Morallehre auf die Herausforderungen sittlichen Handelns in der Moderne reagieren kann: Sie muß wegen der Komplexität des menschlichen Handelns und seiner Folgen der „Bildung und Formung des prospektiven Gewissens"[49] besondere Aufmerksamkeit schenken.

3. Die existentielle und religiöse Dimension des Gewissens

3.1 Ein existentialethischer Zugang zum Gewissensverständnis

Die bisherige Untersuchung läßt eine deutliche Parallele zwischen Guardinis Situations- und Gewissensverständnis und den Überlegungen innerhalb

---

[46] Ebd., 40.
[47] Ebd. In dem unveröffentlichten theologisch-anthropologischen Entwurf „Der Mensch" heißt es: Gott „hat das Seiende geschaffen, damit es gleichsam zur Verdeutlichungsstelle für die unendlichen Möglichkeiten der Verwirklichung werde; und den Menschen, damit der verstehe, wie die unendliche Möglichkeit des Guten von Gott her in den Dingen deutlich wird". *Mensch**, 423.
[48] Honnefelder, *Praktische Vernunft*, 33.
[49] Höver, *Wahrheit*, 93. Das bedeutet nicht, daß nach dem zweiten Schema die Norm im Sinne einer Handlungsanweisung überflüssig würde. Beide Schemata sind auch in ihren ethischen Konsequenzen als gegenseitige Ergänzungen zu verstehen. Es kann in einer Situation, erst recht in einer Konfliktsituation, unter ethischer Perspektive nicht beim ‚Erraten des nur hier Möglichen' und einem intuitiven „Gefühl für das, was es noch nicht gibt" bleiben; *System und Augenblick*, 38. Konkret kann die Abwägung verschiedener Forderungen oder in Frage stehender Güter und Werte notwendig werden, die aber Kriterien und unter Umständen Regeln erfordert, soll sie vernünftig und begründbar sein. So wird die Findung und Begründung neuer Handlungsanweisungen oder Einzelnormen wichtig. Guardinis Ansatz, der Norm und Regel nur dem einen Schema zuordnet, ist ethisch so zu ergänzen, daß im zweiten Schema nicht nur die Freiheit gegenüber bestehenden Regeln betont, sondern die Verantwortung des Gewissens für die jeweils neu zu findende und zu begründende Handlungsanweisung angesetzt wird. Der Unterschied zwischen den beiden Schemata liegt dann mit anderen Worten darin, daß das Verhältnis des Gewissens zur Norm nach dem ersten als Verantwortung *vor* gegebenen Normen, nach dem zweiten als „Verantwortung *für* Normen" begriffen werden kann; Mieth, *Gewissen*, 166.

der katholischen Moraltheologie erkennen, die vor allem Karl Rahner und Franz Böckle zur Grundlegung und Aufgabe einer ‚Existentialethik' vorgetragen haben. In wichtigen Punkten nimmt Guardini Grundgedanken dieses existentialethischen Ansatzes vorweg.[50] Er war motiviert von dem Bemühen der neueren Moraltheologie, die Herausforderungen durch die Existenzphilosophie aufzugreifen und neben dem essentiellen das existentielle Moment des sittlichen Handelns herauszustellen und methodisch zu erfassen.[51] Mit ihm sollte die in kirchlicher Morallehre und katholischer Moraltheologie dominierende ‚allgemeine Wesensethik' ergänzt werden, die stark am Gedanken des Naturrechts ausgerichtet war. Mittels der mit dieser Wesensethik verbundenen moraltheologischen Kasuistik versuchte man für sämtliche Handlungs- und Konfliktsituationen ein Regelsystem zu schaffen, um so das richtige Handeln möglichst objektiv und detailliert zu definieren.[52] Diese Methode ließ, zumal sie in gewisser Ausschließlichkeit angewandt wurde, für die innovative Kraft sittlicher Vernunft und ein existentielles Denken wenig Raum. So ging es innerhalb der Moraltheologie um eine notwendige Ergänzung der Systeme.[53] In Entsprechung zu dieser moraltheologischen Aufgabe ist Guardinis Deutung der sich ergänzenden

---

[50] Ich beziehe mich hier auf Rahner, *Frage einer Existentialethik,* laut der Karl Rahner-Bibliographie von Roman Bleistein und Elmar Klinger aus dem Jahre 1955, vgl. ebd. 26; auf Böckle, *Bestrebungen,* von 1957; ders., *Existentialethik,* von 1959; ders., *Gesetz,* von 1964. Eine ‚Vorwegnahme' ist gegeben, weil die grundsätzlichen Gedanken sich bei Guardini schon in *GGS,* von 1929, und in *System und Augenblick,* von 1939, finden. Die in diesen existentialethischen Zusammenhang gehörende Bestimmung des Guten als Selbstverwirklichung stammt aus den Ethikvorlesungen Guardinis, steht also in zeitlicher Nähe zu den Texten von Rahner und Böckle aus den 50er Jahren. Der spätere Bonner Moraltheologe Franz Böckle hat, was in diesem Zusammenhang zu erwähnen ist, während eines Studienaufenthaltes 1955/56 bei dem damaligen Münchener Moraltheologen Richard Egenter auch Guardini gehört, der gerade vom WS 1954/55 bis zum WS 1955/56 über die „Ethik als Lehre von der sittlichen Aufgabe" las; vgl. *Vorlesungen und Lehrveranstaltungen,* 283.

[51] Böckle faßt die Bedeutung der Existentialethik so zusammen: Sie „versucht zu zeigen, wie das Anliegen der Existentialphilosophie, die Selbstverwirklichung der Person in den Gegebenheiten der Situation, und die Forderung der protestantisch-theologischen Ethik nach einem Hören auf den konkreten Anruf Gottes in berechtigter Form auch innerhalb der katholischen Moraltheologie berücksichtigt werden können"; *Existentialethik,* 1304.

[52] Vgl. Hilpert, *Gewissen,* 623.

[53] Die genannten Autoren sprechen deutlich von ‚Ergänzung'. Vgl. Böckle, *Existentialethik,* 1301. Rahner wendet sich gegen einen „in Deutschland vielfach verbreiteten und praktizierten Horror gegen die traditionelle Kasuistik", der „größtenteils auf Denkfaulheit und Bequemlichkeit und der Scheu vor einer klar durchreflektierten Entscheidung" beruhe; Rahner, *Frage einer Existentialethik,* 242. Dieser ‚Horror' wird als Reaktion auf eine bestimmte Ausprägung und auf eine fast ausschließlich angewandte Kasuistik verständlich. Die katholische Moraltheologie und -verkündigung insgesamt war durch eine unglückliche Nähe zum Kirchenrecht und seiner Rechtskasuistik sowie zur ‚Beichtstuhlmoral' belastet, ohne daß mit dieser Feststellung die Neuansätze von Tillmann, Schöllgen und Häring gering geschätzt werden sollen; vgl. Teichtweier, 73ff., und Korff, *Ethik,* 922. Insofern die Kasuistik eine anwendungsorientierte Methode ethischer Reflexion ist, bleibt sie für eine theologische Ethik unverzichtbar. Sie hat sich zukünftig allerdings von einer rein deduktiven „bis in unser Jahrhundert hinein weitertradierten essentialistisch-naturrechtlich argumentierenden Kasuistik" zu unterscheiden; vgl. Korff, *Ethik,* 925.

Schemata in „System und Augenblick" mit ihren Auswirkungen auf das Situations- und Gewissensverständnis ein Beitrag, dem wahrgenommenen Defizit zu begegnen.

Die berechtigten Anliegen des existentialistischen Denkens sollten in der theologischen Ethik aufgegriffen werden, ohne einer ‚radikalen' oder ‚extremen' Situationsethik das Wort zu reden. Verstanden wurde darunter „die ausdrückliche oder einschlußweise Leugnung der unbedingten Gültigkeit inhaltlicher Normen für die Person als solche oder den Glaubenden als solchen", also die „Leugnung von Normen, die auch für die konkrete Situation etwas Verbindliches aussagen können"[54]. In theologischer Hinsicht wurde also daran festgehalten, daß allgemeine Normen grundsätzlich einen legitimen Zugang zum konkreten Gebot Gottes ermöglichen können.[55] Der Bereich existentialethischer Betrachtung ist also nicht der des gesamten sittlichen Handelns. Der Schwerpunkt liegt auf den individuellen Entscheidungen, die von besonderer Tragweite für das Leben sind, wie dies bei Lebensentscheidungen der Fall ist, oder auf den Entscheidungen, die in mehrdeutigen Situationen zu treffen sind. Es gibt, so Rahner zur innerkirchlichen Bedeutung der existentialethischen Überlegungen, „ein Feld der Entscheidungen des Einzelnen in der Kirche und für sie, die dem Einzelnen durch einen inhaltlichen Befehl der kirchlichen Obrigkeit nicht abgenommen werden können"[56].

Kritisiert wurde die Unzulänglichkeit der vorherrschenden moraltheologischen Methode, nach der die konkrete Forderung durch einfache Deduktion aus einer abstrakten und allgemeinen Norm erkannt werden sollte. An diesem Punkt deckt sich Guardinis Beschreibung der praktischen Schlußfolgerung des Gewissens nach dem ersten Schema – „das Gesetz wird verstanden, der Fall in seinem Charakter aufgefaßt"[57] und so das Handlungsurteil gewonnen – mit der zwar differenzierteren, der Sache nach aber gleichen Analyse Rahners zum Verfahren einer „syllogistischen Deduktionsmoral"[58] in seinem Aufsatz „Über die Frage einer existentialen Ethik". Ähnlich fällt

---

[54] Rahner, *Frage einer Existentialethik*, 229. Siehe auch Böckle, *Existentialethik*, 1302. Die so skizzierte Situationsethik wurde vom kirchlichen Lehramt 1952 in einer Ansprache von Pius XII., vgl. AAS 44 (1952) 413-419, und 1956 durch eine Instruktion des damaligen ‚Hl. Offiziums' verurteilt, s. *DH*, n. 3918-3921.

[55] Vgl. Böckle, *Gesetz*, 76.

[56] Rahner, *Frage einer Existentialethik*, 243f. Rahner weist, ebd., 243, beispielhaft für solche Entscheidungen auch auf die Bedeutung der existentialethischen Reflexion für ein tieferes Verständnis der Lehre von der Wahl in den Exerzitien des hl. Ignatius hin.

[57] *System und Augenblick*, 37.

[58] Rahner, *Frage einer Existentialethik*, 231. Siehe ebd. f. die Beschreibung dieses Syllogismus. „Der Obersatz enthält ein allgemeines Prinzip: in dieser Situation, unter diesen Voraussetzungen ist das und das zu tun. [...] Der Untersatz dieses Syllogismus stellt dann das Gegebensein der Voraussetzungen, der Situation hic et nunc fest. Der Schluß verwandelt schließlich den Obersatz in einen konkreten und eindeutigen Imperativ." Rahner bemerkt zudem, daß nach diesem Verfahren auch die Situation ein Abstraktum ist. Stillschweigend wird vorausgesetzt, daß es grundsätzlich oft vorkommen und darum in einem allgemeinen Satz ausgesprochen werden kann.

die dieser Methode entsprechende Kennzeichnung des Gewissens als „jene geistig-moralische Funktion der Person" aus, „die die allgemeine Norm auf den konkreten ‚Casus' anwendet"[59]. Eingewandt wurde, daß die Anwendung allgemeiner inhaltlicher Normen unter Umständen mehrere Möglichkeiten offen ließe, so daß ein eindeutiges sittliches Urteil über einen konkreten Imperativ nicht immer möglich sei. So wurde bestritten, daß „das den allgemeinen inhaltlichen Normen Entsprechende einfach identisch mit dem hier und jetzt Gesollten" und „das diesen Normen Gehorchende auch schon ohne weiteres das sittlich Erlaubte"[60] sei. Der konkrete sittliche Akt, so die mit Guardini übereinstimmende Einsicht der Existentialethik, kann wegen seiner Einmaligkeit nicht ‚nur' als Fall des allgemeinen Sittlichen, d.h. als Anwendungsfall einer allgemeinen Regel begriffen werden.

Basis des existentialethischen Ansatzes ist das christliche Personverständnis, dem Guardini mit seiner Personlehre neben anderen Theologen und Philosophen in der katholischen Theologie den Weg bereitete.[61] Das sittliche Handeln der Person ist immer auch Ausdruck ihrer Einmaligkeit und positiven Individualität.[62] Die Einmaligkeit der Person aber gründet in theologisch-anthropologischer Sicht in ihrer besonderen Gottesbeziehung. Ausdruck dafür ist biblisch-theologisch der Anruf des Namens durch Gott. „Mindestens in seinem Handeln ist der Mensch wirklich auch (nicht nur!) individuum ineffabile, das Gott bei seinem Namen gerufen hat, einem Namen, den es nur einmal gibt und geben kann, so daß es wirklich der Mühe wert ist, daß dieses Einmalige als solches in Ewigkeit existiert."[63] So wie aber nun die Einmaligkeit der Person selbst und erst recht der an sie ergehende Anruf Gottes nur wiederum auf eine eigentümlich personale Weise erkannt werden können, so kann „die sittliche Verpflichtung in der positiven Einmaligkeit nicht erschöpfend ‚gegenständlich', d.h. durch Allgemeinbegriffe aussagbar gewußt werden"[64].

Nun kann sich die Existentialethik nicht damit begnügen, das Ungenügen der Essenzethik angesichts eines individuellen und existentiellen Verständnisses der Person und des sittlichen Aktes festzustellen. So stellt sich als Aufgabe der Existentialethik die Reflexion darüber, wie das Individuelle einen Menschen über das allgemein Gültige hinaus verpflichten kann und wie diese Verpflichtung zu erkennen ist. Als theologische Existentialethik fragt sie danach, wie das positiv Individuelle Gegenstand eines verpflichtenden Willens Gottes sein kann.[65] „Existenz und Erkennbarkeit des spezifisch Einmaligen,

---

[59] Ebd., 232.
[60] Ebd., 235f.
[61] Vgl. Kapitel V zum Personverständnis Guardinis. Die Wegbereiterrolle Guardinis durch sein Personverständnis wird von Böckle, *Bestrebungen*, 428 und 430, und Teichtweier, 80, gewürdigt.
[62] Vgl. Rahner, *Frage einer Existentialethik*, 237; Böckle, *Existentialethik*, 1303f.
[63] Rahner, *Frage einer Existentialethik*, 237. Vgl. zum Motiv des Namens bei Guardini, *GGS*, 69ff.
[64] Böckle, *Gesetz*, 76.
[65] Vgl. Ders., *Bestrebungen*, 430.

streng Individuellen an der sittlichen Verpflichtung ist der Gegenstand und die Aufgabe der Existentialethik."⁶⁶

Böckle entwickelt drei existentialethische Bestimmungsgründe für die konkrete sittliche Forderung ihrer „material-inhaltlichen Seite" nach: Erstens die Situation, zweitens „die Rolle des ‚Du'", d.h. „die Haltung, die der angesprochene Mitmensch uns gegenüber einnimmt" und drittens als theologischen Bestimmungsgrund das „*Du Gottes*", dessen Wille nicht nur vermittelt durch die Geltung des allgemeinen Gesetzes, sondern „in der *Unmittelbarkeit eines persönlichen Anrufs* durch individuelle Gnadenführung"⁶⁷ vernommen wird. Die beiden letzten Gründe lassen unmittelbar ihre Verwurzelung in einem Personverständnis erkennen, wie es Guardini entwickelte.

Mit der Situation als erstem Bestimmungsgrund nennt Böckle eine weitere Wurzel existentialethischen Denkens, nämlich ein tieferes Verständnis der Situation in ihrer Einmaligkeit und Komplexität. Die Situation bestimmt Böckle einmal als „*Durchgangspunkt einer geschichtlichen Entwicklung*"⁶⁸, die einen allgemein menschlichen und einen je individuellen Werdeprozeß umfaßt. In einer anderen Bestimmung versucht er, die Bedeutung von Normen für eine Situation zu erfassen: „Von der Situation aus gesehen, sind die allgemeinen Normen keinesfalls ausgeschaltet, aber sie müssen gleichsam zu ihrem *je einmaligen Schnittpunkt* gebracht werden."⁶⁹ Diese Gedanken wiederum erinnern an Guardinis Situationsverständnis und an seine Bestimmung des Guten als Selbstverwirklichung des Menschen.⁷⁰ Guardini hatte sie ja zur Ergänzung der beiden anderen Bestimmungen eingeführt, weil durch sie die existentielle Dimension im sittlichen Handeln, also die Tatsache ausgedrückt wird, daß die einzelne Person in die Verwirklichung des Guten hineingehört. Dies aber ist das erklärte Anliegen der Existentialethik.⁷¹

Da es um das Individuelle der personalen und sittlichen Verwirklichung geht, das nicht aus allgemeinen Regeln ableitbar ist, können allgemeine Begriffe nur die Grenzen bzw. den Rahmen solcher existentialethischer Erkenntnis markieren. Das Bedenken der ‚Lebens-' oder ‚Schicksalsgestalt', die Guardini zur Konkretisierung der Selbstverwirklichung geltend machte, bezeichnet bereits einen Schritt über „Intuition"⁷² und „Ungegenständlichkeit"⁷³ hinaus, die Böckle als Elemente der existentialethischen Erkenntnis nannte. Gerade Guardini ging es ja bei aller Würdigung ‚intuitiver' Erkennt-

---

⁶⁶ Ebd. 444. Vgl. ähnlich Rahner, *Frage einer Existentialethik*, 239f.
⁶⁷ Böckle, *Existentialethik*, 1302f.
⁶⁸ Ebd., 1302. Siehe zum ‚existentialethischen' Situationsverständnis ebd.; Rahner, *Frage einer Existentialethik*, 233-236.
⁶⁹ Böckle, *Existentialethik*, 1302.
⁷⁰ Siehe oben Kapitel VI.5. Zur Geschichtlichkeit der Situation bei Guardini s. u.a. *GGS*, 30f., und *System und Augenblick*, 36-39.
⁷¹ Vgl. Böckle, *Existentialethik*, 1303: Die Existentialethik beschränkt sich nicht „auf die sachliche Richtigkeit und Sinnhaftigkeit des Aktes, also auf seine Beziehung zur objektiven Seinswelt; sie fordert überdies, daß ein Stück personalen Lebens in der gesetzten Beziehung gegenwärtig sein soll."
⁷² Ders., *Bestrebungen*, 444.
⁷³ Vgl. ders., *Gesetz*, 76, und *Existentialethik*, 1302.

nis im Leben und insbesondere im Sittlichen darum, diese nicht im gefühlsmäßigen und unbegrifflichen Raum zu belassen, sondern sie vernünftig und wissenschaftlich verantwortlich zu erfassen.[74] Nicht eine verallgemeinerbare Aussage oder Erkenntnis ist angezielt, sondern die vernünftige Begründung und Verantwortung der individuellen sittlichen Entscheidung. Auch unter existentialethischer Perspektive bleibt das sittliche Handeln durch Vernunft bestimmt. Es folgt Gründen und nicht beliebigen Ursachen, so daß es vom eigenen Gewissen zu prüfen und mindestens bis zu einem gewissen Maß intersubjektiv vermittelbar ist. Andernfalls könnte kein wirklicher Dialog und keine Beratung betreffs solcher individueller Entscheidungen erfolgen, gleichwohl diese nur vom Subjekt selbst getroffen und verantwortet werden können.

Böckle spricht von der „Qualität der Verwirklichungsweise"[75] des sittlichen Aktes. Diese kann in ihrer existentiellen Tragweite von außen nicht eindeutig beurteilt werden, sondern, und dies nur im Modus der Annäherung, durch Selbsterkenntnis und innere Wahrhaftigkeit. In theologischer Perspektive geht es hier über die innere Anteilnahme der Person am sittlichen Akt hinaus um einen besonderen ‚Einsatz', nämlich um „die Tiefe der Hingabe der Person (letztlich an Gott über alle sachhaften Normen hinaus), die nicht mit der bloßen Ratio bemessen werden können, sondern ein Selbstvollzug der Person und Ausdruck des Herzens und seiner Gesinnungen sind"[76]. Diesen religiösen Bezug zu Gott aufzuzeigen und zu vertiefen war, wie der folgende Punkt zeigt, ein besonderes Anliegen der Gewissensdeutung Guardinis.

3.2 Das Gewissen als religiöses Organ

Ein wichtiger Aspekt im Gewissensverständnis Guardinis ist die theologisch-anthropologische Deutung des Gewissens als religiöses Organ. Guardini stellt ihn vor allem in „Das Gute, das Gewissen und die Sammlung" heraus.[77]

Die eigentümliche Erfahrung des Gewissens ist mit der Formel „Mit sich selber wissen um das Gute"[78] noch nicht ganz erfaßt. So führt die Frage nach dem Wesen und Grund des Guten über die Ethik hinaus. „Sobald wir die Empfindung des Sollens, das Bindungsbewußtsein, die Stellungnahmen und was alles wir Gewissen genannt haben, hinunter verfolgen, gelangen wir auf

---

[74] Dies war schon ein ‚erkenntnistheoretisches Ziel' der Gegensatzlehre.
[75] Ders., *Existentialethik*, 1303.
[76] Ebd.
[77] Dagegen beschränkt sich das betreffende Kapitel der Ethikvorlesungen auf die Darstellung des Gewissens als Phänomen des natürlichen sittlichen Lebens. Allerdings weist der augustinische Gedanke, wonach das Herz das Organ der Werterfassung ist, schon in diese Richtung; vgl. *Ethik*, 104. Indirekt ist die religiöse Deutung des Gewissens zudem schon in der Bestimmung des Guten enthalten; vgl. ebd. 41f. und 48-52.
[78] *GGS*, 49.

religiösen Grund."⁷⁹ Die Unbedingtheit und Absolutheit in der Forderung des Guten verweisen auf seinen transzendenten Ursprung in der unbedingten Wirklichkeit Gottes. Sie können nicht aus der bedingten und endlichen Wirklichkeit der Welt erklärt werden.⁸⁰ „Gewissen haben" bedeutet in diesem Horizont *„mit sich selber um das Gute wissen – aber vor Gott*, dessen Heiligkeit ja das Gute selbst ist"⁸¹. Erst hier wird der Unterschied zwischen der Unbedingtheit der Forderung des Guten und der jeweiligen Bedingtheit einer bestimmten inhaltlichen Forderung ganz verständlich. „Der Grund dafür, daß das uneingeschränkt Gute, von dem aus und auf das hin alle Verantwortung wahrzunehmen ist, in radikaler Differenz zu allem Bedingten steht, ist nicht darin zu suchen, daß Reichtum und Fülle der irdischen Lebenswirklichkeit ethisch gesehen zweitrangig oder minderwertig seien, der Grund liegt vielmehr darin, daß das Gute seiner letzten Wurzel nach nicht von dieser Welt ist, sondern auf einen transzendenten Ursprung verweist."⁸² So ist das Gewissen als Organ für das Gute auch das Organ für Gott und seine Wirklichkeit.

„Was in seiner oberen Schicht ethisches Gewissen bedeutet, ist in seiner letzten Tiefe der ‚Seelengrund', der ‚Seelenfunke'."⁸³ Die Unterscheidung einer oberen Schicht des ethischen Gewissens und einer tieferen des religiösen Gewissens verbildlicht, daß es Guardini in dieser Gewissensdeutung um die Beziehung des Menschen zu Gott als dem tragenden Grund des sittlichen Lebens überhaupt geht. ‚Gewissen' bedeutet auf dieser Ebene nicht das Bewußtsein eines bestimmten sittlichen Gehaltes oder das Wissen um die unbedingte Bindung durch das Gute, sondern das „Innerste des Menschen, das ‚Gewissen' in der ursprünglichen Bedeutung des Wortes, als Wissen vom Ewigen überhaupt"⁸⁴. Guardini knüpft hier an die religiöse Tradition, besonders an die mittelalterliche Lehre vom ‚Seelenlicht' und ‚Seelengrund' an.⁸⁵ ‚Seelengrund' ist der symbolische Ausdruck der für Gott offenen Stelle der menschlichen Seele; in der Tradition der Mystik ist er „ein relationaler, auf die dynamische Wechselrepräsentation von Gott und Mensch bezogener Begriff"⁸⁶.

---

⁷⁹ Ebd., 48f.
⁸⁰ Vgl. Böckle, *Ethik*, 282f.
⁸¹ *GGS*, 50.
⁸² Höver, *Gewissen*, 84.
⁸³ *GGS*, 49.
⁸⁴ *Denkergestalt Bonaventura*, 465. Auch das Zweite Vatikanische Konzil bezieht sich in ‚Gaudium et spes' in Artikel n. 16 auf diese theologische Tradition: „Conscientia est nucleus secretissimus atque sacrarium hominis, in quo solus est cum Deo, cuius vox resonat in intimo eius." – „Das Gewissen ist die verborgenste Mitte und das Heiligtum im Menschen, wo er allein ist mit Gott, dessen Stimme in diesem seinem Innersten zu hören ist."
⁸⁵ Vgl. *Lehre des Hl. Bonaventura*, 152: Das Seelenlicht ist die Empfänglichkeit der Seele für das göttliche Licht. Es hat zunächst eine besondere Bedeutung für die Erkenntnislehre, darüber hinaus beeinflußt es die anderen Seelenkräfte wie das praktische Leben; vgl. ebd. 148-154. Siehe auch Mieth, *Gewissen*, 143-147.
⁸⁶ Ebd., 147.

Das Gute wird nicht „wie ein Objekt spekulativ-theoretisch erkannt"[87], sondern im Bejahen und Anerkennen, d.h. im Modus der Selbstbindung der Freiheit. Diese besondere dem Gewissen und der sittlichen Erkenntnis eigene Weise der Selbstbeteiligung erfährt im Glauben eine über den Selbstbezug hinausgehende Ausrichtung auf die Beziehung des Menschen zu Gott. Dadurch wird sie verstärkt und intensiviert. ‚Gewissen' bedeutet daher vor Gott „mit dem Ernst der Selbstbeteiligung, mit jenem einzigartigen Ernst um das Gute wissen, der aus dem Bewußtsein erwacht, es geht um das Heil"[88].

In der Berufung auf das Gewissen drückt sich nicht nur das Bewußtsein besonderer Würde, sondern auch die Identität von Ich- und Wahrheitserkenntnis aus, die zuweilen als ‚Nicht-anders-können' erfahren und geäußert wird.[89] In diesem Zusammenhang bekommt die Rede vom Gewissen als göttlicher Stimme einen besonderen Sinn. Er ist nicht im Vernehmen bestimmter inhaltlicher Weisungen zu sehen, was die Unsicherheit und Gebrochenheit menschlicher sittlicher Erkenntnis aufheben würde,[90] sondern in der besonderen Struktur der Gewissensentscheidung, die als Zusammentreffen von Wahrheits- und Selbstgewißheit beschrieben wird. In ihr vollzieht sich eine ‚Annäherung' an die Wirklichkeit Gottes, in der die Wahrheit und das Gute identisch sind. Es ist diese spezifische Selbstgewißheit des Gewissens, die Guardini in seiner Phänomenologie der sittlichen Glaubenserfahrung beschreibt, wenn er vom „Einverständnis mit Gott"[91] spricht, das sich in der Gotteskindschaft vollendet. Das Einvernehmen mit Gott im Gewissen führt zur im Glauben geschenkten Identität des Menschen mit sich selbst. Voraussetzung dieses Gewissensverständnisses ist, daß das Verhältnis Gottes zum Menschen in seiner Eigenart und seinem Geheimnis gewahrt bleibt. Sonst müßte die Rede vom ‚Gewissen als Stimme Gottes' als Vorstellung einer Heteronomie abgelehnt werden. Gott ist aber nicht, wie es der Vorwurf der Heteronomie voraussetzt, der ‚Andere', der das Selbst und seine Autonomie einschränkt.[92] In der echten religiösen Gewissenserfahrung zeigt sich ein an-

---

[87] Höver, *Gewissen*, 84.
[88] *GGS*, 50.
[89] Vgl. zum folgenden Höver, *Gewissen*, 81f.
[90] Mieth skizziert eine in der Tradition vertretene Vorstellung der Unmittelbarkeit bezüglich der im Gewissen erfahrenen Gottesbegegnung, die direkt auch die Bestimmung konkreter Inhalte betrifft. Sie geht davon aus, „daß mich im durch die Offenbarung gesicherten Gebot unmittelbar der im Gewissensgehorsam zu befolgende Wille Gottes so erreicht, daß ich jeder Fraglichkeit des autonomen Gewissens enthoben bin. Der spezifische Charakter des christlichen Gewissens ist hier die Theonomie in der Unmittelbarkeit der Bindung an das Wort Gottes"; Mieth, *Gewissen*, 173. Die Gewissenserfahrung ist in dieser Vorstellung auf den Gehorsam reduziert. Die dem Gewissen eigene Selbstgewißheit ist dann nur durch den als theonom bestimmten Gehorsam zu erlangen, wobei der Inhalt und Umfang der geoffenbarten Gebote noch zu klären wäre.
[91] *GGS*, 54.
[92] Siehe hierzu Kapitel X.2.4; s. *GGS*, 56-58, und *WuP*, 43f. Guardini spricht mit dieser theologischen Klarstellung ein wichtiges moral- und religionspädagogisches Problem an. Stehen, so Guardini, nur der Befehl, das Gesetz und die Behörde im Vordergrund, wird das echte Gottesverhältnis in der Wurzel zerstört. „Die Beziehung verliert ihren tiefsten Sinn, und mit psychologischer Notwendigkeit folgt die Auflehnung. Vor allem gilt das mit Bezug auf das Gewis-

deres Verhältnis von Gott und Mensch. ‚Gewissen als Stimme Gottes' meint die Erfahrung dieser besonderen Innerlichkeit der Gott-Mensch-Beziehung: Ich weiß um das Gute vor Gott und vernehme es als „seine Heiligkeitsforderung". „Ebendarin werde ich meiner selbst mächtig; meines Eigensten; meines Namens, der zwischen mir und Gott ist und lebendig wird, sobald ich ‚seinen Willen tue' und ‚seinen Namen heilige'. Dieser mein Wesensname geht ein in das, was ich zu tun habe, und macht es unverwechselbar mein eigen. Hierdurch werde ich im eigentlichsten Sinne ‚Persönlichkeit'."[93]

‚Das Gewissen als Stimme Gottes im Menschen' ist als Existenzgewissen zu verstehen, das zur Annahme der sittlichen Lebensaufgabe überhaupt aufruft. Guardini reflektierte diesen Aspekt unter dem Begriff des ‚zuständlichen Gewissens'.[94] Die Stimme des Gewissens ruft zur Bejahung und Anerkennung des Sollens im Leben auf, was nichts anderes als die Bejahung der eigenen sittlichen Freiheit bedeutet, die im Schöpfungsglauben als Gabe und Aufgabe aufgefaßt wird. Auf die Frage nach dem Warum des Sollens gibt es keine eigentlich begründende Antwort mehr. Es ist als Faktum anzunehmen. Somit ist es phänomenologisch passend, hier von einer ‚Stimme' zu sprechen, die ich im Gewissen vernehme und ‚höre'. Ich kann es mir nicht selber unbedingt und absolut sagen, daß ich sein soll und mein Wollen unter dem Anspruch eines Sollens, also sittlich gestalten soll. Das können mir mit unbedingter und absoluter Geltung noch nicht einmal Andere sagen. Ich kann diesen Anruf aber ‚hören' und bejahen als die ‚Stimme' einer absoluten und unbedingten Personalität. In diesem für die ganze sittliche Existenz grundlegenden Sinne ist das Gewissen, „was es seinem Wesen nach sein soll: Des Heiligen Gottes lebendige Stimme in uns."[95] Hier ist zugleich die für Guardini fundamentale Haltung der Selbstannahme berührt, wobei Guardini selbst diesen Zusammenhang zwischen der ‚Stimme des Gewissens' und dem ‚Ruf zur Selbstannahme' nicht explizit hergestellt hat.[96] Ist die Anerkennung des sittlichen Anspruches in der eigenen Existenz, also die Annahme der eigenen Freiheit der ‚Inhalt' der Stimme Gottes im Gewissen, dann trifft auf diesen Inhalt in besonderer Weise die strukturelle Deutung des Gewissens als ‚Stimme Gottes' zu. Der Mensch, der diese Stimme hört, wird sich seiner selbst gewiß. Dieser ‚Gehorsam' ermöglicht Identität, die in theologischer Perspektive aus dem Hören der göttlichen Stimme erwächst und so gnadenhafter Vollzug ist.

Das Gewissen bedarf als religiöses Organ ebenso der Bildung wie als sittliches Organ. Es gilt zwar, daß die „Vollendung des Gewissens [...] vom Natürlichen her gesehen, *Sache des Wachstums und der Erfahrung*; vom

---

sen. Die christliche Pädagogik des Gewissens, die Vorstellung von der Sünde, die Praxis der Gewissensbildung, wie überhaupt die ganze Haltung gegenüber dem Gebot haben alle Veranlassung zu prüfen, was hier verfehlt und versäumt worden ist." *WuP*, 44 Fn. 7.

[93] Ebd., 61.
[94] Vgl. oben Punkt 1.3.
[95] *GGS*, 96.
[96] Siehe zum Gedanken der Selbstannahme Kapitel XI.3.3.

Glauben her gesehen, *Werk der Gnade*"[97] ist, aber dieser Reifungs- und Werdeprozeß kann unterstützt werden. Dem dienen unter anderem verschiedene sekundäre Haltungen und Tugenden, die Guardini unter dem Begriff der „Sammlung" zusammenfaßt.[98] Im Bemühen um und der Einübung von Schweigen, Einsamkeit, geistiger Ordnung, Konzentration und Askese geht es letztlich darum, die „lebendige, geistige Mitte"[99] und den Selbstand zu gewinnen. In religiöser Hinsicht sollen dadurch die Aufmerksamkeit und Empfänglichkeit für das Wort und die Gegenwart Gottes bereitet und gestärkt werden. Geistige Sammlung und dadurch die Stärkung des Gewissens als religiösem Organ sind über die oben dargestellte grundlegende existentielle Bedeutung für die ethische Betrachtung auch deshalb wichtig, weil sie zur Gewinnung persönlichen und geistigen Selbstandes führen. Ist die Bildung des Gewissens zum einen notwendig, um den Wahrheitsbezug des Gewissens zu sichern, so dient die Bildung des Gewissens als religiösem Organ der ebenso wichtigen Unabhängigkeit und Selbstgewißheit sittlicher Freiheit. Sie ist für sittliches Handeln unter modernen Bedingungen besonders wichtig, wenn moralische Stützen wie ein geschlossenes religiös-soziales Milieu mit einem entsprechenden Ethos schwächer werden. Schließlich hat die Stärkung des so verstandenen Gewissens für sittliches Handeln innerhalb jeder Öffentlichkeit ihren unverzichtbaren Wert. Hier ist wie allgemein im Umgang mit Autorität das Wort aus der Apostelgeschichte Ausdruck einer besonderen, nämlich religiösen Verankerung des Gewissens: „Man muß Gott mehr gehorchen als den Menschen" (Apg 5,29).[100] Die theologische Deutung des Gewissens richtet sich auf die besondere Beziehung der menschlichen Person zu Gott und damit auf die Wahrheit der Person im Horizont des Glaubens. Sie umfaßt zwar mehr „als das Gewissen im Sinne einer Instanz verbindlicher moralischer Orientierung", ermutigt aber dazu, dieses „als Vernunftgrund"[101] und als Grund sittlicher Freiheit ernst zu nehmen.

---

[97] *GGS*, 71f.
[98] Siehe zu diesem hier nur kurz angesprochenen Gesichtspunkt ebd., 67-96. Vgl. auch die entsprechenden Kapitel in *Tugenden*, 180-190 und 191-201.
[99] *GGS*, 90.
[100] Vgl. *Begriff des Befehls,* 842.; s. zur impliziten politischen Relevanz dieses Aufsatzes oben Fn. 36. Deutlich sprach Guardini die politische Bedeutung dieses gewissensethischen Aspektes in der unveröffentlichten Schrift *Religiöse Offenheit** von 1933 (zweite Fassung von 1934) an. Das Bewußtsein des Ich-Du-Verhältnisses im Gewissen, das die Verantwortung für Gott und das Seinige bedeutet, ist ‚Gewissen' im ‚Vollbegriff'. Guardini schreibt weiter: „Als die ersten Christen sich der Omnipotenz des römischen Staates und in ihm allen Mächten der Kultur und der Sinne gegenübersahen, war hier der Punkt, von dem aus sie dieser ‚Welt' ihr Nein entgegensprachen. Diesen Punkt müssen wir wieder gewinnen." *Religiöse Offenheit**, 56. Diese historische und an sich unverfängliche Bemerkung ist vor dem zeitgeschichtlichen Hintergrund von 1933/34 nicht mehr allein als historisches Beispiel zu verstehen, wenn auch die Guardinis Persönlichkeit entsprechende Vorsicht spürbar ist. Guardini hat diese Schrift, vermutlich wegen solcher und anderer politischer Anspielungen, nicht veröffentlicht.
[101] Höver, *Wahrheit*, 96.

VIII. Das Verständnis personaler und sittlicher Freiheit

„Das Sittliche ist der Inbegriff dessen, was getan werden soll, des Guten. Damit ist vor allem gesagt, daß es getan werden ‚soll‘, nicht ‚muß‘, also nur aus der Freiheit hervorgehen kann."[1] Schon der Anspruch des Guten, der sich als Sollen äußert, kann nur vernommen werden, wenn der Mensch in der entsprechenden Haltung, d.h. in der Freiheit steht. Ebenso kann das im eigentlichen Sinne sittliche Verhalten nur in der Form der Freiheit verwirklicht werden. Die Freiheit ist eine anthropologische Bedingung sittlichen Handelns.[2] Auf die Bedeutung der Freiheit in diesem Sinne wies ebenso die Erörterung des Gewissensverständnisses bei Guardini hin: Nur in Freiheit ist das Gewissen im eigentlichen Sinne Gewissen; bei einem unfreien Gewissen ist deshalb von einer Fehlform des Gewissens und bei der Mißachtung der Gewissensfreiheit durch äußeren Zwang von einem sittlichen Unrecht zu sprechen.

Anknüpfend an die beiden vorigen Kapitel sollen hier die ethischen Grundstrukturen des Freiheitsverständnisses bei Guardini untersucht werden. Dazu sind neben den Ethikvorlesungen weitere, teils sehr frühe Abhandlungen Guardinis heranzuziehen.[3] Der Schwerpunkt dieses Kapitels liegt auf der Freiheit als Phänomen des sittlichen Lebens. Es geht nicht um das Thema der Freiheit im umfassenden Sinn als Gegenstand christlich-an-

---

[1] *FGS*, 47.
[2] In den Ethikvorlesungen behandelt Guardini im zweiten Abschnitt des ersten Teils die Freiheit neben der Erkenntnis, der Voraussicht und anderen personalen Fähigkeiten – „Grundakten und Verhaltensweisen" – als eine der anthropologischen Grundbedingungen für die Möglichkeit ethischen Verhaltens; *Ethik*, 134, vgl. zum Ganzen ebd., 131-275. Allerdings sind die von Guardini betrachteten Phänomene ‚Bedingungen‘ in einem unterschiedlichen Sinne. So richten sich die Gliederungspunkte zur Erkenntnisfähigkeit, vgl. ebd., 134-139, und zu Gedächtnis und Voraussicht, vgl. 159-174, zum Verhältnis von Körper und Geist, vgl. 175-186, auf den Menschen als Vernunftwesen und damit auf eine neben der Freiheit fundamentale anthropologische Bedingung der Moral. Der lange Gliederungspunkt zur Person, vgl. 187-239, faßt unter anderem diese Gesichtspunkte unter dem Leitgedanken der Personalität zusammen und bietet in Kurzform eine Personlehre Guardinis. Der Gliederungspunkt zur personalen Begegnung, vgl. 240-253 (in überarbeiteter Form auch einzeln veröffentlicht, s. *Begegnung*), behandelt keine eigentliche Bedingung, sondern einen Bereich oder ein Verwirklichungsfeld ethischen Handelns. Wieder eine andere Kategorie ist „die Unordnung im Menschenwesen", vgl. 254-275, die keine Ermöglichungsbedingung, sondern einen realistisch nicht zu vernachlässigenden Umstand menschlicher Wirklichkeit bezeichnet.
[3] Als wichtigste Titel Guardinis zum Thema der Freiheit, insbesondere zum ethischen Verständnis der Freiheit, sind zu nennen: *Begriff sittlicher Freiheit*, 1916 in der religionspädagogischen Zeitschrift „Pharus" veröffentlicht; *Gegensatz*, bes. 173-184, von 1925; die Trias der Aufsätze *Lebendige Freiheit, Freiheit und Unabänderlichkeit, Lebendiger Geist*, von 1927; als ausführliche Abhandlung der erste Teil in *FGS*, 15-98, von 1948; die Meditation „Von Gott freigegeben" in *Gläubiges Dasein*, 39-61, von 1951; schließlich *Ethik*, 139-144 u.ö.

thropologischer Daseinsdeutung.⁴ Der anschließende Blick auf die theologische Dimension der Freiheit kann kurz ausfallen, da sie in den Kapiteln zum christlichen Personverständnis und zur Auseinandersetzung Guardinis mit dem Autonomiegedanken und dem Problem von Gehorsam und Freiheit zur Sprache kommt.

1. Freiheit als anthropologische Bedingung sittlichen Verhaltens

1.1 Freiheit als Faktum menschlicher Erfahrung

Das menschliche Leben erfährt sich von verschiedenen Impulsen innerer und äußerer Herkunft bewegt. So wird menschliches Handeln und Verhalten von verschiedenen Ursachen, von naturalen Antrieben, gesellschaftlichen Einflüssen in verschiedenen Formen oder einfach von Gewohnheiten bestimmt.⁵ Menschliches Leben vollzieht sich zu einem Teil aus Notwendigkeiten heraus. Solche Handlungen und Tätigkeiten gehören in einem nur eingeschränkten Sinn zum handelnden ‚Ich', da dessen echte Urheberschaft fehlt. Die Erfahrung kennt aber auch Handlungen, die nicht aus äußeren oder inneren Ursachen mit Notwendigkeit entspringen. In ihnen ist das ‚Ich' selbst in einer besonderen Weise tätig. Es erfährt sich als wirklichen Ursprung der Handlung, die nicht nur die Umsetzung eines Impulses, sondern einen echten Beginn bedeutet. Auf die Frage nach der Ursache, nach dem Warum einer Handlung, kann die Antwort schließlich nur lauten: ‚Weil ich will', daß sie entsteht.⁶ Die freie Handlung entspringt der Urheberschaft und Initiative des Menschen. Die Freiheit ist also eine Tatsache der Erfahrung und das Bewußtsein der Freiheit nicht Ergebnis eines theoretischen Beweisverfahrens, sondern „unmittelbarer Inhalt von Erfahrung"⁷. Die Frage, *ob* der Mensch frei ist, ist daher kein theoretisches Problem, sondern eine Frage des richtigen Sehens und des unvoreingenommenen Bewußtseins der eigenen Erfahrung. Wie das Gute und das Gewissen ist die Freiheit ein „Urphänomen, das nicht erklärt, sondern nur entgegengenommen und aus ihm selbst heraus verstanden werden kann"⁸.

In Auseinandersetzung mit dem Determinismus stellt Guardini fest, daß die Anerkennung der Freiheit nicht dem Gesetz der Kausalität widerspricht, solange dies nicht als Gesetz einer ‚durchgehenden Kausalität' mißverstanden wird. Denn die freie Handlung hat eine Ursache, nämlich im Willen und

---

⁴ Vgl. hierzu Böning, *Strukturen*; Schmucker-Von Koch, *Autonomie*, 94-105 und 130-148.
⁵ Vgl. zum hier besprochenen Charakter der freien Handlung *FGS*, 19ff.
⁶ Vgl. *FGS*, 20.
⁷ *Grundlegung der Bildungslehre*, 319.
⁸ *Ethik*, 141.

der Initiative der handelnden Person. In der Einheit des Lebens gibt es „zwei Arten von Verursachung. Die eine ist durchgehende, naturhafte, physikalische, biologische, psychologische: die der Notwendigkeit ... Die andere ist die aus dem inneren Anfang hervorgehende, produktive: die der Freiheit."[9] Schließlich ist gegen die Leugnung und theoretische Bestreitung der Freiheit anzuführen, daß sie selbst in ihrem Akt die Freiheit, die sie bestreitet, voraussetzt.[10]

Die Freiheit als Tatsache der Erfahrung anzuerkennen entspricht dem phänomenologischen Ansatz im Denken Guardinis und dem im Gegensatzdenken ausgeführten Anliegen, die Einheit des Konkret-Lebendigen zu erfassen. Die Freiheit aber ist ein Phänomen dieser Einheit bzw. des Ganzen des menschlichen Lebens.[11] Guardini wendet sich gegen eine „kritizistische Deutung" des Freiheitproblems, die auf der einen Seite einen Bereich der Natur annimmt, in dem das Gesetz strikter Kausalität oder Notwendigkeit gilt und jeder Vorgang nach Ursache und Wirkung erklärbar ist, und auf der anderen Seite eine „Sphäre der Freiheit, die vom Wesen des Sittlichen gefordert wird, aber für die Verstandeserkenntnis unwirklich bleibt"[12]. In dieser Trennung sieht Guardini das eigentliche Problem der menschlichen Freiheit, „wie das wirkliche Ich mit seiner wirklichen Freiheit in der wirklichen Welt stehe"[13], umgangen. Das theoretische Problem beginnt mit der Frage nach dem Wesen und der Struktur der Freiheit, mit der Frage, *wie* sich die Freiheit konkret vollzieht.[14]

1.2 Freiheit als Selbstgehörigkeit der Person

Die Frage nach dem ‚wirklichen Ich mit seiner wirklichen Freiheit' ist die Frage nach der Mitte der Person, die die Freiheit trägt und verwirklicht. Träger der menschlichen Freiheit ist der Geist, genauer der wirkliche, individuelle Geist. Guardini versteht den Begriff des Geistes nicht als metaphysisch eingeführten, sondern als durch die Erfahrung vorgegebenen Begriff.[15] Ne-

---

[9] Ebd., 142. Vgl. auch *FGS*, 92-98.
[10] Vgl. *FGS*, 64f. und 67.
[11] Schon im Gegensatzbuch beschreibt Guardini die freie Handlung, die ihren Ursprung ‚in mir' hat, als Phänomen des Konkret-Lebendigen; vgl. *Gegensatz*, 16. Vgl. Böning, *Strukturen*, 50.
[12] *FGS*, 20. Guardini wendet sich mit diesem Gedanken indirekt auch gegen Kant, ohne ihn beim Namen zu nennen; s. auch *FGS*, 96, wo Guardini auf den Idealismus anspielt. Zur kritisierten Trennung der Wirklichkeitsbereiche s. Müller, *Freiheit*, 319: Da „in der zeitlich-räumlichen Welt alles im Zusammenhang von Ursache und Wirkung steht [...] und deshalb erklärbar ist durch Rückgang auf seine Bedingungen", ist absolute Spontaneität und auch der Mensch in seiner Freiheit ‚innerweltlich' unerklärbar. „Freiheit als absolute Spontaneität ist kein innerweltliches Faktum (Kant: kein ‚Phänomen' und damit kein möglicher Gegenstand wissenschaftlicher Forschung), sondern vorweltlich, unbedingt (Kant: ‚noumenal'); sie ist demnach nicht in der objektivierend-wissenschaftlichen Erkenntnis, aber dennoch im Vollzug der Handlung (‚Praxis') erfahrbar und evident." Vgl. auch Böning, *Strukturen*, 50f.
[13] *FGS*, 20.
[14] Vgl. *Grundlegung der Bildungslehre*, 319, und *Gegensatz*, 175f.
[15] Vgl. *FGS*, 66.

ben vielen menschlichen Verhaltensweisen und Tätigkeiten, die sich in vergleichbaren Formen auch in der nichtmenschlichen, biopsychischen Natur finden, gibt es Vollzüge und Handlungen des Menschen, für die keine Analogien in der Natur angegeben werden können. Guardini nennt u.a. die Erkenntnis, die auf das Wesen eines Gegenstandes selbst zielt, und die überlegte Handlung aus freier Entscheidung. Gemeint sind alle Vollzüge, durch die der Mensch aus dem ihn umgebenden Zusammenhang heraustritt, Abstand gegenüber der Wirklichkeit des Seienden und sogar sich selbst gegenüber nimmt. In ihnen wird seine Fähigkeit zur Transzendenz deutlich.[16] „Das was dieses besondere Verhalten ermöglicht, trägt, leistet, nennen wir ‚den Geist'. Nicht nur ‚das Geistige', Logische, Sinnhafte, das es in allem Seienden gibt, sondern den individuellen, als Person seiner selbst mächtigen Geist."[17] ‚Geist' ist nicht der absolute Geist, der in Beziehung zu den absoluten geistigen Werten der Wahrheit, des Guten und des Schönen steht und in jedem Menschen wirksam wird. Im Unterschied zu dieser idealistischen Vorstellung betont Guardini die Endlichkeit, Konkretheit und Individualität des Geistes als Träger wirklicher Freiheit.[18] Der Begriff des Geistes wird in diesem Zusammenhang zum Synonym für den der menschlichen Person, so daß Erfahrung von Geistigkeit und Freiheit als Erfahrung der Personalität schlechthin gelten kann. „Die freie Handlung [...] ist die Weise, wie die Person ihr auf die Freiheit hin bestimmtes Sein zum Akt werden läßt."[19] Diese ist wie der Geist wesentlich durch den Bezug zum Absoluten bestimmt, das im Sittlichen die absolute Forderung des Guten ist, aber ebenso durch die Endlichkeit und Individualität des Menschen.[20]

Die freie Handlung betrifft, aus dem Willen und der Initiative des Menschen hervorgehend, seinen personalen Kern in anderer Weise als die unfreie Handlung. In der konkreten Handlung verwirklicht sich Freiheit allerdings nur bis zu einem gewissen Grad. Selten kommt es zur klaren überlegten Entscheidung und völlig freien Selbstbestimmung, so daß tatsächlich von einem

---

[16] Diese Fähigkeit wird von der Freiheitsphilosophie als ‚transzendentale Freiheit', die jedem Freiheitsvollzug zugrundeliegt, erfaßt. „Sie besteht in jener Grundeigenschaft des Menschen, durch die er allein ‚ist' sagen kann; [...] Der Mensch hat das Vermögen, alles von sich und sich von allem, ja sogar sich selbst von sich zu ‚distanzieren', alles und auch sich selbst zu objektivieren. Diese universale Distanz ist zugleich *Transzendenz*." Müller, *Freiheit*, 317f.
[17] *FGS*, 66. Vgl. zum Geist als Träger der Freiheit auch *Lebendiger Geist*; *Grundlegung der Bildungslehre*, 321; *Ethik*, 182-186.
[18] Vgl. *Ethik*, 182.
[19] *FGS*, 21.
[20] Vor dem Hintergrund der Konzeption des Menschen als Einheit von Leib und Seele bezeichnet ‚Geist' „das kritische Element im Freiheitsträger", während Freiheitsträger im Ganzen die Person als Einheit von Geist und Körper ist; *FGS*, 67. Der Mensch ist die konkrete, je individuelle Einheit von Geist und Körper. ‚Leib' ist der vom Geist durchwirkte Körper und ‚Seele' der in das Körperliche eingegangene Geist; vgl. *Ethik*, 175-186, bes. 182. Nur als diese konkrete Einheit von Leib und Seele ist der Mensch das Wesen der Freiheit und Vernunft. „Freiheit gibt es nur, wenn es den individuellen Geist, genauer, den geistig-leiblichen Menschen gibt"; *FGS*, 67. Siehe zur Leib-Seele-Einheit im Ganzen auch *Sigmund Freud*, 93-102, und *Augustinus*, 21. Wichtig ist diese Konzeption auch für das Liturgie-Verständnis Guardinis; s. *Liturgie*, 28-47, und *Geist der Liturgie*, 46-55.

Ineinander unfreier und freier Handlungsmomente auszugehen ist.[21] Grundsätzlich aber gilt: „In der freien Handlung gehört die Handlung in einzigartiger Weise mir; ebendarin gehöre aber auch ich selbst mir selber. Die freie Handlung ist die wesenhafte Form, wie ich mein Ich, mein Personsein vollziehe."[22] Freiheit ist also formal durch das Moment der Selbstgehörigkeit bestimmt. Diese äußert sich in hervorragender Weise im Bewußtsein der Verantwortung, das „als unablösbares Element des sittlichen Phänomens"[23] die freie Handlung begleitet.

1.3 Wahlfreiheit und Wesensfreiheit

In den frühen Schriften unterscheidet Guardini zwei Weisen der Freiheitserfahrung, die ‚Wahlfreiheit' und die ‚Wesensfreiheit'.[24] Beide Begriffe bezeichnen eine Form, in der die Selbstgehörigkeit in einem konkreten freien Akt erfahren werden kann. Die Tatsache der Selbstgehörigkeit wird im Vollzug einer freien Handlung einmal als Ausdruck einer souveränen Wahl erfahren. Deutlich wird, daß das Ich die Macht der Entscheidung hat. Es steht souverän den inhaltlichen Bedingungen, den verschiedenen möglichen Bestimmungsgründen und Möglichkeiten der Handlung gegenüber und kann wählen. Der Grenzfall dieser Form wäre die gegenüber allen inhaltlichen Bedingungen völlig indifferent bleibende Freiheit, die sich nicht mehr entscheiden kann.[25] Ein einseitiges Verständnis der Wahlfreiheit als ‚Freiheit von' wäre das Offenhalten aller Möglichkeiten, wodurch das Ich aber weder sich noch seine Freiheit verwirklichen würde.[26] Ein anderes Extrem, das ebenso konkret-lebendige Freiheit unmöglich macht, wäre die Willkür, der alle Möglichkeiten nur noch gleich gültig sind.

Dieser Form steht die andere Erfahrung gegenüber, in der die freie Handlung nicht als Souveränität in der Wahl der zur Verfügung stehenden Möglichkeiten erfahren wird, sondern als Handlung, die aus dem ‚innersten Wesen' des handelnden Ich kommt. Das Selbst steht hier „in einer elementaren Beziehung zum Gehalt des Tuns. Ich empfinde mich darin um so freier, je voller, je unmittelbarer die Handlung aus dem hervorkommt, was ich bin."[27] Freiheit wird dann scheinbar paradox als ‚Nicht-anders-können' erfahren. Diese Erfahrung beruht aber nicht auf physischem oder psychischem Zwang, sondern ist Ausdruck einer qualitativen Unmittelbarkeit zwischen dem Selbst und der Handlung. Der Mensch geht mit seinem ‚Eigentlichen', sei-

---

[21] Vgl. *Ethik*, 144.
[22] *FGS*, 20.
[23] *Ethik*, 144.
[24] Vgl. *Gegensatz*, 175-184; *Lebendige Freiheit*, 87-91; *Begriff sittlicher Freiheit*, 977ff; *FGS*, 21f. Diese Unterscheidung findet sich nicht mehr in den Ethikvorlesungen. Zur Analyse und zur Problematik dieser Unterscheidung vgl. auch Böning, *Strukturen*, 54ff.
[25] Vgl. *FGS*, 22.
[26] Vgl. Höver, *Freiheit*, 358.
[27] *Lebendige Freiheit*, 89.

nem Wesen ganz in die Handlung ein. „Ich kann nicht anders handeln als so. Hierin bin ich ganz ich selbst."[28] Allerdings ist zu ergänzen, daß auch hier das Moment innerer Freiheit und ein Abstand des handelnden Ich gegenüber der Handlung nicht fehlen, denn sonst wäre eine Selbstreflexion und das Bewußtsein dieser besonderen Erfahrung nicht mehr möglich.

Die Unterscheidung von Wahl- und Wesensfreiheit ist eine Anwendung des Gegensatzdenkens.[29] Sie dient zur formalen Beschreibung der Erfahrung konkreter menschlicher Freiheit. Auf dieser Ebene macht sie auf die Vielfalt in der Wirklichkeit menschlicher Freiheit aufmerksam und korrigiert Freiheitsauffassungen, die Freiheit einseitig nur von einem Aspekt her verstehen. Zu beachten ist, daß es sich um ein gegensätzliches Verhältnis handelt. Das bedeutet, daß im konkreten Akt der Freiheit und in der wirklichen freien Haltung immer beide Formen zusammenkommen und sich in jeweils unterschiedlicher Intensität ergänzen.[30] Für die Verwirklichung konkreter Freiheit ergibt sich daraus zunächst die allgemeine Aufgabe, diese Einheit zu wahren. „Ohne die Verankerung in den Wesensausdruck würde die Wahl sich von der Lebenswirklichkeit ablösen und zur Willkür werden; ohne die Beweglichkeit der Wahl würde der Selbstausdruck dem Zwang des Seins verfallen."[31]

Mit der Unterscheidung von Wahl- und Wesensfreiheit will Guardini die Erfahrung lebendiger Freiheit zwar nur formal erfassen. Eine Schwierigkeit dieser Unterscheidung besteht jedoch darin, daß in der Wesensfreiheit bereits eine materiale oder inhaltliche Bestimmung der Freiheit angedeutet zu werden scheint. Diese ist aber trotz der in manchen Schriften festzustellenden begrifflichen Ungenauigkeit nicht gemeint.[32] Guardini meint mit Wesensfreiheit nicht einfach das ‚Frei-sein zu' im Unterschied zur ‚Freiheit von'. Der Begriff der Wesensfreiheit hebt vielmehr den inneren Anfangspunkt der freien Handlung im Zentrum der Person und den Selbstbezug in der Erfahrung personaler Freiheit hervor, während die Wahlfreiheit auf die Fähigkeit des Geistes zur Transzendenz verweist.

> Ein kurzer Blick auf die philosophische Freiheitslehre im Anschluß an Max Müller verdeutlicht dieses gegensätzliche Verhältnis.[33] Dem Begriff der Wahlfreiheit bei Guardini entspricht zunächst der Begriff der Freiheit als ‚Freiheit von', als ‚libertas a coactione'. Sie ist die Nichtbestimmtheit und Ungezwungenheit hinsichtlich eines Bestimmungsgrundes. Trotzdem bleibt Freiheit als ‚libertas a co-

---

[28] *FGS*, 22; vgl. *Lebendige Freiheit*, 89.
[29] Ihr liegt der Gegensatz von Disposition und Produktion zugrunde; vgl. *Gegensatz*, 59-67 und 174-184. Die Gegensatzfigur benutzt Guardini schon in *Begriff sittlicher Freiheit*, 978f., um die formale Struktur lebendiger Freiheit darzustellen. Ebd., 978, gebraucht er die Begriffe „dispositiv-produktiv"; in *Lebendige Freiheit*, 89f., spricht er von der „dispositiven Freiheit". Guardini behält die Terminologie des Gegensatzgedankens in den späten Schriften zwar nicht mehr wörtlich bei, die Darstellung in *FGS*, 21ff., ist aber inhaltlich deutlich vom Gegensatzgedanken geprägt.
[30] Vgl. *Gegensatz*, 179f., und *Lebendige Freiheit*, 89f.
[31] *FGS*, 22f.
[32] So spricht Guardini in *Begriff sittlicher Freiheit*, 978, von „dispositiver, formaler" und „produktiver, materialer" Freiheit und in *Mensch**, 303, von formaler und materialer Freiheit.
[33] Vgl. zum folgenden Müller, *Freiheit*, bes. 316f.

actione' ein relativer Freiheitsbegriff, da jedes endliche Seiende auf Welt und in irgendeiner Weise auf ein anderes Seiendes bezogen ist. Die als ‚Freiheit von' ausgedrückte Negation kann nicht absolut gedacht werden. „Wenn die relative, negative Freiheit absolut gedacht würde, wäre dieses [das völlig frei] Seiende entweder als ein völlig Unbestimmtes weltlos und vernichtet, oder aber die völlige Unbestimmtheit müßte positiv ersetzt sein durch die völlige Selbstbestimmung, d.h., die negativ-relative Freiheit, zu Ende gedacht, wird zur bloßen Kehrseite der positiv-absoluten Freiheit: und dann wäre dieses Seiende Gott."[34] Dies entspricht dem Gegensatzdenken, nach dem ein Pol in der Einheit des Konkret-Lebendigen – das ist hier die menschliche und endliche Freiheit – nicht alleine verwirklicht sein kann. Dem negativ-relativen Freiheitsbegriff steht daher ein „positiv absoluter Freiheitsbegriff"[35] gegenüber. Gemeint ist damit das von Guardini als Wesensfreiheit erfaßte Moment der Freiheit, wobei im Unterschied zu Guardini der Schwerpunkt nicht mehr auf dem Wesensausdruck des Subjektes in die freie Handlung hinein, sondern streng formal auf dem Selbstbezug liegt. „Ein Seiendes ist positiv frei in dem Grad, als es sich selbst besitzt und in dieser Beziehung zu sich selbst die zureichende Bedingung für all sein Sein und Verhalten innehat. Hier bedeutet Freiheit soviel wie Selbstbesitz, restloses Bei-sich-Sein, völliges Sich-selbst-Genügen."[36] Freiheit ist so mit einem klassischen Begriff das ‚dominium super actus suos' und das ‚dominium super se ipsum'. Freiheit, die so als Unabhängigkeit und als Selbstbeziehung gedacht wird, bestimmt aber den Begriff der Person. Menschliche Freiheit bedeutet weder die reine negative ‚libertas a coactione' noch das ‚dominium super se ipsum' in absoluter Weise, was nur in Gott gedacht werden kann. Nach christlichem Verständnis ist Personalität und Freiheit in absoluter Weise nur von Gott auszusagen. Der Mensch hat aber trotz seiner Endlichkeit in analoger Weise an dieser Absolutheit teil und ist so als geschaffene Person Ebenbild Gottes.[37]

1.4 Die ethische Bestimmung von Wahlfreiheit und Wesensfreiheit

1.4.1 Die Gefährdung sittlicher Freiheit

Ihre eigentliche Bestimmung bekommen beide Formen lebendiger Freiheit erst durch ihren Inhalt. Dieser kann verschiedener Art sein, so daß Guardini Freiheit beim wesensgerechten Gebrauch der Dinge und Gegenstände, Freiheit im richtigen Verhältnis zum eigenen Gefühl und Körper, Freiheit in der Verwirklichung der Werte, personale Freiheit im Verhältnis zu sich und anderen, sittliche Freiheit und schließlich religiöse Freiheit unterscheidet.[38] Es ist Aufgabe personaler Bildung und Selbstbildung, die selbst nur als Vollzug von Freiheit möglich sind, aus der Anlage und Möglichkeit lebendiger Freiheit ein ‚lebendiges Können' zu formen. So steht Freiheit in der Dialektik des Gegebenen und Aufgegebenen. „Für Freiheit kann man nur aus Freiheit ar-

---

[34] Ebd., 316.
[35] Ebd.
[36] Ebd.
[37] Vgl. ebd., 317.
[38] Vgl. *FGS*, 33-61, und *Lebendige Freiheit*, 91-101.

beiten, denn mit ihr fängt ein Neues an. Sie wird erst durch Tun, durch Übung, durch Bildung. Freiheit ist selbst ein Habitus, der erworben, der entwickelt werden muß."[39] Besonders gilt dies für die sittliche Freiheit, die sich im Unterschied zu den genannten Freiheitsformen in allen Bereichen menschlichen Lebens verwirklicht. So ist zum Beispiel der richtige und sachgerechte Umgang mit der Welt oder das der anderen Person gerechte Verhalten auch in sittlicher Hinsicht richtig und gut.[40]

Als bloße Formen lebendiger Freiheit bleiben Wahl- und Wesensfreiheit in moralischer Perspektive noch unbestimmt und mehrdeutig.[41] Die Freiheit der Wahl kann, wenn ihre inhaltliche Bestimmung im vermeintlichen Offenhalten aller Möglichkeiten verweigert wird, leicht in Fremdbestimmung umschlagen. Das Ich wird dann um so mehr von anderen, nicht sittlichen Motiven oder durch äußere Einflüsse bestimmt. Wahlfreiheit kann sich für die sittlich gesehen falschen, d.h. schlechten Möglichkeiten entscheiden. Aufgabe sittlicher Bildung ist deshalb zunächst die Entwicklung von und die Befähigung zu wirklicher Unabhängigkeit der Wahl. Zu ihr führen, so Guardini, „lang geübte Zucht der Besinnung, Prüfung und Selbstbeherrschung"[42].

Auch die Wesensfreiheit an sich ist noch nicht sittlich qualifiziert und gesichert. Die innere Ursprünglichkeit einer Handlung ist Bedingung einer sittlich-freien Handlung, aber noch nicht das Kriterium des sittlich Guten, da das Innerste des Menschen nicht eindeutig gut ist. Es ist der Irrtum einer reinen Echtheitsethik zu schließen, das einem Menschen innerlich Eigene oder seiner Natur Zugehörige sei immer auch schon das Gute.[43] „Es gibt ein ‚rechtes Innerstes' und ein ‚falsches'; – ebenso wie ich in freier Wahl das Rechte und Falsche tun kann."[44] Soll Freiheit wirklich Ausdruck des Wesens sein und nicht lediglich Auswirkung eines Antriebes oder einer Veranlagung, bedarf es der Wahrhaftigkeit gegenüber sich selbst und der Überwindungskraft, um gegen mögliche Widerstände den guten Wesenskern der Person zu aktuieren.[45]

1.4.2 Sittliche Freiheit in der Verwirklichung von Wahl- und Wesensfreiheit

Die Aufgabe sittlicher Bildung konkretisiert Guardini in dem frühen moralphilosophischen und -pädagogischen Aufsatz „Zum Begriff der sittlichen Freiheit"[46], in dem er eine philosophische Begriffsklärung durchführt. Zunächst thematisiert er die Freiheit im psychologisch-empirischen Sinne. Sie ist die Voraussetzung und Bedingung der sittlichen Freiheit. Wann aber hat das Subjekt ein Recht, sich nicht nur im psychologisch-empirischen, son-

---

[39] *Lebendige Freiheit*, 90f.
[40] Vgl. *FGS*, 47.
[41] Vgl. zur ethischen Problematik der Wahl- und Wesensfreiheit *Gegensatz*, 177f.; *Lebendige Freiheit*, 89f.; *Mensch**, 301-305.
[42] *Gegensatz*, 178.
[43] Vgl. *Mensch**, 303.
[44] *Lebendige Freiheit*, 89.
[45] Vgl. *Lebendige Freiheit*, 90, und *Gegensatz*, 178.
[46] Vgl. zum folgenden *Begriff sittlicher Freiheit*.

dern auch im ethischen Sinn frei zu nennen?[47] Um diese Frage zu klären, betrachtet Guardini die lebendige Freiheit in ihrer Beziehung zum sittlichen Gesetz, zur empirischen Wirklichkeit und zur Autorität. Dabei wendet er jeweils die Differenzierung zwischen Wahl- und Wesensfreiheit an. Was bedeutet sittliche Freiheit unter diesem Gesichtspunkt im Verhältnis zu den genannten Größen, die sittliches Verhalten bestimmen? Da das Thema der Autorität in einem eigenen Kapitel behandelt wird, genügt hier der Blick auf das sittliche Gesetz und die empirische Wirklichkeit.

1.4.3 Freiheit gegenüber dem sittlichen Gesetz

Wie zeigt sich sittliche Freiheit gegenüber der sittlichen Idee und dem sittlichen Gesetz? Unter der sittlichen Idee versteht Guardini das Prinzip der Sittlichkeit, daß das Gute zu tun ist, während ein sittliches Gesetz dessen Konkretisierung ist, wie sie sich beispielsweise in der Forderung zeigt, die Würde der Persönlichkeit solle geachtet werden.[48] In der Macht der Freiheit liegt es zwar nicht, die Gültigkeit der sittlichen Idee oder eines Gesetzes zu begründen, denn diese besteht allgemein und notwendig, also unabhängig von der Bejahung des Subjektes. Das Subjekt hat aber mittels der praktischen Vernunft das sittliche Urteil zu vollziehen, ob es diese Geltung als verbindlich für sich anerkennt oder nicht. Diese Entscheidung soll frei, d.h. unbeirrt durch außersittliche Einflüsse gefällt werden. Unter dem Aspekt der psychologischen Wahlfreiheit bedeutet daher sittliche Freiheit gegenüber der sittlichen Idee und dem Gesetz: „die Fähigkeit, ungezwungen, aus eigener Einsicht und freier Wahl, die ethische Forderung zu bejahen", und dann „das theoretische Urteil des Gewissens praktisch zu befolgen"[49]. Unter dieser Perspektive steht das Gesetz der sittlichen Freiheit als objektive Größe gegenüber. Wird Freiheit nun als Wesensfreiheit verstanden, erscheint das sittliche Gesetz in einer anderen Beziehung zum Subjekt, nämlich in Entsprechung zu seinem inneren Gesetz oder seiner Wesensforderung. Das ‚objektiv' sittlich Gute ist dann „zugleich das Gute für das persönlich-seelische Leben."[50] Sittliche Freiheit wird zur „Freiheit des ‚Le-

---

[47] Vgl. ebd., 979.
[48] Vgl. ebd., 980. Guardini führt dieses Beispiel in dem zitierten Aufsatz an, der von 1916 stammt. Bereits in Kapitel V wurde deutlich, daß die Achtung der Persönlichkeit innerhalb seines ethischen Denkens prinzipiellen Stellenwert hat, dies nicht im Sinne eines obersten praktischen formalen Prinzips wie dem, daß das Gute zu tun ist, sondern in dem Sinne einer obersten Norm, die das gesamte menschliche Handeln normiert und sich in (fast) allen Themen des ethischen Denkens Guardinis inhaltlich auswirkt. Siehe Kapitel V.4.1.
[49] Ebd., 981.
[50] Ebd. Fn. 2. „Mit Vorliebe hat Augustinus", so Guardini in dieser für seine Einordnung in die theologische Tradition aufschlußreichen Fußnote, „diese zweite Seite des sittlichen Verhältnisses entwickelt. Für ihn ist die sittliche Handlung der Gehorsam gegen das Gesetz und zugleich die innerlich gesunde Tat der Persönlichkeit; die unsittliche Handlung ist einerseits Unrecht, Ungehorsam gegen das Gesetz, andererseits Torheit, Übertretung der Voraussetzungen gesunden Persönlichkeitslebens, ist eine Krankheit der Seele, eine innere Zerrüttung. Die Scholastik hat diese Gedanken fortgeführt, besonders die augustinische Richtung in ihr (Anselm v. Canterbury, die Viktoriner, auch Alexander Halensis und vor allem Bonaventura)."

bensgewissens'"⁵¹. Sie bedeutet, daß das Subjekt die sittliche Idee oder Norm als wahre und notwendige Forderung des eigenen Lebens erkennen und sie frei, ohne äußere Beeinflussung und Ablenkung befolgen kann. In der Verwirklichung des Guten kommt das handelnde Ich zu sich selbst: „Das Subjekt besitzt sich selbst in der ungezwungenen Wahl des als verbindlich Erkannten; es besitzt sich zugleich dadurch, daß es die sittliche Norm als Erfüllung der innersten Wesensforderung, als Form des rechten Lebens bejaht."⁵²

Zwei Ergänzungen zum ethischen Problem sittlicher Freiheit gegenüber dem sittlichen Gesetz verdeutlichen, daß Guardinis Anliegen ein Ethos personaler sittlicher Freiheit ist. Die Überlegungen gingen bisher davon aus, daß das Subjekt die sittliche Forderung erkennen und zu einem eindeutigen sittlichen Urteil kommen könne. Wie aber realisiert sich sittliche Freiheit, wenn das sittliche Urteil fragwürdig bleibt, entweder in Bezug auf den Verbindlichkeitscharakter eines Gesetzes oder in Bezug auf seine Anwendbarkeit in einer bestimmten Situation. In diesem Fall besteht sittliche Freiheit in Anlehnung an einen klassischen Rechtsgrundsatz in der *„Freiheit vom Gesetz*: ‚Lex dubia non obligat.'"⁵³ Das Gewissen hat dann, eine sorgfältige Prüfung vorausgesetzt, das Recht und die Pflicht, sein Urteil über die mangelnde Sicherheit der sittlichen Verpflichtung auszusprechen; der Wille wird sich nun durch andere, eigentlich nichtsittliche Gründe wie den Nutzen oder die Annehmlichkeit einer Handlung bestimmen lassen. Eine solche Lage, der Gewissenszweifel der klassischen Diskussion, ist zunächst als ethischer Problem- und Grenzfall zu betrachten. Die Frage und Guardinis Lösung, die der moraltheologischen Position des Äquiprobabilismus verwandt ist,⁵⁴ weisen jedoch über den Einzelfall auf die grundsätzliche Problematik hin, die sittliches Handeln unter den Bedingungen der Moderne kennzeichnet. Da die Begründungs- und die Wirkungszusammenhänge des Handelns immer komplexer und unüberschaubarer werden, sind praktische Gewissenskonflikte nicht mehr nur Grenz-, sondern fast schon Normalfälle der Bewährung sittlicher Freiheit.⁵⁵

Die zweite Ergänzung geht von dem Faktum aus, daß sittliche Freiheit selten nur die sittliche Forderung in Form eines Prinzips oder eines daraus abgeleiteten und leicht erkennbaren Gesetzes vernimmt. Meistens tritt die sittliche Forderung in Form einer ‚Regel' an sie heran, worunter Guardini im Unterschied zum sittlichen Gesetz die geltende „Sitte" und moralische Anschauung, also ein bestimmtes Ethos versteht, einen Komplex „zeitlich, örtlich, geschichtlich bedingter Besonderungen allgemeiner sittlicher Ideen oder Gesetze"⁵⁶. Das Problem dieser Art Vermittlung einer sittlichen Forderung

---

⁵¹ Ebd., 982.
⁵² Ebd.
⁵³ Ebd. Fn. 1.
⁵⁴ Zur moralsystematischen Position des Äquiprobabilismus vgl. Weber, 206-209; Häring, *Äquiprobabilismus*.
⁵⁵ Vgl. Höver, *Wahrheit*, 93f.
⁵⁶ *Begriff sittlicher Freiheit*, 983.

Das Verständnis personaler und sittlicher Freiheit 239

ist das Ineinander des verbindlichen sittlichen Inhaltes und unverbindlicher, weil vielfach bedingter Zeitanschauungen. Dieses Problem wird um so eindringlicher, je weniger der Mensch innerhalb eines geschlossenen sozialen Raumes oder Milieus handelt, in dem ein bestimmtes Ethos ausschließlich Geltung beanspruchen und sich durchsetzen kann. Die moralische Situation der Gegenwart, in der verschiedene Ethosformen nebeneinander, in wechselseitiger Beeinflussung oder Konkurrenz stehen, fordert sittliche Freiheit deshalb besonders heraus. Sie besteht zunächst darin, „die Regel als das auszusprechen, was sie ist, nämlich eine Forderung von nur relativer Gültigkeit, und damit eine abwartende, prüfende Stellung einzunehmen; also *Freiheit von der Regel*"[57]. Auf dieser Basis hat dann die selbständige Prüfung der Forderung unter Abwägung ihrer Gründe und unter Rücksichtnahme auf die Mitglieder einer Gesellschaft bzw. einer sozialen Gruppe zu erfolgen.

1.4.4 Freiheit gegenüber der konkreten Wirklichkeit

Was bedeutet sittliche Freiheit gegenüber der Wirklichkeit, wobei unter ‚Wirklichkeit' in einem umfassenden Sinn die empirische, die naturale, geschichtliche, soziale und psychische Wirklichkeit eingeschlossen der des eigenen Lebens zu verstehen ist? Dazu ist erst zu klären, „ob dem Wirklichen, rein als solchem, irgendwelche Verbindlichkeit innewohnt. Hat das Wirkliche [...] dadurch, daß es ist, und so ist, irgendwelches Recht?"[58] Der subjektive Idealismus, als deren Vertreter Guardini Kant und Fichte nennt, sieht im Wirklichen nur eine chaotische Masse, das Material, das Sinn und Form vom Denken des logischen Subjektes und vom Wollen des sittlichen Subjektes, vom autonomen Willen empfängt. Dagegen wird die Wirklichkeit im Positivismus zur Quelle der Norm. Die Beziehung zur Wirklichkeit wird so eng, daß keine Kritik mehr möglich und das ‚Dasein' als solches schon gleichbedeutend mit ‚gut sein' ist. Als Konsequenz werden das vollkommene Aufgehen in der gegebenen physisch-psychischen Wirklichkeit oder das rücksichtslose Ausleben jeder Kraft und Veranlagung möglich, was auf das Recht des Stärkeren als Lebensprinzip hinauslaufen würde. Die richtige Lösung, die dem Wahren in beiden Positionen gerecht zu werden versucht, hält daran fest, „daß alles, was ist, sinnvoll ist; das heißt, es hat einen guten Grund dafür, daß es ist, und daß es so ist."[59] Für das sittliche Subjekt ergibt sich daraus die Pflicht, einerseits die Verbindlichkeit, die dem Seienden innewohnt, zu achten und andererseits, die gegebene Wirklichkeit der moralischen Kritik zu unterziehen, um nicht einem schrankenlosen Individualismus oder Naturalismus zu unterliegen.

Diese Kritik leistet die sittliche Freiheit mit einer zweifachen Fragestellung. Das Wirkliche wird erstens durch die Frage kritisiert, ob es als Seiendes seiner Idee entspricht, die Maßstab des Guten ist. Zweitens erfolgt eine Kritik aus der Einsicht in die Werteordnung der Dinge und der Zwecke. Die

---
[57] Ebd.
[58] Ebd., 984. Vgl. zum folgenden ebd., 983-986.
[59] Ebd., 984.

sittliche Freiheit zeigt sich gegenüber dem Wirklichen frei und unabhängig, indem sie als Wahlfreiheit zwischen den einzelnen Gütern und dem Seienden abwägt. Das Moment der Wesensfreiheit wird in der Selbsterfahrung des sittlichen Subjektes sichtbar, daß die eigene Wirklichkeit widerspruchsvoll ist. Sie widerspricht der naturalistischen Folgerung, daß alles, was natürlich ist, auch schon im sittlichen Sinn erlaubt sei. Der Mensch erfährt also bereits in sich eine ethische Differenz. „Wir merken, daß in uns Gutes, Bejahungswürdiges ist, und Ungutes, was abgelehnt werden muß. Dieses Bewußtsein erhält dadurch seine Klärung, daß wir uns, wie wir sind, mit dem vergleichen, wie wir sein sollen, d.h. mit der Idee, dem Ideal des Menschen."[60] Sittliche Freiheit bedeutet daher im Verhältnis zur Wirklichkeit und Natur die „Unabhängigkeit vom Unguten" und das „Freisein für das Gute in der eigenen Natur" und damit Freiheit „zum wahren Selbstbesitz"[61].

Zur Natur oder Wirklichkeit des Indivivuums gehört wesentlich seine Sozialität, die Guardini im Verhältnis der sittlichen Freiheit zur Wirklichkeit ausdrücklich hervorhebt. In das Verständnis der individuellen Freiheit ist daher die soziale Dimension einzubeziehen. Freiheit ist immer nur im Miteinander von Freiheiten möglich und wird konkret immer auf vielfache Weise durch andere Freiheiten bedingt.[62] Individuelle Freiheit hat hier im Zusammenleben mit anderen deren Freiheit zu respektieren, wenn möglich zu fördern und zugleich die berechtigten Zwecke des sozialen Ganzen zu beachten. Dies mag zunächst als Beschränkung individueller Freiheit erscheinen, bedeutet aber im Grunde die Verwirklichung des eigenen Wesens im Zusammenleben der Freiheiten.[63]

1.4.5 Wesensfreiheit als Ausdruck des Lebensgewissens

Die Unterscheidung von Wahl- und Wesensfreiheit hat im Verhältnis sittlicher Freiheit zur sittlichen Idee und zur Wirklichkeit auf Aspekte aufmerksam gemacht, die nur unter dem Gesichtspunkt der Wahlfreiheit nicht ins Bewußtsein rücken. Über Guardinis Überlegungen hinaus soll nun zuerst ei-

---

[60] Ebd., 985. In einer Fußnote, ebd. Fn. 1, deutet Guardini unterschiedliche moralische Quellen an, aus denen dieses ‚natürliche Ideal' gewonnen werden kann. Sie sind zugleich ethische Methoden der Überprüfung. Er nennt die Begegnung mit verschiedenen Menschen und die Überprüfung ihrer Handlungsweisen und deren Folgen, die überlieferten Einsichten der Vergangenheit und vor allem die „vernünftige Erörterung der sittlichen Grundgesetze, wie sie für den einzelnen und für die Gesellschaft gelten."
[61] Ebd., 986.
[62] Diese Einsicht ist auch das Ergebnis der transzendentalen Analyse der Freiheit, die das ‚Sich-Öffnen' als Konstitutivum transzendentaler Freiheit herausstellt; so heißt es bei Krings, 507: „Der Begriff Freiheit ist *ab ovo* ein Kommunikationsbegriff. Freiheit ist primär nicht die Eigenschaft eines individuellen Subjektes, die allein für sich bestehen und begriffen werden könnte; vielmehr ist der Begriff des individuellen Subjekts erst durch jenen Kommunikationsbegriff verstehbar. Empirisch bedeutet das: ein Mensch allein kann nicht frei sein. Freiheit ist nur dort möglich, wo Freiheit sich anderer Freiheit öffnet. [...] Das Kommerzium der Freiheit ist transzendental früher als das Subjekt [...]" der Freiheit. Siehe zur Sozialstruktur der Freiheit auch Müller, *Freiheit*, bes. 320-323.
[63] Vgl. *Begriff sittlicher Freiheit*, 986.

ne weitergehende Deutung des Begriffs der Wesensfreiheit erfolgen, durch die der Zusammenhang zum Gewissensverständnis verdeutlicht wird.

Einen ersten Hinweis gibt Guardinis Deutung der sittlichen Freiheit im Verhältnis zur sittlichen Idee. Unter dem Aspekt der Wesensfreiheit spricht Guardini vom „Lebensgewissen"[64], in dem die sittliche Idee oder das Gesetz auf die Forderung des eigenen Lebens bezogen wird. Indem das Subjekt die sittliche Norm als Erfüllung der inneren Wesensforderung bejaht, kommt es zu sich selbst. Der Gedanke der Wesensfreiheit erinnert zudem an die inhaltliche Bestimmung des Guten als Selbstverwirklichung, wodurch Guardini gleichzeitig den existentiellen Bezug des sittlichen Handelns betont. Die Aufgabe, in Freiheit die Übereinstimmung eines Gesetzes mit der Wesensforderung des eigenen Lebens zu erkennen, beinhaltet aber die kritische Überprüfung als Tätigkeit des Gewissens. Die Erfahrung der Forderung des inneren Wesens, die Guardini mit dem Begriff der Wesensfreiheit deutet, ist also mit der Erfahrung der dem Gewissen eigenen Selbstgewißheit zu identifizieren, in der es unvertretbar die norma proxima des Handelns ist.

Das Verhältnis von Wahl- und Wesensfreiheit erlaubt in einer weiteren Überlegung eine Erkenntis über die Grundstruktur der sittlichen Freiheit der Person. Wahlfreiheit geht zwar als ‚Freiheit von' jeder freien Handlung voraus, aber die Freiheit trifft ihre Wahl aufgrund von Vorentscheidungen. Eine Möglichkeit wird gewählt, weil sie als wertvollere anderen vorgezogen wird. Das Wertvolle ist aber wertvoll für uns und deshalb Motiv einer Handlung, weil wir in ihm uns selbst und unser Wesen verwirklichen. „Der Wahl der Handlungen und des Seienden, auf das sich diese Handlungen beziehen, geht also eine *Grundwahl* voraus, die wir allein in strengem Sinn *Entscheidung* nennen können: *die Wahl dessen, was wir eigentlich sein wollen, der Entwurf unserer eigenen Wesensgestalt.*"[65] Im Horizont dieser Entscheidung wird etwas als wertvoll empfunden und als Motiv zugelassen. Dies gilt auch für den sittlichen Wert und das sittliche Handeln. Der konkreten sittlichen Wahl eines bestimmten Guten geht die Grundentscheidung für das Gute voraus. Diese Grundentscheidung wird vom Lebensgewissen ‚verwaltet' und im Vollzug sittlicher Freiheit bewußt gemacht, was Guardini als Wesensfreiheit deutet. ‚Inhalt' dieser Grundentscheidung ist also zunächst der habituelle Besitz der obersten sittlichen Prinzipien. Gegenstand der jeder Freiheitshandlung vorausgehenden ‚Grundentscheidung' und des ‚Entwurfes der eigenen Wesensgestalt' sind aber nicht nur diese obersten formalen Prinzipien des Sittlichen. Es ist die ‚Wahrheit der Person', auf die sittliche Freiheit bezogen ist. Zu dieser Wahrheit zählen einmal Werte und sittliche Grundsätze, die jeder Mensch erkennen kann und die deshalb als ‚natürliches Sittengesetz' bezeichnet werden.[66] Zur Wahrheit der Person, die sich in der Wesens-

---

[64] Ebd., 982.
[65] Müller, *Freiheit*, 319f.
[66] Vgl Höver, *Freiheit*, 360. Zum natürlichen Sittengesetz sind zunächst, wiewohl nicht erschöpfend, die Idee des Guten an sich, dann die Werte Wahrhaftigkeit, Gerechtigkeit und Treue zu rechnen. In der Entscheidung für sie eröffnet sich der Raum der Selbst-Werdung der Person, in dem sich erst Freiheit verwirklichen kann.

freiheit, um den Begriff Guardinis zu gebrauchen, zur Erfahrung bringt, gehört zum anderen das, was die Person in ihrer Einmaligkeit selbst auszeichnet.

1.5 Freiheit und Unabänderlichkeit

Im Zusammenhang mit seinen Überlegungen über das Wesen personaler Bildung behandelt Guardini das Verhältnis von Freiheit und Unabänderlichkeit.[67] Freiheit gehört als Bedingung, als Ziel und als Haltung wesentlich zur personalen Bildung. „Bildung ist Formung des Menschen; aus Freiheit und zur Freiheit."[68] Nun gibt es in der Welt auch das Unabänderliche, so daß personale Bildung auch das rechte Verhältnis zu den Unabänderlichkeiten des Daseins, die der Verwirklichung von Freiheit entgegenstehen zu scheinen, beinhaltet.

Das Unabänderliche kann der Freiheit zur Grenze, zum Ausgangspunkt oder zum Gegenstand ihrer Handlung werden. Es ist einmal als Notwendigkeit und zum anderen als Tatsache der Freiheit vorgegeben. In besonderer Weise ist das eigene Dasein eine ‚Tatsache' für die personale Freiheit, die nicht aus Notwendigkeit abgeleitet werden kann. Auch das Dasein der Welt im Ganzen ist eine Tatsache, denn daß die Welt überhaupt ist, ist ebenfalls keine Notwendigkeit.[69] Schließlich schafft die Freiheit selbst Tatsachen und wirkt so an der Geschichte und der Gestalt des eigenen Daseins. Notwendigkeit bestimmt Guardini als „das, was so sein muß, was nicht anders sein kann und von dem man einsieht, warum es so sein müsse; das, was auf einem ‚Gesetz' beruht"[70]. ‚Gesetz' in diesem Sinn sind im einzelnen die mathematischen und die logischen, die naturwissenschaftlichen und humanwissenschaftlichen, die geschichtlichen und die kulturellen Gesetze.[71]

---

[67] Vgl. *Lebendige Freiheit*, 82f.; *Freiheit und Unabänderlichkeit*, 102-104, und *Grundlegung der Bildungslehre*, 320f. Zum Ganzen vgl. *Freiheit und Unabänderlichkeit*; *Lebendige Freiheit*, 83f.; *FGS*, 92-98. In den Ethikvorlesungen tritt dieses Thema zurück, zum Verständnis der Freiheit und des Ethos der Freiheit bei Guardini gehört es aber unverzichtbar hinzu.
[68] *Lebendige Freiheit*, 101.
[69] Vgl. *WuP*, 27f. Biblisch gedeutet ist die Welt eine ‚Tatsache' Gottes, sie ist Schöpfung.
[70] *Freiheit und Unabänderlichkeit*, 103.
[71] In der einfachsten Form basiert jedes Gesetz, das eine Notwendigkeit bestimmt, auf dem Gesetz vom zureichenden Grund: „Alles, was ist und geschieht, hat einen zureichenden Grund dafür, daß es so ist und so geschieht." Ebd., 105. In dieser allgemeinen Form gilt es immer und überall. Gegenüber einer Engführung dieses Gesetzes in einem quantitativ-mechanistischen Weltbild, wodurch alles Geschehen auf die gleichen, berechenbaren Weisen von Verursachung zurückgeführt wird, ist aber festzuhalten, daß es qualitativ verschiedene Ursachen gibt. Die Welt ist kein streng gesetzmäßig ablaufender Mechanismus. Das Vorhandensein von Freiheit widerspricht daher nicht dem Gesetz vom zureichenden Grund, sondern nur der Annahme einer in der Welt durchgehenden Kausalität. Dies gilt für den Bereich menschlichen Daseins, doch finden sich auch in der sonstigen Welt Vorgänge, die aus freier Initiative hervorzugehen scheinen und ‚Vorentwürfe' für die geistige Freiheit sind. Guardini nennt u.a. als solche Phänomene das Entstehen neuer biologischer Arten, das nicht alleine gesetzmäßig kausal abgeleitet werden kann, Mutationen in der Natur und schließlich die „Individualität des biologischen

Für personale Bildung und ein Ethos der Freiheit folgt aus der Erkenntnis der Unabänderlichkeiten zunächst die Aufgabe, diese anzunehmen und ihnen in der Daseinsdeutung und im Handeln gerecht zu werden. Im Dasein der einzelnen Person ist dies gleichbedeutend mit der Annahme des Schicksals. In der Anerkennung des Unabänderlichen bejaht die Freiheit zudem die Welt als das sie umgebende Ganze. Erst aufgrund dieses positiven Wirklichkeitsbezuges kann sich personale Freiheit zur aktiven Gestaltung der Welt konkretisieren.[72] Daß diese Annahme und die Bewältigung der Unabänderlichkeiten nicht selbstverständlich, sondern eine echte Aufgabe personaler Bildung ist, zeigt der Blick auf die Verweigerung dieses Wirklichkeitsbezuges in verschiedenen extremen Gestalten, in phantastischen Weltbildern und Stilisierungen der Welt als Spiel oder Kampf, oder in anderen modernen Phänomenen der Wirklichkeitsflucht.[73] Das Unabänderliche ist also nicht lediglich die Grenze und Negation der Freiheit, sondern ihr Gegenpol. Es ist Aufgabe und Gegenstand der Freiheit und ihrer einzelnen Vollzüge. „Es gibt nichts Unabänderliches, was dem Menschen nicht ein Weg zur Freiheit werden könnte, wenn der Mensch bereit ist, es in den konkreten Vollzug seiner Freiheit aufzunehmen."[74] Ziel eines Ethos personaler Freiheit ist es, den Menschen dazu zu befähigen.

In der wirklichen Welt gehen Freiheit und Unabänderlichkeit ineinander über. Dies gilt vollends für die konkrete Handlung, in der der ‚Anteil' der Freiheit nicht exakt zu bestimmen ist. Trotzdem kann die bloße Feststellung dieses unbestimmten Gefüges von Freiheit und Unabänderlichkeit nicht das letzte Wort über die Welt sein. Vielmehr ist die Welt so, „daß sie schrittweise sich auf die Freiheit vorbereitet und erst vollendet wird im freien Akt. Immer dann, wenn ein Mensch in Freiheit handelt, tut die Welt ihren letzten Schritt."[75]

Die Unterscheidung von Freiheit und Unabänderlichkeit ist zudem aufschlußreich, um die der Freiheit angemessene personale Haltung zu bestimmen. Die freie Handlung vollzieht sich nicht in einer eigenen intelligiblen Sphäre außerhalb der realen empirischen Wirklichkeit.[76] In sie gehen neben dem Moment der Freiheit alle den Menschen sonst bestimmenden Gesetzmäßigkeiten und Bestimmungsgründe mit ein. Je mehr sich in einer Handlung oder einem Verhalten Freiheit auswirkt, um so unmöglicher wird die Berechenbarkeit nach Gesetzmäßigkeiten, beispielsweise ökonomischer, soziologischer oder psychologischer Art. Geschieht dies dennoch, dann in der Annahme, daß die Handlung doch nicht oder zumindest nicht ganz frei sei,

---

Einzelwesens". Gemeint sind alle Spontaneitäten im Bereich von Natur und Welt, die naturwissenschaftlich nicht eindeutig auf eine oder mehrere Gesetzmäßigkeiten zurückführbar sind. Vgl. *FGS*, 96f.; vgl. auch den Durchgang durch die verschiedenen Wirklichkeitsbereiche in *Freiheit und Unabänderlichkeit*, 107-115.

[72] Vgl. Müller, *Freiheit*, 320.
[73] Vgl. *Freiheit und Unabänderlichkeit*, 120.
[74] Schmucker-Von Koch, *Autonomie*, 133.
[75] *Freiheit und Unabänderlichkeit*, 120.
[76] Vgl. ebd., 115f.

daß sie vielmehr aus Gewöhnung oder in Befolgung geltender Konvention vollzogen werde. Solche Voraussicht und soziale Berechenbarkeit sind für das Zusammenleben zwar nützlich und naheliegend, werden aber der personalen Freiheit in ihrem Wesen nicht gerecht. Ihr gegenüber gibt es eine andere spezifische und angemessene ‚Sicherheit'. „Es ist das Vertrauen in die Gesinnung; das Vertrauen darein, daß der frei Handelnde das sittliche Gesetz in seine Freiheit aufgenommen habe."[77] Während die obengenannten Gesetzmäßigkeiten nur die ‚Oberfläche' der freien Handlung bestimmen und eine nur auf sie bauende Berechnung Vertrauen überflüssig macht, richtet sich die hier gemeinte Zuversicht auf den Kern personaler Freiheit. Nur so ist das menschliche Handeln in seiner Freiheit selbst, d.h. ohne die Möglichkeit irgendeines Zwanges oder einer sicher kalkulierenden Einschätzung, geachtet.[78] So sind die Achtung und das Vertrauen die Haltungen, die der Freiheit angemessen begegnen. In Gestalt einer Grundannahme, wenn auch im Alltag oft mehr unbewußt als bewußt, sollten sie die Begegnung und das Miteinander begleiten, damit nicht nur Vorsicht, gegenseitiges Mißtrauen oder Berechnung die Begegnung bestimmen.

2. Freiheit als Freiheit vor Gott

2.1 Die Verantwortung der Freiheit vor Gott

Das Bewußtsein der Verantwortung ist ein besonderes Phänomen in der Erfahrung des Sittlichen und als solches Symptom für das Faktum der Freiheit. In der Deutung Guardinis weist es über den Zusammenhang sittlichen Lebens hinaus. Die Frage nach der Verantwortung für eine Handlung richtet sich auf ihren Ursprung im Subjekt, das sich zur Urheberschaft der Handlung und damit zur eigenen Freiheit bekennt. Woher aber kommt die subjektiv wahrgenommene Frage nach der Verantwortung? Dies kann selbst nur personal und nicht mit dem Hinweis auf das Dasein als Ganzes, auf die Norm oder das Sittengesetz erklärt werden. Diesen apersonalen und anonymen Instanzen fehlt das ‚Antlitz', fehlt die Fähigkeit zur Zuwendung und Anrede.[79] Andererseits gehört die sittliche Norm oder die Idee des Guten mit in die Frage nach der Verantwortung hinein, denn sie verleiht unter moralischem Gesichtspunkt das Recht zur Frage. Fähig zu der Frage nach der

---

[77] Ebd., 116. Guardini hatte diesen Gedanken erstmals in einer seiner frühesten Veröffentlichungen, in *Grundlagen des Sicherheitsbewußtseins* (von 1913) entwickelt. Den „Herzpunkt" moralischer Sicherheit über das Verhalten der anderen „und damit die letzte Grundlage aller gesellschaftlichen Beziehungen bildet die in den absoluten Werten und Normen gegründete Korrespondenz zwischen Vertrauen und Treue"; ebd., 700.
[78] Vgl. *Freiheit und Unabänderlichkeit*, 116.
[79] Vgl. *FGS*, 25.

Das Verständnis personaler und sittlicher Freiheit   245

Verantwortung des Ich ist daher nur ein anderes Ich, das „in seiner Wirklichkeit mit der Norm identisch ist, nämlich Gott. Die Verantwortung besteht wesentlich auf Gott hin. [...] Die Freiheit des Menschen ist wesentlich Freiheit vor Gott."[80] Die Antwort einer autonomen Ethik, die als Instanz der Verantwortung das Selbst begreift, das sich im Spruch des Gewissens meldet, greift diesem Verständnis zufolge zu kurz. Das sich hier zeigende Selbstverhältnis vermag zwar die der praktischen Vernunft eigene Fähigkeit zur Selbstkontrolle zu erklären. Das Bewußtsein und der Begriff der Verantwortung weisen aber über dieses Selbstverhältnis hinaus. In der Frage der Verantwortung ist die ganze Existenz betroffen. Der Charakter der Absolutheit und Unausweichlichkeit, der in dieser Frage enthalten ist, kann nicht durch das endliche Selbst bewirkt werden, denn das Selbst des Menschen ist nicht absolut, weshalb auch die Erklärung der Verantwortung als Verantwortung vor den Mitmenschen nicht ausreicht. „Die Reduktion der Verantwortung auf das Verhältnis zum eigenen Selbst ist eine Täuschung. Verantwortung gibt es letztlich nur gegenüber Gott."[81] Diese Deutung ist kein Beweis für die Existenz Gottes aus der sittlichen Erfahrung heraus. Gott ist für Guardini kein Postulat der das Phänomen der Verantwortung ergründenden Vernunft. ‚Verantwortung' ist für ihn vielmehr eine personal-relationale Haltung und wie der Begriff der Freiheit ein Kommunikationsbegriff. So bezieht seine Deutung ihre Plausibilität aus dem Charakter der Relationalität und Absolutheit, der das Phänomen der sittlichen Verantwortung kennzeichnet, woraufhin andere Deutungen in ihrer Erklärungskraft zu prüfen wären.

2.2 Freiheit als Freiheit ‚unter' Gott

Guardini erinnert an Anselm von Canterbury, der die Freiheit ‚sub Deo omnipotentia' – ‚Allmacht unter Gott' genannt hat.[82] Diese Bestimmung kann auch als Schlüsselwort für Guardinis Freiheitsverständnis gelten. Sie hat eine zweifache Bedeutung. Einmal folgt aus ihr die Forderung, die Freiheit des Menschen, seine ‚Allmacht' von der Beziehung des Menschen zu Gott her zu verstehen und sie im Gehorsam, d.h. ‚unter' Gott zu verwirklichen. Es geht also um die Gottesbeziehung des Menschen. Zum anderen geht es um die Freiheit des Menschen. Denn durch die Gottesbeziehung kann der Mensch einen Standpunkt der Unabhängigkeit gegenüber allen anderen Bindungen gewinnen, auf dem Freiheit möglich und ihrer selbst mächtig wird. Die der Freiheit eigene Fähigkeit zur Transzendenz gegenüber der Welt ist nach diesem christlichen Verständnis in der personalen Beziehung zum absolut Transzendenten begründet und verankert. Dadurch bekommt der Geist, bekommt die Freiheit einen „ontischen Standpunkt", von dem aus sie in der Welt souverän entscheiden und wählen kann. „Jenes letzte ‚Ich will, weil ich

---
[80] Ebd.
[81] *Existenz*, 43.
[82] Vgl. *Ethik*, 1033, und *Freiheit und Unabänderlichkeit*, 116.

will'; jene letzte Produktivität des Freiheitsaktes wird von hier aus möglich."[83]

Andererseits wird sich die menschliche Freiheit vor Gott ihrer Kreatürlichkeit und Endlichkeit bewußt und vermeidet ihre Selbstverabsolutierung. „Echte Freiheitshaltung" enthält „einerseits den Mut zum wirklichen Freisein mit allem, was es an Verpflichtung und Gefahr mit sich bringt, andererseits die Bescheidung in die Endlichkeit, welche nur unter Gott und vor Gott rein möglich ist."[84] Nach christlichem Schöpfungsverständnis mindern die Kreatürlichkeit und Abhängigkeit von Gott nicht die Freiheit. Vielmehr wächst Freiheit mit der Realisierung dieses Verhältnisses. Das bedeutet allerdings auch, daß christliches Freiheitsverständnis nicht ohne die Erfahrung christlicher Freiheit verstanden werden kann. Diese Einsicht wird sich als bedeutsam für die Auseinandersetzung Guardinis mit dem modernen Autonomie- und Freiheitsverständnis erweisen.[85]

Der Einspruch Guardinis gegen jedes Freiheitsverständnis, das diesen Zusammenhang ausklammert, ist also einerseits von der Sorge um eine lebendige Gottesbeziehung und andererseits von der Sorge um die menschliche Freiheit selbst motiviert. Christliches Bewußtsein weiß darum, daß menschliche Freiheit als solche nicht gesichert ist. Dies ist für Guardini nicht nur eine durch die biologische Verhaltensforschung bestätigte Erkenntnis[86], sondern noch eindringlicher eine Tatsache menschlicher und geschichtlicher Erfahrung. So steht dem modernen Streben nach Freiheit, der Begeisterung für sie und ihrer energischen Einforderung die Gefährdung durch den Menschen selbst gegenüber. „Es ist erstaunlich und beunruhigend, in welchem Maße der Mensch auf freie Existenz verzichten, beziehungsweise sich ihren Anforderungen entziehen und aus dem bloßen Spiel biologischer, psychologischer und sozialer Antriebe heraus leben kann."[87] Der Verlust und die Zerstörung der Freiheit im Nationalsozialismus ist für Guardini die erschütternde geschichtliche Manifestation dieser allgemeinen Erkenntnis, die er als Mahnung in den späten Schriften wiederholt erwähnt. Kaum zu begreifen ist, „wie wenig Zeit erforderlich war, um die Werte und Haltungen der Freiheit zu verdrängen. Für das historische Denken war es zum Dogma geworden, daß die Neuzeit die persönliche Freiheit zur unverlierbaren Grundlage der Kultur gemacht habe. Die Erfahrung seit 1933 hat gezeigt, daß diese Grundlage nicht nur aus der politisch-sozialen Struktur beseitigt, sondern auch aus

---

[83] *Lebendiger Geist*, 143.
[84] *FGS*, 82.
[85] Siehe hierzu Kapitel X.2.4 Rahner, *Freiheit*, 331, schreibt entsprechend: „Wie im kreatürlichen Sein Abhängigkeit von Gott und eigene Seinshöhe im *gleichen* (nicht umgekehrten) Maß wachsen und die Möglichkeit der Setzung *solchen* Seins die Einmaligkeit der *göttlichen* Schöpfermacht besagt, so gilt von der geschaffenen Freiheit [...]", daß „die Abhängigkeit von *ihm* (anders als bei innerweltlicher Ursächlichkeit) gerade die Begabung mit freiem Selbstand bedeutet."
[86] Vgl. *Ethik*, 829-832 und 936ff. Der Mensch ist im Unterschied zum Tier das Wesen, das in seinem Dasein nicht mehr durch Triebe und Instinkte festgelegt und gesichert ist.
[87] *FGS*, 26.

der Gesamthaltung des Volkes wegerzogen werden kann."[88] Zu einem realistischen Freiheitsverständnis gehört das Bewußtsein um die Realität der durch diese Freiheit hervorgebrachten Geschichte, die immer die Möglichkeit zum moralisch Schlechteren birgt. Menschliche Freiheit ist zum sittlich Guten wie zum Bösen fähig.[89]

Dieses Freiheitsverständnis ist der Hintergrund für die Thematisierung des Problems menschlicher Macht in den 50er Jahren. Guardinis Kritik am „Optimismus der Fortschrittsgläubigkeit" und dem neuzeitlichen „Dogma, alle Dinge führten von selbst zum Besten"[90] ist daher mehr als bloße Zeitkritik, sondern eine Konkretion und Fortsetzung der Freiheitsthematik, getragen von der Sorge um die menschliche Freiheit. Das Problem der Freiheit stellt sich in der Gegenwart unter anderem als ein Problem des Fortschrittes und des Wachsens menschlicher Macht dar. Paradoxerweise hat die Zunahme menschlicher Macht und Verfügungsmöglichkeiten über sich, über die Welt und andere zwar die ‚Freiheit von' vermehrt, aber damit die Realisierung der ‚Freiheit zu' noch nicht per se leichter gemacht.[91] Mit der Zunahme menschlicher Macht hat sich aber die der Freiheit konstitutive Gefahr verstärkt. Die grundsätzlich immer gegebene Möglichkeit, die Macht „falsch im Sinne des Bösen wie des Zerstörenden"[92] zu gebrauchen, hat eine andere Dimension angenommen. Nicht im gleichen Maße wie die Möglichkeiten menschlicher Macht hat die sittliche Kompetenz des Menschen zugenommen, seine Macht zu gebrauchen. „Der neuzeitliche Mensch", so Guardinis Aussage, „ist auf den ungeheuren Anstieg seiner Macht nicht vorbereitet. Es gibt noch keine richtig durchdachte und wirksam geprägte Ethik des Machtgebrauchs; noch weniger eine Erziehung dazu, weder einer Elite noch der Gesamtheit."[93]

---

[88] Ebd. Vgl. auch *Ethik*, 1063f. In „Eine andere Vorstellung vom Guten"* heißt es auf S. 6f., Schritt für Schritt habe sich herausgestellt, daß die Initiative modernen Freiheitsstrebens keine sichere innere Richtung hatte. „Sie entfaltete sich nicht mit klarer Sicherheit zu immer größerer Fülle und Freiheit, sondern geriet in die Verwirrung und Ratlosigkeit. Am Ende der Umschlag im totalitären Staat, in eine Unfreiheit unter noch gewaltigeren Beeinträchtigungen."

[89] In theologisch-anthropologischer Sicht ist dies die Fähigkeit zur Sünde. In der Ungesichertheit menschlicher Freiheit zeigt sich zudem eine Auswirkung der Erbschuld, zeigt sich die Erlösungsbedürftigkeit des Menschen. Siehe zur anthropologischen Bedeutung der Urschuld im Verständnis Guardinis Kapitel V.2.5.2 und 2.5.3.

[90] *Macht*, 171. In *EdN*, 73, heißt es entsprechend: Der „bourgeoise Aberglaube an die innere Zuverlässigkeit des Fortschritts" ist erschüttert. „Viele ahnen, daß ‚Kultur' etwas anderes ist, als die Neuzeit gemeint hat: keine schöne Sicherheit, sondern ein Wagnis auf Leben und Tod, von dem niemand weiß, wie es ausgehen wird." Vgl. auch *Suche nach Frieden*. Diese Kritik erscheint heute ohne weiteres plausibel und selbstverständlich. In den 50er Jahren war die Resonanz in einer Zeit der Aufbruchstimmung in Deutschland und der Neigung, die zurückliegenden Erfahrungen des Nationalsozialismus zu verdrängen, noch eine andere. Vgl. zur Rezeption von Guardinis Fortschritts- und Neuzeitkritik, die er vor allem in seinen Schriften „Das Ende der Neuzeit" und „Die Macht" äußerte, die Diskussion in „Unsere geschichtliche Zukunft". Siehe zu dem Problem der nicht stattgefundenen Aufarbeitung der Geschichte Deutschlands im Nationalsozialismus Guardinis Rede „Verantwortung. Gedanken zur jüdischen Frage".

[91] Vgl. Höver, *Freiheit*, 358.
[92] *EdN*, 76.
[93] Ebd.; vgl. ebd., 70.

Wenn Guardini angesichts dieser Problematik das christliche Verständnis der Freiheit betont und von Gott als Garanten menschlicher Freiheit spricht, ist er sich der geschichtlichen Tatsache bewußt, daß Freiheit, sei es als politische Freiheit, sei es als Religionsfreiheit oft im Widerstand gegen die christlich-kirchliche Tradition erstritten wurde und sich durchsetzen mußte.[94] Diese Tatsache spricht aber nicht gegen die Bedeutung des christlichen Glaubens für die Freiheit. Wesentlich ist er, was Guardini betont, eine Stütze menschlicher Freiheit und Personalität, die sie gegen ihre Gefährdungen sichert und stärkt. Durch die Bezogenheit auf den Lebendigen Gott kann der Glaube christlicher Existenz und Freiheit auch in der Moderne die innere Unabhängigkeit und den nötigen Selbstand vermitteln, um die Bedrohungen der Freiheit zu überwinden. „Je stärker die Es-Mächte anwachsen, desto entschiedener besteht die ‚Weltüberwindung' des Glaubens in der Realisation der Freiheit; im Einvernehmen der geschenkten Freiheit des Menschen mit der schöpferischen Freiheit Gottes."[95]

Christliches Freiheitsverständnis verbindet das realistische Bewußtsein der Macht, die menschliche Freiheit in der Moderne hat, mit einem lebendigen Verantwortungsgefühl für die Welt und das Dasein, das aus dem Einvernehmen menschlicher Freiheit mit der Freiheit Gottes erwächst. In der Annahme dieser größeren Bindung wird sie fähig, ihre innerweltliche Verpflichtung zu erfüllen. Der Mensch darf seine Macht weder dämonisieren noch ihr ausweichen, er muß sie als sittliche Aufgabe annehmen. Nach christlichem Freiheitsverständnis weiß der Mensch: Die Welt ist in der Hand der Freiheit; „so fühlt er Verantwortung für sie. Und Liebe. Eine besondere Liebe; ebendaher bestimmt, daß die Welt hinausgewagt und zerstörbar ist. Mit dem Gefühl für die Macht und ihre Größe, mit der Verwandtschaft zur Technik und dem Willen, sie zu brauchen, mit dem Reiz der Gefahr verbindet sich Güte, ja Zärtlichkeit für das endliche, so sehr ausgesetze Dasein."[96] Guardini nennt dieses Freiheitsverständnis zugleich entschieden ‚unliberal', denn zu ihm gehört das Gefühl für absolute Forderungen. Eine ‚liberale' Haltung lehne es dagegen ab, absolute Elemente und Entscheidungen ins Leben einzuführen,

---

[94] Vgl. *FGS*, 84. Diese Feststellung ist für Guardini jedoch kein Einwand gegen das Verständnis christlicher Freiheit an sich, denn die moderne Freiheitsbewegung steht selbst in einer Entwicklung, die gerade durch den christlichen Glauben bewirkt und in Gang gesetzt wurde. Als sich zum Beginn der Neuzeit ein neues Verhältnis des Menschen zur Welt, zur Natur und schließlich auch gegenüber dem eigenen Staat und der Gesellschaft eingeschlossen der religiösen Tradition entwickeln konnte, geschah dies auf der Basis einer Unabhängigkeit, die im Kern eine Auswirkung des christlichen Glaubens war. Er vermittelte jene Möglichkeit des „Wagens und Zugreifens", „aus denen die wissenschaftliche, künstlerische, technische Kultur der Neuzeit hervorgegangen ist"; ebd. Vgl. ähnlich *EdN*, 85ff. und 90f.

[95] *EdN*, 93. Schlette stellt an diesem Punkt eine Übereinstimmung zwischen der Zeitkritik Guardinis und der Position Sartres fest. „Beide wehren sich gegen einen immer mächtiger werdenden technokratischen und bürokratischen Determinismus und wählen die Freiheit trotz der Begrenztheit, des Ausgesetztseins und der Gefährdungen, die zu ihr gehören"; *Romano Guardini Würdigung*, 279 Fn. 90. Damit endet allerdings die Übereinstimmung, denn Guardini sieht die Freiheit, ohne daß die Gefährdungen dadurch schon gänzlich aufhörten, durch ihre Ausrichtung auf Gott dem nackten Ausgesetztsein in der Welt enthoben. Insofern ist seine Kulturkritik nicht nur im „formal Idealistischen" geblieben, wie Schlette ebd. bemerkt.

[96] *Macht*, 171.

und erkläre Werte und Ideen zur Sache persönlicher Anschauung.[97] An diesem Punkt beginnt für ihn die Unterscheidung des Christlichen im Verständnis der Freiheit. ‚Absolut' sind für die Freiheit die Forderung des Guten und ihre Verantwortung für das Dasein. ‚Absolut' gilt die Forderung, Freiheit in dem Gehorsam zu realisieren, der darin besteht, Gott als lebendigen Maßstab und Beziehungspunkt menschlicher Freiheit anzuerkennen.[98]

2.3 Freiheit als Ziel christlicher Bildung

Der ethische Stellenwert der Freiheit, der in den bisherigen Überlegungen bereits deutlich wurde, ist bei Guardini letztlich theologisch begründet. Freiheit ist eine Gabe Gottes mit der Aufgabe, sie im Guten zu verwirklichen.[99] Nach christlichem Glauben offenbart Jesus Christus Gottes Gesinnung, die von absoluter Ehrfurcht vor der Freiheit des Menschen erfüllt ist.[100]

Die Verwirklichung der Freiheit ist für Guardini Ziel sittlicher und personaler Bildung, das er bereits früh formuliert. Sittliche Freiheit ist „ein Ziel, das nur in allmählichem Fortschreiten erreicht werden kann. Man kann sie sogar als die *sittliche Aufgabe schlechthin* bezeichnen, denn, wenn man in einem Wort den Inbegriff sittlicher Vollkommenheit zusammenfassen wollte, so würde dies am besten in dem alten Begriff von der ‚Freiheit des Geistes' geschehen."[101] Neben den in diesem Kapitel untersuchten grundsätzlichen Überlegungen sind die Gedanken zur Bildung des Gewissens eine weitere Konkretion dieses ethischen und pädagogischen Bemühens. In der Auseinandersetzung Guardinis mit der Problematik des Autonomiegedankens und dem Verhältnis von Freiheit, Gehorsam und Autorität wird dieses Ziel wiederum wichtig. Als Ziel eines personalen Ethos ist Freiheit, die sich im Guten verwirklicht, zugleich Tugend der Person. Freiheit „wird um so größer, je vollkommener der Mensch die Forderung des Guten erkennt, je tiefer aus der Gesinnung heraus er sie bejaht, und je reiner sein Tun ins Sein übergeht, zur ‚Tugend' wird. Ihr Ziel, auf Erden nie erreicht, ist der Mensch, der nicht nur von Mal zu Mal in sittlicher Freiheit handelt, sondern sittlich frei ist [...]."[102]

---

[97] Vgl. ebd. Siehe auch *EdN*, 93.
[98] Vgl. *Macht*, 172.
[99] Vgl. *Gläubiges Dasein*, 52f. Vgl. ähnlich *Ethik*, 43, 1098 und 1178.
[100] Vgl. *Offenbarung*, 80.
[101] *Begriff sittlicher Freiheit*, 988.
[102] *FGS*, 53.

Zwischenergebnis des zweiten Teiles

Die Untersuchung des Personverständnisses und der sittlichen Grundphänomene des Guten, des Gewissens und der Freiheit im Denken Guardinis weist ihn als christlich-ethischen Denker aus, der sich ausführlich mit ethischen Themen und mit den Herausforderungen einer christlichen Moral in der Moderne auseinandergesetzt hat. Dabei greift Guardini auch auf Grundgedanken der christlich-ethischen Tradition zurück, um diese neu bewußt und fruchtbar für sittliches Handeln in der Gegenwart zu machen. Deutlich wurde, daß Guardini mit manchen ethischen Überlegungen in Nähe zur modernen katholischen Moraltheologie steht oder dieser sogar vorausgriff, was bisher noch zu wenig Beachtung gefunden hat. Die im ersten Teil angedeutete Charakterisierung des ethischen Denkens Guardinis wird durch den zweiten Teil bestätigt: Die Stärke dieses Denkens liegt methodisch in der Wahrnehmung und Darstellung der ethischen Phänomene und inhaltlich in der Herausstellung grundsätzlicher Einsichten. Dabei ist das leitende Interesse dem Programm christlicher Weltanschauung entsprechend die Integration des Sittlichen in den Horizont des Glaubens, die von Guardini mit Blick auf die christliche Existenz der Glaubenden geleistet wird.

Die christlich-anthropologischen Schriften und Abhandlungen erlauben die Charakterisierung Guardinis als Vertreter eines christlichen Personalismus, der seinen Ansatz nicht ohne Anregungen der Philosophie und Theologie, aber doch eigenständig entfaltete. Das Personverständnis fundiert Guardini in einer christlich-biblischen Anthropologie. Dieses christliche Personverständnis wird zu einem Schlüssel und Zentralthema seines ethischen Denkens. Aus ihm leiten sich die Achtung der Person als eine im Glauben begründete sittliche Norm ab, die im Stellenwert eines ethischen Prinzips unbedingte Geltung beansprucht sowie die Aufgabe christlich-personaler Bildung.

Guardinis Ausführungen zur Person sind nach dem Zweiten Weltkrieg vor dem Hintergrund des Nationalsozialismus in Deutschland, der Shoah und der Ermordung anderer als lebensunwert verurteilter Menschen, also der völligen Zerstörung der Würde der Menschen in der deutschen Geschichte zu sehen, eine Erfahrung, die Guardini auch auf die anderen totalitären Systeme dieses Jahrhunderts bezieht. Diese Erfahrungen zeigen auf schreckliche Weise, wie gefährdet die Unbedingtheit der Würde und die Unantastbarkeit der Person als Fundament des Zusammenlebens sind, weshalb sie umso mehr geschützt und verteidigt werden müssen. Mit dem Verständnis der Person sind die das menschliche Leben unmittelbar betreffenden Probleme spezieller Ethik verbunden, von denen Guardini selbst den Schwangerschaftskonflikt und die Euthanasiefrage thematisierte. Die gesellschaftliche Diskussion um diese und andere bioethische Fragen ist immer auch ein Streit um die Person.[1] In diesem gesellschaftlichen Streit ist, dafür stehen beispiel-

---

[1] So wäre es leicht möglich, Parallelen zwischen den aktualistischen und dynamistischen Personlehren, mit denen sich Guardini auseinandersetzte, und heute in der ethischen Diskussion

haft die Ausführungen Guardinis, die christliche Sicht zur Stärkung der Personwürde jedes Menschenlebens einzubringen, auch wenn die Begründung dieses Prinzips im Glauben nicht von allen an der Diskussion Teilnehmenden geteilt wird. Vom Standpunkt des Glaubens darf dann an andere Positionen die Frage gestellt werden, wie die absolute bzw. unbedingte Geltung der Personwürde begründet und gesichert wird, wenn nicht im Unbedingten und Absoluten der Transzendenz selbst.

Das Prinzip der Achtung der Person beinhaltet auch das Bewußtsein der eigenen personalen Berufung, zu der die Auszeichnung des Menschen als moralisches Wesen gehört. Zum Personsein gehört es wesentlich, den sittlichen Anspruch durch das Gute wahrzunehmen und ihn in Freiheit verwirklichen zu können. Als ein Faktum in der Wirklichkeit menschlichen Lebens wird die Sittlichkeit von Guardini zunächst phänomenologisch erfaßt und festgestellt. In christlicher Deutung begründet er es vor allem schöpfungstheologisch in der Erschaffung der Person von Gott und in ihrer daraus folgenden wesensgemäßen Gottesbeziehung.

Diese Einordnung ist im Begriff der Ebenbildlichkeit ausgedrückt, mit dem Guardini im Rekurs auf die Tradition einen wesentlichen Gedanken der neueren Moraltheologie formuliert oder ihn wegbereitend vorwegnimmt.[2] Der Mensch ist als Frau und Mann Gottes Ebenbild. Die Ebenbildlichkeit befähigt und verpflichtet die Menschen zum Weltauftrag. Sie sollen in der Verantwortung für die Welt, die den Menschen als Gottes Werk anvertraut ist, und in der Verpflichtung durch das Gute mitsorgen, daß es mit Gottes Werk gut werde. Für das Gesamt des herangezogenen Werkes Guardinis gilt zwar, daß diese schöpfungstheologische Sicht überwiegt, doch ist die christologische Perspektive, die letztlich bei Guardini in Einheit zur ersten steht, nicht ausgeblendet. Christologisch bzw. soteriologisch ist die sittliche Verantwortung der Menschen in den durch Christus eröffneten und im Glauben mitgeteilten Horizont der Erlösung und des Reiches Gottes eingeordnet. In ihm wird die Überwindung des Bösen und der Verstörung möglich, die Guardini unter dem Begriff der Urschuld reflektiert. Die Sittlichkeit des Menschen ist so gesehen Teil christlich verstandener In-Existenz.

wieder vertretenen Personkonzeptionen zu zeigen. Vgl. zu dieser ethischen Problematik Honnefelder, *Streit um die Person*. Honnefelder bringt als ein nicht von metaphysischen oder theologischen Voraussetzungen abhängiges Argument gegen solche Personkonzeptionen, daß schon die für unsere Selbsterfahrung und Sprache wesentlichen Komponenten der Identität und Kontinuität einer ‚ereignisontologischen' Personkonzeption, die das aktualistische Konzept fortführt, widersprechen würden.

[2] Merks stellt hierzu fest: „Die neuere Moraltheologie betont die Bedeutung der Gottebenbildlichkeit für das Verständnis von Sittlichkeit: Gottebenbildlichkeit als schöpfungsmäßige, in der Vernunftbegabtheit eröffnete Möglichkeit des Menschen, in Freiheit und Verantwortung sein Leben und seine Welt selbst zu gestalten und darin stets mehr Bild Gottes zu werden. Als solche bildet Gottebenbildlichkeit das spezifische Leitmotiv der gesamten Moral bei Thomas von Aquin (S.th. I-II prol.)." Erinnert sei an den Gedanken des spezifischen Weltauftrages der Laien, mit dem Guardini 1939 ausdrückt, was im Zweiten Vatikanum seine Bestätigung fand. Vgl. *WuP*, 36; s. Kapitel V.2.3. Eine detailliertere Untersuchung wäre desweiteren die Frage wert, wie diese Gedanken Guardinis auch direkt die neuere Moraltheologie - ich denke besonders an Alfons Auer - beeinflußten.

Auf diesem Hintergrund wird das Hauptanliegen von Guardinis ethischem Denken erkennbar. Das skizzierte biblisch-anthropologisch begründete Personverständnis gibt den Rahmen für die Integration des Sittlichen in die christliche Existenz. Das Ziel ist ein christliches Bewußtsein des moralischen Standpunktes in der eigenen Existenz. Guardinis Überlegungen zielen darauf, dieses Bewußtsein zu bilden, um den moralischen Standpunkt zu stärken. Sie sind Teil christlich-personaler Bildung im umfassenden Sinn. Guardini reagiert so mit der ihm eigenen Sensibilität auf die Infragestellung und Verunsicherung christlich-moralischer Existenz in der Moderne. Er stellt sich mit diesem fundamental-ethischen Anliegen exemplarisch einer Herausforderung, vor der jede christliche Moral und die christliche Ethik innerhalb einer pluralistischen Gesellschaft stehen.[3] Das zeigt unter anderem seine Auseinandersetzung mit den Theorien, die sittliches Handeln und sittliche Freiheit überhaupt infragestellen, wie dies beispielsweise in deterministischen und positivistischen Positionen oder von einem rein subjektivistischen Freiheitsverständnis aus geschieht. Die Eigenart von Guardinis ethischen Überlegungen ist darin zu sehen, daß er sein Anliegen aus der Perspektive heraus anging, die sich aus seinem Weltanschauungsprogramm ergab: Er betrachtete die Verwirklichung eines christlichen Ethos in der Moderne im Spannungsfeld der Begegnung von Glaube und Welt, von christlicher Existenz und moderner Kultur. So nimmt Guardini mit seinem ethischen Denken eine eigene Position ein zwischen einer rein binnenkirchlichen Moralverkündigung einerseits, die der grundsätzlichen Infragestellung christlicher Moral hilflos begegnet oder ihr ausweicht, weil sie in einem geschlossenen Moralsystem nicht vorkommt, und der Moraltheologie bzw. der theologischen Ethik als Fachwissenschaft andererseits, die als theoretische Wissenschaft diese Herausforderung christlicher Existenz leicht zu vernachlässigen droht.

Das herausgestellte Kernanliegen erklärt zu einem Teil auch die Zurückhaltung Guardinis, was inhaltliche Stellungnahmen zu Fragen der speziellen Moral und zu den vielen ethischen Problemen der Gegenwart angeht. Diese hätten zudem eine stärkere Berücksichtigung der empirischen Fachwissenschaften in analytischer Hinsicht und ethischer oder moraltheologischer Methoden zur Urteilsfindung und -begründung erfordert, die Guardini nicht leistet. Hier macht sich die durch das Weltanschauungskonzept bedingte Beschränkung im Verhältnis zu den anderen Wissenschaften bemerkbar. Guardini schien, was die praktische Urteilsfindung und das Handeln im einzelnen angeht, stark der sittlichen Kompetenz der Handelnden zu vertrauen, während er es als seine Aufgabe ansah, das Bewußtsein über die fundamentalen Einsichten und Grundentscheidungen zu bilden. Guardini zeigt sich auch in seinem ethischen Denken als Pädagoge, denn seine ethische ‚Bildungsarbeit' ist von dem pädagogischen Vertrauen in die Fähigkeit der Menschen getragen, aus freier Einsicht die erforderlichen Konsequenzen zu ziehen.[4]

---

[3] Diesem Anliegen zeigen sich u.a. Böckle mit seiner „Fundamentalmoral" und Auer mit seiner „Autonomen Moral" auf wissenschaftlicher Ebene verpflichtet.

[4] Vgl. Maier, *Freiheitsidee*, 585f. Hans Maier, der dritte Nachfolger Guardinis auf dem Münchener Lehrstuhl für christliche Weltanschauung, (Religions- und Kulturtheorie) spricht von ei-

Die Erörterung der anderen Phänomene des Sittlichen läßt sich als ethische Entfaltung des herausgestellten Grundanliegens verstehen. Der Standpunkt des Glaubens ist auch hier die Voraussetzung und das Ziel der Phänomen-Deutung. Methodisch kann Guardini ihn zwar vorübergehend zurückstellen, doch hält er dies schon aufgrund seines schöpfungstheologischen und christlich-personalen Ansatzes nicht konsequent durch. Gerade die Reflexion über die Phänomene des Guten und des Gewissens führte an Punkte, an denen die sittliche Wirklichkeit über sich hinaus auf die transzendente Wirklichkeit verweist. Als Beispiel sei an die zweite Bestimmung des Guten als die Absolutheit und ‚Hoheit' des Guten erinnert, die zur konkreten inhaltlichen Bestimmung des Guten keinen Weg bietet, für Guardini aber wegen ihres ‚religiösen Sinnüberschußes' wertvoll bleibt.

Guardini versucht, mit der Vertiefung des Gewissensverständnisses eine die katholische Moral beeinträchtigende Verengung zu überwinden. Als ungenügend hatte sich ein Gewissensverständnis erwiesen, nach dem die Tätigkeit des Gewissens allein darin bestand, Organ des Gehorsams gegenüber vorgegebenen Regeln und Geboten zu sein und diese eventuell auf den Einzelfall anzuwenden. Eine einseitige kasuistische Methode kirchlicher Morallehre, nach der das Handeln in jeder Situation durch Ableitung von festen Regeln bestimmt werden sollte, war angesichts der Herausforderungen, vor denen moralisches Handeln in der Moderne steht, nicht ausreichend. Schon grundsätzlich gilt vom Verständnis der Person her, daß das Individuell-Personale nicht als bloßer Anwendungsfall des Allgemeinen zu behandeln ist. Wenn das konkrete praktische Urteil zur Findung des Guten in einer Situation nicht allein aus festen Normen und obersten sittlichen Prinzipien abgeleitet werden kann, muß das Gewissen eine kreative sittliche Kompetenz haben. Die prospektive und schöpferische Tätigkeit des Gewissens ist eine der Voraussetzungen, damit christlich-sittliche Vernunft der Komplexität sittlichen Handelns in der Moderne begegnen kann. So stellt Guardini das schöpferische Moment im Gewissen und in der sittlichen Freiheit heraus. Er formuliert die Notwendigkeit, in der moralischen Existenz die Werte des Schöpferischen und die Tugenden der Initiative und Verantwortungskraft zu fördern.[5] Das bedeutet für Guardini ebensowenig wie für die moderne Moraltheologie, daß allgemeine Prinzipien und Normen sowie die Gebote christlicher Moral nicht im Sinne von Prüfungskriterien die individuelle Urteilsfindung orientieren können. Allerdings bleibt eine systematisch-ethische Erörterung der Gewissenstätigkeit bei Guardini aus, die u.a. zu einer eingehenderen Reflexion über den Stellenwert von Prinzipien und Normen hätte führen können.

---

nem christlichen „sapere aude". Christentum wie Aufklärung haben ein gemeinsames Interesse darin, die Menschen zum Bewußtsein ihrer Freiheit führen zu wollen.

[5] Vgl. *Madeleine Semer*, 604ff. An dieser Stelle reagiert Guardini positiv auf die Kritik der herkömmlichen Gestalt christlicher Moral durch Nietzsche, so sehr er sich gegen die radikale Infragestellung und die Umwertung der Moral wendet. In frühen pädagogischen Äußerungen hatte Guardini in diesem Sinne die Selbständigkeit des Gewissens als pädagogische Aufgabe herausgestellt. Vgl. *Begriff des Befehls*, 842, und *Quickborn*, 23.

Die Untersuchung zum Verständnis des Gewissens und der Freiheit ließ die Nähe von Guardinis Gedanken zur Frage eines existentialethischen Ansatzes erkennen, die in den 50er Jahren in der katholischen Moraltheologie diskutiert wurde. Wie bei diesen Bestrebungen ging es auch Guardini darum, das moderne existentialistische Anliegen im christlich-ethischen Denken aufzugreifen. Das wurde deutlich an den Ausführungen über die Situation und die Bestimmung des Guten. Neben den beiden anderen Bestimmungen des Guten überrascht der Gedanke, das Gute als die Selbstverwirklichung des Menschen zu bestimmen. Daß er nicht nebensächlich ist, zeigen wiederum die Überlegungen zum Gewissens- und Freiheitsverständnis. Guardini greift mit ihm positiv das moderne Streben und den Begriff der Selbstverwirklichung auf, was zunächst die den betreffenden Menschen und dem Wesen dieses Anliegens angemessene Antwort ist, für einen christlichen Moralentwurf im kirchlichen Kontext der damaligen Zeit gewiß nicht selbstverständlich. Das Leitwort der Selbstverwirklichung bedarf jedoch der ethischen Vertiefung. In reiner Formalität wäre es der Rechtfertigung eines bloßen Subjektivismus oder Individualismus verdächtig. Ein Problem moralischer Existenz in der Moderne ist ja die Neigung, sich trotz des Anspruchs auf und der Sehnsucht nach Selbstverwirklichung möglichst viele Optionen ‚offen zu halten', wo es um Entscheidungen geht, die wirkliche Konsequenzen für das Selbst haben.[6] Deshalb hat christliche Morallehre die Menschen zu ermutigen, die eigene Freiheit in ihrer Endlichkeit und Begrenztheit anzunehmen und zu verwirklichen, anstatt sie durch das vemeintliche Offenhalten aller Möglichkeiten tatsächlich zu verfehlen. Es gilt, den Begriff der Selbstverwirklichung ethisch zu konkretisieren und inhaltlich zu füllen. Dies geschieht mittels der Ergänzung durch die erste Bestimmung des Guten. In dieselbe Richtung weisen Guardinis Überlegungen zum Begriff der Wesensfreiheit als der Freiheit, das unverwechselbar eigene Wesen zu verwirklichen und der je eigenen ‚Schicksalsgestalt' im Handeln zu entsprechen.

Zur Bestimmung des Guten bezieht Guardini zwar die drei Bestimmungen – das Gute als die Wahrheit des Seienden, das Gute in seiner absoluten Hoheit, das Gute als die Selbstverwirklichung des Menschen – aufeinander. Ungeklärt bleibt aber, wie sie auf die konkrete Bestimmung des Guten in den Bereichen materialer Ethik anzuwenden sind. Für die Lösung der meisten ethischen Probleme, die den Bereich individueller Entscheidung übersteigen, bietet sich letztlich nur der Weg über die erste Bestimmung an. Diese macht wiederum die Einbeziehung der verschiedenen Wissenschaften notwendig, um über grundsätzliche Prinzipien hinaus die Frage anzugehen, was das jeweils Wahre und Vernunftgemäße angesichts eines bestimmten Problems ist.[7]

---

[6] Vgl. Höver, *Freiheit*, 358.
[7] Eine detaillierte Untersuchung der Ethikvorlesungen bestätigt dies. Exemplarisch sei auf den Abschnitt über die sittliche Aufgabe in den verschiedenen Lebensphasen hingewiesen „Die Lebensalter und das Ganze des Lebenslaufes", *Ethik*, 591-660. Nach der Skizzierung der Lebensphase ist die leitende Frage immer, welches die jeweilige der Wirklichkeit der Lebenssituation entsprechende ethische Forderung, d.h. das jeweils Vernünftige ist.

Zwischenergebnis

Guardinis Freiheitsverständnis bleibt in der Abwehr von extremen Antworten und Reaktionen auf das Problem der Freiheit für eine christliche Moral wegweisend.[8] Das von ihm vorgestellte Ethos ist ein Ethos personaler Freiheit und Selbständigkeit. Freiheit ist nicht nur eine anthropologische Bedingung sittlichen Handelns, sondern wichtiges Kriterium für die ethische Beurteilung einer Handlung und die Tätigkeit des Gewissens. Freiheit ist im Sinne Guardinis nicht rein formal und subjektiv zu verstehen: Sittliche Freiheit ist bei Guardini wesentlich auf das Gute als ihren eigentlichen Inhalt ausgerichtet. Sie zu verwirklichen ist Ziel christlicher Moral. Dabei trägt Guardinis Reflexion der im christlichen Menschenbild begründeten realistischen Einsicht Rechnung, daß die menschliche Freiheit und Selbständigkeit gefährdet ist und sich gegen Widerstände und die Verworrenheit menschlichen Daseins durchsetzen muß. Zu einer Vertiefung der Bedeutung des Gewissens gehört daher die Erkenntnis der Notwendigkeit der Gewissensbildung. Der Verwirklichung sittlicher Freiheit dienen auch die Überlegungen über die verschiedenen personalen Haltungen. Gegen innere Widerstände und gegen die verschiedenen Angleichungstendenzen und Beeinflussungen seitens der Umgebung und Gesellschaft ist, darauf macht Guardini aufmerksam, Askese als Einübung der einzelnen Tugenden und der Freiheit überhaupt unverzichtbar, damit der Mensch wirklich selbständig werden und den eigenen sittlichen Willen durchsetzen kann.[9]

Als Erkenntnis für die Guardini-Interpretation ist nach der Untersuchung der ethischen Grundbegriffe festzuhalten, daß seine zeit- und kulturkritischen Äußerungen der 50er Jahre in der zum Teil schon früher stattfindenden ethischen Reflexion dieser Grundphänomene fundiert sind. So konnte die Thematisierung der Machtproblematik als eine Konkretisierung des Grundthemas sittlicher Freiheit eingeordnet werden. Dies erklärt, warum seine Sozialkritik über den zeitgebundenen Kontext hinaus in ihren grundsätzlichen Aussagen heute noch gültig ist.

Wird die Sittlichkeit des Menschen im Glauben gedeutet und in die Existenz nach christlich-personalem Verständnis integriert, bekommen sittliches Verhalten und Handeln einen anderen Charakter. Das Eigentliche christlicher Moral, ihr proprium, ist nach Guardini in derjenigen Sichtweise zu sehen, die das Sittliche in die durch Christus ermöglichte personale Glaubensbeziehung der Menschen zu Gott stellt. Die Menschen erfahren sich im Glauben in ihrer sittlichen Freiheit „von Gott freigegeben"[10]. Die Glaubenssicht ist noch nicht erfaßt, wenn lediglich der Verpflichtungscharakter sittli-

---

[8] Diese Ausrichtung kommt in folgendem Zitat zum Ausdruck: „Zwei Feinde haben wir: Auf der einen Seite den sich selbst aus der Hand gleitenden Freiheitswillen, der zum Subjektivismus wird und alle Gültigkeit zerfallen macht - auf der anderen Seite einen Ordnungswillen, der an der Freiheit verzweifelt und sich in die Gewalt wirft. Nicht die Freiheit ist Feind; sie ist uns anvertraut, nie zu verlierender Ertrag von Wille und Schicksal zugleich. Ebensowenig die Notwendigkeit verpflichtender Norm; den Bezug zu ihr müssen wir wiederfinden, wenn nicht alles zerfließen soll. Beides ist wesentlich." *Pluralität*, 151.
[9] Vgl. *Askese*, 40f.
[10] So der Titel einer Meditation in *Gläubiges Dasein*, 39-61.

cher Freiheit religiös verstärkt wird. Das Bewußtsein ‚von Gott freigegeben zu sein' bedeutet vor allem Ermächtigung und Ermutigung zur Sittlichkeit, weil diese im Einvernehmen mit Gott und in der Mitsorge um sein Werk und Reich vollzogen wird. Das dem Glauben wesentliche Vertrauen prägt auch das moralische Handeln und gibt ihm einen neuen Charakter: „Das Unbedingte daran bleibt, denn es ist ja die Sinnmacht des Guten – im Grunde nichts anderes als Gottes eigene Heiligkeit- aber es gewinnt eine ganz andere Nähe. Die Strenge der Forderung wandelt sich in die Innigkeit des Zutrauens. [...] Aus der Souveränität des Gotteswillens wird das Einvernehmen zwischen Gott und dem Menschen in einer, wenn das Wort erlaubt ist, gemeinsamen Sorge – der Sorge um das Werk Gottes, welches gerade durch die Kraft gefährdet wird, die es allein erfüllen kann, nämlich die Freiheit."[11] So ist es Ziel christlichen Daseins, in das Einvernehmen der gleichen Sorge zu treten, „das Geschöpf mit Ihm, dem Schöpfer, um Sein Werk, welches der Freiheit des Menschen in die Hand gegeben ist"[12].

---

[11] Ebd., 60. In dieser Ausrichtung allerdings berührt sich eine christliche Moral mit jeder religiösen Moral, die auf einer personalen Gottesbeziehung gründet.
[12] Ebd.

Dritter Teil:

Vollzüge sittlicher Freiheit

Im ersten Teil dieser Arbeit wurden die methodologischen und theologischen Grundlagen sowie die Weltanschauungslehre als Voraussetzungen des ethischen Denkens Guardinis untersucht. Der zweite Teil behandelte die christliche Personlehre Guardinis, die den Schlüssel zum Verständnis seines ethischen Denkens liefert, und anhand der Begriffe des Guten, des Gewissens und der sittlichen Freiheit Grundbegriffe und Grundstrukturen in Guardinis ethischem Denken. Die Themen des folgenden dritten Teils sind, aufbauend auf diesen beiden Teilen, bedeutende Konkretionen und inhaltliche Schwerpunkte des ethischen Denkens Guardinis. Der Systematik dieser Arbeit entsprechend lassen sich so die inhaltlichen Zusammenhänge und wichtige Entwicklungen in seinem Denken herausstellen.[1] Aufgrund der inhaltlichen Bedeutung und des größeren Umfanges der drei Kapitel erfolgt eine Bewertung bereits am Ende des jeweiligen Kapitels, so daß auf ein Zwischenergebnis am Ende des dritten Teiles selbst verzichtet werden kann. Anstöße für die theologisch-ethische Diskussion der Gegenwart werden dann im Ausblick am Ende der Arbeit aufgegriffen.

Die ausführliche Darstellung und Diskussion in den Kapiteln selbst wird zeigen, daß die gewählten Themen eine zentrale Bedeutung im ethischen Denken Guardinis haben. In Kapitel IX geht es um das Verständnis von Gehorsam und Autorität in Spannung zur Freiheit. Mit diesem Thema wird zugleich der Titel dieser Arbeit aufgegriffen und begründet, warum er berechtigterweise als Überschrift für das ethische Denken Guardinis steht. Das Thema Autorität und Freiheit ermöglicht es zudem, die soziale und politische Dimension in Guardinis ethischem Denken zu betrachten und zu bewerten.

Die Idee der Autonomie ist einer der neuzeitlichen Leitgedanken, mit denen sich Guardini quer durch sein ganzes Werk kritisch auseinandersetzte. Diese Auseinandersetzung ist Gegenstand des X. Kapitels. Mit einem Wort aus der Weltanschauungslehre ausgedrückt: Wie in einem Brennglas wird hier die kontroverse und kritische Seite der Begegnung von Glauben und moderner Welt im Denken Guardinis sichtbar. Da die Rezeption des Autonomiegedankens für die katholisch-theologische Ethik nach dem Zweiten Vatikanischen Konzil wichtiger Bestandteil des Dialoges mit der Moderne war, bietet es sich in diesem Kapitel besonders an, das christlich-ethische Denken Guardinis in Bezug zur modernen katholisch-theologischen Ethik

---

[1] Rückverweise auf die vorigen Kapitel in den Fußnoten verdeutlichen diese Zusammenhänge; sie sollen die aufgrund der Anlage der Arbeit nicht ganz vermeidbaren Wiederholungen auf das Mindestmaß beschränken.

oder Moraltheologie zu setzen. Die ausführliche Untersuchung der Schriften Guardinis und die systematische Darstellung seiner Auseinandersetzung mit dem Autonomiegedanken sollen auch dazu beitragen, einseitige Urteile über Guardini innerhalb der Theologie zurechtzurücken.

Im Kapitel XI über die Tugenden und personale sittliche Grundhaltungen werden schließlich ethische Begriffe aufgegriffen, die einen systematisch-ethischen Zugang zum Denken Guardinis eröffnen. Das Kapitel wird zeigen, daß und inwieweit bei ihm von einem tugendethischen Ansatz gesprochen werden kann. Tugenden sind als ethische Leitbilder zwar nicht das alleinige Gestaltungsprinzip, aber doch eine wichtige Gestaltungsform in der Reflexion der sittlichen Wirklichkeit bei Guardini, so daß unter systematisch-ethischer Hinsicht – mit dem nötigen Vorbehalt vor systematischen Klassifizierungen – von einem tugendethischen Ansatz im ethischen Denken Guardinis gesprochen werden kann.

Nicht nur aus inhaltlicher, sondern auch aus diachroner Perspektive und unter quantitativem Aspekt erweist sich die für Guardinis Denken herausragende Bedeutung der in den drei Kapiteln behandelten Themen. Sie sind bereits in den frühen Schriften Gegenstand des ethischen Denkens und bleiben es, natürlich mit unterschiedlicher Akzentuierung, quer durch das gesamte Werk bis in die 60er Jahre.

Bei allen drei Themen, dem Problem von Gehorsam, Freiheit und Autorität, der Auseinandersetzung mit dem Autonomiegedanken und der Betrachtung der Tugenden, geht es immer um die Verwirklichung sittlicher Freiheit. Bei allen drei Themen wird das christliche Personverständnis Guardinis als Basis der Auseinandersetzung erkennbar. Eine besondere Verbindung läßt sich darüberhinaus zu den drei ethischen Bestimmungen des Guten in Kapitel VI aufzeigen: Das Kapitel X knüpft mit der Auseinandersetzung um den Autonomiegedanken an die erste Bestimmung des Guten als die Wahrheit des Seienden an, in der die vernunftethische Orientierung des Denkens Guardinis zum Ausdruck kommt. Die Rolle der sittlichen Vernunft in ihrer Beziehung zum Glauben ist aber ein zentrales Thema in der Auseinandersetzung um den Autonomiegedanken in der theologischen Ethik. In der theologisch-ethischen Konzeption der Autonomie wird der Bezug auf die Wahrheit des Seienden zudem unter dem Leitwort christlicher Weltverantwortung aufgegriffen, deren Wahrnehmung, wie sich zeigen wird, auch Guardini forderte. Auf die zweite Bestimmung des Guten, die von der Hoheit des Guten an sich ausgeht und besonders seine transzendente Dimension zum Ausdruck bringt, weist das Kapitel IX zurück. Voraussetzung des ethischen Verständnisses von Gehorsam und Autorität bei Guardini ist sein Verständnis des religiösen Gehorsams, in dem der Mensch die ihm wesentliche Gottesbeziehung realisiert. Die Transzendenzbeziehung ist hier das verbindende Element zu der zweiten Bestimmung des Guten. Das Kapitel XI weist auf die dritte ethische Bestimmung des Guten als Selbstverwirklichung zurück. Es behandelt mit den Tugenden die personalen Haltungen und sittlichen Kompetenzen, die die Person zur Selbstverwirklichung und zum guten Handeln befähigen und sie selber gut sein lassen.

IX. Gehorsam und Autorität

Bei der Entwicklung seines Verständnisses von Gehorsam und Autorität stand Guardini vor dem Problem, das auch heute noch jeden ethischen Zugang zu diesen beiden Phänomenen belastet. Durch das moderne Streben nach Freiheit und Selbstverwirklichung und infolge des Autonomiegedankens der Aufklärung war und ist ein Denken, das sich um ein vertieftes Verständnis von Autorität und Gehorsam bemüht, infragegestellt. Der Verdacht besteht, daß es Fremdbestimmung begünstigt und die geforderte Selbständigkeit und Unabhängigkeit behindert. Historisch betrachtet mußte der Autonomiegedanke tatsächlich den Widerstand der bestehenden Autoritäten, zu denen die Kirchen zählten, überwinden.[1] Mit dieser Kritik mußte sich Guardini auseinandersetzen. Er entwickelte sein Gehorsams- und Autoritätsverständnis auf der Grundlage seines christlichen Menschenbildes und in Antwort auf die angedeutete Autoritätskritik, indem er es auf die menschliche Freiheit bezog. Die ethische Sichtweise der beiden Phänomene wurde dabei für ihn zum wichtigen Element der gesamten Interpretation.

Die hier zu untersuchende Thematik durchzieht das gesamte Werk Guardinis. Daher ergeben sich verschiedene Anwendungsbereiche und Bezugspunkte seines theologisch-anthropologischen und ethischen Verständnisses von Autorität und Gehorsam. Die wichtigsten seien einleitend genannt, ohne daß ihnen genau abgegrenzt jeweils ein Gliederungspunkt zugeordnet wird: Erstens ist bewußt zu machen, daß Guardinis Auseinandersetzung in der frühen Phase seines Wirkens beginnt, also in der Zeit von 1916 – 1925, und zunächst in Verbindung mit seinem Einsatz in der Jugendbewegung stattfindet, die u.a. von der Kritik am überkommenen Autoritäts- und Gehorsamsdenken motiviert war. Zweitens ist zu berücksichtigen, daß nach dem Mißbrauch von Gehorsamsdenken, Befehlsstrukturen und Autorität im nationalsozialistischen Deutschland das Verständnis von Autorität und Gehorsam infragegestellt werden muß. Daher ist in diesem Kapitel auf den sozialen Kontext, auf die politische Dimension und auf eventuelle problematische Auswirkungen des Denkens Guardinis einzugehen. Schließlich ist bei einem Theologen wie Guardini der innerkirchliche Umgang mit Autorität und Gehorsam zu beachten. Autorität und Gehorsam sind als Phänomene christlich-moralischer Existenz immer auch Teil des kirchlichen Lebens.

Methodisch ist besonders hinsichtlich der hier zu untersuchenden Thematik der Kontext der jeweiligen Aussagen zu beachten. Von vornherein ist

---
[1] Vgl. Beintker, 42f., und Röttgers.

außerdem zu unterscheiden, ob Guardini von Gehorsam und Autorität in einem theologisch-anthropologischen, in einem ethischen, in einem politisch- bzw. sozialethischen oder pädagogischen Sinn spricht.

1. Die unmittelbare Herausforderung und die Einordnung in das gesamte Werk

Der unmittelbare zeitgeschichtliche Kontext, in dem Guardini sein Verständnis von Gehorsam und Autorität zuerst darlegte, ist in der katholischen Jugendbewegung zu sehen, in der Guardini von 1915 – 1920 in der Mainzer Juventus, einer lokalen Vereinigung von katholischen Schülern der höheren Schulen, und schließlich seit 1920 im Quickbornbund mitwirkte. Indem Guardini sein Verständnis von Gehorsam und Autorität in die katholische Jugendbewegung einbrachte, leistete er einen wichtigen Beitrag zur Herausbildung ihres Selbstverständnisses. Dies geschah zugleich in Auseinandersetzung mit der freideutschen Jugend, zu deren programmatischer Formel vom Hohen Meißner Guardini Stellung nahm und als Ausdruck eines falschen Individualismus ablehnte.[2] In den idealistischen Strömungen der Jugendbewegung lebte eine stark autoritätskritische bis -feindliche Haltung, die in ihrer Begeisterung für Freiheit, Unabhängigkeit und Echtheit auch Teile der kirchlichen Jugend ergriff. Guardini gelang es, für den Quickborn und die Kreise der katholischen Jugendbewegung, auf die er Einfluß ausübte, diese Bestrebungen aufzugreifen und sie mit seinem katholischen Gemeinschafts- und Autoritätsverständnis zu vereinbaren.[3] Anerkennung von Autorität und Selbständigkeit, Freiheit und Gehorsam, Subjektivität und Objektivität, Gemeinschaft und Person waren nun keine unversöhnlichen Gegensätze mehr. Diese Einsicht war wichtig für das Gemeinschaftsleben im Quickbornbund und ermöglichte es, der katholischen Jugendbewegung trotz Mißtrauens und anfänglicher Ablehnung ihren besonderen Raum im kirchlichen Leben zu eröffnen, so daß sie als innerkirchliche Reformbewegung wirken und wichtige Anstöße zur Erneuerung des kirchlichen Lebens geben konnte.[4]

Nach dieser kurzen Skizze des biographischen und zeitgeschichtlichen Hintergrundes sind zur Übersicht und Einordnung in das Werk Guardinis

---

[2] Vgl. u.a. *Sinn des Gehorchens*, 19. Siehe Ahlhorn, Das Meißnerfest der Freideutschen Jugend 1913, in: Kindt, 105-115, den Wortlaut der Formel vom Hohen Meißner ebd., 109: „Die Freideutsche Jugend will nach eigener Bestimmung, vor eigener Verantwortung, mit innerer Wahrhaftigkeit ihr Leben gestalten. Für diese innere Freiheit tritt sie unter allen Umständen geschlossen ein […]." Vgl. Kapitel X.2.1.1.

[3] Seit 1927 leitete Guardini den Quickbornbund und Burg Rothenfels. Vgl. dazu u.a. Gerl, *Romano Guardini*, bes. 171-174; Knoll, *Glaube*, 54ff. und 343f.; Kuhn, *Romano Guardini*, bes. 38-45; Schlette, *Aporie*, 254-263, und, insgesamt kritischer, Ruster, *Nützlichkeit*, 190-194.

[4] Vgl. neben den oben zitierten Autoren auch die Einschätzung bei Wilhlem, 26f.

die wichtigsten Schriften zu unserer Thematik zu nennen. Es lassen sich drei Phasen grob unterscheiden: Die erste reicht bis in die Mitte der 20er Jahre, als deren Kontext die Jugendbewegung bereits angesprochen wurde. In ihr geht es hauptsächlich um das ‚katholische' Verständnis von Gehorsam, Freiheit und Autorität in Auseinandersetzung mit anderen Konzeptionen. Sehr früh, nämlich 1916 in der pädagogischen Zeitschrift „Pharus", legte Guardini eine theoretische Darstellung der betreffenden Phänomene in den drei Aufsätzen „Der religiöse Gehorsam", „Zum Begriff des Befehls und Gehorsams" und „Zum Begriff der sittlichen Freiheit" vor. Schon diese Titel lassen erkennen, daß er eine religiöse oder theologische und eine ethische Dimension unterscheidet. Guardini bemüht sich um eine Begriffsklärung und die Herausarbeitung und Unterscheidung der ethischen Phänomene. Wegen ihres theoretischen Charakters sind sie für eine ethische Untersuchung besonders interessant. In den anderen Veröffentlichungen dieser Zeit bezieht sich Guardini stärker auf die Probleme der Jugendbewegung und des kirchlichen Lebens. Letztere Schriften haben wiederum unterschiedliche Akzente: „Aus einem Jugendreich" von 1919 gibt mehr für einen innerkirchlichen Interessentenkreis geschrieben einen Einblick in die Mainzer Juventusbewegung – für Guardini der erste Ort zur praktischen und pädagogischen Erprobung seiner grundsätzlichen Überlegungen. Ähnlich hat „Quickborn" – von Guardini 1921 bereits ein Jahr nach seiner ersten Begegnung mit dem Quickbornbund verfaßt – den Charakter einer werbenden Darstellung für den Quickborn, die anscheinend Vorwürfen aus dem konservativen kirchlichen Raum begegnen sollte. Ungefähr in dieselbe Zeit gehören die Aufsätze, in denen sich Guardini mit der Freideutschen Jugendbewegung auseinandersetzte. Zu nennen sind u.a. „Vom Sinn des Gehorchens" und „Neue Jugend und katholischer Geist" von 1920, „Die Sendung der katholischen Jugend" von 1921 und die Auseinandersetzung über „Jugendbewegung und Katholizismus" mit Max Bondy, veröffentlicht 1921 in der Zeitschrift „Die Schildgenossen". In diesen Schriften liegt der Akzent deutlich auf der Darstellung und Rechtfertigung ‚katholischer Haltung' und besonders auf der Bedeutung, die Gehorsam und Autorität in Spannung zur Freiheit für das Leben haben. Diese Akzentuierung erklärt sich hinreichend daraus, daß Guardini zu Recht diese Probleme als die entscheidenden für die Auseinandersetzung in der Jugendbewegung ansah und deshalb ausführlich auf sie einging. Die Vorträge „Vom Sinn der Kirche" von 1922 werden für unseren Zusammenhang interessant, weil Guardini in ihnen seine Überlegungen über die gegensätzliche Spannung zwischen Gemeinschaft und Individuum auf das Leben und die Struktur der katholischen Kirche anwendet, wodurch sie die Problematik von Autorität und Gehorsam berühren.

Den Beginn der zweiten Phase setze ich Ende der 20er Jahre an. Guardini vertiefte sein personales Verständnis unter dem Leitgedanken der Freiheit 1927 in der Trias der Aufsätze „Lebendige Freiheit", „Freiheit und Unabänderlichkeit" und „Lebendiger Geist", was sich auch auf sein Verständnis von Autorität und Gehorsam als Phänomenen des sittlichen Lebens auswirkte.

Wichtige Ergänzungen zum Recht der Persönlichkeit auf Selbständigkeit gegenüber der Gemeinschaft brachte Guardini in „Möglichkeit und Grenzen der Gemeinschaft", zuerst 1928 veröffentlicht. Der Stellenwert der Person wird in „Welt und Person" von 1939 weiter entfaltet. Zudem berühren einzelne Äußerungen in unveröffentlichten Schriften dieser Zeit die Problematik.[5]

Die dritte Phase ist nach dem Zweiten Weltkrieg und der Zeit des Nationalsozialismus anzusetzen. Die Erfahrungen dieser Zeit wirkten sich bei Guardini in einem stärker politischen und sozialethischen Akzent seiner Reflexionen über den Gehorsam und das Phänomen der Autorität aus, der in den Ethik-Vorlesungen der 50er und 60er Jahre und in kleineren Veröffentlichungen wie „Der Atheismus und die Möglichkeit der Autorität" von 1961 und verschiedenen Abhandlungen zu politischen Fragen deutlich wird.[6] Der zeitgeschichtliche Kontext ist nun ein völlig anderer, die Einbettung in die Jugendbewegung ist weggefallen.

Durch alle drei Phasen hindurch hielt Guardini an den schon früh formulierten grundsätzlichen Bestimmungen und Einsichten zum Gehorsams- und Autoritätsverständnis fest.[7] ‚Gehorsam' und ‚Autorität' haben für Guardini eine fundamentale theologische und anthropologische Dimension, was ihren Stellenwert in seinem christlich-anthropologischen und ethischen Denken erklärt. Deshalb ist auf diese Dimension zuerst einzugehen.

2. Der Gehorsam gegenüber Gott als Grundakt des Menschen

2.1 Der Mensch im Gehorsam gegenüber Gott

Gehorsam ist für Guardini in einem grundlegenden Sinne ein Akt religiöser Natur; im Gehorsam verhält sich der Mensch zu Gott. „Der Elementarakt der Religion ist Gehorsam. Darin folgt der Mensch dem Ruf, der ihm sagt, der Weg zur Vollendung geht nur durch die Hingabe seiner selbst. Und diese Hingabe ist der Ursprung eines ganzen Gehorsamslebens, denn sie enthält den Willen, Gott als in allem für das eigene Leben verbindlich und vorbildlich anzunehmen: seinem Wort zu glauben, sein Gebot zu erfüllen, nach sei-

---

[5] Hier sind zu nennen *Religiöse Offenheit** und *Zusammenhang menschlichen Schaffens**.
[6] Eine Reihe von ihnen hat Felix Messerschmid im 21. Jahrgang der Zeitschrift „Geschichte in Wissenschaft und Unterricht" von 1970 zusammengestellt: s. *Problem der Demokratie; Politische Ethik* und *Gesichtspunkte;* für unsere Thematik, besonders die theologisch-anthropologische Dimension finden sich Hinweise in „Die Existenz des Christen". Politisch-ethische Bedeutung haben natürlich auch die Schriften „Das Ende der Neuzeit" und „Die Macht", doch können sie für die Untersuchung der hier interessierenden Phänomene zurückgestellt werden.
[7] Vgl. *Ethik*, 351-358 und 479-507, sowie *Atheismus und Autorität*.

nen Maßstäben zu messen."⁸ Ein solcher Gottesgehorsam aber ist so lange noch „verschleierter Eigengehorsam"⁹, so lange er nur wegen einer Funktion erfolgt, die Gott für den Menschen erfüllen soll. Gott als der Absolute wäre dann lediglich Zweck des Menschen. Zwar kann kein Mensch dieses Motiv in seinem Glaubensvollzug völlig ausschließen. Dennoch bleibt der freie Gehorsam Ziel des Glaubens, in dem der Mensch im Gehorsamsakt nicht mehr eigene Zwecke verfolgt, sondern Gott allein um seiner Heiligkeit und Hoheit willen anerkennt. Dann ist der Mensch „bereit, Gott als Norm, Inhalt und Ziel des eigenen Lebens anzunehmen"¹⁰.

Gehorsam als Elementarakt des Glaubens bedeutet, daß der Mensch der Wahrheit zustimmt, Geschöpf Gottes zu sein. In diesem Akt der Wahrhaftigkeit bejaht der Mensch sein eigenes Wesen vor Gott, und in diesem fundamentalen Sinne, der die Beziehung des Menschen zu Gott meint, ist es das Wesen des Menschen, „,Gehorchender' zu sein".¹¹ Da die Freiheit des Menschen an ihr Ziel kommt, wenn der Mensch ganz das ist, was er seinem Wesen nach sein soll, führt in diesem fundamentalen Sinn der Weg zur Verwirklichung dieser Freiheit durch den Gehorsam, in dem der Mensch sein Wesen anerkennt. „Hat er den wahren Gehorsam gelernt, der sinnbewußt, ungezwungen und unbeirrt vollbracht wird, dann hat er sein Wesen erfüllt und ist frei."¹²

Dieser Grundgedanke der theologischen Anthropologie Guardinis kehrt in den Ethik-Vorlesungen wieder. Auf dem Gehorsam als Elementarakt des Glaubens baut die ethische Existenz des Menschen auf. Der Gehorsam als „der erste, die ethische Existenz grundlegende Akt"¹³ besteht darin, daß der Mensch seine Kreatürlichkeit annimmt. Sie ist die Wahrheit schlechthin. Wahre Mündigkeit zeigt sich daher in der Weise, wie der Mensch in Freiheit und in voller Verantwortung sein Geschaffensein anerkennt und realisiert.¹⁴

In seinen späteren Werken veranschaulicht Guardini dieses Gehorsamsverständnis am Symbol des Paradiesbaums, ein Resultat seines Bemühens, seine Anthropologie biblisch zu fundieren. Er deutet den Baum als Symbol der Autoriät Gottes, nicht als mythologisch oder psychologisch zu deutendes Symbol für irgendeinen immanenten Lebenswert wie Erkenntnis, Geschlechtlichkeit, Lebenserfüllung oder Autonomie des Menschen. Der Baum „ist Gottes Hoheitszeichen"¹⁵. Das in der biblischen Erzählung geschilderte Verbot Gottes, vom Baum der Erkenntnis zu essen (Gen 2,17), hat nichts anderes als den elementaren Gehorsam des Menschen zum Inhalt. Am Baum „soll sich entscheiden, ob der Mensch bereit ist, in der Wahrheit seines Men-

---

⁸ *Religiöser Gehorsam*, 12. Trotz des grundsätzlichen Charakters dieses Aufsatzes ist im Hintergrund deutlich Guardinis eigenes „Glaubenserlebnis" zu erkennen. Guardini beruft sich auch hier auf Mt 10,39 als „Grundgesetz alles geistigen Lebens"; ebd., 9. Zur gleichen Bewertung kommen Böning, 18 Fn. 30, und Knoll, *Glaube*, 115.
⁹ *Religiöser Gehorsam*, 12.
¹⁰ Ebd.
¹¹ *Sinn des Gehorchens*, 23; vgl. ebd., 21-23.
¹² Ebd., 23.
¹³ *Ethik*, 1092.
¹⁴ Vgl. ebd., 1093f.
¹⁵ *Existenz*, 121; vgl. auch *Ethik*, 72-75. Siehe zu dieser Bedeutung bereits Kapitel V.2.5.

schentums zu bleiben: Ebenbild Gottes zu sein und nicht Urbild seiner selbst. Ob er bereit ist, im ontischen Gehorsam zu bleiben; als durch Gott Angerufener, nicht als autonom sich selbst Bestimmender [...]."[16] So bestimmt Guardini die ‚Erkenntnis', die sich mit dem Symbol des Baumes verbindet, als „die Erkenntnis der ontologischen Wahrheit einfachhin"[17]. Dieser Grundwahrheit seines Daseins sollte der Mensch durch den Vollzug des einzig angemessenen Aktes, durch den Gehorsam entsprechen.

In seinem Personverständnis, das Guardini in den späteren Schriften entfaltet, vertieft er diesen Gedanken.[18] Werkchronologisch ist es eine spätere Entfaltung, systematisch-theologisch aber ist es die eigentliche Grundlage seines christlichen Gehorsamsverständnisses. So konnte Guardini in den Ethikvorlesungen wieder auf den Gehorsamsgedanken zurückgreifen, als das christlich-anthropologische Fundament dafür in seiner Personlehre neu gelegt war. Der Gehorsamsakt ist der ‚ontische' Gehorsam, in dem der Mensch sich in die dialogische ‚Ich-Du-Beziehung' zu Gott stellt und seine Herkunft als Person von Gott anerkennt. In diesem Gehorsam verwirklicht der Mensch seine personale Bestimmung und antwortet mit seiner Existenz darauf, „zum Hörer des Welt-Wortes"[19] bestellt zu sein.

2.2 Die Autorität Gottes

Erst im Verhältnis des Menschen zu Gott kommt nach Guardini zur Geltung, was ‚Autorität' im vollen Sinne bedeutet: In Gott ist die absolute Identität „von Idee und Wirklichkeit gegeben. Eine Forderung Gottes kann nun nichts anderes zum Inhalt haben als seine eigene ideelle Gültigkeit. [...] *Gott ist, was er verlangt*; und zwar ursprünglich und notwendig. Um sein Gesetz zu begründen, braucht sein wirkliches Ich nicht auf ein ideelles Prius zurückzugreifen, dessen Träger es wäre, sondern es ist selbst seine Begründung."[20]

---

[16] *Existenz*, 121. Die hier referierte Deutung des Baumsymbols findet sich meiner Kenntnis nach erst in den späten Schriften Guardinis, jedenfalls nicht in den Abhandlungen zum Gehorsamsverständnis der 20er Jahre. Allerdings greift Guardini mit ihr einen Gedanken seiner Arbeit über die Erlösungslehre Bonaventuras auf. Hier wird das Wesen der Sünde als Ungehorsam und Ablehnung der Autorität Gottes bestimmt: „Die Sünde ist einerseits der *Ungehorsam des freien Willens gegen Gottes Gebot*. Er ist verwerflich, weil es sich dabei um ein sittliches Gut handelt; vor allem aber deswegen, weil es der allerhöchste Gesetzgeber ist, der das Gebot aufgestellt hat. So betont Bonaventura, daß das erste Gebot, an dem sich das Schicksal des Menschen entschied, ein reines Disziplinargebot war. Damit tritt als das Wesentliche des sittlichen Verhältnisses der verpflichtende Wille Gottes und der gehorchende Wille des Menschen scharf hervor: ‚mera oboedientia'. Die Sünde ist also die Verneinung der Autorität des höchsten Gesetzgebers [...]"; *Lehre des Hl. Bonaventura*, 17. Die Tradition dieses Gedankens reicht weiter zurück und führt zu Augustinus; vgl. Virt, 19f.

[17] *Existenz*, 121. Vgl. zu dieser Interpretation der Sündenfallgeschichte ähnlich *Anfang*, 51-61.

[18] Zu nennen ist vor allem *WuP* und *Den Menschen erkennt*. Siehe zum Personverständnis Kapitel V.2.1 und 2.2.

[19] *WuP*, 145.

[20] *Begriff des Befehls*, 838. So beruft sich Guardini, a.a.O. Fn. 1, auf Lev 19,16: „Du sollst nicht den Tod deines Nächsten verlangen: (denn) ich bin Jahwe (‚Der Seiende')."

Gehorsam und Autorität

Gott allein ist absolute Autorität, so daß nur er ein Gebot oder eine Norm mit seinem Sein, d.h. seiner Heiligkeit begründen kann. Und „erst wenn der Mensch diese höchste Gültigkeit als ersten und hinreichenden Grund für seinen Gehorsam anerkennt, ist der Gehorsam rein"[21]. Für ein Gehorsamsverständnis, das wie Guardini den zwischenmenschlichen Gehorsam von seiner religiösen Dimension her zu verstehen sucht, ist damit zugleich festgehalten, daß nur Gott gegenüber ein absoluter Gehorsam erbracht werden kann, jeder zwischenmenschliche Gehorsam aber relativ und bedingt bleiben muß.

In den Ethik-Vorlesungen erfährt dieser Gedanke eine wichtige Fortführung, die das so beschriebene Verhältnis zwischen der Güte des Gebotenen und dem Befehl Gottes vor einem nominalistischen Mißverständnis bewahrt, dem zufolge etwas alleine deshalb als gut zu gelten hätte, weil Gott es befiehlt. Vielmehr sind im Gebot Gottes die ‚Gutheit', also die sittliche Qualität und das ‚In-sich-Begründetsein' des sittlichen Sinnes in der Wurzel identisch. „Das ganze Sein Gottes ist gut. Das ganze Gute ist in Gott seiend. Die Identität des Guten und des Seins hat den Namen ‚Gott'. [...] So ist Gott die absolute Autorität. In ihm entspringt die Verpflichtung des Sein-Sollenden. Alles, was Gott befiehlt, verpflichtet, einfachhin, weil er es befiehlt. Daß er es aber befiehlt, ist identisch mit der Tatsache, daß es gut ist. Darauf antwortet im Menschen der Gehorsam..."[22] Ein solch abstrakter, rein philosophischer Begriff vom Sein Gottes, in dem Gott als absolute Gutheit und absolute Wirklichkeit erfaßt wird, würde der christlichen Offenbarung als der Selbstmitteilung Gottes aber noch nicht entsprechen. In ihr wird offenbar, daß Gott nicht nur ‚das Gute' in einem apersonalen Sinn, sondern die ‚Güte' in der dreieinigen Wirklichkeit der göttlichen Personen ist, daß Gott liebt und die Liebe ist.[23] Hatte Guardini in den Schriften der 20er Jahre den Gehorsam des Menschen direkt auf die Hoheit und Autorität Gottes selbst bezogen, so gehen in die Ethik-Vorlesungen die offenbarungstheologischen Überlegungen der Zwischenzeit ein.[24] Es ist nun die Autorität der Offenbarung Gottes in der Welt, die den Gehorsam und die Entscheidung des Menschen fordert. Die Offenbarung ist als Wort und Handeln Gottes Autorität, „und der ihr zugeordnete Akt des Glaubens ist Gehorsam"[25].

Guardini setzt auch an diesem Punkt, an dem er die christliche Offenbarung als Autorität in die Ethik einführt, wie in den frühen Überlegungen über den religiösen Gehorsam vor Gott, den Glauben voraus, der die Realität der Offenbarung bereits anerkannt hat. Er ist in der Argumentation Guardinis nicht nur unabdingbare Voraussetzung des Gehorsams, sondern auch Motiv zur ständigen Kritik des Gehorsams selbst. Der Mensch darf den Gehorsam des Glaubens erst leisten, wenn er „weiß", daß er es mit der Offen-

---

[21] *Religiöser Gehorsam*, 13.
[22] *Ethik*, 500f.
[23] Vgl. ebd., 501.
[24] Zu nennen sind hier *Offenbarung* von 1940, *Religion und Offenbarung* von 1958, und kleinere Abhandlungen. Siehe *Glaubenserkenntnis*, 77-94, und *Offenbarung und Endlichkeit*.
[25] *Ethik*, 1151; vgl. ebd., 1147-1153.

barung zu tun hat, „weil sonst an deren Stelle irgendeine äußerlich angenommene Pseudoautorität tritt"[26].

In diesem grundlegenden Verständnis ist der Gehorsam ein wesentliches und unverzichtbares Element eines christlichen Ethos. Wenn Guardini schließlich schreibt, daß sich dieser religiöse Gehorsam in den Akten des religiösen Lebens auswirke, die sich auf die Grundformen von Glauben, Hoffnung und Liebe zurückführen ließen, nimmt der Gehorsam die Stelle einer theologischen Grundhaltung oder einer theologischen Tugend ein. Er wird auf dieser Ebene zu einem Synonym für den Glauben: „So ist Glaube im letzten Grund Gehorsam, der heiligen, lebendigen Wahrheit gegenüber, rein um ihrer göttlich verbürgten Wahrheit willen."[27]

Während Guardini in den Aufsätzen „Der religiöse Gehorsam" und „Vom Sinn des Gehorchens" den Gehorsam mehr als Anerkennung der höchsten Autorität Gottes beschreibt, die den Charakter einer Unterordnung des Menschen hat, erweitert er dieses Verständnis bereits in „Zum Begriff des Befehls und Gehorsams" entscheidend durch den Bezug auf die christologische bzw. trinitarische Dimension. Standen im Verhältnis des Menschen zu Gott die Idee des höchsten Herren und die des Geschöpfes im Vordergrund und konnten daraus Autorität und Gehorsam, Hoheit und Ehrfurcht begründet werden, so offenbart Christus „diese höchste Instanz als Vater, der mit Liebe gebietet und den Gehorsam der Liebe verlangt. Befehlen ist hier lebenzeugende, lebenreifende Liebe, und Gehorsam ist vertrauende, heilerwartende Liebe. Befehlen ist im letzten Sinn: Vater sein; und gehorchen: Kind sein."[28] Diese Deutung des Begriffes der ‚Autorität' greift auf seinen lateinischen Wortstamm zurück. Wesen der ‚Autorität' ist es ‚auctor vitae' zu sein, Urheber und ‚Mehrer' des Lebens, was im Vollsinn nur von Gott gesagt werden kann, der Urheber des Lebens alleine aus freier Liebe ist.[29]

---

[26] Ebd., 1151. Zu der sich anschließenden Frage nach der Glaubenserkenntnis äußert sich Guardini an dieser Stelle nicht. Aus dem Kontext des Gehorsamsverständnisses kann dazu zumindest gesagt werden, daß der Mensch von sich aus nur mit einer gewissen Bereitschaft zur Hingabe und zum Wagnis, in dem sich Vertrauen ausdrückt, zur Glaubenserkenntnis kommen kann.

[27] *Religiöser Gehorsam*, 14. Die synonyme Verwendung von Glaube und Gehorsam findet sich auch an anderen Stellen im Werk Guardinis. Vgl. beispielsweise *Offenbarung*, 1, wo in der Bestimmung des Zugangs zur Offenbarung ‚Gehorchen' durch ‚Glauben' ersetzt werden kann und die Zirkularität des Glaubensvollzuges auf den Vollzug des Gehorsams hin formuliert ist.

[28] *Begriff des Befehls*, 843. Dieser Aufsatz von 1916 zeigt, daß Guardini schon früh das Verständnis des Gehorsams auf eine theologisch-anthropologische Ebene stellte, die es ihm ermöglicht, eine Verengung des religiösen und davon abgeleitet des innerweltlichen Gehorsams auf ein bloßes Unterordnungsverhältnis zu überwinden. Vor dieser Textgrundlage ist das Urteil von Ruster, *Nützlichkeit*, 189, unzutreffend: „Daß er [Romano Guardini, BK] sich Gottes Größe, repräsentiert in seiner Kirche, nur als Gewalt und Macht und Einschränkung menschlicher Freiheit vorstellen kann, daß er die Beziehung des Menschen zu Gott nur als Unterordnung denken kann, kommt ihm als Ursache des Problems nicht in den Sinn." Die grundsätzlichen Überlegungen Guardinis zum Gehorsam des Menschen im Verhältnis zu Gott lassen sich auch in der frühen Phase Guardinis nicht auf die von Ruster kritisch untersuchte kirchliche Dimension allein beschränken.

[29] Vgl. ähnlich Schmitz, 70: „Freiheit und Leben – die Existenz – zu schenken, darin liegt die fundamentale Wirkung der Autorität aller Autoritäten. Diese Existenz als Geschenk des einen Gottes anzunehmen, ist Pflicht des Gehorsams eines jeden, der angerufen wird."

2.3 Religiöser Gehorsam und Hingabe

Als Grundhaltung oder Elementarakt des menschlichen Daseins ist der Gehorsam von der Bereitschaft zur Hingabe getragen. Er ist mit anderen Worten eine Konkretion dieser Hingabe. Guardini verweist hier, um das Wesen des Gehorsams zu erschließen, wieder auf das ‚Gesetz des geistigen Lebens', demzufolge der Mensch seine Seele, d.h. sich selbst, erst in der Hingabe an ‚etwas' außer sich gewinnt. Gilt dies schon im Einsatz für eine Aufgabe oder eine Idee und auf einer höheren Stufe in der personalen Begegnung und der zwischenmenschlichen Liebe, in der der Mensch sich einem anderen schenken und so sich selbst, frei von Selbstsucht, gewinnen kann, so noch mehr im religiösen Leben.[30]

Die Verbindung von Gehorsam und Hingabe als einer grundlegenden Haltung menschlichen Daseins ist an diesem Punkt der Gedankenführung Guardinis also mit einer religiösen Erfahrung und Einsicht verknüpft. Dadurch wird das Verständnis des Gehorsams von vornherein vor einer Engführung in Form einer reinen Gebotsmoral bewahrt. Andererseits ist es damit auf eine Basis gestellt, die nicht verallgemeinerbar ist, wenn die zugrundeliegende Erfahrung, zumal in ihrer religiösen Dimension fehlt. Methodisch ist dieses ‚Grundgesetz geistigen Lebens' als eine Art intuitiver Erkenntnis zu bezeichnen, der Guardini in seiner Argumentation eine starke Selbstevidenz beimißt.

Guardini weist auf die innere Vertrauenshaltung hin, die dem freien Gehorsam und der Hingabebewegung zugrundeliegt. Diese weitere Verbindung zeigt, daß der Gehorsam nach seinem Verständnis eine Haltung ist, die sich in das Gesamt eines christlichen Ethos einfügt und nicht die ganze personale Haltung dominiert. Dieses erste, grundsätzliche Vertrauen ist die Offenheit gegenüber dem Seienden, die in der religiösen Überzeugung wurzelt, daß das Seiende als Geschaffenes auf Gott verweist. Es wird zur Grundlage einer bestimmten moralischen Einstellung der Welt gegenüber. So wie der Mensch nicht in sich bestehen kann, sondern auf andere und auf anderes hin existiert und sich im Wagnis auf dieses andere hin findet, verwirklicht sich die menschliche Freiheit im Sittlich-Guten, das ihr ‚gegenüber' tritt und sie erfüllen kann. Das ‚Ich' setzt sich dem ‚Du' der anderen Person aus und ebenso der Forderung, die ihm in der Wirklichkeit des Seienden entgegentritt, und vertraut, daß sich sein Leben so erfüllt.[31]

In den verschiedenen sozialen Beziehungen konkretisiert sich dieses Vertrauen u.a. in der Annahme, daß auch in den anderen „die gleiche Stimme des Rechten" lebt, und daß deshalb auch in der Sorge für einen anderen, im

---

[30] Guardini reflektiert in diesem Zusammenhang sein bereits erwähntes persönliches Schlüsselerlebnis. Vgl. *Religiöser Gehorsam*, 9-11 und 17f. Guardini schreibt in den autobiographischen „Berichten", wie prägend dieses „Gesetz" für sein Glaubens- und Lebensverständnis geworden ist. Vgl. *Berichte*, 70ff. In ihm erkennt er ein Grundgesetz des menschlichen Daseins. Vgl. auch *Ethik*, 254.

[31] Vgl. hierzu Kapitel VI.3 die Bestimmung des Guten als die Wahrheit des Seienden.

Befehlen und Gehorchen sich lebensfördernde Gemeinschaft realisieren kann. „In all diesen Verhältnissen ist der Gehorsam gegen das Du im Letzten auch ein Gehorsam gegen das best-eigene Ich, und das sich solchergestalt hingebende Leben findet sich ebenfalls reicher wieder."[32]

Auf dieser weiten Grundlage kann Guardini die katholische Haltung zum Dasein als Gehorsam bestimmen, der frei vom Beigeschmack der Fremdbestimmung ist und frei vom Verdacht, nur Sache einer nicht mündigen und ihrer selbst nicht bewußten Persönlichkeit zu sein: Im Gehorchen-Können zeigt sich nach diesem Verständnis persönliches Selbstbewußtsein, Weltoffenheit und Seinsbejahung, realisiert sich Vertrauen.[33] Der Gehorsamsakt als Akt des eigenen Willens ist in diesem fundamentalen anthropologischen Sinn nicht die Preisgabe, sondern die Hingabe des Selbst. Entsprechend greift auch für das Verständnis von Gehorsam als dem Grundakt menschlichen Lebens die Kategorie der Heteronomie zu kurz, denn in ihm realisiert der Mensch sein einzigartiges Verhältnis zu Gott.

3. Gehorsam und Autorität als Phänomene sittlicher Wirklichkeit

3.1 Die Bestimmung von Gehorsam und Autorität

Allgemein ist unter ‚Gehorsam' die Hingabe an oder die Unterordnung unter eine Instanz außerhalb der eigenen Persönlichkeit zu verstehen. In Präzisierung dieser allgemeinen Bestimmung ist der Gehorsam als sittliches Phänomen von jedem anderen Unterordnungsverhältnis und jeder Beziehung zu unterscheiden, in der eine physische, soziale, oder psychische Beeinflussung erfolgt, sei sie noch so subtiler Art, oder ein Zwang ausgeübt wird: „Vom Gehorsam im sittlichen, eigentlichen Sinn kann nur gesprochen werden, sobald es sich um die Tat einer freibewußten Persönlichkeit handelt."[34] Eine

---

[32] *Religiöser Gehorsam*, 27. Vgl. Molinski, der auf das Gemeinschaftsleben bezogen formuliert: Gehorsam bedeutet nicht die Aufgabe des eigenen Willens, „sondern vollkommene Ausrichtung des Eigenwillens auf die Erfordernisse der Selbstvervollkommnung durch Indienststellung des eigenen Willens in die Erfordernisse der Gemeinschaft und Gesellschaft oder der Entfaltung der Persönlichkeit des Gehorchenden, dem der Befehlende seinerseits zu dienen hat." *Gehorsam*, 385.

[33] Vgl. *Religiöser Gehorsam*, 28.

[34] *Begriff des Befehls*, 835. In unserer Darstellung, die die grundsätzliche ethische Bedeutung der Phänomene im Denken Guardinis untersucht, folgen wir vor allem diesem und dem anderen grundsätzlichen Aufsatz *Begriff sittlicher Freiheit*. Diesem von Guardini früh formulierten Gehorsamsverständnis entsprechend bestimmt in unserer Zeit u.a. auch Schlögel den Gehorsam als eine personale Grundhaltung, die nur gegenüber einem anderen möglich ist, auf den sich das Verhalten bezieht. Bei Inhalten der Lehre oder Normen ist dagegen von ‚Zustimmung' oder ‚Ablehnung' zu sprechen. Vgl. Schlögel, 231.

Autorität im ethischen Sinne kann sich mit einer Forderung nur an ein sittliches Subjekt in seiner Freiheit wenden.

Guardini bestimmt das ‚Gegenüber', dem Gehorsam geleistet wird, durch eine wichtige Unterscheidung, die er bereits der frühen Abhandlung „Der religiöse Gehorsam" vorausschickte und an der er in seinem gesamten Werk festhielt. Den ‚Gehorsam' bezeichnet er als „jene Art des Verhaltens gegenüber einer objektiven Instanz [...], in der das Subjekt diese Instanz als für seine Willensentschließung maßgebend anerkennt und entsprechend handelt"[35]. Gehorsam im eigentlichen Sinne leistet also ein konkretes Subjekt gegenüber einer konkreten Person oder einer konkreten außersubjektiven verbindlichen Instanz. Davon ist in Guardinis Terminologie der ‚Gehorsam' unterschieden, der in der Befolgung einer abstrakten Norm besteht und in dem eine ideelle moralische Geltung bejaht wird. Die das Handeln bestimmende Einsicht in das sittliche Gesetz, wie es in dem obersten sittlichen Prinzip ‚Du sollst das Gute tun' und in dessen Anwendung in einem praktischen Urteilsschluß wie ‚Du sollst die Wahrheit sagen, denn das ist ein Gutes' formuliert ist, ist in diesem Sinn kein Gehorsam. Zwar handelt es sich um einen sittlichen Akt, es fehlt aber die für den Gehorsamsakt spezifische Distanz zwischen der Forderung des verpflichtenden Gesetzes und dem Vollzug des Aktes selbst. Die Freiheit bleibt gewahrt, weil das sittliche Subjekt sich der Verpflichtung durch das Gesetz auch verweigern kann, aber in diesem Fall ist die Geltung in solcher Weise vernünftig und einleuchtend, daß die Bejahung durch das sittlich-vernünftige Subjekt eigentlich selbstverständlich ist. „Sie ist, trotz der Objektivität jenes Gebotes, zugleich im höchsten Maß Selbstbejahung der sittlich-vernünftigen Persönlichkeit."[36] Damit ist der Gehorsam, den Guardini meint, auch vom Gehorsam im Sinne eines Autonomiekonzeptes zu unterscheiden, in dem das autonome Subjekt in seinem Handeln sich dem eigenen durch die Vernunft gesetzten oder zumindest geprüften Gesetz unterwirft. Der Gehorsam im Verständnis Guardinis enthält also „die Anerkennung einer außersubjektiven verbindlichen Instanz" und „die Hingabe an ein Nicht-Ich"[37]. Der Gehorchende weiß sich einer ‚Autorität' verpflichtet.

Wie der Gehorsam ist die Autorität im Verständnis Guardinis wesentlich auf die sittliche Freiheit des Menschen bezogen. Die Würde des sittlichen Subjektes bleibt nur dann gewahrt, wenn die Bindung oder Verpflichtung, die der Angesprochene im Anspruch der Autorität erfährt, seine Freiheit nicht aufhebt. Andernfalls handelt es sich um Manipulation oder Gewalt. Nach Guardini müssen, um von ethisch bedeutsamer Autorität zu sprechen, zwei Momente zusammenkommen[38]: In der Forderung der Autorität muß es erstens um einen sittlich-gültigen Inhalt gehen, der sittlich verpflichten kann

---

[35] *Religiöser Gehorsam*, 737. Nur hier und folgend zitiere ich den Erstabdruck in der Zeitschrift „Pharus" (Jg. 7, 1916, 737-744). Ihm schickt Guardini diese begriffliche Klärung voraus, die sich nicht mehr in der ansonsten identischen, bekannteren und von mir sonst zitierten Fassung in *AdW*, 9-18, findet.
[36] *Begriff des Befehls*, 836. Vgl. zum Ganzen ebd., 835-843.
[37] Ebd., 836.
[38] Vgl. ebd. f.

und anzuerkennen ist. Zweitens wird im Akt des Gehorsams, also in der Bejahung seitens des gehorchenden Subjektes immer auch eine konkrete Instanz, eben die Autorität geachtet. Die sittliche unbedingte Geltung ist „an eine menschlich-geschichtliche, d.h. bedingte Persönlichkeit oder Einrichtung"[39] wie den Staat oder die Eltern geknüpft. „Die Freiheit des sittlichen Gehorsams besteht also einmal in der Unabhängigkeit von bloßer psychischer Beeinflussung, in der bewußten Bejahung des ideellen Gebotsinhaltes (Würde des Gehorsams); dann in der Freiheit von subjektiver Opposition gegen die befehlende konkrete Macht als solche, in der Freiheit zur Hingabe an sie [...]."[40] An diesem Autoritätsverständnis hält Guardini in den späteren ethischen Ausführungen zur Autorität fest.[41]

3.2 Weltliche Autoritäten und die Autorität Gottes

3.2.1 *Die Autorität der Kirche*

Eine besondere Stellung nimmt hinsichtlich der Frage von Autorität und Gehorsam bei Guardini das Verständnis der kirchlichen Autorität ein,[42] was jedoch nicht bedeutet, daß dieser Aspekt seine ekklesiologischen Ausführungen dominiert.[43]

Die besondere Autorität der Kirche leitet sich nach Guardinis Offenbarungsverständnis aus ihrer geschichtlichen Sendung durch Christus ab; sie ist

---

[39] *Jugendbewegung und Katholizismus*, 289.
[40] *Begriff sittlicher Freiheit*, 987.
[41] So heißt es 1961 in *Atheismus und Autorität*, 85f., daß von Autorität im strengen und eigentlichen Sinne nur gesprochen werden kann, „wenn das, was sie vertritt, die Freiheit des Angerufenen bindet, das heißt ethisch sinnvoll ist. Mehr als das, wenn es für das Entstehen und Werden des menschlichen Lebens wesentlich ist. Zweitens aber: Von Autorität im eigentlichen Sinne kann man nur sprechen, wenn die Instanz, die da fordert, konkret ist, menschliche Wirklichkeit; wenn sie sichtbar, als einzelner Mensch oder als Institution in der Geschichte steht." Vgl. auch *Ethik*, 496 und 858-871, und *Existenz*, 411-415.
[42] Zwei Schriften Guardinis widmen sich ausführlicher der Kirche: „Vom Sinn der Kirche" von 1922 (*Sinn der Kirche*) und „Die Kirche des Herrn" von 1965 (*Kirche des Herrn*). In „Die Existenz des Christen" handelt ein längerer Abschnitt von der Kirche als „Fortgang des Werkes Christi in der Geschichte"; vgl. *Existenz*, 341-424. Zur Ekklesiologie Guardinis siehe die Studie von E.-M. Faber „Kirche zwischen Identität und Differenz. Die ekklesiologischen Entwürfe von Romano Guardini und Erich Przywara (Würzburg 1993); dies., *Kirchenbild*; Knoll, *Glaube*, 100-132; Lutz-Bachmann, *Begriff der Kirche*; Ruster, *Sinn der Kirche*, und Schilson, *Dimensionen*.
[43] Vgl. *Sinn der Kirche*, 64-69. In der katholischen Kirche soll die Haltung verkörpert sein, die sich dem Ganzen der gegensätzlich strukturierten Wirklichkeit des Lebens öffnet und es bejaht. Zum einen sollte durch die Einsicht in das ‚Wesen' der Kirche eine juridische und auf die Institution fixierte Engführung im Verständnis der katholischen Kirche und der kirchlichen Autorität überwunden werden. Zum anderen versuchte Guardini einem modernen emanzipatorischen Ressentiment gegen die Kirche, das sich an ihrem Autoritätsanspruch entzündete, zu begegnen. Vgl. Knoll, *Glaube*, 122f. Erinnert sei an die Ausführungen zur Weltanschauungslehre. Die Kirche, so die entscheidende ekklesiologische Aussage, sei „die geschichtliche Trägerin des vollen Blickes Christi auf die Welt"; *Weltanschauung*, 36. Vgl. zur ‚katholischen Haltung' ebd., 37-39.

zunächst wesentlich religiöser Art.[44] Die Entscheidung zum oben dargestellten religiösen Gehorsam, der auf dieser Stufe als Grundakt christlicher Existenz mit der Glaubensentscheidung überhaupt identisch ist, muß ein konkretes Gegenüber haben. Die „überweltliche, unsichtbare Autorität Gottes", die den Menschen zur Glaubensentscheidung ruft, wird durch die Kirche als der „notwendigen innerweltlichen Form der Gehorsamsforderung"[45] vermittelt. Aufgabe der Kirche ist es, die Menschen in der Welt vor das Absolute und Unbedingte zu stellen und so auf ihre Menschwerdung zu verweisen, die sich darin verwirklicht, sich als Geschöpfe und Gottes Ebenbilder zu begreifen und die Liebe Gottes im Glauben anzunehmen.[46]

In der Kirche kann die fundamental-religiöse Dimension, also ihre geistliche Sendung, nicht völlig von ihrer Gestalt als weltlicher und geschichtlicher Institution getrennt werden. So wie aus der konkret geschichtlichen Struktur der christlichen Offenbarung ein Ärgernis werden kann, so liegt auch in der Struktur der Kirche die eigentliche ‚Herausforderung' für den Glauben. Der Gehorsam, der eigentlich dem transzendenten und unsichtbaren Gott gilt, soll nun einer aus Menschen bestehenden Gemeinschaft, die auch Institution ist, entgegengebracht werden. „Wenn man all die menschlichen (persönlichen, gesellschaftlichen, geschichtlichen usw.) Bedingtheiten einer solchen Einrichtung in Rechnung zieht, so ist es klar, daß der Wille zum Gehorsam hier wirklich seine höchste Belastungsprobe erfährt und, falls er ehrlich geleistet wird, eine tiefeingreifende, wahrhaft entselbstende Wirkung ausüben muß."[47] Das Problem von Gehorsam und Autorität verschärft sich also mit Blick auf die kirchliche Autorität.

In „Vom Sinn der Kirche" bezeichnet Guardini das Ineinander von Unbedingt-Vollkommenem und Bedingt-Unvollkommenem, das sich in der Spannung von geistlicher Sendung und weltlicher Institution, von religiöser und weltlicher Autorität zeigt, als ‚Tragik' der Kirche.[48] Diese Bezeichnung birgt allerdings die Gefahr, die aus dieser Spannung entstehende Problematik zu einer ‚metaphysischen Notwendigkeit' zu erklären und jede Kritik an der Kirche von vornherein dadurch zu entkräften, daß sie auf einer Ebene unterhalb ihres ‚eigentlichen Wesens' verhandelt wird. Bereits im Zusammenhang der Weltanschauungslehre zeigte sich ja eine Grenze der ekklesiologischen Ausführungen Guardinis darin, daß das Wesen der Kirche und das Verhältnis zwischen Wesen und Wirklichkeit der Kirche nicht weiter reflektiert wird.[49]

---

[44] Der entscheidende ekklesiologische Gedanke ist bereits im Zusammenhang mit Guardinis katholischer Weltanschauungslehre und seinem Offenbarungsverständnis dargestellt worden. Vgl. Kapitel I.2.3, Kapitel IV.2. Chronologisch gesehen entwickelte Guardini diesen Gedanken im Kern zuerst im Zusammenhang seines Gehorsamsverständnisses; vgl. *Religiöser Gehorsam*, 17.
[45] Ebd.
[46] Vgl. *Sinn der Kirche*, 46f.
[47] *Religiöser Gehorsam*, 18. An dieser Stelle spricht Guardini, ohne dies auszuführen, von den Grenzen dieser Befugnis und vom Recht der selbständigen Persönlichkeit der Autorität gegenüber.
[48] *Sinn der Kirche*, 36f.
[49] Vgl. Kapitel I.3.4.2; vgl. Knoll, *Glaube*, 127f., und Lutz-Bachmann, *Begriff der Kirche*, 77f.

Guardini steuert dieser Gefahr dadurch entgegen, daß er das Problem von Autorität und Gehorsam in der Kirche deutlich als moralisches Problem thematisiert. Über die grundsätzliche religiöse Bedeutung der Autorität der Kirche hinaus stehen die kirchliche Autoritätsausübung und der Vollzug des Gehorsams daher unter dem gleich hohen moralischen Anspruch, der sich aus der ethischen Bestimmung von Autorität und Gehorsam ergab. Ihren sittlichen und religiösen Charakter behalten sie nur, wenn sie im Modus der Freiheit verwirklicht werden. Er wird verstärkt durch den Stellenwert der Persönlichkeit, der in der Kirche zu beachten ist. „Katholisches Gebieten", so fordert Guardini entsprechend, „ist immer voll Ehrfurcht. Es weiß, daß die Persönlichkeit heilig ist. Es fordert nicht nur die Demut des Gehorsams, sondern auch die des Befehls. [...] Es weiß sich als Diener der Autorität Gottes und sieht seine Aufgabe darin, den Anvertrauten immer selbständiger zu machen, ihn zu seiner eigenen Freiheit zu führen."[50] Unter diesem personalen Gesichtspunkt ist das Handeln der Kirchenglieder und ihr Miteinander innerhalb der kirchlichen Gemeinschaft immer auch moralisch qualifiziert und entsprechend zu beurteilen.

Guardini wendet hier den Gegensatzgedanken auf die soziologische Wirklichkeit der Kirche an, wodurch die ethische Kritik der kirchlichen Wirklichkeit ein methodisches Instrument bekommt. Als Autorität hat die Kirche zwar einen Vorrang der Ordnung und der Befehlsgewalt gegenüber den einzelnen Glaubenden.[51] Doch ist sie in gegensätzlicher Spannung dazu zugleich eine personale Glaubensgemeinschaft, die wesentlich freie Persönlichkeiten voraussetzt. Sie braucht reife und entfaltete Persönlichkeiten, um konkret wirklich Kirche sein zu können.[52] So ist die Autorität der Kirche innerhalb des gegensätzlich bestimmten Verhältnisses von Einzelnen und Gemeinschaft zu sehen.[53]

Diese vor allem in ihrer Zeit bemerkenswerten Aussagen bleiben im Grundsätzlichen und sind von Guardini nicht weiter entfaltet worden. Bezogen auf sein gesamtes Werk ist festzustellen, daß Guardini nach der starken Betonung der Bedeutung der Kirche in dieser frühen Phase vermehrt die Persönlichkeit und den personalen Glaubensvollzug der Einzelnen in den Blick nimmt.[54] Erst in den 60er Jahren wird die Kirche in „Die Kirche des Herrn" und in „Die Existenz des Christen" wieder ausführlich zum The-

---

[50] *Sinn der Kirche*, 88f. ‚Persönlichkeit' ist hier im unbedingten Sinn als ‚jede Person' zu verstehen.

[51] Vgl. ebd., 29. Unter der Perspektive der Gegensatzlehre zeigt sich in diesem Sachverhalt eine Dominanz der Formreihe in der Einheit katholischen Lebens.

[52] Vgl. ebd., 26 und 30f. So heißt es ebd., 30: Es bedeutet „unabsehbar viel für die Kirche, ob ihre Gläubigen wertvolle, eigenstarke Persönlichkeiten sind. Niemals könnte die Kirche ihre Größe, Kraft und Tiefe auf Kosten der christlichen Persönlichkeit suchen, denn damit würde sie sofort Größe, Kraft und Tiefe des eigenen Lebens gefährden."

[53] Vgl. *Sinn der Kirche*, 32.

[54] Vgl. Knoll, *Seele*, 22f.; Faber, *Kirchenbild*, und Ruster, *Nützlichkeit*, 194-197. Neben *Lebendige Freiheit, Lebendiger Geist, Möglichkeit und Grenzen* aus den späten 20er Jahren ist besonders *WuP* und die unveröffentlichte Anthropologie *Mensch** zu nennen.

ma.⁵⁵ Im Kern bleiben die grundlegenden Aussagen gleich: Der Kirche kommt von Christus her eine besondere Autorität zu. Noch stärker bezieht Guardini diese Autorität auf die Person Christi und bestimmt den Gehorsam noch deutlicher als Glaubensakt.⁵⁶ Die Kirche soll den Menschen Christus in seiner pneumatischen Wirklichkeit nahe bringen und sie vor seine Wahrheit stellen, damit sie ihr Leben im Glauben auf Christus ausrichten. „Diese Autorität ist keine solche der Herrschaft, so daß der Einzelne ihr Untertan wäre, sondern die Kirche ist die große Dienerin der Einzelnen, die sich in diesem Dienst als das auswirkt, was sie ist. Ihre Autorität ist Autorität des Dienstes – ebenso wie die Annahme dieser Autorität, der Gehorsam, jenes Hören der Heilsbotschaft ist, das durch keinerlei Mündigkeit überflüssig gemacht werden kann."⁵⁷

Guardini räumt ein, daß die Kirche selbst in ihrer Geschichte viele Konflikte dadurch verursacht hat, daß sie sich in ihrem Selbstverständnis, in der Weise und in den Methoden ihrer Autoritätsausübung oft der weltlichen oder staatlichen Autorität angeglichen hat.⁵⁸ Doch führt diese Kritik nicht zur grundsätzlichen Ablehnung kirchlicher Autorität und katholischer Kirchenverfassung an sich, was Guardinis persönlicher Entscheidung für die Kirche und seinem Kirchenverständnis widersprechen würde: Die Kirche kann weder ihren institutionellen Charakter abstreifen noch die weltlich-politische Dimension ihres Handelns ausblenden. Die sich daraus ergebende Spannung, daß die Kirche durch die konkrete Ausübung ihrer Autorität die eigene Identität gefährdet, ist nach Guardini nicht auf der Ebene der kirchlichen Verfassung und Strukturen zu lösen. Eine Antwort sucht er in einer Haltung, die in einer gläubigen Sicht der Kirche wurzelt: „In unserer pluralistischen Zeit wird die immer gestellte Frage, woran die Kirche als die Kirche des Herrn erkannt werden könne, besonders dringlich. Von den dargelegten Gedanken her lautet die Antwort: Daran, daß sie die Autorität in Dienst, die Macht in Liebe wandelt [...] Ihr Verständnis macht Voraussetzungen, vor allem die, verstehen zu wollen – und auch der Kirche zuzugestehen, was man selbst immer in Anspruch nimmt: die Unzulänglichkeit alles Menschlichen."⁵⁹

---

⁵⁵ In den Ethik-Vorlesungen fällt auf, daß die Kirche selbst da, wo es der offenbarungstheologische Zusammenhang nahelegen würde, nicht erwähnt wird. Die in Frage kommenden Passagen des zweiten Teils sind nicht ausgearbeitet. In *Ethik*, 1243, finden sich die nicht mehr ausgeführten Stichworte: „Die Kirche als Beauftragte Christi und Trägerin der Botschaft. Die Kirche als beginnendes Werden der neuen Schöpfung. Die Wirklichkeit der Kirche: ihr Kern und ihre Unzulänglichkeit. Der Gehorsam gegen die Kirche und die Pflicht der Kritik. Die Verantwortung für sie." Sie lassen auf Kontinuität zu den referierten grundsätzlichen Gedanken schließen.
⁵⁶ In den späten Reflexionen über die moderne Gestalt des Glaubens und die Situation des Christen in der Moderne meint ‚Gehorsam' jene Haltung des Glaubens, die in Treue die Vereinsamung des Christen auf sich nimmt. Vgl. *EdN*, 93f., und *Glaube in unserer Zeit*. Siehe dazu bes. Biser, *Interpretation*, 123-130.
⁵⁷ *Die Kirche des Herrn*, 118.
⁵⁸ Vgl. *Existenz*, 423.
⁵⁹ *Die Kirche des Herrn*, 52f. Vgl. auch *Existenz*, 424.

Da es in der Kirche faktisch immer Autoritäts- und Machtausübung gibt, ist es notwendig, eine ethisch verantwortete Gestaltung dieser Phänomene zu finden. Die Bedeutung von Guardinis grundsätzlichen Überlegungen liegt darin, darauf hinzuweisen und einen hohen, aber keineswegs idealistisch-irrealen Anspruch an die Autoritätsausübung der Kirche zu formulieren. Seine Gedanken zu Autorität und Gehorsam in der Kirche sind auch vor dem Hintergrund persönlicher Erfahrungen mit der Autorität in der Kirche zu sehen, über die die autobiographischen Berichte Auskunft geben. Exemplarisch wird seine Vorstellung von kirchlicher Autorität in der typenhaften Beschreibung des ‚brüderlichen Priesters' deutlich: Der ‚brüderliche Priester' ist der, der „nicht als Träger der Autorität den Gläubigen gegenübersteht, sondern neben sie tritt. Er scheut sich, feste Ergebnisse und Weisungen an sie heranzutragen, sondern stellt sich mit ihnen zusammen in das Suchen und Fragen hinein, um mit ihnen gemeinsam herauszufinden. [...] Es ist ein durch die ganze Tätigkeit hindurchgehender Unterschied der Haltung, ob ich ausdrücklich von der Autorität ausgehe und Gehorsam fordere, oder ob ich mich neben den anderen stelle und mit ihm zusammen in den Gehorsam zu gelangen suche. In beiden Haltungen ist Autorität und Gehorsam, aber sie gehen verschiedene Wege."[60] Das Zitat zeigt über die persönliche Färbung hinaus, die Guardinis eigenes Amtsverständnis erkennen läßt, in welcher Richtung bei ihm die Antwort auf eine wichtige moraltheologische Frage zu suchen ist, die er sonst nicht thematisiert. Welche Bedeutung hat die Autorität der Kirche in Fragen des sittlichen Lebens?[61] Die Kirche und besonders

---

[60] *Berichte*, 99. Interessant ist in diesem Zusammenhang sein Entwurf zur Gestaltung des Lebens in einem Priesterseminar, in dem Guardini entgegen seinen eigenen Erfahrungen im damaligen Mainzer Priesterseminar – er wurde aufgrund einer Denunziation, die nach Guardini symptomatisch für den praktizierten Seminarstil war, von der Priesterweihe zurückgestellt – Gehorsam und Autorität mit Freiheit und Selbständigkeit der Persönlichkeit in Ergänzung zueinander bringt; vgl. *Berichte*, 89-93. Biographisch ist schließlich an das Schicksal von Guardinis theologischem Lehrer Wilhelm Koch zu erinnern, der im Antimodernismusstreit von der Kirche verurteilt wurde. Ein Buch Wilhelm Kochs von 1915 mit dem Titel „Autorität und Freiheit" beschäftigte sich übrigens mit dem Problem wissenschaftlicher Freiheit; es kam auf den Index. Vgl. Binkowski, 99.

[61] Es gibt nur einige Randbemerkungen. So heißt es in *Religiöser Gehorsam*, 18: Die Kirche „verlangt als irdischer Ausdruck der göttlichen Hoheit [...] innerhalb ihrer Befugnis die gleiche Hingabe ihres Gehorsams, wie sie oben dargelegt wurde [...]" Diese Bemerkung bezieht sich auf den Glaubensgehorsam im dargelegten fundamentalen Sinne. Guardini fügt in einer Fußnote, ebd., hinzu: „Über die Grenzen dieser Befugnis, über das Recht der selbständigen Persönlichkeit der Autorität gegenüber wird in diesem Zusammenhang nicht gesprochen." In *Begriff sittlicher Freiheit*, 987, schreibt Guardini: Nicht für jede Autorität besteht „die Gewähr, daß ihr Gebot nach Inhalt und Wirkung stets berechtigt sei. Diese Gewähr haben wir nur angesichts der absoluten Autorität Gottes und seiner übernatürlichen Stellvertretung auf Erden, der Kirche, soweit es sich um deren wesentliche, unfehlbare Autoritätsäußerungen handelt. Jede andere autoritäre Forderung ist irrtumsfähig, relativ." Guardini bezieht sich mit dieser Aussage von 1916 vermutlich auf die Definition des Ersten Vatikanischen Konzils in „Pastor aeternus" über die Unfehlbarkeit des Papstes in Fragen der Glaubens- und Sittenlehre; vgl. DH, n. 3074. Schließlich ist eine Fußnote in *GGS*, 30, zu erwähnen, in der Guardini anmerkt, daß in die Beurteilung einer Situation auch das Wort der Offenbarung, die Lehre der Kirche und die christliche Tradition hineingehören.

das kirchliche Amt wird sich nach Guardini als Autorität, als ‚Mehrerin' des Lebens, weniger in autoritativen Weisungen zeigen, sondern dadurch, daß sie moralische Probleme und ethische Fragen im gemeinsamen Suchen, d.h. auf dialogischem Wege zu lösen sucht.

Daß zum Bereich des Sittlichen auch Leitbilder und Gestalten, in denen sich ein christliches Ethos verkörpert, sowie Gebote und Normen als Inhalte kirchlicher Morallehre gehören, merkt auch Guardini an.[62] Er hebt bei der Bedeutung der Kirche für das sittliche Leben jedoch einen anderen Aspekt hervor. Die Kirche soll „lebendiger Ausdruck"[63], Symbol der Wahrheit Gottes und der Lebensganzheit in der Welt sein. Diesem umfassenden Verständnis entsprechend soll sie durch ihre verschiedenen Vollzüge insgesamt, durch die Verkündigung des Evangeliums, durch ihre Tradition und Lehre und auch durch die Feier der Liturgie die Standpunkte vermitteln, die „von der Enge des eigenen Selbst"[64] befreien und das Subjekt gegen Fremdeinflüsse stärken. Guardini legt den Schwerpunkt auf die Aufgabe, die Selbständigkeit der Glaubenden als moralische Subjekte zu stärken. Diese Akzentuierung fügt sich in die Überlegungen zur Bildung des Gewissens und der Verwirklichung sittlicher Freiheit und in die gesamte Ausrichtung seines ethischen Denkens auf ein personales Ethos ein. Ziel kirchlichen Handelns im Bereich der Moral ist die persönliche geistige Unabhängigkeit als Voraussetzung eines wirklich selbständigen sittlichen Urteils, das sich nicht nach fremder Meinung und danach richtet, „was alle sagen"[65].

Schließlich gilt in ethischer Hinsicht für die Kirche als Autorität das, was von der Autorität als Phänomen sittlicher Wirklichkeit überhaupt zu sagen ist. Die folgenden Überlegungen sind also auch auf die Kirche zu beziehen.

3.2.2 Weltliche Autoritäten

Nach Guardinis Verständnis leitet sich nicht nur die Autorität der Kirche von der absoluten Autorität Gottes ab. Auch die Autorität weltlicher Instanzen bleibt auf die Autorität Gottes rückbezogen. Absolute Autorität hat allein Gott, in dem „Heiligkeit und Macht identisch sind, und der zur Welt im Verhältnis des ‚Autors', des Urhebers steht"[66]. Überall aber, wo sich im menschlichen Zusammenleben eine ‚Autorschaft' in dem Sinne realisiert, daß Leben entsteht und gefördert wird, ist die weltliche Autorität in der Form des Abbildes auf das göttliche Urbild rückbezogen. Denn in der Forderung einer Autorität im sittlichen Sinn spricht das Gute, das dem Leben dienlich und förderlich ist, den Menschen an. Das Gute aber weist auf Gott hin, es beginnt in ihm.[67] Unter dieser Voraussetzung bezieht sich Guardini in seinen Überlegungen besonders auf die staatliche bzw. gesetzliche und die

---

[62] Vgl. *Sinn der Kirche*, 15, 59 und 71.
[63] Ebd., 71.
[64] Ebd., 16.
[65] Ebd., 61.
[66] *Ethik*, 873.
[67] Vgl. *Ethik*, 500.

elterliche Autorität, die eine besondere Stelle im Dasein des Menschen einnehmen.

Unmittelbar einsichtig ist, daß die Eltern am Ursprung des Lebens stehen und für sein Wachsen sorgen sollen. Sie sind ‚auctores vitae' für das Leben des Kindes, das von den Eltern abhängig und ihnen anvertraut ist. Die Begründung der Autorität der Eltern als Phänomen sittlicher Wirklichkeit ist naturrechtlicher Art. Es liegt im Wesen menschlichen Lebens, daß eine sittliche Forderung zuerst in der Vermittlung durch die Eltern oder deren Ersatzpersonen auftritt. „Autorität und Gehorsam sind eine Verwirklichungsform des Guten, gefordert durch die Tatsache, daß der Mensch unmündig ins Leben gelangt und ihm die sittliche Ordnung verkörpert durch die Urheber seines Lebens entgegentritt."[68] Daraus folgt als besonderes Wesensmerkmal elterlicher oder erzieherischer Autorität, daß sie die Aufgabe hat, sich selbst überflüssig zu machen.

Der Staat, so unterschiedlich seine politische Verfassung oder Gestalt auch sein kann, ist die zweite Grundform der Autorität, weil der Mensch als soziales Wesen ins Dasein tritt, und der Staat bzw. das Gemeinwesen das Gesamtleben des Volkes zu ordnen hat.[69] Auch hier ist die Basis der Überlegung Guardinis zunächst naturrechtlicher Art, die aber nach christlicher Tradition in einen theologischen Gesamtzusammenhang gestellt wird. Nach dessen Verständnis repräsentieren die Eltern und in abgewandelter Form auch der Staat eine „über ihnen stehende Instanz". Sie bringen Gott „als den *auctor vitae* schlechthin zur Präsenz"[70], wenn auch diese Repräsentation immer nur in gebrochener Form geschieht. Eine wirkliche innerweltliche Autorität kann in ihrem Wesen nach Guardini nicht ohne diese metaphysische oder religiöse Komponente, d.h. vom Standpunkt des christlichen Glaubens aus, nicht ohne Gott verstanden werden.[71] Das biblisch-christliche Ethos wahrt diesen Aspekt u.a. in der Forderung des vierten Gebotes, die Eltern zu ‚ehren'. Darin drückt sich ein Respekt aus, der nicht alleine aus weltimmanenten Gründen wie dem Nutzen oder der Funktion der elterlichen Autorität für das Leben oder eine Gemeinschaft verständlich wird, sondern aus eben diesem religiösen Charakter.[72]

Wenn die innerweltliche Autorität auf ihren göttlichen Ursprung rückbezogen wird, dann ergibt sich daraus die sittliche Verpflichtung der Autorität bzw. derer, die sie vertreten, in ihrer Ausübung das göttliche Urbild ‚nachzubilden'. Guardini deutet diesen Zusammenhang bereits in dem frühen Aufsatz „Die Bedeutung des Dogmas vom dreieinigen Gott für das sittliche Leben der Gemeinschaft" an. Er versteht das Trinitätsdogma „als Magna Charta der Pflicht und Würde jeder menschlichen Gemeinschaft"[73] und fragt

---

[68] *Atheismus und Autorität*, 86.
[69] Vgl. ebd., 84-87.
[70] Ebd., 88.
[71] Vgl. *Ethik*, 862 und 873.
[72] Vgl. *Atheismus und Autorität*, 87f.
[73] *Bedeutung des Dreifaltigkeitsdogmas*, 87. Den Hinweis auf diesen Zusammenhang verdanke ich Knoll, *Glaube*, 117f. Dieser Zugang Guardinis zum Dreifaltigkeitsdogma erinnert an die Bemerkung über den Dogmatiker Wilhelm Koch, der als erster der theologischen Lehrer Guardinis die Frage nach dem „Lebenswert der Dogmen" thematisierte; vgl. *Berichte*, 84.

nach seiner Bedeutung für das sittliche Leben menschlicher Gemeinschaft, wozu auch als wichtiges Phänomen die Autorität gehört.[74] Zwei gegensätzliche seelische Bewegungen oder Antriebe bestimmen menschliches Gemeinschaftsleben, wobei die leitende Vorstellung Guardinis eine personal qualifizierte Gemeinschaft ist: Die erste Tendenz kann als ‚Hingabe', als Bereitschaft beschrieben werden, sich der Gemeinschaft zu öffnen. Die zweite ist in Spannung zu dieser das ‚Streben nach Selbsthaltung', die notwendige Zentrierung auf sich selbst. Damit sind die beiden Koordinaten genannt, durch die auch das Verständnis von Gehorsam und Autorität bestimmt ist. Keine wirkliche Gemeinschaft kann ohne die Bereitschaft zur Hingabe und zur Mitteilung zustandekommen und verlangt zugleich, daß „sie Verbindung selbständiger Persönlichkeiten sei. Der Mensch kann dem Menschen nie Mittel zum Zweck, sondern nur Selbstzweck sein; die Freiheit seines Gewissens, seines Urteils, seines Entschlusses darf nicht angetastet werden."[75] So sichert erst das Widerspiel von Einsamkeit und Gemeinsamkeit, von Sozialbezug und Individualität den Sinn der Gemeinschaft. Nach der christlichen Deutung Guardinis erscheint dieser Zusammenhang im trinitarischen Geheimnis in seinem wahren Licht. Das dreieinige Leben der göttlichen Personen ist „die Vollendung der Gemeinschaft: Liebe, Gemeinsamkeit von allem, bis zur Selbigkeit des Wesens und Lebens. Aber zugleich vollkommene Selbstbewahrung der Person."[76] Deutlich wird an dieser Stelle wieder, wie sehr das ethische Denken Guardinis in den grundsätzlichen anthropologischen Aussagen theologisch fundiert ist. Im Wesen aller Gemeinschaft gilt das „heilige, unveräußerliche Recht der Persönlichkeit, unberührt in sich zu stehen, und sofort wird eine Gemeinschaft widerwesentlich, unsittlich, welcher Art sie auch sei, sobald diese Grenze überschritten ist. Im Geheimnis der heiligsten Dreieinigkeit hat jede menschliche Gemeinschaft das Gesetz ihrer Kraft und Würde. In all ihren Formen ist Menschengemeinschaft ein ‚vestigium Trinitatis', ein Spurbild der dreieinigen Gottesgemeinschaft."[77]

Die Reflexion auf das theologische Fundament eines christlich-ethischen Autoritätsverständnisses bliebe unvollständig, käme durch sie nur die religiöse Begründung und die Vorbildfunktion bzw. die normative Bedeutung des göttlichen Urbildes zum Tragen. In Guardinis Überlegungen ist der moralische Imperativ vom Indikativ des Heilshandelns Gottes und der gnadenhaft gewährten Teilhabe des Menschen am göttlichen Leben getragen, ohne die das Urbild nur zum Maß der Überforderung würde. So schließt er seine Überlegungen: „So kommt aus der Trinität nicht nur das Vorbild des Gemeinschaftslebens, sondern auch die Kraft, es zu erreichen. Es ist die Gnade,

---

[74] Expressis verbis erwähnt Guardini diese einleitend. Er erinnert daran, wie stark die Bedeutung des Dreifaltigkeitsdogmas für das gemeinschaftliche Leben im Mittelalter empfunden wurde. Als Beispiel nennt er die mittelalterliche Gesetzessammlung ‚Lex Salica', die „im Namen der heiligen und unzerteilten Dreieinigkeit" begann. Vgl. *Bedeutung des Dreifaltigkeitsdogmas*, 87.
[75] Ebd., 90f.
[76] Ebd., 92.
[77] Ebd., 93.

die sich auswirkt in der Ehrfurcht, mit der die Kinder Gottes ,einander in Ehrerzeugung zuvorkommen' (Röm 12,10), und der Liebe, darin sie ,alles gemeinsam' haben."[78] In der trinitätstheologischen Fundierung des christlichen Ethos ist seine sakramental-theologische Dimension verankert. Christliches Ethos setzt das Erkennen des Logos, das selbst schon gnadenhaft ermöglicht ist, und die Teilhabe an ihm durch den Glauben voraus.[79]

Äußerungen Guardinis in den frühen Schriften lassen ebenso wie in den späten Ethik-Vorlesungen erkennen, daß er Unverständnis und Ablehnung seines Autoritätsverständnisses erwartete, und dies bereits gegenüber der Thematisierung und Hervorhebung des Phänomens an sich, erst recht aber, was die religiöse Deutung betraf.[80] Diese Erwartung dürfte am Ende dieses Jahrhunderts angesichts der geschichtlichen Erfahrungen mit dem Mißbrauch staatlicher Macht nicht weniger zutreffen. Trotz des möglichen Ressentiments ist aber die ethische Thematisierung des Phänomens berechtigt und angesichts der tatsächlichen Erfahrungen notwendig. Dabei ist die Stärke Guardinis wiederum im Grundsätzlichen und in der Betonung der personalen und sittlichen Dimension von Autorität und Gehorsam zu sehen. Damit ist zugleich eine Grenze in seinem Denken markiert, da Guardini nicht über diesen Bereich hinausgeht. Sein Anliegen ist es, die Bedeutung der Autorität als Urphänomen des sittlichen Lebens herauszustellen, ohne die menschliches und sittliches Leben nicht gelingen kann. Faktisch ist menschliches Leben immer in irgendeiner Weise von ,Autoritätsäußerungen' mitbestimmt. Auch ohne einen naturrechtlichen Interpretationsrahmen gilt, daß die Autorität als sittliches Phänomen in der Geschichtlichkeit und Sozialität menschlichen Lebens begründet ist.[81] Autorität ist für die sittliche Existenz wichtig, weil sie das Ethos, die sittlichen Erfahrungen und moralischen Grundüberzeugungen einer Gesellschaft oder Gemeinschaft vermittelt. Daher ist sie auch für die Herausbildung sittlicher Autonomie unverzichtbar, weil sie die Bedingungen zur Auseinandersetzung schafft, durch die das moralische Subjekt sich erst selbst entwickeln kann. So zeigen sich im Verhältnis

---

[78] Ebd., 94.
[79] Die moderne Moraltheologie hat diese Verknüpfung von Glauben und Ethik als Charakteristikum der biblischen Ethik wieder herausgestellt. „In der *apostolischen Paränese* bildet der Christusglaube den tragenden Grund des sittlichen Lebens. Das christliche Ethos ist vornehmlich *Taufethos*. Der Hinweis auf das, was Gott durch Jesus Christus am Menschen getan hat und immerfort tut, wird zum Leitmotiv. Damit steht deutlich die *Erneuerung des Menschen* durch Taufe und Bekehrung *im Zentrum*." Böckle, *Theonome Autonomie*, 34.
[80] Vgl. *Sinn des Gehorchens*, 24: „Es ist nicht leicht, über diese Dinge zu sprechen. Man steht vor mißtrauischem Widerstand" resultierend aus den Fehlern, dem Mißbrauch der Autoritäten und dem Abstand zwischen der Autorität und ihrem Träger, ebenso aus der „Betonung der Eigenrechte des Einzelnen". In *Ethik*, 872, heißt es: „Ich bitte Sie, zu glauben, daß ich weiß, wie dieser Satz [daß es die Pflicht des Staates sei, sich und sein Tun auf Gott zu beziehen, BK] klingt, und was alles an Befremdung, Skepsis, ja Entrüstung gegen ihn aufgebracht werden kann. Deswegen muß aber das, was zu sagen ist, doch gesagt werden."
[81] Vgl. Honnefelder, *Autorität*, 1299. Autorität in Glaube und Gesetz kann daher nicht ausreichend als geschichtlich notwendige Vorwegnahme begriffen werden, die in Vernunfterkenntnis und Autonomie zu überführen ist, wie das Kant und Lessing versuchten, um den Gegensatz von Autorität auf der einen Seite und Vernunft und Freiheit auf der anderen Seite aufzulösen.

von Eltern und Kind und im Verhältnis der Individuen zum Staat „menschlich-sittliche Urphänomene [...] Das Sittengesetz tritt wesentlich und grundlegenderweise in konkreter Verkörperung an den Menschen heran, eingebettet in die Urformen menschlicher Seinsbeziehung, gebunden an lebendige persönliche Träger, d.h. als Autorität."[82] Deshalb, und darauf weisen Guardinis Überlegungen hin, sind sie unverzichtbarer Gegenstand auch einer christlichen Ethik. Diese wird über Guardini hinaus allerdings in die Reflexion auch die humanwissenschaftlich-kritischen Forschungen dieses Jahrhunderts einbeziehen.

Die moderne Theologie hat, soweit sie sich diesem Thema widmet, an der theologischen Interpretation des Autoritätsverständnisses festgehalten und stimmt hier im Grundsatz mit Guardini überein.[83] Verschärft hat sich das von Guardini in den späten Schriften und in den Ethik-Vorlesungen deutlich wahrgenommene Problem, daß dieser Bezug in der westlichen ‚säkularisierten' Gesellschaft nicht mehr geteilt wird. Dies erklärt vielleicht eine gewisse Zurückhaltung der Theologie gegenüber dem Thema und dem Begriff der Autorität, der bei der Erneuerung der Moraltheologie insgesamt wenig beachtet wurde.[84]

---

[82] *Sendung der katholischen Jugend*, 172. Vgl. ähnlich *Begriff des Befehls*, 839; *Jugendbewegung und Katholizismus*, 289, und *Ethik*, 503.

[83] Dies belegt ein kurzer Durchgang durch neuere Lexikonartikel. Scholtissek, 1299f., skizziert kurz das biblische Fundament des Autoritätsverständnisses. Gegenüber Gott, der Autorität in einem ‚einzigartig-letztgültigen Sinn' hat, ist alle andere Autorität relativ. Sie ist von ihm her zu verstehen, was auch für die Autorität und Vollmacht Jesu und für die apostolische bzw. kirchliche Autorität gilt. Ein Blick auf den locus classicus für das Verständis der staatlichen Gewalt in der Geschichte des Christentums in Röm 13, 1-7 zeigt, daß die Autorität der staatlichen Gewalt als ethisches Phänomen zu verstehen ist. „Sie steht im Dienst Gottes und verlangt, daß Du das Gute tust." (Röm 13,3). Gehorsam ist ihr zu leisten „um des Gewissens willen", nicht wegen eines rein formalen oder gar gewaltsam vorgebrachten Anspruches (Röm 13,5). Die Beziehung irdischer Autoritäten zu Gott wird unterschiedlich akzentuiert, doch im Grundsatz aufrechterhalten. Bei Molinski, *Autorität*, 264, ist die „Transzendenzbezogenheit" irdischer Autoritäten und ihre Hinordnung auf Gott Korrektiv und Ziel tatsächlicher Autoritätsausübung. Ebenso stimmt Riedl, 66f., in seinen Grundaussagen mit der Position Guardinis überein. Eine auch in der Einschätzung der Autorität als sittliches Phänomen und in ihrer Einordnung in das gesamte Feld der ethischen Begriffe mit Guardini verwandte Position nimmt Philipp Schmitz ein. Siehe desweiteren Auer, *Christentum*, und Hörmann. Ähnliches gilt für die evangelische Theologie. Vgl. Beintker, 41: „Im Hintergrund aller Autorität [...] steht nach allgemein christlichem Verständnis durch Schöpfung, Versöhnung, Sinn- und Zielgebung Gottes Wille und Tat. Alle Freiheit und jede Autorität sind anvertraute Gaben des Schöpfers. Sie können auftrags- und sinngemäß verwaltet oder auch mißbraucht werden. Freiheit und Autorität müssen nicht gegeneinander sein, eben weil sie unter Gottes Anspruch stehen. In der letztlich ihm gegenüber zu verantwortenden Aufgabendurchführung sollten sich Autoritätsträger stets über das Wesen echter Autorität bewußt bleiben." Vgl. auch Thielicke.

[84] Vgl. Schmitz, 7f. Schmitz rechnet den Begriff der Autorität zu den Begriffen, die von der neueren Moraltheologie vernachlässigt wurden, aber für die Beschreibung und Reflexion des „moralischen Unternehmens, Mensch zu sein und sittlich zu handeln", unverzichtbar sind. Außer den Artikeln zum Stichwort Autorität in HThTlex, im LThk, in NLChM, im RGG und TRE gibt es kaum neuere theologische Literatur zu diesem Thema; s. die Angaben in Fn. 83. Anders sieht es zur Frage der kirchlichen Autorität aus. Vgl. hierzu Böckle, *Kirche und Lehramt*, und neuerdings Schockenhoff, *Kirchliche Autorität*.

Gerade weil Guardini Autorität nicht in einem rein politischen oder soziologischen Sinn, sondern als ethisches Phänomen versteht, stellt er die religiöse Herkunft und Dimension der Autorität heraus. Besonders Autorität und Gehorsam sind für Guardini solche Phänomene des sittlichen Lebens, die die religiöse Dimension des Ethischen und so das ‚Unterscheidend Christliche', mit anderen Worten das Spezifikum einer christlichen Ethik verdeutlichen. Dieser Akzent prägt vor allem die Reflexion in den Ethik-Vorlesungen.[85] Im Transzendenzbezug der Autorität im besonderen und des Sittlichen im allgemeinen ist nach christlichem Menschenbild zugleich die wahre Menschlichkeit christlicher Ethik begründet. Indem Guardini diese Beziehung zur Wirklichkeit Gottes herausstellt, wendet er sich gegen eine vom Glauben abstrahierende Ethik und verbindet so auch an dieser Stelle Glauben und sittliche Existenz. „Die abstrakte Norm-Ethik ist unmenschlich, weil sie den Menschen in eine Einsamkeit versetzt, von der aus keine Liebe zu Gott möglich ist. Die Liebe ereignet sich dann nicht mehr im personalen Zentrum, im Gewissen, sondern an der Peripherie der Not bzw. der Hilfe. In Wahrheit beginnt die Liebe Gottes zum Menschen und des Menschen zu Gott im ethisch-personalen Zentrum der Existenz."[86] In dieses personale Zentrum reichen auch Gehorsam und Autorität. So geht es Guardini in der Darstellung dieser ethischen Phänomene von Autorität und Gehorsam um die Verbindung von Ethik und Glauben. Christliche Ethik darf diesen Zusammenhang nicht lösen, will sie nicht den Bezug zur realen Sittlichkeit und zum tatsächlichen ethischen Verhalten verlieren. „Das abstrakte Verhältnis von ethischem Subjekt und ethischer Norm ist relativ und aus sich begründbar: das Axiom ‚bonum est faciendum' bedarf zunächst weiter keiner Stütze. Aber eine Lehre vom lebendigen ethischen Verhalten muß ohne weiteres auf die letzte Einheit lebendiger Wirklichkeit und ideeller Gültigkeit, d.h. auf Gott zurückgreifen, ebenso wie sie das abstrakte, ethische Subjekt verwurzeln muß in das lebendig-wirkliche."[87]

Neben diesem besonderen Anliegen sind weitere theologisch-ethische Konsequenzen festzuhalten, die sich aus der theologischen Begründung der Autorität ergeben. Die ausdrückliche Ableitung der weltlichen Autorität von Eltern und Staat aus der Autorität Gottes bewirkt einerseits eine stärkere Legitimation und Stabilisierung dieser Autoritäten. Die Motivation zum Gehorsam wird durch die religiöse Begründung vertieft.[88] Damit war und ist allerdings die Gefahr verbunden, daß auch der Mißbrauch von Autorität religiös legitimiert und der Kritik entzogen wird, was das Mißtrauen gegenüber einer solchen Begründung verstärkt hat bzw. verstärkt.

---

[85] Vgl. u.a. *Ethik*, 486f. und 498-502.
[86] Ebd., 504f. Diesen „grundlegenden ethischen Sinnverhalt", die Durchdringung der ganzen, also auch der ethischen Existenz durch den Glauben drückt sich, so Guardini ebd., 505, naiv im kindlichen Wort aus: „Der liebe Gott sagt, daß ich nicht lügen soll."
[87] *Begriff des Befehls*, 840.
[88] So heißt es in *Begriff des Befehls*, 841: „Der Gehorchende soll wissen, daß er im Menschen Gott gehorcht. Daher ist die Seele des Gehorsams die Frömmigkeit, die religiöse Ehrfurcht und die Demut." An diesem früh (1916) formulierten Gedanken hielt Guardini fest; vgl. *Atheismus und Autorität*, 87f.

Andererseits ermöglicht der transzendente Bezug auch die Relativierung und Kritik jeder Autorität. Grundsätzlich gilt, daß die theologische Begründung der irdischen Autorität die Befehlenden und Gehorchenden in ihrem Unterordnungsverhältnis auf eine Ebene stellt, denn beide stehen mit ihrem Verhalten unter dem Anspruch Gottes und sind vor ihm verantwortlich. Daran hat sich nicht nur der Gehorchende, sondern auch der Befehlende zu orientieren. Das Bewußtsein der transzendenten Dimension kann der Verabsolutierung weltlicher Autorität begegnen, was Guardini in seinen politisch-ethischen Überlegungen hervorhebt, wie noch zu zeigen ist.

Autorität nach christlichem Verständnis hat sich nicht dadurch auszuweisen, daß sie formal ihr Dasein und ihren Anspruch auf Gehorsam durch ihren Bezug auf die Autorität Gottes begründet, sondern ihr Handeln als Zeugnis für diesen Ursprung durchsichtig macht. Eine theologische Konzeption von Autorität liefert mit dieser Erkenntnis auch den entscheidenden Maßstab zur Kritik der Autorität, was schon in Guardinis Überlegungen zur Autorität der Kirche deutlich wurde. Die christologische Vertiefung der theologischen Begründung führt jede Autorität „durch den Gekreuzigten und so Erhöhten als Repräsentanten göttlicher Autorität auf ihr wahres Maß, die Dienstlichkeit für Menschen zurück"[89]. Für eine Autorität nach christlichem Verständnis sind Selbstbegrenzung, Partnerschaft und Freiheit bedeutsam. „Trotz mancher Rückfälle in vorchristliches Machtdenken in der Kirche hat der christliche Glaube dazu der Menschheit eine universal gültige Wahrheitseinsicht vermittelt. Mit Jesu Leben und Lehre als geschichtlicher Sendung durch Gott hat Gott selbst die Autoritätsfrage gestellt."[90] Daß sich dieser christliche Maßstab in der Geschichte zu selten auf die Autoritätsausübung in Gesellschaft und Kirche ausgewirkt hat, um den Mißbrauch von Autorität und Macht zu verhindern, spricht nicht gegen ihn. Er konnte und kann als Korrektiv wirken. So ist in theologisch-ethischer Sicht das Bemühen um eine christlich verantwortete Autoritätsausübung der zweifelhaften Alternative vorzuziehen, die Autorität sich selbst zu überlassen.

3.3 Folgerungen für ein Ethos der Autoritätsausübung

Nach der Darstellung der religiösen Dimension von Autorität und Gehorsam soll die Untersuchung nun unter der Frage vertieft werden, ob sich bei Guardini weitere Ansätze für eine ethisch verantwortliche Autoritätsausübung finden. Für die ethische Betrachtung ist besonders wichtig, in welcher Beziehung Autorität und Gehorsam zur Freiheit stehen.

---

[89] Vgl. Hünermann, *Autorität*, 1300. Diesen christologisch-theologischen Gedanken hatte schon Mirgeler in seiner Kritik ausgesprochen. Das Bewußtsein, „daß in Christus Gott die schreckende Gewalt absoluter Autorität verwandelt hat in die Macht schenkender Liebe, gibt der isolierten Jugend die letzte Kraft in ihrem Existenzkampf mit den alten Gewalten"; Mirgeler, 182.
[90] Beintker, 42.

3.3.1 Die Kritik der Autorität

Bei jeder innerweltlichen Autorität bleibt eine Distanz zwischen der gültigen und absoluten Forderung des sittlichen Gesetzes und der konkreten Wirklichkeit der sie einfordernden Autorität bestehen. Das unterscheidet sie wesentlich von der Autorität Gottes. So stellt Guardini schon früh fest: „Weder Eltern also noch Staat noch irgendeine andere *irdische Befehlsgewalt* haben eine ursprüngliche, unmittelbare Autorität. Ihnen gegenüber gibt es daher auch keinen ursprünglichen, unmittelbaren Gehorsam. Vielmehr richtet sich die Bejahung zunächst entweder auf den Inhalt des Gebotes, der aus sich verpflichtet, oder aber auf den Zweck, der in sich gut und für den das Gebotene ein Mittel ist (*mittelbarer Gehorsam*). Die Bedeutung der betreffenden Gewalt aber ist eine funktionelle: sie trägt, vertritt das Gesetz."[91] Aus diesem Verständnis einer übertragenen oder abgeleiteten Autorität folgt zunächst, daß „der Gehorchende nicht Person des Befehlenden und Gültigkeit des Gebotes identifizieren dürfe."[92] Da die sittliche Berechtigung der Forderung einer Autorität nicht in jedem Falle gewährleistet ist, was nur bei einer Äußerung der absoluten Autorität Gottes gegeben ist, gehört zum Akt des sittlichen Gehorsams das Recht bzw. die Pflicht zur kritischen Prüfung. Die Forderung der Autorität ist, so Guardini, „irrtumsfähig, relativ. Wenn daher auch die vertrauensvolle Hingabe ein Grundzug jedes echten Gehorsamsverhältnisses ist, so ist ihm gleichfalls wesentlich das Bewußtsein von der Relativität jeder nichtgöttlichen oder nicht göttlich verbürgten Befehlsgewalt und damit das prinzipielle Recht des individuellen Gewissens, ihr Gebot zu prüfen. Also Vertrauen, aber zugleich eine, wenn auch besonnene *Kritik*."[93] Maßstäbe dieser Kritik können nach Guardini die eigene Einsicht in das sittliche Gesetz, eine Wesensnotwendigkeit der eigenen Persönlichkeit oder die klare Weisung einer übergeordneten Autorität sein. Ergibt die kritische Prüfung einen Widerspruch der Forderung zum sittlichen Gebot oder ein unberechtigtes Überschreiten der Befugnis der Autorität, so kann Freiheit die innere und unter Umständen die äußere Ablehnung der Forderung bedeuten. Auch an diesem Punkt geht es Guardini um die sittliche Qualität des Handelns, hier des prüfenden und ablehnenden Aktes. Er soll aus ‚reiner Absicht', d.h. vernunftbegründet und eines sittlichen Anspruches wegen und nicht aus Ressentiment oder bloßer Opposition der Autorität gegenüber erfolgen.[94]

Die für jede innerweltliche Autorität charakteristische Diskrepanz zwischen der sittlichen Forderung und der sie tragenden konkreten Autorität in ihrer Bedingtheit oder Unzulänglichkeit gehört zum menschlich-sittlichen Leben in seiner Erlösungsbedürftigkeit. Sie rechtfertigt und erfordert Kritik, aber nicht die grundsätzliche Ablehnung und das Mißtrauen gegenüber jeder Autorität an sich. In dieser grundsätzlichen Einsicht zeigt sich eine weitere

---

[91] *Begriff des Befehls*, 837.
[92] Ebd., 842.
[93] *Begriff sittlicher Freiheit*, 987.
[94] Ebd.

Stärke der grundsätzlichen ethischen Überlegungen Guardinis. Das Problem wird deutlich herausgestellt, ohne seine Lösung in der völligen Ablehnung jeder Autorität oder in der pragmatischen Vernachlässigung der Frage zu suchen.

Ein Blick auf die Aussprache zwischen Max Bondy und Romano Guardini in den 20er Jahren unterstreicht diese Einschätzung. Bondy wehrte sich als Vertreter der freideutschen Jugendbewegung gegen den Vorwurf, die freideutsche Jugendbewegung lehne die „Autorität als solche ab". Vielmehr spreche aus ihrer Ablehnung der alten Autoritäten die „Sehnsucht nach der wahrhaften Autorität". Die Freideutschen, so Bondy, mußten „sich erst von der verlogenen Autorität freimachen. Nur als Befreiung von der verlogenen Autorität ist die Meißnerformel zu verstehen."[95] Darüber, daß eine ‚verlogene' oder unwahrhaftige Autorität zu kritisieren und abzulehnen ist, bestand kein Dissens zwischen Bondy und Guardini. Der entscheidende Unterschied lag darin, daß Bondy in seiner Kritik nicht auf das Moment der Schwäche einging, die zum Wesen jeder innerweltlichen Autorität gehört.[96] Nach seinem in der Konsequenz allzu idealistischen Autoritätsverständnis sollte einer Autorität und ihrer Forderung nur dann gefolgt werden, wenn sie selbst in ihrer konkreten Erscheinung den sittlichen Anspruch ihrer Forderung ohne Abstriche einlösen würde. Ohne Zweifel sollte dies das Ziel jeder Autorität und ein Maßstab der kritischen Selbst- und Fremdprüfung sein. Doch darf nicht unberücksichtigt bleiben, daß es auf die Frage der sittlichen ‚Wahrhaftigkeit', also der moralischen Authentizität der Autorität in der Wirklichkeit nicht immer eine eindeutige Antwort geben kann. So wies Guardini zu Recht darauf hin, daß ‚die Sehnsucht nach wahrhafter Autorität', von der Bondy sprach, nicht illusorisch den Blick für die Wirklichkeit der Autorität mit ihrer Schwäche verstellen darf. Im Autoritätsproblem deckte er den Konflikt auf, der im Wesen der innerweltlichen Autorität selbst liegt: Ein

---

[95] Bondy, *Jugendbewegung*, 274f. Ich greife auf diese Auseinandersetzung zurück, weil in ihr der Unterschied im Autoritätsverständnis deutlich wird. Ob Guardini die Position der freideutschen Jugendbewegung zutreffend aufgegriffen hat, mag hier offen bleiben. Vgl. dazu die Entgegnung Guardinis in *Jugendbewegung und Katholizismus* und das Nachwort Guardinis, das dem Abdruck von *Sinn des Gehorchens* (ursprünglich von 1920) in *AdW*, 31f., von 1923 beigefügt ist und in dem Guardini seine Kritik an den Freideutschen korrigiert.

[96] Dies zeigt auch Bondys Äußerung zur Frage der Wahrhaftigkeit. Bondy sah in der Bewertung der persönlichen Wahrhaftigkeit einen der unterschiedlichen Sicht der Autorität ähnlichen Gegensatz. „Der Katholik stellt der Wahrhaftigkeit die objektive Wahrheit gegenüber [...] Der Freideutsche teilt die Menschen nach innerlich Wahrhaften und nach Schwindlern ein; der ‚Besitz' der Wahrheit spielt dabei eine relativ geringere Rolle." Beim Katholiken könne der Fall eintreten, „daß ein Katholik erklärt, die Erkenntnis der objektiven Wahrheit zu besitzen, ohne daß sich diese Erkenntnis in seinem subjektiven, inneren Verhalten bemerkbar macht." Dagegen behauptete Bondy, „daß man überhaupt nur soweit die objektive Wahrheit, soweit sie sich auf das Religiöse, auf das Absolute bezieht, erfaßt hat, als sie einen durchdringt, als man das Empfinden hat: es redet, es lebt, es handelt aus diesem Menschen. Diejenigen, die nur davon reden, daß sie die Wahrheit besäßen, die sie aber nicht irgendwie verkörpern, die irren sich; sie haben sie auch erkenntnismäßig nicht; die Wahrheit hat einen entweder ganz, dann hat man sie auch erkenntnismäßig, oder sie hat einen nicht, dann hat man sie auch nicht erkenntnismäßig." *Jugendbewegung und Katholizismus*, 283f.

verpflichtender Wert und eine sittliche, unbedingte Geltung tritt im Fall der Autorität nur „eingebettet in menschliche Wirklichkeiten" an den Menschen heran. „Immer wird das Leben des Autoritätsträgers irgendwie hinter seiner Lehre zurückbleiben, wenn anders er die volle Lehre verkündet und seine Mangelhaftigkeit nicht dadurch zu verdecken sucht, daß er die Forderungen herabsetzt; nie wird er seinem Zweck ganz genügen [...]"[97] Es entspricht der ‚condition humaine' innerweltlicher Autorität, daß ihr ein ‚Mehr' an Vertrauen entgegengebracht werden muß, das sich nicht alleine auf ihre aktuellen moralischen Qualitäten, auf ihre Kompetenzen und funktionalen Leistungen gründet.[98] Aus dieser Einsicht heraus machte Guardini auf die Notwendigkeit aufmerksam, daß im Akt des Gehorsams die Schwäche der Autorität und die Mängel ihrer Träger ‚schöpferisch' überwunden werden müßten. Der sittlich reife Gehorsam soll nicht wegen der Person des Trägers der Autorität, sondern aus eigener Einsicht in das Wesen der Autorität, in ihre Bedeutung für das sittliche Leben und in ihre Herkunft von Gott her erfolgen.[99]

---

[97] *Jugendbewegung und Katholizismus*, 289. In formaler Betrachtung entspreche zudem die Schwäche der Autorität der Irrtumsfähigkeit des Gewissens bei der Findung des praktischen Urteils. Auch hier sei, so Guardini, die sittliche Verpflichtung oder Forderung in menschlich Bedingtes oder Mangelhaftes eingewoben. Absolute und unbedingte Geltung könnten nur oberste sittliche Prinzipien des Gewissens beanspruchen, wie das Prinzip „das Gute zu tun und das Böse zu lassen". In die konkrete Überlegung im Einzelfall, was denn das zu tuende Gute sei, gingen jedoch viele Bedingtheiten, Vorgaben persönlicher und sozialer Art, „Zeitanschauungen" und „die schwankenden Zustände des Inneren" der Person mit ein. Das konkrete praktische Gewissensurteil könne daher keine absolute Gültigkeit und Irrtumsfreiheit für sich beanspruchen. Diese „tragische Unzulänglichkeit" kennzeichne auch die Autorität, die so gesehen das „objektive Gegenbild des Gewissens" sei.

[98] Vgl. Honnefelder, *Autorität*, 1296: „Letzter Grund des Vertrauens in die Autorität sind nicht die aktuellen Wertqualitäten oder funktionalen Leistungen der betreffenden Person, sondern ihre vom Vertrauenden erfahrbare ‚Würde', die es ihr erlaubt, ihre Macht ohne Gewalt bestimmend zur Geltung zu bringen. In diesem (ontolog.) Sinne unterscheidet sich Autorität von der durch funktionale Leistungen zustande kommenden Kompetenz [...]" Auf diesen Umstand macht auch Splett, *Freiheit und Autorität*, 13, aufmerksam: Es verfehle, so Splett, „die ‚condition humaine' [...], von innerweltlicher Autorität zu verlangen, daß sie stets überzeuge. Die Wahrheit selbst in ihrem Licht überzeugt... Der Wahrheits*zeuge* kann nicht in dieser Weise überzeugen. Er bezeugt ja nie nur *die* Wahrheit, sondern stets auch die seine (sie auf seine Weise), und darin ist jenes Moment an Faktizität, an faktischer Entscheidung gegeben, für das wir den Namen Macht verwendet haben."

[99] Vgl. *Jugendbewegung und Katholizismus*, 289. Kritisch kommentiert Ruster Guardinis Gehorsamsverständnis; vgl. Ruster, *Nützlichkeit*, 184f. und 192-194. Ruster unterlegt dem Wort vom „schöpferischen Gehorsam" allerdings eine andere Bedeutung als Guardini. Geht es hier um die Überwindung der jede irdische Autorität wesentlich beeinträchtigenden Schwäche, so wird daraus bei Ruster die „Umwandlung von Heteronomie in Selbstbestimmung"; ebd., 193. Der Bezug auf das von Guardini dargestellte Problem ist so allerdings nicht mehr erkennbar. Ruster zitiert eine zu Guardini kritische Zeitstimme aus den *Schildgenossen*: „Guardinis Aufsatz ist der Versuch, die restlose Ehrlichkeit der Jugendbewegung mit der kritiklos autoritätsgläubigen, relativen Ehrlichkeit des katholischen Menschen zu vereinigen [...] Und das geht nicht. Entweder – oder. Entweder Wahrhaftigkeit und Gehorsam gegen seinen Kern oder kritiklose Autoritätsgläubigkeit, entweder Jugendbewegung oder Katholizismus"; Kelber, 113. Die oben ausführlich dargestellten Erläuterungen Guardinis zeigen nun deutlich, daß Guardini keinen „kritiklosen, autoritätsgläubigen" Gehorsam angestrebt hat, sondern die grundsätzliche und realitätsbezogene Bejahung der Autorität im Bewußtsein der notwendigen und berechtigten Kritik.

3.3.2 Autorität und Freiheit

Splett stellt die Ambivalenz der theologischen Begründung und Herleitung von Autorität und Gehorsam hinsichtlich der Freiheit heraus: „Die These, daß alle Autorität ‚von Gott' sei, muß [...] nicht schon jene ‚autoritäre' Ideologisierung bestehender Herrschaftsstrukturen besagen, in deren Dienst sie oft genug gestellt worden ist; im Gegenteil weist sie auf die einzige Norm einer Kritik hin, die ihrerseits nicht ideologisch und so Freiheit zerstörend sein will. Diese Norm läßt sich formulieren als: Freiheit soll sein, Freiheit im Miteinander: als ‚Reich der Freiheiten' und dieses Reich als Reich der Wahrheit, der Gerechtigkeit, des Friedens, der Liebe."[100] An dieser Norm ist auch das Autoritätsverständnis Guardinis zu messen, d.h. an der Frage, in welchem Verhältnis die Autorität zur Freiheit steht. Bleiben die Freiheit und das Recht der Person auf Selbstentfaltung und Unabhängigkeit noch genügend gewahrt, wenn die Bedeutung von Autorität und Gehorsam so stark wie bei Guardini herausgestellt werden? Diese Sorge und der Verdacht einer Ideologisierung bestehender Autoritäten, die, wenn auch unbeabsichtigt, dem späteren Mißbrauch des Gehorsams in Deutschland geistig einen Weg bereitet haben soll, dürften auch die kritischen Stimmen und Reaktionen zu Guardinis Autoritätsverständnis motiviert haben.[101]

Um das spannungsvolle Verhältnis von Autorität und Freiheit ging es ja bereits, als sich Guardini während der Auseinandersetzung innerhalb der Jugendbewegung mit dieser Problematik befaßte. Die Verwirklichung menschlicher Freiheit war auch für ihn das Ziel der Selbstentfaltung des Menschen, zu dem der Gehorsam führen sollte, zunächst in einem fundamental christlich-anthropologischen Sinne als religiöser Gehorsam verstanden und dann als ein Phänomen sittlicher Wirklichkeit betrachtet. Guardini argumentierte von vornherein spannungsvoll und griff einen wesentlichen Gedanken der neuzeitlichen Autonomievorstellung auf: „Gehorsam ist nicht das ganze Leben, und macht auch nicht die ganze Gesinnung aus, obwohl er ganz da sein muß. Das Recht auf eigenständiges Auswirken des eigenen Wesens, Urteilens, Wollens ist auch ein ursprüngliches. Und unser Leben soll beides sein: lauterer Gehorsam und zuversichtliche Selbständigkeit."[102] In seinem ethischen Denken hatte Guardini, wie bereits deutlich wurde, in der jede Person wesentlich auszeichnenden Selbständigkeit das Recht zum selbständigen Gewissensurteil begründet. Darüberhinaus machte die ‚konstitutionelle' Schwäche der Autorität nach seinem Verständnis ihre Kritik notwendig. Dieses Recht hat bei Guardini seinen religiösen Grund in der personalen Beziehung des menschlichen Willens und Gewissens auf den Willen Gottes. So fordert er aus moralpädagogischem Interesse heraus: „Es ist von Bedeutung,

---

[100] Splett, *Freiheit und Autorität*, 8.
[101] So Mirgeler, 181: „Zunächst erweist sich uns Guardinis Theorie vom schöpferischen Gehorsam als eine gefährliche Ideologie." Zu nennen sind desweiteren Kelber und Bondy, in jüngster Zeit Ruster, *Nützlichkeit*, 183-197, und Bröckling, 38-55.
[102] *Sinn des Gehorchens*, 25.

daß der Erzieher dem Zögling das Wort: ‚Man muß Gott mehr gehorchen als den Menschen' (Apg 5,29) tief einpräge. Darin, in der ruhigen Sicherheit des eigenen Gewissens, liegt der beste Schutz gegen alle Ablenkung vom Rechten durch Umgebung, Verführung oder Mißbrauch irgendwelcher Gewalt und Überlegenheit. Gerade um diese Sicherheit zu bilden, soll die Gehorsamsforderung nicht überspannt werden. Denn wenn die berechtigte Selbständigkeit nicht gepflegt wird, so verkümmert die entscheidende Widerstandskraft gegen widersittliche Forderungen."[103]

Guardinis ethisches Denken ist also zunächst durch die spannungsvolle Verwiesenheit der beiden Momente Autorität und Freiheit, Selbständigkeit und Gehorsam bestimmt. Er vermeidet, ihr Verhältnis mittels der Alternative eines ‚entweder – oder' zu begreifen. Diese Einsicht war für ihn der angemessene Zugang zur Wirklichkeit des sittlichen Lebens. In Guardinis Deutung von Autorität und Gehorsam als sittlichen Phänomenen wird wiederum die gegensätzliche Struktur seines Denkens deutlich, die nach seiner Gegensatzlehre dem konkreten menschlichen Leben entspricht. Entsprechend bringt er das Problem in seiner Entgegnung zu Bondy auf die Formel: „Das Gegenständliche und das Subjektive sind die beiden Grundmächte des wirklichen Lebens."[104] So tritt im Bereich des Sittlichen in der Autorität der ‚objektive' Pol in der Wirklichkeit des Ganzen an das Subjekt heran. Im Gehorsam und der vertrauensvollen Hingabe öffnet sich das Subjekt dieser Wirklichkeit. Das konkrete sittliche Leben vollzieht sich zwischen dem Pol des Subjektiven, dem Recht der selbständigen, ‚autonomen' Person – bestimmt durch die sittliche Freiheit und das Gewissen – und dem Pol des Objektiven, das dem Menschen durch die Geschichtlichkeit, den Welt- und den Gemeinschaftsbezug entgegentritt – repräsentiert durch die Autorität. „Das Menschendasein ist eine Spannungserscheinung, es steht auf dem Gegensatz von Lebensganzem und Einzelphase, von Einzelpersönlichkeit und übergreifender Autorität. Und nur innerhalb dieser Ordnung ist Vollendung möglich."[105] Hinter dem objektiven Pol im menschlichen Dasein ist letztlich die Sozialität und Geschichtlichkeit des Menschen zu sehen, die ihn wesentlich über seine Subjektivität hinaus verweisen und das Phänomen der Autorität verständlich machen.[106]

---

[103] *Begriff des Befehls*, 842. Siehe auch *Sinn des Gehorchens*, 25. Vgl. Mirgeler, 182, der ebenfalls das bekannte Wort aus der Apostelgeschichte anführt und sich darin nicht von Guardini unterscheidet.

[104] *Jugendbewegung und Katholizismus*, 293.

[105] *Die Sendung*, 178. Interessant ist eine Entgegnung Bondys, in der dieser die gegensätzlichen Begriffe Guardinis aufgreifend seine Kritik folgendermaßen formuliert: „Tatsächlich steht der Vorwurf mangelnder Autorität, den der Katholik dem Freideutschen macht, auf gleicher Stufe mit dem der geringern Wahrhaftigkeit, den der Freideutsche dem Katholiken macht. Bedeutet doch der katholische Vorwurf, um Guardinis Begriffe zu gebrauchen, daß der Freideutsche nicht von beiden Polen des Lebens aus lebt, sondern sich auf den persönlich-subjektiven Pol stellt, während der freideutsche Vorwurf heißt, daß der Katholik die Vorstellungen und Begriffe für seine Lebensgestaltung zu stark vom objektiven Pol her bezieht." *Noch einmal Jugendbewegung*, 282. Auf diesem Niveau der Auseinandersetzung ging es nun nicht mehr um die grundsätzliche Anerkennung oder Ablehnung der Autorität, sondern um deren Gewichtung.

[106] Vgl. Honnefelder, Autorität, 1299.

Katholische Haltung bedeute dementsprechend, dies betonte Guardini in der Diskussion um das Selbstverständnis der kirchlich orientierten Jugendbewegung, den „schöpferischen Willen mit dem Recht des Gewordenen" zu verbinden, den „Begriff der rein auf sich selbst bezogenen Wahrhaftigkeit"[107] zu zerstören und die Eigenständigkeit des Menschen, das Wahre im Autonomiegedanken, in das Ganze des Lebens und auf Gott zu beziehen. Ganz seinem Gegensatzdenken verpflichtet, daß das personale Leben in dieser Spannung zu begreifen ist, konnte bzw. mußte Guardini den Akzent anders setzen, wenn die Entwicklung einer Gemeinschaft dies erforderte. Lag der Schwerpunkt in den frühen zwanziger Jahren auf dem ‚objektiven' Pol, auf der Bedeutung von Autorität und Gehorsam für das Gelingen von Freiheit in Gemeinschaft, weil dies nach Guardinis Einschätzung zunächst der kritische Punkt in der Auseinandersetzung war, so wies er deutlich auf die Grenzen der Gemeinschaft hin und behauptete das Recht der einzelnen Persönlichkeit und der individuellen Freiheit, als ‚jugendbewegtes Ganzheitsstreben' und überzogenes Gemeinschaftsbewußtsein dieses Recht zu mißachten drohte.[108]

Die gegensätzliche Betrachtung dient zwar der Erkenntnis der konkreten Wirklichkeit und der Strukturen sittlichen Lebens. Sie begründet die Forderung, dem objektiven Pol gegenüber das Subjektive im Lebensganzen, d.h. das Recht der Person zu wahren, sich gemäß dem eigenen Wesen ursprünglich zu entfalten. Sie ist aber durch die weitere ethische Reflexion und Bewertung zu ergänzen. Deshalb kommt dem ‚subjektiven Pol', d.h. der Person und ihrer sittlichen Freiheit Priorität zu. Dies gilt, sobald der Gehorsamsakt als sittlicher Akt verstanden wird. Denn es obliegt dem Subjekt in seiner sittlichen Freiheit, im freien Gehorsam die Autorität anzuerkennen. Immer geht dem Gehorsam als einem sittlich-bewußten Akt also ein ‚Gewissensspruch' über die Anerkennung der Autorität voraus, erweisen sich in der Analyse des Gehorsams das Gewissen und die sittliche Freiheit als die ‚überlegenen' Instanzen.[109]

So ist im Denken Guardinis die Tendenz festzustellen, zunehmend die sittliche Selbständigkeit zu betonen, während in der frühen Phase der Akzent auf der Bedeutung von Autorität und Gehorsam im spannungsvollen Verhältnis zur Freiheit und Selbständigkeit liegt. Verschiedene Impulse kommen in dieser Akzentverschiebung zusammen: die Entwicklung seines Gewis-

---

[107] *Neue Jugend*, 31f. Vgl. ähnlich u.a. *Aus einem Jugendreich*, 6: In der katholischen Jugend sollte sich der Geist „frischer Selbständigkeit" mit der Autorität verbinden. Vgl. auch *Quickborn*, 29.
[108] So besonders in *Möglichkeit und Grenzen*, erstmals in einer frühen Fassung 1928. Vgl. Knoll, *Glaube*, 344.
[109] Auf diese Konsequenz hatte schon Mirgeler in seiner Kritik hingewiesen: Alle „relative Autorität muß sich dann gefallen lassen, von mir an dem Maß der absoluten Autorität gemessen zu werden. [...] Die Entscheidung liegt letzten Endes bei mir, und Guardini muß es mir durchaus zugestehen, daß ich jede Gewalt, die mich verpflichten will, zunächst einmal auf ihren Rechtsanspruch eingehend untersuche"; Mirgeler, 182. Dem wird Guardini, so ist nach unserer Darstellung zu vermuten, ‚durchaus' zugestimmt haben.

sensverständnisses, sein Personverständnis, das Gegensatzdenken und eine gegenüber den frühen Überlegungen veränderte Vorstellung von der erforderlichen sittlichen Kompetenz der Christen in der Moderne. Bemerkenswert ist eine Situationsbeschreibung christlicher Existenz aus dem Jahre 1939. Guardini geht in ihr von der Einsamkeit christlicher Existenz in der Moderne aus, die sich aus den traditionellen, vom Christentum geprägten Ordnungen gelöst habe. Den mit dieser Entwicklung einhergehenden Bedeutungsverlust der Autorität, der auch christliches Verhalten und Handeln betrifft, bewertet Guardini nicht negativ, sondern begreift ihn positiv als eine durch die Gegenwart gestellte Herausforderung christlicher Moral. Die Verantwortung des Einzelnen gewinnt durch sie eine neue und größere Bedeutung: „Seine Aufgabe ist nur zu einem kleinen Teil durch Autorität und Gebot geregelt, weil deren Ordnung die im Chaos des Werdens stehende Welt nicht mehr durchdringt. So ist er in einem ganz anderen Maße aufgefordert, selber zu erkennen, was geschehen soll. Wenn in der kirchlichen Pädagogik von der Mündigkeit des Christen und der Verantwortung des Laien gesprochen wurde, dann geschah das oft in einer so einschränkenden Weise, daß damit im Grunde nur die Entschlossenheit des Gehorsams gemeint schien. Der gilt natürlich nach wie vor, ist aber nicht das Ganze und – in der heranreifenden Weltstunde – vielleicht nicht einmal das gerade jetzt Dringliche. Was jetzt gefordert wird, scheint mehr und anderes zu sein: das zu Tuende zu entdecken, für das es noch keine Ordnung gibt, und ihm zur Verwirklichung zu helfen."[110]

Dieser Tendenz entsprechend bezieht Guardini auch in den Ethik-Vorlesungen die Autorität als sittliche Instanz auf die Freiheit und Selbständigkeit als Ziel menschlicher Existenz. Dies gilt für die Autorität des Staates wie für die Autorität der Eltern.[111] Autorität und Gehorsam sind also als sittliche

---

[110] *System und Augenblick*, 40f. Wie stark das Jahr 1939 diese Gedanken bestimmte, muß offen bleiben. Deutlich wird, wie früh Guardini hier auf die Herausforderung christlicher Moral in der Moderne reagierte. Wie vorausschauend sie als Plädoyer für die Mündigkeit des Christen und für ein christliches Ethos sind, in dem die Selbständigkeit des moralischen Subjektes von zentraler Bedeutung ist, zeigt die spätere katholisch-theologische Debatte um die autonome Moral im christlichen Kontext. Vgl. die Beschreibung der moralischen Herausforderung christlicher Existenz durch Böckle, *Bestrebungen* (von 1957), 425f., und *Theonome Autonomie* (von 1972), 17-21.

[111] So heißt es bezogen auf die elterliche Autorität: „Der Gebrauch der Autorität soll in Verantwortung vor Gott und in Ehrfurcht vor der Freiheit auch des jungen Menschen erfolgen – mehr als das: er soll den Heranwachsenden zu immer größerer Freiheit und Selbständigkeit des Urteils und des Handelns führen, also in seinem Werden sich selbst zum Verschwinden bringen." *Existenz*, 415. Vgl. ähnlich in *Atheismus und Autorität*, 88: „Die Eltern müssen wissen, daß sie einer werdenden Freiheit gegenüberstehen und diese nicht nur, der Ordnung wegen, einzuschränken, sondern sie um ihrer selbst willen zu fördern haben, bis zu dem Tag, an welchem ihre Autorität überhaupt abgelöst wird [...]" „Autorität", so heißt es in *Existenz*, 386 Fn.1, mit Blick auf die staatliche Autorität, „ist nicht Widerspruch zur Freiheit, wie das weitverbreitete Mißverständnis sagt, sondern Autorität und Freiheit bedingen einander wechselseitig, weil beide die Person voraussetzen. Sobald der Staat nicht mehr auf Freiheit bezogen ist, wird aus ihm bloße Gewalt, Diktatur – die Antwort darauf ist die Revolution als Dauerform, die ihrerseits Gewalt ist. Diese beiden Begriffspaare bilden die Grundlage jeder echten Philosophie."

Phänomene im Verständnis Guardinis nicht ohne ihre Hinordnung auf die Freiheit zu denken. „Autorität – also nicht Zwang, nicht Gewalt, sondern Bindung im Gewissen – setzt Freiheit voraus."[112] Der sittlichen Freiheit kommt als moralischem Wert die ethische Priorität zu. Der Gehorsam als freier sittlicher Akt verweist auf den existentiellen Akt, in dem der Mensch „in der Freiheit und im Ernst voller Verantwortung die Geschaffenheit annimmt"[113] und so christliches Ethos erst begründet. Autorität und Gehorsam als sittliche Phänomene sind bei Guardini unverzichtbare Gegenstände der Ethik, nicht deren Prinzip. Ziel personaler und moralischer Existenz und der ethischen Reflexion ist die Verwirklichung menschlicher Freiheit auf das Gute hin. Dem hat die sittliche Autorität zu dienen.

Die moderne theologische Reflexion stellt, sofern sie sich der Problematik der Autorität annimmt, auf der Linie dieser Gedanken besonders den Bezug der Autorität zur Freiheit als deren Ziel und Norm heraus. Eine Unvereinbarkeit von sittlicher Freiheit und Autorität besteht auch nach Meinung der neueren theologischen Ethik nicht.[114] Ohne einen direkten Einfluß Guardinis in diesem Fall behaupten zu müssen – ein Einfluß ist eher hinsichtlich seines gesamten Personverständnis zu konstatieren – ist bei ihm die ausführliche Thematisierung des Autoritätsproblems in Beziehung zur sittlichen Freiheit zu würdigen. Nach modernem theologischen Verständnis ist im Wesen der Freiheit, die sich als konkrete Freiheit nur im geordneten Zusammenspiel von Freiheiten verwirklichen kann, die Notwendigkeit von Autoritäten begründet, „die die institutionelle Ordnung der Freiheit im Interesse aller wahren [...]. Autorität kommt ihnen zu als den öffentlichen Repräsentanten der Ordnung der Freiheit. Nicht nur Freiheit und Institution, sondern auch Freiheit und Autorität setzen sich gegenseitig voraus."[115] Die Autorität hat die Freiheit nicht nur zu respektieren, sondern sie ist daran zu messen, inwieweit sie die Freiheit zu fördern und ihrer Entfaltung zu dienen vermag.[116] Angesichts dieser Verwiesenheit von Freiheit und Autorität aufeinander erscheinen eine „autoritär ausgeübte Autorität, die die Freiheit nicht begründet, sondern unterdrückt", und ein „anarchisches Freiheitsverständnis" wie Spiegelbilder, in denen sich die Extreme in der Bedrohung der konkreten Freiheit gegenüberstehen oder sogar berühren, so daß Anarchie in der Geschichte dazu neigt, in Diktatur umzuschlagen.[117] Mit diesem Gedanken ist bereits die politische und soziale Dimension eines Autoritäts- und Frei-

---

[112] *Ethik*, 358f.
[113] Ebd., 1094; vgl. *Sinn des Gehorchens*, 28.
[114] Vgl. Auer, *Christentum vor dem Dilemma*, 643, der wie viele andere mit Guardini übereinstimmt. Entsprechend bemerkt Honnefelder, *Autorität*, 1299, daß die „mit dem 19./20. Jahrhundert einsetzende Einsicht in die Geschichtlichkeit des Menschen den bleibenden wechselseitigen Verweisungszusammenhang von Autorität und Vernunfteinsicht bzw. Autorität und Freiheit deutlich" macht und so die europäische Aufklärung überwindet, die hier einen aufzulösenden Gegensatz sah.
[115] Kasper, *Christliche Freiheit*, 99; vgl. ebd., 99-104, bezogen auf die kirchliche Autorität in heutiger Zeit.
[116] Vgl. ähnlich Hünermann, 1300; Hausmanninger, 1301, und Molinski, *Autorität*, 267.
[117] Kasper, *Christliche Freiheit*, 100; vgl. Guardini *Atheismus und Autorität*, 91f.

heitsverständnisses angesprochen, auf die hin nun Guardinis Ausführungen betrachtet werden sollen.

4. Die soziale und politische Dimension in Guardinis Autoritäts- und Gehorsamsverständnis

Guardinis Anliegen, den Gehorsam in einem christlich-anthropologischen Sinne als Anerkennung der Kreatürlichkeit und als Grundlage der personalen und sittlichen Existenz verständlich zu machen, tritt bei der Frage nach der politischen und sozialen Dimension von Gehorsam und Autorität zurück. Als „Urphänomene" in der Wirklichkeit sittlichen Lebens sind Gehorsam und Autorität in ihrer Hinordnung auf die sittliche Freiheit und Selbständigkeit des Menschen zu begreifen. Sie sind für Guardini unverzichtbares Thema der Ethik, das seinen Ort überall da hat, wo der Mensch in Öffentlichkeit lebt, also im Politischen und Sozialen, mit anderen Worten überall da, wo Freiheiten zusammenkommen und dieses Zusammenleben sittlich zu gestalten ist.[118]

4.1 Der soziale Kontext und die Reichweite von Guardinis ethischen Überlegungen zu Autorität und Gehorsam – die Umsetzung in gelebte Gemeinschaft

Guardini geht in seinen Überlegungen von einer anspruchsvollen Bestimmung des Wesens von Autorität und Gehorsam als sittlichen Phänomenen aus, was auch für sein Verständnis der staatlichen Autorität gilt. Dieses Argumentationsschema, die wiederkehrende Berufung auf das Wesen und die Idee hinter der konkreten, oft unvollkommenen Erscheinung provoziert die Frage nach dem Verhältnis von Idee und Wirklichkeit, um so mehr als es um Phänomene des menschlichen Zusammenlebens geht: Ist angesichts leidvoller Erfahrungen und im Bewußtsein der geschichtlichen Dimensionen des Mißbrauchs von Autorität und Gehorsam diese Argumentation nicht als ide-

---

[118] Die Unterscheidung zwischen institutioneller und persönlicher Autorität ist auf Guardinis Autoritätsverständnis nicht anzuwenden. Seine ethische Betrachtung richtet sich auf das moralische Subjekt, das entweder Autorität ausübt oder sich ihr gegenüber zu verhalten hat. Vgl. hierzu Amelung, *Autorität*, 36-38, und Beintker, 41. Damit klammert Guardini das Problem der Anonymität der Institution weitgehend aus der Autoritätsproblematik aus. Er thematisiert es in seiner Zeit- und Kulturkritik, besonders unter der Frage nach der Macht am Ende der Neuzeit. Eine Bemerkung in *Ethik*, 489, erlaubt den Schluß, daß Guardini die auf Max Weber zurückgehende Bezeichnung der „charismatischen" Autorität kennt. Weber unterschied zwischen traditionaler, legaler und charismatischer Autorität; vgl. Röttgers, 732. Doch ist Guardinis Interesse am Problem der Autorität nicht soziologischer Art.

alistische Flucht vor der Realität zu bewerten, als ein Ausweichen vor der „*grundsätzlich* anerkannten Unzulänglichkeit"[119], das schließlich doch nur zur Stabilisierung von Autoritäten und autoritären Strukturen beiträgt?

Diesem Einwand ist zunächst mit dem Hinweis auf ein grundsätzliches Dilemma jeder ethischen Argumentation zu begegnen. Alfons Auer hat es mit Blick auf die Begriffe von Freiheit, Autonomie und Gehorsam, denen wir den der Autorität hinzufügen können, folgendermaßen formuliert. Man sage, so Auer, „die weitreichende faktische Mißgestalt des Gehorsams als ‚heteronomen' Gehorsams mache den Begriff auch im Kontext der Formel vom ‚rationalen Gehorsam' (E. Fromm) nahezu unbrauchbar. Doch standen und stehen die Begriffe Freiheit und Autonomie kaum weniger im Zwielicht. Wenn man alle drei Begriffe in gleicher Weise authentisch interpretiert, ist jedenfalls kein Dilemma zwischen ihnen in Sicht. Freilich, je konkreter wir uns mit der Wirklichkeit einlassen, um so unvermeidlicher kommt es auf uns zu."[120] Tatsächlich ist es eine selbst moralische und ethisch relevante Entscheidung, die dem Handeln und seiner Reflexion vorausgeht, ob der Hinweis auf dieses grundsätzliche Dilemma nur zur Rechtfertigung faktischer Mißstände dient oder ob dieses Bewußtsein zu ihrer Kritik und Überwindung motiviert. Daß sich Guardini dieses Dilemmas bewußt war, zeigen u.a. seine jeweiligen Einschränkungen am Ende der grundsätzlichen Ausführungen und seine Antworten auf die Kritik an seinen Ausführungen.[121] Guardinis ethische Ausführungen beziehen sich auf die konkrete Wirklichkeit und dienen so als kritisches Korrektiv gegenüber der Realität von Autorität in Kirche und Gesellschaft, was die grundsätzliche Bejahung voraussetzt, und vermitteln einen – wenn auch hohen – Maßstab, um Autorität und Freiheit in konkreten Gemeinschaften ethisch verantwortlich zu gestalten.

---

[119] Mirgeler, 184 [*Hervorhebung* BK]. Diese kritische Anfrage aus der Zeit Guardinis soll ausführlicher wiedergegeben werden: „[...] man singt Lobhymnen auf Kirche, Wirtschaft, Familie wie sie sein könnten oder sollten, und vergißt dabei Kirche, Wirtschaft, Familie wie sie sind. [...] In der Theorie sieht alles sehr vorteilhaft aus. Trotz aller Lobhymnen bleiben Kirche, Wirtschaft, Familie doch in einem unerträglichen Zustand, und alle Anerkennung gottgewollter Gewalten vermag auf die Dauer persönlichen Entscheidungen [!] nicht zu entziehen – wenn nicht dem Idealismus mit einer vervollkommnenden psychologischen Technik nachgeholfen wird. *Diese Technik ist der eigentliche Lebensnerv der Bewegung, sie besteht darin, sich apathisch zu machen gegen jeden Stachel der grundsätzlich anerkannten Unzulänglichkeit: nämlich in einer berauschenden Hingabe an den isolierten, nicht von der ewigen, persönlichen Bedeutung her ergriffenen Augenblick.*"

[120] Auer, *Christentum vor dem Dilemma*, 644.

[121] So beispielsweise in *Jugendbewegung und Katholizismus*, der Antwort Guardinis auf die Kritik Bondys: „Ich habe vom katholischen Menschen große Dinge geschrieben, so fühle ich mich verpflichtet, dazu noch etwas zu sagen. Wären wir wirklich und ganz katholisch, dann wäre eine Erörterung, was die katholische Jugend der anderen sein könnte, nicht nötig. Dann würde sie nicht reden ‚in Worten menschlicher Überzeugung und Wissenschaft', sondern ‚ein lebendiger Erweis der Kraft' sein. Gottes Reich würde aus ihrem Sein sprechen [...]"; ebd., 301. Vgl. auch *Sinn des Gehorchens*, 29 Fn. 2, und *Sendung*, 178f.: Es ist nicht schon die Wirklichkeit selbst, sondern die *Sendung*, d.h. die Aufgabe der katholischen Jugend, die von Guardini dargestellten Grundeinsichten in entsprechenden Formen des sozialen Lebens zu verwirklichen.

Über diese Bemerkung hinaus ist für ein angemessenes Verständnis von Guardinis ethischen Überlegungen ein weiterer Gesichtspunkt hilfreich: In einem tugendethischen Ansatz ist die soziale Dimension, genauer seine soziale Einbettung zu beachten.[122] Es geht also nicht darum, daß Tugenden zum sozialen Handeln befähigen, sondern darum, daß bereits die ethische Rede und das Nachdenken über Tugenden einen sozialen und geschichtlichen Hintergrund erkennen läßt. Jede Tugendethik wurzelt in einem tatsächlich gelebten Ethos, das einen sozialen und geschichtlichen Kontext hat. Über diesen Aspekt kann der Eindruck zeitloser Einsichten, die im Wesen des Menschen selbst begründet sind, leicht hinwegtäuschen. Dies schließt nicht aus, daß es zugleich Erkenntnisse über ein in moralischer Hinsicht gelingendes Leben vermitteln kann, die über den ursprünglichen Kontext hinaus gültig sind. Fruchtbar werden sie aber nur, wenn es gelingt, sie in andere Kontexte zu situieren. Tugenden oder personale Haltungen hängen stärker von ihrer Einbettung, von ihrer Darstellung und Umsetzung in einem sozialen Kontext ab, als dies bei allgemeinen ethischen Prinzipien der Fall ist. Diese Beobachtungen lassen je nach Blickpunkt sowohl die Stärke und Leistungsfähigkeit als auch die Bedingtheit und Begrenztheit eines solchen ethischen Ansatzes erkennen. Sie kann auf Guardinis ethische Überlegungen zu Autorität, Gehorsam und Freiheit angewandt werden, auch wenn Guardini das Wort ‚Tugend' selbst in diesem Zusammenhang nicht gebraucht. Der Sache nach aber geht es beim Gehorsam und der ethischen Frage, was Autorität ist, wie sie ausgeübt und wie ihr begegnet werden soll, um moralische Einstellungen und um aus Einsicht und Praxis erwachsende dauerhafte sittliche Kompetenzen im Sinne eines ‚habitus'. Es geht mit anderen Worten um Tugenden, die zum Gesamtkonzept einer Tugend der Person und eines Ethos personaler Freiheit gehören.

Als sozialer Kontext, in dem Guardini zuerst sein Autoritäts-, Gehorsams- und Freiheitsverständnis entwickelte, ist bereits die katholische Jugendbewegung, d.h. der Quickbornbund und das Gemeinschaftsleben auf Burg Rothenfels genannt worden.[123] Guardinis ethische Ausführungen sind vor die-

---

[122] Tugendhat stellt diesen Aspekt für die aristotelische Tugendethik heraus: Sie ist zunächst auf die sittlichen Haltungen ausgerichtet, die in den sozialen und politischen Kontext der griechischen Polis passen. Vgl. Tugendhat, 253-258. (Da die Handlungs- und Entscheidungsträger in der Polis die Bürger waren, führte dies allerdings dazu, daß in diesem ethischen Entwurf, der bleibend gültige Einsichten einer Tugendethik vermittelt, Frauen und Sklaven als moralische Subjekte nicht in den Blick kamen.)

[123] Der Hinweis auf diesen Rahmen begegnet auch dem zitierten kritischen Einwand Mirgelers gegen die Jugendbewegung. Moralische Kompetenz kann nicht ohne solche dort unternommenen Versuche, sich auf die Wirklichkeit gelebter Freiheit in konkreten Gemeinschaften einzulassen, gebildet werden. Deshalb sind solche oder ähnliche Lebensräume unverzichtbar. So zeigt die Kritik Mirgelers, die in der Bereitschaft zur radikalen Isolation einen tragisch-heroischen Zug hat, keine wirkliche Alternative auf, was für jede totale Ablehnung von Autorität gilt. Verweigerung vor der sozialen Wirklichkeit und fast eschatologische Naherwartung scheint aus der Folgerung Mirgelers zu sprechen: „Die Jugendbewegung ist tot. Sie mag in den verschiedensten Bünden noch sich selber wichtig nehmen, ihre Mission hat sie mit dem Durchbruch erfüllt. Jetzt wartet die schwierigere Aufgabe, daß jeder auf sich selber gestellt, als Einzelner den Kampf durchficht. Nur so kann er sich und die Gemeinschaft der Zukunft ret-

sem Hintergrund auch als Beitrag zur Jugend- und Erwachsenenbildung zu verstehen, wie sie dort konkret versucht und praktiziert wurde.[124] Sie sind daher von vornherein nicht nur theoretisch, sondern auch moralpädagogisch motiviert. Das Gehorsams- und Autoritätsverständnis Guardinis fand in seinem Bezug zur Bildung personaler Freiheit hier einen Raum, in dem es in die Wirklichkeit umgesetzt werden konnte.

Verschiedene Untersuchungen zur kirchlich orientierten Jugendbewegung erhellen den wechselseitigen Bezug dieses sozialen Kontextes und der tugendethischen Überlegungen Guardinis.[125] Es handelte sich um eine überschaubare Gemeinschaft, die einen günstigen sozialen Raum für die Bildung der Haltungen bot, die zu einem am Leitwert personaler Freiheit und Mündigkeit orientierten Ethos gehören. Es gelang, ein Gleichgewicht zwischen der Freiheit des Individuums und den Erfordernissen des Gemeinschaftslebens zu wahren.[126] Hervorgehoben werden in der Literatur u.a. das besonders im Vergleich zum sonstigen kirchlichen Leben aber auch zur Gesellschaft insgesamt hohe Selbstbestimmungsniveau, die Gesprächs- und Streitkultur innerhalb der Gemeinschaft und der demokratische Stil.[127] Die pädagogische Leistung der Jugendbewegung wird anerkannt, die im Zusammenhang mit der sogenannten Reformpädagogik zu sehen ist.[128]

Besonders die Kirchen zogen von der Jugendbewegung nachhaltigen Nutzen. „Es hat sich hier ein Grundgesetz des geistigen Lebens bewahrheitet: Vorstöße in Neuland scheinen nur dann Aussicht auf Erfolg zu haben, wenn sie in enger Tuchfühlung mit den Überlieferungen erfolgen und nicht gegen die Kontinuität der Geschichte verstoßen."[129] Darin bestand ja Guardinis be-

---

ten. Denn wir wissen, daß jetzt schon in der keuschen Stille persönlicher Beziehungen der Keim echter Gemeinschaft wächst. Und darüber hinaus weiß jeder sich eins mit allen, die wie er fern vom Bewegungsgeschrei die radikale Isolation durchhalten in *Nüchternheit und Hoffnung*. Denn in ihnen allen vollzieht sich das Geheimnis der Auferstehung; sie verschwenden sich nicht in der Wichtigtuerei weltlicher Geschäftigkeit, aber ihr Leben ist verborgen mit Christus in Gott (Kol 3,3)." Mirgeler, 185.

[124] Differenzierend ist zu bemerken, daß das Leben auf Burg Rothenfels ab der zweiten Hälfte der 20er Jahre nicht mehr allein mit dem Quickbornbund identifiziert werden kann. Manche der Teilnehmerinnen und Teilnehmer an den verschiedenen Treffen und Tagungen waren nicht bündisch organisiert. Die pädagogischen Aktivitäten und Reformbemühungen, die nicht mehr nur einfach jugendbewegt, sondern Teil einer erwachsenenbildnerischen Arbeit waren, zielten über den Bereich der Jugendbewegung auf die Bildung einer neuen modernen katholischen Kultur, wofür gerade Romano Guardini, Rudolf Schwarz und andere standen.

[125] Zu nennen sind die Arbeiten von Binkowski; Hastenteufel und Raabe.

[126] Vgl. Hastenteufel II, 490, und die Bemerkung Guardinis in *Ethik*, 852, und in *FGS*, 28 Fn. 1: Für eine Freiheitshaltung, die die Freiheit des Individuums in die Ganzheit der sozialen Zusammenhänge einordne, sei „in der pädagogischen Arbeit zwischen 1919 und 1933 bereits viel getan worden. Die Zukunft wird feststellen, wieviel Lebendiges diese geschmähte Zeit geleistet hat."

[127] Vgl. Hastenteufel I, 422, und II, 430, 437 und 491; Raabe 18 und 113. Auch Romano Guardini spricht rückblickend in einer Rede 1949 von der Burg als „Lernstätte gelebter Demokratie"; vgl. *Rede*, 8.

[128] Vgl. Wilhelm, 24.

[129] Ebd., 27. Über die Bedeutung Guardinis als Wegbereiter der innerkirchlichen, besonders der liturgischen Erneuerung s. ausführlich Schilson, *Perspektiven*; Biser, *Interpretation*, und Knoll, bes. 100-132 und 535-545.

sonderer Beitrag, daß er den Geist der Jugendbewegung mit dem religiösen und kirchlichen Leben vermitteln konnte, so daß die Impulse aus der kirchlichen Jugendbewegung für die innerkirchliche Erneuerung fruchtbar werden konnten. Dies konnte kaum durch die Dominanz von autoritärem Geist und Gehorsamsmentalität gelingen, sondern dadurch, daß bei grundsätzlicher Anerkennung der Autorität Selbständigkeit und Mündigkeit als Werte gestärkt wurden.[130] Die Vereinbarkeit von Freiheit, Selbständigkeit und Anerkennung von Autorität wurde deutlich, so daß Tradition und Erneuerung in der Kirche nicht mehr als unvereinbare Gegensätze erschienen. Als Konkretion des Verhältnisses von Autorität und Freiheit ist schließlich ein neues Verhältnis von Laien und Klerikern nicht zu unterschätzen, wie es auf Rothenfels praktiziert wurde.[131]

Die Anbindung des ethischen Denkens Guardinis an eine konkrete und in ihrer sozialen Struktur relativ überschaubare Gemeinschaft, wie sie sich in der Jugendbewegung und auf Rothenfels zusammenfand, läßt allerdings auch Grenzen erkennbar werden. Die Jugendbewegung war, was besonders für den Quickbornbund gilt, eine bürgerliche Jugend, die als „Selbsterneuerungsbewegung des Bürgertums"[132] bezeichnet werden kann. Diese verstand sich wohl als Reform-Bewegung innerhalb der Kirche, konnte sich aber zu-

---

[130] Selbst für Bröckling, der ansonsten Guardinis Autoritätsverständnis kritisch kommentiert, taugt das Programm des „schöpferischen Gehorsams" zur „Legitimation gesellschaftlicher Veränderungen", obwohl „der Mechanismus" der Reproduktion fragwürdiger Autoritäten offensichtlich ist. Zu Bröcklings Interpretation, die stellenweise als einseitig und unzutreffend zurückzuweisen ist, ist folgendes anzumerken. Es stellt sich, um bei seinen Formulierungen zu bleiben, die Frage, wie eine „autoritäre Anthropologie", „deren tolerante Momente den repressiven Charakter des Ganzen erst gar nicht zu verbergen suchen", pädagogisch, kulturell und religiös reformerisch wirken konnte? Hier widerspricht sich Bröckling selbst. Ebd., 51. Einen ähnlich widersprüchlichen Eindruck macht die Deutung Rusters, *Nützlichkeit*, 185, der Guardini in seinem Autoritäts- und Gehorsamsverständnis einerseits als Bewahrer „traditioneller" und „angestammter Katholizität" interpretiert und andererseits das „Neue", „ein Bewußtsein größerer Mündigkeit, Eigenständigkeit, Selbstverantwortlichkeit" und einen „Mut zur Erneuerung, besonders im Bereich der Liturgie", bei den Teilnehmern an den Werkwochen auf Burg Rothenfels würdigt. Die interessante Aufgabe einer moralpsychologischen Untersuchung wäre es, an diesem Beispiel eingehender herauszustellen, welche Werte und Haltungen das Ethos einer Reformbewegung kennzeichnen, die innerkirchlich in einem beträchtlichen Maße erfolgreich war. Falsch ist auch die Darstellung von Guardinis Gehorsamsverständnis bei Bröckling: „Die zuvor postulierte Unbedingtheit der Gehorsamsleistung ist allerdings zerstört, wenn zwischen die unsichtbare göttliche Autorität und ihre irdischen Träger die Reflexion über den ‚Sinn' einer Anordnung geschaltet ist"; 52. Sie übergeht den entscheidenden und bei Guardini klar herausgestellten Unterschied zwischen dem ‚unbedingten' religiösen Gehorsam gegenüber Gott und dem bedingten und daher kritischen Gehorsam gegenüber allen anderen irdischen Autoritäten. Entsprechend ist es, was Bröckling nicht mehr sehen kann, nicht gegen die Intention Guardinis, der irrtumsfähigen, bedingten Autorität nach kritischer Prüfung gegebenenfalls nicht zu gehorchen.
[131] Vgl. Hastenteufel II, 423.
[132] Raabe, 191. Hastenteufel II, 437, spricht von gesellschaftlich eher Privilegierten, aus denen sich die Quickbornjugend und die Besucherinnen und Besucher von Rothenfels zusammensetzten, womit nicht der finanzielle Hintergrund gemeint ist, sondern die Herkunft aus dem katholischen Bildungsbürgertum. Vgl. Binkowski, 42f. und 252. Die materiellen und finanziellen Verhältnisse auf Rothenfels waren bescheiden.

gleich ihre relative Unabhängigkeit von den kirchlichen Strukturen bewahren. Die primäre religiöse und soziale Bezugsgröße war nicht die Pfarrgemeinde, sondern der eigene Bund. Sie bot in einem überwiegend katholisch-akademisch gebildeten Kreis den Raum, in dem sowohl die Frage der wahren sittlichen Autorität als auch die der Selbstverwirklichung thematisiert werden konnte, und in dem sich die ‚wesentlichen' Einsichten und Begriffsklärungen Guardinis in ein konkret erfahrbares Gemeinschaftsleben umsetzen ließen.[133]

Dies bedeutet allerdings auch, daß außerhalb dieses Erfahrungsraumes und sozialen Bezuges die Gedanken Guardinis zwar grundsätzliche Geltung beanspruchen können, aber nicht mehr dieselbe ethische Überzeugungs- und Gestaltungskraft entfalten konnten bzw. entfalten können. So konnten Guardinis Versuche, dieses Verständnis einer personalen Gemeinschaft, als dessen Elemente das untersuchte Gehorsams- und Autoritätsverständnis zu sehen sind, auf die Wirklichkeit der Kirche zu beziehen, nicht mehr in gleicher Weise überzeugen. Die Entwicklung in seinen Schriften zeigt entsprechend, daß dieser Versuch bald in den Hintergrund trat.[134] Die Kirche konnte als große gesellschaftliche Institution nicht den Erfahrungsraum für dieses anspruchsvolle Konzept einer Tugend der Freiheit bieten, wie dies in der Blütezeit der kirchlichen Jugendbewegung, die diesbezüglich ein Kairos war, geschah.[135]

4.2 Zu den politischen und geschichtlichen Auswirkungen von Guardinis Gehorsams- und Autoritätsverständnis in seiner frühen Phase

Nachdem der Kontext von Guardinis Gedanken näher beleuchtet ist, kann die Frage nach den geschichtlichen und politischen Auswirkungen seines Autoritätsverständnisses gestellt werden. Als ‚frühe Phase' seines Wirkens werden hier die 20er und 30er Jahre betrachtet. Der Autoritäts- und Gehorsamsbegriff ist in Deutschland endgültig durch die Erfahrungen des Natio-

---

[133] Darauf weist auch Ruster, *Nützlichkeit*, 193f. hin; vgl. auch Bröckling, 55. Dieser zeitgeschichtliche Kontext läßt sich meines Erachtens nicht nur als „rauschhafte Ausnahmesituationen von Rothenfels" beschreiben; vgl. Ruster, *Nützlichkeit*, 193. Neben den jährlich stattfindenden Werkwochen, die besondere Gemeinschaftserlebnisse boten, wird bei einer solchen Bewertung die sich über mehr als ein Jahrzehnt erstreckende Arbeit samt ihrer Erfolge nicht berücksichtigt. Eine andere Einschätzung der damaligen Jugendbewegung aus heutiger Sicht gibt z.B. Pils.
[134] Eigentlich können hier nur *Sinn des Gehorchens* und *Sinn der Kirche* genannt werden. Schon die wenige Jahre später erscheinenden wichtigen Aufsätze zum Verständnis personalen Lebens wie *Lebendige Freiheit, Grundlegung der Bildungslehre, Möglichkeit und Grenzen der Gemeinschaft* beziehen sich dagegen allgemein auf Person und Gemeinschaft, wofür als Hintergrund die Erfahrungen in der Jugendbewegung inspirierend waren.
[135] Interessant ist aus religionssoziologischer Perspektive, daß die „ekklesiologische" Größe der Pfarrgemeinde bei Guardini eine insgesamt untergeordnete Rolle spielt. Er selber hatte von der Kaplanszeit in Mainz abgesehen nur noch wenig direkte Einbindung in eine Pfarrei.

nalsozialismus belastet, wenn nicht gar diskreditiert. Aus der gegenwärtigen Perspektive, deren Erkenntnisstand u.a. durch die Faschismus-Forschung und die Diskussion über antidemokratische Tendenzen in der Weimarer Republik bestimmt ist[136], wird an der Verwendung des Autoritätsbegriffes zu Beginn des 20. Jahrhunderts „die geistige Vorbereitung des Faschismus" und seines Führerprinzips ablesbar.[137] So wurde jüngst auch am Autoritäts- und Gehorsamsverständnis Guardinis dieser Zeit kritisiert, daß es indirekt, wenn auch unbeabsichtigt, durch seinen autoritären Charakter der späteren Empfänglichkeit für den Faschismus geistige Vorarbeit geleistet hat. Zumindest sei eine Linie in diese Richtung zu erkennen.[138] Mit dieser kritischen Frage ist – exemplarisch für die Interpretation von Theologen einer bestimmten, zudem belasteten historischen Epoche – das Methoden-Problem der Guardini-Interpretation berührt. Sie überschreitet den Bereich einer theologisch-ethischen Untersuchung und erfordert den Einbezug von Geschichtswissenschaft, Politologie und Soziologie und eine sorgfältige Anwendung historischer und soziologischer Methoden.[139] Doch ist bereits auf der Grundlage des in dieser Arbeit untersuchten Textmaterials und nach der ethischen Untersuchung festzustellen, daß Guardinis Denken in dieser Zeit weit weniger ‚autoritär' ist als es einzelne Schriften, in denen der Akzent auf dem Gehorsams- und Autoritätsgedanken liegt, vermuten lassen.[140]

---

[136] Diese Problematik wurde u.a. von Kurt Sontheimer, Antidemokratisches Denken in der Weimarer Republik. Die politischen Ideen des deutschen Nationalismus zwischen 1918 und 1933, München 1968, untersucht. Speziell zum deutschen Katholizismus s. u.a. die Studie von Heinrich Lutz, Demokratie im Zwielicht.

[137] So Röttgers, 731. Aus einer auf den Faschismus fixierten Perspektive wird allerdings leicht übersehen, daß ein autoritäres Gehorsamsverständnis bereits durch den Ersten Weltkrieg und das autoritäre Militärregime des Deutschen Reiches spätestens in den Jahren 1916/17 belastet war.

[138] So Bröckling, 51: „Die referierten Schriften Guardinis legen es tatsächlich nahe, ihn als Apologeten von Führerprinzip und autoritär-ständischer Ordnung in jene unheilvolle (wenn auch keineswegs gerade) Linie einzuordnen, die Jugendbewegung und Nationalsozialismus miteinander verbindet." Nach Ruster, Kirche, 111f., konnte an Guardinis Positionen, während dieser selber einen anderen Weg ging, angeknüpft und antidemokratischen und antiparlamentarischen Trends folgend der Vorrang der Ordnung vor der Freiheit behauptet werden, konnten autoritäre Verhaltensmuster religiös legitimiert werden.

[139] Vergegenwärtigt man sich die Sekundärliteratur zu Guardini, so fällt auf, daß eine kritische Position zwischen einer Apologie des verehrten Autors einerseits und einer überzogenen Kritik, die auf die Phase der Verehrung folgte andererseits, nicht leicht einzunehmen ist. Methodisch ist sowohl zu Bröckling als auch zu Ruster zu bemerken, daß die Textauswahl, auf deren Basis weitgehende Bewertungen vorgenommen werden, zu selektiv ist. Es reicht nicht, bestimmte Aussagen und Wendungen Guardinis aus dem Kontext zu lösen, in einen anderen hineinzusetzen und „semantische Nähe" zu nationalsozialistischem Vokabular festzustellen; so verfährt Bröckling, 47 in Fn. 30.

[140] Die Akzentuierung ist bereits ausreichend dadurch erklärt, daß Guardini in der Diskussion innerhalb der Jugendbewegung gerade das Verständnis für diese kritischen Phänomene wecken wollte. Schon 1924 schrieb Getzeny bezüglich einer möglichen Mißinterpretation von Guardinis Schriften: „Bücher dieser Art wenden sich an Leser, die Zusammenhänge sehen können. Blinde Nachfolge, die in ihnen Parolen sucht, muß sie ebenso mißverstehen wie eine einseitige radikale Kritik." 642.

Andere Interpreten und Zeitzeugen betonen im Widerspruch zur oben angedeuteten Kritik, daß Guardini durch seine geistige und pädagogische Arbeit dazu beitrug, eine Haltung gegenüber dem Nationalsozialismus zu bilden, die als ‚innerer' oder ‚geistiger Widerstand' bezeichnet werden *kann*.[141] Guardinis Verdienst, auch dessen Grenze, ist in dieser Arbeit zu sehen. Die ethische Untersuchung seines Gehorsams- und Autoritätsverständnisses zeigte, daß es ihm um ein angemessenes ethisches Verständnis und ein moralisches Bewußtsein dieser Phänomene ging. So sind sie auf die personale und sittliche Freiheit bezogen, zu der unverzichtbar ein unabhängiges, selbständiges Urteil, persönliche Verantwortung und die Bildung des eigenen Gewissens gehörten. Von einem „freiheitsfeindlichen Gehorsamsprinzip des Katholischen"[142] kann

---

[141] Messerschmid, *Romano Guardini*, 25, spricht davon, daß durch Guardinis Denken Teile der Jugend gegen die nationalsozialistische Ideologie immunisiert wurden. Guardinis Schriften halfen, ‚geistig zu überleben'; vgl. Walter Dirks, *Romano Guardini*, 250f., und *Guardini und Politik*, 29. Biser kommt zur Einschätzung Guardinis als „eines der wenigen Gegengewichte, die zählten"; Interpretation, 111. Vgl. ähnlich Kuhn, Romano Guardini, 39, und jüngst Börsig-Hover, Romano Guardini, 25-31. Vgl. zu dieser Problematik auch Hover.
Wichtig ist in diesem Zusammenhang eine Verständigung über den Widerstandsbegriff, insbesondere darüber, wie weit oder eng er gefaßt werden kann (hier könnte auch ‚soll' stehen, da diese Problematik oft mit moralischem Pathos behandelt wird). Die Antwort wird je nach eher apologetischem oder kritischem Interesse unterschiedlich ausfallen. Gotto/Repgen, 103f., unterscheiden aus historischer Perspektive verschiedene Stufen von ‚Widerstand': ‚Innerer' oder ‚geistiger Widerstand' ist vom aktiven und politischen Widerstand zu unterscheiden, der sich gegen den unmittelbaren Bestand des nationalsozialistischen Regimes wandte. Er widersetzte sich der totalitären Gleichschaltung und war insofern ‚Widerstand', der mit zunehmender Macht der Nationalsozialisten verfolgt wurde, wie es durch das staatliche Verbot der nichtnationalsozialistischen Jugendverbände und durch die juristische Ahndung jeder weiteren Aktivität ab 1936 geschah. Auch der Quickbornbund wurde 1936 verboten, Burg Rothenfels 1939 beschlagnahmt. Vgl. Gerl, *Romano Guardini*, 240-249. Zur Einordnung dieser Bemerkungen sei daran erinnert, daß die kirchlich orientierten Teile der Jugendbewegung nur ein kleiner Teil der kirchlichen Jugend waren, die größtenteils pfarreigebunden organisiert war. Der Quickbornbund umfaßte zu seiner besten Zeit ca. 12.000 Mädchen und Jungen, Frauen und Männer, und war zahlenmäßig im Vergleich zu seiner geistigen Ausstrahlung und Wirksamkeit eher klein.
Zur deutschen Jugendbewegung insgesamt ist ein differenziertes historisches Urteil zu fällen. Es hat Berührungspunkte und Kontinuität zwischen Teilen der Jugendbewegung und dem Nationalsozialismus gegeben, was für die kirchlich orientierten Teile der Jugendbewegung, besonders den Quickbornbund nicht zutrifft. Von *der* Jugendbewegung aber kann hinsichtlich dieser Problematik nicht gesprochen werden. Die deutsche Jugendbewegung kann insgesamt nicht präfaschistisch interpretiert werden; vgl. Wilhelm, 22ff. Viele ‚Jugendbewegte', und dies gilt besonders für die kirchlich orientierte Jugendbewegung, haben 1933 die Kraft ihres Widerstandes ihrer Herkunft aus den Jugendbünden und der dort gewonnenen persönlichen Haltung verdankt. Widerstand gegen die Nationalsozialisten war u.a. sowohl von Bondys als auch von Guardinis Position aus *möglich*; vgl. Schlette, *Aporie*, 258f. Tatsächlich sind nur wenige diesen Weg gegangen. Aus der kirchlichen Jugendbewegung, genauer dem Bund Neudeutschland, kam Willi Graf, einer der Widerständler der Weißen Rose, der, wie seine Tagebücher belegen, Guardinis Schriften bis zuletzt im Sinne der geistigen Zurüstung gelesen und geschätzt hat; vgl. Graf, 162, 165 und 174, und Jens, 10-13. Willi Graf u.a. blieben die Ausnahme. Versuche, für die Aktivitäten der Weißen Rose weitere Mitstreiterinnen und Mitstreiter aus den Reihen der katholischen Jugendbewegung zu gewinnen, gelangen nicht.

[142] Ruster, *Kirche*, 112: „Das freiheitsfeindliche Gehorsamsprinzip des Katholischen konnte rasch die Grenzen des Religiösen überschreiten und zur Tugend des braven Staatsbürgers erklärt werden, der dem faschistischen Machtwillen nichts mehr entgegenzusetzen hatte." Ruster

hier nicht gesprochen werden. Wer sich auf dieses ethische Verständnis von Autorität, Gehorsam und Freiheit geistig einließ und es, sei dies in der Weise eigener Autoritätsausübung oder im sittlich qualifizierten Gehorsamsakt, praktisch-moralisch zu verwirklichen suchte, entwickelte personale Werte, Haltungen oder Tugenden, die dem Nationalsozialismus im Wege standen.[143]

Der Hinweis auf die nicht zu unterschätzende Wirkung der geistigen und pädagogischen Arbeit Guardinis in dieser Zeit beantwortet die Frage nach der politischen und sozialen Bedeutung seines Denkens nur zum Teil. Aufgrund der Erkenntnis des primären, aber in sozialer Hinsicht auch eingeschränkten Bezugrahmens, den die Jugendbewegung und Burg Rothenfels für sein Denken bot, ist der kritische Punkt nicht in einer vermeintlichen Linie zwischen seinem katholischen Autoritätsverständnis und faschistischem Gedankengut zu suchen. Er liegt vielmehr in den Grenzen, die in diesem Denken hinsichtlich der Politik und der sozialen Probleme gesellschaftlicher Dimension festzustellen sind. Die politische und sozialethische Leistungsfähigkeit von Guardinis Denken reicht über die dargestellten wichtigen und grundlegenden Einsichten nicht hinaus. Guardini argumentiert vor allem ethisch und pädagogisch, nicht eigentlich politisch, selbst wenn er von der Autorität des Staates spricht. Der geistige Zusammenhang seiner Überlegungen zu Autorität und Gehorsam ist der pädagogische und sittliche Prozeß personaler Bildung.[144] Sein Verständnis einer personalen Gemeinschaft, seine Überlegungen zu Autorität und Freiheit waren „auf eine überschaubare Gruppe mit hoher Integration und intensiver Interaktion zugeschnitten. Jeder Versuch, sie aus der Sphäre jugendbewegter ‚Gemeinschaft' in die der ‚Gesellschaft' zu übertragen, krankte daran, daß mit der Kategorie der ‚personalen Beziehung' die soziale Synthesis moderner Gesellschaften nicht zu erfassen war."[145] Die ‚personale Gemeinschaft von Ich und Du' war und ist als Kategorie für die Probleme des modernen Staates und einer ausdifferen-

---

nennt u.a. den Staatsrechtler und „Kronjuristen des Dritten Reiches" Carl Schmitt und den Theologen Robert Grosche. In der Tat finden sich in den entspechenden Jahrgängen der *Schildgenossen* Stimmen, die vermehrt solche politischen Konsequenzen eines katholischen Autoritätsveständnisses zogen; vgl. Bröckling, 43. Der Widerspruch zur Position Guardinis ist jedoch nicht zu übersehen. Gegen ein katholisch-autoritäres Denken wie das Carl Schmitts richtet sich Guardini in *Religiöse Offenheit**, 58-60: Der eigentliche geschichtliche Gegner des Christentums ist nicht der Unabhängigkeitswille der subjektiven Einzelperson, sondern die Kollektivität. Echte Autorität, so Guardini, fordert persönliche Verantwortung und Sinn für Freiheit. Leider wurde diese Schrift von 1933/34 nicht veröffentlicht.

[143] In seinem Personbegriff und in der Darstellung eines personalen Ethos formulierte Guardini Gegenpositionen zum Nationalsozialismus, ohne diesen beim Namen zu nennen. Vgl. Hover, 177, und den Historiker Hürten: „Soweit ich Guardini kenne, wird bei ihm die Gegenposition zum Nationalsozialismus in einer Weise formuliert, die den Nationalsozialismus gar nicht nennt, nämlich in Gestalt des Person-Begriffs. Wenn man „Welt und Person" vor dem Hintergrund des Nationalsozialismus liest, wird das ganz eindeutig: das ist die entscheidende Gegenposition, wer sich die Guardinischen Positionen zu eigen macht, kann nie und nimmer Nationalsozialist werden." Ebd., 186.

[144] Vgl. *Begriff sittlicher Freiheit*, 988f.; *Lebendige Freiheit*, 101; *Grundlegung der Bildungslehre*.

[145] So Bröckling, 55, dem in diesem Fall zuzustimmen ist.

zierten Gesellschaft nicht geeignet.¹⁴⁶ Guardini formuliert in den Schriften dieser Zeit wertvolle Einsichten und Gedanken zur Bildung eines personalen freiheitlichen Ethos, doch ist, was für das Denken Guardinis in dieser Phase insgesamt gilt, eine Distanz zur aktuellen Politik, zur liberalen Demokratie-Idee und zur parlamentarischen Verfassung der Weimarer Republik nicht zu übersehen.¹⁴⁷

Diese Einschätzung wird durch die historische Erforschung des politischen Bewußtseins innerhalb der Jugendbewegung, die als sozialer Kontext seines ethischen Denkens gelten kann, bestätigt. Die Politik gilt als ‚der blinde Fleck' der Jugendbewegung. Das Verhältnis der bündischen Jugend zur Politik ist auf die Formel ‚antiparlamentarisch, wenn auch nicht antidemokratisch'¹⁴⁸ gebracht worden: ‚Antiparlamentarisch', weil es von einer negativen Einstellung der parlamentarischen und republikanischen Staatsform gegenüber bestimmt ist¹⁴⁹, ‚nicht antidemokratisch', weil innerhalb des Bundes als der soziologisch wichtigen Größe durchaus ein demokratischer Stil praktiziert werden konnte. Auf das Verhältnis zur Weimarer Republik wirkte sich diese Einstellung negativ aus. Es kam zu keinem wirksamen politischen Engagement seitens der Jugendbewegung, das ein anderes Bewußtsein für gesellschaftliche Probleme und für ein Handeln über den Raum der eigenen Gemeinschaft hinaus erfordert hätte.¹⁵⁰ Dieses distanzierte und teil-

---

146 Vgl. Maier bei Hover, 186f. Eine dominierende Perspektive ist in den politisch-ethischen Überlegungen, wie bereits in Kapitel V.4.3 festgestellt, das Gegenüber von Individuum und Staat bzw. Autorität, was durch die Struktur des Gegensatzdenkens bedingt ist. Vgl. als Beleg für diese Einschätzung den Tenor der *Gedanken über politische Bildung*, einem Aufsatz von 1926, und der Brief „Staat in uns" in *Briefe zur Selbstbildung*, 147-182. Schon der Titel gibt an, daß Guardini den Schwerpunkt auf die innere Einstellung der Persönlichkeit legt. Walter Dirks kennzeichnet diesen Brief, an dessen Entstehung er beratend beteiligt war, als einen ‚basisdemokratischen' Appell zur staatsbürgerlichen Tugend; vgl. Dirks, *Neue Dimensionen*, 50. Auch in *Über öffentliches Sprechen* von 1923/24 äußert sich Guardini über eine politische Rede- und Gesprächskultur nur in einer auf Grundsätze und personale Haltungen beschränkten Weise.

147 Dieses Urteil gilt für die untersuchten Schriften Guardinis; es bedeutet nicht, daß Guardini ein unpolitischer Mensch gewesen ist. Schlette spricht, *Aporie*, 262f., von einer platonisch-aristokratischen Färbung des politischen Denkens Guardinis in dieser Zeit. Vgl. Raabe, 191.

148 Vgl. Lutz, *Demokratie*, 113-117; Raabe, 18, 192f. und 198f.; Hastenteufel I, 492f.; Binkowski, 220. Hier ist nur eine stichwortartige Skizzierung der historischen Problematik möglich. Zur Vorsicht gegenüber einer schablonenhaften Anwendung solcher und ähnlicher Formeln mahnt Lutz; vgl. *Demokratie*, 117.

149 So hieß es 1922 in den *Schildgenossen*: „Wir glauben nicht an die völkische Heilkraft des vom liberalen Westen geerbten Parlamentarismus, selbst dann nicht, wenn er sich in den Flittermantel einer formal sauberen Demokratie hüllt." W. Engel, Godesberger Merkwürdigkeiten: In: Schildgenossen 2 (1921/22), 367f., zitiert nach Lutz, *Demokratie*, 114. Entsprechend distanziert war die Einstellung zu den Parteien, auch zur weltanschaulich nahestehenden Zentrumspartei, vgl. ebd., 113, die mit der in der Fn. 150 angedeuteten Distanz Guardinis übereinstimmt.

150 Vgl. Raabe, 107f. und 122f.; Binkowski 91; Hastenteufel I, 347 und 446. Viel gelesen wurde in Kreisen der Jugendbewegung das Buch des Soziologen Ferdinand Tönnies „Gemeinschaft und Gesellschaft. Grundbegriffe der reinen Soziologie" (1. Aufl. 1887), das diese beiden Größen in einen Gegensatz brachte und eine Wertschätzung der Gemeinschaft auf Kosten der Gesellschaft förderte. In Ergänzung dazu ist Helmut Plessners Buch „Die Grenzen der Gemeinschaft. Eine Kritik des sozialen Radikalismus" von 1924 zu erwähnen, das sich kritisch mit

weise ablehnende Verhältnis zur Weimarer Republik erklärt sich auch durch die soziale Herkunft vieler ‚Jugendbewegter' aus der katholisch-konservativen Bildungsschicht, die in großen Teilen noch kein positives Verhältnis zur parlamentarischen Demokratie gefunden hatte.[151]

4.3 Die politische und soziale Relevanz von Guardinis ethischen Überlegungen nach 1945

In den 50er und 60er Jahren werden die Ausführungen Guardinis zur Frage der Autorität politischer.[152] Guardini ist bemüht, politisch-ethische Konsequenzen seines Autoritätsverständnisses aufzuzeigen, weshalb der Akzent

---

Tönnies und dem Gemeinschaftsradikalismus seiner Zeit auseinandersetzte, insbesondere mit dem „heroischen Gemeinschaftskult" der Jugendbewegung; vgl. Plessner, 35. Zu Recht warf Plessner dieser Gemeinschaftsidealisierung ein gefährliches Unverständnis gegenüber der Realität der Gesellschaft vor; vgl. ebd., 51-53. Wahrscheinlich wird Guardini das Buch von Tönnies gekannt haben. Das Buch von Plessner war Gegenstand einer Seminarübung, die Guardini 1924 in Berlin hielt; vgl. Becker, 7. Diese Beschäftigung hat sich vermutlich in *Möglichkeit und Grenzen* niedergeschlagen, wo Guardini ähnlich wie Plessner das Recht der Einzelperson auf Distanz gegenüber der Gemeinschaft herausstellt und deren Grenzen thematisiert; vgl. Plessner, 26. Es muß bei einer ‚Vermutung' bleiben, denn Guardini erwähnt Plessner nicht als Quelle. Zur Bedeutung der Kategorie der Gesellschaft nimmt Guardini in *Möglichkeit und Grenzen* nicht Stellung.

Ausnahmen von dieser Gesamteinschätzung sind auch hier zu nennen: 1930 wurde im Quickborn der sog. ‚Oktoberkreis' gegründet, der sich Grundfragen aus Wirtschaft und Politik widmete. In den westlichen Regionen des Quickbornbundes war das Verständnis für aktuelle Gesellschaftsprobleme größer als in den südlichen und schlesischen Teilen. Einer derjenigen, die sich bewußt sozialer und politischer Themen annahmen, war Walter Dirks. Vgl. Dirks, *Guardini und die Politik*, 28, der von der Sympathie Guardinis für seine Bemühungen schreibt; vgl. Binkowski, 118 und 230-233. Es gab internationale Treffen der Jugendbewegung, die nach dem Ersten Weltkrieg für Völkerversöhnung eintraten, auf denen auch Quickborner mitwirkten. Nach dem Zweiten Weltkrieg konnten Persönlichkeiten wie Felix Messerschmid, die aus der Jugendbewegung kamen, mit ihren Aktivitäten zur politischen Bildung – Messerschmid ist einer der Begründer der evangelischen Akademie in Tutzing – an diese Bemühungen anknüpfen. Guardini hat diese politische Arbeit nach dem Krieg unterstützt; vgl. Messerschmid, *Romano Guardini*, 25f. Biographisch ist an Guardinis Freund Karl Neundörfer zu erinnern und an den Verlust, den sein früher Tod für Guardini persönlich bedeutete. Neundörfer hätte vermutlich mit seinem klaren politischen Bewußtsein dazu beitragen können, den angesprochenen ‚blinden Flecken' zu vermeiden. Von anderer geistiger Veranlagung als Romano Guardini hätte er als juristisch geschulter Denker und mit seinem Gespür für die öffentliche Verfaßtheit von Kirche und Staat, für „das Eigenwesen und die Eigengesetzlichkeit der öffentlichen Dinge", Guardinis Ansatz entscheidend ergänzen können. So Guardini selbst in einem Nachruf für Karl Neundörfer in der Zeitschrift „Schildgenossen" 6 (1926); zitiert nach Gerl, *Romano Guardini*, 69. Siehe zu Karl Neundörfer ebd., 67-71, und *Berichte*, 69f.

[151] Vgl. Lutz, *Demokratie*, 119f. und 81. Der Zweifel an der Weimarer Republik wurde seit Beginn ihres Bestehens emotional durch das Gefühl einer durch den Versailler Vertrag erlittenen Schmach genährt. Solche nationalistischen Empfindungen waren Guardini, der italienischer Abstammung und geistig ein europäischer Humanist war, allerdings fremd.

[152] Besonders sind hier wieder bezüglich des Autoritätsverständnisses *Ethik*; *Existenz*; *Atheismus und Autorität*; *Gesichtspunkte* und *Problem der Demokratie* zu nennen. Siehe auch die Angaben in Fn. 6 dieses Kapitels.

besonders auf der Erörterung der staatlichen Autorität liegt.[153] Dabei ist, trotz einer spürbaren Zurückhaltung in den einzelnen Formulierungen, das Anliegen erkennbar, die Erfahrungen des Nationalsozialismus aufzuarbeiten.[154]

4.3.1 Würde und Recht der Person gegenüber der staatlichen Autorität

Aus den Erfahrungen des Nationalsozialismus leitet Guardini nicht die Infragestellung der Autorität an sich ab, sondern unterstreicht nach der Pervertierung staatlicher Autorität die Notwendigkeit, diese ethisch zu begreifen. So verwendet er den Begriff der Autorität weiter in einem nicht wertneutralen Sinn. Die Sorge um die Würde der Person ist nun einer der bestimmenden politisch-ethischen Gedanken Guardinis. Wesentliche Aufgabe staatlicher Autorität ist es, den Menschen als Person, d.h. als Freiheitswesen zu achten. „Das erste und eigentliche Ziel des Staates ist es, daß der Mensch in Ehren als Person existieren könne. Daß er im Staat Freiheit, Würde und Verantwortung habe."[155] Wenn die Einsicht in das Wesen staatlicher Autorität schwindet, nimmt auch das Bewußtsein dieser moralischen Verpflichtung ab, unter der sie steht. Anstelle wahrer Autorität würden dann, so Guardinis Mahnung, Formen autoritärer Gewalt und Machtausübung oder deren Gegenbild, die Anarchie, das Zusammenleben bestimmen. Gegen eine Autoritätsscheu, die diese mit Gewalt, Repression und Diktatur gleichsetzt und sie im Namen der Freiheit ablehnt, betont Guardini, daß die moralische Autorität die Freiheit „nicht nur voraussetzt, sondern schützt. Umgekehrt bedarf die Freiheit der Autorität, sobald sie aus dem Raum des Ideellen heraustritt und geschichtlich wird. Bekommt sie dieses Gegenüber nicht, verdunstet die echte Autorität, dann tritt an deren Stelle ihre Zerrform, die Gewalt, die Diktatur."[156]

In den frühen Überlegungen hatte Guardini das Recht auf Selbständigkeit und das Recht bzw. die Pflicht zur kritischen Prüfung der Forderung der Autorität auf die Einzelnen hin formuliert. Unter politischem Aspekt wird daraus das staatsbürgerliche Recht und die Pflicht, die lebendige Verantwortung für die Rechte der Person und das Recht im Staat überhaupt wahrzunehmen, und dies unter Umständen gegen den Staat. Denn die Autorität des Staates

---

[153] Dagegen findet die Autorität der Eltern weniger Erwähnung. Siehe besonders *Ethik*, 479-508 und 858-886: Es fällt auf, daß die Gliederungspunkte „4. Hoheit und Autorität" und „5. Das ethische Problem des Gemeinwesens", in denen Guardini die hier relevante Thematik behandelt, im gesamten Punkt über das „Gemeinwesen", 845-886, den größten Raum einnehmen. Guardinis Gedanken bekommen so, was die politische Dimension betrifft, fast den Charakter einer ‚Wiedergutmachung' für die oben festgestellte Distanz zur Politik, die Guardini der Jugendbewegung und der Kirche – vielleicht auch sich selbst? – vorwarf. Vgl. Maier in der Diskussion bei Hover, 186.

[154] Die Zurückhaltung in den Formulierungen, die zudem Guardinis Persönlichkeit entsprach, bedeutet nicht, daß Guardini nicht die geistige und moralische Verpflichtung sah und deutlich anmahnte, das geschehene Unrecht zu benennen und aufzuarbeiten. Vgl. hierzu die gesamte Rede „Verantwortung. Gedanken zur jüdischen Frage" von 1952.

[155] *Ethik*, 879.

[156] *Existenz*, 420. Vgl. ähnlich *Ethik*, 877-883, und *Atheismus und Autorität*, 89-92.

vertritt nicht nur das Sittengesetz, sondern findet daran ebenso ihre Grenze. Wird die Autorität des Staates in ihrer ethischen Bedeutung ernstgenommen, so unterstehen folgerichtig das staatliche Handeln und „die gesetzgebende Tätigkeit des Staates der sittlichen Kritik. Sobald er etwas befiehlt, das gegen die ethische Ordnung geht, ist das nichtig."[157] Demokratische Gesinnung bedeutet nach Guardini die allgemeine Verantwortung jeder und jedes einzelnen für das sittlich Gute im Staat und der Gesellschaft. Sie beinhaltet den Respekt vor der Autorität des Staates genauso wie das Recht und die Pflicht zur Kritik und gegebenenfalls zum Widerstand gegenüber staatlichen Maßnahmen.

In diesem Zusammenhang geht Guardini in den Ethik-Vorlesungen auch auf den Vorwurf ein, die typisch deutsche Obrigkeitshörigkeit und Bereitschaft, sich der staatlichen Autorität zu unterwerfen, sei der nationalsozialistischen Gewaltherrschaft entgegengekommen und habe sie mit ermöglicht. Er behandelt ihn nicht auf einer psychologisch-soziologischen oder historischen Ebene, sondern leitet aus ihm die persönliche moralische Kernfrage ab, die sich in ehrlicher Selbsterforschung alle zu stellen hätten, die im nationalsozialistischen Deutschland gelebt haben: „Habe ich so zur Pflicht personaler Existenz gestanden, wie ich es hätte tun sollen?"[158] Es geht Guardini auch hier um die persönliche Haltung und um die Verantwortung im Gesamtgefüge eines personalen Ethos. Entsprechend betonte er in einer Gedenkrede zum 20. Juli 1944 das Ethos der Freiheit, das die Widerstandskämpfer verkörpern und in dem der Wille sichtbar wird, sittliche Freiheit im privaten wie im politischen Leben zu verwirklichen.[159]

4.3.2 Zur religiösen Grundlage politischen Handelns

Die Entschiedenheit, mit der Guardini die religiöse Dimension der weltlichen und staatlichen Autorität herausstellt, wirft nicht nur Fragen auf, die sich am tatsächlichen und möglichen Mißbrauch und dem Versagen der Autoritätsträger entzünden. Was bedeutet in einer pluralistischen Gesellschaft und in einem säkularen Staat die religiöse Herleitung staatlicher und gesetzlicher Autorität? Was soll geschehen, „wenn so Viele, die den Staat mit bilden, nicht an Gott glauben?"[160] Trotz der Erkenntnis, daß der religiöse Hintergrund der Politik in einer pluralistischen Gesellschaft nicht mehr allgemein anerkannt wird, unterstreicht Guardini die Notwendigkeit, „wieder die Be-

---

[157] *Atheismus und Autorität*, 87. Siehe auch *Ethik*, 883-886 und 496: Sobald dem Gehorchenden deutlich wird, daß die Autorität der sittlichen Norm widerspricht, darf er ihr nicht gehorchen.
[158] *Ethik*, 885. Auch hier ist die persönliche Betroffenheit erkennbar. Walter Dirks schreibt zur Haltung Guardinis in dieser Zeit: „Während des Naziregimes hat Romano Guardini den Konflikt gemieden, sich aber weder als Leiter der Burg Rothenfels und als Bundesführer noch als amtierender Professor in Berlin irgend etwas vergeben. Vor allem diejenigen von uns – ich gehöre dazu –, die während des Regimes um des Überlebens willen möglichst stillehielten, haben kein Recht, ihm seine Enthaltsamkeit anzukreiden. Wie die meisten von uns hat er das Unglück der Nation tief empfunden, aber den Weg zum aktiven Widerstand nicht gefunden." *Guardini und Politik*, 29.
[159] Vgl. *Freiheit*.
[160] *Ethik*, 874.

Gehorsam und Autorität 303

ziehung des Staates auf Gott zu gewinnen, weil es sonst nicht möglich ist, ein von innen her begründetes Staatsleben zu schaffen"[161]. Nun sind Guardinis Überlegungen kein Plädoyer gegen die Trennung von Kirche und Staat, von Politik und Religion im modernen säkularen Staat. Vielmehr macht er zwei miteinander zusammenhängende Gedanken geltend, um auf die religiöse Dimension politischen Handelns hinzuweisen, die seiner Auffassung nach zur ‚inneren Begründung des Staatslebens' gehört:

Der erste folgt aus dem Grundsatz seiner christlichen Ethik, daß aus keinem wesentlichen Bereich der menschlichen Existenz, also auch aus dem politischen Handeln nicht, der Bezug des Menschen zu Gott ausgeklammert werden soll. Guardini wendet sich allgemein gegen die ethische Neutralisierung politischen Handelns. Nach christlichem Verständnis sind der Staat bzw. die politisch Handelnden auch vor Gott verantwortlich. In diesem ethischen Sinn ist Gott ein Politikum. Die lebendige Beziehung zu ihm bewirkt die Anerkennung einer ethischen Instanz, die auch das politische Handeln bindet und so den sittlichen Charakter der politischen Existenz gewährleistet.[162] Sie verhindert, daß die staatliche Autorität eine absolute Autonomie beansprucht, die zur absoluten Gewaltherrschaft führen kann. Im Transzendenzbezug der menschlichen Existenz sieht Guardini daher eine der „Voraussetzungen möglicher Demokratie, möglicher Freiheit, möglicher Menschenwürde liegen"[163]. Dieser Gedanke ist berechtigterweise vom christlichen Standpunkt aus in die Grundlagendiskussion einer Demokratie einzubringen. Er kann, was ihre Grundlagen angeht, nicht Ausschließlichkeit beanspruchen. So ist kritisch anzumerken, daß Guardini in diesem Kontext nicht auf die laizistischen und säkularen Wurzeln der Demokratie in der französischen Aufklärung und auch nicht auf das antike nichtchristliche Erbe griechisch-römischen Denkens eingeht.

Mit den Stichworten ‚Freiheit' und ‚Menschenwürde' ist der zweite Gedanke angesprochen, der auf das bereits erörterte Personverständnis Guardinis verweist. Die religiösen Voraussetzungen politischen Handelns anzuerkennen, bedeutet für Guardini vor allem, „den Menschen als Menschen, das heißt aber, als Person sehen und behandeln. Die Gefahr, das nicht zu tun, ist ungeheuer groß und wächst beständig."[164] Guardini begründet seine Sorge um die Gefährdung personaler und humaner Existenz mit der zunehmenden Tendenz, die Probleme sozialen Zusammenlebens alleine mit einer technisch-funktionalen Logik, „durch rational begründete und exakt arbeitende Apparaturen"[165] anzugehen, was der menschlichen Existenz aber nicht gerecht

---

[161] Ebd., 876. Vgl. hierzu auch *Atheismus und Autorität*, 82-92.
[162] Vgl. *Ethik*, 881.
[163] Ebd., 876f.
[164] Ebd., 877.
[165] Ebd. Schlette sieht in diesem mahnenden Gedanken Guardinis eine Übereinstimmung mit der Kulturdiagnostik in der kritischen Theorie Adornos und Horkheimers, die wie Guardini auf die ambivalenten Folgen von Technik und Wissenschaft aufmerksam machten und die sich verselbständigenden anonymen Verwaltungsmächte kritisierten; vgl. Schlette, *Romano Guardini Werk*, 34f. Ausführlicher als in den Ethik-Vorlesungen entfaltet Guardini diese Kulturkritik in *Macht* und *unvollständiger Mensch*.

werden kann. Die personale Existenz des Menschen ist nach christlichem Menschenbild aber geistig zu verstehen und letztlich religiös fundiert. „So hat es keinen Sinn, von Freiheit zu reden, wenn zugleich die Voraussetzung geleugnet wird, unter welcher Freiheit verwirklicht werden kann, nämlich die geistige Personalität. Diese aber ist wesentlich in Gott fundiert. [...] Daher die instinktive Leugnung Gottes überall da, wo die Person und ihre Freiheit nicht gewollt werden."[166]

Im Blick auf das innerstaatliche Zusammenleben macht Guardini auf einen weiteren ethischen Gesichtspunkt aufmerksam, der selbst ohne religiöse Voraussetzungen Gewicht hat. Er betrifft die Geltung und sittliche Bindungskraft der Gesetze des Staates. Die Gesetze des Staates sind erst dann in ihrem ganzen Wesen verstanden, wenn erkannt wird, daß in ihnen die staatliche Autorität sich an das Gewissen des Menschen wendet. Sie sind nicht nur deshalb unverzichtbare Regeln für ein funktionierendes Zusammenleben der Menschen, weil sie Schadensvermeidung und den gemeinsamen Nutzen möglichst vieler Individuen im Zusammenleben gewährleisten. In ihnen drückt sich vielmehr der sittliche Wert des Rechtes an sich aus. Die Gesetze als Äußerungen der staatlichen Autorität im ethischen Sinn zu begreifen bedeutet im politischen Leben die „eigentlich ethische Motivation, nämlich jene aus der Sinnhoheit des Guten"[167] zu wahren. Ist diese moralische Dimension nicht mehr bewußt, werden zunehmend an die Stelle einer ethischen Motivation andere Motive wie die Frage der bloßen Legalität, das Zurückschrecken vor einer möglichen Strafe oder schlicht das Streben nach eigenem Vorteil treten und das Handeln bestimmen. Es ist hier nicht notwendig, Belege für diese Tendenz anzuführen und den Gedanken durch eine Klage über den Zerfall sozialer und politischer Sitten zu verstärken. Deutlich ist, daß Guardini mit seinen Überlegungen zum Verständnis der Autorität auf ein wichtiges Gesetz des politischen und sozialen Lebens aufmerksam macht: Das Zusammenleben in einem freiheitlichen Staat setzt voraus, daß der Staat und seine Gesetze die Bürgerinnen und Bürger unabhängig von sozialen und privaten Nutzerwägungen auch mit sittlicher Verpflichtung ansprechen und binden. Dies gilt um so mehr, je weniger staatliches Handeln und staatliche Kontrolle das Zusammenleben in einer Gesellschaft prägen sollen.

---

[166] Ebd., 878. Siehe hierzu auch die Bemerkung Guardinis in *FGS*, 27, in der er die Mißachtung der persönlichen Freiheit im Nationalsozialismus reflektiert. „Für Jene, deren persönliche Bildung noch in der Zeit vor dem ersten Weltkrieg wurzelte, war es kaum zu begreifen, wie wenig Zeit erforderlich war, um die Werte und Haltungen der Freiheit zu verdrängen. Für das historische Denken war es zum Dogma geworden, daß die Neuzeit die persönliche Freiheit zur unverlierbaren Grundlage der Kultur gemacht habe. Die Erfahrung seit 1933 hat gezeigt, daß diese Grundlage nicht nur aus der politisch-sozialen Struktur beseitigt, sondern auch aus der Gesamthaltung des Volkes wegerzogen werden kann." Ähnlich in *Ethik*, 884: „Es müßte eigentlich jeden, der zu denken vermag, sehr nachdenklich machen, wenn er überlegt, wie leicht das deutsche Volk sich der Diktatur ergeben hat, ja wie sich mancherorts auch heute noch – oder wieder – Sehnsucht nach ihr regt." Die Diktatur „nimmt dem Einzelnen die Last ab, selbst zu denken, urteilen, entscheiden, für das eigene Schicksal einstehen müssen. Das ist die große Versuchung."

[167] *Ethik*, 486; vgl. auch ebd., 492ff. Vgl. auch *EdN*, 84, wo Guardini hinter der moralischen Dimension der staatlichen Autorität und der Gesetze wieder das religiöse Element hervorhebt.

Auf der Grundlage eines christlichen Autoritäts- und Personverständnisses und mittels der genauen Wahrnehmung der betreffenden ethischen Phänomene stellt Guardini wichtige Fragen zu den Grundlagen des sozialen und politischen Zusammenlebens. Aktuell, wenn auch keineswegs neu ist die Frage nach den geistigen und personalen Voraussetzungen einer Demokratie und Freiheitsordnung, von denen diese zwar lebt, die sie selber aber nicht schaffen und garantieren kann. Hier lohnt es weiterhin, Guardini ‚nachzudenken'. Allerdings zeigen sich auch in den späten politisch- und sozialethischen Überlegungen die bereits aufgezeigten Grenzen seines Denkens. Es zielt auf die geistigen und personalen Grundlagen einer Demokratie, deren Vernachlässigung, hier ist Guardini zuzustimmen, nicht folgenlos bleiben kann, und die personalen Haltungen, die für das Zusammenleben in einer Demokratie und für ein politisches Ethos notwendig sind. Über diese wichtigen grundsätzlichen Überlegungen reichen Guardinis Ausführungen in politischer und sozialethischer Perspektive nicht hinaus. Guardini blieb der philosophische und theologische Denker, der sich selbst nicht konkret zu Problemen der aktuellen politischen Praxis oder der theoretischen politischen Auseinandersetzung äußerte.[168]

---

[168] Vgl. hierzu Dirks, *Guardini und Politik*, 29, der als Grenzen des politischen Denkens Guardinis u.a. das Fehlen einer Auseinandersetzung mit der kritischen Theorie, der empirischen Soziologie und der Thematisierung der materiellen Bedingungen gesellschaftlicher Wirklichkeit durch den Marxismus nennt. Guardini denkt geschichtlich, wie die Schrift „Das Ende der Neuzeit" zeigt, und nicht unpolitisch, doch bleibt er im Allgemeinen und Grundsätzlichen: „Das Verhältnis der ersten kapitalistischen Welt und der zweiten sowjetischen sowie das Verhältnis dieser beiden Industriemächte zur dritten Welt werden nicht reflektiert", ebenso nicht das spezielle Phänomen des Nationalstaates; vgl. *Neue Dimensionen*, 49. Der politische und geschichtliche Blick Guardinis bleibt überwiegend auf Europa zentriert. Vgl. auch Schlette, *Romano Guardini Werk*, 35f. In historischer, politologischer oder soziologischer Sicht bleiben die systematisierenden Ausführungen Guardinis unzureichend. Vgl., was seine Aussagen zur Politik, näherhin zur Analyse des Nationalsozialismus angeht, auch die Kritik von Hürten, Maier und Repgen in der Diskussion bei Hover, 186ff.

X. Die Auseinandersetzung mit dem neuzeitlichen Gedanken der Autonomie

Die Auseinandersetzung mit dem neuzeitlichen Gedanken der Autonomie ist ein zentrales Thema im gesamten Werk Guardinis und wesentlich für sein ethisches Denken. Dabei ist die Frage nach der Autonomie des Sittlichen ein wichtiger Gesichtspunkt. Grundlage der Auseinandersetzung mit dem Autonomiegedanken ist für Guardini die christliche Anthropologie, deren Grundzüge bereits im zweiten Teil dieser Arbeit herausgearbeitet wurden und hier vorausgesetzt werden. Die Untersuchung von Guardinis Autonomieverständnis erfolgt in diesem Kapitel auch unter dem moraltheologiegeschichtlichen Interesse, Pauschalurteile über Guardini zu korrigieren, die ihn nur als typischen Vertreter einer katholischen Ablehnung des modernen Autonomiegedankens verzeichnen. Als Bezugspunkt für Guardinis Autonomieverständnis wird hier die Richtung der deutschsprachigen katholischen Moraltheologie gewählt, durch die der moderne Autonomiegedanke in der katholisch-theologischen Ethik rezipiert wurde, und für die unter anderen Auer und Böckle stehen. Der Bezug zu dieser Richtung der deutschsprachigen Moraltheologie bietet sich u.a. deshalb an, weil sie über ihre Auseinandersetzung mit dem Autonomiegedanken moderner philosophischer Ethik den Dialog zwischen christlichem Glauben und moderner Gesellschaft führte. Diesem Anliegen aber entspricht Guardinis Vorstellung von christlicher Weltanschauung als der Begegnung von Glaube und Welt. Zunächst sollen, um diesen Bezugspunkt der Untersuchung zu verdeutlichen, kurz die zentralen Gedanken der Rezeption der Autonomievorstellung in der katholischen Ethik vorgestellt werden.[1]

---

[1] Interessant, aber hier nicht zu leisten, wäre eine spezielle Untersuchung der Kant-Interpretation Guardinis. Sie würde durch den Umstand erschwert, daß Guardini Kant zwar häufig, aber leider ohne Belegstellen erwähnt. Stellenweise entsteht der Eindruck, daß der Name Kants für ihn symbolische Bedeutung hat. Es ist zu vermuten, aber hier nicht weiter zu belegen, daß Guardini manchmal, wenn er von Kant spricht, den Kantianismus seiner Zeit meint. An anderen Stellen wiederum steht ‚Kant' für die neuzeitliche Autonomievorstellung und die Ablehnung der Offenbarung überhaupt; vgl. *Sinn des Gehorchens*, 30 und 32; *Sendung*, 172f. Der schroffen Ablehnung Kants stehen die Gedanken gegenüber, in denen Guardini kantische Grundgedanken aufgegriffen hat, wie sie bei der Untersuchung des Personverständnisses deutlich wurden (vgl. Kapitel V.4.1) und sich auch in diesem Kapitel zeigen werden.
Die Kant-Interpretation ist auch ein Problem der modernen katholisch-theologischen Ethik, worauf Schockenhoff hinweist: Wer sich heute zur Stützung seiner ethischen Position auf Kant beruft, steht vor der Schwierigkeit der *„Konkurrenz unterschiedlicher Kantdeutungen*, die auf einer weiten Palette von einer rein wissenslogischen Auffassung nach Art des Neu-Kantianismus bis zu metaphysischen und theologischen Auslegungen reicht." Schockenhoff, *Autonomieverständnis*, 78. Wenn im folgenden Übereinstimmungen zwischen Kant und der modernen Moraltheologie behauptet werden, stütze ich mich auf die Kant-Interpretation, die in der

1. Der Autonomiebegriff in der modernen Moraltheologie

1.1 Zum Begriff der Autonomie

Die Geschichte des Begriffs der ‚Autonomie' führt zwar bis in das politische Denken des klassischen Griechenland zurück, seine umfassende Bedeutung und Dynamik gewinnt der Begriff jedoch in der Aufklärung der Neuzeit. Durch die Philosophie Kants wird Autonomie zu einem zentralen Begriff des modernen ethischen Denkens.[2] In seinem Bedeutungsumfeld klingen andere Leitwörter der Moderne wie Emanzipation und Freiheit mit an. Diesen ähnlich geht vom Begriff der Autonomie eine besondere Faszination aus.[3] Das Streben nach Autonomie wird zu einem Signum der Moderne. „Autonomie ist kein abstrakter Gegenstand wissenschaftlicher Reflexion. Vielmehr leben wir in einer Kultur der Autonomie: nicht nur für das Selbstverständnis und die Wünsche vieler Menschen spielt Autonomie eine Rolle, auch unsere Wirklichkeit ist davon durchdrungen: als politisches, gesellschaftliches, pädagogisches Programm soll sie stets mehr verwirklicht werden."[4] Der Gedanke der Autonomie bestimmt also die Wirklichkeit in allen Bereichen des gesellschaftlichen Lebens. Ebenso gilt für den Bereich des individuellen Lebens: Die oder der Einzelne möchte über das eigene Leben möglichst selbst ohne fremde Vorgaben und Vorschriften bestimmen. In diesem Sinne wird die Forderung nach Autonomie verstanden, auch wenn das eigentliche Anliegen sittlicher Autonomie so noch nicht erfaßt ist. Zunehmend wird zwar die Ambivalenz dieses umfassenden Anspruches empfunden, da für den modernen Menschen die Forderung zur Überforderung werden kann. Doch trotz (post-)moderner Skepsis, Zivilisationskritik und zunehmender Einsicht in die vielfachen Zwänge und Vorherbestimmtheiten einer modernen und anonymen Gesellschaft scheint das Ideal der Autonomie seine Anziehungskraft noch nicht verloren zu haben.[5]

---

genannten moraltheologischen Richtung u.a. von Schwartländer und Böckle vertreten wurde. Dasselbe Problem stellt sich entsprechend beim Autonomieverständnis und dem Versuch, es in ein theologisches Konzept zu integrieren. „Das Verständnis von Autonomie beginnt sich zwischen methodischem Atheismus und grundsätzlicher Offenheit gegenüber der Gottesfrage in der Schwebe zu halten." Auer, *Autonome Moral*, 224. Korrekterweise müßte also von verschiedenen Autonomieverständnissen gesprochen werden. Mit der Konzeption einer Autonomie im theologischen Kontext wird also ein bestimmtes Autonomieverständnis herangezogen, das wegen seiner theologischen Begründung als Bezugspunkt für Guardinis Autonomieverständnis geeignet ist. ‚Als Bezugspunkt herangezogen' bedeutet, daß ein systematischer Vergleich nicht erfolgt.

[2] Vgl. zur Begriffsgeschichte und Bedeutung Honnefelder, *Autonomie*; Pohlmann; Amelung, *Autonomie*.
[3] Auf diesen Zusammenhang geht besonders Kasper, *Freiheit*, ein.
[4] Merks, *Autonomie*, 261.
[5] Vgl. ebd. Allerdings ist die Einschränkung festzuhalten, daß der Gedanke der Autonomie keine universale Geltung beanspruchen kann: Die Vorstellung und das Konzept der Autonomie sind im abendländischen Raum beheimatet. In anderen Kulturen hat er nicht den oben angedeuteten Stellenwert, und unter anderen existentiellen Lebensbedingungen ist das Streben nach

1.2 Der Autonomiegedanke in der modernen katholischen Moraltheologie

Die katholische Moraltheologie bzw. die katholisch-theologische Ethik insgesamt hat sich erst in der zweiten Hälfte dieses Jahrhunderts auf die Autonomievorstellung eingelassen und nach der Vereinbarkeit von autonomer Moral und christlichem Glauben gefragt.[6] Bei dieser Diskussion, die theoretisch durch die bewußte Auseinandersetzung mit dem Gedanken der Autonomie bei Kant bestimmt war, ging es um „die Rezeption der unbestrittenen Kerngehalte der neuzeitlichen Autonomie-Vorstellung überhaupt: der Authentizität des Sittlichen und der Zuständigkeit der Vernunft für seine Erkenntnis sowie der Unbedingtheit seines Anspruchs."[7] Die Diskussion des Autonomiebegriffs ist als ein Teil des Gespräches zu verstehen, das in der Moraltheologie und im Raum der katholischen Kirche mit der Moderne überhaupt geführt wurde. Der Versuch wurde unternommen, den Glauben und „die Botschaft des Evangeliums in ihrer Bedeutung für das Handeln und die Ordnung des Zusammenlebens in der Gegenwartskultur neu zu verste-

---

Autonomie nicht die vordringlichste Sorge des Menschen. Bemerkenswert ist, daß die Einschätzung der Bedeutung des Autonomiebegriffs aus der Sicht evangelischer Ethik anders, nämlich nüchterner ausfällt als in der hier herangezogenen katholisch-ethischen Literatur. So schreibt Amelung: Der abnehmende Gebrauch des Begriffes „signalisiert in gewisser Weise eine geistesgeschichtliche Wende, das Ende der Periode theologisch-philosophischer Grenzstreitigkeiten. Philosophische Ethik versteht sich nicht oder kaum noch aus dem Gegensatz zur theologischen heraus [...] Die theologische Ethik steht mit dem Rücken zur Wand, sucht ihr Proprium in, mit und unter der Vielheit weltlicher Sollensbestimmungen und Motivationen und versucht zu verstehen, warum die Eigengesetzlichkeiten der modernen Welt nicht uneingeschränkt das Feld beherrschen sollen und was sich ändert, wenn sie unter den Herrschaftsanspruch Christi gestellt werden. Zugleich kann die theologische Ethik nicht mehr hinter die Aufklärung mit ihrem Herrschaftsanspruch auf Autonomie des Humanum und rationale Evidenz zurückgehen. Auf der anderen Seite steht auch die philosophische Ethik den Problemen der modernen Gesellschaft recht hilflos gegenüber." *Autonomie*, 4.

6 Vgl. Auer, *Autonome Moral,* bes. 205-225; Furger, bes. 24-31, und Höver, *Autonomie*. Eine frühe Ausnahme, auf die Auer aufmerksam macht, war der Moraltheologe Sebastian Mutschelle (1749-1800), der seinerzeit Kantische Philosophie und Moraltheologie zu verbinden suchte; vgl. Auer, *Autonome Moral*, 131-136. Hilpert nennt weitere Autoren, vgl. *Theologische Ethik*, 361. Ein Vergleich zwischen der zweiten und der dritten Auflage des Lexikons für Theologie und Kirche führt exemplarisch den Wandel in der Auseinandersetzung zwischen katholischer Theologie und der Autonomievorstellung vor Augen. In der zweiten Auflage von 1957, LThK 1, 1130ff., wird unter dem Stichwort „Autonomie" nur das Selbstbestimmungsrecht kirchlicher Körperschaften behandelt. Vom philosophisch-ethischen Begriff der Autonomie ist dann im Artikel „Autonomismus" die Rede: Die „wesensgemäße, aber auf höhere Einheit bezogene relative Autonomie" sei im Autonomismus absolut gesetzt und überspannt; vgl. A. Hartmann, 1131f. So wendet sich der Artikel insgesamt gegen eine philosophische Gesamtdeutung von Welt und Mensch ohne Transzendenzbezug in der Philosophie und in der Ethik und behauptet gegen die Autonomie der Kulturgebiete die Überordnung der sittlich-religiösen Ordnung. Die dritte Auflage von 1993 behandelt in Band 1 „Autonomie" philosophisch, 1294ff., theologisch-ethisch, 1296f., sowie religionspädagogisch und kirchenrechtlich. Ein Stichwort „Autonomismus" fehlt. Vielmehr heißt es, daß „autonome Moral" den Gegensatz zum „Empörungsglauben des Autonomismus" bezeichnet; so Höver, *Autonomie*, 1296.

7 Auer, *Autonome Moral im christlichen Kontext*, 37.

hen und zu artikulieren"⁸. Die Prinzipien und zentralen Einsichten einer autonomen Moraltheorie, die auch im Bereich der katholisch-theologischen Ethik Geltung bekamen, lassen sich mit Merks folgendermaßen zusammenfassen: „Erstens: Moral ist darin autonom, daß die Bindung des Menschen durch das Gute als Gutes immer nur auf Grund einer *Selbstbindung der menschlichen Freiheit*, die ihrer Verantwortung gewahr wird, geschehen kann. Zweitens: Moral ist darum auch darin autonom, daß eine solche Selbstbindung unausweichlich an die *eigene Einsicht* in den Gutheitscharakter des Guten gebunden ist. Drittens: Moral (als Reflexion) ist insofern autonom, als der Gutheitscharakter des Guten in einer *eigenen Reflexionsweise* erhoben werden muß und aus keiner anderen Erkenntnisweise direkt abzuleiten ist."⁹ Die ersten beiden Prinzipien meinen also die Autonomie des Sittlichen, das dritte beschreibt die Autonomie der Ethik. Die sog. autonome Moral basiert auf der Erkenntnis, daß Vernunft und sittliche Freiheit aufeinander verwiesen sind, was Auer folgendermaßen ausdrückt: „Es ist in menschlichen Handlungen immer nur so viel Moralität, als Vernunft und Freiheit in ihnen verwirklicht sind."¹⁰ Die Rezeption der autonomen Moral in der katholischen Ethik wurde erleichtert durch die Erkenntnis, daß sie als „Theorie der Rationalität und Sachlichkeit von Ethik [...] in der Verlängerung der theologischen Naturrechtstradition"¹¹ verstanden werden kann. In der durch die theologische Diskussion neu erschlossenen christlichen Perspektive wird „Autonomie" als „Ausdruck des menschlichen Grundwillens" verstanden, „seine schöpfungsmäßige Stellung als verantwortliche Person ernst zu nehmen [...] Autonomie steht somit für ein Programm der Weltverantwortung aus christlichem Glauben."¹² Sie basiert auf der christlichen Überzeugung, daß die menschlich-geschöpfliche Freiheit in ihrem Eigensein von Gott gewollt und gut ist. So hat die Autonomievorstellung für die katholische Ethik grundlegende Bedeutung gewonnen. Im Modell einer ‚autonomen Moral im christlichen Kontext' – eine Formel, die auf Mieth zurückgeht¹³ – hat sich die katholisch-theologische Ethik auf eine intensive „Auseinandersetzung mit dem spezifisch neuzeitlichen Freiheitsbegriff" eingelassen „und damit die selbstgenügsamen Grenzen zwischen einer binnenkirchlichen und einer säkularen ethischen Theoriebildung"¹⁴ durchbrochen.

Die Diskussion um die Rezeption der Autonomievorstellung in der Moraltheologie ist noch nicht beendet, was nicht verwundert, da es um nichts

---

[8] Merks, *Autonomie*, 263.
[9] Ebd., 265.
[10] Auer, *Autonome Moral im christlichen Kontext*, 23.
[11] Merks, *Autonomie* 264. Dieser Zusammenhang wird deutlich bei Honnefelder, *Autonomie*. Siehe hierzu Böckle, *Fundamentalmoral*, 85-92. Ausführlich geht auf diese Thematik die Studie von Merks „Theologische *Grundlegung der Bildungslehre* der sittlichen Autonomie. Strukturmomente eines ‚autonomen' Normbegründungsverständnisses im lex-Traktat der Summa theologiae des Thomas von Aquin", Düsseldorf 1978, ein.
[12] Höver, *Autonomie*, 1296.
[13] Vgl. Mieth, *Autonome Moral*, 31.
[14] Rendtorff, 214.

weniger als um eine Begegnung zwischen dem christlichen Glauben und seiner Reflexion in der Theologie einerseits und der Moderne andererseits auf dem Gebiet der Moral geht.[15] Die Position Guardinis hat, von wenigen Ausnahmen und Zitaten abgesehen, in der Diskussion der Moraltheologen keine Beachtung gefunden, obwohl er früher als andere die Grenzen der binnenkirchlichen Theoriebildung überschritten und in kritischer Auseinandersetzung das Gespräch mit moderner Kultur und Gesellschaft aufgenommen hat. Die folgende Darstellung soll daher auch eine theologiegeschichtliche Lücke innerhalb der Guardiniforschung schließen und durch die Untersuchung der Position Guardinis die moraltheologische Auseinandersetzung um eine autonome Moral ergänzen.

2. Guardinis Auseinandersetzung mit dem Autonomiegedanken

2.1 Einleitung

2.1.1 Gegen die Formel der freideutschen Jugend vom „Hohen Meißner"

Unter chronologischem Gesichtspunkt ist die öffentliche Auseinandersetzung Guardinis mit dem Autonomiegedanken wie auch das Thema von Autorität und Gehorsam zuerst in den zeitlichen und sachlichen Zusammenhang der Jugendbewegung einzuordnen. Guardini äußerte sich in den betreffenden Schriften kritisch zur sogenannten ‚Meißner-Formel' der freideutschen Jugend.[16] Im Jahre 1913 hatte die freideutsche Jugend programmatisch auf dem Hohen Meißner, einem Berg bei Kassel, verkündet: „Die Freideutsche Jugend will aus eigener Bestimmung, vor eigener Verantwortung, mit innerer Wahrhaftigkeit ihr Leben gestalten. Für diese innere Freiheit tritt

---

[15] Neben Auer, *Autonome Moral*, sei Böckles *Fundamentalmoral* als einer der grundlegenden Entwürfe einer theologisch begründeten autonomen Moral genannt. Eher kritisch-ablehnend zu diesem moraltheologischen Konzept äußerten sich Stöckle, *Grenzen autonomer Moral*; Hilpert, *Theologische Ethik*. Nach der Einschätzung von Merks hat sich im deutschsprachigen Raum die große Mehrheit der Moraltheologen auf den Prozeß einer vorbehaltlosen Prüfung der Autonomievorstellung eingelassen; vgl. *Autonomie*, 264. Auf die aktuelle Debatte um die Berechtigung, die Stärken und die Schwächen einer autonomen Moral im christlichen Kontext soll hier nicht eingegangen werden. Sie ist neu angestoßen worden durch die Moralenzyklika „Veritatis Splendor"; s. *VS*, Kapitel II, bes. die nn. 28-41. Als Antwort auf „Veritatis splendor" Mieth, *Moraltheologie*. Jüngeren Datums ist die Untersuchung von Gillen; vgl. auch Gruber.

[16] Zu diesen zählen: *Neue Jugend* und *Sinn des Gehorchens*, beide von 1920; bedingt auch *Quickborn*, von 1921, eher als Verteidigung des Quickborn für den innerkirchlichen Raum geschrieben. Die Frage, inwieweit Guardini das Anliegen der freideutschen Jugend zutreffend darstellt, kann in diesem Zusammenhang offen bleiben. Schon in dem Nachwort zwei Jahre später korrigiert Guardini sich selbst in dieser Frage; s. *Sinn des Gehorchens*, 31f.; zum Ganzen Knoll, *Glaube*, 39f. und 54-56.

Die Auseinandersetzung mit dem neuzeitlichen Gedanken der Autonomie 311

sie unter allen Umständen geschlossen ein [...]"[17] In dieser Formel sah Guardini einen Niederschlag des „Autonomismus", den er ablehnte. Er stellte dieser Haltung, die er unter dem „Bann der ‚Autonomie' Kants" und dem Einfluß des Individualismus stehen sah, unter dem Leitwort des Gehorsams die „katholische Haltung"[18] gegenüber Gott, Welt und Menschen entgegen. Nicht in der Autonomie, sondern im wahren Gehorsam verwirkliche sich das Wesen des Menschen: „Ein Mensch ist frei, wenn er alles abgeworfen hat, was ihn hindert, er selbst zu sein. [...] Das Wesen des Menschen ist, ‚Gehorchender' zu sein. Nicht Selbst-Herr; das ist Gott. Und die Urlüge und Urversuchung ist's, ‚sein zu wollen wie Gott'. Aber auch nicht willenloses Werkzeug, wie das tote Ding, oder Organ seiner Triebe, wie das Tier. Sein Wesen ist, mit Wissen und Willen zu gehorchen. Hat er den wahren Gehorsam gelernt, der sinnbewußt, ungezwungen und unbeirrt wird, dann hat er sein Wesen erfüllt und ist frei."[19] Bereits hier argumentiert Guardini von vornherein spannungsvoll. So ist ein ‚mit Wissen und Willen' geleisteter Gehorsam durchaus als eine ‚autonome' Handlung bzw. Haltung im Sinne der Autonomie des Willens zu begreifen. Zwischen den Zeilen dieser ‚Gegenüberstellung' ist also ein wesentlicher Gedanke des Autonomiekonzeptes aufgegriffen. Dies wird noch deutlicher, wenn Guardini anschließend den Gehorsamsgedanken durch den gegensätzlichen Hinweis auf die dem Menschen wesentliche Selbständigkeit ergänzt: „Gehorsam ist nicht das ganze Leben, und macht auch nicht die ganze rechte Gesinnung aus, obwohl er ganz da sein muß. Das Recht auf eigenständiges Auswirken des eigenen Wesens, Urteilens, Wollens ist auch ein ursprüngliches. Und unser Leben soll beides sein: lauterer Gehorsam und zuversichtliche Selbständigkeit."[20]

2.1.2 Autonomie und Säkularisierung

Eine theologische Auseinandersetzung mit dem modernen Autonomiekonzept kann nicht das geschichtliche Faktum übersehen, daß das neuzeitliche Autonomie- und Freiheitsstreben sich auch gegen den Widerstand der kirchlichen Autoritäten und gegen religiös legitimierte Bevormundung in der Gesellschaft durchsetzen mußte.[21] Wichtige Etappen dieses Prozesses, in dem sich das Autonomiestreben mit dem geschichtlichen Vorgang der Säkularisation verband, sind die Reformation, in der die religiöse Einheit des Mittelalters in West- und Mitteleuropa zerbrach, die Aufklärung als geistig-kulturelle Bewegung und die französische und amerikanische Revolution mit der Deklaration der Menschenrechte. Falscher Gebrauch „irdischer Autorität, kirchlicher wie politischer", die „Identifikation historisch überholter Unmündigkeit mit richtiger Ehrfurcht und wesensgemäßem Gehorsam" war ei-

---

[17] Zitiert nach Ahlhorn, Das Meißnerfest der Freideutschen Jugend 1913. In: Kindt, 109. Vgl. *Sinn des Gehorchens*, 19.
[18] *Sinn des Gehorchens*, 30f.
[19] Ebd., 23.
[20] Ebd., 25.
[21] Vgl. Kasper, *Christliche Freiheit*, bes. 73-79.

ne der Ursachen für das Entstehen und Durchdringen des neuzeitlichen Autonomiewillens. Im neuzeitlichen Autonomiewillen wurde, so Guardini, auch der ursprüngliche Kampf „um wirkliche Freiheit und echte religiöse, geistige, politische Initiative"[22] ausgetragen. Die Forderung nach Autonomie der Wissenschaften ging zwangsläufig mit der Opposition gegen die historisch-etablierten Autoritäten einher, die diesen Anspruch als gefährlich empfanden und die Grundlagen hergebrachter Denkweisen verteidigten. Als Folge verfestigte sich die ursprüngliche Opposition im 19. Jahrhundert und führte zu dem tragischen Verhängnis, daß jede religiöse Ordnung und „jede positive religiöse Gläubigkeit als Mittel sozialer Machtinstinkte erschien und abgelehnt wurde"[23]. Guardini ist sich der problematischen Rolle der Kirche in diesem Zusammenhang, die durch ihren Widerstand und ihr Festhalten am Hergebrachten die antireligiöse Ausrichtung neuzeitlichen Freiheits- und Autonomiestrebens noch verstärkte, bewußt. Allerdings spricht er diesen Gesichtspunkt nur am Rande und in zurückhaltender Form an. Wichtiger war ihm die grundsätzliche Auseinandersetzung mit dem neuzeitlichen Autonomiegedanken aus christlich-anthropologischer Sicht.

Der geschichtliche Prozeß hat Konsequenzen für die Verwendung des Autonomiebegriffs in der Gegenwart. Auf diesen terminologischen Aspekt macht besonders Hilpert in seiner Kritik an der Aufnahme des Autonomiegedankens in die katholisch-theologische Ethik aufmerksam. Er ist auch für das Verständnis der Äußerungen Guardinis hilfreich. Der Begriff ‚Autonomie' ist kein deskriptiv-neutraler Begriff, sondern er enthält neben seinen inhaltlichen auch affektive Komponenten und ruft diese in der Form von Zustimmung oder Ablehnung hervor.[24] Er transportiert aufgrund seiner oben angedeuteten neuzeitlichen Geschichte eben auch die Vorstellung der Freiheit von kirchlichen und theologisch begründeten Repressionen, was seine Verwendung im Gespräch der theologischen Ethik mit der Moderne problematisch macht. Während andere theologische Begriffe wie ‚Logos' oder ‚Sacramentum' von der christlichen Theologie aus einer Antike rezipiert wurden, die zwar nicht christlich, aber auch nicht ‚anti-christlich' war, wurde der Autonomiebegriff von einer Bewegung übernommen, „die sich als konkurrierende bzw. als Kontra-position zur christlichen Ethik formulierte und entwickelte"[25].

---

[22] *Ethik*, 576.
[23] Ebd., 767.
[24] Vgl. zum folgenden Hilpert, *Theologische Ethik*, bes. 335-338.
[25] Hilpert, *Theologische Ethik*, 337. Die Kritik von Hilpert ist deshalb bedenkenswert, weil dieser terminologische Aspekt leicht vernachlässigt wird. Er ist auch für die Einschätzung der Position Guardinis wichtig. Allerdings ist fraglich, ob die Verwendung des Begriffes in der katholischen Ethik als ein ‚Akt semantischer Politik' gewertet werden muß. Der Begriff bot sich vor allem wegen der ethischen Einsichten an, die mit ihm verbunden sind. Siehe als Antwort auf diese Kritik Auer, *Autonome Moral*, 226f., und *Autonome Moral im christlichen Kontext*, 32-38.
Tatsächlich wird gerade diese affektive Komponente die Verwendung des Autonomiebegriffs innerhalb der modernen katholischen Moraltheologie begünstigt haben, insofern sie sich mit diesem Gedanken auch einer innerkirchlichen Problematik zuwandte und für mehr Autono-

Die Auseinandersetzung mit dem neuzeitlichen Gedanken der Autonomie 313

Auf die emotionalen und affektiven Komponenten des Autonomiebegriffs weist Guardini selbst in einer religionspsychologischen Bemerkung hin: „Die Autonomsetzung ist selbst ein religiöser Akt, freilich einer der Empörung: Das Dasein kann nur dann autonom gewollt werden, wenn es von religiöser Strömung getragen wird. [...] Erst das Religiöse gibt ihm jene Schwere und Sinnfülle, aus denen heraus der Geist es für lohnend und für möglich empfindet, die Welt auf sich allein zu stellen."[26] Unter Berücksichtigung dieses terminologischen Aspektes erscheint die Distanz gegenüber dem Begriff der Autonomie bei Guardini in einem anderen Licht: Sie ist nicht mehr in undifferenzierter Weise lediglich als Ausdruck einer von der Theologie mittlerweile überwundenen Phase der Auseinandersetzung zu bewerten.[27] Begründet ist sie vielmehr in dem aufgezeigten Bedeutungsfeld des Autonomiebegriffes. Vor diesem Hintergrund wird die begriffliche Unterscheidung zwischen ‚Autonomie' und den synonym zu verstehenden Begriffen „Autonomismus" oder „absoluter Autonomie' wichtig. Mit ihnen bezeichnet Guardini die nach seinem Verständnis überzogene und extreme, d.h. sich absolutsetzende Autonomievorstellung immer dann, wenn er mit ihr die entschiedene Ablehnung des Glaubens und der christlichen Offenbarung

---

mie der Gläubigen in sittlichen Fragen innerhalb der Kirche eintrat. Innerkirchlich war die Spannung zwischen der lehramtlichen Verkündigung sittlicher Normen und der widersprechenden Überzeugung vieler Gläubigen unübersehbar geworden. Die Krise bestand nicht so sehr in der Ablehnung einzelner sittlicher Weisungen, sondern in deren Begründungs- und Entscheidungsstruktur. Die Frage nach dem Gewissen wurde neu diskutiert. Die christliche Moral sollte von dem Vorwurf entlastet werden, „durch ihre theonome Begründung sei sie notwendig einem Gewissensverständnis verhaftet, das den Menschen durch eine autoritative Außenlenkung verfremde; die überkommene Moral erweise sich in ihrer Grundstruktur als archaisch und prärational [...]"; Böckle, *Theonome Autonomie*, 21. Merks beschreibt die Entwicklung als eine „von der (Autorität und) Norm zum Gewissen" oder, um den zuweilen subjektivistischen Beigeschmack, den der Gewissensbegriff mit der Zeit bekommen hatte, zu vermeiden, als eine Entwicklung „von der Norm zur Verantwortung, von Normenethik zu Verantwortungsethik"; Merks, *Autonomie*, 266. In der Einschätzung der kirchlichen Moral stimmt auch Stoeckle, der sonst der autonomen Moral kritisch gegenübersteht, mit Böckle überein: „Manches spricht dafür, daß unsere kirchliche Moral weitgehend eine Kindermoral gewesen ist, die als solche mehr am Bild des infantilen und unmündig gebliebenen Menschen orientiert war und insofern nicht unwesentlich zur Verbreitung auch von Infantilismus beigetragen hat." *Rechtfertigung*, 294.
26 *WuP*, 88.
27 So ordnet Kasper Guardini einer restaurativen Phase der katholisch-theologischen Auseinandersetzung mit dem neuzeitlichen Autonomiegedanken zu, leider nur im Blick auf die Schriften Guardinis „Vom Sinn der Kirche" und „Das Ende der Neuzeit". In dieser Phase hätte man dem Autonomiegedanken „keine positive Wertschätzung" abgewinnen können; Kasper, *Autonomie*, 32. Damit wird er Guardini nicht gerecht, wie die folgende Untersuchung herausstellen soll. Kritisch ist gegenüber solchen Einteilungen und Phasen-Modellen zu bemerken, daß sie zwar eine theologiegeschichtliche Orientierung bieten, aber aktuelle kritische Positionen nicht zulassen oder polemisch in die Ecke der überwundenen Vergangenheit drängen. Vgl. etwa das Dreiphasen-Modell für die Geschichte der Rezeption der Autonomievorstellung in der katholischen Theologie bei Auer in *Autonome Moral*, 215-225, und in *Autonome Moral im christlichen Kontext*, 36f. Wenn schon ein solches Modell zugrundegelegt wird, dann ist Guardini nur zwischen den Phasen – die dann nicht mehr allein in einem zeitlichen Sinn zu verstehen sind – ‚einzuordnen'.

und die absolute Inanspruchnahme von Souveränität und Macht durch den Menschen in der Neuzeit verbindet. Diese Tendenz, die in der Entwicklung der Autonomie-Idee nicht übersehen werden kann, lehnt Guardini als neuzeitlichen „Empörungsglauben des Autonomismus" ab.[28] In dieser ‚Frontstellung' und der Verwendung der genannten Begriffe bewegt sich Guardini auf der Linie der katholischen Theologie in seiner Zeit, die den ‚Autonomismus' ablehnt, weil sie in ihm die Ablehnung der Offenbarung bekämpft.[29]

Nach diesen Vorüberlegungen stellen sich der Untersuchung von Guardinis Autonomieverständnis folgende Fragen:[30] Wie versteht er die Autonomieforderung auf der Grundlage seines theologisch begründeten Menschenbildes? Ist für ihn Autonomie als ein Grundbegriff neuzeitlicher Philosophie und Geisteshaltung mit dem Glauben vereinbar? (Punkt 2.2) Wie berücksichtigt Guardini in seinem ethischen Denken den in einer autonomen Ethik zentralen Gedanken der Autonomie des Sittlichen? Und wie steht es mit dem Vorwurf der Heteronomie, der vom Autonomiekonzept gegen eine christliche Ethik erhoben werden kann? (Punkt 2.4 und 2.5) Unter dem Stichwort der Autonomie ist als eigenes Problem die sogenannte ‚Autonomie der irdischen Wirklichkeiten' zu behandeln. (Punkt 2.3) Methodisch kann die diachrone Perspektive im Blick auf das Denken Guardinis in dieser Thematik vernachlässigt werden, da in seiner Auseinandersetzung mit dem Autonomiegedanken kein gravierender inhaltlicher Unterschied zwischen den frühen und den späten Schriften besteht.

2.2 Der Gedanke der Autonomie und die christliche Offenbarung

2.2.1 Der Autonomiegedanke und seine christliche Wurzel

Obwohl die tatsächliche geschichtliche Entwicklung des Autonomiestrebens teilweise gegen die christlichen Kirchen verlief und der Autonomiegedanke

---

[28] So beispielsweise *EdN*, 72. Vgl. ähnlich *FGS*, 112, oder *Theologische Briefe*, 61.

[29] Vgl. Höver, *Autonomie*, 1296, der in diesem Zusammenhang H.-E. Hengstenberg nennt. Diese ablehnende Position wird bei A. Hartmann, 1231f., deutlich. Auch Auer, einer der Begründer der autonomen Moral in der modernen katholischen Ethik spricht ähnlich vom „Mißlingen des radikalen Autonomismus" und von der „autonomistischen Selbstentfaltung" der Menschheit, die ihren symbolischen Ausdruck in der biblischen Erzählung vom Turmbau zu Babel (Gen 11) gefunden habe; vgl. *Bedeutung*, 50 und 60. In *Autonome Moral*, 220, spricht er vom „Erschrecken" der Theologie über die „Radikalisierung der Autonomie-Vorstellung" im 19. Jahrhundert.

[30] Bei Guardini, darauf ist zu achten, können aufgrund einer begrifflichen Unschärfe diese hier systematisch getrennten und nacheinander behandelten Gesichtspunkte ineinandergreifen. Vgl. zum Beispiel in *Atheismus und Autorität*, 90: „Die Neuzeit entwickelt eine immer stärker die Vorstellung der Autonomie. Der Einzelne beansprucht das Recht, aus eigenem sittlichen Urteil zu leben und eigene Wahrheitsüberzeugungen zu haben. Die Wissenschaft gründet sich ausschließlich auf kritische Forschung. Die gleiche Autonomie nehmen Kunst, Wirtschaftsleben, Politik in Anspruch. Überall löst sich der betreffende Lebens- und Kulturbereich aus dem religiösen Zusammenhang [...] Das Dasein als Ganzes fällt aus dem religiösen Zusammenhang heraus, und eine rein weltliche Welt entsteht."

faktisch auch gegen das Christentum gerichtet wurde, sind die geistigen Voraussetzungen, aus denen sich der Autonomiegedanke entwickeln konnte, auch im christlichen Glauben zu suchen. Daraus folgen zwei wichtige Einsichten, die die Auseinandersetzung bei Guardini prägen. Zum einen gibt es bei ihm eine theologische Begründung für die grundsätzliche Berechtigung des Autonomiegedankens. Das bedeutet, daß eine christliche Weltanschauung im Autonomiekonzept der Moderne teilweise ihren eigenen Gedanken begegnet. Zum anderen wirft Guardini aufgrund dieses geistesgeschichtlichen Zusammenhanges der neuzeitlichen Rezeption einen inneren Widerspruch deshalb vor, weil sie den Autonomiegedanken in absoluter Weise gegen den christlichen Glauben wendet. Das aber bedeutet in seiner Sicht letztlich, ihn von den Ursprüngen und Voraussetzungen abzulösen, ohne die er nicht mehr sinnvoll aufrechterhalten werden kann.

Aus der Sicht der biblischen Offenbarung ist die Welt von Gott geschaffen.[31] Gott ist gegenüber der Welt souverän und wirkt zugleich in ihr. Er liebt die Welt, hängt aber nicht von ihr ab. Dieses einzigartige Verhältnis drückt sich grundlegend im biblischen Schöpfungsbegriff aus. „Der echte Begriff des Schaffens, welches die Welt ohne jede innere Notwendigkeit noch äußere Vorgegebenheit, in freier Allmacht, durch das gebietende Wort aus dem Nichts in Wesen und Wirklichkeit stellt, findet sich nur im biblischen Raum."[32] Im Vorgang des göttlichen Schaffens ist das Geschaffene wirklich in sein eigenes Sein und in die eigene Wirklichkeit entlassen. Die Autonomie und Eigengesetzlichkeit weltlicher Wirklichkeit ist somit eine Folge der Schöpfungstat Gottes. „Nur weil das göttliche Schaffen ein wirkliches Schaffen ist, kann das Seiende als ‚Natur', das heißt als Eigenseiendes und Eigenverständliches aufgefaßt werden."[33] Die Gesetze und gesetzmäßigen Abläufe, die die neuzeitlichen Wissenschaften, besonders die Naturwissenschaften, getragen vom Bewußtsein der autonomen Natur im Dasein erkennen, sind nach christlichem Schöpfungsverständnis Auswirkungen des sinnvollen schöpferischen Handelns Gottes.

Im christlichen Glauben bezieht der Mensch sein Leben auf den Gott der Offenbarung, den der Welt gegenüber souveränen Schöpfer, und versteht seine endliche Personalität durch den Anruf Gottes begründet.[34] Damit löst sich die im Mythischen existierende Bindung des Menschen an die Welt, so daß sich eine neue Freiheit und eine vorher nicht mögliche Autonomie des Menschen der Welt gegenüber eröffnen. Die Welt ist als geschaffenes Werk entgöttlicht, so daß der Mensch, obwohl in der Welt seiend, ein neues Verhältnis ihr gegenüber gewinnt. „Ein neuer Abstand von der Welt erlaubt ei-

---

[31] Vgl. zum folgenden *EdN*, 15-17, und ausführlicher *WuP*, 24-36.
[32] *EdN*, 16.
[33] *WuP*, 34. Gerade mit diesen Gedanken Guardinis stimmen auch die Aussagen Kaspers überein: „Das Eigentümliche der biblischen Bestimmung des Gott-Welt-Verhältnisses besteht demnach darin, daß gerade die radikale Abhängigkeit von Gott einen echten Selbstand der Welt vor Gott begründet. Als das radikal Abhängige ist die Welt das Nichtgöttliche und deshalb das Gott in relativer Eigenständigkeit Gegenüberstehende." *Autonomie*, 21.
[34] Vgl. Kapitel V.2.2.

nen Blick auf sie und eine Stellungnahme zu ihr, welche von Begabung und Kulturstand unabhängig sind und dem antiken Menschen versagt waren. Damit wird aber auch eine Durchgestaltung des Daseins möglich, an die vorher nicht gedacht werden konnte."³⁵ Dieses Daseinsverständnis eröffnet dem Menschen „die Möglichkeit, sich als autonomes Selbst zu verstehen"³⁶. Die Beziehung zu Gott hebt den Menschen radikal aus der Welt heraus. Er ist in ein besonderes Verhältnis zur Welt gestellt, das nicht nur eine gewisse Unabhängigkeit des Menschen der Welt gegenüber beinhaltet, sondern zugleich dadurch bestimmt ist, daß die Welt bzw. die Sorge für die Welt dem Menschen als sittliche Aufgabe von Gott her anvertraut ist. Der Mensch hat sein Verhältnis zur Welt vor Gott zu gestalten und zu verantworten. Diese anthropologischen Grundaussagen drücken die biblischen Schöpfungsberichte aus, nach denen die Menschen von Gott als sein Ebenbild geschaffen sind, denen die Herrschaft über die Welt anvertraut ist.³⁷ (Gen 1,26-30; 2,15-20) So entsteht im Raum der christlichen Offenbarung ein neues geistig-personales Ethos des Menschen. Er ist in der Welt ‚Mandatar' Gottes und soll „im Verhältnis des Erkennens und der sittlichen Bejahung zu Ihm stehen und von Ihm her die Welt in die Hand nehmen"³⁸.

Nach christlich-biblischem Menschenbild wurzelt die Autonomie des Menschen also in seiner Würde und wesensmäßigen Bestimmung als Ebenbild Gottes; sie ist in der Schöpfung selbst begründet.³⁹ Auf diesem Hintergrund ist der neuzeitliche Autonomiegedanke als die Ausgestaltung der dem Menschen wesentlichen Mündigkeit in seinem Selbst- und Weltverhältnis zu begreifen. Diese Mündigkeit verstärkt sich in der Moderne mit all ihren technischen und wissenschaftlichen Möglichkeiten und nimmt eine andere Dimension an. Der umfassende Autonomieanspruch geht mit einer gewaltigen Entfaltung menschlicher Macht und kultureller Initiative einher und bezieht daraus weitere Faszination und Durchsetzungskraft. „Wissenschaft, Kunst, Arbeit am Staat, Technik treten in ein direktes Verhältnis zur Natur und bringen eine ungeheure Fülle der Leistungen hervor."⁴⁰ Dadurch ist allerdings auch die Verantwortung des Menschen für die Welt gestiegen, weil der Mensch nun anders als früher die Welt in einem ganz anderen Maße erkennt-

---

³⁵ *WuP*, 32. Vgl. zum selben Gedanken Kasper, *Christliche Freiheit*, 77: Durch die biblische Schöpfungslehre wird der Kosmos profanisiert. „Dadurch, daß radikal zwischen Gott und Welt unterschieden wird, ist die Welt nur noch weltliche Welt, die der Herrschaft des Menschen unterstellt ist. Darum ist der Kosmos auch keine ewige Wesensordnung, sondern geschichtlich bestimmte Menschenwelt." Ebd.
³⁶ *WuP*, 34.
³⁷ Vgl. *Ethik*, 992.
³⁸ Ebd. Den Begriff des ‚Mandates' bzw. des ‚Mandatars' gebraucht Guardini nur selten; vgl. ähnlich ebd., 1033, und auch *Lebendiger Geist*, 143, wo Guardini die besondere Weltstellung des Menschen vom Verständnis menschlichen Geistes und menschlicher Freiheit her entfaltet.
³⁹ Siehe dazu Kasper, *Autonomie* 21f.: Diese Würde des Menschen „äußert sich nach Paulus – stoischen Sprachgebrauch aufgreifend – nicht zuletzt darin, daß die Heiden, die das jüdische Gesetz nicht kennen, ‚sich selbst Gesetz' sind (vgl. Röm 2,14f). Solche Selbstgesetzlichkeit ist exakt das, was sittliche Autonomie meint."
⁴⁰ *Ethik*, 998.

nismäßig durchdringen kann und den Fortbestand seiner Umwelt selbst in der Hand hat. Die umfassenden Leistungen menschlicher Initiative und Freiheit in der Moderne würdigt selbstverständlich auch Guardini, betont aber, daß sie in christlich-anthropologischer Sicht in jener Freiheit gründen, welche aus der Offenbarung hervorgegangen ist. Selbst wenn „die Neuzeit die Geschaffenheit ablehnt und den Anspruch auf Selbst- und Weltherrschaft erhebt, dann tut sie das mit eben jener Freiheit und Initiativkraft, welche aus der Offenbarung stammt"[41].

Diese Voraussetzung wird in der neuzeitlichen Entwicklung des Autonomiegedankens vergessen. Die dem Menschen wesentliche Mündigkeit verliert ihr Maß, wenn die Kreatürlichkeit geleugnet wird. Die Weltherrschaft wird nicht mehr als innerweltliche Fortführung des Weltwerkes Gottes in mündigem Gehorsam verstanden, und der Mensch versucht stattdessen, autonomer Herr der Welt zu sein.[42] „Das Ergebnis ist eine Auffassung der Welt und des eigenen Daseins, welche den Werkcharakter der Welt abstreift und ihr den Charakter der Natur gibt; die Angerufenheit des Menschen wegtut, und Anspruch auf Selbstherrlichkeit erhebt; das Kulturwerk aus dem Gehorsamsverhältnis zu Gott herausnimmt und es zur souveränen Schöpfung erklärt."[43] Die geistige Situation des Christen in der Moderne ist aufgrund dieser Entwicklung, die die Autonomie des Menschen aus dem Zusammenhang christlichen Weltverständnisses gelöst hat, durch eine eigenartige Verunsicherung geprägt. Der Christ begegnet in ihr Ideen und Werten christlicher Herkunft, „die aber für allgemeines Eigentum erklärt"[44] und mitunter gegen das Christentum gekehrt wurden.

2.2.2 Die Kritik am Autonomiegedanken von der Offenbarung her

Ein Anspruch auf absolute Autonomie von Mensch und Welt ist mit dem christlichen Welt- und Menschenbild und seinem zugrundeliegenden Schöpfungsglauben also unvereinbar. Der Autonomie-Anspruch als Ausdruck neuzeitlichen Geistes wird in Guardinis Denken auch durch die Einführung der christlichen Offenbarung als ‚gebender Tatsache' des Denkens und als Ausgangspunkt christlicher Weltanschauung infragegestellt.[45] Eine Anschauung, nach der das menschliche Dasein nicht verstanden werden kann ohne seine religiöse Dimension, nach der es vor allem „ein ganz eigenständiges Wissen von den Dingen des geistig-personalen Bereichs"[46] nicht gibt, widerspricht dem Autonomiewillen der Neuzeit. Sie bricht mit der „naiven Geistsicherheit des idealistischen Denkens"[47] und der neuzeitlichen Forderung ei-

---

[41] Ebd.
[42] Vgl. ebd., 1085-88.
[43] Ebd., 998. Vgl. auch *EdN*, 36-41.
[44] *EdN*, 91. Der Christ begegnet ihnen auch deshalb als fremden Ideen, weil sie sich, so ist nach den bisherigen Überlegungen zu ergänzen, oft gegen die Kirchen durchsetzen mußten und in ihnen nur schwer Heimat und Fürsprache fanden.
[45] Vgl. Kapitel IV.1. und 4.
[46] *Lebendiger Geist*, 133.
[47] Ebd.

ner autonomen Kultur. Das gilt nach Guardini für alle Bereiche menschlicher Kultur, sofern Kultur „das Ringen um den geistig-personalen Bereich" und die „Durchdringung der ganzen Existenz"[48] bedeutet. Es gilt dann auch für wissenschaftliche Erkenntnis, für künstlerisches Schaffen, für soziales und politisches Handeln, sofern sich diese unter einem solchen Anspruch verstehen und sich nicht nur auf die jeweils nächsten Zwecke beschränken.

Diese Position Guardinis darf „weder im Sinne eines religiösen Traditionalismus noch einer Kulturtheokratie"[49] mißverstanden werden. Der in ihr geäußerte Anspruch sagt noch nichts über die konkrete und materiale Ausgestaltung der verschiedenen Bereiche des kulturellen und geistig-personalen Lebens aus. „Offenbarung und Glaube nehmen der natürlichen Arbeit nichts ab. Die ganze Aufgabe, auch aus den Gegebenheiten der Welt mit den Mitteln natürlichen Denkens und Schaffens herauszuholen, was in ihnen liegt, bleibt."[50] Guardini widerspricht ebenso deutlich jedem religiösen Absolutismus. „Religiöse Gesinnung neigt dazu, in allen Dingen sofort ins Letzte zu gehen, und mit der Aufzeigung des Letzten das Problem als gelöst, mit dem Wollen des Letzten die Aufgabe als erfüllt anzusehen. Hier liegt die spezifische Gefahr der religiösen Haltung. Sie würde Kultur zerstören; würde dem natürlichen Schaffen seine Verantwortung und seine Freudigkeit nehmen. Ist die absolute Autonomie als falsch erwiesen, und gezeigt, daß erst im Licht der Offenbarung die Welt richtig gesehen wird, dann muß mit aller Energie die relative Autonomie der Weltaufgabe hervorgehoben werden."[51] Es gibt für Guardini eine berechtigte relative Autonomie der Welt und des Menschen, die durch einen religiösen Absolutismus oder Integralismus gefährdet ist. Hier besteht die „Gefahr, den Bereich des endlichen Seins und Schaffens mit seinen Werten und Verantwortungen und allen daran hängenden Fragen auszulöschen"[52]. In diesen Gedanken deutet sich eine positive Anerkennung der Autonomie des Menschen und auch der Autonomie des Sittlichen an,

---

[48] Ebd., 134.
[49] Ebd. Einer solchen unzutreffenden Einschätzung der Position Guardinis unterliegt, nicht untypisch für das Guardini-Bild einiger moderner Theologen, Kasper; vgl. *Christliche Freiheit*, 80, und *Autonomie*, 32f. Siehe dagegen *EdN*, 25 und 47: Die These vom ‚Ende der Neuzeit' soll weder das Mittelalter verklären noch „den echten Ertrag des neuzeitlichen Erfahrens und Arbeitens preisgeben", ein Ertrag, welcher „für die Erkenntnis wie für die Beherrschung der Welt unabmeßbar groß" ist. Tatsächlich sind in den grundlegenden Aussagen Gemeinsamkeiten zwischen Guardini und Kasper festzustellen. Beiden geht es um die berechtigten Anliegen des Autonomiekonzeptes und zugleich um notwendige Kritik; vgl. Kasper, *Christliche Freiheit*, 74 und 84f. Wenn Kasper „sowohl in philosophischer als auch in theologischer Instanz das Berechtigte und Legitime des neuzeitlichen Standpunkts der Autonomie" würdigt und dann fortfährt, daß die „neuzeitlichen Impulse sich nur durchhalten lassen, wenn sie eingebracht werden in eine neue Theonomie, wenn der in einer neuen Weise autonom gewordene Mensch sich neu besinnt auf Gott als den Grund und das Ziel, ja die stärkste Garantie seiner Freiheit, wenn wir begreifen, daß der Glaube an Gott als die absolute Freiheit zugleich den Glauben an die unbedingte Würde des Menschen bedeutet", liegt er im Grunde auf einer Linie mit Guardinis Bemühungen und dessen Kritik der neuzeitlichen Autonomievorstellung.
[50] *Lebendiger Geist*, 134.
[51] Ebd.
[52] *Bekehrung des Augustinus*, 138. Vgl. hierzu auch *Christliches Bewußtsein*, 262f.

denn die ‚Verantwortung des Menschen für sein natürliches Schaffen' schließt die Verantwortung für sein vernünftiges und sittliches Handeln, das wesentlich seine Natur kennzeichnet, ein. Außerdem wird durch die Ergänzung der Autonomie zur ‚Autonomie der Weltaufgabe' die Ausrichtung auf das autonome Subjekt, die in einer Autonomiekonzeption die latente Gefahr zur individualistischen Verengung birgt, von vornherein erweitert. Das autonome Subjekt an sich gibt es nicht, es existiert immer schon im Welt- und im Sozialbezug. Autonomie im Kontext des christlichen Glaubens bedeutet bei Guardini wesentlich und nicht bloß sekundär, Verantwortung für die Welt wahrzunehmen.

Zugleich ist damit die falsche Gegenüberstellung von Vernunft und Glauben, verstanden als eine Art übernatürlicher und gnadenhafter Erkenntnisquelle, abgelehnt. Hier ist an die Entscheidung Guardinis für das theologische Axiom des Anselm ‚credo ut intelligam' zu erinnern, um in der Theologie Vernunft nicht unabhängig, sondern in innerer Beziehung zum Glauben zu sehen.[53] Die grundsätzlichen Überlegungen über das Verhältnis von Vernunft und Glauben, die Guardini in seiner Augustinus-Interpretation anstellt, erhellen auch den Hintergrund seines Autonomieverständnisses: Vor dem Geheimnis der Hoheit Gottes habe das menschliche Denken zwar das ‚Opfer seiner Autonomie' zu bringen, doch dürfe diese Einsicht nicht zu der gefährlichen Kategorie des ‚credo, quia absurdum' führen. Wenn Wille, Autorität und Gehorsam im christlichen Dasein alleine dominieren würden, drohe die Gefahr, „daß der Würde und der Verantwortung des Verstandes, wie sie sich in dem Worte ‚Wahrheit' ausdrücken, Gewalt angetan werde"[54]. Daher gelte für den Glauben und, so darf ergänzt werden, für das sittliche Erkennen und Handeln aus dem Glauben, daß „das Herz dem Verstande keine Verantwortung abnehmen kann und der Wille die Würde des Verstandes nicht antasten darf"[55].

2.3 Die Autonomie der irdischen Wirklichkeiten und Lebensbereiche

Kennzeichnend für die Neuzeit ist neben dem Autonomieanspruch des Subjektes eine Autonomie der verschiedenen Sach- oder Lebensbereiche. Die verschiedenen Bereiche, in denen sich das menschliche Leben in der Moderne vollzieht, erfordern die Beachtung ihrer eigenen Sachgesetzlichkeiten.[56] Eine

---

[53] Vgl. Kapitel IV.4. Daß in Folge der Reformation die Inkommensurabilität zwischen Glauben und Vernunft, zwischen Gnade und menschlichem Sein und Können überbetont wurde, führt Guardini in seinem Pascalbuch als eine geistesgeschichtliche Erklärung für die Entwicklung des neuzeitlichen Autonomiegedankens an. Nachdem Mensch und Welt vom Bereich des Heils abgeschieden waren und jede positive Beziehung zwischen dem heiligen Gott und dem gefallenen Menschen geleugnet wurde, erfolgte als zweiter Schritt die Autonom-Erklärung des Menschen und der Welt. Vgl. *Christliches Bewußtsein*, 262-264.
[54] *Bekehrung des Augustinus*, 206f.
[55] Ebd., 207.
[56] Vgl. zu dieser Unterscheidung die Überblicke bei Amelung, *Autonomie*; Pohlmann und Honnefelder, *Autonomie*.

Einheit der verschiedenen Bereiche und Lebensfelder ist nicht mehr erfahrbar. Religion, Politik, Wirtschaft, Arbeit, Kunst, Wissenschaft und Bildung begründen sich zunehmend aus sich selbst heraus, entwickeln eigene Werte, ihre eigene Rationalität, eigene Regelsysteme und Methoden. Gemeint ist also die Entwicklung der Moderne, die das Zweite Vatikanum in der Pastoralkonstitution „Gaudium et spes" als ‚Autonomie der irdischen Wirklichkeiten' bezeichnet und anerkannt hat.[57] Diese ‚Autonomie der irdischen Wirklichkeiten', ihre Sach- oder Eigengesetzlichkeit, ist nicht mit der ‚sittlichen Autonomie' zu identifizieren, wenn auch jeder dieser Lebensbereiche selbst ein Bewährungsfeld für die sittliche Autonomie darstellt. Sittliche Autonomie ist als die Gestaltung der verschiedenen Wirklichkeitsbereiche unter dem „Gesichtspunkt des guten Handelns"[58] zu begreifen. Dabei ist schon die Frage nach der Beziehung dieser Wirklichkeitsbereiche zueinander ethisch relevant. Damit kommen wir zu den Auswirkungen der Autonomisierung des Daseins auf die menschliche Existenz in der Moderne und auf den Bereich des Sittlichen selbst.

2.3.1 Die Autonomie der Lebensbereiche und die Einheit des Lebens

Indirekt wurde bereits die grundsätzliche Anerkennung der Autonomie der verschiedenen Lebensbereiche durch Guardini in seinem Schöpfungsverständnis und in der Warnung vor ‚religiösem Absolutismus' deutlich. Im Gegensatzbuch begründet Guardini die Berechtigung dieser neuzeitlichen Entwicklung aus dem Gegensatzpaar von Verwandtschaft und Besonderung, was für Guardinis Autonomieverständnis deshalb besonders bemerkenswert ist, weil im Gegensatzbuch als einem philosophisch-systematischen Versuch über die Strukuren menschlichen Lebens die Perspektive des Glaubens zurücktritt. Im Leben ist die Tendenz zur Besonderung und zur Selbstunterscheidung, also zur Ausdifferenzierung erkennbar. „Leben erfährt sich als das, was immer anders ist. Ein Maßstab für den Rang von Lebensäußerungen liegt in ihrer Kraft zur Selbstunterscheidung."[59] Es liegt in der Konsequenz der Lebensdynamik, daß sich diese Kraft im menschlichen Leben immer weiter auswirkt und berücksichtigt werden muß: „Verschieden sind die einzelnen Kulturakte, Kulturgebiete. Technik ist nicht Wissenschaft; Kunst nicht Philosophie; Landwirtschaft nicht Handel; Politik nicht Recht. [...] Zu den Grundtendenzen wesenhafter Kulturarbeit gehört, die verschiedenen Grundakte, Werte und Lebensbereiche in ihrer spezifischen Eigenart unvermischt herauszuheben. Und es gehört zum Adel geistigen Lebens, diese Bereiche in ihrer Eigen-Art geschieden zu halten; daß Wissenschaft nicht in Kunst übergehe, Politik sich nicht mit Religion vermenge, moralische Fragen nicht durch wirtschaftliche Erwägungen gelöst werden."[60] Guardini an-

---

[57] Vgl. GS, n. 36. Terminologisch ist zu bemerken, daß Guardini in diesem Zusammenhang auch von der ‚Autonomie der Kulturbereiche' sprechen kann, da er in der Regel ‚Kultur' in einem weiten Sinne als den gesamten Bereich menschlichen Schaffens versteht.
[58] Merks, *Autonomie*, 265.
[59] *Gegensatz*, 84.
[60] Ebd.

Die Auseinandersetzung mit dem neuzeitlichen Gedanken der Autonomie   321

erkennt also die grundsätzliche Berechtigung und Notwendigkeit des neuzeitlichen Autonomiestrebens. Er weist aber auch auf den entscheidenden Kritikpunkt, der ein Problem der menschlichen Situation in der Neuzeit benennt, hin: auf den Verlust der Ganzheit und der Einheit im Leben des modernen Menschen.[61] Mittels des Gegensatzdenkens versuchte Guardini ja, eine methodische Grundlage für eine neue vernünftig-kritische Erkenntnis der Einheit des Lebens zu gewinnen. Der kritisierte Autonomismus, für Guardini geistesgeschichtlich Folge eines idealistischen Denkens vom ‚kritisch reinen Akt' her, sollte durch den ‚lebendigen Akt', der der Einheit des Lebens gerecht wird, überwunden werden.

In seinem Aufsatz zur „Grundlegung der Bildungslehre" greift Guardini diese Bewertung der neuzeitlichen Entwicklung zur Autonomie der verschiedenen Kulturbereiche auf. Er erkennt die Berechtigung dieser Entwicklung an, kritisiert jedoch wieder die „vom absoluten Autonomiewillen herbeigeführte Zusammenhanglosigkeit der Bereiche"[62]. „Es ist nicht mehr einzusehen, was etwa eine so bestimmte Politik noch mit individueller Ethik zu tun habe; eine so bestimmte Kunst noch mit Erkenntniswahrheit [...]. Das Autonomiestreben hat sich offenbar mißverstanden. Es hat um eines richtigen Teilzieles willen – nämlich um das einzelne Sondergebiet in seinem Eigenwesen herauszuarbeiten – seine Einordnung in die Ganzheit des gegenständlichen sowohl wie des persönlichen Gesamtzusammenhanges bei Seite geschoben."[63]

Diese Kritik an einer absolut verstandenen Autonomie durchzieht das Werk Guardinis und bestimmt die Behandlung der verschiedenen Bereiche menschlichen Lebens. So wendet sich Guardini in dem Abschnitt der Ethikvorlesungen über das Gemeinwesen und den Staat gegen eine absolute Autonomie des Politischen. In der Neuzeit wurde durch die Säkularisierung der

---

[61] In einer Fußnote vergleicht Guardini ausgehend vom Begriff des ‚Reinen' die neuzeitliche Autonomie der Kultur mit der Geisteshaltung des Mittelalters. Dieser Begriff enthält, so Guardini, im neuzeitlichen Denken den Wertmaßstab „kritischer Vollkommenheit". „Darin drückt sich der Wille des neuzeitlichen Denkens – und geistigen Schaffens überhaupt – aus, die Bereiche des Menschenlebens, also Wissenschaft, Politik, Kunst, jeweils in sich zu begründen. Die tragenden Akte, wie Erkennen, Gestalten; die bestimmenden Werte, wie Wahrheit, Recht, Ordnung sollen rein aus sich, aus ihrem besonderen Wesen her begründet werden (Autonomie der Kulturbereiche)." *Gegensatz*, 40 Fn.8. Im mittelalterlichen Denken gingen die Bereiche leichter ineinander über, wurden beispielsweise philosophische Fragen mit theologischen Argumenten, wurden politische Probleme unter religiösen Gesichtspunkten behandelt. Dies war möglich aufgrund eines umfassenden Einheitsbewußtseins, das in der Neuzeit zerbrochen ist, weil diese die Forderung kritischer Reinheit, eben durchgehender Autonomie erhoben und die kritische und methodische Trennung der verschiedenen Bereiche durchgeführt hat. Guardini kritisiert diese Tendenz neuzeitlichen Lebens, weil sie sich verabsolutiert hat. „Aus der allein möglichen, relativen auf Ganzheit bezogenen Eigenständigkeit von Wert, Akt und Bereich ist die absolute geworden. Akte, Werte und Bereiche haben sich unabhängig erklärt. ‚L'art pour l'art' – und das nicht nur für die Kunst, sondern für alle Gebiete: Autonomismus. Die Einheiten des Subjekts, des Geisteslebens und der Wertordnung sind zerfallen." Ebd., 41 Fn. 8.
[62] *Grundlegung der Bildungslehre*, 315.
[63] Ebd. Vgl. ähnlich *Neue Jugend*, 27.

Staat von seiner religiösen Grundlage abgelöst; der moderne Staat nahm einen ‚rein politischen' Charakter an. Er ist „autonom; kraft seines Wesens Träger des Rechtes und der Macht; als solcher befugt, das Gemeinwesen zu ordnen und diese Ordnung durchzusetzen. Die so entstehende Staatsordnung wie auch ihre Begründung sind rein immanent und rational, sie streben immer mehr ins Funktionalistische [...]."[64] Guardini meint den modernen weltanschaulich-neutralen Staat, dessen Gesetzgebung und Handeln nach liberaler Staatstheorie autonom sind. Diesen und anderen ‚rationalistischen' Begründungstheorien gegenüber stellt er die Frage, ob sich „ohne echte metaphysische bzw. religiöse Begründung überhaupt eine solche Ordnung aufrichten und wirksam halten"[65] lasse, wobei es ihm um das grundsätzliche Problem der Autonomie geht: Wenn Staatshoheit und Souveränität so verstanden werden, daß der Staat keine Instanz mehr über sich anerkennt, Staatshoheit also ‚absolute Autonomie' bedeutet, sei diese abzulehnen. „Denn der Staat hat keine absolute Autonomie. Er, bzw. die Personen, welche die Gesetze schaffen und sie durchführen; die innen- und außenpolitischen Maßnahmen anordnen und vollziehen, sind damit nicht nur dem Parlament [...], sondern Gott verantwortlich."[66] Ohne die theologische Voraussetzung Guardinis läßt sich dieser Gedanke so formulieren: Das lebendige Bewußtsein, daß der Politik Grundwerte und universale sittliche Normen prinzipiellen Charakters wie Menschenrechte vorgegeben sind, verhindert eine absolute Autonomie des Politischen. Daran anknüpfend stellt sich allerdings die im Zusammenhang des theologisch-ethischen Verständnisses von staatlicher Autorität angesprochene Frage, wodurch die bindende Wirkung solcher allgemeinen sittlichen Normen und ihre verpflichtende Kraft begründet und aufrecht erhalten werden kann.[67]

Die Überwindung der übersteigerten Autonomie bzw. des ‚Autonomismus' wird auch von einem Glaubensverständnis her notwendig, das den Glauben nicht aus der Gestaltung der einzelnen Kulturbereiche ausklammert, sondern die Begegnung von Glaube und Kultur und die Durchdringung der ganzen christlichen Existenz durch den Glauben anstrebt. Am Bei-

---

[64] *Ethik*, 865.
[65] Ebd., 866.
[66] Ebd., 881.
[67] Vgl. zum Ganzen ebd., 865-886, und den frühen Aufsatz *Gedanken über politische Bildung*. Die Frage der religiösen Dimension des Politischen wird auch in Kapitel IX.4.3.2 angesprochen. In ihr drückt sich ein christlich-konservatives Staatsverständnis aus, das den modernen demokratischen Verfassungsstaat in seinem Menschenbild, seinem Freiheits- und Grundwerteverständnis stärker auf metaphysischen und religiösen Voraussetzungen gründet. Damit ist noch nichts über die Ausgestaltung dieser Einbeziehung gesagt; verschiedene Modelle sind denkbar und tatsächlich in den verschiedenen Staatsverfassungen verwirklicht. So bekennt sich der deutsche Staat in der Präambel des Grundgesetzes der Bundesrepublik Deutschland zu dem „Bewußtsein seiner Verantwortung vor Gott" und in Art. 1 zu den vorgegebenen und unveräußerlichen Menschenrechten, die in den folgenden Artikeln dargestellt werden; er schränkt mit anderen Worten seine Autonomie ein. Diese grundsätzlichen Fragen wurden unlängst durch das sogenannte ‚Kruzifixurteil' des Bundesverfassungsgerichtes von 1995 wieder in die Aufmerksamkeit der öffentlichen Diskussion gerufen. Vgl. dazu Bayerlein, 550f.

spiel der Erörterungen Guardinis zum Wesen des Pädagogischen wird dies deutlich. Natürlich wird die wissenschaftliche Eigenständigkeit der Pädagogik anerkannt, aber „durch die Wirklichkeit des lebendigen Gottes, durch das Faktum der Offenbarung und Menschwerdung ist eine absolute pädagogische Autonomie endgültig gesprengt. Damit ist pädagogisches Tun nicht aufgehoben, aber relativiert."[68] Vom Standpunkt der Offenbarung her gibt es nicht die selbstgenügsame Bildung des Humanismus, auch nicht die „des natürlichen edlen Menschen der Klassik, oder des Menschen der Zukunft der neueren Pädagogik. Alles Bildungstum steht in der gleichen Krisis, in welcher die ganze Schöpfung steht."[69] Eine methodische Ausklammerung des Glaubens an die Offenbarung aus der pädagogischen Praxis und Wissenschaft ist für Guardini deshalb nicht akzeptabel. „Es ist ein groteskes Spiel, anzunehmen, Gott sei, aber pädagogisch zu tun, als sei er nicht. [...] Ist Gott in die Geschichte eingetreten; ist Christus der Sohn Gottes; geht von ihm eine neue Wirklichkeits- und Wertordnung der Gnade aus, dann gilt das alles auch für die Bildungswelt."[70] Was Guardini für den Bereich des Pädagogischen formuliert, gilt grundsätzlich. Die Autonomie der verschiedenen Lebensbereiche ist relativ zu verstehen und darf nicht dazu führen, die Bindung an den Absoluten und Autonomen schlechthin, an Gott zu lösen. Sie darf nicht zur absoluten Autonomie werden, die die Offenheit für den Anspruch der christlichen Offenbarung in den verschiedenen Bereichen des Lebens verliert.

Die Autonomisierung des Daseins betrifft so gesehen unmittelbar die religiöse bzw. die christliche Glaubenserfahrung in der Moderne. Jede echte religiöse Erfahrung bezieht sich auf Wirklichkeit und behauptet Wahrheit. Sie enthält eine Sinnverheißung, die sich auf das ganze Leben richtet. Wer religiösen Sinn „realisiert, sagt nicht nur: ich bin erschüttert, ich fühle mich erlöst – sondern [...]: hier ist Wirklichkeit, diese besondere Wirklichkeit; sie bedeutet das und das; fordert das und das; verheißt das und das."[71] Religiöse Erfahrung und Glaube können nicht auf einen im Gesamtgefüge des Lebens isolierten Bereich der Innerlichkeit oder des privaten Sinngefühles beschränkt werden, denn ihnen eignet wesentlich die Tendenz, die ganze Existenz zu durchdringen. Eine radikale Autonomisierung des Daseins birgt demgegenüber als Konsequenz für den christlichen Glauben die Gefahr des Weltverlustes.

2.3.2 Auswirkungen auf die Sittlichkeit des Menschen

In „Religion und Offenbarung", erschienen 1958, äußert sich Guardini auch zum Verhältnis von Religion und Ethik. „Lange Zeit war alle Ethik ja einfachhin religiöser Natur. [...] Kurz dauernde skeptische Epochen, wie die der

---

[68] *Grundlegung der Bildungslehre*, 322.
[69] Ebd.
[70] Ebd. Vgl. auch *Lebendiger* Geist, 133.
[71] *Religion*, 135. Hier unterscheide ich nicht zwischen religiöser Erfahrung und christlicher Glaubenserfahrung, da sich die Autonomisierung des modernen Lebens auf beide auswirkt.

Sophistik oder der spätantiken Skepsis, vermochten diese Tradition nicht wirklich zu unterbrechen. Erst in der Neuzeit setzt sich eine Auffassung der ethischen Probleme durch, welche den Zusammenhang mit dem Religiösen grundsätzlich aufgibt, um die ethischen Werte und Bindungen nur aus dem innerweltlichen individuellen beziehungsweise sozialen Leben abzuleiten. Wie weit das möglich ist, besonders wenn sich die Nachwirkungen der langen christlichen Erziehung aus den psychologischen Strukturen hinausverloren haben und die ethischen Forderungen sich an einen Menschen mit nur innerweltlich-empirischen Motiven wenden, muß dahingestellt bleiben."[72] Die skeptischen Beobachtungen Guardinis über die Auswirkungen der Autonomie sind mehr als kulturpessimistische Äußerungen. Guardini macht auf ein Problem aufmerksam, das sich nicht nur einer modernen christlichen Ethik stellt: Wie läßt sich die Motivation zum sittlichen Handeln begründen und stärken? Braucht ein Ethos nicht Grundlagen, die selber nichtsittlicher Art, aber von sittlicher Relevanz sind, und die folglich eine Ethik nicht ohne Folgen übersehen und aus ihrer Reflexion ausklammern kann? Im Sinne dieser in Guardinis Autonomiekritik aufgeworfenen Fragen haben u.a. Vertreter der ‚autonomen Moral im Kontext des christlichen Glaubens' auf die Motivationskraft des Glaubens und die Transparenz des Sittlichen für das Religiöse hingewiesen, als sie nach den Auswirkungen des christlichen Glaubens im Bereich des Sittlichen fragten.[73]

In „Religion und Offenbarung" nennt Guardini als Folge der Schwächung des religiösen Elementes in der Moderne das Schwinden von Innerlichkeit und Tiefe im menschlichen Dasein. Die überwältigenden modernen Leistungen in allen Sach- und Kulturbereichen, die Exaktheit und Sachlichkeit im modernen menschlichen Handeln, „die Befreiung der erobernden und gestaltenden Kräfte werden mit einer Verdünnung von Werk und Leben bezahlt, welche immer deutlicher in Gefühlen des Ungenügens, der Leere, der Sinnlosigkeit zu Bewußtsein kommen"[74]. So schlägt die fortschreitende Autonomisierung des Lebens auf den Menschen zurück. Die Ausdifferenzierung der Lebensbereiche und die Spezialisierung hat gewaltige Errungenschaften in Wissenschaft, Wirtschaft, Technik und Sozialwesen ermöglicht, aber auch deren Kehrseiten hervorgerufen. „Der differenzierende Impuls ist so groß, und die Forderung der einzelnen Werkgebiete so anspruchsvoll, daß die Einheit immer schwächer wird."[75] Wenn aber die für das menschliche Leben wichtige Einheit in der Wahrnehmung und in der Gestaltung der Welt schwächer wird und die einzelnen Bereiche jeden Zusammenhang verlieren, „dann tritt im objektiven Dasein das ein, was der Psychologe im Geistesleben des Einzelnen als Zerfall der personalen Gestalt, als Schizophrenie

---

[72] Ebd., 194.
[73] Vgl. stellvertretend für viele Auer, *Autonome Moral*, 118-122 und 189-197. Auer u.a. sprechen zusammenfassend von einem integrierenden, einem stimulierenden und einem kritischen Effekt der christlichen Botschaft für die Findung und Realisierung des sittlich Guten; s. auch ders., *Autonome Moral im christlichen Kontext*, 26f.
[74] *Religion*, 197.
[75] Ebd., 198.

kennt."⁷⁶ Das Denken über den Menschen muß dagegen, so fordert Guardini schon 1926, und drückt damit einen wesentlichen Gedanken seiner christlichen Anthropologie aus, von der konkreten Einheit der Person ausgehen. „Diese Einheit ist das Eigentliche. Wird sie aufgelöst, dann ist das Eigentliche aufgelöst. Wir ertragen es nicht mehr, daß die Menschen-Probleme – welche die Probleme eben dieser Einheit sind – in getrennte mechanische, biologische, psychologische, in Seins- und Gültigkeitsfragen aufgespalten werden, in denen wir den lebendigen Menschen nicht mehr erkennen. Diese Sonderuntersuchungen haben selbstverständlich ihren Wert. Aber sie fordern Einbeziehung in eine Frage, die sich auf die konkrete Einheit des Menschen richtet."⁷⁷ Ähnlich kritisiert Guardini „den Autonomismus der Neuzeit" in den Ethikvorlesungen: „Jeder Bereich des Lebens hat sein eigenes Gesetz; man tut, was aus dessen Logik folgt, und das übrige geht einen jeweils nichts an. Man treibt Politik als bloße Politik, Wirtschaft als bloße Wirtschaft, Wissenschaft als bloße Wissenschaft, Technik als bloße Technik, Kunst als bloße Kunst. Damit wird aber auch nichts gelöst, sondern die Einheit des Lebens zerfällt."⁷⁸ Guardini nennt hier als Beispiel für eines der aktuellen Probleme, die nicht mehr mit der Beachtung der Eigengesetzlichkeiten der Wissenschaften und ihrer Anwendungen allein gelöst werden können, die Atomphysik. Seine Ausführungen legen die These nahe, daß die Lösung der durch die Atomphysik aufgeworfenen Probleme, die leicht durch andere aktuelle Herausforderungen ergänzt werden können, nicht alleine durch den Austausch und eine Zusammenschau der Einzelwissenschaften erreicht werden kann.⁷⁹ Nicht nur das Zusammentragen der verschiedenen einzelnen wissenschaftlichen Erkenntnisse ist notwendig, sondern ein einheitliches Verständnis des Lebens, das als Grundlage diese komplexe Zusammenschau trägt.

In seiner Rede über die „Verantwortung des Studenten für die Kultur" bezieht Guardini in diesem Sinn seine Kritik an der übersteigerten Autonomie der veschiedenen Lebensbereiche auf ihre Folgen für das ethische Empfinden und die ethische Urteilskraft. Der nähere Zusammenhang ist die moderne Entwicklung der Wissenschaften, die als Teil der Gesamtentwicklung deren Ausdifferenzierung und Spezialisierung wiederholt. Was Guardini zunächst bezogen auf das historische Wissen und die Geschichtswissenschaft feststellt, gilt für die Wissenschaften überhaupt: „Historisches Wissen und Verstehen haben sich ungeheuer entwickelt. Die Erstreckung der überschauten Zeiten, die Zahl der festgestellten Tatsachen, die Vielfältigkeit der untersuchten Zustände wachsen immerfort. Ohne jeden Zweifel etwas Großartiges. Die Erkenntnis des menschlichen Daseins bekommt ein Material, wie es früher

---

⁷⁶ Ebd., 199.
⁷⁷ *Über Sozialwissenschaft*, 57f.
⁷⁸ *Ethik*, 93.
⁷⁹ Zu erwähnen sind auch die globalen ökologischen und sozialen Probleme oder die bioethischen Fragen wie beispielsweise die Diskussion um den Hirntod, deren Lösung neben der interdisziplinären Zusammenarbeit eine Verständigung über grundlegende Fragen menschlichen Lebens erfordert, die wiederum ohne ein einheitliches Verständnis vom Leben sehr erschwert ist.

nicht zu ahnen war... Welche Wirkung", so fragt Guardini nun, „hat das alles aber auf die Fähigkeit der Stellungnahme als auf jenen Akt, worin mit Entschiedenheit Ja oder Nein gesagt, Überzeugung gewonnen, Charakter bewährt wird? Es besteht doch wohl kein Zweifel, daß diese Fähigkeit dabei abnimmt. Je mehr einer historisch weiß – fügen wir aus anderen Wissensbereichen hinzu: je mehr er soziologisch versteht, psychologisch durchschaut usf. – [...] desto größere Anstrengung muß vom personalen Kern her geleistet werden, um den Akt zu vollziehen, von welchem doch die Ehre des Daseins abhängt."[80]

2.3.3 Zur Aktualität der Gedanken Guardinis

Festzuhalten ist als ein Ergebnis der bisherigen Untersuchung, daß Guardini die grundsätzliche Berechtigung der Autonomie der verschiedenen Lebensbereiche anerkennt und deren Eigengesetzlichkeit mit dem christlichen Glauben, näherhin dem Schöpfungsglauben vereint. Dies formuliert er bereits in den Schriften der 20er und 30er Jahre, womit er die wichtige Aussage des Zweiten Vatikanischen Konzils in „Gaudium et spes" vorwegnimmt.[81]

Problematisch ist für Guardini in seiner Auseinandersetzung mit dem Autonomiegedanken der Verlust der Einheit in der Sicht auf das Dasein und im Vollzug personaler Existenz. Er sieht in ihm eine Auswirkung des absoluten Autonomiewillens, ein Gesichtspunkt, der in seiner Analyse der geistigen und kulturellen Situation der Neuzeit wiederkehrt. Seine grundsätzlichen Bedenken, die sich an den problematischen Konsequenzen der gesteigerten Autonomie der Lebens- und Sachbereiche für das Leben des Menschen entzünden, bleiben aktuell und bestimmen auch das aktuelle Problembewußtsein der theologischen Ethik in dieser Frage. Es geht um mehr als die mittlerweile banale Feststellung, daß das Leben unter den Bedingungen einer radikalisierten Moderne unübersichtlicher und komplexer geworden ist. Aus Guardinis Überlegungen spricht die Sorge um das Gelingen des menschlichen Lebens in der Gegenwart. Eine autonome Moral im christlichen Kontext, die sich der Aufgabe stellt, „die Botschaft des Evangeliums in ihrer Bedeutung für das Handeln und die Ordnung des Zusammenlebens in der Gegenwartskultur neu zu verstehen"[82], teilt diese Sorge. Zu ihr gehört die Frage nach den Auswirkungen der sozialen und kulturellen Rahmenbedingungen, hier der Autonomisierung der Lebensbereiche auf die sittliche Kom-

---

[80] *Die Verantwortung des Studenten*, 28f. Vgl. zum Ganzen ebd., 28-35.
[81] Dies ist festzuhalten, um Vorurteile über Guardinis Position, die sich leider hartnäckig halten, zu korrigieren. Von einer „pauschalen Ablehnung des Autonomiegedankens", wie zum Beispiel Knapp meint, *Christologie*, 353, kann nicht gesprochen werden. Guardini „verkennt" *nicht*, „daß eine Bestreitung der Geschöpflichkeit nicht schon mit der Anerkennung einer Eigengesetzlichkeit der verschiedenen Bereiche der Weltwirklichkeit gegeben ist", ebd.; vielmehr vermag er die Eigengesetzlichkeit der Lebensbereiche im christlichen Welt- und Menschenbild zu begründen. Guardini ist also in diesem Punkt durch das Zweite Vatikanische Konzil nicht ‚überholt', sondern *eingeholt* worden.
[82] Merks, *Autonomie*, 263.

petenz des Menschen, d.h. mit anderen Worten auf die Möglichkeit sittlicher Autonomie. Guardinis Beobachtung des modernen menschlichen Lebens ist in den Grundzügen zutreffend. Der Mensch lebt gleichzeitig in verschiedenen Funktionen und Rollen, die nur noch schwer in eine umfassende Einheit einzuordnen sind. Seine Existenz kann unter ganz verschiedenen Gesichtspunkten, je nach Lebensbereich und zuständiger Wissenschaft betrachtet werden. Die Gewinnung personaler Identität ist also unter den Herausforderungen der radikalisierten Moderne erschwert, die einheitstiftenden Elemente menschlichen Daseins werden schwächer. Für das sittliche Handeln bilden personale Identität, Kontinuität und ein einheitstiftendes Bewußtsein der eigenen Existenz aber eine wesentliche Grundlage. Die sich verabsolutierende Autonomisierung der verschiedenen Sach- und Lebensbereiche gefährdet die personale Selbstgehörigkeit und damit eine Voraussetzung der sittlichen Autonomie der Person.

Jede Ethik setzt sinnvollerweise insofern eine Einheit menschlicher Existenz voraus, als sie das Handeln in den verschiedenen Bereichen des menschlichen Lebens unter den Anspruch des Sittlichen stellt. Die Achtung der Eigengesetzlichkeit kann nicht bedeuten, daß ganze Lebensfelder aus der moralischen Verantwortung und ethischen Betrachtung ausgeklammert werden. Schließlich beanspruchen die obersten sittlichen Prinzipien einer Ethik, fundamentale Werte und auch die Rede von bestimmten personalen Haltungen universale Geltung und Beachtung in allen Bereichen des Lebens. Der behauptete Kausalzusammenhang zwischen der Schwächung sittlicher Kompetenz und der modernen Autonomisierung und Differenzierung modernen Lebens müßte zwar selbst genauer, d.h. unter Heranziehung verschiedener Sozial- und Humanwissenschaften untersucht werden. Deutlich geworden ist aber bereits, daß Guardini hier früh ein Problem angesprochen hat, das jede theologisch-ethische Gegenwartsanalyse zu beachten hat.

Der Autonomiebegriff wird von der modernen Soziologie im Sinne einer funktionalen Autonomie aufgegriffen, die als die begrenzte Selbständigkeit und Ausdifferenzierung von Teilsystemen innerhalb einer Gesellschaft als umfassendem Gesamtsystem verstanden wird.[83] In der soziologischen Beschreibung der modernen gesellschaftlichen Wirklichkeit ist er verwandt mit den Begriffen der Spezialisierung, Funktionalisierung und der Säkularisie-

---

[83] Vgl. Honnefelder, *Autonomie*, 1295, und Amelung, *Autonomie*, 10f. Nach Pohlmann verwendet Luhmann den Begriff der Autonomie in seiner soziologischen Systemtheorie mit etwas anderem Akzent: „Die Autonomisierung der verschiedenen gesellschaftlichen Teilbereiche bzw. -systeme, wie Politik, Wirtschaft, Wissenschaft usw., in den hochkomplexen Gesellschaftssystemen der Moderne bedeutet nicht Unabhängigkeit gegenüber der gesellschaftlichen Umwelt [...] Die Autonomie eines gesellschaftlichen Teilsystems meint vielmehr, daß mit wachsender Interdependenz und Binnenkomplexität des Gesamtsystems bestimmte Bereiche der Gesellschaft sich funktional spezifizieren, sich als Systeme eigener Art ausdifferenzieren und zugleich in ihrem Bestand und in ihrer spezifischen eigenen Struktur von ihrer Umwelt akzeptiert und institutionell abgesichert sind." Pohlmann, 718f. Demgegenüber weist Amelung, *Autonomie*, 15f., zurecht auch auf die desintegrierende Wirkung fortdauernder Autonomsetzung und Differenzierung der einzelnen Teilsysteme hin und auf das Problem, daß diese auch in einem Konkurrenz- und Machtverhältnis zueinander stehen.

rung.⁸⁴ Nun entsteht in der modernen ausdifferenzierten Gesellschaft das paradoxe Phänomen, daß die jeweils autonomen Bereiche die Autonomie der anderen beeinträchtigen können, da zwischen ihnen keine natürliche Balance besteht. Ein Bereich wie beispielsweise die Wirtschaft, zeigt die Tendenz, die ganze Gesellschaft und alle Lebensbereiche mit seiner Logik, seinen Maßstäben und Regeln zu dominieren. Da all diese Lebensfelder über Institutionen und Organisationen gesellschaftlich auch Macht repräsentieren, diese über ihren jeweiligen Bereich hinaus ausüben und so das ganze Leben beeinflussen, entstehen gesellschaftliche Konflikte, die der einzelne Mensch als Spannung und Rollenkonflikt verspürt. „Er ist Staatsbürger, Mitglied einer Religionsgemeinschaft, Teilnehmer am Wirtschaftsprozeß, Konsument kultureller Ereignisse, er ist Mitglied einer Familie, hat einen Beruf und ist mehr oder minder maßgebend durch sein Verhalten an der Ausbildung von Wertsystemen beteiligt."⁸⁵ Nun trifft auch zu, daß, je differenzierter eine Gesellschaft ist, sie ihren Mitgliedern umso mehr „Entscheidungsmöglichkeiten und damit auch mehr Möglichkeiten zum Vollzug von Freiheit"⁸⁶ bietet, mögen die faktischen Rahmenbedingungen innerhalb der Gesellschaft auch sehr unterschiedlich sein. Allerdings stellt sich auf der Linie von Guardinis Denken die Frage, ob und wieweit der Mensch auch fähig, d.h. unter ethischer Perspektive sittlich kompetent ist, diese gesteigerten Möglichkeiten auch im Sinne wirklicher autonomer Sittlichkeit zu nutzen und nicht doch vielen Fremdbestimmungen ausgesetzt ist. Und schließlich, ob die Ethik sich in solcher Weise mit der Gesellschaft entwickelt hat, daß sie ihn dazu befähigen kann?

Mittlerweile – Guardinis frühe Warnungen klingen auf dem Stand heutiger Erfahrungen und Probleme erstaunlich aktuell – wird die völlig ausdifferenzierte Autonomie der Lebensbereiche kritischer beurteilt. Hinterfragt wird u.a. die Voraussetzung einer unkritischen Hinnahme dieser Enwicklung, nämlich die Vorstellung, „daß die einzelnen Sachgesetzlichkeiten sich zu einem harmonischen Ganzen addieren und daß gesellschaftliche Konflikte nur deshalb entstehen, weil unsachliche und ‚ideologische' Eingriffe die Entwicklungstendenzen der einzelnen Sachgebiete stören. [...] Bliebe die Politik bei ihrer Sache – so wird argumentiert – blieben die Wissenschaft, die Wirtschaft und die Theologie bei der jeweils ihren, so wäre das zum Wohl der gesamten Gesellschaft."⁸⁷ Diese Voraussetzung scheint eine Spielart einer naiven Fortschrittsgläubigkeit und eines ungebrochenen Vertrauens in die menschliche Machtentfaltung. So beschreibt Guardini eine Anschauung innerhalb dieses Fortschrittsglaubens folgendermaßen: „Die ganze Fülle der

---

[84] Siehe Amelung, *Autonomie*, 10: „Die Situation des autonomen Menschen ist ebenso wie die des Christen durch die Säkularisierung bestimmt." ‚Säkularisierung' ist hier zu verstehen als die Ablösung aller Lebensgebiete von der christlichen Religion und Theologie und in einem noch weiteren Sinne „als Differenzierung aller gesellschaftlichen Bereiche"; ebd. Säkularisierung im engeren Sinne ist ein Teil und geschichtlich gesehen der erste Schritt dieser umfassenden Ausdifferenzierung.
[85] Ebd., 11.
[86] Ebd., 12.
[87] Ebd., 14f.

Einzelwirkungen aber, die er [der Mensch, BK] hervorbringt, das ist eine weitere Voraussetzung, werden von selbst zu einer sinnvollen Einheit zusammengehen – so, wie die Einzelvorgänge in der Natur die Einheit des Alls bilden. Diese Einheit heißt Kultur."[88] Die Kritik der Autonomisierung des Lebens und die der einzelnen autonomem Bereiche wird allerdings dadurch erschwert, daß als Folge der Autonomisierung einheitliche und übergreifende Kriterien fehlen. Selbst ein vermeintlich objektives Kriterium wie der sachgerechte Gebrauch der Vernunft erscheint problematisch, da der einheitliche Vernunftbegriff, der dieser Kritik zugrundeliegt, der Differenzierung der einzelnen Lebensbereiche zum Opfer gefallen ist. „Jeder dieser Lebensbereiche hat seinen eigenen Vernunftbegriff ausgebildet, der zwar in Abhängigkeit von der Vernünftigkeit der anderen, aber auch in Konkurrenz zu ihr steht. [...] Die Autonomie der einzelnen Lebensbereiche addiert sich nicht zum Gemeinwohl, sondern hat als Ergebnis ein kompliziertes Gewebe von Einzelzwecken und Einzelzielen, die zum Teil aufeinander abgestimmt sind oder aufeinander bezogen werden können, die sich aber zum Teil auch gegenseitig ausschließen und deshalb miteinander in Konflikt geraten."[89] Ein Phänomen dieser Entwicklung ist, „daß Gespräche zwischen den einzelnen Wissenschaften und Wissenschaftsgruppen kaum noch gelingen; es gibt keinen einheitlichen Begriff von Wissenschaft mehr."[90] So steht die moderne (abendländische) ausdifferenzierte Gesellschaft bzw. der Mensch in ihr vor dem Problem, die autonomen Lebensbereiche in das Ganze des Lebens zu integrieren, ohne sich dabei in dem Maße wie in der Vergangenheit auf die einheitsstiftende Kraft des Glaubens, einer Religion oder einer Weltanschauung stützen zu können.

2.4 Autonomie und Heteronomie im Kontext des Offenbarungsglaubens

2.4.1 Die Ablehnung Gottes als Akt radikaler Autonomie

Autonomie und der Glaube an die Offenbarung, auf dem christliche Ethik fußt, scheinen unvereinbar, wenn die Offenbarung „die absolute Personalität und Schöpferschaft Gottes; die relative im Anruf Gottes bestehende Personalität des Menschen; die unbedingte Gültigkeit der ethischen Forderung als Ausdruck der Heiligkeit des Schöpfers und der Wahrheit des Seins"[91] verkündet. Ein Autonomieanspruch, durch den die Welt als autonom und der

---

[88] *Ethik*, 1035f.
[89] Amelung, *Autonomie*, 15f.
[90] Ebd., 16. Die kritische Frage nach den Folgen der beschriebenen Entwicklung ist wiederum pragmatisch aus den einzelnen Wissenschaften und Lebensbereichen ausgeklammert und dem Spezialisierungstrend entsprechend den auf wissenschaftstheoretische und ethische Fragen spezialisierten Disziplinen wie der Soziologie der Wissenschaften und der Philosophie bzw. der Ethik überlassen.
[91] *Ethik*, 1081; vgl. zum folgenden ebd., 1081-1112, und *WuP*, 36-44.

Mensch als autonomes Subjekt erklärt *und* so Welt und Mensch aus der Beziehung zu Gott, ihrem Schöpfer, gelöst werden, kann vom Standpunkt der Offenbarung nur abgelehnt werden. Und umgekehrt scheint vom modernen Selbstbewußtsein des Menschen her, das von der politisch-historischen Emanzipation und dem Willen nach Mündigkeit bestimmt ist, die christliche Offenbarung infragegestellt: „Wenn der Mensch das ist, als was ihn das moderne Bewußtsein versteht – kann dann Gott sein, der Gott, der sich in der Offenbarung kund tut?"[92] Auf die Frage nach der ‚Koexistenz' Gottes und des Menschen „folgt die Entscheidung: Entweder Gott, oder ich"[93]. Als radikalen Vertreter dieser neuzeitlichen Entscheidung gegen Gott nennt Guardini besonders Nietzsche. In dessen Daseins- und Lebensgefühl nimmt Gott dem Menschen „den Raum des Daseins, die Fülle des Lebens, die Ehre der Existenz. Daraus kommt der ‚postulatorische Atheismus': ‚Wenn ich sein soll, kann er nicht sein. Ich muß aber sein, also darf Er nicht sein!'"[94] Dabei zeigt sich für Guardini die Radikalität der Position Nietzsches darin, daß sie nicht zur einfachen Leugnung Gottes führt, sondern in der Botschaft gipfelt: ‚Gott ist tot!' Eine solche Aussage kann nur aus der Vorstellung eines existentiell notwendigen Kampfes zwischen dem Menschen und Gott hervorgehen.[95]

---

[92] *Ethik*, 1107f.
[93] Ebd., 1108.
[94] WuP, 39; vgl. auch *Ethik*, 1094f. und 1108f.
[95] Guardini stellt die neuzeitliche Geisteshaltung eines radikalen Autonomiewillens vermutlich deshalb an einem ihrer radikalsten Denker heraus, um die grundsätzliche Entscheidung zu verdeutlichen. Seine literarische Verkörperung sieht Guardini in der Gestalt des Kiriloff aus Dostojewskijs „Dämonen". Vgl. WuP, 38f. Siehe hierzu auch Knoll, *Glaube*, 278-291, bes. 281ff. Die Gestalt des Kirilloff interpretiert Guardini als „einen förmlichen Kommentar, eine gestaltmäßige Verdeutlichung der Philosophie, besser Heilsbotschaft des Zarathustra"; „Religiöse Gestalten in Dostojewskijs Werk", Mainz [7]1989, 210; zitiert nach Knoll, *Glaube*, 283. Zu Guardinis Literatur-Interpretationen s. Biser, *Interpretation*, und Frühwald. Guardinis Aufreihung, die in *Ethik*, 1108, von Macchiavelli, Kant, Nietzsche und Marx über Sartre, Camus bis zu Nikolai Hartmann als Vertretern eines ‚postulatorischen Atheismus' erfolgt, erscheint undifferenziert. Auch hier stellt sich die Frage, ob Guardini den einzelnen Denkern, etwa Kant oder Camus, in dieser pauschalen Beurteilung gerecht wird. Ihn leitet die Absicht, in der geistesgeschichtlichen Entwicklung die grundsätzliche Entscheidung, nämlich das Ja oder Nein zum Gottes- und Menschenbild der Offenbarung hervorzuheben.
Bemerkenswert ist, daß Kasper, der Guardini als einen Theologen anführt, der dem Gedanken der Autonomie keine positive Wertschätzung abgewinnen konnte, die neuzeitliche Entwicklung des Autonomiegedankens von Kant über Feuerbach und Nietzsche folgendermaßen skizziert: „In unserem Jahrhundert erreicht sie [die Gestalt neuzeitlichen Autonomieverständnisses, BK] ihre klassische Ausprägung im postulatorischen Atheismus von N. Hartmann, J.P. Sartre, A. Camus, M. Merleau-Ponty und E. Bloch. Der gemeinsame Grundgedanke [...] lautet: Ein allmächtiger Gott kann nicht sein, wenn menschliche Freiheit sein soll. Die radikal verstandene Autonomie des Menschen schließt jede Theonomie radikal aus." *Autonomie und Theonomie*, 29; vgl. auch ebd., 32. Festzustellen ist, daß diese Einschätzung Kaspers bis in den Wortlaut hinein dem Gedanken Guardinis entspricht, von dessen (überholter) Einschätzung der Autonomie Kasper sich absetzen wollte, und den er hier ‚zitiert', ohne es zu wissen. Kasper verweist auf Kern, Küng und Böckle. Dieses Beispiel zeigt, wie problematisch die Guardini-Rezeption in der modernen Theologie teilweise verlaufen ist. Einerseits wird er undifferenziert beurteilt und mitunter abgelehnt; andererseits sind seine Gedanken übernommen worden und Allgemeingut geworden, ohne daß ihre Herkunft noch bewußt ist.

Ein Grund der Ablehnung Gottes und der Offenbarungsbotschaft von der Kreatürlichkeit des Menschen und der Welt sieht Guardini in dem schwerwiegenden Mißverständnis der Beziehung Gottes zum Menschen, das er auf die Formel bringt: „Gott ist ein Anderer."[96] Ursache dafür ist ein falsches Gottes- und Menschenbild, demzufolge auch das Verhältnis zwischen Gott und dem Menschen in der Welt falsch gedacht wird. „Der Gedanke verfährt nach dem Schema: Hier bin ich; dort ist ein Anderer. Nach der Unterscheidung, die ein endliches Wesen vom anderen Wesen trennt. Diese Unterscheidung gilt überall. Jedem Menschen, jedem Ding gegenüber bin ich berechtigt, ja genötigt, zu sagen: nicht ich, sondern der Andere dort; nicht das, sondern jenes Andere. Das gilt bei Gott nicht. Gott ist nicht ‚ein Anderer'."[97] In einer Interpretation zur Lage des Betenden im Psalm 138, der vor dem Blick Gottes fliehen möchte, schreibt Guardini entsprechend: „Wogegen wehrt sich dieser Mensch, wenn er nicht von Gott gesehen sein will? Gegen den Anderen, den *heteros*. Er will nicht heteronom sein – und damit hat er ebenso Recht, wie Unrecht hat, wenn er autonom werden will. Im Verhältnis zu Gott ist die Heteronomie genau so falsch wie die Autonomie."[98]

2.4.2 „Die Wahrheit des Seins: Theonomie"[99]

Um nicht der falschen Alternative Autonomie des Menschen oder Heteronomie durch Gott zu erliegen, ist es notwendig, die Glaubensaussage, daß Gott der Schöpfer des Menschen ist, streng als Ausgangspunkt des Denkens zu nehmen. Die einzige nach christlichem Verständnis angemessene Kategorie, um das Verhältnis Gott – Mensch zu erfassen, ist die Relation zwischen Schöpfer und Geschöpf, ist der Schöpfungsbegriff. Der Begriff des ‚Anderen', des *Heteros*, aber erweist sich für diese einzigartige Beziehung als ungeeignet und sinnlos. „Gott ist [...] nicht der Andere, deshalb, weil er Gott ist. Als Gott steht er dem Geschöpf so gegenüber, daß die Kategorie des Anderer-Seins auf ihn ebensowenig angewendet werden kann wie die des Gleicher-Seins. Wenn Gott ein endliches Wesen schafft, dann stellt er nicht ein Anderes neben sich – etwa so, wie die Gebärende das neue Menschenwesen aus sich heraus ins Dasein stellt, so daß es von nun an neben ihr besteht. [...] Der Begriff der Schöpferschaft, der das Verhältnis Gottes zum Menschen ausdrückt, sagt ein Doppeltes aus: Einmal, daß der Mensch wirklich in eigenes Sein gestellt ist; dann aber und zugleich, daß Gott kein Anderer neben ihm, sondern die schlechthinnige Quelle seines Seins ist und ihm näher, als er sich selbst."[100] Im Glauben an die Schöpfung als einzigartigem und nur Gott möglichen Akt ist also sowohl die Autonomie als Eigensein des Menschen bejaht als auch jede Heteronomie des Menschen durch Gott von

---

[96] *Ethik*, 1094.
[97] Ebd.
[98] *WuP*, 37f. Guardini legt hier vermutlich die Psalterzählung des 1939 offiziellen lateinischen Textes zugrunde, der sich an die Vulgata anlehnte.
[99] So die Überschrift in *Ethik*, 1081.
[100] *WuP*, 40f.

vornherein ausgeschlossen. Auf diesem Boden gewinnt auch die Rede von der Liebe Gottes zum Menschen erst ihren vollen Sinn: „Gott liebt den Menschen, indem er ihm alles gibt, Sein und Wesen. Er macht ihn zu dem, was letztlich allein geliebt werden kann, zur Person. Er, der Personale schlechthin, macht den Menschen zu seinem Du. [...] Das heißt aber, daß Gott den Menschen achtet. Was wir oben so ausdrückten, daß wir sagten, Gott sei für den Menschen nicht dessen Anderer, sondern mache sich, indem er ihn schafft, zur Voraussetzung und zum Garanten seines Selbstseins – das kann nun folgendermaßen gefaßt werden: durch seinen liebenden Anruf macht Gott den Menschen zur Person, aber in Achtung."[101] Dies besondere Verhältnis zwischen Gott und Mensch ist symbolisch im Bild der Schöpfungsgeschichte ausgedrückt, nach dem allein der Mensch von Gott durch die Einhauchung des göttlichen Odems, der Seele geschaffen wurde (Gen 2,7). Lebt der Mensch aus Gottes Kraft und Atem, so kann Gott dem Menschen nicht ein Anderer sein. Die Erschaffung und Achtung der Personalität des Menschen durch Gott ist die Voraussetzung dafür, daß der Mensch überhaupt als Person, d.h. in Freiheit, Gott achten und ihn verehren kann *oder* nicht. Die Autonomie des Menschen kann, so folgt aus dieser Glaubenswahrheit, nur als theologisch begründete verstanden werden.

Eine weitere Reflexion über das christliche Personverständnis führt dazu, die Beziehung zwischen Gott und der menschlichen Person so zu denken, daß sie nicht als Heteronomie mißverstanden werden kann. Im Anschluß an die auf Boethius zurückgehende Definition der Person als ‚naturae rationalis subsistentia' bestimmt Guardini Person als vernünftig-freies Wesen in Eigenständigkeit.[102] „Person ist endlich Eigengehörigkeit in Innerlichkeit und Würde. Innerlichkeit bedeutet, daß ich, Person seiend, in mir, bei mir, für mich bin, und zwar ausschließend. Sie bedeutet, daß niemand ‚hineinkommen' kann [...]"[103] Mit dieser Formulierung nähert sich Guardini einem autonomen Personverständnis. Und er begründet ähnlich wie Kant in der zweiten Formel des Kategorischen Imperativs mit dieser Würde der Person die Maxime, daß die menschliche Person nie unter andere Zwecke gestellt werden darf.[104] Innerlichkeit ist nach dem Personverständnis Guardinis als ein Pol des menschlichen Daseins zu verstehen, das sich als Personalität zwischen den Polen der Innerlichkeit und äußerster menschenmöglicher Transzendenz erstreckt.[105] Die Innerlichkeit ist der Bereich der Einsamkeit und Selbstgehörigkeit der Person. Innerlichkeit und Transzendenz als die Daseinspole des menschlichen Daseins sind aber zugleich die Grenz- oder

---

[101] Ebd., 42.
[102] Vgl. *Über Sozialwissenschaft*, 38. Siehe auch Kapitel V.1, 2.1 und 2.2.
[103] Ebd., 38.
[104] Siehe ebd., 39: Die „beiden Momente der Innerlichkeit und Würde bestimmen zusammen die Tatsache der Selbstgehörigkeit dahin, daß Person nicht eingerechnet, eingefügt, durchschaut, unter Zwecke gestellt, gebraucht, gegriffen werden kann. Nur sie selbst verfügt über sich. Und was sie betrifft, findet seine Verwirklichung nur, wenn es zugleich auch in ihrer Initiative ruht."
[105] Vgl. *WuP*, 45-65.

Nahtstellen, an denen das menschliche Dasein an das Göttliche rührt, denn jede Grenze ist Abgrenzung und Kontaktstelle in einem. So ist die Innerlichkeit der Person zugleich der Bereich, in den Gott hinein ‚Zutritt hat', da durch ihn die Person angerufen und in ihm begründet ist.[106] Guardini verweist in diesem Zusammenhang auf die in religiöser Erfahrung gründenden Bestimmungen des Wesens und Wirkens Gottes: „Gott ist jenes Wesen, das der geschaffenen Person inne ist; durch dessen Innesein Innerlichkeit nicht aufgehoben, sondern erst konstituiert wird. Das ‚Ich in Gott'; ‚Gott in mir'; ‚Ich in Christus'; ‚Christus in mir' sind *christlich-religiöse Grundkategorien.*"[107] Diese Grundkategorien, die Wesensaussagen über die Beziehung zwischen Gott und Mensch und die Bestimmung christlicher Existenz sind, besagen, daß Gott allein in das Innere der Person treten kann, ohne daß sie aufhört, eigenständige Person zu sein.[108] Die Kategorie der Heteronomie trifft hier einfach nicht zu, da die Hinordnung auf Gott keine Fremdbestimmung bedeutet, sondern das Eigentliche der Person ausmacht. Es ist wichtig zu beachten, daß im Gedankengang Guardinis die Kategorien „Gott in mir" oder „Christus in mir" keine theoretischen Begriffe sind, die Guardini konstruiert bzw. heranzieht, um den Vorwurf der Heteronomie argumentativ auszuhebeln. Mit ihnen ist vielmehr die Wirklichkeit des Glaubens, d.h. eine lebendige und urchristliche Erfahrung erfaßt, ohne daß jede und jeder Gläubige selbst diese intensiv und bewußt erfahren muß.[109] Ist diese Basis, die wirkliche oder zumindest mögliche Glaubenserfahrung, nicht mehr bewußt, kommt es zum Fehlschluß der Heteronomie im Verhältnis zwischen Gott und Mensch. Die Behauptung der Heteronomie ruht „auf einem tiefen Irrtum über Gott, nur möglich, wenn der Mensch des Umganges mit Ihm entwöhnt ist"[110]. Die lebendige Beziehung zu Gott „ist gerade bestimmt durch jenes Einzigartige, was sonst nirgend ist: Daß, je tiefer ich mich ihm hingebe; je voller ich ihn in mich hineinlasse; je stärker er, der Schöpfer in mir zur Geltung kommt, ich desto mehr ich selber werde."[111] So wie die Offenba-

---

[106] *Über Sozialwissenschaft*, 39.
[107] Ebd. Fn.6 [Hervorhebung BK].
[108] „Zur letzten Innerlichkeit hat nur Gott Zutritt. Er ist der, der in der Person ist, und die Person in Ihm, ohne daß sie aufhörte, innerlich zu sein. Die letzte Würde ergibt sich nur Gott. Er ist der, dem die Person sich neigt, ohne daß sie aufhörte, Würde zu haben." Ebd. Fn.8.
[109] In diesem Zusammenhang ist an Guardinis Theologieverständnis zu erinnern, das er programmatisch in seiner Bonner Antrittsvorlesung über das Axiom des Anselm ‚credo, ut intelligam' dargelegt hatte: „Gegenstand der Theologie sind nicht Begriffe, sondern konkrete Wirklichkeiten [...]."; *Anselm v. Canterbury*, 49. Gegenstand der Theologie ist vielmehr die Weise, wie das Offenbarungsereignis in der Gemeinschaft der Kirche und in der Gotteskindschaft-Erfahrung der Einzelpersönlichkeit fortlebt.
[110] *FGS*, 101. Entsprechend ist auch die polemische Bemerkung gegen Kant in *GGS*, 56f., zu verstehen: Eine „seltsame religiöse Flachheit", mangelnde religiöse Lebendigkeit mache im letzten verständlich, daß Kant sagen konnte: „Sobald ich das Gute mit Gott gleichsetze, sobald ich das Sittengesetz als Forderung Gottes auffasse, ist es ‚ein Anderer', der mir da befiehlt, und ich werde fremdhörig [...]. Wer aber aus dem echten religiösen Bereich kommt, muß erstaunt antworten: Gott ist doch nicht ein ‚Anderer'! Wie kann man Dinge und Begriffe derart verwechseln?"
[111] *GGS*, 57f.

rung nicht mit fremden Maßstäben beurteilt werden kann, sondern über sich selbst Auskunft gibt, so ist auch Gottes Wirklichkeit und das Verhältnis zwischen Gott und Mensch von eigenen Kategorien bestimmt, auf die die Alternative ‚entweder ist Er ich, oder Er ist der Andere', nicht zutrifft: „Das Wesen Gottes kann geradezu dadurch definiert werden, daß man sagt: Er ist Jener, der weder ich ist, noch der Andere. So steht Er gar nicht in Konkurrenz mit mir. Ich brauche mich Seiner nicht zu erwehren, um ich zu sein. Sondern durch Ihn bin ich Ich-selbst. Er ist es, der mir überhaupt erst die Freiheit gibt, aus der heraus ich mich fragen kann, ob Er mich nicht in meiner Freiheit behindere."[112] Auch in diesem entscheidenden theologischen Argument gegen den Heteronomieverdacht, das auf die Glaubenserfahrung rekurriert, ist die moderne Theologie Guardini gefolgt oder stimmt zumindest mit ihm überein. So formuliert Rahner: „Erst dort, wo man sich als freies Subjekt vor Gott verantwortlich erfährt und diese Verantwortung übernimmt, begreift man, was Eigenständigkeit ist und daß sie im selben Maße wächst und nicht abnimmt mit der Herkünftigkeit von Gott. Nur an diesem Punkte geht uns auf, daß der Mensch in einem selbständig und von seinem Grunde her abhängig ist."[113]

> Interessant ist in diesem Zusammenhang ein Gedanke aus der Augustinus-Studie „Die Bekehrung des Aurelius Augustinus", in der Guardini durch die Beschreibung der seelischen und religiös-sittlichen Entwicklung des Augustinus eine typische und „immer offene Möglichkeit christlichen Daseins"[114] darstellen will. Guardini führt in diesem Zusammenhang den Begriff einer ‚angeborenen Haltung' im Sinne einer ursprünglichen Veranlagung oder psychischen Grundstruktur ein, die auf einer bestimmten Selbsterfahrung aufbaut und das Dasein und das Selbstverständnis des Menschen prägt.[115] Sie ist wertneutral zu verstehen und von der personalen Glaubensentscheidung zu unterscheiden. Auf dieser Ebene stellt Guardini einer ‚autonomen' Haltung, die ihren unmittelbaren Bestimmungspunkt in sich hat und in der der Mensch sich vor allem als ‚Herr des eigenen Seins' erfährt, eine ‚allonome' Haltung und Veranlagung gegenüber, „die sich unwillkürlich auf den Anderen bezieht" und „sich naturgemäß als Glied eines Ganzen [...] erfährt"[116]. Das christliche Daseinsverständnis des Augustinus

---

[112] *Ethik*, 1095. Vgl. ähnlich in *Mensch**, 229-233.
[113] Rahner, *Grundkurs*, 87. Die Freiheit und Subjektivität des Menschen ist durch dieses „eigentliche transzendentale Verhältnis zwischen Gott und Kreatur" bestimmt; ebd., 86. „Was es eigentlich heißt, etwas anderes als Gott und trotzdem radikal bis ins allerletzte herkünftig von ihm zu sein, was es heißt, daß diese radikale Herkünftigkeit gerade die Eigenständigkeit begründet, das läßt sich nur dort erfahren, wo eine geistige, kreatürliche Person ihre eigene Freiheit noch einmal auf Gott hin und von ihm her als Wirklichkeit erfährt." Ebd., 87. Wie bei Guardini so basiert auch bei Rahner die theologisch-anthropologische Aussage auf der Glaubenserfahrung. Vgl. auch Fuchs, *Unterscheidend christliche Moral*, 107: Gottes Andersartigkeit begründet gerade „seine Immanenz als tragender Grund in allem und jedem, ohne daß er selbst etwas von oder an dieser kontingenten Welt wäre." Vgl. entsprechend Kasper, *Autonomie*, 21, der Rahner, *Grundkurs*, 86, zitiert.
[114] *Bekehrung des Augustinus*, 12 und 14. Siehe zur Augustinusdarstellung auch Biser, *Interpretation*, und Knoll, *Glaube* 300-307.
[115] Vgl. *Bekehrung des Augustinus*, 120f.
[116] Ebd., 120.

wird leichter zugänglich, wenn man ihn in diesem Sinne als ‚allonomen' Menschen versteht: „Der Mensch Augustinus ist allonom, aus dem Zusammenhang heraus bestimmt und in ihn gewendet. Nicht, weil er schwach wäre oder feige oder zur Selbstherabsetzung neigte, sondern weil seine Kraft, sein Mut, sein Selbstgefühl ihre Mitte nicht im Einzelwesen, sondern in den Zusammenhängen des Seins und Geschehens haben. Entsprechend ist er auch vom Bewußtsein erfüllt, daß Gott das Eigentliche ist; er selbst aber seiend und sinnvoll nur durch Gott."[117] So gründen für ihn die Größe und Bedeutung des Menschen nicht in sich selbst, sondern in Gott. Das christliche Daseinsverständnis des Augustinus – Guardini mißt ihm, wie gesagt, eine auch für die ‚heutigen' Gläubigen exemplarische Bedeutung bei – ist wiederum nur zu verstehen auf der Grundlage des lebendigen gläubigen Bewußtseins, „das ein im Glauben an die Gnade Lebender vom eigenen Dasein hat"[118]. In ihm wird dem Glaubenden klar, daß die Scheidung, die der Heteronomievorwurf voraussetzt – „entweder ist das meine Tat, oder die eines Anderen"[119] – Gott gegenüber nicht gilt. „Das Dasein eines Menschen ist ein beständiges Bewirktsein durch Gott. Das erfährt Augustinus; und erfährt es so, daß gerade darin das Eigentliche, die Glorie des Menschseins liegt."[120] An der Gestalt des Augustinus verdeutlicht Guardini also eine existentielle Möglichkeit, wie das Verhältnis von Theonomie und Autonomie verstanden und gelebt werden kann.[121]

Sowohl Allonomie als auch Autonomie können als psychologische Grundstrukturen, wertneutral und deskriptiv verstanden, ins Christliche wie ins Nichtchristliche gewendet werden.[122] Beide haben damit ihre Berechtigung im Bereich des Glaubens. „Auch der anlagegemäß ‚autonome' Mensch kann gläubig und gottgehorsam sein; große Gestalten des neuzeitlichen Christentums zeugen dafür."[123] Diese Andeutungen Guardinis aus den 30er Jahren können als Hinweise auf eine andere mögliche Form der Auseinandersetzung mit dem Autonomiegedanken der Neuzeit gedeutet werden. Sie wäre neben den grundsätzlichen Unterscheidungen und Klärungen, die den Duktus von Guardinis Auseinandersetzung prägen, deshalb interessant und für die christliche Existenz der Gegenwart hilfreich, weil in ihr das Bewußtsein stärker vom autonomen Typus geprägt scheint. Aus den Interpretationen Guardinis sind in dieser Richtung die Arbeiten zu Madeleine Semer[124] und die Abhandlung über Kierkegaard[125] zu nennen. Leider hat

---

[117] Ebd., 120f.
[118] Ebd., 134.
[119] Ebd.
[120] Ebd., 135.
[121] Wenn ‚Theonomie' die unbedingte Bindung an Gott als Ursprung und Ziel des Menschen meint, so schließt sie also Autonomie nicht aus, sondern setzt sie frei. „Deshalb ist recht verstandene Theonomie keinesfalls eine Art von Heteronomie [...]. Recht verstandene Theonomie begründet Autonomie und bringt sie als Autonomie zur Erfüllung." Kasper, *Autonomie*, 39.
[122] Vgl. *Bekehrung des Augustinus*, 120.
[123] Ebd., 121.
[124] Siehe *Madeleine Semer* und *Nachwort Madeleine Semer*.
[125] Siehe *Ausgangspunkt Kierkegaards*. Deutlich wird, wie mühsam die Überwindung der Autonomie sein kann, um in die gläubige Beziehung zu Gott zu treten. Die Annahme der Geschöpflichkeit ist nicht mehr selbstverständlich. Im Unterschied zu Augustinus kommt die Person im christlichen Daseinsverständnis bei Kierkegaard nur durch die Verzweiflung in die Relation zu Gott. Das Verhältnis zu Gott ist vom Menschen her eine Unmöglichkeit, etwas Paradoxes. Trotzdem ist das „vor Gott" der Maßstab für das „zu sich selbst". Das ist nicht ohne Anstrengung und Kampf zu erreichen; ebd., 478. Hier gewinnt der Begriff der „Ein-

Guardini in keiner seiner großen Gestaltdeutungen die Entwicklung einer autonom veranlagten Persönlichkeit hin zur christlich-gläubigen Existenz gezeichnet.[126] Das Verständnis der Autonomie im Glauben verweist auch auf die bewußtseinsmäßigen und psychologischen Bedingungen christlicher Existenz. Auf sie macht Guardini aufmerksam, indem er auf den Unterschied zwischen der Wirklichkeit Gottes und dem Gottesbild des Menschen hinweist: „Gott selbst ist nie ‚der Andere' im Sinne jenes Entweder-Oder; wohl aber kann das Bild von Ihm so geartet sein. Es ist durchaus möglich, daß der Glaubende Gott als ‚einen großen Anderen' fühlt und denkt. Das kann zur bedrängendsten, ja zerstörendsten Not werden. Hierfür trifft manches zu, was die im übrigen oft so ungeistig verallgemeinernden Theorien der Psychologie über den Zusammenhang des Gottesbildes mit dem Vaterbilde usw. sagen. Und es gehört zu den wichtigsten Aufgaben religiöser Erziehung und Selbsterziehung, aus dem Bilde Gottes als ‚des großen Anderen' zur Wahrheit und Freiheit jenes Gottesverhältnisses zu gelangen, in welchem Er eben Gott ist."[127] In den Zusammenhang der Überlegungen zur Autonomie gestellt, folgt daraus, daß eine christliche Erziehung, die diese Aufgabe wahrnimmt, zu einem Ethos der Freiheit und Selbständigkeit führen und so eine christliche Ethik der Autonomie des Menschen unterstützen kann.

Die Wahrheit des Seins läßt also nach christlichem Verständnis die Theonomie als Bestimmung des Menschen erkennen, die aber nicht als Heteronomie mißverstanden werden darf. Sie verbindet sich im christlichen Daseinsverständnis mit der Anerkennung und, wo nötig, Stärkung einer relativen Autonomie von Mensch und Welt. Eine absolute Autonomie des Menschen und der Welt aber ist im Kontext des christlichen Glaubens abzulehnen. Die Behauptung solcher absoluten Autonomie des Menschen und der Welt wird nicht nur durch die Verwiesenheit von Mensch und Welt auf Gott infragegestellt, sondern schon durch das Sein Gottes an sich. Er ist der „wahrhaft und allein Autonome"[128]. ‚Personale Eigengehörigkeit', die durch die Einzigartigkeit, durch das Selbstbewußtsein und durch die Freiheit jeder Person bestimmt ist, ist im Unterschied dazu nicht Autonomie im absoluten Sinn, sondern eine relative Autonomie, in der sich im Bezug auf Gott und die Welt die Bestimmung der Person erfüllen soll.

2.5 Die Autonomie des Sittlichen

2.5.1 Die theonom begründete Sittlichkeit als Grundlage einer christlichen Ethik

Nach den Untersuchungen über das Verständnis der Freiheit und des Guten als sittlichen Phänomenen, der Darstellung von Guardinis christlichem Per-

---

übung in das Christentum" Bedeutung: „Das Selbst wird vollendet, wenn es sich durchsichtig wird in dieser Gottbegründung, frei von allem Wahn und Gelüst, zu sein, was es nicht ist, nämlich eigenseiend, ontisch autonom; frei von allem Wahn und Gelüst, nicht sein zu wollen, was es ist, nämlich Mensch, Geschöpf, gottgesetzt." Ebd., 480.

[126] So auch Knoll, *Glaube*, 303, Fn. 206.
[127] *Bekehrung des Augustinus*, 134 Fn.43.
[128] *Neue Jugend*, 27. Gott ist „absoluter und absolut sich gehörender, das heißt absolut personaler Geist"; *Über Sozialwissenschaft*, 40 Fn. 8.

sonverständnis in den vorangehenden Kapiteln und den bisherigen Ausführungen dieses Kapitels wird Guardinis Verständnis der Autonomie des Sittlichen erkennbar: Eine ‚absolute Autonomie', die Gott aus dem Bereich des Sittlichen ausklammert, ist nach seinem Verstädis einer christlichen Ethik abzulehnen. Die Theorie des Sittlichen ist bei Guardini in das christliche Personverständnis integriert, das als Basis der Ethik das Verhältnis von Gott und Mensch nach der christlichen Offenbarung vorgibt. „Wesensgerechte Ethik ruht auf der Einsicht, was der Mensch ist, und wie er ist, was er ist."[129] Vom schöpfungstheologischen Ansatz seiner christlichen Anthropologie bestimmt Guardini in den Ethik-Vorlesungen den ethischen Grundakt des Menschen im Horizont des christlichen Glaubens daher folgendermaßen: „Sittliche Existenz ruht zuletzt auf der Einsicht, geschaffen zu sein und – fügen wir sofort hinzu – auf der Annahme dieser Urtatsache."[130] Die Autonomie des Sittlichen und der Ethik ist damit eingeschränkt, denn als erster Akt wird ihr die Anerkenntnis einer Glaubenswahrheit, nämlich der anthropologischen Grundaussagen der christlichen Offenbarung vorangestellt.[131] Unter dieser Voraussetzung ist auch die Ethik keineswegs ‚autonom'. Die Darstellung des Sittlichen in einer Ethik, die den Transzendenzbezug des Menschen und des Sittlichen nicht bedenkt, kann daher nicht genügen, um die Sittlichkeit des Menschen zu erfassen. Entsprechend sucht Guardini in seiner ethischen Betrachtung der einzelnen Phänomene des Sittlichen immer diesen Bezug aus christlicher Sicht aufzuzeigen. Auch die Autonomie des Sittlichen ist wie die Autonomie des Menschen und die Autonomie der verschiedenen Lebensbereiche ‚relativ', d.h. innerhalb der Gottesbeziehung des Menschen zu verstehen.

Die bisherige Untersuchung hat zeigen können, daß Guardini in seinem ethischen Denken Grundgedanken einer Theorie der Autonomie des Sittlichen aufgreift, ohne expressis verbis von der ‚Autonomie des Sittlichen' oder der ‚sittlichen Autonomie' zu sprechen.

In den Ethikvorlesungen formuliert Guardini die Grundeinsicht der autonomen Ethik, daß das ethische Phänomen ursprünglich und unableitbar ist.

---

[129] *Ethik*, 1088.
[130] Ebd., 1089.
[131] Dieser Grundsatz einer christlichen Ethik konkretisiert den Gedanken, den Guardini unter dem Leitwort ‚Der Primat des Logos über das Ethos' in *Geist der Liturgie*, 86-99, entfaltet hatte. Im Primat der Wahrheit vor dem Ethos ist die Wahrheit des Glaubens gemeint, in die der Mensch sich in der Feier und im Spiel der Liturgie hineinstellt, die somit vorgegeben ist und daher einen Primat einnimmt. Von der Feier der Liturgie aus soll sie die ganze christliche Existenz durchdringen. Prägt die Liturgie das Dasein des Menschen, so ist er vor der ‚Überanstrengung' einer Lebenshaltung bewahrt, die aus dem Willen zur ‚absoluten Autonomie' kommt. Guardini kritisiert ein Daseinsverständnis, das das Ethos vor den Logos stellt: „Indem der Schwerpunkt des Lebens aus der Erkenntnis in den Willen, aus dem Logos in das Ethos überging, wurde das Leben immer haltloser. Es wurde vom Menschen verlangt, daß er in sich selber stehe. Das kann aber nur ein Wille, der wirklich schöpferisch im unbedingten Sinn des Wortes ist, und das ist nur der göttliche. So wird dem Menschen eine Haltung zugemutet, die voraussetzt, er sei Gott. Und da er das nicht ist, kommt in sein Wesen ein seelischer Krampf [...]" Ebd., 93.

Der Anspruch des Sittlichen ist auch für ihn ein Faktum der reinen Vernunft: „Ethische Verpflichtung ist jene Bindung, welche meine Freiheit durch das Sittengesetz erfährt. Diese Bindung ist einerseits unbedingt, denn der Inhalt des Sittengesetzes, das heißt das Gute, ist absolut. Zugleich ist es aber eine Bindung der Freiheit. Denn Sittliches ist mit Zwang unvereinbar. Die sittliche Bindung, welche die Freiheit bindet und sie zugleich wahrt, ist ein Urphänomen, steht in sich und ist aus sich heraus evident. Das ist richtig."[132] Guardini bezieht sich bis zu diesem Punkt zustimmend auf Kant als Urheber und Repräsentanten der neuzeitlichen autonomen Ethik, er folgt ihm aber nicht in der Begründung der Geltung des Sittengesetzes als einem Apriori der praktischen Vernunft selbst, die Guardini so zeichnet: „So wie die Erkenntnistätigkeit im Letzten auf den in der Struktur des reinen Bewußtseins angelegten Anschauungs- und Denkformen beruht, so auch das ethische Verhalten. Unter den Schemata des Urteilens gibt es auch jenes, welches sagt: ‚Du sollst, weil es das aus sich selbst und für Alle Verpflichtende ist'. Danach ist das ethische Phänomen nur, aber auch hinreichend, aus ihm selbst heraus zu begründen."[133] Wenn die Verpflichtungskraft des sittlichen Sollens aus der Evidenz des Sittengesetzes selbst stammt, das sich das autonome Bewußtsein gibt, kann nicht auf andere, heteronome Begründungsinstanzen zurückgegriffen werden, auch nicht auf Gott: Auf Gott zurückzugreifen, „wird für heteronom erklärt. Auf die Frage: warum soll ich das Gute tun? lautet die Antwort: weil die Forderung des Guten die Gesetzgebung des menschlichen Bewußtseins als solchen darstellt."[134] Diesen Heteronomievorwurf gegenüber einer religiösen Begründung des Sittlichen weist Guardini zurück. Nach seiner Interpretation kann das Sittengesetz nicht als abstrakte Norm in sich stehen. Das sittlich Gute, das den Menschen verpflichtend anspricht, weist zurück auf Gott.[135] Die Geltung und Bindekraft des Sittengesetzes kann *nicht ausschließlich* in der Einsicht der praktischen Vernunft begründet werden.[136]

Die Betonung liegt auf der Nichtausschließlichkeit, denn auch bei Guardini wird deutlich, daß für eine Theorie des Sittlichen die Freiheit und die Einsicht der Vernunft in die Verpflichtungs- oder Bindungskraft des Sittlich-Guten konstitutiv sind. Im Kapitel zum Freiheitsverständnis wurde dies bereits deutlich, u.a. mit Bezug auf den frühen Aufsatz „Zum Begriff der sittlichen Freiheit" von 1916. In der Macht der Freiheit liegt es nach Guardini nicht, die Gültigkeit der sittlichen Idee oder des sittlichen Gesetzes zu begründen, denn diese besteht allgemein und notwendig, d.h. unabhängig von der willkürlichen Bejahung des Subjektes. Das sittliche Subjekt muß aber mit logischer Notwendigkeit, also aus seiner praktischen Vernunft heraus das Urteil vollziehen, daß diese Verbindlichkeit auch für das betreffende Subjekt

---

[132] *Ethik*, 462.
[133] Ebd., 1100f.
[134] Ebd., 485.
[135] Vgl. hierzu ausführlicher Kapitel VI.3. und 4.
[136] Vgl. *Ethik*, 462.

selbst besteht. „*Freiheit des sittlichen Urteils* [...] bedeutet dann, daß das Subjekt unbeirrt durch außersittliche Einflüsse die Entscheidung über Vorhandensein oder Nichtvorhandensein einer sittlichen Forderung fällt und aufrecht erhält."[137] Sittliche Freiheit ist also die Fähigkeit, „ungezwungen, aus eigener Einsicht und freier Wahl, die ethische Forderung zu bejahen; das theoretische Urteil des Gewissens praktisch zu befolgen"[138]. Sittliche Freiheit verwirklicht sich mit anderen Worten als Freiheit von Heteronomie. So benennt Guardini schließlich das Ziel des moralpädagogischen Bemühens und damit auch ein bzw. das Anliegen einer Ethik der Autonomie des Sittlichen: „*Sittlich selbständig ist jenes Subjekt, das den rechten Gebrauch von seiner psychologischen Freiheit macht.* Es ist umso selbständiger, je vollkommener sein innerer Trieb mit dem Sittengesetz harmoniert, je besser sein Wille, je sicherer sein sittliches Urteil ist und je zuverlässiger es die getroffene rechte Entscheidung festhält. Auf dieser Stufe des Begriffes ist auch der Gegensatz zwischen Subjekt und Gebot prinzipiell verschwunden. *Es darf als die pädagogische Aufgabe schlechthin bezeichnet werden, diesen Gegensatz auch praktisch zum Verschwinden zu bringen: die psychologische Freiheit ethisch zu bilden; den psychologischen Selbständigkeitstrieb allmählich zur ethischen Selbständigkeit, zum ‚Charakter' umzuformen.*"[139] Dies ist aber nicht nur Ergebnis einer rein philosophisch-moralpädagogischen Erörterung, sondern auch Ziel einer christlichen Ethik nach dem Verständnis Guardinis. Ein christliches Menschenbild versteht die menschliche Freiheit im Horizont des Glaubens als gottgewollt: Gottes Vorsehung, so Guardini, hat die Freiheit des Menschen, seine Fähigkeit zu Voraussicht und Weltgestaltung „in ihre Planungen eingesetzt. So muß aus dem christlichen Glauben heraus eine Ethik der Selbständigkeit, ein Bewußtsein von den Pflichten und Rechten des mit dem Weltwerk Beauftragten und eine Kraft des Handelns entwickelt werden, welche dem Auftrag entsprechen."[140] In dieser theologisch begründeten Wertschätzung der Freiheit des Menschen und der aus ihr folgenden Zielsetzung, ein Ethos der Selbständigkeit zu fördern, ist Guardini bestimmten Positionen innerhalb der modernen christlichen Ethik nahe.[141]

---

[137] *Begriff sittlicher Freiheit*, 980. Vgl. Kapitel VII.1.4.
[138] Ebd., 981.
[139] Ebd., 988f.
[140] *FGS*, 238. Vgl. auch *EdN*, 93, wo Guardini die „Mündigkeit des Urteils und Freiheit der Entscheidung" als Voraussetzungen für den modernen Glauben bezeichnet.
[141] Vgl. Böckle, der mit Rücksicht auf die modernen Bedingungen menschlichen Freiheitsvollzuges von einer heutigen Ethik fordert: „Sie muß eine normative Vermittlung wählen, die dem Menschen hilft, inmitten eines pluralen, mit dem Reizwert des Kreativen und Fortschrittlichen versehenen Angebotes zu einer eigenständigen Entscheidung zu kommen." *Theonomie und Autonomie*, 75. Sittliche Freiheit verwirklicht sich nach Merks, *Autonomie*, 260, nicht so, daß die menschliche Freiheit die Sittlichkeit oder das sittliche Bewußtsein ‚macht'. „Vielmehr sieht sie sich im Gewahrwerden ihrer selbst zugleich durch das ihr (als Faktum der Vernunft) vorgegebene Gesetz der Sittlichkeit als ihre eigene Aufgabe herausgefordert. Sittlichkeit ist nur als Werk der Freiheit möglich." Auch die mittelalterliche Moraltheorie vom ‚natürlichen Gesetz' bindet die Sittlichkeit an die Freiheit und an die vernünftige Einsicht in das Gute. Das Gute ist das von der Vernunft einsehbare. Als solches vermag es die Vernunft zu binden, und

2.5.2 Zur Frage der Heteronomie einer christlichen Ethik – die relative Autonomie des Sittlichen

Wie in der anthropologischen Bestimmung des Menschseins an sich, erweist sich die Kategorie der Heteronomie auch für das Verständnis einer christlich bestimmten Moral bei Guardini als unzutreffend. Mit dem Begriff der Sorge um die Reinheit des Sittlichen, die berechtigt und anzuerkennen ist, erfaßt Guardini einen Grundgedanken der Theorie der Autonomie des Sittlichen. „Die spezifisch-ethische Haltung besteht in der Sorge um die Reinheit des ‚kategorischen Charakters' von Sollen, Person, sittlicher Verantwortung. Danach kann das Gute und sein Anspruch durch etwas von außen Kommendes nicht berührt werden. Die Person ist in ihrem Sollen allem anderen entzogen. [...] Die Sorge um diesen Charakter hat Recht. An seiner Unangetastetheit hängt die Reinheit des Sittlichen."[142] Diese Sorge ist auch, wenn nötig, gegenüber einem absoluten Primat des Religiösen geltend zu machen, der die relative Autonomie des Sittlichen bedrohen würde. Es gibt, so Guardini in seiner Pascal-Studie, eine religiöse Haltung gegenüber dem Sittlichen, in der „das Spezifisch-Sittliche leicht ins Religiöse aufgesaugt" wird; „es tritt, wenn man so sagen darf, ein Kurzschluß vom religiösen Gewissen her ein [...]"[143] In dieser Warnung vor jedem religiösen Integralismus im Bereich der Moral und der ethischen Reflexion formuliert Guardini genau ein Anliegen einer Theorie der Autonomie des Sittlichen, worunter zuerst die Berücksichtigung ethischer Logik und deren Regeln, aber auch die Beachtung bestimmter Methoden und Regeln der ethischen Argumentation zu verstehen ist. Auf einer grundlegenderen Ebene aber ist solche Eigengesetzlichkeit ‚relativiert', nicht im Sinne einer Einschränkung, sondern dadurch, daß das Sittliche in die Glaubensbeziehung zu Gott gestellt ist.

In Gottes Heiligkeit ist die Verpflichtungskraft des Sittlichen mit konkreter Macht, die Norm mit der Wirklichkeit identisch, ist, mit anderen Worten, absolute Autonomie verwirklicht. Diese Einheit bei Gott ist der für das Sittliche bedeutsame Ausdruck seiner Heiligkeit, ohne daß damit die Heiligkeit Gottes auf den sittlichen Aspekt reduziert wird. „Wenn das aber so ist, dann reicht – allerdings nur von dorther – wirkliche Macht doch in jenen kategorialen Bereich hinein, von dem die Rede war. Dann gibt es einen lebendigen Akt, der die ethische Qualität affiziert, in welcher ich kraft meiner Verantwortung stehe. Es ist der Akt des Heiligen Gottes. Dieser Akt hat einen Namen: die Liebe. Das liebende Wollen Gottes kann mich in meiner Verantwortung so erfassen, daß ich einen neuen sittlichen Charakter erhalte, ohne dadurch – wie die bloß-ethische Haltung sofort

---

nicht nur deshalb, weil Gott es gebietet. Daher sind Bindung und Freiheit ebenso wie Autonomie und Theonomie kein Gegensatz; vgl. Honnefelder, *Autonomie*, 1295f. Und entsprechend gilt für das Böse nach Thomas von Aquin: „Wer die bösen Taten unterläßt, nicht weil sie böse sind, sondern (nur) weil Gott es so geboten hat, ist nicht frei" (Exp. s. II ep. ad Cor. III,3). Zitiert nach Honnefelder, *Autonomie*, 1296.

[142] *Glaube an die Gnade*, 388.
[143] *Christliches Bewußtsein*, 262f.

Die Auseinandersetzung mit dem neuzeitlichen Gedanken der Autonomie 341

besorgen würde – heteronom, in meiner Würde beeinträchtigt zu werden."[144]

Die vermeintliche Paradoxie, daß der Mensch in seiner Verantwortung durch die Heiligkeit und die Liebe Gottes in neuer Weise angesprochen wird, ohne heteronom bestimmt zu sein und ohne die Selbständigkeit der Person zu verlieren, verstärkt sich, wenn die christologische Dimension im Bereich des Sittlichen berücksichtigt wird. Durch Jesus Christus ist alle Schöpfung aufgefordert, „ihre – scheinbare – Eigenständigkeit aufzugeben und unter die Bestimmung einer personalen Wirklichkeit, nämlich Jesu Christi, als der entscheidenden Norm zu treten"[145]. Dem Menschen wird zugemutet, nicht ein als richtig erkanntes allgemeines Gesetz des Denkens oder der Moral, sondern vielmehr „eine ‚andere' Person als oberstes Gesetz der ganzen religiösen Lebenssphäre und damit des eigenen Daseins anzuerkennen"[146]. Auch hier ist die lebendige Glaubenserfahrung, d.h. die Christusbeziehung die Voraussetzung, in dieser Aussage nicht eine Heteronomie zu sehen. Nur durch Glauben und Liebe ist es dem Menschen möglich, seinen ansonsten berechtigten Autonomiewillen aufzugeben.[147] Diese Überlegung führt zur religiösen Kategorie des ‚Christus in mir', die als Zielbestimmung des christlichen Daseins ein wichtiger Begriff in Guardinis Anthropologie ist. So ist das Gesetz Christi keine heteronome Bestimmung des Menschen, sondern die Verwirklichung und Erfüllung des wahren Selbst der Person. Doch ist dies eine Aussage, die das Fundament eines christlichen Ethos betrifft, auf dem die Autonomie des Sittlichen basiert. Die Arbeit der inhaltlichen Umsetzung im sittlichen Handeln und in der ethischen Reflexion ist mit dem Hinweis auf Christus als oberster Norm noch nicht erübrigt. Was Guardini vom christlichen Dasein allgemein sagt, gilt auch für die christlich-sittliche Existenz: „In Wahrheit ist dadurch, daß Christus als die umfassende Gestalt erfahren wird oder erkannt ist, kein einziges Problem des konkreten Daseins und Schaffens, keine einzige Aufgabe der Welt gelöst; sondern nur die Ebene, der Maßstab und die Kraft gegeben, um die eigentlichen Lösungen zu ringen."[148]

---

[144] Dies bedeutet in Bezug auf das Phänomen der Vergebung der Schuld: „Ebendies ist das letzte Wesen der Gnade, daß der Liebesakt Gottes den Schuldigen, ohne seine ethische Würde anzutasten, in echter ethischer Positivität, das heißt in neuer Gerechtigkeit fundieren kann. In einer Gerechtigkeit, die von Gott kommt und dennoch dem Menschen gehört." *Glaube an die Gnade*, 388. Im Bewußtsein dieser theologischen Aussage über das Wesen Gottes, in dem Norm und Wirklichkeit, Macht und Geltung eine Einheit sind, ist der Ausdruck einer ‚theonomen Autonomie' als mißverständlich zu vermeiden. Darauf macht auch Mieth, *Theologie und Ethik*, 220, aufmerksam: „Gott bedarf weder dieses Reinigungsprozesses in seinem Wollen, der durch den Begriff der Auto-*nomie* gekennzeichnet ist, noch muß bei ihm die Selbstverbindlichkeit seines Wollens im ethischen Sinne als Sollen begriffen werden", eben weil bei ihm Geltung und Macht, Wollen und Sollen schon eins sind.
[145] *Wesen des Christentums*, 12.
[146] Ebd., 13.
[147] Vgl. ebd., 30.
[148] *Mensch**, 78.

2.5.3 Die transzendente Dimension im Sittlichen

2.5.3.1 Das Unbedingte im Sittlichen

Einen weiteren Einwand gegen die absolute Autonomie des Sittlichen trägt Guardini unter dem Gesichtspunkt der Verpflichtungskraft des Sittlichen vor: „Kann eine abstrakte Gültigkeit ein Letztes sein?"[149] Soll das Sittengesetz, so die Antwort Guardinis, die lebendige Freiheit so bis in ihr Innerstes binden, wie dies in der sittlichen Verpflichtung erfahren wird, dann kann das Sittengesetz nicht als abstrakte Norm in sich selber stehen. „Das Letzte muß eine Wirklichkeit sein. So hat denn auch das menschliche Bewußtsein von jeher diesen Schritt vollzogen."[150] Es hat das „Sittengesetz mit der Gottheit in Eins gesetzt, welche selbst das Gute, genauer gesagt, das Heilige ist; und die Bindekraft des Sittengesetzes mit der Forderung dieser lebendigen Gottheit an die lebendige Freiheit des Menschen."[151] So weist die sittliche Erfahrung auf den religiösen Hintergrund zurück, worin sich über das christliche Menschenbild hinaus ein Grundbewußtsein der Menschheit ausdrückt: „Es besagt, das ethische Phänomen sei nicht in sich selbst begründet und beschlossen, sondern sei offen; und zwar in einen anderen Wert- und Lebensbereich hinüber, nämlich den religiösen. Seine letzte Bindekraft stamme aus diesem Bereich – daher, daß das Gute letztlich das Heilige sei."[152] Der kultur- bzw. geistesgeschichtliche Verweis auf frühere und, so ist zu ergänzen, auf andere Kulturen unserer Zeit ist dann beachtenswert, wenn die Voraussetzung geteilt wird, daß eine ethische Theorie schlecht den Grunderfahrungen menschlichen Lebens und den fundamentalen Grundüberzeugungen menschlichen Selbstverständnisses, die sich auch in der Tradition niedergeschlagen haben, widersprechen kann bzw. diese außer acht lassen darf. Es bleibt, auch wenn diese Voraussetzung nicht geteilt wird, die Frage nach der Unbedingtheit des sittlichen Anspruchs und wie diese zu begründen ist.

Wesentliche Elemente einer Ethik der Autonomie sind die Unbedingtheit des sittlichen Anspruchs, die der Mensch in der Forderung des ‚Du sollst' erfährt, und die Würde und Freiheit der sittlichen Person. Gegen die Autonomie-These behauptet Guardini, daß sie das Fundament für ihr Anliegen, den „Bezug zwischen den Werten der Unbedingtheit auf der einen Seite und der in Würde und Freiheit stehenden Person auf der anderen"[153] nicht aus sich selbst heraus legen kann. „Eine Wahrheit, das heißt, eine absolute Gültigkeit der richtig vollzogenen Erkenntnis; eine sittliche Forderung, das heißt, eine unbedingte Bindung der Freiheit – beides Werte, auf denen einfachhin menschliches Dasein beruht – können aus dem Zusammenhang der Autonomiethese nicht begründet werden."[154] Weder ein innerweltliches Sein noch

---
[149] *Ethik*, 462.
[150] Ebd.
[151] Ebd.
[152] Ebd., 1101.
[153] Ebd., 1084.
[154] Ebd.

Die Auseinandersetzung mit dem neuzeitlichen Gedanken der Autonomie 343

das menschliche Subjekt in seiner Endlichkeit reichen hierfür aus. Was nach Guardinis Personverständnis für den Unbedingtheitscharakter der Person, ihre Freiheit und Würde gilt, trifft auch auf den Unbedingtheitscharakter des Sittlichen zu.[155] Einer abstrakten Norm oder Formel des Guten, als solche versteht Guardini das Prinzip des autonomen Sittengesetzes, kommt keine unbedingt verpflichtende Gültigkeit zu. Im Bereich der Offenbarung dagegen ist das Gute auf den schlechthin Guten, auf Gott selbst hin transparent. „Seine Wirklichkeit ist mit der ethischen Gültigkeit identisch [...] Die verpflichtende Norm ist selbst Person. Sie hat Antlitz, Sie ruft an."[156] Der geistig-sittliche Grundbezug einer christlichen Ethik lautet daher „nicht: autonomes Ich und abstraktes Sittengesetz, sondern endliche und absolute Person; lebendiger Mensch und heiliger Gott."[157] Dieser Bezug, welcher durch den Anruf Gottes an den Menschen entsteht, umfaßt „die ganze Existenz: Er ist nichts Bloß-Innerliches, das neben dem Dasein in Welt und Leben herliefe; nichts Privates, das nur den Einzelnen anginge."[158]

2.5.3.2 Das Phänomen der Verantwortung und Vergebung

Bereits im Kapitel zum Freiheitsverständnis Guardinis ist auf das personale Phänomen der Verantwortung hingewiesen worden,[159] die als wesentliches Element der sittlichen Erfahrung auf Gott verweist. Auch hier greift Guardini einen Grundgedanken autonomer Ethik auf, wendet sich aber gegen eine absolut verstandene Autonomie. Träger der Verantwortung für eine moralisch qualifizierte Handlung ist die freie Person allein. Der Begriff der Verantwortung setzt aber sinnvollerweise nicht nur einen Träger, sondern zugleich eine Instanz voraus, vor der die Verantwortung besteht: Er ist wesentlich ein relationaler Begriff. An diesem Punkt führt der Gedankengang Guardinis wiederum in den theologischen Kontext. „Die Autonomie-Ethik sucht sie im eigenen Selbst; im transzendentalen Subjekt; psychologisch ausgedrückt, im Gewissen. Die Antwort ist bestechend; setzt man sich aber tiefer mit ihr auseinander, so sieht man, daß sie nicht genügt. Wirkliche

---

[155] Vgl. ebd.: Natürliches Sein und menschliches Subjekt „reichen auch nicht hin, um den Unbedingtheitscharakter der Person zu begründen. Alles das, was Würde, Freiheit, Ehre, Verantwortung heißt, kann aus dem empirischen Bestande der menschlichen Persönlichkeit ebensowenig abgeleitet werden, wie aus der Natur der Gesellschaft, oder aus irgendwelchen historischen Prozessen." Siehe zur Frage nach der Begründung der Personwürde Kapitel V.4.1.

[156] Ebd., 1134. Auch hier ist nicht sicher, inwiefern Guardini auf Kant anspielt, was bei einer Formulierung wie „Eine bloße Gültigkeit, die in einem leeren Apriori hinge, gibt es nicht" aber zu vermuten ist; ebd. Schockenhoff, *Autonomieverständnis*, 73, macht gegen den Vorwurf des reinen Formalismus darauf aufmerksam, daß der kategorische Imperativ, der zwar in seiner ersten Forderung formal ist, in seiner zweiten Formulierung von der Selbstzwecklichkeit und Würde des Menschen aber durchaus eine inhaltliche materiale Werteinsicht zugrundelegt. „Im Gedanken der Menschenwürde findet der Autonomiegedanke Kants seine oberste Bestimmung, die das Verdikt eines leeren Formalismus nicht genügend würdigen kann."

[157] *Ethik*, 1135.

[158] Ebd.

[159] Vgl. Kapitel VIII.2.1.

Verantwortung gibt es nur gegenüber dem Absoluten [...] Ver-antworten bedeutet, eine Antwort geben, nein, geben müssen, welche die ganze Existenz durchgreift. Antworten setzt aber einen voraus, der ‚fragt'; der mit einer Zuständigkeit fragt, die unausweichlich ist. Die autonomistische These würde nur dann zutreffen, wenn das Selbst absolut wäre; das ist es aber nicht. Die Reduktion der Verantwortung auf das Verhältnis zum eigenen Selbst ist eine Täuschung. Verantwortung gibt es letztlich nur gegenüber Gott."[160]

Ähnlich argumentiert Guardini ausgehend vom Phänomen der Vergebung und dem Verlangen oder Wunsch nach Vergebung. Die Voraussetzung ist, ‚Vergebung' von sittlicher Schuld als ein wirkliches Phänomen sittlicher Erfahrung ernst zu nehmen. Im eigentlichen Sinne meint Vergebung, daß der, dem Unrecht geschehen ist, dieses Unrecht aufhebt, so daß ein neuer Anfang möglich wird. Es geht nicht allein darum, die Folgen und Auswirkungen einer Handlung aufzuheben oder das Unrecht wiedergutzumachen, sondern, ethisch gesprochen, um das Böse an sich. Der Gedanke der Vergebung des Bösen, so Guardini, kann aber „nur mit Bezug auf jenes Wesen gedacht werden, in welchem die absolute Gültigkeit des Guten und die absolute Wirklichkeit der Macht identisch sind [...] Jedes Unrecht, welcher Art es auch sei, also auch das gegen eine menschliche Person, richtet sich letztlich gegen die Person Gottes."[161] Hier kann man einwenden, daß auch eine andere Person in ihrer Würde und ihrem Eigensein den Menschen sittlich verpflichtet, und er diese Verpflichtung ohne den Bezug auf Gott als unbedingte anerkennen kann. Schließlich kann ein Unrecht gegenüber einer anderen Person auch von dieser vergeben werden. Die Frage bleibt aber, wohin sich der Mensch im Bewußtsein seiner Schuld wenden kann, wenn sich das Unrecht nicht gegen eine andere Person richtete oder Vergebung durch diese nicht (mehr) möglich ist. Die Phänomenologie des Schuldbewußtseins zeigt, daß Unrechtshandlungen möglich sind, deren sittliche Bedeutung tiefer als der kategoriale Unrechtsakt gegen eine andere Person reicht. Schuld kann auch gegenüber sich selbst, gegenüber dem Urteil des eigenen Gewissens oder einer unbedingt geltenden sittlichen Verpflichtung gegenüber empfunden werden. Kann aber der sittlich autonome Mensch sich selbst vergeben? Und: Kann ein allgemeingültiges Sittengesetz oder eine universale Vernunft Quelle der Vergebung sein? Schuld und Vergebung verweisen als Phänomene des Sittlichen auf den Gottesbezug menschlicher und sittlicher Existenz, wogegen die Ausblendung dieser Phänomene aus dem Bewußtsein und der ethischen Reflexion letztlich zu inhumanen, die Moralität aufhebenden Konsequenzen führt.[162]

---

[160] *Existenz*, 43.
[161] *Ethik*, 463.
[162] Darauf macht Splett aufmerksam: „Gibt es nämlich keine *Vergebung* – und deren einziger Ort ist die Religion als Gottes-Bezug –, dann *muß* man geradezu nach *Entschuldigung* suchen, also zeigen: Ich war es nicht, und eigentlich nie. Das aber bringt ein Doppeltes ein: a) Beschuldigung anderer, denn irgendwer ist es gewesen; b) Selbst-Entmündigung; denn war ich's nie, dann bin ich offenbar gar nicht verantwortlich: nicht zurechnungsfähig. [...] Ohne Gott sind wir alle entweder (so, wie wir leben) hoffnungslos schuldig oder seit je schon entschuldigt. Wäre so oder so aber nicht tatsächlich ‚alles erlaubt'?" Splett, *Spiel-Ernst*, 80f.

2.5.3.3 Die Frage der Motivation im sittlichen Handeln

Prägt der Bezug auf Gott – und zwar nicht nur als ein theoretischer Begriff, sondern als Erfahrung eines lebendigen Glaubens, der sich allerdings stets seiner Unvollkommenheit bewußt bleibt – nicht mehr das Selbstverständnis des Menschen und schwindet der gefühlsmäßige Rückbezug auf Gott auch aus dem Bereich des Sittlichen, dann ist zu befürchten, daß das Gute seine verpflichtende Wirkung verliert. „Daher", so bemerkt Guardini, „die tiefe Krise des sittlichen Bewußtseins unserer Zeit. Weithin sieht der Mensch nicht mehr ein, warum er um des Guten willen auf Dinge, die ihm nützlich scheinen, verzichten oder Dinge, die Opfer verlangen, tun soll."[163] Guardinis Feststellung zur moralischen Situation und zum ethischen Bewußtsein der Moderne macht auf ein moralpädagogisches Problem moderner autonomer Ethik aufmerksam. Dieser geht es darum, die Unbedingtheit des Sittlichen zu sichern und die sittliche Freiheit zum Guten von heteronomen, das heißt nicht sittlich-vernünftigen Einflüssen wie Nutzdenken, Willkür und Triebbestimmung, von jeder politischen oder kirchlich sanktionierten Heteronomie frei zu halten. Eine Handlung soll ethisch verantwortlich sein, sie soll nicht nur aus Ursachen, sondern aus sittlichen Gründen heraus vollzogen werden. Die Frage, die Guardini aufwirft, ist, ob und wie stark das ‚Gute an sich' bzw. die vernünftige Einsicht in das Gute allein den Menschen moralisch motivieren können. Festzuhalten ist die ethische Einsicht, „daß kein Anspruch als sittlich verbindlich betrachtet werden kann, der nicht von der Vernunft als solcher erkannt und anerkannt worden ist"[164]. Nicht geklärt ist damit das Problem der Motivation, überhaupt einen moralischen Standpunkt einzunehmen, also sittlich zu handeln. Eine Folge absoluter Autonomie, die das Sittliche von jedem religiösen Bezug trennt, ist nach Guardini darin zu sehen, daß „die eigentlich ethische Motivation, nämlich jene aus der Sinnhoheit des Guten, verschwindet und [...] durch solche aus der Steigerung des Lebens, aus dem Nutzen, schließlich aus dem Genuß ersetzt"[165] wird. Bei diesem Problem setzt die sogenannte autonome Moral im christlich-theolo-

---

[163] *Ethik*, 486.
[164] Honnefelder, *Autonomie*, 1295.
[165] *Ethik*, 486. Die Verbindungen zu Gott können gefühlsmäßig und indirekt durchaus noch wirksam sein. So weist Guardini auf das berühmte Wort Kants hin, daß im „gestirnten Himmel über mir und im Sittengesetz in mir" das Daseinsgeheimnis in seinem doppelten Ausdruck erfahren werden könne. Ist aber, so fügt er hinzu, ein Sinnzusammenhang im Innersten erst einmal radikal theoretisch infragegestellt oder methodisch ausgeklammert, so wirkt sich das auf die Dauer doch aus. Vgl. ebd., 485. Im folgenden werden im Anschluß an Schwartländer die (verborgenen) Gemeinsamkeiten zwischen Guardini und der Idee der sittlichen Autonomie bei Kant betrachtet. In der Frage der Motivation zum Sittlichen scheint ein Unterschied zu bestehen. Anders als Guardini, der die religiöse Beziehung des Menschen nicht ausklammert, gründet bei Kant, so Schwartländer, in der praktischen Vernunft bzw. im Prinzip der Sittlichkeit nicht nur die Einsicht in das Gute, sondern auch die ‚Triebfeder der Sittlichkeit', also das Moment der Motivation. Das Prinzip der Sittlichkeit ist also sowohl ‚principium iudicationis bonitatis' als auch ‚principium executionis bonitatis', während Guardini hier den Glaubens-Gehorsam gegenüber Gottes Auftrag zum guten Handeln herausstellt.

gischen Kontext an, wenn sie nach dem Beitrag des Glaubens, also dem proprium christianum im Sittlichen fragt, und ihn in einer besonderen Motivation und Dynamisierung des Sittlichen sieht. Diese wird dadurch geweckt, daß das sittliche Handeln des Menschen in den Sinnhorizont des Glaubens gestellt wird und nun auf neue, stimulierende Weise für das Religiöse transparent erscheint.[166]

Guardini wirft einer autonomen Moraltheorie vor, daß personales und sittliches Dasein in seinem Anspruch und seiner Würde nicht aus sich selbst heraus begründet werden kann, sondern auf seinen absoluten Grund in Gott verweist. Unter entgegengesetzten Vorzeichen wird diese Beobachtung in einer autonomen Moraltheorie im theologischen Kontext zum Ansatzpunkt für einen Brückenschlag zur autonomen Moral. So weist Böckle auf die verborgene theologische Wurzel in Kants transzendentaler Freiheitslehre hin, die er ähnlich wie Guardini in der Unbedingtheit des sittlichen Anspruches erkennt. In einem unbedingten und als Akt transzendentaler Freiheit zu bestimmenden Entschluß zum Guthandeln antwortet der Mensch diesem unbedingten Anspruch. Das „adäquate und erfüllende Ziel" dieser transzendentalen Freiheit des Menschen kann aber „nur unbedingte Freiheit" sein.[167] Die Unbedingtheit des sittlichen Anspruches, darauf verweist auch Guardini, richtet das menschliche Handeln auf ein letztes Ziel, nämlich die Gemeinschaft mit Gott hin.[168] Denn nur in der Begegnung mit der absoluten Freiheit findet der Mensch Erfüllung des unbedingten Anspruches, den er in seiner Freiheit erfährt, und inneren Frieden. „In jedem anderen Freiheitsvollzug geschieht aber ein hoffender und doch stets versagender Vorgriff auf die vollkommene Verwirklichung der Freiheit und auf die ermöglichende absolute Freiheit."[169]

Auf einen weiteren, daran anknüpfenden und für das Gespräch zwischen Theologie und autonomer Ethik wichtigen Aspekt hat besonders Schwartländer in

---

[166] So hat es ausführlich Auer dargestellt; s. bes. *Autonome Moral*, 173-184 und 188-193, und das Kapitel zum alttestamentlichen Ethos ebd., 62-68. Vielleicht erklärt sich unter diesem Aspekt der Motivation zum Sittlichen auch, daß Kant es in seiner späten Schrift über die „Religion innerhalb der Grenzen der bloßen Vernunft" nicht mehr ablehnte, das moralische Gesetz als göttliches Gebot anzusehen. So die Vermutung bei Schockenhoff, *Autonomieverständnis*, 82f.

[167] Böckle, *Ethik*, 282f.

[168] Siehe *Autonomie der Moral*, 77: „Das im Unbedingten sich gründet ‚wissende' Bewußtsein der sittlichen Autonomie scheint innerhalb der modernen Welt jene Grundhaltung zu sein, die aus ihrem innersten Denken heraus dem christlichen Glauben entgegenkommt." Vgl. ähnlich Schockenhoff, *Autonomieverständnis*, 81.

[169] Kasper, *Christliche Freiheit*, 83. Fuchs schreibt zu den religiösen Implikationen einer rein humanen Moral: „Denn daß das Absolute des Sittlichen letztlich nur religiös, also in Beziehung zu einem personalen Gott, gültig interpretiert werden kann, läßt sich zwar erkennen, kann aber nicht zwingend bewiesen und andemonstriert werden. Unter dieser Rücksicht ist es vielleicht das Wichtigste, daß im Dialog der absolute Charakter des – humanen – sittlichen Wertes möglichst tief und intensiv verstanden wird. Wer weiß, vielleicht wird es so beim humanistischen Gesprächspartner nie zu einer ausdrücklichen religiösen Interpretation des sittlichen Absolutum kommen; doch wird vielleicht – und zwar bei beiden Gesprächspartnern – in jener schon genannten tieferen Schicht der unthematischen Bewußtheit Gott intensiver und erfüllter erfahren und bejaht." Fuchs, *Unterscheidend christliche Moral*, 116.

seiner Kant-Interpretation aufmerksam gemacht. Er stellt eine Gemeinsamkeit zu Guardini in der realistischen Sicht personaler und sittlicher Freiheit fest: Autonomie der Ethik und des Sittlichen bedeuten nicht absolute Autonomie des Menschen oder eine ‚absolute Ethik'. Nach Kant enthält, so Schwartländer, das sittliche Bewußtsein „wohl die Gewißheit der Freiheit als unbedingten Grund sittlicher Verbindlichkeit [...]. Jedoch enthält die sittliche Grunderfahrung das Bewußtsein der Freiheit in der Weise unbedingten Sollens, der Nötigung. Und nach dieser Seite bedeutet *sittliche* Autonomie *des Menschen* das Bewußtsein der unaufhebbaren *Endlichkeit* und Bedingtheit allen menschlichen Handelns."[170] Menschliche Freiheit ist unbedingt und zugleich endlich, nur im Bedingten kann sie sich als unbedingte Verantwortung vollziehen. Ebenso wie die christliche Anthropologie Guardinis richtet sich also auch die Idee der sittlichen Autonomie sowohl gegen die naturalistischen Verkürzungen menschlicher Freiheit als auch gegen alle idealistischen Schwärmereien einer absoluten Freiheit. Sie setzt an die Stelle einer souveränen Aut-*Arkie* die Auto-*Nomie*.[171] Die Theorie der praktischen Vernunft stellt das spontane Vermögen der Vernunft in den Dienst der sittlichen Vernunft. So wird die „Selbst-*Gesetzgebung* das Vernunftprinzip, das an die Stelle der für jede Willkür offenen Selbst-Herrschaft treten soll. Sittliche Autonomie verlangt also die Abkehr von dem natürlichen Selbstvollendungswillen und die Hinwendung zu einer alles nur natürliche Wollen übersteigenden Vernunft- oder Freiheitsordnung. Die Forderung der sittlichen Autonomie soll auch und gerade im modernen Grundwillen zur Freiheit das wesensmäßige Transzendieren im menschlichen Dasein offenhalten."[172] Die philosophische Kritik richtet sich nicht gegen die „Metaphysik als Naturanlage des Menschen"[173], sondern dagegen, das Sittliche aus der Metaphysik als Wissenschaft zu begründen und das Prinzip der Sittlichkeit aus höheren, metaphysischen Erkenntnissen abzuleiten. In der Unbedingtheit des Freiheitsanspruchs und der Bindung an das „An-sich-Gute" erschließt das sittliche Bewußtsein dem Menschen einen „Grund seines Daseins, der seine ‚Natur', so wie sie unserer objektiven Erkenntnis zugänglich ist, übersteigt"[174]. So weist – in dieser Interpretation – die Moral der Autonomie auf einen „metaphysischen Daseinsgrund" des Menschen hin, „auf jene *wesenhafte Offenheit* des Menschen, ohne die ein Glaube nicht sinnvoll möglich ist."[175] Gerade diese dem Menschen wesentliche Offenheit, als Offenheit für den transzendenten Daseinsgrund, hat Guardini in seiner Auseinandersetzung mit dem Autonomiegedanken mahnend herausgestellt.

2.6 Personalität und Weltverantwortung als Prinzipien eines christlichen Autonomieverständnisses

Die bisherigen Überlegungen haben die entscheidenden Anliegen hervortreten lassen, die Guardini in seiner Auseinandersetzung mit dem Autonomie-

---

[170] Schwartländer, *Sittliche Autonomie*, 24. Vgl. zum von Schwartländer unternommenen Brückenschlag zwischen Guardini und Kant auch Kapitel V.4.1.
[171] Vgl. ebd, 25.
[172] Ebd. 25f.
[173] Vgl. Schwartländer, *Autonomie der Moral*, 83 und 85; hier 83.
[174] Ebd., 83.
[175] Ebd.

anspruch der Moderne verfolgte. Die Sorge um die Einheit und den Zusammenhang des menschlichen Lebens motivierte die Kritik an der Autonomisierung der verschiedenen Lebenswirklichkeiten. Gegen den Heteronomievorwurf stellte er den wesentlichen Transzendenzbezug menschlicher Existenz heraus. Nach christlichem Personverständnis, das auf der lebendigen Glaubensbeziehung des Menschen zu Gott basiert, ist die Autonomie des Menschen innerhalb des besonderen Verhältnisses zwischen Gott und menschlicher Person zu sehen. Die Autonomie ist theologisch zu begründen und berechtigt, solange sie nicht verabsolutiert wird und zur Ablehnung der Offenbarung führt. In diesen Zusammenhang ist auch die Autonomie des Sittlichen einzuordnen. Auf dieser Basis unterstreicht Guardini die Forderung nach der Beachtung der Autonomie des Sittlichen und die Aufgabe einer christlichen Ethik der Freiheit bzw. Selbständigkeit. An diese grundsätzlichen Aussagen schließen sich weitere Gedanken an, die im folgenden dargestellt werden.

2.6.1 Die Sorge um die konkrete Existenz der Person

Von seinem offenbarungstheologischen Standpunkt aus kritisiert Guardini die geistige Situation des Menschen in der Neuzeit, insofern in ihr sein kreatürlicher Status verkannt und geleugnet wird. Die Ablehnung dieser Glaubenswahrheit und theologisch-anthropologischen Grundaussage über das menschliche Dasein wirkt sich in seiner Sicht auf den Existenzvollzug des Menschen aus. „Aus der Unwahrheit dieser Existenzsituation kommt [...] eine konstitutive Unsicherheit."[176] Die Durchführung eines absoluten Autonomieanspruchs übersteigt die Kraft des Menschen: „In Wahrheit kann er den Akt autonomer Existenz und Herrschaft gar nicht ausüben. Daraus kommt eine beständige Überanstrengung im innersten Kern – ein Zustand, der eine eigentümliche Gegentendenz hervorbringt: Die Revolution schlägt in Selbst-Preisgabe um."[177] Als Ausdruck einer solchen Selbstpreisgabe des Menschen führt Guardini die anthropologischen Meinungen an, die den Menschen in eine qualitative Einheit und auf eine qualitative Stufe mit dem Tier stellen. Verhängnisvoller wird die Tendenz zur Selbstpreisgabe, wenn sie sich politisch auswirkt und der Mensch seine politische Mündigkeit und schließlich jede Würde und Selbständigkeit im totalitären System verliert. „Der gleiche Mensch, der sich zum Träger der vorher irrtümlich an Gott gegebenen Rechte erklärt", wird „zum Sklaven des totalitären Staates"[178]. Diese Gedanken im späten Werk Guardinis lassen als dunklen Hintergrund die Erfahrungen des Zweiten Weltkrieges und des Nationalsozialismus in Deutschland erkennen. Guardini fragt nach den vorausgegangenen Entwicklungen, die zur Preisgabe und Zerstörung jeder Personwürde im NS-System führen konnten. Eine Ursache sieht er in der beschriebenen geistigen Überforderung des Menschen

---

[176] *Ethik*, 999.
[177] Ebd., 1000.
[178] Ebd. Vgl. ähnlich *Theologische Briefe*, 37. Siehe auch *Europa*, 245, wo Guardini von der „Überanstrengung des Menschen unter dem Druck des Autonomiegedankens" spricht.

durch den absoluten Autonomieanspruch der Neuzeit, dem dieser tatsächlich nicht gerecht werden konnte. Angesichts der Versprechungen, die seinen ‚Heilserwartungen' entgegenkamen, verzichtete er dann erst auf seine politische Freiheit und verlor schließlich seine personale Autonomie. In der Reflexion über den Sinn und die Möglichkeit von Autorität kehrt dieses Argument in ähnlicher Struktur wieder. Das Streben nach absoluter Autonomie hat radikal das Verständnis von Autorität und Gehorsam gewandelt. Am Ende aber, so argumentiert Guardini, habe diese Entwicklung zum tatsächlichen Verlust der Freiheit geführt. „Der Wille zur Autonomie hat im Namen der Freiheit die Autorität abgelehnt und den Gehorsam als heteronom erklärt; im Fortgang der Geschichte schlägt er in eine Kapitulation vor dem Zerrbild der Autorität, nämlich der Gewalt um, die erschütternd ist. Er läßt sich vom autoritären Staat nicht bloß vorschreiben, wie er sich äußerlich zu verhalten hat, sondern erduldet eine Kontrolle bis in Gedanken und Gesinnung hinein."[179]

Die autonome Macht des Menschen über sich, über die Natur und die Kultur ist, darauf weist Guardini gegen jeden Fortschrittsoptimismus hin, eben nicht gesichert, sondern als eine Macht der Freiheit des Menschen höchst gefährdet, wenn sie nicht vom Menschen ethisch verantwortlich ausgeübt, d.h. in die geforderte sittlich-personale Ordnung gebracht wird.

Setzt sich der Gedanke der radikalen Autonomie in allen Bereichen des Lebens durch, so führt dies zu einer Schwächung der Achtung vor dem Menschen. Dies erläutert Guardini in den Ethikvorlesungen wiederum am Beispiel des Verhältnisses von Staat und Individuum. Er geht von der Wechselwirkung zwischen dem Ethos des Einzelnen und dem Ethos einer Gesellschaft aus, hinter dem sich immer eine bestimmte sittlich-geistige Grundeinstellung zum Dasein zeigt. Ist also das persönliche Ethos der Einzelnen vom Ernst des Glaubens an die Geschaffenheit der Welt und an die im Glauben begründete Personwürde des Menschen bestimmt, so handelt auch der Staat entsprechend, „das heißt, sein Verhalten in Gesetzgebung, Rechtsprechung und Verwaltung ist, bei allen Mißständen und Mißgriffen im Einzelnen, grundsätzlich von der Achtung vor dem Menschen bestimmt. Setzt der Mensch sich autonom, und sieht er in der Welt nur die einfachhin gegebene objekthafte Natur, dann nimmt der Staat ihn, den Einzelmenschen, ebenfalls als Natur und behandelt ihn grundsätzlich als Objekt."[180] Guardini spricht hier eine unbestimmte, aber durchaus virulente Angst des Menschen in einer modernen Gesellschaft an, der sich in seiner Lebensentfaltung durch unüberschaubare und anonyme gesellschaftliche Institutionen und Organisationen und den Staat selbst bedroht sieht.[181]

---

[179] *Ethik*, 1150f.
[180] Ebd., 1169. Die vorausgesetzte Wechselwirkung zwischen dem Verhalten von Staat und Individuen wird verständlicher, wenn an die Individuen gedacht wird, die in öffentlicher Funktion handeln: Die Beamten und Funktionsträgerinnen und -träger eines Staates, die in Regierung, Gesetzgebung und Verwaltung handeln, sollten zwar ein ihrer Verantwortung gemäßes Ethos haben, werden sich aber letztlich in den ethischen Prinzipien und der Grundeinstellung nicht von der übrigen Bevölkerung unterscheiden.
[181] Siehe hierzu auch die Einschätzung von Amelung, *Autonomie*, 4.

Guardini artikuliert seine Sorge um die personale Existenz wiederholt auch unter dem Stichwort der ‚Masse‘, mit dem er den modernen Staat und die moderne Gesellschaft kennzeichnet. Auch diese Gedanken Guardinis haben ihre Aktualität behalten. Die Strukturen einer ausdifferenzierten und durchorganisierten Gesellschaft, in der viele Teilbereiche von Reglementierung und Normierung bestimmt sind, scheinen der Lebensform und vorher schon der Bildung einer autonomen Persönlichkeit entgegenzustehen. Für einen Teil der Menschen scheint die Freiheit im Sinne der sittlichen Autonomie kaum ein ursprünglich empfundener Wert mehr zu sein. Es reicht das Gefühl der (scheinbaren) Selbstbestimmung und der Genuß weitgehender Freizügigkeit. So beschreibt Guardini die Situation des modernen Menschen: „Er fügt sich vielmehr mit Selbstverständlichkeit in die Organisation ein, welche die Form der Masse ist, und gehorcht dem Programm als der Weise, wie ‚der Mensch ohne Persönlichkeit‘ in Richtung gebracht wird."[182]

Aus den verschiedenen kritischen Äußerungen Guardinis, die teils pädagogischer, teils zeitkritischer oder theologischer Art sind, ist die Frage herauszulesen, ob die anthropologischen Bedingungen für die Verwirklichung der Idee der Autonomie im Leben des Menschen genügend mitbedacht sind. Die skeptischen Beobachtungen Guardinis lassen umgekehrt erkennen, daß das Autonomiekonzept anthropologisch und ethisch höchst anspruchsvoll ist.[183] Seine Kritik richtet sich gegen die absolute Autonomieforderung und ihre problematischen Auswirkungen in der Moderne. Sie ist nicht als Äußerung einer grundsätzlichen Ablehnung der Moderne und des Autonomiegedankens überhaupt zu verstehen. Vielmehr folgt aus ihr die Einsicht in die Notwendigkeit einer ‚Ethik der Autonomie‘ im christlichen Glauben.

2.6.2 Die Sozialität und die Verantwortung für die Welt als konstitutive Elemente christlicher Ethik

2.6.2.1 Autonomie und Sozialität

Konstitutiv für ein christliches Personverständnis und wichtig für die Auseinandersetzung mit dem Autonomiegedanken ist die Berücksichtigung der

---

[182] *EdN*, 53.

[183] In der angeführten Literatur zur autonomen Moral im christlichen Kontext fällt auf, daß die anthropologischen und sozialen Bedingungen sittlichen Lebens in der heutigen Zeit wenig betrachtet werden. Überwiegend bleibt es bei einer Skizzierung der philosophiegeschichtlichen Entwicklung, der besonderen innerkirchlichen Problemlage und des allgemeinen gesellschaftlichen Freiheits-Bewußtseins. Vgl. dagegen Amelung, *Autonomie*, und Böckle, *Theonome Autonomie*. Zudem kommt die Frage hinzu, ob der Gedanke der Autonomie, wie er in der modernen abendländischen Gesellschaft entwickelt wurde, wirklich seinem Anspruch gemäß universal oder nicht doch stärker an eine bestimmte Gesellschaftsform und eine bestimmte soziologische Schicht, nämlich ‚das aufgeklärte und gebildete Bürgertum‘ gebunden und in ihr wirksam gewesen ist. Nun ist diese Frage nach der faktisch partiellen Geltung und der historischen Entwicklung noch kein zwingender Einwand gegen die Universalität der Idee, sie ist aber mindestens bedeutend im Blick auf die Verwirklichung der Autonomie in der Realität des menschlichen Lebens.

Sozialität des Menschen. Amelung weist unter diesem Aspekt auf die Paradoxie menschlicher Freiheit hin, indem er den gesellschaftlichen Rahmen hervorhebt, den auch die philosophische und theologische Rede von Freiheit und Verantwortung beachten muß. In ihm wird die Paradoxie erkennbar, daß der Vollzug von Freiheit immer auch als eine Stellungnahme, sei sie zustimmend oder ablehnend, zu bestehenden Herrschaftsbeziehungen zu begreifen ist. Der Mensch realisiert seine Freiheit, indem er, dies möglichst in freier und vernünftiger Entscheidung, ‚seinen Herrn' auswählt.[184] Frei sein bedeutet daher in den bestehenden gesellschaftlichen Zusammenhängen stets, ‚herrschen müssen und beherrscht werden', oder vorsichtiger gesagt, andere beeinflussen und von anderen beeinflußt werden. Was Amelung als Paradoxie menschlicher Freiheit ausdrückt, ist der dem Menschen wesentliche Sozialbezug, der übersehen wird, wenn „die Herrschaft des Menschen über sich selbst", die absolute Autonomie, proklamiert wird. Übersehen wird dabei, „daß *der* Mensch ein Abstraktum ist, daß es nur *die* Menschen gibt, und daß die Menschen nur auf sich selbst bezogen sind, indem sie auf andere bezogen sind"[185]. Die Kritik des neuzeitlichen Autonomiegedankens muß daher „bei jener sterilen Abstraktion *des* Menschen ansetzen, für den der Bezug zum anderen im Grunde nicht wesentlich, sondern zufällig ist, für den er vielleicht sittliches Postulat, aber nicht Wesensbestandteil als Form der Lebensmacht ist"[186]. Diese individualistische Verengung ist gewissermaßen eine Hypothek, die die ethische Autonomiekonzeption vom neuzeitlichen Individualismus übernommen hat. Sie dürfte neben anderen Aspekten auch ihre Rezeption in der katholischen Kirche und der katholisch-theologischen Ethik belastet haben. Sie wird aufgefangen, wenn der Autonomiegedanke in das christliche Personverständnis integriert wird. „Wesensgerechte Ethik ruht auf der Einsicht, was der Mensch ist, und wie er ist, was er ist"[187], so formuliert Guardini das fundamentale Prinzip seiner Ethik. Von vornherein ist der Mensch in seiner Beziehung zu Gott, den Mitmenschen und der Welt gesehen. Die den Autonomiegedanken beeinträchtigende Abstraktion des Individuums, das zuerst als isoliertes Subjekt erscheint und dann sekundär durch seine Fremdbezüge ergänzt werden muß, ist vermieden. Hier ist an den dialogischen Zug in Guardinis Personverständnis zu erinnern und auf die ethische Reflexion über Autorität und Gehorsam zu verweisen, in der Guardini ausführlich *einen* Gesichtspunkt der Sozialität des Menschen betrachtet.[188] Neben der sozialen Dimension menschlichen Handelns themati-

---

[184] Vgl. Amelung, *Autonomie*, 12f.
[185] Ebd., 12.
[186] Ebd., 13. „Das Proprium jener Beziehung ist die Liebe, die in Konkurrenz zur Vernunft tritt." Ebd. In diesem Satz wirft Amelung in protestantischer Tradition eine Frage auf, die in der katholischen Tradition und Ethik nicht in dieser Weise problematisiert wird, nämlich die radikale Infragestellung der Vernunft durch das Evangelium der Rechtfertigung und der christlichen Freiheit. Zumindest wird dadurch das Vertrauen in die (allgemeine universale) Vernunft und auf der Ebene der Reflexion der ethische Stellenwert ihres Begriffes gemindert.
[187] *Ethik*, 1088.
[188] Siehe Kapitel V.3. und Kapitel IX.3.

siert Guardini besonders in der späten Phase seines Werkes den Weltbezug des Menschen, worauf nun einzugehen ist.

2.6.2.2 Autonomie und Weltverantwortung

Bereits durch ein vertieftes Verständnis des in der Anthropologie Guardinis wichtigen Gehorsambegriffs wird die Autonomie des sittlichen Subjektes in dem Sinne ‚relativiert', daß sie auf ihr vorausliegende sinnhafte Strukturen in der Wirklichkeit der Welt bezogen wird. Der Weltbezug des Menschen wird schon im Ansatz des ethischen Denkens deutlich. Meint Gehorsam bei Guardini zuerst die Annahme der Kreatürlichkeit und der fundamentalen Transzendenzbeziehung des Menschen, so ist Gehorsam in einem zweiten Sinn ein durch das Sein der Schöpfung vermittelter Gehorsam gegenüber dem Schöpfer des Seins. Die wesenhafte Haltung des Menschen der Welt gegenüber ist dann „nicht die autonomen Beliebens, welche nur durch die unaufhebbaren Beschaffenheiten der Dinge beschränkt und durch die nicht zu ändernden Gesetze der Wirklichkeit geregelt wäre, sondern die eines fundamentalen Gehorsams gegen den im Sein dieser Welt, in ihren Wesenheiten und Gesetzen sich ausdrückenden Willen des Schöpfers"[189]. Durch diesen schöpfungstheologisch begründeten Ansatz wird ein Dualismus vermieden, der die praktische Vernunft von „einem Dispositionsfeld natürlicher Güter oder in der menschlichen Natur verankerter Sinnstrukturen"[190] völlig trennt und sie so isoliert. Dagegen ist von einer theologisch-ethischen Tradition, in die sich auch Guardini einordnet, geltend zu machen, daß sich bereits in den Strukturen der Weltwirklichkeit und des eigenen Daseins eine Wahrheit und ein Sinn zeigen, die der praktischen Vernunft vorausliegen und deren ethische Verbindlichkeit die Vernunft in ‚relativer' Autonomie zu ermitteln hat.[191]

Die Kehrseite eines autonomen Weltverständnisses, das sich in der Autonomisierung der verschiedenen Bereiche der Lebenswirklichkeit auswirkt, ist für Guardini eine Christlichkeit, „die in eigener Weise diese ‚Autonomie'

---

[189] *Ethik*, 1166. Siehe zu dieser hier nur angerissenen schöpfungstheologischen Basis einer christlichen Ethik Kapitel VI.3.2.

[190] Schockenhoff, *Autonomieverständnis*, 80. Diese Tendenz zu einem ‚kosmologischen Dualismus' sieht Schockenhoff in der Ethik Kants. Der Bezug des Menschen als sittliches Subjekt und der praktischen Vernunft auf vorausliegende Sinnstrukturen der Wirklichkeit – der Wirklichkeit sozialen Zusammenlebens und der weltlichen naturalen Wirklichkeit – ist ein entscheidender Unterschied der theologischen Ethik und auch der Ethik Guardinis zu Kant.

[191] Vgl. ebd. Deshalb, so Schockenhoff, griffen auch die Begründer einer modernen Autonomie-Vorstellung in der katholischen Moraltheologie, wie Auer und Böckle, auf den thomanischen Vernunftbegriff zurück, „um ein naturales Bezugsfeld des menschlichen Handelns zu denken, dessen ethische Verbindlichkeit autonome Vernunft ermittelt." Schockenhoff, *Autonomieverständnis*, 80. Katholische Ethik knüpft mit ihrer theologischen Autonomiekonzeption in diesem Punkt an das Naturrechtsdenken an: Die autonome Moral „kann ohne weiteres in der Verlängerung der theologischen Naturrechtstradition interpretiert werden: Das Sittliche ist vernünftig, einsichtig, und es hat den Charakter eines ‚an sich' Geltenden." Merks, *Autonome Moral*, 65.

Die Auseinandersetzung mit dem neuzeitlichen Gedanken der Autonomie 353

nachahmt. Wie sich eine rein wissenschaftliche Wissenschaft, eine rein wirtschaftliche Wirtschaft, eine rein politische Politik herausbildet, so auch eine rein religiöse Religiosität. Diese verliert immer mehr die unmittelbare Beziehung zum konkreten Leben, wird immer ärmer an Weltgehalt, beschränkt sich immer ausschließlicher auf ‚rein religiöse' Lehre und Praxis."[192] Mit dieser Mahnung knüpft Guardini an die Kritik an, die bereits bei der Erörterung der Autonomie der Sachbereiche deutlich wurde.[193] Glauben und theologische Ethik als ‚Auslegung des Glaubens im Medium des Sittlichen'[194] einerseits und die verschiedenen Lebenswirklichkeiten und das moralische Handeln darin andererseits dürfen nicht zu völlig disparaten Wirklichkeiten werden.

Zum zentralen ethischen Gedanken wird der Welt- und Wirklichkeitsbezug menschlichen Daseins und Handelns in besonderer Weise in den späten Schriften Guardinis. Er reagiert auf die im Zusammenhang des Freiheitsverständnisses bereits sichtbar gewordene Machtproblematik und auf die Kritik des neuzeitlichen Fortschrittsglaubens,[195] indem er die Verantwortung der Menschen für die Welt aus christlicher Perspektive beleuchtet und unterstreicht. Basis dieses vorher in dieser Dringlichkeit noch nicht thematisierten Gedankens ist auch hier sein christliches Personverständnis.[196]

Als Folge der wissenschaftlich-technischen und wirtschaftlichen Entwicklung in der Moderne ist die Macht des Menschen der Natur gegenüber und damit seine Verantwortung als moralisches Subjekt in eine neue Dimension getreten. Spätestens seit der Entdeckung und der technisch-industriellen Anwendung der Atomkraft ist den Menschen bewußt, „daß Forschung und Technik fähig sind, dem Leben der Erde nicht nur in dieser und jener Beziehung zu schaden, sondern es als Ganzes auszulöschen". Der Mensch auf der Erde „ist in eine neue furchtbare Freiheit getreten. Er kann den Grund, auf dem er steht, zum Wanken bringen."[197] Dieses Bewußtsein der menschlichen Macht und ihres möglichen Mißbrauches geht einher mit der Einsicht in die

---

[192] *EdN*, 81. Ähnlich *Religion*, 197: Es entsteht „eine Religiosität, die sich aus den Bereichen des Kulturlebens immer mehr zurückzieht, die Weltgehalte aus sich hinausverliert, ‚innerlicher', damit aber auch ärmer und wirkungsloser wird."
[193] Siehe oben 2.3, bes. 2.3.1.
[194] Zu dieser Formel vgl. Böckle, *Ethik*, 281.
[195] Siehe Kapitel V.2.5.3.3 zur Auswirkung der Urschuld auf die Macht des Menschen, Kapitel VI.3.2. und Kapitel VIII.2.2.
[196] Siehe Kapitel V.2.3 und 2.4. Es läßt sich eine chronologische Linie ziehen, die bei *WuP* 1939 mit den christlich-anthropologischen Grundaussagen beginnt, über *FGS* 1948; *EdN* 1950 und *Macht* 1951 zum Thema der Freiheit und Machtproblematik führt, bis dann in den 60er Jahren der Gedanke der christlichen Weltverantwortung immer wieder thematisiert wird. Besonders zu nennen sind: *Anfang*; *Theologische Briefe*; *Pro mundi vita*; *Theologie der Welt*; *Glaube in unserer Zeit*; *Existenz* und *Ethik*, die alle aus den 60er Jahren stammen bzw. wie die beiden letzten aus dem Nachlaß veröffentlichten Schriften auf Vorlesungen dieser Zeit zurückgehen. Eine frühe Andeutung mag in *Madeleine Semer* von 1928 gesehen werden, wo Guardini in Auseinandersetzung mit der Kritik Nietzsches gegenüber dem Christentum eine unchristliche Weltverkennung kritisiert.
[197] *Pro mundi vita*, 94.

ökologischen Grenzen menschlichen Handelns.[198] Bemerkenswert ist, daß Guardini zwar nicht als erster Zeitkritiker das ökologische Problem erkannt und thematisiert hat, aber doch einige Zeit bevor sich die theologische Ethik und die kirchliche Morallehre dieses Themas annahmen.

Guardini verbindet es mit einer Kritik am christlichen Weltbewußtsein und der Theologie und postuliert eine Neuorientierung. Bis in die Neuzeit hinein war die Welt nach katholischem Bewußtsein „wichtig als Werk Gottes, als Raum der christlichen Existenz und ihres Dramas; sie hatte aber im Ganzen den Charakter des Schauplatzes für das Eigentlich-Wichtige – und, nicht zu vergessen, der immerfort drohenden Gefahr für dieses Wichtige."[199] Als solche hatte die Welt keine Relevanz für das christliche Dasein und wurde nicht als Gegenstand christlicher Verantwortung begriffen.[200] Diesem Grundgefühl entsprach eine Gottesvorstellung, die Gott in völliger Distanz zur Welt sah, wie es extrem im Deismus geschah. Gott selbst war existentiell nicht an der Welt beteiligt. Die Inkarnation konnte in einem solchen Weltbild nur noch wie ein „blitzartig eingreifender Akt" Gottes in das Weltgeschehen, als „ein absolutes göttliches ‚supererogatum' empfunden werden, auf das der so begnadete Mensch mit einem erschütterten, aber nicht verstehenden Dank antwortete"[201]. Ein neues christliches Bewußtsein von der Welt sucht nach einer anderen Antwort auf die Frage, warum Gott Mensch geworden ist. Die Erlösung, mit deren Notwendigkeit die Menschwerdung Gottes erklärt wird, wäre aus Gottes Hoheit heraus auch anders, als Akt souveräner Vergebung möglich gewesen. „Warum also diese – in großer Ehrfurcht gesprochen – ungeheuerliche ‚Vergeudung'?"[202] So gilt es nach Guardini die Menschwerdung „nicht als isoliertes Ereignis", sondern als den letzten Ausdruck des Verhältnisses Gottes zu seiner Schöpfung zu verstehen, das „vom ersten Ratschluß der Schöpfung"[203] an wirksam ist. In der Menschwerdung wird in definitiver und radikaler Weise Gottes Selbstbeteiligung an der Welt offenbar. Sie ist „das Ereignis, in welchem Er ‚Mensch' und damit – in Vorsicht gesagt – selbst ‚Welt' wird"[204].

---

[198] Dies wird aus der Frage in *Existenz*, 496, erkennbar: „Kann die Erde ins Unbegrenzte ausgebeutet werden, ohne daß einmal wirklich etwas zu Ende geht? Die Wälder zum Beispiel, das Wasser, die Fruchtbarkeit der Äcker – oder gibt es da eine absolute Grenze? Kann darauf losgebaut werden, mechanisiert, verkünstlicht, ohne daß, was wir ‚Natur' nennen, das Ursprüngliche, das von selbst da ist und geschieht, zugrunde geht?" Und schließlich: „Wieviel Macht über die Natur verträgt der Mensch? Macht über den anderen Menschen? [...] Gibt es eine Grenze, wo er die Proportionen verliert?" Vgl. auch ebd., 193f. und *Theologische Briefe*, 39, wo Guardini das „immer schwerer lösbare Problem" anspricht, das durch den „Abfall der technischen Prozesse – siehe die Verschmutzung der Gewässer, die Verunreinigung der Luft, die Verkarstung von Gebirgen und Ebenen, die Gefährung allen Lebens durch die Restprodukte der Atomtechnik -" entstanden ist. Vor der berühmten Studie des Club of Rome thematisiert Guardini hier ‚Die Grenze des Wachstums'. Vgl. zur Bewertung dieser Aussagen Dirks, *Welt und Umwelt*, 15.
[199] *Theologische Briefe*, 46.
[200] Vgl. ebd., 20.
[201] Ebd., 22.
[202] Ebd.
[203] Ebd.
[204] Ebd., 23.

Die Auseinandersetzung mit dem neuzeitlichen Gedanken der Autonomie 355

Das kritisierte unterentwickelte christliche Weltverständnis hat die autonomistische Weltsicht mit verursacht, so daß von einer ‚wirklichen Schuld' der Christen zu sprechen ist. „Der Christ hat die Welt weithin ihr selbst – das heißt aber, dem Unglauben und seinem Herrschwillen überlassen. Der ungläubige Mensch ist aber nicht im Stande, die Welt richtig zu verwalten. Die Logik der wissenschaftlich-technischen und politischen Machtentwicklung drängt in eine Gefahrenzone, wo der Untergang möglich wird. Kräfte, die stark genug wären, die eigene Macht in Ordnung zu halten, kommen weder aus der Wissenschaft noch aus der Technik selbst. Sie kommen aber auch nicht aus einer autonomen Ethik des Einzelnen und ebensowenig aus einer souveränen Weisheit des Staates."[205] Mit dieser Kritik Guardinis stimmt Auer als Vertreter einer autonomen Moral im christlichen Kontext überein. Den Christen ist deutlich geworden, „daß die Weltlosigkeit bzw. Weltunfähigkeit ihrer Frömmigkeit an der Gottlosigkeit der modernen Welt mitschuldig ist. Schließlich machen sie die Erfahrung, daß ein Rückzug aus einer immer weltlicher werdenden Welt mit Sicherheit den ohnehin schon gefährlichen Mangel ihrer Christlichkeit an inkarnatorischer Kraft noch verstärken würde."[206] Der Weltverlust, davor hatte wiederum Guardini schon deutlich gewarnt, führt zur Schwächung und innerlichen Verarmung des Glaubens.[207]

Die Aufgabe, vor die das christliche Bewußtsein und die Theologie gestellt sind, wird deutlich. Nur mit einer veränderten Sicht der Welt und der dem christlichen Dasein gestellten sittlichen Lebensaufgaben kann der christliche Glaube wirksam zur Wahrnehmung der Verantwortung für die Welt beitragen und die ihm wesentliche ‚inkarnatorische Kraft' gewinnen. So schreibt Guardini 1962: „Der Gedanke erwacht – bei wie vielen, wäre zu prüfen; aber geschichtsbedeutsame Impulse rühren sich ja im Anfang immer nur in einer kleinen Zahl –, daß die Welt als solche nicht nur ökonomisch oder kulturell, sondern von Gott her kostbar ist; keine anonyme Natur, kein Niemandsland, sondern hohes Werk des Schöpfers, das Er dem Menschen anvertraut hat."[208] Bestimmt diese Einsicht das christliche Bewußtsein, ist auch die in den Religionen und im Christentum immer wieder vorgenommene Trennung zwischen einem ‚eigentlich religiösen' und einem ‚profanen' Bereich in der Welt ebenso wie der Begriff eines vom Natürlichen ablösbaren Übernatürlichen in der christlichen Daseinsdeutung überwunden.[209] Ein neues christliches Weltbewußtsein deutet sich in diesem Gedanken an, das sowohl

---

[205] *Theologie der Welt*, 78.
[206] Auer, *Autonome Moral*, 224. Vgl. ähnlich ders., *Geschmack an der Freiheit*, 167, wo Auer sich für diesen Gedanken auf den englischen Religionsphilosophen Friedrich von Hügel beruft.
[207] Siehe oben 2.3.1 und 2.3.2. Vgl. *EdN*, 81ff.; *Glaube in unserer Zeit*, 108f., und *Theologische Briefe*, 20. Interessant ist, daß Auer, soweit mir bekannt ist, erstmals in einem Aufsatz von 1993 im Zusammenhang der gewandelten Welterfahrung Guardini zitiert; vgl. *Autonome Moral im christlichen Kontext*, 18. Dies mag ein Indiz dafür sein, daß sich die Rezeptionssituation Guardinis in der modernen Theologie zu ändern begonnen hat. Zur Nähe von Auer zu Guardini siehe die Bemerkung in Fn. 127 in Kapitel V.3.2.
[208] *Glaube in unserer Zeit*, 107.
[209] Vgl. ebd.

die christliche Botschaft in ihrem Weltbezug als auch das Werden der Welt und die Entscheidung des Heils in unlösbarer Verbindung sieht. Als wichtigen Ausdruck dieses Bewußtseins würdigt Guardini in seinen „Theologischen Briefen" die kosmologische Theologie Teilhard de Chardins.[210] Mit dieser neuen Sichtweise auf die Welt verändert sich das moderne Bewußtsein, das den Anspruch des Sittlichen und die Gefährdung der personalen Existenz unter einer neuen Perspektive wahrnimmt: „Der heutige Mensch erkennt, er könne die Macht, die ihm aus Wissenschaft und Technik erwächst, dafür verwenden, daß es mit der Erde richtig werde; aber auch dafür, daß sie, besonders ihr Leben Schaden leide, ja als Ganzes zu Grunde gehe."[211] Prägnant und einfach formuliert Guardini ein Ziel christlich-sittlichen Handelns, das der Christ vor der Neuzeit so nicht kannte: dafür zu sorgen, *daß es mit der Erde richtig werde*. Wenn dieses Ziel im Kontext des Glaubens anerkannt ist, bedeutet umgekehrt der Mißbrauch menschlicher Macht, der zur Zerstörung der Erde führt, konsequenterweise nicht nur eine ökonomische oder ökologische Katastrophe. Er ist nicht nur ein moralisches, sondern auch ein „religiöses Unrecht, ein Frevel"[212]. Der Charakter der ‚Gegebenheit' der Welt gewinnt nun für ein christliches Welt- und Menschenverständnis eine ‚ontologische'[213] Bedeutung. In der ‚Gabe' der Welt tritt der menschlichen Freiheit die Freiheit des Gebers gegenüber. Was für die Position einer radikalen Autonomie eine Zumutung ist, kann für das sittliche Handeln aus dem Glauben heraus eine zusätzliche Quelle der Motivation sein und Grundlage für ein vertieftes Verständnis seiner Weltverantwortung. Guardini formuliert sie folgendermaßen: Die Welt ist als Werk Gottes davor zu retten, „daß die Macht des Menschen in die Hand der Hybris und Torheit komme und das Leben auf der Erde zerstöre"[214]. Dieses Anliegen hat auch die moderne katholische Ethik in Auseinandersetzung mit dem neuzeitlichen Autonomiegedanken vertreten. In neuer Weise stellte sie die Verantwortung für die Welt, insbesondere für die Natur als anvertraute Schöpfungsgabe heraus, wobei sie an klassische Traditionen theologischer Ethik anknüpfen konnte.[215] ‚Autonomie' steht nach ihrem Verständnis für ein „Programm der Weltverantwortung aus christlichem Glauben"[216], was genau der Intention Guardinis entspricht. Wie Guardini sieht im Rückblick daher auch Auer im Wandel christlicher Welterfahrung einen der Hauptgründe für eine neue christliche Interpretation der Welt, die sich zum einen in der Anerkennung

---

[210] Vgl. *Theologische Briefe*, 46-49.
[211] *Glaube in unserer Zeit*, 107.
[212] Ebd., 108.
[213] Vgl. *Ethik*, 1170.
[214] *Theologie der Welt*, 81.
[215] Hier ist auf Kapitel V.2.3 und 2.4 zurückzuweisen, wo bereits die für das Autonomieverständnis entscheidenden Aussagen zur Gottebenbildlichkeit und zur Weltverantwortung getroffen wurden. Die theologische Ethik knüpft hier u.a. an Thomas von Aquin an: Der Mensch ist das vernunftbegabte Geschöpf, das in der Wahrnehmung der Sorge oder des ‚Vorsehens' für sich und andere – sibi ipsi et aliis providens – an der göttlichen Vorsehung teilhat; vgl. Sth I-II, 91,2.
[216] Höver, *Autonomie*, 1296.

Die Auseinandersetzung mit dem neuzeitlichen Gedanken der Autonomie 357

der Eigenwerte der verschiedenen Lebensbereiche und zum anderen in einem stärkeren Weltengagement der Christinnen und Christen ausgewirkt hat.

Im Zusammenhang dieses neuen christlichen Bewußtseins von der Welt soll ein neues Ethos menschlicher Machtausübung entstehen.[217] Guardini kritisiert die sich in der Moderne zeigende Neigung der Menschen, „in immer gründlicherer, wissenschaftlich wie technisch vollkommenerer Weise, Macht auszuüben, sich aber nicht zu ihr zu bekennen, bzw. sie hinter Gesichtspunkten des Nutzens, der Wohlfahrt, des Fortschritts usw. zu verstecken. So hat er Herrschaft ausgeübt, ohne ein Ethos der Herrschaft zu entwickeln."[218] Nach schöpfungstheologischem Verständnis sollen sich die Menschen ihrer Macht bewußt werden, die mit dem Prädikat der Gottebenbildlichkeit verbunden ist. In der Machtausübung liegt eine wesentliche Bestimmung der Menschen. Der Mensch ist sich aber auch der Möglichkeiten bewußt, seine Macht zu mißbrauchen; er hat die ethische Naivität der Fortschrittsgläubigkeit überwunden. Nach christlichem Verständnis weiß er die Welt in der Hand seiner Freiheit und fühlt Verantwortung für sie. Diese anzuerkennen ist Grundlage jedes modernen christlichen Ethos und seiner ethischen Reflexion, was durch die Dringlichkeit dieser Aufgabe verstärkt wird, die sich aus der spezifisch modernen Problemlage ergibt. Der Bestimmung zur Gottebenbildlichkeit in christlicher Sicht wird der Mensch aber erst dann gerecht, wenn er nicht nur seine Verantwortung und Machtstellung als solche erkennt, sondern ihr aus einer Haltung der Fürsorge heraus gerecht zu werden versucht, die sich am Urbild, an der Haltung Gottes orientiert: „Mit dem Gefühl für die Macht und ihre Größe, mit der Verwandtschaft zur Technik und dem Willen, sie zu brauchen, mit dem Reiz der Gefahr verbindet sich Güte, ja Zärtlichkeit für das endliche, so sehr ausgesetzte Dasein."[219]

Guardinis Ausführungen bleiben auch in dieser Problematik auf der Ebene der grundsätzlichen Aussagen und Einsichten. Für eine nähere Bestimmung des geforderten neuen Ethos der Macht ist auf die verschiedenen personalen Haltungen zu verweisen, die bereits als Komponenten eines christlich-personalen Ethos deutlich wurden. Guardini nennt u.a. Gerechtigkeit, Besonnenheit, Disziplin, Askese und eine realistische Frömmigkeit.[220]

---

[217] Vgl. hierzu auch Kapitel V.2.5.3.3. und Kapitel VIII.2.2.
[218] *Macht*, 112.
[219] Ebd., 171. Vgl. zu dieser Bestimmung der Gottebenbildlichkeit *Anfang*, 32f.; siehe oben Kapitel V.2.4.
[220] Vgl. *Mensch**, 163, und *Macht*, 170-184. Diesem Aspekt unter dem Leitgedanken der Askese widmet sich besonders die Studie von Haubenthaler über „Askese und Freiheit bei Romano Guardini"; vgl. ebd., 1-8 und 186-232. In *Existenz*, 496, spricht Guardini von einer neuen Haltung, die auf internationaler Ebene notwendig werde: „Die Welt ist voll von Krisen und Gefahren, die dadurch entstehen, daß irgendwo irgend jemand darauf los lebt, handelt, formt, ohne sich um die Rückwirkung auf das Ganze zu kümmern." Aus diesen Andeutungen kann als ethische Norm für die Ausübung von Macht eine stärkere Berücksichtigung der Folgen schon bei der Vorbereitung einer Handlung herausgelesen werden. Guardini ist sich aber der

Sie sollen Christinnen und Christen darin bestärken und kompetent machen, ihre Verantwortung für die Welt aus christlichem Antrieb und ethisch verantwortlich wahrzunehmen.

2.7 Abschließende Bewertung

Als Ergebnis der Untersuchung von Guardinis Auseinandersetzung mit dem modernen Autonomiegedanken ist festzuhalten: Grundsätzlich und ablehnend fällt seine Kritik der neuzeitlichen Autonomievorstellung da aus, wo sie nach seinem Verständnis den wesentlichen Grundaussagen einer christlichen Anthropologie widerspricht und er als Folge des Autonomiestrebens das Humanum gefährdet sieht. Auf dieser Grundlage lehnt er sowohl eine absolute Autonomie des Menschen als auch eine absolute Autonomie des Sittlichen und der Ethik ab.

Auch in der Auseinandersetzung mit dem Autonomiegedanken ist es Guardinis Anliegen, die Vereinbarkeit von Vernunft und Glauben im Bereich des Sittlichen herauszustellen und ihre Trennung im Sinne einer absoluten Autonomie der Vernunft zu überwinden. Nach christlichem Menschenbild, wie es Guardini vertritt, ist die 'Vernunft im Glauben geborgen'.[221] Von diesem Verständnis einer relativen Autonomie ausgehend, ist es Aufgabe der sittlichen Vernunft, die ethische Verbindlichkeit aus den Strukturen des Seienden und dem Anspruch einer Situation zu ermitteln. In Entsprechung dazu ist es Aufgabe christlicher Morallehre und Ethik, die Eigenständigkeit und Wirklichkeitsorientierung sittlicher Vernunft zu stärken. In diesem Zusammenhang ist auf die erste Bestimmung des Guten als die Wahrheit des Seienden bei Guardini zu verweisen.[222] Der in ihr angelegte vernunftethische Ansatz ermöglicht innerhalb einer christlichen Ethik ein vertieftes Verständnis der Autonomie sittlicher Vernunft. Es kennzeichnet das Denken Guardinis, daß sich dazu zwar die grundsätzlichen Gedanken und Einsichten finden, er aber systematisch-ethisch nicht weiter in dieser Richtung gedacht und die Anknüpfungspunkte zwischen einer christlichen Ethik und einer autonomen Moraltheorie nicht entfaltet hat. Stattdessen dominiert in den betreffenden Passagen die theologisch motivierte Ablehnung einer absolut verstandenen Autonomie.

Auf seiner theologisch-anthropologischen Basis anerkennt Guardini die grundsätzliche Berechtigung der ‚relativen' Autonomie des Menschen, der

---

Komplexität der Aufgabe bewußt, sobald die Ebene des Grundsätzlichen verlassen und die Umsetzung bei der Lösung anstehender konkreter Probleme versucht wird: „Wie schwer freilich die Aufgabe ist, was sie an Kenntnis, Überschau, Fähigkeit des Ausgleichens usw. verlangt, braucht nicht betont zu werden"; ebd.

[221] Diese Formulierung hat Auer in der Diskussion um die theologisch-ethische Rezeption der Autonomievorstellung geprägt: „Weil wir in einem letzten und tragfähigen Sinnhorizont geborgen sind, können wir auf die Kraft unserer Vernunft vertrauen. Unsere Vernunft ist geborgen im Glauben"; *Bedeutung des Christlichen*, 54.

[222] Vgl. Kapitel VI.3.2 und oben 2.6.2.2 Fn. 190.

Die Auseinandersetzung mit dem neuzeitlichen Gedanken der Autonomie 359

‚irdischen Wirklichkeiten', des Sittlichen und der Ethik. Guardini ist nicht für einen religiösen Integralismus zu vereinnahmen, der eine wirkliche Begegnung von Glaube und Welt, wie sie Guardinis Anliegen ist, verhindert. Schon im Ansatz setzt sein Programm eine theologisch begründete Eigenständigkeit der Welt- und Lebenswirklichkeiten voraus.

Guardini kritisiert die Autonomisierung der verschiedenen Lebensbereiche und macht bemerkenswert früh auf deren problematische Folgen für die personale und sittliche Existenz in der (radikalisierten) Moderne aufmerksam.[223] Diese Kritik durchzieht sein gesamtes Werk. Dagegen tritt der Gedanke einer wiederzugewinnenden neuen kritischen Einheit und einer ganzheitlichen Sicht des Lebens, den Guardini noch im Gegensatzbuch geäußert hat, in den späteren Schriften zurück. Es bleibt offen, wie die gesuchte neue Einheit aussehen könnte. Ein Ansatz ist zwar darin zu sehen, daß Guardini als einheitsstiftenden Standpunkt das im Glauben an die Offenbarung grundgelegte christlich-personale Menschenbild geltend macht. Doch wird über die grundsätzliche Forderung, Autonomie relativ zu verstehen und aus keinem Lebensbereich die Wirklichkeit des Glaubens auszuklammern, die einheitsstiftende Wirkung dieses Gesichtspunktes auf die verschiedenen Lebensbereiche und ihre Beziehung untereinander nicht mehr entfaltet. Es scheint, daß auch Guardini zunehmend erkannt hat, daß das Problem der modernen menschlichen Existenz, die verschiedenen Lebensbereiche nicht mehr in ein übergeordnetes Daseinsverständnis einordnen und aufeinander beziehen zu können, nicht zu lösen, sondern vielmehr auszuhalten ist. Das Nachdenken über Tugenden und Haltungen, die eine christliche Existenz auszeichnen und ihre sittliche Kompetenz stärken, ist so gesehen ein Beitrag zur fundamentalen sittlichen Aufgabe, den Verlust der Ganzheit im modernen Bewußtsein auszuhalten und dennoch einen moralischen Standpunkt einzunehmen.

Allerdings kann in dem Prinzip der Weltverantwortung des Menschen durchaus ein einheitsstiftender ethischer Gedanke gesehen werden, der wie die allgemeine Forderung, die unbedingte Personwürde jedes Menschen zu achten, die verschiedenen Lebensbereiche verbindet. Guardini betont, hier ein Anliegen der autonomen Moral im Kontext des christlichen Glaubens vorwegnehmend, die Weltverantwortung christlichen Glaubens, in der sich die Zeitgenossenschaft der Gläubigen zu realisieren hat. Die Macht des Menschen und seine besondere Weltverantwortung als sittliche Aufgabe zu begreifen, ist noch kein Proprium christlicher Ethik oder etwas unterscheidend Christliches. Spezifisch religiös aber ist eine Haltung gegenüber der Welt, die von Ehrfurcht deshalb bestimmt ist, weil die Welt als Gabe Gottes verstanden wird. Sie verstärkt sich im christlichen Glauben an die Selbstbindung Gottes an die Welt, die in der Menschwerdung offenbar wird. Von einem an den biblischen Aussagen orientierten Verständnis der Gottebenbildlichkeit und der Weltverantwortung der Menschen aus ist in der Diskussion um die Verantwortung des Menschen geltend zu machen, daß Verantwortung nicht

---

223 Siehe zur ausführlicheren Bewertung bereits 2.3.3 in diesem Kapitel.

nur Verantwortung ‚für' bedeuten kann, sondern auch danach gefragt werden muß, ‚vor wem' Verantwortung wahrzunehmen ist.[224] Sowohl Guardini als auch die autonome Moraltheorie im christlichen Kontext gehen davon aus, daß der Glaube und ein aus ihm folgendes christlich-personales Verständnis der menschlichen Verantwortung vor Gott motivierende und intensivierende Wirkung hat.[225] Das ist kein apologetisches Argument für das Christentum – Guardini selbst hat hier deutlich das Versäumnis christlichen Bewußtseins und christlicher Theologie angemahnt – wohl aber ein Argument dafür, die ethische Reflexion über Verantwortung und Weltverantwortung nicht zu reduzieren und die religiöse Dimension von vornherein als irrational auszuklammern.

Im Denken Guardinis ist das Thema christlicher Weltverantwortung eine ethisch bedeutsame Konkretion seiner christlichen Weltanschauungslehre, die, was das ethische Denken angeht, als methodische Begegnung von Glaube und Welt im Bereich des Sittlichen zu verstehen ist. Inhaltlich ist das Postulat, die Verantwortung für die Welt zu bedenken und wahrzunehmen, ein entscheidender Schritt über den Akt der Anschauung und Begegnung hinaus. Es erweitert die individualethische Perspektive, die ein tugendethisches Denken wie das Guardinis sonst kennzeichnet und einzuschränken droht.

Als Bezugspunkt der Untersuchung des ethischen Denkens Guardinis ist in diesem Kapitel die Richtung der modernen katholisch-theologischen Ethik herangezogen worden, die sich um eine Rezeption des Autonomiegedankens bemühte. Deutlich wurden die sachlichen Übereinstimmungen und die gemeinsamen Anliegen. Diese Gemeinsamkeiten sind bisher von der Theologie selbst kaum wahrgenommen worden, was auch vereinzelten pauschalen Vorurteilen gegenüber Guardinis Denken und seinem Autonomieverständnis zuzuschreiben ist. Ist Guardini also ‚Wegbereiter' einer autonomen Moraltheorie im christlichen Kontext? Diese Frage ist schon deshalb zu verneinen, weil Guardini in der Auseinandersetzung mit dem Autonomiegedanken nicht systematisch-ethisch vorgeht und deshalb nicht systematisch für eine ethische Theorie vereinnahmt werden kann. Er ist, wenn dieses Wort gefällt, ‚Wegbereiter' bestimmter Grundgedanken, in denen ihm – oft nicht mehr bewußt oder ohne dies auszudrücken – die moderne Theologie gefolgt ist. Ein systematischer Unterschied zwischen der autonomen Moral im theologischen Kontext und der Ethik Guardinis liegt in dem stark normativen Interesse dieser Richtung der modernen Moraltheologie,[226] wohingegen

---

[224] Sämtliche Versuche, diese Frage zu beantworten – als Verantwortung vor der eigenen oder einer universalen Vernunft, vor dem Sittengesetz oder einem universalen humanen Ethos, vor dem Leben oder vor der nächsten Generation – sind dann u.a. auf ihre tatsächliche ethische Motivationskraft hin zu befragen.

[225] Vgl. Auer, *Autonome Moral*, 165-184.

[226] Vgl. Merks, *Autonome Moral*, 65f., und *Autonomie*, 264f. Zwei weitere Problemfelder, die die aktuelle moraltheologische und innerkirchliche Diskussion um die autonome Moral nach wie vor beeinflussen, werden von Guardini ebenfalls nicht ausdrücklich thematisiert: Die unterschiedlichen Positionen zur kirchlichen Sexualmoral und die Rolle des kirchlichen Lehr-

Guardini keine ausführlichen Gedanken für eine ethische Theorie der Normfindung und -begründung formuliert.

Zusammenfassend ist auf die unterschiedliche Akzentuierung hinzuweisen, die vermutlich die kritisierte innertheologische Wahrnehmung der inhaltlichen Aussagen Guardinis getrübt hat. Guardini geht es wie sonst in seinem ethischen Denken auch in der Auseinandersetzung mit dem modernen Autonomiegedanken vor allem darum, die Grundlagen christlichen Seinsverständnisses mit Blick auf die Moral zu verdeutlichen. Dabei sind seine Aussagen von der Herausstellung und ‚Unterscheidung des Christlichen' bestimmt. Dagegen ist das Anliegen von Moraltheologen wie Auer und Böckle die positive Rezeption der modernen Autonomiekonzeption in die katholische Moraltheologie und christliche Morallehre. Ihr Ziel ist im Dialog mit der modernen Gesellschaft „eine sachorientierte, kommunikable und daher gemeinschaftlich verbindliche normative Ethik"[227], wobei die Entwicklung einer autonomen Moral als wichtiger Schritt der theologischen Ethik zur Zeitgenossenschaft mit der Moderne angesehen wird.[228] Die unterschiedliche Akzentuierung läßt sich so ausdrücken: Geht es der autonomen Moraltheorie in der theologischen Ethik um die *Autonomie* der sittlichen Vernunft im Kontext des Glaubens, so betont Guardini den *Bezug* menschlicher Vernunft auf Gott hin, also die ‚Relativität', auf der Autonomie basiert. Dieses Anliegen erklärt die kritische und distanzierte Stellung zum Autonomiebegriff und den dezidiert unterscheidenden, manchmal sogar polemischen Ton in seinen Äußerungen.[229] Zu erinnern ist an die semantischen Bemerkungen zu den emotionalen Konnotationen des Autonomiebegriffs, die von Guardini anders eingeschätzt werden als von den verglichenen Theologen. Damit ist ein mehr atmosphärischer als theoretisch ausgeführter Unterschied angesprochen, nämlich die Einstellung, aus der heraus der Dialog mit der Moderne geführt wurde oder wird: Innerhalb der modernen Theologie scheint zumindest zeitweilig der Optimismus größer gewesen zu sein, was die Rolle und den Stellenwert einer von religiösen und weltanschaulichen Voraussetzungen freien Vernunft in der Ethik und die Möglichkeit angeht, einen von solchen Voraussetzungen unabhängigen, gemeinsamen und universalen Nenner für das bonum humanum zu fin-

---

amtes in Fragen der Moral. Wie werden Normen formuliert und begründet und in welchem Verhältnis stehen dabei die vernünftige eigene Einsicht der Gläubigen, die Theologie und das kirchliche Lehramt? Die Rezeption des Autonomiegedankens und die anschließende Diskussion lassen jedenfalls deutlich diese innerkirchliche Problematik erkennen. Nicht von ungefähr handelt es sich um eine überwiegend katholische Debatte. ‚Autonomie' meint in ihr, mehr oder weniger ausgesprochen, auch Autonomie im sittlichen Handeln und in der ethischen Reflexion im Verhältnis zum kirchlichen Lehramt. Diese innerkirchlichen Probleme wurden von Guardini nicht, jedenfalls nicht unter dieser ethischen Perspektive, thematisiert.

[227] Merks, *Autonomie*, 264. Vgl. Gillen, 62.
[228] Vgl. Auer, *Autonome Moral im christlichen Kontext*, 37.
[229] Zum, für katholische Denker der ersten Jahrhunderthälfte typischen, Antikantianismus, der natürlich die Auseinandersetzung mit dem Autonomiegedanken mitbestimmt, siehe oben S. 254.

den.²³⁰ Einem solchen Vernunftoptimismus ist von der Position Guardinis aus entgegenzuhalten, daß die Schwäche und Fehlbarkeit menschlicher Vernunft und menschlichen Handelns *berücksichtigt* werden müsse, ohne damit einem grundsätzlichen Mißtrauen und Pessimismus der Vernunft gegenüber das Wort zu reden.²³¹

Diese Unterschiede prägen die Auseinandersetzung mit dem Autonomiegedanken. ‚Zeitgenossenschaft' bedeutet bei Guardini vor allem die kritische Auseinandersetzung, die Mahnung vor den problematischen Folgen und die Klarstellung der christlichen Position, in die die berechtigten Anliegen des Autonomiegedankens aufgenommen werden. Dahinter wird eine andere Schwerpunktsetzung in der Auffassung von den Aufgaben der Theologie und der theologischen Ethik unter den Bedingungen einer pluralistischen säkularen Gesellschaft erkennbar. Die mit der Rezeption der Autonomievorstellung in die katholische Moraltheologie verbundene und weiterdiskutierte Frage nach dem ‚proprium' christlicher Moral und einer christlichen Ethik zeigt immerhin, daß Guardinis ‚Unterscheidung des Christlichen' *ein* aktuelles Anliegen und *ein* Thema christlicher Ethik bleibt, solange es ihr um die christliche Identität im Medium des Sittlichen geht.²³²

---

[230] Dieser Optimismus wird von der katholisch-theologischen Kritik am Autonomiegedanken bezweifelt. So plädierte jüngst Ratzinger dafür, den Traum der absoluten Autonomie der Vernunft und ihrer Selbstgenügsamkeit zu verabschieden und wieder die Anbindung der Vernunft an die großen religiösen Traditionen der Menschheit zu suchen: „Auch die philosophische Ethik kann nicht schlechthin autonom sein. Sie kann nicht auf den Gottesgedanken verzichten und nicht verzichten auf den Gedanken einer Wahrheit des Seins, die ethischen Charakter hat"; *Freiheit*, 541. Allerdings lassen sich im gleichen Sinn auch hier zumindest vereinzelte Zitate von Vertretern der theologischen autonomen Moraltheorie anführen: „Die Aporie einer Ethik ohne Religion ist doch nicht zu übersehen", schreibt Auer, *Bedeutung des Christlichen*, 34. Interessant ist ein Blick auf die Kritik von seiten der evangelisch-theologischen Ethik, wie sie Amelung vorträgt. Er macht kritisch auf die in der katholischen Ethik kaum hinterfragte Rolle der Vernunft bzw. auf die Vernunft-Emphase und den Vernunft-Glauben im Autonomiekonzept aufmerksam; vgl. Amelung, *Autonomie*, 9f.
[231] Theologisch-anthropologisch ist dieser Gedanke mit dem Begriff der Auswirkungen der Ursschuld verbunden. Vgl. Kapitel V.2.5.3 und Kapitel VI.3.2.
[232] Vgl. zur in der modernen moraltheologischen Diskussion wichtigen Frage nach dem ‚proprium christianum' u.a. Auer, *Autonome Moral*, 163-184; Böckle, *Worin besteht das unterscheidend Christliche*; Fuchs, *Gibt es eine spezifisch christliche Moral*; Gruber; Mieth, *Theologie und Ethik*.

XI. Tugenden der Person als Verwirklichungsformen eines personalen Ethos

Die bisherige Untersuchung stieß in Guardinis ethischem Denken immer wieder auf Tugenden und Haltungen als wesentliche Verwirklichungsformen eines christlich-personalen Ethos und als zentrale Begriffe der ethischen Reflexion. Dieser Ansatz im Denken Guardinis ist Gegenstand des folgenden Kapitels. Damit knüpft es an die dritte Bestimmung des Guten als die Verwirklichung seiner selbst an, die in Kapitel VI behandelt wurde: Es wird sich zeigen, daß es Guardini bei ‚der Tugend' und ‚den Tugenden' um eine Konkretisierung der Selbstverwirklichung des Menschen durch die Verwirklichung des Guten geht. Im ersten Schritt werden nach einer allgemeinen Charakterisierung von Guardinis Tugendverständnis einzelne Elemente seines Tugendbegriffes behandelt. Im zweiten Schritt sollen repräsentativ einzelne Tugenden angeführt werden. Zentrale Bedeutung gewinnt in der späten Phase von Guardinis Denken die Annahme seiner selbst, auf die deshalb eigens im dritten Punkt einzugehen ist. Eine abschließende Charakterisierung erfolgt im vierten und letzten Schritt.

1. Das Verständnis der Tugend bei Romano Guardini

1.1 Die zentralen Anliegen

Guardini stellt sich mit seinen Überlegungen und Beiträgen über die Tugenden in die lange ethische Tradition der Tugendlehre. So beruft er sich auf Platon, Aristoteles, Augustinus und Thomas.[1] Ein zentrales Anliegen seines Nachdenkens über die Tugenden wird in seiner Augustinusstudie „Die Bekehrung des Aurelius Augustinus" erkennbar, in der die von Kant beeinflußte Ethik der Neuzeit skizziert wird. Bestimmt von einem Ethos der reinen Pflichterfüllung ist sie in Guardinis Sicht eine reine Gesinnungsethik, der zufolge nur der gute Wille und die gute Gesinnung gut zu nennen seien.[2] Be-

---

[1] Vgl. das Vorwort in *Tugenden*, 9, und *Bekehrung des Augustinus*, 58-60. Auch in diesem Punkt werden sich Guardinis Arbeiten über die Theologie Bonaventuras ausgewirkt haben, obwohl er ihn in diesem Zusammenhang nicht ausdrücklich erwähnt. Vgl. *Lehre des Hl. Bonaventura*, bes. 106-114.

[2] Vgl. *Bekehrung des Augustinus*, 58. Guardini wendet sich, hier u.a. Scheler folgend, unter dem Leitwort der Tugend und der Vollkommenheit gegen Kant bzw. gegen den Kant seiner von

griffe wie ‚Tugend', ‚Glück' oder ‚Vollkommenheit' hätten hier ihren eigentlichen Sinn für das sittliche Bewußtsein verloren. „Sittlich im strengen Sinne kann nur noch jene Haltung sein, welche den ethischen Charakter ausschließlich in die Gesinnung setzt und jeden Rückgriff auf Sein und konkrete Lebenswirklichkeit ausschließt."[3] Gegen diese Trennung von geistig-leiblicher Wirklichkeit und dem Bereich des Sittlichen erinnert Guardini an den griechischen Begriff der *aretè*, der ‚Vollkommenheit' und ‚Tugend' bedeutet. Er setzt ein Bewußtsein von der Einheit des konkreten Lebens voraus, in der „die sittliche Gültigkeit in rechtgebautes Sein übergehen und edles Sein sich in rechte Gesinnung umsetzen kann und soll"[4]. Sowohl in der Antike als auch im christlichen Mittelalter war noch ein Verständnis von Sittlichkeit lebendig, in dem die aus der ‚Tugend' entspringende „Lust der Sinn-Erfülltheit, die Eudaimonie, das ‚Glück'"[5] erfahren werden konnte. Eine rein formale Sollensethik habe dagegen in der Moderne das sittliche Bewußtsein durch die Trennung von der sonstigen Wirklichkeit geschwächt.[6] ‚Tugend' aber, und dies sei wieder bewußt zu machen, bedeute eigentlich die Ausrichtung auf das sittlich Gute *und* etwas Lebendiges und Schönes.[7] Die Kategorie der Vollkommenheit bleibt nach diesem Verständnis auf das Ganze des Daseins ausgerichtet. Diesen Sinn und Wertgehalt, die Attraktivität des Guten, möchte Guardini für die Sittlichkeit des Menschen bewahren und mittels des Tugendbegriffs für die ethische Aufgabe der Selbstbildung fruchtbar machen.[8]

Doch bedeutet dieses einheitliche Verständnis des sittlichen Vollzuges nicht, daß die Kategorien verwechselt werden dürfen. Das Sittliche soll nicht von den anderen Bereichen menschlicher Wirklichkeit getrennt, aber auch nicht mit ihnen verwechselt werden. Die Sorge um den reinen ethischen Sinn

---

Polemik nicht freien Interpretation. Guardini empfiehlt ausdrücklich den bei vielen Versuchen über ein neues Tugendverständnis gern zitierten ‚klassischen' Aufsatz von Max Scheler „Zur Rehabilitierung der Tugend"; vgl. *Tugenden*, 11, und *Ethik*, 318. Der ganze Abschnitt in *Ethik*, 316-329, läßt zudem die Nähe zu Schelers Aufsatz erkennen. Wie Scheler, vgl. *Zur Rehabilitierung*, 15, richtet sich Guardini gegen bürgerliche Verkürzungen des Tugendbegriffes, die die Opposition diesem Begriff gegenüber verstärkt hätten. Als weitere, wenige Jahre vor Guardinis Buch über die Tugenden von 1963 ist die 1958 erschienene tugendethische Schrift „Wesen und Wandel der Tugenden" von Bollnow zu nennen. Es kann aufgrund inhaltlicher Übereinstimmungen vermutet werden, daß Guardini, der es nicht als Quelle nennt, auch hier Anregungen aufgegriffen hat. Guardini und Bollnow standen im Kontakt miteinander und hatten in dem Heft „Begegnung und Bildung" von 1956 zusammengewirkt.

[3] Ebd., 59.
[4] Ebd.
[5] Ebd., 60.
[6] Diese Kritik knüpft an die bereits besprochene Kritik der übersteigerten Autonomie der verschiedenen Lebensbereiche und des Sittlichen an. Vgl. Kapitel X.2.3 und 2.5.
[7] Vgl. *Tugenden*, 11, und *Bekehrung des Augustinus*, 63. Ebd. würdigt Guardini in einer Fußnote, Fn. 19, Nietzsche, Hartmann und Scheler, die den Bereich des Sittlichen der Eintönigkeit, dem abstrakten Formalismus entrissen und wiederbegonnen hätten, die Fülle der ethischen Werte zu entdecken.
[8] Hier verbindet sich der Gedankengang mit der zweiten Bestimmung des Guten, die die Geltung des Guten als seine Hoheit aus sich heraus betonte. Vgl. Kapitel VI.4.

behält ihre Berechtigung. Tugend meint für Guardini nicht irgendeine Kompetenz, Begabung oder Fähigkeit, sondern die Befähigung zur Verwirklichung des sittlich Guten. Eine besondere Lebensleistung ist noch keine Erfüllung des ethischen Sinnes. Guardini warnt daher in diesem Zusammenhang vor der Tendenz, „die sich mit der großartigen Idee der *arete* verbindet, daß nämlich der wohlgeratene und begabte Mensch ohne weiteres als der gute angesehen werde [...], wie das in herrschenden Gesellschaftsschichten der Fall ist."[9]

Dieser Hinweis macht indirekt darauf aufmerksam, daß ein Tugendethos nicht universal und zeitlos gültige Tugenden oder moralische Haltungen vermittelt, sondern vielfach bedingt ist. Diejenigen Tugenden gelten unter Umständen als gut, die den einzelnen Menschen in die Lage versetzen, die erwarteten Funktionen in einer Gesellschaft, in einer bestimmten Schicht bzw. einer beliebigen Gruppe zu erfüllen. So ist die Rede von der Tugend auf ihren jeweiligen Kontext hin zu untersuchen. Diese können sozialer oder geschichtlicher Art sein; über die gesellschaftliche Vermittlung oder Förderung bestimmter Tugenden und Haltungen können spezifische Rollen wie geschlechtliche Rollenzuschreibungen verfestigt werden.[10] Diese Einsicht spricht nicht gegen ein Tugendethos überhaupt, sondern sie begründet vielmehr das Nachdenken über neue Tugenden und Tugendmodelle, die auf eine bestimmte Herausforderung antworten, und sie erlaubt die Neuinterpretation klassischer Tugenden. Im Bewußtsein um die Wandelbarkeit der Tugenden und ihre möglichen Bedingtheiten kann in der ethischen Reflexion einmal die soziale Prägung der Tugenden und ihre Abhängigkeit von einem geltenden Ethos hervorgehoben und zum anderen eine stärker individuelle Ausrichtung geltend gemacht werden. Im ersten Fall ist eine Tugend die Haltung, die den Menschen in die Lage versetzt, „aus eigener Kraft und mit Beständigkeit die in einer gegebenen Gesellschaft anerkannten Ziele und Absichten zu verfolgen, und dies mit einer gewissen Leichtigkeit und Freude [...]"[11]. Verwirklichte Tugenden werden dann durch gesellschaftliche und soziale Anerkennung ‚belohnt'. In ihrer zweiten Bedeutung kann Tugend stärker als individuelle Haltung begriffen werden, die den Menschen befähigt, „seine Ziele mit Beständigkeit zu verfolgen, ohne dabei von seinen Leidenschaften hin und her getrieben zu werden. [...] Derjenige Mensch wäre tugendhaft, dessen Haltung unbeirrt auf die Verwirklichung seiner Persönlichkeit ausgerichtet wäre."[12] Diese Unterscheidung ist hilfreich, um Guardinis

---

[9] *Ethik*, 32. Der ethische Grundsatz ist die Trennung der ethischen Kategorie von anderen Kategorien, der Tugenden im moralischen Sinne von anderen Fähigkeiten und Eigenschaften. Unter dieser Voraussetzung wendet sich Guardini an einer Stelle in „ Die Existenz des Christen" allerdings gegen eine Gesinnungsethik, die das „Spezifisch-Ethische vom Ontisch-Gesunden und -Edlen so weit" abgelöst hat, „daß das zur Verdünnung und Wirklichkeits-Entfremdung ethischer Werte und Haltungen viel beigetragen hat." Vor allem unter moralpädagogischer Perspektive ist zu beachten, daß eine ethische Haltung unglaubwürdig werden kann, „wenn sie sich in einer vernachlässigten Physis und Psyche ausdrückt"; *Existenz*, 215.
[10] Vgl. zu diesem Aspekt die Untersuchung von Patrick.
[11] Wieland, 52.
[12] Ebd., 53.

Tugendverständnis zu kennzeichnen. Guardini setzt in seinem ‚Entwurf' eines christlich-personalen Ethos nicht mehr eine geschlossene christliche Moral voraus. Er reflektiert die Möglichkeiten christlicher Existenz innerhalb einer pluralistischen Gesellschaft, in der sich die Einheit des Ganzen zunehmend zergliedert und höchstens von mehreren Ethosformen gesprochen werden kann. So ist sein Tugendverständnis stärker auf die individuelle Person bzw. die einzelnen Gläubigen ausgerichtet, ohne dabei individualistisch zu sein.[13] Nach seinem Verständnis dient die Tugend nicht lediglich der Verwirklichung individueller Ziele, sondern der Verwirklichung des Selbst in der Verwirklichung des Guten.

Inhaltlich konkretisiert Guardini über den Begriff der Tugend den ethischen Gedanken der Selbstverwirklichung. Nicht die von außen an den Menschen herantretende ethische Norm steht im Vordergrund, sondern das Gute „soll als das verstanden werden, dessen Verwirklichung den Menschen recht eigentlich zum Menschen macht"[14]. Guardinis Überlegungen und Veröffentlichungen zur Tugend bzw. den Tugenden sind vor allem von ihrer moralpädagogischen Intention her zu verstehen, einen Beitrag zur moralischen Aufgabe der Selbstbildung zu leisten. Zu beachten ist also, daß das christlich-pädagogische und das ethisch-theoretische Interesse in diesem Punkt derart ineinandergreifen, daß das Theoretische in den Hintergrund tritt.[15] Die Her-

---

[13] Als Ausnahme dieser allgemeinen Einschätzung wurde in Kapitel IX.4.1 der soziale Kontext der Jugendbewegung bzw. der Gemeinschaftserfahrung von Burg Rothenfels für die Ausbildung der Tugenden herausgestellt, die zur Haltung des Gehorsams und zum ethisch verantworteten Umgang mit Autoritäten befähigen.

[14] *Tugenden*, 10. In *Lebendige Freiheit*, 97f. Fn.3, macht Guardini ebenfalls auf diesen Gegensatz aufmerksam, der sich durch die Geschichte des ethischen Denkens ziehe: Sittliches Verhalten werde einmal als „Richtigstehen zum Gesetz des Sollens", als „ein Genügen gegenüber einer geltenden Forderung" verstanden. Zum anderen bedeute es in einem metaphyischen Sinn „richtiges Sein"; reines, echtes, edles Sein", eine Bedeutung, die besonders in der platonischen Ethik, bei Augustinus und in der augustinischen Scholastik in christlicher Gestalt hervortrete. Guardini spricht von einer juridisch-ethischen und einer ontisch-ethischen Begriffsreihe. „Sittliche Freiheit wird erst von beiden her verständlich. Sie ist Geltung und Sein. Und zwar deshalb, weil die Gesetze des Sollens und die des Seins in letzter Instanz identisch sind [...]"

[15] So heißt es in den Briefen zur Selbstbildung von 1925 (das Jahr der Erstauflage der Buchausgabe), daß sie helfen sollen, „das hohe Bild" zu finden, das Gott in die Seele des Menschen gelegt hat, und es in der Arbeit der Selbstbildung zu verwirklichen. *Gottes Werkleute*, 10. In *Tugenden*, 10, erinnert Guardini an diese ursprünglich an Jugendliche und junge Erwachsene gerichteten Briefe und widmet sein Tugendbuch nun den Älteren. Er unterscheidet seine „Meditationen" ausdrücklich von einer wissenschaftlichen Abhandlung; vgl. ebd., 9.
Zur Bestimmung des Bildes als der eigentlichen Kategorie der Pädagogik s. *Grundlegung der Bildungslehre*, 325: „Für das Individuum ist ‚Bild' der Inbegriff seiner Wesensbestimmungen. Seinsbild, sofern es die Struktur seiner konkreten Existenz darstellt. Wertbild, sofern es ausdrückt, wie dieses Seiende sein soll, um voll es selber und damit wertgerecht zu sein." Die nähere Verhältnisbestimmung zwischen Pädagogik und Ethik fällt Guardini, wie diese Schrift zeigt, schwer. Er lehnt einerseits eine Bestimmung des Bildungsbegriffes, also des Pädagogischen vom Ethischen her ab; vgl. ebd., 324. Andererseits kommt er auf der Suche nach dem eigentlich Pädagogischen auf den für die Pädagogik entscheidenden Grundsatz, „daß der Mensch aus einem Bild heraus gestaltet sei. Daß er in seinem ganzen Wesen ein Bild, und zwar das rechte, ihm zugehörige offenbare." (325) Ebd. Fn. 1, muß Guardini zugeben, daß mit dem Terminus des „rechten Bildes" doch wieder eine ethische Kategorie, nämlich „sittliche Gutheit"

ausbildung von Tugenden als personalen und sittlichen Grundhaltungen wird als ein wichtiges Ziel christlicher Bildung betont.[16]

1.2 Elemente und Grundzüge des Tugendbegriffs

Guardini gibt in seinen ethischen Abhandlungen keine systematische Bestimmung des Tugendbegriffs. Er geht, wie er einleitend zu seinem Tugendbuch schreibt, bei seiner Deutung „in einer ganz unsystematischen Weise vor"[17]. Als Grundhaltungen und Verwirklichungsformen eines christlichen Ethos haben Tugenden für Guardini eine zentrale Bedeutung. So lassen sich aus seinem Werk wichtige Elemente des Tugendbegriffs, die auch das Tugendverständnis der theologisch-ethischen Tradition kennzeichnen, zusammentragen.[18]

Die Tugend richtet sich auf das Sein des Menschen. Dieser fundamentale Aspekt jeder Tugendlehre ist bereits in den angeführten Zitaten Guardinis und in seinem Anliegen der Selbstbildung des Menschen deutlich geworden. Der Mensch soll werden, was er oder sie von der inneren, eigenen Bestimmung her sein soll. Die Frage nach dem guten Sein wird nicht, wie es einer reinen Gebote- und Pflichtmoral vorgeworfen wird, von der Frage nach dem Sollen und der guten Handlung abgetrennt. Durch das gute Tun soll der Mensch sich verwirklichen und aus dem guten Sein soll das gute Tun hervorgehen. Trotz dieser Ausrichtung ist eine Tugend aber dem Verständnis Guardinis zufolge immer auch dynamisch zu verstehen. Sie ist ein *habitus*, der, soll die Tugend personal bleiben, immerfort in einen Akt übergehen muß, wie Guardini exemplarisch am Beispiel der Treue erläutert.[19] Umgekehrt bildet sich die Tugend als sittliche Haltung aus der sittlich guten Handlung her-

---

und Echtheit", in die Bestimmung aufgenommen werde. Vgl. zum Verhältnis von Ethik und Pädagogik die Arbeit von Schmidt, *Pädagogische Relevanz*, der ebd., 22, mit Berufung auf Guardini den Begriff einer „anthropologischen Ethik" verwendet, um die Trennung zwischen Ethik und Pädagogik zu überwinden.

[16] Vgl. Simon, 206, der G. Stachel zitiert: „Ethische Erziehung ist wesentlich Einführung, Einübung und Anleitung zum rechten Handeln auf der Basis rechter Haltungen"; G. Stachel, Der ethische Bereich in Religionsunterricht und Katechese. In: CPB 89 (1976), 22.

[17] *Tugenden*, 10.

[18] Eine allgemeine Bestimmung des Tugendbegriffs gibt Guardini unter der Überschrift „Vom Wesen der Tugend" in *Tugenden*, 11-19. In den Ethik-Vorlesungen, die zeitlich dem Tugendbuch von 1963 vorangehen, behandelt Guardini die Tugenden unter den Verwirklichungsformen des Sittlich-Guten. Sie sind in eine Linie eingeordnet, die von den Gliederungspunkten „Die ethische Erkenntnis" und „Die Gesinnung" über „Der Übergang in die äußere Verwirklichung" und „Die gute Tat" zu „Die Tugend" und weiter über „Das gute Sein" zu „Der Gesamtzustand in Gemeinschaft und Gesellschaft" führt. (Diese Gliederungspunkte gehören zum ersten Kapitel „Die Verwirklichung und ihre Stufen" des dritten Abschnitts „Ethische Verwirklichung" im ersten Teil der Ethik-Vorlesungen; *Ethik*, 297-370.) Vgl. *Ethik*, 316-329. Ich folge hier diesen beiden Abschnitten in *Tugenden* und *Ethik*. Vgl. zur theologisch-ethischen Tradition u.a. Höffe, *Tugenden*; Pieper, *Tugend*, und Schockenhoff, *Tugenden*.

[19] *Möglichkeit und Grenzen*, 81. Vgl. Pieper, *Tugend*, 716: „*Habitus* besagt so viel wie *potentia* in der Geneigtheit zum *actus* hin, Seinkönnen ‚auf dem Sprunge' zur Verwirklichung."

aus, wenn diese wiederholt vollzogen wird. So wächst aus dem mehrmaligen Einstehen für die Wahrheit die Haltung der Wahrhaftigkeit. Tugend bedeutet dann, daß der „Vollzug des betreffenden Tuns immer leichter vonstatten geht" und „den Charakter der Natürlichkeit gewinnt"[20]. In dieser Beschreibung greift Guardini die seit der Antike überlieferte Vorstellung auf, daß die Tugend das sittlich Gute leicht und mit Freude tun läßt. „Das Gute wird schön, indem es leicht wird"[21], so die bekannte Formulierung Schelers. Diese Idee von Moralität ist das Ziel eines Prozesses, der Reflexion und Selbstprüfung, Übung und Überwindung beinhaltet. Das sittliche Verhalten wird selbstverständlich und verläßlich, es entsteht die Tugend als sittliche ‚Tauglichkeit' oder moralische Kompetenz.

Auf dem Fundament seiner Personlehre, die die Einzigartigkeit jedes Menschen unterstreicht, setzt Guardini bei der einzelnen Person an, um sein Tugendverständnis zu erläutern. Unter dieser individualethischen Perspektive meint Tugend, „daß jeweils die Motive, die Kräfte, das Handeln und Sein des Menschen von einem bestimmenden sittlichen Wert, einer ethischen Dominante sozusagen, zu einem charakteristischen Ganzen zusammengefügt werden". Entsprechend eröffnet „eine echte Tugend [...] einen Durchblick durch die ganze Existenz des Menschen"[22], in dem die lebendige Fülle der gesamten Persönlichkeit durchscheint. Die einzelne Person hat je nach ihrer persönlichen Veranlagung und Möglichkeit zu den verschiedenen Tugenden eine größere oder geringere Verwandtschaft. „Jede Tugend ist eine Brechung des unendlich-reichen Einfachen auf eine Möglichkeit des Menschen hin." Dies zu erkennen ist für das individuelle sittliche Leben entscheidend. Für die ‚sittliche Arbeit' der Selbstbildung folgt daraus die Empfehlung, die eigenen Veranlagungen und Neigungen zu erkennen und „von dem auszugehen, worin man sich zu Hause fühlt, um von da aus vorzudringen und auch das Fremdere zu bewältigen"[23].

Diese Ausrichtung auf die individuelle Persönlichkeit fußt bei Guardini auf dem Realismus seines christlichen Menschenbildes, der die Rede über die Tugenden vor falschem Idealismus bewahrt. Im Menschen ist die Möglichkeit zum Guten wie zum Bösen gegeben. Diese erstreckt sich aber nicht auf gesonderte Bereiche oder Veranlagungen, „sondern ein und dieselbe Kraft trägt die Möglichkeit des Guten und Bösen in sich"[24]. Es gibt keine gute Kraft oder Veranlagung, die nicht den Keim zu einer Fehlform in sich enthielte, und folglich keine Tugend, die nicht in eine inhumane Haltung, in ein

---

[20] *Ethik*, 320. Vgl. ebd, 320-326, die Entfaltung am Beispiel der Wahrhaftigkeit.
[21] Vgl. Scheler, *Zur Rehabilitierung*, 17: Mit dem Wachsen der Tugend werden die Anstrengungen zum Tun jedes einzelnen Guten geringer. Vgl. auch Pieper, *Tugend*, 718.
[22] *Tugenden*, 12. Bollnow schreibt entsprechend: In jeder einzelnen Tugend „wird schon das ganze Wesen des Menschen in einer besonderen und unvergleichbaren Weise ausgelegt, aus jeder einzelnen erschließen sich zugleich für den ganzen Menschen neue Ausblicke [...] In jeder einzelnen Tugend erschließt sich von einem bestimmten ethischen Phänomen aus zugleich über dieses hinweg ein neues Gesamtverständnis des Menschen." *Tugenden*, 27.
[23] Ebd. 18f.
[24] *Glaubwürdigkeit*, 241.

‚Laster' umschlagen könnte. In den eigenen Stärken und der individuellen Neigung zu einer bestimmten Tugend ist auch die Möglichkeit zur Unfreiheit enthalten. So kann beispielsweise eine starke innere Disposition zur Gerechtigkeit in ihrer Umsetzung zur Härte und Gewalttätigkeit entarten, kann ein an sich gutes Ordnungsstreben zur Selbstfessel werden oder zur Unbeweglichkeit anderen gegenüber führen.[25] Umgekehrt gilt aber auch die wichtige moralpädagogische Aussage: „Es gibt nicht eine Untugend, in der nicht ein Ansatz zum Guten schlummerte."[26] Eine Neigung zum Anpassen und Nachgeben gegenüber den verschiedenen inneren und äußeren Einflüssen in einer Situation kann beispielsweise die Fähigkeit zum Verstehen der anderen, kann Rücksichtnahme und Güte begünstigen. Daraus folgt für die Arbeit der Selbstbildung: „Gerade in dem, was meine Gefahr ist, muß ich die Stärke entdecken." So ist die „tiefste pädagogische Einsicht: Zu sehen, daß der Hebelpunkt zu allem Guten im Menschen selber liege; und daß die Aufgabe darin bestehe, ihn zu entdecken, bei sich und dem andern."[27]

Der Anspruch an die eigene Person, der mit dem Programm sittlicher Selbstbildung verbunden ist, mag nicht frei von der Gefahr eines moralischen Leistungsdenkens, tugendethisch ausgedrückt, nicht frei von der Gefahr der Überheblichkeit oder des Stolzes sein. Mindestens genauso groß ist aber die andere Gefahr, nicht an die eigene Wesensgestalt und persönliche Berufung zu glauben. Aus christlicher Sicht ist deshalb daran zu erinnern: „Jeder Mensch ist mit einer Prägung gekommen aus Gottes Hand. Ihrer sollen wir sicher und bewußt werden; denn in ihr stehen wir."[28] Kennzeichnend für ein solches tugendethisches Denken ist also das Bewußtsein der eigenen Charismen, die, so Guardini, die Kompetenz der Person bedeuten, sich in sittlicher Hinsicht selbst zu verwirklichen. Ziel ist die Tugend als das, worin das Ich zum Guten ‚taugt' und mit sich selbst eins ist.[29]

Zwei Gedanken steuern innerhalb eines tugendethischen Ansatzes der Gefahr entgegen, daß eine Tugend zur Fehlform wird und so die personale Freiheit einschränkt, statt ihre Verwirklichung im Guten zu fördern. Guardini entfaltet sie nicht explizit in seinen allgemeinen Ausführungen, wendet sie aber bei der Darstellung der einzelnen Tugenden an. Zunächst ist an die klassische tugendethische Einsicht zu erinnern, daß jede Tugend nur aus der Haltung der ‚Mitte', der ‚mesotes' bei Aristoteles, zum guten Sein und zum guten Handeln führt.[30] Tugend bedeutet, hinsichtlich einer besonderen Nei-

---

[25] Vgl. *Tugenden*, 15f.
[26] *Glaubwürdigkeit*, 241.
[27] Ebd., 242.
[28] Ebd., 245.
[29] Vgl. ebd., 243.
[30] Guardini entfaltet diesen Gedanken nicht explizit, was vermuten läßt, daß er sich nicht intensiv mit der Tugendlehre des Aristoteles in der Nikomachischen Ethik auseinandergesetzt hat. Zur Bedeutung der mesotes oder Maßhaltung hatte Guardini in seinem Gegensatzbuch Stellung genommen; vgl. Kapitel III.2.5 und 3.3. Ein explizit tugendethischer Hinweis, der aber nicht in den anderen Schriften zur Tugend aufgegriffen wird, findet sich in der Pascalstudie Guardinis: Werden die Tugenden bis in ihr Extrem verfolgt, tauchen auf der einen wie auf der anderen Seite Laster auf. Als „ethischen Zentralwert", der dazu befähigt, in der Tugend die

gung und Haltung die Mitte zwischen zwei Extremen zu finden. ‚Zuviel' an Geduld beispielsweise, obwohl die Geduld als Tugend immer auch Kraft und Liebe zum Leben beinhaltet, führt zur Passivität und bloßem Hinnehmen. ‚Zuwenig' Geduld führt zur Ungeduld, die sich als Ignoranz gegenüber den eigenen Schwächen und denen anderer besonders schädlich für die Selbstbildung und das Zusammenleben auswirkt.[31] Ein direktes Kriterium für die richtige Mitte gibt Guardini nicht an. Es ist Sache der Klugheit – selbst eine kardinale Tugend – das richtige Maß zu finden. Das sonst formal bleibende Prinzip der Mitte erfährt aber dadurch eine wichtige inhaltliche Füllung, daß die einzelne Tugend sich mit anderen Tugenden und Haltungen verbinden muß: ‚Eine Tugend geht nicht gerne alleine.' So muß die Wahrhaftigkeit von Taktgefühl und Güte begleitet werden, damit die Wahrheit ihren vollen menschlichen Wert erhält. Auf der anderen Seite braucht die Wahrhaftigkeit die Freiheit und Unabhängigkeit des Geistes und schließlich den Mut, wenn das Sagen der Wahrheit schwer wird.[32]

Tugend ist also eine Frucht des moralischen Bemühens um Selbstbildung. Würde der Mensch jedoch bei der Tugend nur die sittliche Verpflichtung und Leistung sehen, könnte sich leicht ein Gefühl der Überanstrengung oder moralische Anmaßung einstellen. Die Berufung zur Tugend ist daher immer auch als Geschenk, Gabe und Gnade zu begreifen;[33] in ihrer Verwirklichung erscheint das Glück gelingenden Lebens. Dieses Bewußtsein bewahrt ein Tugendethos vor Selbstgerechtigkeit. So ergänzen sich in der sittlichen Verantwortung sich selbst gegenüber zwei Prinzipien: „Ich soll das tun, weil es mich verpflichtet" und „ich darf das tun, weil es mir geschenkt ist"[34].

Mitte zwischen den Extremen zu halten, deutet Guardini die „simplicité de l'évangile" bei Pascal. In diesem Begriff sieht er eine Fortführung der griechischen Lehre von der mesotes und der mittelalterlichen von der „medietas". Vgl. *Christliches Bewußtsein*, 68. Zwei weitere kurze Hinweise stehen in *Ethik*, 270 und 627. Die betreffende Bestimmung in der Nikomachischen Ethik bei Aristoteles lautet: „Es ist mithin die Tugend *ein Habitus des Wählens, der die nach uns bemessene Mitte hält und durch die Vernunft bestimmt wird, und zwar so, wie ein kluger Mann ihn zu bestimmen pflegt*. Die Mitte ist die zwischen einem doppelten fehlerhaften Habitus, dem Fehler des Übermaßes und des Mangels; sie ist aber auch noch insofern Mitte, als sie in den Affekten und Handlungen das Mittlere findet und wählt, während die Fehler in dieser Beziehung darin bestehen, daß das rechte Maß nicht erreicht oder überschritten wird." Nik. Ethik II, 1107a.

[31] Vgl. *Tugenden*, 43-47.
[32] Vgl. ebd., 22f. In dem gewählten Beispiel der Wahrhaftigkeit wird als Richtlinie für die Bestimmung der Mitte die Auswirkung auf die sozialen Beziehungen erkennbar, doch läßt sich dies nicht immer an den anderen Tugenden, die Guardini betrachtet, bestätigen. Nach Tugendhat ist dieser Bezug bei Aristoteles, der vor allem soziale Tugenden behandelt, entscheidend für die Bestimmung des Maßes und der Ausgewogenheit. Die jeweiligen Extreme stellen dann „die polaren defizitären Möglichkeiten dar innerhalb des Brückenschlages, die eine Person in den verschiedenen Dimensionen des Miteinander zu den anderen vollzieht. Alle diese sozialen Tugenden sind Vorzüglichkeiten des Verhaltens, in dem wir uns den anderen gegenüber öffnen bzw. verschließen. Das Sichverhalten zu den anderen ist wie ein Balance-Akt zwischen dem Verlieren des Bezugs und dem sich selbst Verlieren, zwischen Autonomie und Bezogenheit." Tugendhat, 256.
[33] Vgl. *Ethik*, 326.
[34] Ebd. 327.

Nach Guardinis Personverständnis steht jeder Mensch als Person vor der fundamentalen sittlichen Lebensaufgabe, alle Bereiche seines Lebens personal zu gestalten, was sittliche Verantwortlichkeit voraussetzt und beinhaltet. Auf die Frage nach der sittlichen Gestaltung dieser zunächst formalen Personbestimmung geben Guardinis Betrachtungen über die Tugenden als personale Haltungen eine Antwort, die der Einmaligkeit und Individualität der Person mit ihren Möglichkeiten gerecht wird. Tugend ist bei Guardini in einem fundamentalen Sinn also die *eine* sittliche Haltung, die den Menschen auf das Gute ausrichtet und das Gutsein als Selbstverwirklichung bewirkt. Sie kann auch unter verschiedenen Aspekten, zergliedert in einzelne Haltungen betrachtet werden, wobei dann von den Tugenden in der Mehrzahl gesprochen wird.[35]

2. Einzelne Tugenden als Konkretionen eines personalen Ethos

Verschiedene Tugenden und Haltungen, die nach Guardini ein christlich-personales Ethos in der Moderne prägen müssen, wurden bereits in dieser Untersuchung genannt: Die Achtung der Person als innere Haltung, die Askese, der Gehorsam, der Humor, die Selbständigkeit, die Wahrhaftigkeit und die Haltungen der Gewissensbildung, um nur einige stichwortartig zu nennen. Eine vollständige Aufreihung und Behandlung aller von Guardini in den verschiedenen Zusammenhängen angesprochenen Tugenden ist hier nicht möglich.[36] Daher sollen im folgenden drei Tugenden aus dem Gesamtgefüge herausgegriffen werden, die sich auf unterschiedliche Weise in ein personales Ethos fügen, aber typisch für das gesamte ethische Denken Guardinis, für seine Schwerpunkte, Stärken und Grenzen sind.

2.1 Die Gerechtigkeit

In Guardinis Interpretation der Gerechtigkeit zeigt sich deutlich die Ausrichtung auf ein personales Ethos.[37] Guardini erwähnt nicht expressis verbis das klassische ethische Prinzip ‚Jedem das Seine', das das Verständnis von Gerechtigkeit in der abendländisch-ethischen Tradition geprägt hat; selbst dessen biblische Formel in der Goldenen Regel bei Mt 7,12 führt er nicht an,

---
[35] Vgl. Höffe, *Tugend*, 282.
[36] Vgl. dazu vor allem das gesamte Buch *Tugenden*.
[37] Ich beschränke mich hier auf die ethische Perspektive, die in der ersten Betrachtung zur Sprache kommt; vgl. *Tugenden*, 49-56. Zur Betrachtung der Gerechtigkeit in ihrer theologischen Dimension s. *Tugenden*, 169-183.

obwohl er die Bergpredigt zitiert.[38] Der Sache nach aber greift er es auf und gibt ihm eine personale Deutung. Das ‚Seine', das jedem Menschen wie sich selbst zu ‚geben' ist, ist die Achtung der Personalität: Gerechtigkeit ist [...] jene Ordnung, in welcher der Mensch als Person bestehen kann. [...] Und zwar [...] jeder Mensch – weil er Mensch ist."[39] Als Grundhaltung eines personalen Ethos wirkt sie sich auf das soziale Leben aus, was von Guardini nicht näher ausgeführt wird. Es bleibt bei dem allgemeinen Verweis auf die personale Beziehung der Freundschaft, der ‚Werkgemeinschaft' und der Liebe[40]; die soziale und politische Dimension fehlt. Auch hier wird deutlich, daß Guardini sich nicht systematisch mit der ethischen Tradition auseinandersetzt. Er geht weder auf das Problem des Unrechtes in der Gesellschaft, auf das Gleichheitsprinzip in Politik und Gesellschaft, auf die Tauschgerechtigkeit oder die distributive Gerechtigkeit ein.[41]

‚Jedem das Seine zu geben', dieser verborgene personale Grundsatz zeigt sich in einer weitergehenden Deutung von Gerechtigkeit. Jede sittlich-personale Begegnung, sowohl mit der Wirklichkeit als auch mit anderen Menschen, soll von einer offenen Haltung des Menschen geprägt sein, die andere unmittelbare Zwecke und Funktionen zurücktreten läßt. Schon in seiner Schrift zur „Grundlegung der Bildungslehre" wendete Guardini diese Bestimmung personaler Begegnung auf die Begegnung mit der Wirklichkeit überhaupt an, für deren Gelingen die Egozentrik des Individuums überwunden werden muß. „‚Gegenstand' ist hier nicht das Material für den Selbstaufbau des wachsenden lebendigen Individuums. Der Gegenstand steht vielmehr in sich selbst. Sein Wert ist objektiv. [...] Er wendet sich an den Menschen, daß dieser ihn anerkenne."[42] Guardini versteht hier den Begriff des ‚Gegenstandes' in einem umfassenden Sinne als dem Menschen ‚entgegenstehende' Wirklichkeit, als „das Seiende und Geschehende, so wie es in sich ist und aus sich ist und geschieht"[43]. Er meint die unbelebte und die belebte Welt, die Geschichte, die Kultur, die anderen Menschen und die personalen Beziehungen. Was in der Begegnung von Personen die Absichtslosigkeit und die Bereitschaft bedeutet, den anderen nicht zu verzwecken, ist hier in einem weiteren Sinne die Anerkennung der in sich stehenden Wirklichkeit und die Bereitschaft zum ‚Dienst' an ihr. In diesem Sinne ist Gerechtigkeit als ethische Grundhaltung die Bereitschaft, im sittlichen Handeln das Gute nach der ersten Bestimmung des Guten als Wahrheit des Seienden zu erkennen und zu verwirklichen.[44]

---

[38] Vgl. die in Fn. 37 genannten Passagen; in *Der Herr*, vgl. 94, findet sich nur eine kurze Erwähnung, die die Goldene Regel nicht als Ausdruck eines ethisch-universalen Verständnisses deutet. Siehe zur Interpretation der Gerechtigkeit auch Pieper, *Viergespann*, 65-161, zum Aspekt des ‚suum cuique' bes. 67-79; vgl. auch Höffe, *Gerechtigkeit*.
[39] *Tugenden*, 51. Vgl. hierzu Pieper, *Viergespann*, 76-80.
[40] Vgl. *Tugenden*, 51.
[41] Vgl. Pieper, *Viergespann*, 104-148; Höffe, *Gerechtigkeit*, 84-86.
[42] *Grundlegung der Bildungslehre*, 335.
[43] Ebd.
[44] Siehe Kapitel VI.3.

Tugenden der Person als Verwirklungsformen eines personalen Ethos 373

Unter personalem Wertmaßstab erreicht die Gerechtigkeit ihre höchste Form in der zwischenmenschlichen Begegnung. Sie ereignet sich und gelingt, wenn sie von Aufmerksamkeit und Absichtslosigkeit zugleich getragen wird: Der Mensch ist bereit, die Wahrheit der anderen Person in ihrer Einmaligkeit zu ihrem Recht kommen zu lassen. Durch diese Haltung ändern sich Struktur und Gesinnung des interpersonalen Verhältnisses. „Es zentriert im Anderen. Indem ich es aber realisiere, gehe ich von mir selbst beständig weg und finde mich ebendamit wieder, als Freund, statt als Benutzer; frei, statt an den Vorteil gebunden; liebend, statt fordernd."[45]

2.2 Die Toleranz

Guardinis Erörterung der Haltung der Toleranz zeigt die Wahrnehmungskraft und ethische Tragweite seines personalen Denkens. Durch die Rückbindung der Toleranz an das Personverständnis gelingt es ihm, die eigentliche ethische Herausforderung, die durch die inflationäre und oberflächliche Verwendung des Wortes oft verschleiert wurde, bewußt zu machen.[46] Guardini stellt fest, daß das Gespür für das Problem der Toleranz durch eine tiefgehende Veränderung im Verhältnis des modernen Menschen zur Wahrheit erschwert ist, die sich als Wahrheitsskepsis im allgemeinen Bewußtsein niedergeschlagen hat. Der Mensch der Moderne bezweifelt, daß es ‚eine in sich begründete Wahrheit' in geisteswissenschaftlichen, besonders in philosophischen, religiösen und ethischen Fragen im Sinne einer zwingenden und eindeutig wahren oder falschen Erkenntnis gibt. Bezogen auf diesen weltanschaulichen Bereich, zu dem auch die Fragen politischen Lebens gerechnet werden können, beinhaltet die Toleranzforderung zunächst das Recht auf Bildung und Äußerung der eigenen Meinung, solange es das Recht der anderen nicht bestreitet und ihre Personwürde nicht verletzt.

Ein solch minimales Verständnis von Toleranz ist zwar für das Zusammenleben in einer pluralistischen Gesellschaft eine notwendige Bedingung. Das eigentliche Problem kommt aber erst in den Blick, so Guardini, wenn mit dem Begriff der Wahrheit ernst gemacht wird. Es muß klar sein, „daß es eine Wahrheit gibt. Sagen wir genauer, daß die Dinge – das Wort im weitesten

---

[45] *Begegnung*, 23. Vgl. ähnlich *Ethik*, 240-254.
[46] Vgl.zum Ganzen *Ethik*, 765-791, bes. 765-781. Ich beschränke mich auf den ethischen Konflikt, der eher im Bereich der personalen Beziehung bzw. der überschaubaren Gemeinschaft anzusiedeln ist. Ebd., 781-785, gibt Guardini einen kurzen Überblick über das Verständnis der Toleranz in den verschiedenen kulturellen und geschichtlichen Epochen. Die politische Dimension des Toleranzproblems verdeutlicht er am Problem der Meinungsfreiheit bzw. der künstlerischen Freiheit und ihrer Grenzen; an der Frage, ob eine weltanschaulich neutrale Schule möglich ist; und an der Frage, ob ein demokratischer Staat die Verkündigung bestimmter gegen ihn gerichteter politischer Überzeugungen nicht verbieten müsse; vgl. ebd., 785-791. Guardini beschränkt sich hierbei auf die grundsätzliche Fragen, die Stärke seiner ethischen Überlegungen zeigt sich vor allem in der Herausarbeitung des personalen Konfliktes, die ich deshalb wiedergebe. Vgl. auch die Bemerkungen zur modernen Wahrheitsskepsis in *Pluralität*, 139-142.

Sinne genommen: Naturdinge und -geschehnisse, der Mensch und sein Leben, Staat und Geschichte – daß das alles eine Wesenheit hat, die ist, wie sie ist [...] Daß diese Wesenheit erkannt, das heißt, zur Wahrheit werden kann; der Mensch aber in dieser Erkenntnis nicht beliebig verfahren darf, sondern im Gehorsam gegenüber der Wahrheit steht."[47] Erkenntnis der Wahrheit setzt also einerseits die Bereitschaft voraus, die eigene Subjektivität zu überwinden. Andererseits ist für sie als personaler Vollzug die geistige Freiheit unabdingbar, die weder durch äußere Zwänge noch durch innere Einflüsse beeinträchtigt werden darf. Die Vernunft öffnet sich dem Anruf eines Sinnverhaltes aus eigener Einsicht, sie wird „nicht von ihm vergewaltigt"[48]. Toleranz bedeutet daher nicht nur das bloße Geltenlassen einer anderen Meinung, sondern erfordert die Achtung der Freiheit und des Wahrheitsbezuges jeder Person. „Ich bin verpflichtet, gegenüber dem Erkennen des Anderen Ehrfurcht zu haben. Allgemeiner gesagt: ich soll die Tatsache, daß da Einer aus seiner geistigen Freiheit heraus Wahrheit gefunden hat, oder doch gefunden zu haben glaubt, in Ehren halten."[49] Toleranz als Tugend des personalen Zusammenlebens gründet auf der Einsicht, daß die Wahrheit der Existenzraum der Person ist bzw. sein soll. In dieser Konsequenz beinhaltet sie die Verpflichtung, im Miteinander, im echten Dialog, dem anderen Menschen Raum zu geben und ihm zu helfen, zur Wahrheit zu gelangen. Toleranz „wurzelt also einmal in der Ehrfurcht vor der Wahrheit selbst, die überhaupt nur aus der Freiheit realisiert werden kann – dann aber auch in der Ehrfurcht vor der Person des Anderen, der, indem er Wahrheit denkt, oder doch sucht, geistige Würde verwirklicht und geistiges Leben entfaltet"[50]. Das Toleranzverständnis Guardinis ist ebenso tief wie anspruchsvoll. Der eigentliche Toleranz-Konflikt tritt daher erst im ernsthaften Verhältnis zwischen Menschen verschiedener Überzeugung hervor, die sich nahestehen *und* zugleich die eigene Wahrheitsverpflichtung annehmen.[51] In einer solchen Situation wird die der Toleranzforderung eigene Tragik erfahrbar.

Guardinis Beschreibung des Phänomens ist einsichtig, sobald personales Dasein in der Spannung zwischen der Achtung der Freiheit der anderen Person und der Bindung der eigenen Person durch die Wahrheit verstanden wird. Von offener oder verdeckter Intoleranz abgesehen, die den Konflikt durch die Durchsetzung der eigenen Position ‚löst', scheinen heute vor allem die skeptische Bestreitung der Möglichkeit von Wahrheitserkenntnis und der pragmatische Verzicht auf die Wahrheitsfrage der Position Guardinis entgegenzustehen. Dem kann mit Hilfe des Retorsionsargumentes widersprochen werden: Die Ablehnung von Wahrheit an sich und der Möglichkeit menschlicher Wahrheitserkenntnis behauptet sich selbst als wahr. Selbst der pragmatische Verzicht auf die Wahrheitsfrage impliziert noch einen Wahrheitsan-

---

[47] Ebd., 770.
[48] Vgl. ebd. 771.
[49] Ebd.
[50] Ebd., 772f.
[51] Vgl. ebd., 776.

spruch insofern, als er in einer bestimmten Situation als angemessen und richtig auftritt. Tatsächlich schlägt eine solche durch Verzicht auf die Wahrheitsfrage erwirkte ‚billige' Toleranz gerne in Intoleranz um, wenn sie durch verbindliche und Gültigkeit beanspruchende Aussagen infragegestellt wird.[52] Demgegenüber liegt die Stärke der Deutung Guardinis darin, daß sie der Realität personalen Zusammenlebens und seiner Konflikte in ihrer Tiefe gerecht wird. Sie begreift den Toleranz-Konflikt in der Spannung von Wahrheit und Freiheit – also der Wertbezüge, die u.a. die Würde der geistigen Person begründen – und damit als wirkliche personale ethische Herausforderung. Der beschriebene Konflikt ist theoretisch nicht mehr lösbar, sondern nur in ‚Toleranz' auszuhalten oder ‚durchzutragen', was keinen bloß pragmatischen Kompromiß bedeutet. Vielmehr folgt die Toleranz dem Prinzip, die Freiheit und ‚Wahrheitsehre', d.h. die Würde der anderen Person und der eigenen Person zu achten.[53] Zur Bildung dieser wichtigen Tugend des personalen und sozialen Zusammenlebens ist besonders die Orientierung an einem Ethos wichtig, in dem die Toleranz integriert ist und erfahren werden kann. Toleranz kann sich, was eigentlich für alle Tugenden gilt, nicht ohne ‚Vorbilder' und die Vermittlung der moralischen Erfahrungen anderer entwickeln.

Im Glauben wird ein solches personales Ethos in das christliche Dasein integriert. „Die ‚Ethik' des Christentums ist in Wahrheit eine religiöse Haltung. Richtiger gesagt, ein Ethos, das erst auf Grund einer neuen religiösen Wirklichkeit deutlich und vollziehbar wird", so Guardini in „Das Wesen des Christentums".[54] Guardinis Betrachtung des Toleranzproblems ist eine präzise und zugleich exemplarische Erläuterung seiner Aussage, die ‚Norm' christlicher Ethik sei die konkrete Person Jesu Christi.[55] Als Maßstab des rechten Verhaltens kritisiert Christus die im Namen der Wahrheit, oft der religiösen Wahrheit, in der Geschichte ausgeübte Gewalt, die zu einem Teil die neuzeitliche Skepsis gegenüber der Wahrheit hervorgerufen hat.[56] Wer ihn als Maßstab nimmt, kann Orientierung in den eigenen Toleranzkonflikten erhalten: „Man sieht nur langsam, wie vollständig Er auf das Rechthaben, auf das Siegen, auf das Zum-Schweigenbringen des Anderen verzichtet hat. Und welch furchtbaren Weg Er gegangen ist, als es darum ging, wie Johannes sagt, ‚die Welt zu überführen'."[57] Das ethische Problem der Toleranz verweist ein christliches Ethos auf den Weg der Nachfolge, der nicht nur ethische Orien-

---

[52] Vgl. ebd., 785: „Das Reden von Toleranz bedeutet in der Regel Skepsis gegen jede verbindliche religiöse Aussage. Diese Haltung hindert aber nicht im geringsten, gegen den intolerant zu sein, der eine als feindlich empfundene religiöse Position vertritt."
[53] Vgl. ebd. 778f.
[54] *Wesen des Christentums* 24, Fn. 9. Vgl. Kapitel IV.5.5.
[55] Vgl. ebd., 22f. und 58.
[56] „Die neuzeitliche Skepsis, der Verlust des echten Verhältnisses zur religiösen Wahrheit war weithin die stille Antwort auf die falsche Vertretung der Wahrheit durch Jene, die überzeugt waren, ihrer gewiß zu sein." Ebd., 780. Historisch gilt, daß die neuzeitliche Aufklärung und Toleranzidee zu einem guten Teil die ‚notwendige' Reaktion auf die mit religiösen Motiven ausgetragenen Kriege des 16. und 17. Jahrhunderts waren.
[57] *Ethik*, 779f.

tierung bietet, sondern die Verwirklichung der Toleranz als gnadenhaft geschenkte Haltung christlicher Existenz verheißt.

2.3 Die Sammlung

Einen besonderen Stellenwert räumt Guardini in seinen ethischen und zeitkritischen Überlegungen der Tugend oder Haltung der Sammlung und den mit ihr verwandten ‚kontemplativen Haltungen' ein.[58] Normalerweise findet sie in einer ethischen Darstellung und in Abhandlungen über die Tugend keine Erwähnung, scheint sie doch in den außerwissenschaftlichen Bereich der Aszetik oder Spiritualität zu fallen. Guardini hingegen spricht der Sammlung auf der Basis seines Personverständnisses eine fundamentale Bedeutung für das Gelingen konkreten personalen Lebens und das Zustandekommen sittlicher Kompetenz zu.[59]

In einem grundlegenden Sinn bedeutet ‚Sammlung' für Guardini die Haltung, in der der Mensch ‚bei sich selbst ist' oder bei sich selbst sein kann.[60] Mit dieser grundsätzlichen Bestimmung knüpft Guardini an seine Gedanken zur Verwirklichung lebendiger Freiheit an. Im Bereich des personalen Zusammenlebens vollzieht sich Freiheit u.a. im Spannungsfeld zwischen den gegensätzlichen Polen der Einsamkeit und Gemeinsamkeit. Personale Freiheit wird als Freiheit des Gegenüber, des ‚Du', und als Freiheit des ‚Ich' erfahren und ist in dieser Spannung auf die Gemeinschaft bezogen.[61] Für das Verständnis der Sammlung ist besonders die Einsamkeit bedeutsam. In einem gewissen Maß muß ‚Einsamkeit als inneres Habhaftwerden seiner selbst', als ein Habitus des Bei-Sich-Sein-Könnens erreicht sein, um die persönliche Mitte gewinnen, um personalen Selbstand einnehmen und verwirklichen zu können. Insofern die Sammlung zu solcher Einsamkeit, zum Gewinnen des ‚inneren Punktes', an dem der Mensch in sich selbst ruht oder steht, befähigt, erweist sie sich als Tugend personaler Freiheit. Sammlung wird zur wichti-

---

[58] In semantischer Nähe zur Sammlung spricht Guardini auch von Meditation, Kontemplation und allgemein von kontemplativen Haltungen; vgl. *FGS*, 148f., oder *Kultur als Werk*, 32f.

[59] Neben dem Kapitel in *GGS*, 65-96, und einer eigenen Betrachtung in *Tugenden*, 147-159, belegen viele verstreute Bemerkungen die Wichtigkeit dieser Haltung in der Sicht Guardinis. Siehe desweiteren u.a. *Unvollständiger Mensch*, bes. 47-49 und 56-59, und *Macht*, 181f. Haubenthaler ordnet die Sammlung in seiner Arbeit der Askese zu. Askese ist „Übung der Stille und der Sammlung"; Haubenthaler, 88. Askese und Meditation (bzw. Kontemplation) stehen in einem „eigentümlichen, schwer systematisierbaren Verhältnis zu einander"; ebd., 108 und 114. Durch meine Einordung und Interpretation soll deutlich werden, daß Askese und Sammlung sich nicht nur in einem praktischem Bezug, sondern über diesen hinaus auch in systematischer Betrachtung als zusammenhängend erweisen. Beide erweisen sich als unverzichtbare Haltungen für die moralische Aufgabe der Selbstbildung und die Verwirklichung sittlicher Freiheit. Unberücksichtigt bleibt, weil diese Arbeit ethisch interessiert ist, die Bedeutung der Sammlung für die Liturgie, die nach Guardinis ganzheitlichem Verständnis von christlicher Existenz nicht ohne Bezug zur christlich-sittlichen Existenz gesehen werden darf, ohne die Liturgie damit moralisch zu verzwecken.

[60] Vgl. *Unvollständiger Mensch*, 49f.

[61] Vgl. hierzu *Lebendige Freiheit*,. 96.

gen Voraussetzung personaler und sittlicher Selbstbestimmung. Sie ist damit auch ein wichtiger Bestandteil zur Bildung des Gewissens als dem sittlichen ‚Organ' der moralischen Identität, Selbständigkeit und Selbstkontrolle.[62] Die Bedeutung der Sammlung wurzelt in der Darstellung Guardinis letztlich im Religiösen. Festzuhalten ist hier der ethische Sinn seiner Interpretation: Die Haltung der Sammlung ermöglicht „Unabhängigkeit von innen her"[63] und wird zur Grundtugend sittlicher Autonomie.[64]

Vor diesem Hintergrund wird verständlich, daß Guardini in seinen späteren zeitkritischen Schriften die Notwendigkeit der kontemplativen Haltungen und der Sammlung betont, damit personales Leben auch unter den Bedingungen einer modernen Gesellschaft gelingen kann.[65] So mahnt er in „Kultur als Werk und Gefährdung" für das Leben des Menschen die Wiedergewinnung eines kontemplativen oder meditativen Elementes an. Kontemplation und Meditation sind in diesem Zusammenhang nicht als spezifisch religiöse Vollzüge zu verstehen, sondern als Elemente im Gesamtleben des Menschen, die in seiner anthropologischen Struktur begründet sind. Das Leben des heutigen Menschen, „besonders dessen, der Verantwortung trägt und Entscheidung bewirkt", braucht „echte Innerlichkeit [...], die den veräußerlichenden und zerstreuenden Tendenzen der Zeit zu widerstehen vermag. Der personale Kern", darum geht es Guardini in seinem Plädoyer für Sammlung und Innerlichkeit, „muß eine Festigung erfahren [...]"[66].

Ein weiteres ethisches Problemfeld, für dessen Bewältigung die Sammlung als Tugend erforderlich ist, ist die in der Moderne unausweichlich gewordene Aufgabe eines verantworteten Umgangs mit der Macht, die Bildung eines Ethos der Macht. Sie ist, so Guardini, nicht zu leisten, ohne daß im Leben eine kontemplative Haltung wiedergewonnen wird.[67] Guardini macht hier auf das anthropologische Problem der spannungsvollen Einheit von ‚Aktion und Kontemplation' aufmerksam: „Zwei Weisen menschlichen Verhaltens, der Welt wie sich selbst gegenüber" gibt es. „Nennen wir sie, mit einer alten Bezeichnung, das aktive und das kontemplative Verhalten. Das erste ist jenes, in welchem der Mensch von sich weg in die Dinge hinausgeht. Es richtet sich auf ein Ziel, greift an und wird ebendamit, kraft jenes Gesetzes der Zweisei-

---

[62] Vgl. den Zusammenhang in *GGS*, wo der ganze Abschnitt S. 65-96 der Sammlung gewidmet ist, wobei hier auch die religiöse Dimension der Sammlung und des Gewissens einbezogen wird. Vgl. zur Bedeutung der Sammlung für die Gewissensbildung Kapitel VII.3.2.

[63] Ebd., 157.

[64] Am Gegenbild eines Menschen, der sich in permanenter Zerstreuung befindet, veranschaulicht Guardini diese ethische Bedeutung. Über den Menschen, der keine lebendige Mitte mehr hat, läuft das Lebensgeschehen wie eine Woge hinweg; vgl. *Tugenden*, 149. Wer unfähig zur Sammlung ist und keinen Selbstand hat, ist leichter der Manipulation von außen und seinen eigenen Launen ausgeliefert, ohne daß diese in ethischer Bewertung fremdbestimmenden Einflüsse bewußt sein müssen.

[65] Siehe neben *Kultur als Werk* auch *Macht*, bes. 181f., und *Unvollständiger Mensch*.

[66] Ebd.

[67] Vgl. *Unvollständiger Mensch* und *Macht*, 181f. Im gleichen Sinn bestimmt Guardini in der Betrachtung über die Sammlung im Tugendbuch die Innerlichkeit als Gegengewicht gegen den Druck von „Öffentlichkeit, Mode und Reklame"; *Tugenden*, 158.

tigkeit, vom Objekt ergriffen... Das andere sucht die eigene Mitte; faßt in ihr Stand; gewinnt Distanz zu den Dingen und ist ihnen gegenüber frei."[68] Der Aktivismus des modernen Menschen habe, so der Vorwurf, das kontemplative Element immer weiter geschwächt, wodurch er seinem eigenen Werk verfallen sei. „So kann er die neue Sicherheit des Standorts, die Freiheit des Sehens und Tuns nur wiedergewinnen, wenn er jenes Element in sich kräftigt: wieder lernt, zu schweigen; sich zu sammeln, seiner selbst mächtig zu werden; Abstand zu gewinnen [...]"[69] Guardini spricht von einer ‚Re-Volution im positiven Sinne', die „die Scheinordnung, welche dem Menschen die Freiheit nimmt und das Leben lähmt" zerbrechen und das „innere Verfallensein an die Logik von Macht und Apparatur"[70] überwinden würde. Die geforderte Wende in der Erkenntnis und der Bewertung menschlicher Haltungen würde dem „wirklichen Fortschritt", dem humanen Fortschritt dienen. „Dazu ist aber nur jener im Stande, der die nötigen Voraussetzungen hat: die Freiheit, den Mut, den Abstand, den Griff."[71] Es geht um die Gestaltung des Fortschrittes und die Wahrnehmung von Macht aus personaler sittlicher Freiheit heraus, statt eines vermeintlich unausweichlichen Unterworfenseins unter Sachzwänge und vermeintlich unhinterfragbar geltende Logiken. Sammlung und Kontemplation dienen dem Gewinn dieser Freiheit und des erforderlichen Selbstandes, von dem aus der Mensch sein Leben entwerfen, Macht ausüben und den Fortschrittsprozeß gestalten soll und kann.

3. Die Annahme seiner selbst

Unter dem Begriff der „Annahme seiner selbst"[72] behandelt Guardini eine Grundhaltung menschlicher Existenz, die zurecht als „Kardinaltugend"[73] bezeichnet werden kann, insofern die Annahme des Selbst der für die personal-sittliche Existenz des Menschen insgesamt grundlegende Akt und Vollzug ist. ‚Angelpunkt' im ethischen Denken Guardinis ist sie, weil sich in der Deutung dieser Tugend oder Haltung dessen zentrale Grundaussagen bündeln.

Die Annahme seiner selbst hat in den späteren Schriften Guardinis eine ähnlich fundamentale christlich-anthropologische Bedeutung wie der religiö-

---

[68] *Unvollständiger Mensch*, 51.
[69] Ebd., 58.
[70] Ebd., 59
[71] Ebd.
[72] So der Titel der kleinen, aber wichtigen Schrift „Die Annahme seiner selbst"; zur folgenden Darstellung vgl. diese Schrift, zitiert als *Annahme*. Siehe auch mit zum Teil identischen Formulierungen die entsprechenden Passagen in *Ethik*, 523-531 und 1171-1177, und die Betrachtung „Annahme" in *Tugenden*, 30-39.
[73] So Biser, *Das Christentum*, 454, und *Sich selbst annehmen*.

se Gehorsam, den Guardini bereits in seinen frühen Schriften behandelte.⁷⁴ Ist ‚religiöser Gehorsam' der Grund-akt, in dem der Mensch auf Gottes Anruf antwortet, seine Kreatürlichkeit annimmt und so sein Verhältnis zu Gott bewußt realisiert, ist in Entsprechung dazu die Annahme seiner selbst die immer wieder zu verwirklichende existentielle Haltung, in der der Mensch sein Verhältnis zu sich selbst realisiert.

Mit dem Wort von der „Annahme seiner selbst" gelang es Guardini, seiner Deutung christlicher Existenz eine neue und einprägsame sprachliche Formel zu geben. Ausdrücklich verwendet er sie zwar erst in den 50er Jahren, doch ist der Gedanke bereits in seinem frühen Werk angelegt und letztlich eine konsequente Entfaltung seines christlichen Personverständnisses.⁷⁵ Der Gedanke der Selbstannahme verbindet in besonderer Weise christliche Anthropologie und Ethik, die in Guardinis Denken, wie in dieser Untersuchung deutlich wurde, ständig ineinandergreifen.⁷⁶ In ihm bezieht Guardini die Aussagen seiner christlichen Personlehre über das Wesen der Person auf das individuelle Selbst jedes Menschen. Fundamentale Bedeutung hat die Selbstannahme schließlich deshalb, weil sie die existentielle Bedingung zur Umsetzung der ethischen Bestimmung des Guten als Selbstverwirklichung ist.

3.1 Die Annahme seiner selbst als Grundakt der Existenz

Seiner phänomenologischen Methode folgend geht Guardini von der selbstverständlich erscheinenden Selbsterfahrung des Menschen aus. Die Deutung der eigenen Existenz muß aber gerade lernen, „den Schein der Selbstverständlichkeit zu durchdringen", weil sich in den grundlegenden Fragen des

---

⁷⁴ Siehe Kapitel IX.2.
⁷⁵ Bereits in den Ausführungen zur Verwirklichung personaler Freiheit als Freiheit zur Verwirklichung des eigenen Wesens ist der Gedanke angelegt; vgl. *Begriff der Freiheit* und *Lebendige Freiheit*, 89. Vgl. desweiteren die pädagogisch motivierten Aufforderungen, „daß jeder zuversichtlich sein solle, was er nach seiner Art ist", und jeder sich auf seine besonderen Veranlagungen zu besinnen habe, um das richtige Verhältnis zum anderen zu ermöglichen, im Brief „Von der Gemeinschaft" in *Gottes Werkleute*, 40-42, s. ähnlich ebd., 113-119. Balthasar weist auf Guardinis Auseinandersetzung mit Kierkegaard hin, die für den Gedanken der Selbstannahme bedeutsam war; vgl. Balthasar, 80, und *Ausgangspunkt Kierkegaards* und *Sinn der Schwermut*. Nicht zutreffend ist, was die Schriften der 50er Jahre angeht, Bisers Feststellung in *Erkundung*, 87, Guardini sei „abgesehen von der damit überschriebenen Kleinschrift nie mehr thematisch auf diesen Gedankengang" zurückgekommen. Außer der *Ethik*, die Biser allerdings nicht vorlag, – s. *Ethik*, 523-531 und 1171-1177 – belegen diverse Stellen wie *Existenz*, 90-92 und 182; *Theologische Briefe*, 57; *Tugenden*, 30-39, und *Gläubiges Dasein*, 31, daß der Gedanke und der Begriff der Selbstannahme seit den 50er Jahren eine zentrale Bedeutung für Guardini hat. Von dieser kleinen Ungenauigkeit abgesehen ist es Eugen Bisers Verdienst, die Bedeutung der Grundtugend der Selbstannahme im Denken Guardinis und für das Verständnis christlicher Existenz in der Gegenwart gewürdigt zu haben.
⁷⁶ Vgl. *Ethik*, 528-531 und 1171-1177; *Existenz* 90f. Entsprechend deutet Guardini im ersten Teil der Ethikvorlesungen, der die „Natürliche Sittlichkeit" behandeln soll, die Tugend der Selbstannahme von vornherein als religiösen Grundakt.

Daseins das wirklich Bedeutungsvolle oft „mit dem Charakter der Alltäglichkeit" umgibt. Erst dann wird die Wahrheit bewußt, die den Menschen am nächsten angeht: „Ich bin mir das einfachhin Gegebene."[77] Jeder Versuch, von sich abzusehen und sich der Wirklichkeit der Welt oder der Dinge zuzuwenden, führt wieder zum Subjekt bzw. zu sich selbst zurück, denn die Welt ist immer nur da als die ‚Umwelt' des Subjektes. „Es gibt sie für mich nur als jene, in der ich bin [...]" Wie die Selbsterfahrung offenbart auch die Welterfahrung dem Ich die eigene Unausweichlichkeit: „Es ist das überall Vorausgesetzte."[78] Erschließt sich dem Bewußtsein in dem Wort ‚Ich bin mir das Gegebene' zunächst die Selbstverständlichkeit des Ich-Seins und die Subjektivität aller Welterfahrung, so wird es durch dieses Wort zugleich über die Ich-Zentrierung hinausgeführt. „Ich bin nicht ich von Wesen, sondern mir ‚gegeben'. Ich habe mich also empfangen. Am Anfang meiner Existenz – den ‚Anfang' nicht nur zeitlich, sondern auch wesentlich; als ihre Wurzel und ihren Grund verstanden – steht nicht ein Entschluß von mir selbst, zu sein. [...] Sondern am Anfang meiner Existenz steht eine Initiative, ein Jemand, der mich mir gegeben hat."[79]

Die grundlegende Aufgabe menschlicher Existenz lautet also: „Ich soll sein wollen, der ich bin; wirklich ich sein wollen, und nur ich. Ich soll mich in mein Selbst stellen, wie es ist, und die Aufgabe übernehmen, die mir dadurch in der Welt zugewiesen ist."[80] An der Wurzel der Existenz liegt „der Akt, durch den ich mich selbst annehme. Ich soll damit einverstanden sein, der zu sein, der ich bin. Einverstanden, die Eigenschaften zu haben, die ich habe. Einverstanden, in den Grenzen zu stehen, die mir gezogen sind."[81] ‚Grenzen' sind der eigenen Existenz gesetzt durch ihre Herkunft, durch Erziehung, durch die sozialen und geschichtlichen Umstände, in denen der Mensch lebt, und durch die weitere Lebensgeschichte, die neue Grenzen zieht. Bedenkt man die Unvollkommenheiten des Daseins, mögliche körperliche und seelische Belastungen, so erscheint die Annahme der eigenen Existenz nun nicht mehr selbstverständlich. Zudem weitet sich die Annahme der eigenen Existenz zur Annahme der Menschen, die mit dieser verbunden sind. Sie wird in der Annahme der eigenen Herkunft zur Annahme der Eltern, der Familie und der Vorherbestimmungen, die sich zu dem verbinden, was im weiten Sinne ‚Erbe' heißt.[82] Zurecht weist Guardini auch in diesem Zusammenhang auf die Notwendigkeit der Askese hin. Sie bedeutet als existentielle Haltung des Menschen den Verzicht auf den Wunsch, ein völlig anderer Mensch zu sein, als sie oder er selbst ist.[83] Askese wird in einem grundlegenden Sinn zur ‚Einübung' des Selbst in das eigene Dasein, die die Annahme

---

[77] *Annahme*, 9.
[78] Ebd., 10.
[79] Ebd., 15.
[80] Ebd.
[81] Ebd., 18.
[82] Vgl. *Ethik*, 532-536.
[83] Vgl. *Annahme*, 17f.

seiner selbst begleitet, da diese nicht ohne den Verzicht auf alle Versuche gelebt werden kann, dem eigenen Selbst-Sein zu entfliehen.

Die Annahme des eigenen Daseins wird umso mehr zur Herausforderung, als die eigene Existenz als ‚Tatsache' einfachhin anzunehmen ist, ohne sie umfassend durch irgendeine Gesetzmäßigkeit oder Notwendigkeit erklären zu können. Biologische, psychologische und historische Erklärungsversuche vermögen die Fragen nach der eigenen Existenz nur zum Teil zu beantworten. „Auf die Frage: Warum bin ich, wie ich bin? warum bin ich, statt nicht zu sein? und wie sie in alle Höhen und Breiten und Tiefen meines Daseins fortgesetzt werden mag – gibt es von meinem unmittelbaren Sein her keine Antwort. Aber auch nicht aus meiner Umgebung; ja nicht einmal aus der Welt überhaupt."[84] So steht am Ende der Klärung der scheinbaren Selbstverständlichkeit der eigenen Existenz das Scheitern jedes Versuches, die Existenz im Ganzen zu erklären oder sie in irgendeiner innerweltlichen Notwendigkeit zu begründen. Die eigene Existenz ist so, „wie sie ist und könnte auch anders sein. Sie ist, und könnte auch nicht sein"[85]; sie ist nicht absolut begründet und bleibt fragwürdig.

So bleibt dem Selbstbewußtsein, will es die Frage nicht verdrängen, nur die Forderung der aufgeklärten und tapferen Selbstannahme als Grundlage allen Existierens. Sie ist aber auf einem Wege, der alleine in der Existenz entspringt und wieder zu ihr zurückführt, nicht zu erfüllen. Die Annahme der eigenen Existenz ist nicht Akt eines autarken Subjektes. Sie kann nur in Beziehung zu einer ‚Instanz' vollzogen werden, die ‚höher' als das Selbst in seiner Endlichkeit steht, aber selbst personalen Charakter hat. Diese Instanz ist nach dem Verständnis des Glaubens und der christlichen Anthropologie der Gott der biblischen Offenbarung. Das ‚Verstehen' der eigenen Existenz von ihm her ist aber kein lediglich theologischer oder intellektueller Akt, sondern der Vollzug einer lebendigen Beziehung: „Die Fragen der Existenz: Warum bin ich der, der ich bin? warum geschieht mir, was mir geschieht? warum ist mir versagt, was mir versagt ist? [...] – diese Fragen bekommen ihre Antwort nur in der Beziehung auf Gott. Allerdings müssen wir sofort hinzufügen: sofern diese Beziehung nicht nur abstrakt gedacht, sondern lebendig erfahren wird, und in dem Maße, als das geschieht."[86]

3.2 Gefährdungen der Selbstannahme

Der existentielle Ernst der Überlegungen Guardinis wird deutlich, wenn er über die Situationen und Formen der Verweigerung spricht, die die Selbstannahme gefährden. Guardini widerspricht einer existentialistischen Philosophie, die die Angst und das Gefühl der Bedrängnis durch das Nichts zur Grundstimmung des Seins erklärt und ‚Sein' mit ‚In-Angst-sein' gleichsetzt.[87] Die

---
[84] Ebd., 19.
[85] Ebd., 20.
[86] *Annahme*, 22.
[87] Ebd., 23. Vgl. auch *Ethik*, 1046-1049.

Existenzangst müßte, so Guardinis Einwand, nicht sein. Sie ist nicht unmittelbar mit der Existenz verbunden, sondern Ausdruck dafür, daß die menschliche Existenz ihre Endlichkeit, d.h. zugleich ihr Geschaffensein ablehnt und unendliche Absolutheit beansprucht. Symbol einer des Glücks und der Erfüllung fähigen, weil sich selbst annehmenden Endlichkeit, ist dagegen in biblisch-anthropologischer Sicht die Daseinsweise des Menschen im Paradies. Doch ist diese ‚paradiesische', von vornherein mit sich versöhnte Endlichkeit nicht der Zustand des Menschen. Zur Realität seines Daseins gehört, daß er sich an der Endlichkeit reibt, so daß unter dieser Bedingung die Annahme seiner selbst mitsamt der Endlichkeit zur mitunter schweren Aufgabe wird.

Eine besondere Herausforderung der Existenz ist die Schwermut, die der Gefährdung durch das Bewußtsein der Endlichkeit verwandt ist. So geht es, ohne daß das Wort selbst fällt, in der Abhandlung „Vom Sinn der Schwermut", thematisch um die Selbstannahme.[88] In der Schwermut werden die Antriebe der Selbsterhaltung und Selbstachtung durchkreuzt und das Leben wendet sich gegen sich selbst. Das Selbstbewußtsein nimmt eine Geisteshaltung ein, „die keine Rechtfertigung des eigenen Daseins mehr sieht, sich im Leeren und Sinnlosen empfindet"[89] und zur Verzweiflung neigt. Guardini anerkennt den Beitrag der Psychoanalyse und Psychologie zum Verständnis dieses Selbstverhältnisses[90]; er unternimmt aber eine eigene Deutung, die neben dem existenzphilosophischen das religiöse Interesse erkennen läßt. So

---

[88] Guardini lehnt sich in dieser Schrift an Sören Kierkegaard an, nach seiner Interpretation ein Mensch, der die Schwermut „mit Bewußtsein auf sich genommen hat, als Ausgangspunkt für seine sittliche Aufgabe, als Ebene für sein religiöses Ringen"; *Sinn der Schwermut*, 502. Die Betrachtung Guardinis über die Schwermut im Anschluß an Kierkegaard ist ‚kongenial' zu nennen, d.h. sie läßt Guardinis persönliche Erfahrung mit dieser Veranlagung erkennen, die die Frage nach dem Sinn der Schwermut motivierte und auch die religiöse Interpretation erklärt. So spricht Guardini am Ende seiner Abhandlung die ‚Lösung' der Schwermut im Glauben an. Er verweist auf die Paulusbriefe, in denen die christlichen Antworten auf die Fragen der Schwermut gegeben werden und in denen „eine richtige Theologie der Schwermut liegt [...], verständlich freilich nur dem, ‚der erfahren hat'"; ebd., 533.

[89] Ebd., 518.

[90] Vgl. ebd., 502, die abgrenzende Bemerkung und dann den Bezug auf die „neuere Psychologie", ebd., 515. Guardini bezieht sich auf die von der Psychologie ‚entdeckten' Grundtriebe im Menschen, die ihn einerseits vor dem Tod zurückschrecken und andererseits „etwas" in ihm offenbar werden lassen, „das der Gefahr antwortet" und sich zum Tod hingezogen fühlt; ebd., 516. Guardini denkt vermutlich an den thanatos-Trieb in der Psychoanalyse Freuds, er nennt ihn nicht. Zu Beginn der Rede Guardinis über „Sigmund Freud und die Erkenntnis der menschlichen Wirklichkeit", die er 1956 an der Münchener Universität zur Gedenkfeier des 100. Geburtstages von Freud gehalten hat, spricht Guardini von der über 30 Jahre zurückliegenden ersten Bekanntschaft mit den Schriften Freuds; vgl. *Sigmund Freud*, 85. „Vom Sinn der Schwermut" ist 1928 entstanden, so daß eine Kenntnis Freuds im Hintergrund vermutet werden kann, aber nicht die Deutung bestimmt, siehe oben die Fn. 90. Guardini hat sich mit Freud auseinandergesetzt, doch müßte dies, da er keine Quellen angibt, aus Fachkenntnis aus Guardinis Schriften herausgearbeitet werden. Das Register der Ethik-Vorlesungen nennt fünf Stellen unterschiedlicher Art, in denen Freud namentlich genannt wird (weitere zu den Stichworten Psychologie, Psychoanalyse). Einerseits lehnt Guardini eine psychologische Deutung religiöser, besonders der biblischen Aussagen über den Menschen ab, vgl. *Ethik*, 71, 1202 und 1219f. Andererseits beruft sich Guardini auf Freud bei der Deutung menschlicher Phänomene wie der Geburt und der Sexualität, vgl. *Ethik*, 597 und 708.

zeigt sich nach seiner Interpretation in der Schwermut das Leiden am Leben in seiner Unvollkommenheit und Vergänglichkeit, hinter dem sich ein besonders starkes Verlangen nach dem Absoluten, nach dem Unendlichen und nach der Güte des Daseins verbirgt. Menschen von schwermütiger Veranlagung erfahren in besonderer Weise in ihrer endlichen Existenz die Berührung durch das Unendliche und Absolute: „Die Schwermut ist die Beunruhigung des Menschen durch die Nachbarschaft des Ewigen." Diese Beunruhigung wird als „Geheimnis der Angrenzung" erfahren; Menschen dieser Veranlagung sind „Menschen der Grenze"[91]. So ist ihnen besonders aufgegeben, ihre Veranlagung als besonderes Verhältnis zur Wirklichkeit anzunehmen und der doppelten Versuchung zu widerstehen, entweder in „der Unmittelbarkeit der Natur und der Sinne"[92] oder in der Unmittelbarkeit des Absoluten, d.h. des Religiösen unterzugehen. Die Aufgabe der Selbstannahme erscheint hier in besonderer Gestalt: „Der Sinn des Menschen ist, lebendige Grenze zu sein und dieses Leben der Grenze auf sich zu nehmen und durchzutragen."[93]

Eine weitere Gefährdung der Selbstannahme, die unmittelbar die moralische Existenz betrifft, ist die Erfahrung eigener Schuld, die verdrängt werden und, verfestigt sich der Verdrängungsmechanismus, zur permanenten Selbsttäuschung oder zum Verlust der Selbstachtung führen kann. Angesichts dieser Gefährdung und „angesichts der Entehrung, die der Mensch sich heute denkend und handelnd antut"[94], gilt es, ein neues Verständnis der Reue zu gewinnen. In ihr urteilt der Mensch über sich selbst, ohne seine Selbstachtung preiszugeben. Im Unterschied zur Verzweiflung ermöglicht die Reue eine neue Stellungnahme des Selbst zum Leben. Dieses Verständnis von Reue wird in der Sicht des Glaubens auf den Menschen vertieft. Reue wird aus einer lebendigen Gottesbeziehung heraus möglich; der Glaube an Gottes Achtung und Liebe dem Menschen gegenüber wird zum Grund der Selbstachtung: „Wir sollen bereuen, was wir Böses getan und wozu wir uns dadurch gemacht haben – jedoch in Achtung vor dem, wozu vorher und grundlegenderweise Gott uns geschaffen hat. Die Achtung des Menschen vor sich selbst [...] wurzelt in der weithin vergessenen Wahrheit, daß Gott selbst uns achtet."[95] Die Erfahrung von Schuld und Reue wird zum Prüfstein der Selbstannahme, die hier bereits spezifisch religiös verstanden wird.

3.3 Die Selbstannahme als theologische Tugend

3.3.1 Die Bestimmung der Selbstannahme als theologische Tugend

Die Annahme seiner selbst als Tugend des Daseins, die jeden Menschen betrifft, ist bei Guardini in den Kontext seiner christlichen Anthropologie ein-

---

[91] Ebd., 528.
[92] Ebd., 531.
[93] Ebd., 532.
[94] *Annahme*, 25.
[95] Ebd.

gefügt. Weil die Selbstannahme nach diesem Verständnis letztlich nicht ohne die Gnade ‚gelingen' kann, ist sie als ‚theologische Tugend' zu verstehen. Zwei Gedanken, ein christologischer und ein pneumatologischer, vertiefen diese Bestimmung.

Der Glaube an Christus sagt dem Menschen, daß Gott, von dem er oder sie die eigene Existenz annehmen soll, nicht der Unberührbare und Ferne ist, sondern „in Christus diese Unberührbarkeit abgelegt hat. Durch die Menschwerdung ist Er in den Raum eingetreten, der für den darin Lebenden eine einzige Kette von Schicksal bildet, in die Geschichte."[96] Im Schicksal Jesu wird exemplarisch deutlich, daß die Annahme seiner selbst als Annahme des Schicksals auch die Annahme unvermeidlichen Leidens bedeuten kann. In der freien Annahme seines Schicksals und Leidens wandelte „sich der Druck des Schicksals in Freiheit"[97]. In der Sicht des Glaubens erreicht hier die Rede von der Annahme seiner selbst das ‚Niveau', auf dem von ihr auch angesichts des Leidens im Leben gesprochen werden kann. Die Annahme seiner selbst basiert nun auf dem christlichen Verständnis der Existenz als Nachfolge. „Das Bild dafür ist das Kreuz, wie Er gesagt hat: ‚Wenn einer mir nachfolgen will, so verleugne er sich und nehme sein Kreuz auf und folge mir' (Mt 16,24). Jeder ‚das seine'; das, was ihm ‚geschickt' ist. Dann wirkt der Meister in ihm das Geheimnis der heiligen Freiheit."[98]

An die christologische Vertiefung knüpft sich eine pneumatologische an. Der Mensch vollzieht die Annahme im Beistand des Heiligen Geistes, der der Geist der Wahrheit und der Liebe ist. Er „kann mich jene Wahrheit verstehen lehren, die mich niemand lehren kann, nämlich meine eigene"[99]. Der Geist, der ausgegossen ist in die Herzen (Röm 5,5), kann wirken, daß der Mensch die Entzweiung zwischen sich und sich-selbst überwindet, die sich in den Fragen nach dem Warum der eigenen Existenz ausdrückt.[100] Erst an diesem Punkt kommt die christlich-anthropologische Reflexion über die Annahme seiner selbst an ihr Ziel: „Der Heilige Geist vollzieht die Erlösung im Glaubenden. Da wirkt er, daß dieser im Willen Gottes sich annimmt, von Grund auf und so sich selbst deutlich wird." Diese Einheit des Wissens um sich selbst und der Selbstannahme aber ist Liebe. „Wissen ist nur, wo Liebe ist. Vom Menschen gibt es kein kaltes Wissen. Kein Wissen in Gewalt. Nur in jener Großmut und Freiheit, die Liebe heißt. Die Liebe aber beginnt in Gott: darin, daß Er mich liebt, und ich fähig werde, Ihn zu lieben; und ihm dankbar bin für seine erste Gabe an mich, die heißt: ich-selbst."[101]

Nach Karl Rahner ist eine Tugend deshalb ‚göttlich' zu nennen, „weil ihr ‚Formalobjekt' nicht ein endlicher sittlicher Personalwert [...], sondern Gott selbst ist, wie er sich durch Selbstmitteilung zum Leben des Menschen

---

[96] *Tugenden*, 38.
[97] Ebd., 39.
[98] Ebd. Zum christlichen Verständnis des „Schicksals" siehe Guardinis Deutung in *FGS*, 153-252.
[99] *Annahme*, 31.
[100] Vgl. ebd.
[101] Ebd., 32.

Tugenden der Person als Verwirklungsformen eines personalen Ethos   385

macht"[102]. Auf der Grundlage dieser Bestimmung ist die Tugend der Selbstannahme in der Interpretation Guardinis eine ‚göttliche' oder ‚übernatürliche, eingegossene Tugend'[103]. Denn in ihr lernt der Mensch, seine ganze Existenz von der Gnade Gottes her zu verstehen, sich selbst von Gott her anzunehmen und sein Leben auf Gott auszurichten. Der Mensch antwortet in der Annahme seiner selbst dem, der sich ihm im eigenen Dasein mitteilen will. Als solche übernatürliche Tugend liegt sie allen natürlichen und habituellen Tugenden zugrunde und durchwirkt sie. So begründet sie die „Fähigkeit' des ‚heilshaften' Handelns selbst, jetzt schon an dem Leben und der Herrlichkeit (doxa) Gottes teilzunehmen und sein Leben als Geschichte des Werdens des ewigen Lebens in der Zeit zu gestalten"[104]. Da Gnade nach Guardinis Worten nicht nur die Teilhabe an Gott, sondern auch ein „fortdauerndes Sich-Empfangen aus Seiner Liebe" bedeutet, „so, daß dabei ein wirkliches Selbst herauskommt"[105], ist die Annahme seiner selbst als anthropologischer Begriff für die Wirklichkeit der Gnade im Leben des Menschen zu bestimmen. Sie ist ein anderer Name für die Erfahrung der angenommenen Gnade Gottes. Wo immer der Mensch seine Existenz, die durch Gottes Gnade wirklich auf Gott selbst und auf sein unbegreifliches Geheimnis hin befreit ist, bedingungslos annimmt, erfährt er, vielleicht nur unreflex, das Trachten des göttlichen Geistes nach Gott selbst, das Leben der göttlichen Tugenden.[106]

Diese Bestimmung der Selbstannahme als ‚göttlicher Tugend' konkretisiert auch Guardinis Überlegungen zum Verständnis der Offenbarung. Sie steht im Bezug zur wichtigen theologischen Einsicht in die Geschichtlichkeit der

---

[102] Rahner, *Tugenden*, 367.
[103] Vgl. ebd., 364f. Die Betrachtung über die Tugend der Selbstannahme bei Guardini weist auf das Ineinander von ‚natürlicher' und ‚übernatürlicher' Tugend im traditionellen Sinne dieser Begriffe hin. Dieses Verhältnis als ‚Ineinander' bezeichnen, bedeutet, daß im Verständnis der Annahme seiner selbst die Unterscheidung zwischen natürlicher und übernatürlicher Tugend überwunden wird, die nach Rahner in einer christlichen Ethik sowieso zu vernachlässigen ist; vgl. Rahner, *Tugenden*, 366. Die Selbstannahme kann zunächst als natürliche Tugend verstanden werden, denn sie ist dem Menschen von Natur her mit seiner Existenz aufgegeben und bei jedem Menschen getragen von der mit der Schöpfung gegebenen natürlichen Gnade. Sie ist Vollzug jedes Menschen als Geschöpf Gottes. Doch ist sie als solche in der Darstellung Guardinis auf die Annahme der übernatürlichen Gnade der Erlösung ausgerichtet, da die Selbstannahme erst angesichts der in Christus offenbarten und im Glauben angenommenen Liebe ganz möglich wird. Insofern die Selbstannahme kein ‚Wesenselement' des geschaffenen Menschen ist, ist sie ‚übernatürlich'.
Die Unterscheidung zwischen natürlicher und übernatürlicher Tugend, der die Unterscheidung zwischen natürlicher und übernatürlicher Natur zugrundeliegt, ist allerdings künstlich und eine theologische Hilfskonstruktion. „Den ‚natürlichen' Menschen gibt es nicht. Er ist eine Abstraktion, deren die Theorie bedarf, um bestimmte Unterscheidungen vorzunehmen und Beziehungen herzustellen; in Wirklichkeit gibt es nur den von Gott in den Bezug der Gnade gerufenen Menschen, der entweder gehorcht" und sich selbst von Gott her annimmt oder aber den ‚Gehorsam' und die Selbstannahme von Gott her verweigert; vgl. FGS, 132 Fn. 18. Siehe zu dieser Unterscheidung auch Kapitel IV.5.4.
[104] Rahner, *Tugenden*, 365.
[105] FGS, 130.
[106] Vgl. Rahner, *Tugenden*, 367.

Offenbarung, in die die Glaubenden einbezogen sind.¹⁰⁷ Eine „Theorie der Offenbarung" hat die Aufgabe, „eine Geschichte zu verstehen, die in bestimmten Ereignissen begonnen hat, immerfort weitergeht, und heute noch, auch und gerade in dem Verstehenden selbst, auch und gerade durch das Verstehen selbst weitergehen soll"¹⁰⁸. Die Annahme seiner selbst ist der erste Schritt dazu, die existentielle Relevanz der Offenbarung im eigenen Leben und Glauben nachzuvollziehen. Mit ihr beginnt das „Verstehen Gottes" über den Leitfaden des persönlichen Lebens jeder und jedes Einzelnen und umgekehrt das Verstehen des eigenen Lebens aus der Führung Gottes.¹⁰⁹

3.3.2 *Die Selbstannahme und der religiöse Gehorsam*

Die Selbstannahme hat bei Guardini als Grundakt christlicher Existenz ähnlich fundamentale Bedeutung wie der religiöse Gehorsam. Allerdings ist der Gedanke der Selbstannahme auch eine theologische Weiterentwicklung, die bisher in der Guardini-Interpretation nicht beachtet wurde. Er korrigiert nämlich sein religiöses Gehorsamsverständnis, das Guardini in seinen frühen Abhandlungen betont, indem er über den Gedanken des ‚reinen Gehorsams' Gott gegenüber hinausführt.¹¹⁰ Gott, so hatte Guardini pointiert herausgestellt, solle um seiner selbst willen gesucht werden und nicht wegen einer Funktion oder eines Zweckes für den Menschen, dessen Erfüllung sich der Glaube durch Gott erhoffe. Erst wenn das Motiv des religiösen Gehorsams nicht mehr laute: „Gott, ich gehorche Dir, weil Du mich zur Vollendung führst", sondern: „Gott, ich gehorche Dir, weil Du Gott bist", komme die Autorität Gottes zur Geltung. „Erst wenn der Mensch diese höchste Gültigkeit als ersten und hinreichenden Grund für seinen Gehorsam anerkennt, ist der Gehorsam rein."¹¹¹ Das theologische Anliegen Guardinis, die Gottesbe-

---

107 Vgl. *Geschichtlichkeit der Offenbarung*, 12f. Bezeichnenderweise formuliert Guardini in dieser Schrift den Gedanken der Annahme seiner selbst zum erstenmal; s. oben Fn. 4 zu weiteren Belegen. Jede Ethik, so Guardini, beginne damit, „zu dem Ja zu sagen, was man ist; *sich selbst zu übernehmen* und in sich selber auszuharren"; ebd., 13 [Hervorhebung BK]. Diese Abhandlung wurde 1951 im 2. Band der Reihe „Christliche Besinnung" veröffentlicht. Wieder abgedruckt wurde sie unter dem Titel „Die Offenbarung und die Endlichkeit" in *Unterscheidung*, 398-410 (1963). Hier wurde (vom Hrsg. oder von Romano Guardini?) das „sich selbst zu übernehmen" in „sich selbst anzunehmen" geändert; vgl. ebd., 402. „Die Annahme seiner selbst" erschien zum erstenmal 1953 im Band 6 derselben Reihe.
108 *Ethik*, 1124f.; vgl. Kapitel IV.5.3 dieser Arbeit.
109 Vgl. *Annahme*, 34f. Guardini spricht in diesem Zusammenhang in einem Exkurs einen Mangel religiöser Bildung und eine Dürftigkeit der Gottesvorstellung an, die durch dieses Verständnis der Annahme seiner selbst korrigiert würde. Guardini postuliert mit kurzen Worten die Notwendigkeit einer narrativen Theologie, die den christlich-existentiellen Vollzug der Selbstannahme theologisch begleiten soll; vgl. ebd., 33-35.
110 Mit dieser Beobachtung widerspreche ich dem gerne zitierten, aber zu einseitigen Urteil Balthasars, demzufolge im Denken Guardinis „eine namhafte Entwicklung seiner Gedanken, gar eine Änderung seiner Grundpositionen [...] zwischen 1920 und 1960 nicht wahrnehmbar" sei; Balthasar, 11. Siehe zu dieser Bewertung des Werkes Guardinis auch Knoll, *Glaube*, 524-542.
111 *Religiöser Gehorsam*, 12. Siehe auch Kapitel IX.2.1. Entsprechend hat Guardini auch in den Ethik-Vorlesungen Versuche zurückgewiesen, den Sinn der Offenbarung von subjektiven Bedürfnissen des Menschen her zu begründen: „Das eigentlich begründende Moment der Of-

ziehung und die Rede über Gott von jedem verschleierten Eigeninteresse freizuhalten, damit Gott nicht zum Zweck des Menschen wird, ist berechtigt. Doch das Verständnis der Annahme seiner selbst verdeutlicht, daß der Gedanke des ‚reinen Gehorsams' in dieser Form selbst ein abstrakter Begriff ist, der nicht geeignet ist, die Realität des Glaubensvollzuges zu erfassen, sondern lediglich auf eine Gefahr religiöser Gottesvorstellung aufmerksam macht. Die Annahme seiner selbst verweist den Menschen auf den, von dem er sich als gegeben annehmen kann und soll, und auf die Liebe, die solche Annahme erst existentiell ermöglicht. Damit setzt der Gedanke aber beim Subjekt und der existentiellen Relevanz des Glaubens an. Dies kommt, verglichen mit dem Gedanken des ‚reinen Gehorsams' einer Pespektivenänderung in Guardinis Interpretation des Glaubensvollzuges gleich, mit der Guardini die existentielle Ausrichtung seiner Theologie verstärkt und sich in die anthropologische Wende der Theologie des 20. Jahrhunderts einfügt.

Theologisch zeigt sich, daß die Gnadenlehre nicht aus der Gotteslehre ausgeklammert werden kann. ‚Gnade' und ‚Heil des Menschen' weisen zwar als theologische Begriffe, zumal in ihrer eschatologischen Tragweite, über das hinaus, was anthropologisch als Glück und Selbsterfüllung bzw. -vollendung bezeichnet wird. Sie lassen sich aber nicht ohne einen *analogen* Bezug zu diesen Zwecken menschlicher Existenz denken, es sei denn in reiner Abstraktion. Ein solch abstrakt-theologisches Denken vom Menschen vermeidet Guardini mit dem Leitgedanken von der „Annahme seiner selbst". Er setzt bei der Selbst-Erfahrung des Subjektes an und ermutigt dieses, zu sich zu kommen. Die in Gottes Achtung des Menschen gründende fundamentale Selbstachtung führt dazu, die eigene Lebengestalt bewußt als Chance, d.h. als die jeweils gegebene Gestalt anzunehmen, in der sich nach dem Wort Christi der Wille Gottes erfüllen soll, „daß ‚ich lebe, und in Fülle' lebe. Diese Lebenserfüllung kann aber nur die meine sein; nicht die eines Anderen. So führt der Weg zu allem Guten aus meinem Wesensansatz heraus – und die Tapferkeit der Selbstannahme bedeutet zugleich das Vertrauen auf diesen Weg."[112] Die Annahme seiner selbst bekommt als Grundtugend menschlicher Existenz einen neuen Charakter. Erschien sie zunächst als tapfer zu leistender existentieller Akt und als ‚Aufgabe', die in Askese und Treue zum Dasein zu erfüllen sei, so ist sie ebenso Ermutigung für den Menschen und Grundlage seines Selbstbewußtseins.

3.4 Die Annahme seiner selbst als grundlegender Akt sittlicher Existenz

Als Tugend im klassischen Sinn des Begriffes bildet sich die Selbstannahme durch viele einzelne Akte zur existentiellen Einstellung des Menschen, sie

---

fenbarung aber liegt gar nicht im Bedürfnis des Menschen, sondern in der Hoheit Gottes, der will, daß Wahrheit sei; in seiner Güte, welche das Dasein des Menschen aus seinem Zustand der Verfallenheit heraushebt; in seiner Großmut, welche den Menschen in das Ich-Du-Verhältnis zu Ihm ruft." *Ethik*, 1149.

[112] *Annahme*, 27.

wird zum Habitus. Sie ist nur im Modus der schrittweisen Einübung als Lebensaufgabe zu verwirklichen, zu der jeder Mensch gerufen ist. Sich selbst als gegeben anzunehmen ist der erste Schritt der ethischen Arbeit an sich selbst, wobei das Verständnis der Selbstannahme als ‚theologischer Tugend' deutlich macht, daß nach christlichem Verständnis die Selbstannahme nicht alleine als sittlicher Akt vom Menschen geleistet werden muß, sondern immer schon unter dem Beistand der Gnade geschieht. So schafft die Selbstannahme die Grundlage für den bereits erwähnten tugendethischen Rat, die personal-sittliche Arbeit der Selbstbildung bei den eigenen Stärken und Affinitäten zu bestimmten Tugenden zu beginnen.

Die Selbstannahme steht als Grundhaltung der sittlichen Existenz daher im Zusammenhang mit den anderen Tugenden. Zunächst ist auf sie selbst der tugendethische Gedanke anzuwenden, daß auch für ihre Verwirklichung die Mitte im Sinne der ‚mesotes' und des rechten Maßes anzustreben ist. Selbstannahme bedeutet nicht das Verschließen davor, daß sich die Gegebenheiten und Vorherbestimmungen des eigenen Selbst, verstanden im umfassenden Sinne, nicht auch negativ auswirken können. Sie erklärt sich nicht mit negativen Veranlagungen einverstanden und rechtfertigt kein sich selbst gegenüber unkritisches Bewußtsein und passives Hinnehmen der Unvollkommenheiten. Unter tugendethischer Perspektive geht es vielmehr darum, zunächst das Ganze der eigenen Existenz anzunehmen und dann die Arbeit sittlicher Selbstbildung zu beginnen. Andererseits gilt, und dies stellt der Gedanke der Selbstannahme heraus: „Ich kann und soll an mir und meiner Lebensgestalt arbeiten, formen, bessern – aber zuerst zu dem, was ist, Ja sagen, sonst wird alles unecht."[113] Dies gilt auch gegenüber den eigenen Fehlern und den als problematisch erkannten Veranlagungen. Erst wenn sie ehrlich als Bestandteil der eigenen Existenz, unter Umständen auch als Folge eigener Entscheidungen und eigenen Handelns anerkannt sind, kann die Arbeit ihrer Überwindung beginnen.[114] In diesen Überlegungen spricht Guardini wiederum als Pädagoge: „Jede Einsicht in den Vorgang der Erziehung – Selbsterziehung wie Fremderziehung – weiß, daß damit allein echte sittliche Existenz beginnt. Sittliches Werden kann nicht von dem ausgehen, was man sein möchte, denn dadurch würde es ins Phantastische geraten, sondern nur von dem, was man ist, um von da aus mit den darin liegenden Kräften und auf der dadurch gebildeten Bahn zu werden, was man sein soll."[115] Die Selbstannahme ist der

---
[113] *Tugenden*, 32f. Mit gutem Grund beginnt Guardini daher seine Meditationen über die Tugenden mit der Betrachtung der Annahme; vgl. ebd., 30, außerdem *Existenz*, 91, und *Ethik*, 1176f.
[114] Vgl. *Tugenden*, 33.
[115] *Ethik*, 1177. Fonk weist auf die humanwissenschaftliche Bestätigung dieser Gedanken hin; vgl. Fonk, *Annahme*, bes.183-195. Er betrachtet, gestützt auf die psychologischen Studien von Kernberg, Kohut und Heinen, als Gegenbild zur Selbstannahme beispielhaft die narzißtische Störung als charakteristischen Typus der Gegenwart. An ihm wird die „radikale Ichbezogenheit" und der „Tanz ums goldene Selbst" anschaulich; ebd., 184. Entgegen dem ersten Anschein perfekt vollzogener Selbstannahme besteht das Grundproblem des narzißtischen Menschen darin, „daß er sich selbst im Grunde nicht annehmen kann"; ebd., 187. In der psychischen Entwicklung der narzißtischen Persönlichkeit zeigt sich oft als Ursache das Feh-

Tugenden der Person als Verwirklungsformen eines personalen Ethos 389

erste Schritt der Selbstverwirklichung. In ihr versteht sich der Mensch grundsätzlich als Werdender, dem die Aufgabe gestellt ist, das, was er jeweils ist, auf das auszurichten, was er sein soll.[116] Er erfährt und versteht sich in der ethischen Spannung zwischen der Wirklichkeit und der Möglichkeit der eigenen Existenz.

Die Annahme seiner selbst ist nicht nur eine Voraussetzung, sondern zugleich ein Ziel sittlicher Selbstverwirklichung, das auch die Dynamik der anderen Tugenden bestimmt. Wie zentral der Gedanke der Selbstannahme für Guardini ist, zeigen die anderen Tugendbetrachtungen, in denen er den Gesichtspunkt des Einverständnisses mit dem eigenen Dasein variiert. So beschreibt Guardini den Mut als den „Grund-Mut", das eigene Dasein und die zugewiesene Grundfigur der eigenen Existenz anzunehmen, und rückt ihn in die Nähe zur Selbstannahme. Mit diesem Grundmut könne der Mensch daran gehen, mit Zuversicht und, christlich gesprochen, im Vertrauen auf Gottes Führung zu leben und zu handeln.[117] Die Selbstannahme verbindet sich mit den Energien und seelischen Antriebskräften des Lebens, die klassisch der Tugend des Mutes und der Tapferkeit zugeordnet werden. Die Verwirklichung lebendiger Freiheit aus eigener Selbständigkeit und Verantwortung ist motivert vom Grundmut der Selbstannahme und ihn zu vollziehen ist bereits entscheidender Vollzug von Freiheit.

Schließlich unterstreicht die Deutung der Selbstannahme einen weiteren zentralen Gedanken eines personalen Ethos: Die Annahme seiner selbst ist ein grundlegender und *unabtretbarer* Akt der Person, will diese nicht sich selbst und ihre Einmaligkeit verfehlen.[118] Auch dieser Aspekt ist nur vermeintlich selbstverständlich. Fundamentalistische oder kollektivistische Bewegungen verschiedener Prägung, die zur Aufgabe jedes persönlichen Selbstandes drängen, übersteigerte Erwartungen, die in Ehen, Partnerschaften und Beziehun-

---

len der Erfahrung bedingungslosen Angenommenseins. Daß die Annahme durch andere, meist die Eltern, an Erwartungen und Bedingungen geknüpft ist, „bedeutet in der Konsequenz, sich selbst nur durch den Aufbau einer permanenten Lebenslüge bejahen zu können"; ebd., 188. Das Selbstwertgefühl des Narzißten ist nur um den Preis idealisierter Selbsteinschätzung und der Selbsttäuschung zu haben, die die Fehler und dunklen Seiten der eigenen Persönlichkeit und Lebensgeschichte ausblenden. Die narzißtische Persönlichkeit ist nicht fähig, andere anzunehmen. Da sie keine wahrhaftige Selbstannahme kennt, kann sie den anderen nicht als eigenständige Persönlichkeit wahrnehmen und gelten lassen.

[116] Vgl. *Ethik*, 1176.
[117] Vgl. *Tugenden*, 94-97. Eine ähnliche Wendung gibt Guardini der Tugend der Treue, wenn er sie als eine Kraft bezeichnet, die Wirklichkeit anzunehmen und den Wandel der Zeit zu überwinden, dies aber nicht „in starrer Festgelegtheit, sondern lebendig wachsend und schaffend"; *Tugenden*, 68. In der Betrachtung über die Gerechtigkeit spricht Guardini die Menschheits-Fragen nach dem ‚Warum der Existenz' an. „Gerechtigkeit des Seins" wäre dann verwirklicht, „wenn jeder Mensch vom ersten Gefühl her damit einverstanden sein könnte, zu sein, wie er ist und der er ist. Damit rühren wir aber an das Grundgeheimnis des endlichen Seins. Die Antwort auf jene Fragen gibt nur Gott selbst; *seine* Antwort, welche die Frage nicht nur gedanklich löst, sondern in lebendiger Beziehung aufhebt." *Tugenden*, 52 [Hervorhebung BK]. Siehe hierzu auch Schlegelberger, der diesen Zusammenhang im Denken Guardinis unter der Dominante der Gelassenheit untersucht; vgl. bes. 246-252.
[118] Vgl. Kapitel V.2.1 und 2.2. Vgl. zu diesem Aspekt auch Schmucker-von Koch, *Autonomie*, 166.

gen an die Partnerin bzw. den Partner gesetzt werden, sind aktuelle Hinweise dafür, daß die Selbstannahme nicht bei allen Menschen zur inneren Haltung geworden ist. Wer sich nicht annehmen kann und folglich keine Ich-Identität entwickelt, unterliegt leichter der Gefahr, sich einer Bewegung, einer Gruppe oder anderen Menschen preiszugeben. Die Betrachtung der Annahme seiner selbst macht deutlich, was für jede personale Grundhaltung und die Verwirklichung sittlicher Existenz überhaupt gilt. Weder ein Mensch noch irgendeine Gemeinschaft kann sie dem Menschen abnehmen; jedem ist sie aufgegeben.

4. Zusammenfassung und Bewertung

Es wäre nicht zutreffend, Guardinis ethisches Denken insgesamt als systematisch-tugendethischen Entwurf zu klassifizieren. Die Untersuchung stellt aber die Bedeutung der tugendethischen Überlegungen, die es erlauben, von einem tugendethischen Ansatz zu sprechen, *innerhalb* seines Denkens heraus. Unter dieser Perspektive geschieht der abschließende Blick, während ein möglicher Anstoß, der von hier aus in die heutige theologisch-ethische Diskussion ausgehen könnte, am Ende dieser Arbeit bedacht werden soll. Eigens soll die Haltung der Selbstannahme gewürdigt werden, in deren Darstellung sich die tugendethischen Überlegungen bündeln.

4.1 Der tugendethische Ansatz bei Romano Guardini

Tugenden und personale Haltungen sind bei Guardini nicht nur direkter Gegenstand der Reflexion wie in dem Buch „Tugenden", sondern Leitgedanke in seiner Behandlung ethischer Probleme, insofern Guardini nach den Haltungen fragt, die zu einer ethischen Bewältigung befähigen.[119] Einzelne Tu-

---

[119] Hier ist einmal auf das Kapitel IX zu verweisen und die dort behandelten Haltungen, die zum ethisch verantworteten Umgang mit Autorität befähigen. Desweiteren sind Guardinis Stellungnahmen zu Fragen der Bildung, näherhin christlicher Bildung, zu nennen, die auf ein Ethos christlicher Bildung zielen. Er entwickelt in seiner Bildungslehre keine wissenschaftliche Bildungstheorie – auch hier überschreitet Guardini nicht die Grenze zur Fachdisziplin. Er fragt nach den „Grundhaltungen, die einerseits vorausgesetzt werden müssen, damit Bildung als solche sich ereignen kann, die andererseits im Vollzug der Bildung erworben werden und ihr Ziel beschreiben. Er entwirft eine Tugendlehre, die ihrerseits auch als eine Bildungslehre interpretiert werden kann." Simon, 197f. Simon nennt als solche Grundhaltungen u.a. die Wahrhaftigkeit, die Gerechtigkeit, die sich auch als Sachgerechtigkeit zeigt, und eine „gesammelte Offenheit"; vgl. ebd. Viele Passagen der Ethik-Vorlesungen ließen sich als weitere Belege anführen: In dem Abschnitt über die Kunst fragt Guardini nach der Haltung und Einstellung des Künstlers. „Wie muß er sein", um ethisch verantwortlich Kunst betreiben zu können? *Ethik*, 809; s. zum Ganzen ebd., 793-819. Ähnlich geht es im Abschnitt „Der Arzt und das Heilen" um Haltungen des Arztes und um die Einstellungen, die das Arzt-Patienten-Verhältnis prägen sollen. Vgl. ebd., 957-975.

genden oder Haltungen wie der Gehorsam, die Selbstannahme und die innere sittliche Freiheit nehmen eine zentrale Stellung in seinem Werk ein. Als repräsentative Tugend wurde die Toleranz als Tugend der personalen Begegnung und Gemeinschaft vorgestellt, während die Haltung der Gerechtigkeit und auf anderer Ebene die der Sammlung fundamental für die Moralität des Menschen überhaupt sind. Festzuhalten ist jedoch, daß Guardini kein Gesamtbild des sittlichen Lebens entwirft, das systematisch um bestimmte Tugenden, etwa die klassischen Kardinaltugenden, angeordnet wäre, sondern verschiedene Tugenden in unsystematischer Reihenfolge behandelt.[120] Es fällt beispielsweise auf, daß Guardini nicht eigens auf die Tugend der Klugheit eingeht, die in keinem systematischen tugendethischen Entwurf fehlt.

Besonders drei einander berührende Stränge im Denken Guardinis sind es, die in seinen tugendethischen Überlegungen zusammenlaufen: Sein pädagogisches Interesse, der christliche Personalismus und als speziell ethischer Gedanke die Bestimmung des Guten als Selbstverwirklichung.

Guardinis ethisches Denken ist immer auch durch sein pädagogisches Interesse an der Bildung des Menschen bestimmt, wobei Bildung in einem umfassenden Sinn als Bildung der Person zu verstehen ist. So sind die Überlegungen zu den Tugenden stark von dem moralpädagogischen Anliegen personal-sittlicher Selbst-Bildung und der Entwicklung bzw. Stärkung moralischer Kompetenz motiviert. Die Ethik trifft sich mit einem solchen Bildungsverständnis in der im Begriff der Tugend enthaltenen Frage nach dem guten Sein eines Menschen. „Jede Ethik geht, wenn sie nicht abstrakt bleiben will, in lebendige Bildungslehre über, fragt, wie der Mensch nicht nur gut wollen, sondern gut werden, wie sich ein lebendiges gutes Sein bilden könne."[121]

Die Kategorie des Bildes bedingt bei Guardini keine Fixierung auf ein abgeschlossenes und unveränderbares Bild vom Menschen. Der Begriff des Bildes erlaubt im Gegenteil hinsichtlich der sittlichen Existenz die Vorstellung von Wandelbarkeit und Offenheit für neue Einsichten und Entwicklungen, die für die Aufgabe der Selbstbildung wichtig werden können. Das bedeutet für das tugendethisch orientierte Denken Guardinis, daß nicht ein bestimmter, für jede Person verbindlicher Tugendkanon vorgestellt wird, was der Karikatur eines Tugendethos gleichkäme. Je nach Persönlichkeit oder besonderer ethischer Herausforderung können einzelne Tugenden in den Vordergrund treten, neue Tugenden notwendig werden oder alte neu interpretiert werden. So ermöglicht der Tugendbegriff eine Vermittlung zwischen Ethos und Moralität der einzelnen Person, die dieser zugleich den nötigen Freiraum gegenüber einem vorgegebenen Ethos eröffnen kann, und die Ethik an die jeweilige persönliche Lebenswirklichkeit anbindet. Insgesamt tritt in

---

[120] In diesem Punkt unterscheiden sich wie Guardini auch andere, neuere tugendethische Entwürfe von den tugendethischen Systemen des Mittelalters, besonders der Ethik Thomas von Aquins; vgl. Schockenhoff, *Tugenden*. Vgl. auch Bollnow, der diesbezüglich von einer „lockeren Reihenfolge" in der Abhandlung der Tugenden spricht; *Tugenden*, 27.
[121] *Anselm v. Canterbury*, 55.

Guardinis ethischem Denken die Vorstellung eines festen, geschlossenen Ethos zurück; die Tugenden und Haltungen der einzelnen Person stehen im Vordergrund. Entsprechend stellte Guardini seinen Überlegungen die Empfehlung voran, jeweils die eigenen Veranlagungen zum Anknüpfungspunkt der ethischen Selbstbildung zu nehmen. Der Realismus des christlichen Personverständnisses und Guardinis eigene pädagogische Erfahrung bewahren seine Überlegungen zu den Tugenden davor, in idealisierender Weise auf eine erfahrungsferne Ebene zu entgleiten. Eine Tugendrede, das zeigen seine Betrachtungen, darf ‚idealistisch' sein, will sie das Schöne und Sinnerfüllende sittlicher Existenz vor Augen stellen und motivierend wirken, doch dies nur bei gleichzeitiger Erdung in der alltäglichen sittlichen Erfahrung.

Im Kontext des ethischen Denkens Guardinis ist der tugendethische Ansatz als ein Weg zu bewerten, auf dem die ethische Bestimmung des Guten als Selbstverwirklichung konkretisiert und auf die individuelle Persönlichkeit und ihr Werden bezogen wird.[122] Damit ist das Selbst nach Guardinis Verständnis aber nicht individualistisch auf sich beschränkt. Besonders mit dem Gedanken der Annahme seiner selbst widerspricht Guardini sowohl dem Konzept einer absoluten Autonomie der Person, als auch dem einer transzendental zu erfassenden Selbstbezüglichkeit des Subjektes. Das Selbst soll sich in seiner personalen Bestimmung annehmen, d.h. sich in Beziehung zu Gott und den anderen Menschen verwirklichen. In der christlichen tugendethischen Tradition entspricht dieser Forderung die zentrale Stellung der Liebe. Das Doppelgebot von Gottes- und Nächstenliebe ist auch Prinzip einer Tugendethik. Die Liebe bestimmt als „‚Form' aller Tugenden" das ethische Handeln als Weg der Liebe.[123] Es kennzeichnet Guardinis Denken, daß er die Bedeutung der Liebe wie die der Gerechtigkeit mit Blick auf die personale Begegnung und Gemeinschaft reflektiert. Sie bewirkt die Befreiung des Menschen von der Selbstverschließung: „Wer liebt, geht immerfort in die Freiheit hinüber; in die Freiheit von seiner eigentlichen Fessel, nämlich seiner selbst. Ebendarin aber, daß er sich selbst aus Blick und Gefühl hinaustut, erfüllt er sich. Es wird offen um ihn, und sein Eigenstes erhält Raum."[124] Die Tugend der Liebe ist bei ihm aber nicht das systematisch reflektierte und durchbuchstabierte Prinzip des gesamten tugendethischen Ansatzes.

Basis der gesamten tugendethischen Überlegungen Guardinis ist also sein christliches Personverständnis. Die in diesem Kapitel durchgeführte Untersuchung des tugendethischen Ansatzes gibt eine Antwort auf das im Zusam-

---

[122] Hinter diesem Gedanken ist auch Guardinis Auseinandersetzung mit Nietzsche zu vermuten. In einer kleinen nicht vollendeten Abhandlung über Nietzsche zitiert Guardini aus „Also sprach Zarathustra": „Daß Eure Tugend Euer Selbst sei und nicht ein Fremdes, eine Haut, eine Bemäntelung" und bemerkt dazu: „Nietzsche will lebendige Verankerung allen Seins im Selbst, Verwirklichung aus dem Zentrum der Person." *Nietzsche**, 9. Guardini greift diesen Gedanken also auf, stellt ihn aber in einen größeren Kontext, in dem die eine Bestimmung des Guten durch die anderen ergänzt ist, und auch die Tugenden des Selbst den dialogischen und transzendenten Bezug der Person berücksichtigen.
[123] Schockenhoff, *Tugenden*, 82.
[124] *WuP*, 126f.

menhang mit Guardinis Offenbarungsverständnis angesprochene Problem, wie sich die Ausrichtung einer christlichen Ethik auf die Person Christi realisieren lasse.[125] In der Mitte des christlichen Glaubens, so hatte Guardini herausgestellt, steht die Person Jesu Christi. Für eine christliche Ethik hatte er daraus die Forderung abgeleitet, die Person Christi als Norm zu nehmen: „Im christlichen Handeln [...] steht an der Stelle der allgemeinen Norm die geschichtliche Person Christi."[126] Eine einmalige geschichtliche Person als Norm zu nehmen widerspreche aber dem allgemeinen Anspruch und dem notwendigerweise abstrakten Charakter einer Norm. Damit ist die Frage aufgeworfen, wie dieser Primat des Personalen, der Person Christi und der personalen Beziehung zu ihm, im christlichen Bewußtsein und in einer christlichen Ethik geltend gemacht werden könne. Als ‚Kategorien' entziehen sich die Person Christi und die personale Beziehung zu ihm wegen der individuell-existentiellen Dimension des Glaubens der verallgemeinerbaren begrifflichen Bestimmung. Auf dem jetzigen Stand der Untersuchung ist nun festzuhalten, daß Guardini dieses Problem in ethischer Perspektive vor allem über die Tugenden und personalen Haltungen als Verwirklichungsformen der Christusbeziehung in einem christlichen Ethos angeht. Der Begriff der Tugenden bietet sich an, um die für eine christliche Ethik relevante Auswirkung des Glaubens auf das individuelle Sein der Person zu erfassen.[127] Dafür kann zunächst auf das Verständnis der theologischen Tugenden verwiesen werden. Doch ist hier letztlich, da die Unterscheidung zwischen ‚theologischer', ‚übernatürlicher' und ‚natürlicher' Tugend gnadentheologisch eine zu vernachlässigende Hilfskonstruktion darstellt, das ganze sittliche und personale Sein der gläubigen Existenz, die Tugend der Person im weiten Sinn gemeint.

Der personale Charakter, das Anliegen der Selbstbildung und der Zusammenhang mit dem ethischen Verständnis der Selbstverwirklichung färben Guardinis tugendethische Überlegungen stark individualethisch. Mit Blick auf das gesamte Denken Guardinis ist festzustellen, daß die Betonung von personalen Haltungen und Tugenden im Ethos mit einer mangelnden Berücksichtigung der sozialen Dimension und der sozialen Strukturen einhergeht. An diesem Punkt ist an die bereits im Zusammenhang der Gehorsams- und Autoritätsthematik geäußerte Kritik zu erinnern.[128] So liegt eine Stärke in Guardinis Deutung der Toleranz in ihrer Ausrichtung auf den personalen Bereich der Gemeinschaft und der Beziehung, während die soziale oder politische Reichweite der Toleranz weitgehend ausgeklammert bleibt. Offensichtlich wird diese Akzentuierung bei seinen Überlegungen zur Gerechtigkeit, deren fundamental-ethische und theologische Relevanz betrachtet wird, wogegen die soziale Dimension von grundsätzlichen Bemerkungen

---

[125] Vgl. Kapitel IV.5.5 und *Wesen des Christentums*, 12.
[126] Ebd., 66.
[127] Unmittelbar kommt dies in der christlichen Deutung der Toleranz als Haltung der Nachfolge Jesu zum Ausdruck; vgl. 2.2.
[128] Vgl. Kapitel IX.4.2 und 4.3.2.

abgesehen nicht thematisiert wird.[129] Die Interpretation Guardinis stellt zwar bei einzelnen Tugenden und Haltungen die soziale und politische Tragweite heraus. Doch liegt der Akzent auch hier auf der grundlegenden Bedeutung einer Tugend als Voraussetzung für das soziale und politische Leben, die sowohl in der interpersonalen Begegnung als auch im politischen Bereich das sittliche Handeln prägen soll, ohne daß ein Unterschied zwischen diesen beiden Bezügen weiter entfaltet wird.[130] Diese Einschätzung ist zwar durch die wichtige Beobachtung einzuschränken, daß Guardini mit der Thematisierung der Machtproblematik und der Weltverantwortung die soziale und politische Dimension in seine tugendethischen Überlegungen hineinholt, wie dies in seiner Interpretation der Sammlung in ihrer Relevanz für ein Ethos des Machtgebrauchs gezeigt wurde. Guardinis Tugendverständnis ist weder individualistisch noch subjektivistisch. Es bleibt aber im Rahmen des gesamten Denkens überwiegend auf die personale Dimension der sittlichen Existenz im Horizont des Glaubens ausgerichtet. Hierin sind seine Grenzen wie auch seine Stärken zu sehen. Exemplarisch wird dies an der ‚Kardinaltugend‘ der Annahme seiner selbst erkennbar.

4.2 Zur Tugend der Selbstannahme

Eine Würdigung von Guardinis Deutung der ‚Annahme seiner selbst‘ sollte die sprachliche Gestalt und Wirkung des Gedankens nicht übergehen. Guardini gelingt es, mit dieser Formel die komplexe anthropologische Struktur der Selbstbezüglichkeit und des Selbst-Aufgegebenseins auf einen einfachen Begriff zu bringen, der bewußtseinsbildend wirken konnte.[131] Das Wort von der Annahme seiner selbst ist daher nicht nur ein Begriff zur Interpretation der menschlichen Existenz auf der Basis christlichen Personverständnisses

---

[129] Diese Einschätzung bestätigt hinsichtlich der Askese Haubenthaler. Obwohl Guardinis Verständnis der Askese in seiner ethischen Aussagekraft und Tragweite zu würdigen ist – die grundsätzliche Bedeutung der Askese wurde auch in dieser Arbeit wiederholt angesprochen, s. in diesem Kapitel 3.1 – ist auch hier als Defizit das Übergehen der politisch-strukturellen Fragen anzumerken; vgl. Haubenthaler, 245.

[130] Vgl. zum Beispiel den Abschnitt über die Höflichkeit in *Ethik*, 887-923. Die Haltung der Höflichkeit bekommt bei Guardini den Stellenwert einer demokratischen Tugend, doch bleibt die Kernaussage im Bereich der Personlehre: Höflichkeit wahrt den Respekt vor der anderen Person in ihrer Fremdheit. Sie ist personale Werthaltung eines personalen Ethos, das als Ferment einer demokratischen Kultur wirkt: „Das Höflichkeit schaffende demokratische Prinzip wird sich also vor allem in der Überzeugung kundtun, daß der Andere mir als Person ebenbürtig ist – ebenso wie ich, als Person, ihm." *Ethik*, 917. Daraus ergäben sich einerseits eine innere Sicherheit sowie das Bewußtsein eigener Würde und eigenen Rechtes und andererseits ein Grundgefühl der Distanz, das den anderen ihren Raum läßt. Vgl. ähnlich die Beschreibung demokratischer Gesinnung in *Problem der Demokratie*, 713. Die Aktualität der von Guardini vorgestellten demokratischen Tugenden hebt Schlette, *Romano Guardini Werk*, 37f., hervor.

[131] Vgl. zu dieser sprachlichen Würdigung Biser, *Wer war*, 437f; ders., *Erkundigung*, 85-87, und *Interpretation*, 83-85. Biser vergleicht das Wort von der Annahme seiner selbst mit der berühmten Wendung Guardinis „Die Kirche erwacht in den Seelen" in *Sinn der Kirche*, 1.

und eine Bezeichnung für eine ethische Grundhaltung; es ist, sprachanalytisch betrachtet, auch ein Zuspruch. Mit ihm geht Guardini auf die geistig-seelische Not und die Identitätskrise des Menschen in der Moderne ein, die aus einem ungeklärten Verhältnis zu sich selbst und zum Faktum des eigenen Daseins resultiert. Guardini antwortet mit der „Annahme seiner selbst" auf die Diagnose des modernen Persönlichkeitsbewußtseins in seiner zeitkritischen Schrift „Das Ende der Neuzeit". Im Daseinsgefühl des modernen Menschens machte er eine spezifische Angst und den Verlust existentieller Geborgenheit aus, so daß er in seinem Selbstverständnis auf sich selbst zurückgeworfen wurde.[132] Verstärkt wird diese Identitätsunsicherheit im Erlebnis des eigenen Selbst durch die Infragestellung personaler Subjektivität, die von den strukturellen Veränderungen ausgeht, denen das menschliche Leben in der modernen Gesellschaft unterworfen ist. Die personale Existenz wird von vielfachen Objektivierungstendenzen bedroht, denen der seiner selbst unsicher gewordene Mensch nur schwer einen eigenen Standpunkt entgegensetzen kann. Das Eintreten Guardinis für den bewußten Vollzug der Annahme seiner selbst zielt angesichts dieser Verunsicherung auf die Stärkung der Person und ihres Selbstandes. Durch die Formel von der ‚Annahme seiner selbst' machte Guardini bewußt, was aus der Sicht christlicher Anthropologie notwendig und dem Menschen im Glauben möglich ist: Vor allem moralischen Bemühen sich in der Wahrheit seines Seins anzunehmen. Der Gedanke von der Annahme seiner selbst enthüllt und ‚aktiviert' so die therapeutische und heilende Dimension des Glaubens.[133]

Eine Erneuerung tugendethischer Ansätze wird in der theologischen Ethik nicht ohne die Vergewisserung humanwissenschaftlicher Erkenntnisse durchzuführen

---

[132] „Die neuzeitliche Angst [...] entsteht nicht zum wenigsten aus dem Bewußtsein, weder symbolhaften Standort, noch unmittelbar überzeugende Bergung mehr zu haben; aus der beständig sich erneuernden Erfahrung, daß die Welt dem Menschen keine das Sinnbedürfnis überzeugende Stelle des Existierens gewährt." *EdN*, 35. Dafür, daß „Das Ende der Neuzeit" und „Die Annahme seiner selbst" in einem Zusammenhang zu sehen sind, spricht auch die Erwähnung des französischen Existenzialismus in „Das Ende der Neuzeit". Der Existenzialismus, so Guardini in *EdN*, 68, sieht den Menschen „absolut frei". „Hinausgeworfen ins Ort- und Ordnungslose, hat er nur sich, sonst nichts, und sein Leben ist radikales Selbstschicksal." Die Annahme seiner selbst von Gott her erhellt dagegen im Horizont des Glaubens an die Offenbarung den Daseinssinn, den der französische Existenzialismus gewaltsam verneint. Vgl ebd., 90. So kann „Die Annahme seiner selbst" auch als christliche Antwort auf diese Herausforderung neuzeitlichen Existenzverständnisses gelesen werden.

[133] Vgl. dazu auch *Anfang*, 24: Die Annahme des Geschaffen-Seins als Grundakt der Frömmigkeit macht den Menschen „innerlich gesund". Daß der Selbstannahme in Guardinis Sinn eine „therapeutische Bedeutung" zuzusprechen ist, wird expressis verbis in den Ethikvorlesungen interessanterweise dadurch belegt, daß Guardini den Abschnitt „Der Arzt und das Heilen" mit dem Hinweis auf die Selbstannahme schließt. Er löst damit das Verständnis von Gesundheit und Krankheit aus einer verengten organisch-medizinischen Sicht und bindet es an die ‚Wahrheit des Seins'. Der „angeblich gesunde Mensch ist, soweit es ihn gibt, in einer tiefsten, letzten Krankheit verhärtet, denn er leugnet die Wahrheit seines Seins. Er weicht dem Menschsein aus, indem er sich in eine Vorstellung von sich flüchtet, die nur für das Tier gilt: die naturhafte ‚Gesundheit'. Der entscheidende Schritt zum Beginn echter Gesundheit wäre vielmehr die Annahme seiner selbst [...]." *Ethik*, 974f.

sein. Nun läßt sich gerade die fundamentale Bedeutung der Selbstannahme durch psychologische Einsichten bestätigen. Dies gilt, was ihren Stellenwert als Grundhaltung der persönlichen Identität betrifft und hinsichtlich ihrer Bedeutung für die Moralität des Menschen. Daß die Erfahrung, von anderen Menschen, in der Regel von den Eltern als ersten Bezugspersonen, angenommen zu sein, die fast unabläßliche emotionale und psychische Basis für den Vollzug der Selbstannahme ist, darf in diesem Zusammenhang als mittlerweile Allgemeingut gewordene psychologische und pädagogische Erkenntnis vorausgesetzt werden. Das in der frühkindlichen Entwicklung vermittelte Urvertrauen ist die psychische Wurzel der existentiellen Tugend der Selbstannahme. Umgekehrt ist die ‚gelungene' Selbstannahme die Vorbedingung und ein Ermöglichungsgrund dafür, die anderen gerade in ihrem Anderssein annehmen zu können.[134] Eine besondere Nähe zeigt Guardinis Deutung der Selbstannahme zu dem entwicklungspsychologischen Identitätskonzept Eriksons und dessen Stufen der persönlichen Identität, die zugleich die moralische Identität des Menschen bestimmen.[135] Erikson bezeichnet die letzte Stufe der Identitätsentwicklung als Integrität und beschreibt ihren seelischen Zustand folgendermaßen: „Er bedeutet die Annahme seines einen und einzigen Lebenszyklus und der Menschen, die in ihm notwendig da sein mußten und durch keine anderen ersetzt werden können. Er bedeutet eine neue, andere Liebe zu den Eltern, frei von dem Wunsch, sie möchten anders gewesen sein als sie waren, und die Bejahung der Tatsache, daß man für das eigene Leben allein verantwortlich ist."[136] Die Übereinstimmung mit Guardinis Verständnis der Selbstannahme ist offensichtlich, ebenso was deren Verständnis als einer im ganzen Leben zu erwerbenden Haltung angeht, die zur Übernahme von Lebensverantwortung, d.h. zur eigenen Moralität befähigt und so eine Grundhaltung sittlicher Existenz ist.

Aus theologisch-ethischer Perspektive ist das ‚Organ' der persönlichen Identität in der Erfahrung des Sittlichen das Gewissen. So ergibt sich an diesem Punkt ein Bezug zum Gewissensverständnis. Die Aufforderung zur Selbstannahme kann als Stimme des Gewissens, genauer als Stimme einer besonderen Form des Gewissens, nämlich des Existenzgewissens begriffen werden, die zur Annahme und zur Verwirklichung seiner selbst aufruft. Im Wort von der Selbstannahme erinnert es den Menschen daran, allen Neigungen zu widerstehen, sich sein Leben aus der Hand nehmen und in irgendeiner Form manipulieren zu lassen, anstatt die Aufgabe der Selbstwerdung anzunehmen. „Mit seiner Einrede warnt es so vor der Gefahr des Abfalls von sich selbst – der schlimmsten, der der Mensch ausgesetzt ist – und ebenso vor der näherliegenden, sich fallen zu lassen und sich mit einem Leben nach vorgefertigten Modellen und Klischees abzufinden."[137] Auf diese Deutung der Aufforderung zur Selbstannahme als Stimme des Existenzgewissens trifft auch die sonst nicht unproblematische Gleichsetzung der Gewissensstimme mit der Stimme Gottes zu. In der Aufforderung zur Selbstannahme hört der Glau-

---

[134] Vgl. *Tugenden*, 30-39, und *Christlicher Realismus*, 363.
[135] Diesen Hinweis verdanke ich Fonk, *Annahme*, bes. 192-195. Vgl. auch Fn. 45.
[136] Erikson, 118f. Ebd., 120, weist Erikson selbst darauf hin, wie sehr sich in diesem Gedanken Psychologie und Ethik berühren. Das macht sein Konzept für die Ethik besonders attraktiv.
[137] Biser, *Sich selbst annehmen*, 91.

bende die Stimme des „inwendigen Lehrers", die Nikolaus von Kues mit den Worten ausdrückt: „Sei dein eigen, dann bin auch ich dein eigen."[138] Die Annahme seiner selbst ist möglich vor dem Anruf Gottes und im Glauben an ihn. Mit diesem Verständnis des existentiellen Rufes zur Selbstannahme wird Guardinis eigene Bestimmung des Gewissens aufgegriffen: „Gewissen" wird, „was es seinem Wesen nach sein soll: Des Heiligen Gottes lebendige Stimme in uns."[139]

Wiederum wird deutlich, wie wenig der Begriff der Selbstannahme lediglich eine theologisch-anthropologische Einsicht über die Struktur menschlichen Daseins vermitteln soll. Das Wort von der ‚Annahme seiner selbst' wird, indem es den Menschen zu sich selbst ruft, in christlicher Deutung zum Zuspruch neuer Glaubensgewißheit. In ihm verschmilzt so „die Gottesfrage mit dem Streben nach jener vertrauensvollen Zuversicht"[140], die als die Grundbedingung eines geglückten und sinnerfüllten Daseins empfunden wird. Es will zu einer existentiellen Haltung führen, in der die Beziehung zu Gott erfahrbar wird, die als solche Gnade ist, aber als „gute Gabe" denen verheißen ist und gegeben wird, die „im Ernst und der Geduld ihres Herzens darum bitten und sich betend und meditierend darum mühen"[141].

---

[138] An dieses Wort erinnert zurecht Biser; vgl. ebd., 92. Siehe zu diesem Zusammenhang auch Kapitel VII.3.
[139] *GGS*, 96.
[140] Biser, *Glaubensprognose*, 241.
[141] *Annahme*, 22.

Rückblick und Ausblick

Aufgabe dieser Studie war es, das ethische Denken von Romano Guardini systematisch aufzubereiten und kritisch zu würdigen. Die werkimmanente Darstellung der Grundlagen, der Grundbegriffe und der zentralen Vollzüge sittlicher Freiheit sollte dabei helfen, die Eigenarten auszumachen, die seinen Ansatz kennzeichnen.

Bevor abschließend einzelne Ergebnisse rekapituliert werden, die besonders eindrücklich das Profil des christlichen Ethikers Guardini zeichnen, soll im folgenden Rechenschaft abgelegt werden über den hermeneutischen Weg, den diese Studie gegangen ist.[1]

1. Rückblick

1.1 Leistung und Grenzen des Untersuchungsmodus

Durch die Untersuchung des ethischen Denkens Guardinis auf drei Ebenen – die Darstellung der *Grundlagen* im ersten Teil; die Analyse des Verständnisses der ethischen *Grundbegriffe* des Guten, des Gewissens und der Freiheit und des Personprinzips im zweiten Teil; die Konkretisierung an den *Vollzügen* sittlicher Freiheit im dritten Teil – konnten die inneren Linien und Zusammenhänge des ethischen Denkens Guardinis herausgearbeitet werden, ohne ihm eine Systematisierung aufzuoktroyieren, die seinem Denken nicht gerecht geworden wäre. Die gewählte Methode war auch deshalb notwendig, weil nur für den ersten Teil (Kapitel I-IV) und für die Auseinandersetzung mit dem Autonomiegedanken (Kapitel X) auf bereits geleistete Arbeit anderer zurückgegriffen werden konnte.

Aus diesem Vorgehen, das sich zur Lösung der gestellten Aufgabe als sinnvoll erwiesen hat, ergeben sich allerdings auch die Grenzen der Untersuchung und Bedarf für weitere Forschung: Nur in Unvollständigkeit konnte der theologie- und philosophiegeschichtliche Kontext berücksichtigt und Guardinis Denken daraufhin untersucht werden, woher es seine Anregungen bezieht und von welchen Denkern es sich absetzt. Die Problematik von Guardinis Kantinterpretation z.B. wurde im Zusammenhang der Autono-

---

[1] Auf eine ausführliche Zusammenfassung kann an dieser Stelle verzichtet werden. Stattdessen sei auf die Zwischenergebnisse am Ende des ersten und des zweiten Teiles und die Auswertungen am Ende der Kapitel IX, X und XI verwiesen.

miebestimmung deutlich. Sie ausführlich zu untersuchen, wäre Aufgabe einer religionsphilosophischen Untersuchung[2]. Im Anschluß an diese Arbeit wäre auch ein systematischer Vergleich von Guardinis Ansatz mit Schelers Ethik möglich. Die antikantianische Ausrichtung Schelers in seinem ethischen Werk „Der Formalismus in der Ethik und die materiale Werteethik" hat Guardini, der sich wiederholt auf Scheler bezieht, gewiß beeinflußt. Weitere Berührungspunkte zwischen Scheler und Guardini ergeben sich in ihren phänomenologischen Ansätzen. Allerdings sind die Unterschiede nicht zu übersehen, die bereits in dieser Arbeit im Zusammenhang mit dem Personverständnis deutlich wurden. Guardini kennt zwar den Werte-Begriff, doch benutzt er ihn nicht mit den ontologischen Implikationen Schelers. Beide Vergleiche, sowohl mit Kant als auch mit Scheler, wären von eher philosophiegeschichtlichem als aktuellem moraltheologischen Interesse.

Ein noch lebendigerer Bezug scheint mir in ethischer Hinsicht zu Nietzsche zu bestehen, der als unsichtbarer Gesprächspartner das Denken Guardinis begleitet. Guardini hat sich nicht zuletzt darum auf die Auseinandersetzung mit Nietzsche eingelassen, weil dieser in radikalster Form den christlichen Glauben respektive die christliche Moral der Moderne herausgefordert hat.[3] Nach Darlegung der Nietzsche-Rezeption, die bis in die Gegenwart reicht, wäre eine Untersuchung des Denkens Guardinis auf diesen Gesprächspartner hin eine weitere Möglichkeit, die Aktualität Guardinis aufzuzeigen.

1.2 Der moraltheologische Ertrag

Mit dieser Studie verbindet sich die Hoffnung, Guardini als einen Denker dieses Jahrhunderts in Erinnerung gerufen zu haben, der in vielen moraltheologischen Positionen die Entwicklung der modernen Moraltheologie begleitet, in einigen vorausgedacht hat. Es zeigten sich im Laufe der Untersuchung überraschende und bisher nicht wahrgenommene Übereinstimmungen und Anregungen: Das Anliegen, eine Engführung im Gewissensverständnis zu überwinden, der existentialethische Zug in seinem Denken, die Thematisierung der Machtproblematik und der Verantwortung des Menschen in der Moderne, die Herausstellung der Person Christi als Prinzip einer christlichen Ethik und das Ziel eines christlichen Ethos der Selbständigkeit.

Die ausführliche Diskussion von Guardinis Position zur Autonomiefrage konnte bestehende Fehleinschätzungen korrigieren. Etwaige Abhängigkeiten

---

[2] Diese Thematik behandelt die in Freiburg von Maria Pelz angekündigte religionsphilosophische Studie „Wege des Lebens".

[3] Ein Blick auf das Register der Ethik-Vorlesungen zeigt, daß Nietzsche der meistgenannte Denker ist. Guardini hat 1931/32 Vorlesungen über Nietzsches „Zarathustra" gehalten, und in seinem Nachlaß befindet sich die Skizze einer Auseinandersetzung mit Nietzsche; vgl. *Nietzsche**. In der Literatur ist diese Auseinandersetzung bisher kaum bearbeitet; vgl. Borghesi, 91-98, und Gerl, *Guardini und Nietzsche*. In der philosophischen Dissertation von Lee wird zwar auf Nietzsche verwiesen, eine eigentliche Diskussion aber nicht durchgeführt.

und Beziehungen zwischen Guardini und der modernen Moraltheologie lohnten der weiteren Überprüfung. Doch konnte sich schon jetzt der Eindruck verfestigen, daß auch von Guardini Anstöße in den neuen Typus katholisch-theologischer Ethik eingegangen sind, der sich nach dem Zweiten Vatikanischen Konzil im deutschsprachigen Raum etabliert hat.

Zum sensiblen Bereich der Auseinandersetzung mit Guardinis Gehorsams- und Autoritätsverständnis wurde der soziale Kontext seines Denkens und dessen Verankerung in der Jugendbewegung miteinbezogen; dieser machte Defizite in Guardinis personalem Denken sichtbar, das nur ungenügend die sozialen und politischen Dimensionen menschlichen Lebens berücksichtigt.

1.3 Die Guardini-Forschung

Mit der erstmals geleisteten systematischen Herausarbeitung der ethischen Grundbegriffe im zweiten Teil und der ausführlichen Untersuchung der Vollzugsformen sittlicher Freiheit im dritten Teil hat diese Studie hoffentlich einen fruchtbaren Beitrag zum Verständnis der ethischen Vorstellungen Guardinis geleistet. Einzelne Aspekte nuancierten dabei das herkömmliche Guardini-Bild: Der erkenntniskritische Beitrag der Gegensatzlehre für das ethische Denken, die Bestimmung des Guten als die Wahrheit des Seienden und schließlich der tugendethische Ansatz zeigen, daß und wie Guardini, der bisher als überwiegend platonisch-augustinischer Denker galt, auch andere Traditionslinien christlicher Ethik aufgegriffen hat. Die genannte Bestimmung des Guten als die Wahrheit des Seienden und der biblische Gedanke der Gottebenbildlichkeit als christlich-anthropologisches Fundament der sittlichen Verantwortung des Menschen zeigen Bezüge zur thomanischen Ethik, die auch in der modernen Moraltheologie wieder aufgegriffen werden.

2. Das Profil des ethischen Denkens Guardinis

Die für Guardini charakteristischen ethischen Denkfiguren, seine zentralen Anliegen und die Form ihrer Darstellung legen es nahe, Guardinis ethisches Denken als eigenständigen Ansatz zu begreifen. Zu welchen Impulsen ist dieser Ansatz fähig?

2.1 Der moralische Standpunkt im Horizont christlichen Glaubens

Die Stärke des Denkens Guardinis zeigt sich auch im Bereich der Ethik zunächst in der Erfassung der sittlichen Wirklichkeit menschlichen Lebens, doch bleibt er nicht bei der Erschließung der gegebenen sittlichen Phänomene stehen. Sein Ziel ist die Erschließung des Sittlichen für die transzendente Dimension und umgekehrt die Grundlegung des Sittlichen im Horizont des Glaubens in der Moderne.

Die ungebrochene Aktualität von Guardinis christlich-ethischem Denken liegt in seiner fundamentalethischen Option für die Vergewisserung des Glaubens als Fundament christlicher Moralität begründet. Guardini hat früh die Notwendigkeit dieser christlich-ethischen Aufgabe zur Stärkung christlicher Existenz in der Moderne erkannt und versucht, ihr in seinem Denken gerecht zu werden. Dies führte ihn zu einer Konzeption von christlicher Ethik, die sich in der Erfassung der sittlichen Wirklichkeit weitgehend auf die Reflexion der personalen Grundlagen und der christlichen Anthropologie als Fundament eines christlichen Ethos beschränkt. Die Verwirklichung sittlicher Freiheit versteht Guardini als integralen Bestandteil der neuen Existenzweise, die er ‚christliche In-Existenz' nennt: „In Christus lebend geht der Glaubende den ‚Weg'; den einzig wesenhaften aus der in sich verfangenen Welt zur Freiheit des Neuwerdens in Gott."[4] Sittliche Freiheit verwirklicht sich als Freiheit des Geistes.

Ausgangspunkt dieses ethischen Ansatzes ist der Glaube an die Offenbarung, die ‚gebende Tatsache des theologischen Denkens' ist. Die ‚Unbedingtheit' dieser Entscheidung für die Offenbarung verbindet sich bei Guardini in spannungsvoller Weise mit einer ‚Unbefangenheit' der Welt und der Wirklichkeit menschlichen Lebens gegenüber. Diese Spannung entspricht der von ihm in seiner Weltanschauungslehre durchgeführten Begegnung von Glaube und Welt. Daß es Guardini gelungen ist, diese Spannung für die Erfassung und gläubige Deutung des Sittlichen fruchtbar werden zu lassen, scheint einer der Hauptgründe dafür zu sein, daß sein ethisches Denken – trotz der geschichtlichen Distanz – auch in der Gegenwart einen lebendigen Eindruck hinterläßt.

Guardini erschließt den Unbedingtheitscharakter des Sittlichen also nicht erst auf dem Wege einer transzendentalen Analyse des Sittlichen, sondern setzt ihre transzendente Dimension voraus. In diesem Ansatz zeigt sich die Unterscheidung des Christlichen als Merkmal seines Denkens. Diese Entscheidung bestimmt die Auseinandersetzung mit dem Autonomiegedanken als kennzeichnenden Topos seines Denkens im Unterschied zu einer christlichen Ethik, die sich mit der Priorität der Kommunikabilität auf ein transzendentales Begründungsverfahren der Unbedingtheitsdimension eingelassen hat.

Nach Guardini können die Theologie und die theologische Ethik auch unter den Bedingungen der Moderne nicht auf die Dimension der Unbedingtheit in der Rede über den Glauben verzichten. Sein theologisches Bemühen um die ‚Unterscheidung des Christlichen' prägt auch sein ethisches Denken. Die Offenbarung wird zum einheitsstiftenden Standpunkt in der Erfassung

---

[4] *Der Herr*, 534.

des Sittlichen, was bei Guardini einmal durch die schöpfungstheologische Begründung sittlicher Wirklichkeit, zum anderen durch die Ausrichtung auf die Person Christi als ihrem Prinzip geschieht. Die im Glauben vorausgesetzte Einheit kann von der Reflexion auf dem Weg durch die konkrete Wirklichkeit in ihrer Ganzheit aber nicht mehr eingeholt werden. Diese Erkenntnis macht sich in werkchronologischer Sicht zunehmend im Denken Guardinis bemerkbar. So kann Guardini, um ein markantes Beispiel zu nennen, den Gedanken einer über den erkenntnistheoretischen Weg des Gegensatzdenkens angestrebten ganzheitlichen Sicht der Weltwirklichkeit nicht durchhalten, wohl aber das Gegensatzdenken zur Erfassung der jeweiligen konkreten Wirklichkeit einbringen. Entsprechend gelingt es Guardini auch in den Ethik-Vorlesungen nicht mehr, den Standpunkt der Offenbarung in einer ganzheitlichen Sicht auf die Erfassung der einzelnen sittlichen Wirklichkeiten anzuwenden.

Schließlich wird in Guardinis Denken der Weg immer deutlicher, über die Zuwendung zur jeweils konkreten Wirklichkeit mosaikartig die im Glauben vorausgesetzte Einheit anzustreben. Diesen Weg schlägt er nicht lediglich deshalb ein, weil sich ihm unter den Bedingungen der Moderne keine Alternative mehr bietet. Er vermag ihn vielmehr aus seiner Entscheidung für die Offenbarung heraus zu begründen. Im Glauben weiß sich der Mensch für die Welt verantwortlich und zur Ehrfurcht vor der Wirklichkeit verpflichtet, die möglichst unbefangen in ihrer Vielseitigkeit wahrzunehmen ist. Der Blick auf die Weite der Wirklichkeit konkretisiert sich, so Guardini, immer wieder im einzelnen Phänomen.

Die verschiedenen Bestimmungen des Guten in ihrer Zusammenschau machen den Charakter des ethischen Denkens Guardinis paradigmatisch deutlich. Mit der ersten Bestimmung des Guten als des Absoluten schlechthin wahrt Guardini die transzendente Dimension des Sittlichen in seiner Unbedingtheit. Die zweite Bestimmung des Guten als die Wahrheit des Seienden verpflichtet den Menschen zum unbefangenen Blick und zur Zuwendung zur jeweiligen Wirklichkeit. Sie ist die ethische Umsetzung des letztlich ontologisch begründeten Vertrauens in die Wirklichkeit des Seins. Gelingt es, diese in der phänomenologischen Erfassung vor Augen zu bekommen und unbefangen anzuschauen, dann legt sich, so der Eindruck, auch ihr sittlicher Anspruch wie von selbst dem sittlichen Subjekt aus. Hier lassen Guardinis Vorlesungen und seine ethischen Darstellungen das Vertrauen erkennen, daß die Wahrheit auch in der Erfassung des Sittlichen wirkt und sich durchsetzt, ist es dem Interpreten erst gelungen, sie vor Augen zu stellen. Die dritte Bestimmung des Guten als Selbstverwirklichung läßt schließlich den personalen Charakter erkennen. Die Unbedingtheit der Entscheidung für die Offenbarung ist von der Unbedingtheit der Sorge um den Menschen nicht zu trennen.

Angesichts der Herausforderung, sich der Fundamente des Glaubens zu vergewissern, ist Guardinis Ansatz, der sich konsequent aus seiner christlichen Weltanschauungslehre ergibt, exemplarisch. Er hält die Spannung zwischen dem Anliegen der Sicherung der Glaubensidentität *und* dem Bemühen um Weltoffenheit und Dialogfähigkeit nicht nur aus, sondern setzt sie produktiv um: Die Sorge um den Glauben darf nie dazu führen, die Sorge um Mensch und Welt zu vernachlässigen. Diese Haltung der Sorge aber ist bei Guardini von Ehrfurcht bestimmt. Es kennzeichnet den Denker, fast möchte man sagen den Wahrheitssucher, daß Ehrfurcht nicht nur die Haltung Gott oder einer anderen Person gegenüber bestimmt, sondern auch den Problemen entgegenzubringen ist. Guardini selbst machte in einer Tagebuchnotiz auf die Gefahr für die Christen und die Kirche aufmerksam, anders, nämlich fundamentalistisch auf die Herausforderungen christlicher Existenz in der Moderne zu reagieren: „Draußen die Heiden und drinnen die Pharisäer und Zeloten: Das wird zu einem guten Teil die Situation der Kirche bestimmen. Pharisäer und Zeloten aber nicht nur unter den Alten, sondern auch und gerade unter den Jungen, die weder die Kraft noch die Ehrfurcht haben, Probleme zu sehen, und die von den Gegnern die Methoden der Gewalt übernommen haben."[5]

2.2 Ein Ethos der Freiheit

Das Ethos, dessen Bildung Ziel des christlich-ethischen Denkes Guardinis ist, ist als ein Ethos der Freiheit zu charakterisieren. Die Freiheit des Menschen ist bei Guardini, hier steht er fest in der christlichen Tradition, Freiheit oder Macht des Menschen unter Gott. Sie ist theologisch begründet, ausgedrückt als Gehorsam gegenüber Gott. Die in dieser Untersuchung herausgestellten Inhalte und vielfältigen Aspekte der Freiheitsthematik bei Guardini haben dies gezeigt.

Der Gesamteindruck des Denkens bestätigt dies auf eine auch heute noch eindrucksvolle Weise. Zu erkennen sind das Vertrauen und die Überzeugung, daß sich die Wahrheit der Offenbarung durchsetzen werde, daß sie es jedenfalls auf keinem anderen Weg vermag, als auf dem Weg der unbequemen und unangepaßten, den Anspruch der christlichen Offenbarung nicht aus Gefälligkeit halbierenden Verkündigung und Deutung. Diese Deutung muß aber zugleich eine solche sein, die die Freiheit und die Selbständigkeit, den mündigen Glauben im Bereich des Sittlichen fördert. Dieser Ansatz Guardinis, der sich in Achtung an die Einsicht des Gegenübers wendet, wahrt dessen Freiheit vielmehr als der erste mitunter dezisionistische Eindruck seiner Äußerungen es nahelegt. Christliche Ethik bezeugt so, indem sie die Freiheit derjenigen achtet, an die sie sich wendet, das Ethos, das sie begründen will. Guardini weist nicht den Weg durch die Vorgabe von Lösungen und Regeln, sondern dadurch, daß er die Wirklichkeit des Sittlichen erschließt, so das moralische Problem vor Augen führt und dann nach den Haltungen und Einsichten fragt, die dazu befähigen, es wirklich wahrzunehmen und zu bewältigen. In dieser sokratischen Methode ist sein ethischer Ansatz wertvoll bis in die Gegenwart.

---

[5] *Wahrheit des Denkens*, 9.

2.3 Das Personprinzip

Die Untersuchung des ethischen Denkens Guardinis hat gezeigt, daß die Kritik der Moderne bei ihm nicht allein und nicht primär aus Sorge um die Identität des Glaubens, sondern aus Sorge um das Humanum erfolgt. Im Personprinzip, das im Glauben verankert ist, konkretisiert sich die Unbedingtheit dieser theologisch-anthropologischen Grundoption. In diesem Prinzip zeigt sich die Identifikation Guardinis mit dem zum Glauben gerufenen Menschen, vor der die Sorge um die ‚Unterscheidung des Christlichen', mit anderen Worten die „Identität des Glaubens"[6], zurücktreten kann. Daß der Mensch als Person von Gott angerufen ist und in dieser Beziehung steht, hat Guardini stets in vielfältiger Hinsicht als Ausgangspunkt der christlichen Deutung moralischer Existenz ins Bewußtsein gerufen: „Der Kampf um die Person und um den für sie notwendigen Bewegungsraum ist identisch mit dem Kampf um den sittlichen Charakter des Menschen überhaupt."[7] Dieses Prinzip verpflichtet jede christliche Ethik in der Moderne, wobei das darin ausgedrückte Anliegen in der Gegenwart auch unter dem Leitwort der Menschenrechte und der Menschenwürde vertreten werden kann.

Eine entscheidende Erweiterung bekommt die personale Ausrichtung und der Grundgedanke der christlichen Verantwortung für die Welt durch die Thematisierung des ethischen Problems menschlicher Machtausübung. Auch hier bleibt Guardini der Mahner im Grundsätzlichen. Allerdings ergänzt er seine Ausführungen durch die Frage nach den für ein Ethos der Macht notwendigen Haltungen oder Tugenden, ohne die der moderne Mensch nicht mehr ‚Macht über seine eigene Macht' ausüben kann. Die Fragen nach der notwendigen gesellschaftlichen Vermittlung menschlichen Handelns aber bleiben unberücksichtigt. Das Problem der Macht wird in seiner zentralen Bedeutung erkannt, darüberhinaus aber nicht differenzierter erörtert. Dies hätte eine, in Guardinis Denken leider unterlassene, stärkere Berücksichtigung der Wissenschaften geleistet.

3. Ausblick: Ein tugendethischer Anstoß

Paradigmatisch könnte über dem ethischen Denken Guardinis das Leitwort ‚Tugenden der Person' stehen, um den Stellenwert des Begriffes der Tugend zu verdeutlichen. Die Frage nach den Tugenden und personalen Haltungen ist ein zentrales Thema in Guardinis ethischen Überlegungen, ohne daß von

---

[6] Biser, *Interpretation*, 96.
[7] *Ethik*, 289.

einem tugendethischen Entwurf hinsichtlich der Gesamtgestalt des Denkens gesprochen werden muß.[8]

Um den Anstoß, der von seinem tugendethischen Ansatz ausgeht, nicht von vornherein zu desavouieren, sind zwei Gesichtspunkte zu beachten. Eine Erneuerung der Tugendethik wird nur erfolgreich sein, wenn sie von „der oft verdeckten Symbiose mit den Motiven einer offen vorgetragenen oder nur unterschwellig wirksamen pessimistischen Zeitkritik"[9] befreit werden kann. Das bedeutet, daß Guardinis tugendethischer Appell nicht mit einer undifferenzierten Übernahme seiner Neuzeitkritik verbunden werden darf. Daß die Rede über Tugenden leicht mit einer unfruchtbaren Kritik am moralischen Zustand der Gegenwart einhergeht und oft nur rein appellativ wirkt, mag u.a. dazu beigetragen haben, den tugendethischen Ansatz in der theologischen Ethik zu vernachlässigen und so das Feld der Tugend der mitunter unreflektierten Moralpredigt zu überlassen.[10]

Zweitens ist ein tugendethischer Ansatz nicht gegen einen normativen Ansatz innerhalb der Ethik auszuspielen.[11] Die angemessene Verhältnisbestimmung kann keine andere als die einer Ergänzung der beiden Ansätze sein. Schon die Tatsache, daß auch die Geltung einzelner Normen sich wandelt und der Überprüfung bedarf, verlangt nach einer normativen Diskussion und nach der steten Begründung bestehender bzw. der Findung und Begründung neuer ethischer Normen. Eine Tugendethik macht dagegen auf die notwendigen sittlichen Haltungen aufmerksam, ohne die auch ein normatives Ethos nicht auskommen kann.

Die Untersuchung zeigte im personalen Denken Guardinis eine Eingrenzung auf den Bereich der Gemeinschaft als einer überschaubaren sozialen Größe. Diese Ausrichtung birgt die Gefahr einer individualistischen Engführung sittlichen Handelns in sich. Sie wird durch die Thematisierung sozialer Tugenden vermieden; bei Guardini geschieht dies durch sein Eintreten für ein Ethos der Macht und der Verantwortung. Zur Bewältigung der gesellschaftlichen und globalen Probleme der Gegenwart reicht ein tugendethischer Ansatz nicht aus. Tugenden und Haltungen wie Verantwortung und Solidarität sind hier zwar eine notwendige, aber noch nicht die hinreichende Basis sittlichen Handelns.

Trotz der Unverzichtbarkeit normativer Regelungen gilt umgekehrt, daß der Komplexität und dem schnellen Wandel in der Sicht der Probleme nicht

---

[8] Siehe Kapitel XI. Exemplarisch wird dies in Guardinis Ethik-Vorlesungen deutlich, in denen zwar von Tugenden und personalen Haltungen die Rede ist, der Begriff selbst aber in den Hintergrund tritt und kein Ordnungsprinzip des gesamten Vorlesungsstoffes ist.
[9] Schockenhoff, *Tugenden*, 804.
[10] Eine Ausnahme bildet in der theologisch-ethischen Diskussion der letzten Jahre vor allem Mieth mit seinem Buch *Neue Tugenden*.
[11] Dieser Tendenz unterliegt nach seiner Studie über die Bedeutung der Askese bei Guardini Haubenthaler, wenn er die ethische Reflexion über „allgemeinverbindliche Normen" als „wenig hilfreich" bewertet; Haubenthaler, 252. Das Plädoyer für die Askese als wichtiger sittlicher Haltung oder Tugend, deren Bedeutung bei Guardini Haubenthaler in seiner Studie herausstellt, ist in *Ergänzung* zu den ethischen Bemühungen um allgemeinverbindliche Normen zur Regelung der universalen Probleme zu führen.

alleine normativ begegnet werden kann. Hinter den Überlegungen zu einer erneuerten Tugendethik steht die Einsicht, daß die Gefährdung des Humanum in der radikalisierten Moderne und die ethischen Herausforderungen neue Haltungsbilder erfordern. In dem christlich-personalen Ethos, das Guardini in ständig neuen Facetten zu zeigen bemüht ist, werden solche modernen Haltungsbilder und Tugenden erkennbar: Zu erinnern ist an die Unabhängigkeit und Eigenständigkeit des moralischen Subjektes, die schöpferische Dimension im Gewissen und die im Glauben verankerte aufrichtige Verantwortlichkeit des Menschen für die Welt. Wir können auch von ‚Zivilcourage' als Stärke und Unabhängigkeit des eigenen Gewissens, von Schonung im Umgang mit den natürlichen Ressourcen und von Rücksichtnahme auf den anderen und die kommenden Generationen sprechen. Inhaltlich sind mit diesen Bezeichnungen die Haltungen gemeint, auf die Guardini deutlich hinwies und die es den Menschen erlauben, „gemeinsam nicht nur defensiv, sondern vorauslaufend und prospektiv auf die Herausforderungen des technologischen Zeitalters"[12] der Moderne zu antworten.

Die Stärke eines personal-tugendethischen Ansatzes liegt schließlich darin, daß durch ihn die individualethische Dimension nicht aus dem moraltheologischen Blickfeld gerät. Dies verdeutlicht wie in einem Brennpunkt die Bestimmung des Guten als die Selbstverwirklichung und das Nachdenken über die ‚Kardinaltugend' der Selbstannahme. Während Normen in ihrem Anspruch auf größere Allgemeinverbindlichkeit auf das jeweils notwendige Verhalten zielen, damit aber auf das ethische Minimum, kommt durch die Tugenden das ‚Mehr' an Gutsein in der personal-sittlichen Existenz zur Sprache. Die Rede von Tugenden vermittelt ein anspruchsvolles Verständnis des Sittlichen. Eine christliche Ethik, die über den Vollzug christlich-sittlicher Existenz reflektiert, kann darauf nicht verzichten. Das ist der bleibende Anstoß des ethischen Denkens Guardinis. Der Tugendbegriff ist ein kritischer Begriff der Moral, da er die Differenz zwischen der Realität und der Möglichkeit glückender Selbstverwirklichung im Blick auf die eigene Bestimmung offenlegt – in den Worten Guardinis: mit Blick auf das jedem Menschen mitgegebene einmalige Bild, das Gott von uns Menschen hat.

Eine christliche Ethik und Morallehre kann für diese Aufgabe, den Menschen ihre Berufung vor Augen zu stellen, daher nicht auf Tugenden als Leit- und Handlungsbilder einer gelungenen christlichen Existenz verzichten. „Erst durch die Lehre von der Vollendung des sittlichen Aktes wird die Ethik vom auferlegten Sollen ins neu ermöglichte Können transformiert. Die christliche Ethik ist in diesem Sinne letztlich keine Sollensethik, sondern eine Könnensethik."[13] Tugendhaftes Handeln als ein ‚neues Können' ist nach christlich-ethischem Verständnis immer auch gnadenhaft gewirkt. Es geht darum, das Hoffnungspotential christlichen Glaubens, daß der Mensch gut handeln und werden kann, in die ethische Reflexion und schließlich in die ethische Existenz des Menschen zu integrieren. Tugenden und Haltungen

---

[12] Schockenhoff, *Tugenden*, 805.
[13] Mieth, *Theologie*, 223.

konkretisieren so das von Guardini hervorgehobene ‚Sein in Christus' als die Daseinsweise christlicher In-Existenz in die ethische Existenz hinein. Sittliche Freiheit ist die sittliche Vollzugsform der Freiheit des Geistes.

Ein Ethos, das die biblische Offenbarung als ‚gebende Tatsache' zugrundelegt, birgt den Menschen zuerst in der personalen Beziehung zu Gott. Gerade hier zeigt sich der spezifisch-christliche Umgang mit der Ethik: Er setzt „eine ethische Wertbestimmung des Menschen nicht an die Stelle der Wahrheit über den Menschen", sondern sieht „in dem von Gott versöhnten Menschen *mehr* [...] als das Subjekt moralischer Kompetenz"[14]. In besonderer Weise ist dieses Ethos „charakterisiert durch die Werte der Ehrfurcht vor dem Schöpfer und des Gehorsams gegen Ihn. [...] Es ist ein Ethos der Gnade, die weiß, daß sie durch Ihn lebt. Aber zugleich der Freiheit, die weiß, daß ihr die Verantwortung für die Welt übertragen ist. Es ist ein personales Ethos, das seine Vollendung in den Begriffen der Liebe und der Heiligkeit findet."[15]

---

[14] Ebd.
[15] *Ethik*, 995f.

Abkürzungen

1. Allgemeine Abkürzungen

Alle Abkürzungen sind – außer den folgenden – dem Abkürzungsverzeichnis des Lexikons für Theologie und Kirche entnommen. (Lexikon für Theologie und Kirche. Abkürzungsverzeichnis, begr. von Michael BUCHBERGER, hg. von Walter KASPER, 3. völlig neubearbeitete Aufl. 1993.)

Burgbrief = Burgbrief Burg Rothenfels am Main, hg. von der Vereinigung der Freunde von Burg Rothenfels e.V. (97851 Rothenfels am Main).
EV = EVANGELIUM VITAE.
HThTlex = Herders Theologisches Taschenlexikon. Acht Bände, hg. von Karl RAHNER, Freiburg 1972-1973.
KaEK 2 = KATHOLISCHER ERWACHSENENKATECHISMUS. Zweiter Band. Leben aus dem Glauben.
KKK = KATECHISMUS DER KATHOLISCHEN KIRCHE.
Pastoralblatt = Pastoralblatt für die Diözesen Aachen, Berlin, Essen, Hamburg, Hildesheim, Köln, Osnabrück (Köln 1948 ff.).
Schildgenossen = Die Schildgenossen. Zweimonatsschrift aus der katholischen Lebensbewegung, hg. von Josef AUßEM/ Romano GUARDINI (1920 ff.).
VS = VERITATIS SPLENDOR.

2. Abkürzungen für Schriften Romano Guardinis

AdW = Auf dem Wege.
EdN = Ende der Neuzeit.
FGS = Freiheit Gnade Schicksal.
GGS = Das Gute, das Gewissen und die Sammlung.
RGW = Romano Guardini Werke, hg. von Franz HENRICH im Auftrag des Sachverständigengremiums für den literarischen Nachlaß Guardinis bei der Katholischen Akademie in Bayern. Mainz/Paderborn 1986ff.
WuP = Welt und Person.

Literaturverzeichnis

Im Fließtext der Arbeit werden Titel Romano Guardinis unter Angabe des Haupttitels und mit „ " versehen angegeben. In den Fußnoten werden häufig zitierte Titel mit einem Kürzel in *Kursiv*-Schrift abgekürzt, das leicht mit dem Anfang des Titels zu identifizieren ist. Es ist hinter der vollständigen Angabe im Literaturverzeichnis angeführt. Titel der Sekundärliteratur werden mit dem Namen der Autorin oder des Autors und ggfs. mit einem Kürzel in *Kursiv*-Schrift zitiert, das sich ebenso hinter der Angabe im Literaturverzeichnis findet.
Die Titel Romano Guardinis und mehrere Titel einer Autorin oder eines Autors sind alphabetisch geordnet, wobei bestimmte und unbestimmte Artikel nicht berücksichtigt sind.

1. Dokumente des kirchlichen Lehramtes

APOSTOLICAM ACTUOSITATEM. Decretum de Apostolatu laicorum. In: AAS 58 (1966) 837-864. Zitiert nach: LThK. Das Zweite Vatikanische Konzil II (1967) 602-700.
DEI VERBUM. Constitutio Dogmatica De Divina Revelatione. In: AAS 58 (1966) 817-836. Zitiert nach: LThK. Das Zweite Vatikanische Konzil II (1967) 504-583.
GAUDIUM ET SPES. Constitutio pastoralis de Ecclesia in mundo huius temporis. In: AAS 58 (1966) 1025-1115. Zitiert nach: LThK. Das Zweite Vatikanische Konzil III (1968) 280-590.
LUMEN GENTIUM. Constitutio dogmatica de Ecclesia. In: AAS 57 (1965) 5-75. Zitiert nach: LThK. Das Zweite Vatikanische Konzil I (1966) 156-346.
OPTATAM TOTIUS. Decretum de institutione sacerdotali. In: AAS 58 (1966) 713-727. Zitiert nach LThK. Das Zweite Vatikanische Konzil II (1967) 314-355.
EVANGELIUM VITAE. Enzyklika Evangelium vitae von Papst Johannes Paul II. über den Wert und die Unantastbarkeit des menschlichen Lebens. Zitiert nach: Sekretariat der Deutschen Bischofskonferenz (Hg.), Verlautbarungen des Apostolischen Stuhls 120 (25.März 1995). *EV*.
VERITATIS SPLENDOR. Enzyklika Veritatis splendor von Papst Johannes Paul II. an alle Bischöfe der katholischen Kirche über einige grundlegende Fragen der kirchlichen Morallehre. Zitiert nach: Sekretariat der Deutschen Bischofskonferenz (Hg.), Verlautbarungen des Apostolischen Stuhls 111 (6. August 1993). *VS*.
KATECHISMUS DER KATHOLISCHEN KIRCHE, deutsche Ausgabe, München 1993. *KKK*.
KATHOLISCHER ERWACHSENENKATECHISMUS. Zweiter Band. Leben aus dem Glauben, hg. von der Deutschen Bischofskonferenz, Bonn 1995. *KaEK 2*.
„Unsere Hoffnung. Ein Bekenntnis zum Glauben in unserer Zeit": Gemeinsame Synode der Bistümer in der Bundesrepublik Deutschland. Beschlüsse der Vollversammlung. Offizielle Gesamtausgabe I, hg. von L. BERTSCH u.a. im Auftrag des Präsidiums der Synode und der Deutschen Bischofskonferenz, ²1976, 84-111. *Unsere Hoffnung*.

DENZINGER, Heinrich, Enchiridion symbolorum definitorum et declarationum de rebus fidei et morum. Kompendium der Glaubensbekenntnisse und kirchlichen Lehrentscheidungen. Lateinisch-deutsch. Erweitert, übersetzt und hg. von Peter HÜNERMANN, Freiburg ³⁷1991. [Zitiert mit Angabe der nn.] *DH*.

2. Schriften und Abhandlungen Romano Guardinis

Der Werkbestand der zahlreichen veröffentlichten Schriften und Abhandlungen Romano Guardinis ist einigermaßen schwer zu übersehen. In diesem Literaturverzeichnis sind die von mir benutzten Quellen und Auflagen zitiert. Wenn es von besonderem Interesse erschien, sind bibliographische Zusatzinformationen in [ ] angegeben, so beispielsweise das Jahr der Erstveröffentlichung bei Aufsätzen, die später in einen Sammelband aufgenommen wurden. Zur vollständigen Information sei auf die Bibliographie von Hans Mercker verwiesen.

2.1 Bibliographie

MERCKER, Hans, Bibliographie Romano Guardini (1885-1968). Guardinis Werke. Veröffentlichung über Romano Guardini, Rezensionen. Hg. von der Katholischen Akademie Bayern, Paderborn 1978. [Zitiert entweder nach den Nummern der Primär- und Sekundärbibliographie oder den Seiten.] *Bibliographie*.

2.2 Veröffentlichte Schriften Romano Guardinis

Auf der Suche nach dem Frieden. In: *Sorge II*, 7-28. [Als Rede 1952 bei der Verleihung des Friedenspreises des Deutschen Buchhandels gehalten.] *Suche nach Frieden*.

Der Anfang aller Dinge. Meditationen über Genesis Kap. 1-3: Der Anfang aller Dinge/ Weisheit der Psalmen (= RGW) Mainz ³1987, 9-116. *Anfang*.

Die Annahme seiner selbst. In: „Die Annahme seiner selbst. Den Menschen erkennt nur, wer von Gott weiß", Mainz, 2. Taschenbuch-Aufl. 1990, 7-35. [Zuerst veröffentlicht in: *Christliche Besinnung* 6 (1053) 5-30.] *Annahme*.

Anselm von Canterbury und das Wesen der Theologie. In: *AdW*, 33-65. *Anselm v. Canterbury*.

Askese als Element der menschlichen Existenz. In: Eduard SPRANGER/ Romano GUARDINI, Vom Stilleren Leben (= Weltbild und Erziehung 16) Würzburg 1956, 23-48. *Askese*.

Der Atheismus und die Möglichkeit der Autorität. In: *Sorge I*, 82-92. [Zuerst veröffentlicht 1961.] *Atheismus und Autorität*.

Auf dem Wege. Versuche, Mainz 1923. *AdW*.

Das Auge und die religiöse Erkenntnis. In: *Die Sinne und die religiöse Erkenntnis*, 13-38. *Auge*.

Aus einem Jugendreich, Mainz ²1921.

Der Ausgangspunkt der Denkbewegung Sören Kierkegaards. In: *Unterscheidung*, 473-501. *Ausgangspunkt Kierkegaards*.

Die Bedeutung des Dogmas vom dreieinigen Gott für das sittliche Leben der Gemeinschaft. In: *AdW*, 86-94. [Zuerst veröffentlicht in: ThGl 8 (1916) 400-406.] *Bedeutung des Dreifaltigkeitsdogmas*.

Die Begegnung. In: DERS./ Otto Friedrich BOLLNOW, Begegnung und Bildung (= Weltbild und Erziehung) Würzburg 1956, 9-24. *Begegnung*.

Die Bekehrung des Aurelius Augustinus. Der innere Vorgang in seinen Bekenntnissen (= RGW) Mainz ⁴1989. *Bekehrung des Augustinus.*
Die Bereiche des menschlichen Schaffens. In: Schildgenossen 17 (1938) 321-334.
Berichte über mein Leben. Autobiographische Aufzeichnungen. Aus dem Nachlaß hg. von Franz HENRICH (= Schriften der Katholischen Akademie in Bayern 116) Düsseldorf ³1985. *Berichte.*
Die Bewegung Gottes. In: Schildgenossen 9 (1929) 291-303. *Bewegung Gottes.*
Das Bild von Jesus dem Christus im Neuen Testament, Freiburg 2. Aufl. der Neuauflage als Herdertaschenbuch 1981. [1. Aufl. Würzburg 1936]. *Bild von Jesus.*
Der Blick auf das Ganze. Ausgewählte Texte zu Fragen der Zeit, hg. und erläutert von Walter DIRKS, München 1985. *Der Blick auf das Ganze.*
Briefe über Selbstbildung, Mainz 4. Taschenbuch-Aufl. 1993. [Erstveröffentlichung in Einzelheften 1921-1922, dann in Buchform als „Gottes Werkleute. Briefe über Selbstbildung. Erste Reihe", Rothenfels 1925.]
Christliches Bewußtsein. Versuche über Pascal, Leipzig ¹1935. *Christliches Bewußtsein.*
Das Christusbild der paulinischen und johanneischen Schriften (= RGW) Mainz ³1987. [¹1940] *Christusbild.*
Eine Denkergestalt des hohen Mittelalters: Bonaventura. In: *Unterscheidung,* 459-472. *Denkergestalt Bonaventura.*
Der Dienst am Nächsten in Gefahr. In: *Sorge II,* 59-84. *Dienst.*
Die Divergenz der technisch-wissenschaftlichen Entwicklung und der menschlichen Wohlfahrt. Vortrag von 1961 für einen Archivfilm in München, Rothenfels o.J.
Das Ende der Neuzeit. Ein Versuch zur Orientierung. In: Das Ende der Neuzeit/ Die Macht (= RGW) Mainz ¹¹1989. [¹1950] *EdN.*
Erscheinung und Wesen der Romantik. In: Theodor STEINBÜCHEL, Romantik. Ein Zyklus Tübinger Vorlesungen, Tübingen 1948, 235-249. *Erscheinung der Romantik.*
Erwiderung. In: *Unsere geschichtliche Zukunft,* 17-28. *Erwiderung.*
Ethik. 1. und 2. Band. Vorlesungen an der Universität München. Aus dem Nachlaß hg. von Hans MERCKER (= RGW) Mainz/ Paderborn 1993. *Ethik.*
Europa – Wirklichkeit und Aufgabe. In: *Sorge I,* 238-253. *Europa.*
Die Existenz des Christen. Aus dem Nachlaß hg. von Johannes SPÖRL, Paderborn ²1977. *Existenz.*
Freiheit. Eine Gedenkrede. In: *Sorge I,* 116-130. [Als Rede gehalten am 19.7.1960.] *Freiheit.*
Freiheit Gnade Schicksal. Drei Kapitel zur Deutung des Daseins (= RGW) Mainz ⁷1994. [¹1948] *FGS.*
Freiheit und Unabänderlichkeit. In: *Unterscheidung,* 102-120. [Zuerst veröffentlicht 1927.] *Freiheit und Unabänderlichkeit.*
Der Friede und der Dialog. In: *Sorge II,* 29-40. [Zuerst 1952 als Rede bei der Verleihung des Friedenspreises des Deutschen Buchhandels an Guardini gehalten.] *Friede und Dialog.*
Gedanken über politische Bildung. In: Schildgenossen 13 (1933) 177-182. [Zuerst veröffentlicht in: Felix LAMPE/ Georg H. FRANKE (Hg.), Staatsbürgerliche Erziehung, Breslau 1926, 505-514.] *Gedanken über politische Bildung.*
Gedanken über das Verhältnis von Christentum und Kultur. In: *Unterscheidung,* 145-184. *Gedanken über Christentum.*
Der Gegensatz. Versuche zu einer Philosophie des Lebendig – Konkreten, Mainz ³1985. [¹1925] *Gegensatz.*

Gegensatz und Gegensätze. Entwurf eines Systems der Typenlehre, Manuskript-Druck, Freiburg 1914.
Geschichtlichkeit und Absolutheit der Offenbarung. In: Christliche Besinnung 2, Würzburg 1951, 7-23.
Gesichtspunkte für ein Gespräch über Freiheit, Demokratie und humanistische Bildung. In: GWU 21 (1970) 732-739. *Gesichtspunkte.*
Der Glaube an die Gnade und das Bewußtsein der Schuld. In: *Unterscheidung,* 367-390. *Glaube an die Gnade.*
Der Glaube im Neuen Testament. In: Schildgenossen 10 (1930) 394-407; 481-498. *Glaube.*
Der Glaube in der Reflexion. In: *Unterscheidung,* 279-306. *Glaube in der Reflexion.*
Der Glaube in unserer Zeit. In: *Sorge I,* 93-115. [Zuerst veröffentlicht 1961.] *Glaube in unserer Zeit.*
Glaubenserkenntnis. Versuche zur Unterscheidung und Vertiefung, Würzburg 1949. *Glaubenserkenntnis.*
Gläubiges Dasein. Drei Meditationen, Würzburg 1951. *Gläubiges Dasein.*
Die Glaubwürdigkeit des Erziehers. In: Schildgenossen 9 (1929) 240-246. *Glaubwürdigkeit.*
Gottes Nähe und Ferne. [Privatdruck 1960.]
Gottes Werkleute. Briefe über Selbstbildung. Erste Reihe, Rothenfels ^{1}1925. *Gottes Werkleute.*
Grenzen. Zur Werkwoche auf Rothenfels. In: Schildgenossen 5 (1924) 9-16.
Grundformen der Askese. In: Frankfurter Hefte 11 (1956) 40-45; 200-205. *Grundformen.*
Die Grundlagen des Sicherheitsbewußtseins in den sozialen Beziehungen. In: HPBl 152 (1913) 687-702. *Grundlagen des Sicherheitsbewußtseins.*
Grundlegung der Bildungslehre. In: Schildgenossen 8 (1928) 314-339. *Grundlegung der Bildungslehre.*
Gruppe oder Kreis. In: Schildgenossen 2 (1921/22) 86-89. *Gruppe.*
Das Gute, das Gewissen und die Sammlung, Mainz ^{2}1931. *GGS.*
Der Heilige Franziskus, Zürich 1951. [Zuerst veröffentlicht in: Schildgenossen 7 (1927) 3-18.]
Der Heilige in unserer Welt. In: *Sorge I,* 211-234. [Leicht veränderte Fassung der ersten Veröffentlichung 1956.] *Der Heilige.*
Heilige Schrift und Glaubenswissenschaft. In: Schildgenossen 8 (1928) 24-57. *Heilige Schrift.*
Der Herr. Betrachtungen über die Person und das Leben Jesu Christi, Würzburg ^{1}1937. *Der Herr^1.*
Der Herr. Betrachtungen über die Person und das Leben Jesu Christi, Würzburg ^{8}1951. [Nach dieser Auflage wird, wenn nicht anders angegeben, zitiert.] *Der Herr.*
Jugendbewegung und Katholizismus. Eine Aussprache zwischen Max Bondy und Romano Guardini. In: Werner KINDT (Hg.), Grundschriften der Deutschen Jugendbewegung (= Dokumentation der Jugendbewegung 1) Köln 1963, 287-302. [Zuerst in: Schildgenossen 2 (1921/22) 96-110.] *Jugendbewegung und Katholizismus.*
Die Kirche des Herrn. Meditationen über Wesen und Auftrag der Kirche, Freiburg 1968. [Erstveröffentlichung Würzburg 1965.] *Kirche des Herrn.*
Der Kultakt und die gegenwärtige Aufgabe der Liturgischen Bildung. In: *Liturgie,* 9-17. [Zuerst als Brief an den 3. Liturgischen Kongreß 1964 in Mainz gerichtet und für die Veröffentlichung überarbeitet.] *Kultakt.*
Die Kultur als Werk und Gefährdung. In: *Sorge I,* 14-38. *Kultur als Werk.*

Lebendige Freiheit. In: *Unterscheidung*, 82-101 [Zuerst veröffentlicht 1927.] *Lebendige Freiheit.*
Lebendiger Geist. In: *Unterscheidung*, 121-144 [Zuerst veröffentlicht 1927.] *Lebendiger Geist.*
Die Lebensalter. Ihre ethische und pädagogische Bedeutung (= Weltbild und Erziehung 6). Mainz [10]1986. [1. Aufl. Würzburg 1953.] *Lebensalter.*
Die Lehre des Heiligen Bonaventura von der Erlösung. Ein Beitrag zur Geschichte und zum System der Erlösungslehre, Düsseldorf 1921. *Lehre des Hl. Bonaventura.*
Die Letzten Dinge. Die christliche Lehre vom Tode – Der Läuterung nach dem Tode – Auferstehung, Gericht und Ewigkeit, Würzburg [3]1952. *Die Letzten Dinge.*
Die Liebe im Neuen Testament. In: Schildgenossen 10 (1930) 97-125. *Liebe.*
Liturgie und liturgische Bildung (= RGW) Mainz, [2]1992. [Zuerst veröffentlicht Würzburg 1966]. *Liturgie.*
Liturgische Bildung. In: *Liturgie*, 19-110. (Zuerst veröffentlicht 1923.) *Liturgische Bildung.*
Die liturgische Erfahrung und die Epiphanie. In: Die Sinne und die religiöse Erkenntnis, 39-74. *Liturgische Erfahrung.*
Logik und religiöse Erkenntnis. In: Schildgenossen 9 (1929) 179-206.
Die Macht. Versuch einer Wegweisung. In: Das Ende der Neuzeit/ Die Macht (= RGW) Mainz [8]1989. [[1]1951] *Macht.*
Madeleine Semer. In: *Unterscheidung*, 578-610. *Madeleine Semer.*
Den Menschen erkennt nur, wer von Gott weiß. In: Die Annahme seiner selbst. Den Menschen erkennt nur, wer von Gott weiß, Mainz 2. Taschenbuch-Aufl. 1990. [[1]1952 unter dem Titel „Nur wer Gott kennt, kennt den Menschen".] *Den Menschen erkennt.*
Möglichkeit und Grenzen der Gemeinschaft. In: *Unterscheidung*, 64-81 [Zuerst veröffentlicht 1930.] *Möglichkeit und Grenzen.*
Nachwort. In: „Der Bericht über das Leben des heiligen Franz von Assisi oder Der Spiegel der Vollkommenheit", München 1981, 245-258.
Nachwort zu Madeleine Semer. In: Felix KLEIN, Madeleine Semer 1874-1921. Übersetzung und Nachwort von Romano Guardini, Mainz 1929, 253-295. *Nachwort Madeleine Semer.*
Neue Jugend und katholischer Geist, Mainz [4]1924. *Neue Jugend.*
Eine neue politische Wirklichkeit. In: Schildgenossen 4 (1924) 448-453.
Notizen zu einem Wesensbild des platonischen Denkens. In: *Unterscheidung*, 534-544. *Notizen zum platonischen Denken.*
Die Offenbarung. Das Wesen und ihre Formen, Würzburg 1940. *Offenbarung.*
Die Offenbarung und die Endlichkeit. In: *Unterscheidung*, 398-410. *Offenbarung und Endlichkeit.*
Das Phänomen der religiösen Erfahrung. In: GWU 21 (1970) 740-749. [Zuerst veröffentlicht 1960.] *Phänomen.*
Pluralität und Entscheidung. In: *Sorge I*, 131-152. [Zuerst veröffentlicht 1962.] *Pluralität.*
Pro mundi vita – Die Verantwortung des Christen für die Welt. In: Richard EGENTER u.a. (Hg.), Statio orbis. Eucharistischer Weltkongreß in München 1960. Band 1, München 1961, 90-96. *Pro mundi vita.*
Quickborn. Tatsachen und Grundsätze, Rothenfels [2]1922. *Quickborn.*
Das Recht des werdenden Menschenlebens. Zur Diskussion um den § 218 des Strafgesetzbuches. In: *Sorge I*, 153-175. [Zuerst veröffentlicht 1949.] *Recht des werdenden Menschenlebens.*

Rede bei der Gedenkfeier am Pfingstmontag 1949. In: Heinrich KAHLEFELD/ Vereinigung der Freunde von Burg Rothenfels (Hg.), Burg Rothenfels, Rothenfels 1955, 7-11. *Rede.*
Reflexionen über das Verhältnis von Kultur und Natur. In: *Unterscheidung,* 185-201. *Reflexionen über Kultur und Natur.*
Religion und Offenbarung. Mainz ²1990. *Religion.*
Religiöse Erfahrung und Glaube. In: *Unterscheidung,* 307-339.
Der religiöse Gehorsam. In: *AdW,* 9-18. *Religiöser Gehorsam.*
Die Religiöse Sprache. In: Die Sprache, hg. von der Bayerischen Akademie der Schönen Künste, Darmstadt 1959, 11-31.
Rettung des Politischen. In: Schildgenossen 4 (1924) 112-121.
Rezension zu: P. Sebastian Oer, Unsere Tugenden. In: Der Akademiker 2 (1910) 79f.
Richtungen. In: Schildgenossen 1 (1920/21) 103-105.
Die Sendung der katholischen Jugend. In: Ernst MICHEL (Hg.), Kirche und Wirklichkeit. Ein katholisches Zeitbuch, Jena 1923, 167-179. *Sendung.*
Sigmund Freud und die Erkenntnis der menschlichen Wirklichkeit. In: *Sorge II,* 85-102. *Sigmund Freud.*
Die Sinne und die religiöse Erkenntnis. Zwei Versuche über die christliche Vergewisserung, Würzburg 1950.
Sorge um den Menschen I (= RGW) Mainz ⁴1988. [1. Aufl. mit zum Teil anderen Aufsätzen, Würzburg 1962.] *Sorge I.*
Sorge um den Menschen II (= RGW) Mainz ²1989. [1. Aufl. Würzburg 1966.] *Sorge II.*
Die soziale Indikation für die Unterbrechung der Schwangerschaft. In: Frankfurter Hefte 2 (1947) 926-938. *Soziale Indikation.*
Stationen und Rückblicke, Würzburg 1965. *Stationen.*
System und Augenblick. Notizen zur christlichen Daseinsdeutung. In: Karlheinz SCHMIDTHÜS, Christenleben. Ein Zeitenbuch, Würzburg 1939, 35-41. [Größtenteils identisch mit „Einführung. Jean-Pierre de Caussade. Ewigkeit im Augenblick. Von der Hingabe an die göttliche Vorsehung". In: Wolfgang RÜTTENAUER (Hg.), Jean-Pierre de Caussade. Ewigkeit im Augenblick. Von der Hingabe an die göttliche Vorsehung, Freiburg 1940, 1-20. Siehe MERCKER, *Bibliographie,* nn. 538, 543 und 590.] *System und Augenblick.*
Systembildende Elemente in der Theologie Bonaventuras. Die Lehre vom Lumen Mentium, von der Gradatio Entium und der Influentia Sensus et Motus, hg. von Werner DETTLUFF (= Studia et Documenta Franciscana III), Leiden 1964. *Systembildende Elemente.*
Die Technik und der Mensch. Briefe vom Comer See/ Die Maschine und der Mensch. Mit einem Nachwort von Walter Dirks, Mainz ²1990. [„Briefe vom Comer See", ¹1927; „Die Maschine und der Mensch" zuerst veröffentlicht 1959.] *Technik und Mensch.*
Theologische Briefe an einen Freund. Einsichten an der Grenze des Lebens, hg. aus dem Nachlaß von Johannes SPÖRL, Paderborn ⁴1985. *Theologische Briefe.*
Der Tod des Sokrates. Eine Interpretation der platonischen Schriften Euthyphron, Apologie, Kriton und Phaidon (= RGW) Mainz ⁵1987. [1. Aufl. Berlin 1943.] *Tod des Sokrates.*
Tugenden. Meditationen über Gestalten sittlichen Lebens (= RGW) Mainz ⁴1992. [¹1963] *Tugenden.*
Über das Wesen des Kunstwerks, Tübingen ⁵1954. *Kunstwerk.*
Über den Christlichen Sinn der Erkenntnis. In: *Unterscheidung,* 251-259 [Zuerst veröffentlicht in: Christliche Besinnung 3, Würzburg 1951.] *Über den Sinn derErkenntnis.*

Über die Bedeutung der Psalmen im Christlichen Dasein. In: Christliche Besinnung 3, Würzburg 1951, 7-19.
Über Loyalität. Brief eines Deutschen an einen Amerikaner. In: GWU 21 (1970) 722-726. [Verfaßt 1954.]
Über die Möglichkeit öffentlichen Sprechens. In: Schildgenossen 5 (1924/25) 239-242. *Über öffentliches Sprechen.*
Über politische Ethik. In: GWU 4 (1953) 385-405. *Politische Ethik.*
Über Religiöse Dichtung der Neuzeit. In: Christliche Besinnung 7, Würzburg 1953, 26-38.
Über Sozialwissenschaft und Ordnung unter Personen. In: *Unterscheidung,* 34-63. [Zuerst veröffentlicht 1926.] *Über Sozialwissenschaft.*
Universalität und Synkretismus. In: Jahrbuch des Verbandes der Vereine katholischer Akademiker zur Pflege der Weltanschauung, Augsburg 1920/21, 150-155.
Unsere geschichtliche Zukunft. Eine Antwort an Gerhard Krüger. In: *Unsere geschichtliche Zukunft,* 95-108. *Unsere Zukunft.*
Unterscheidung des Christlichen. Gesammelte Studien 1923-1963, Mainz 2. vermehrte Aufl. 1963. [¹1935] *Unterscheidung.*
Der unvollständige Mensch und die Macht. In: *Sorge I,* 39-66. [Als Vortrag 1955 gehalten und erstmals veröffentlicht.] *Unvollständiger Mensch.*
Verantwortung. Gedanken zur Jüdischen Frage, München 1952. *Verantwortung.*
Die Verantwortung des Studenten für die Kultur. In: Die Verantwortung der Universität. Drei Vorträge von Romano Guardini, Walter Dirks, Max Horkheimer, Würzburg 1954, 5-35. *Verantwortung des Studenten.*
Verantwortung und Urteilsmöglichkeit in politischen Fragen. Ein Brief in der Zeit vor den Wahlen. In: GWU 21 (1970) 719-721. [Verfaßt 1953.]
Vom Geist der Liturgie (= Ecclesia Orans 1) hg. von Ildefons HERWEGEN, Freiburg, ¹²1922. *Geist der Liturgie.*
Vom Leben des Glaubens, Mainz ³1949. [¹1936] *Leben des Glaubens.*
Vom Lebendigen Gott, Mainz ²1936.
Vom Lebendigen Gott. Geistliche Ansprachen. In: Schildgenossen 10 (1930) 385-393.
Vom Sinn des Gehorchens. In: *AdW,* 19-32. *Sinn des Gehorchens.*
Vom Sinne des Gehorchens. Erwiderung auf Wilhelm Kelbers Kritik meines Aufsatzes. In: Schildgenossen 1 (1920/21) 115-120. *Sinn des Gehorchens – Erwiderung.*
Vom Sinn der Kirche. Fünf Vorträge, Mainz ²1923. *Sinn der Kirche.*
Vom Sinn der Schwermut. In: *Unterscheidung,* 502-533. *Sinn der Schwermut.*
Vom Wesen Katholischer Weltanschauung. Mit einem Nachwort von Heinrich Fries, Basel 1953. [Zuerst veröffentlicht in der 1. Aufl. des Sammelbandes „Unterscheidung des Christlichen", Mainz 1935.] *Weltanschauung.*
Von Goethe, und Thomas von Aquin, und vom klassischen Geist. Eine Erinnerung. In: Spiegel und Gleichnis. Bilder und Gedanken, Mainz ⁵1932, 21-26. *Goethe und Thomas von Aquin.*
Wahrheit des Denkens und Wahrheit des Tuns. Notizen und Texte 1942-1964, aus nachgelassenen Aufzeichnungen hg. von Felix MESSERSCHMID, Paderborn 1980. *Wahrheit des Denkens.*
Wahrheit und Ironie. In: Karl FORSTER (Hg.), Akademische Feier, 36-41.
Welt und Person. Versuche zur christlichen Lehre vom Menschen, Mainz ⁶1988. [1. Aufl. Würzburg 1939.] *WuP.*
Wer ist ein Gentleman/Ein Brief. In: Eduard SPRANGER/ Romano GUARDINI, Vom Stilleren Leben (= Weltbild und Erziehung 16) Würzburg 1956, 49-56. *Gentleman.*
Das Wesen des Christentums, Würzburg, ¹1938. *Wesen des Christentums¹.*

Das Wesen des Christentums, Würzburg, ³1949. [Nach dieser Auflage wird, wenn nicht anders angegeben, zitiert.] *Wesen des Christentums.*
Wille und Wahrheit. Geistliche Übungen, Mainz ¹1933.
Wille zur Macht oder Wille zur Wahrheit? Zur Frage der Universität. In: GWU 21 (1970) 752-759. [Verfaßt 1965.]
Zum Begriff des Befehls und Gehorsams. In: Pharus 7/II (1916) 834-843. *Begriff des Befehls.*
Zum Begriff der sittlichen Freiheit. In: Pharus 7/II (1916) 977-989. *Begriff sittlicher Freiheit.*
Zum ethischen Problem unserer kulturellen Situation. In: GWU 21 (1970) 726-732. [Verfaßt 1957.]
Zum politischen Problem des Völkerbundes. In: Schildgenossen 5 (1924/25) 288-291.
Zum Problem der Demokratie. Ein Versuch zur Klärung. In: GWU 21 (1970) 711-726. [Verfaßt 1946.] *Problem der Demokratie.*
Zur Frage des akademischen Vorbereitungsjahres. In: UNIVERSITÄT TÜBINGEN (Hg.), Das Collegium Leibnizianum an der Universität Tübingen. Sein Sinn und seine Bedeutung (= Universität Tübingen 38) Tübingen 1948, 31-40.
Zur Frage der Wiedereinführung der Todesstrafe. In: GWU 21 (1970) 749-752. [Verfaßt 1961.] *Zur Todesstrafe.*
Zur Kritik der historischen Begriffe. In: GWU 21 (1970) 717f. [Verfaßt 1952.]
Zur Theologie der Welt. In: *Sorge I*, 67-81. [Vortrag von 1959; zuerst veröffentlicht 1960.] *Theologie der Welt.*

2.3 Unveröffentlichte Schriften Romano Guardinis

In den Fußnoten des Textes sind die unveröffentlichten Schriften durch einen * gekennzeichnet.

a) Aus dem Romano Guardini – Archiv der Katholischen Akademie Bayern in München:

Eine andere Vorstellung vom Guten. [1952]
Brief „An Seine Heiligkeit Papst Paul VI." [20.3.1965] *Brief an Paul VI*.*
Dritte Formel für das Wesen des Guten: Das Gute als Verwirklichung der persönlichen Möglichkeit. [o.J.] *Dritte Formel für das Wesen des Guten*.*
Festigkeit des Geistes. [14.1.1962]
Für den Todesfall. Mein Buch „Der Gegensatz". [5.2.1964] *Für den Todesfall*.*
Die Menschenrechte und die Wirklichkeit [Skizze zum Katholikentag in Berlin im August 1952.] *Menschenrechte*.*
Das politische Phänomen und seine Struktur. Autorität und Freiheit. [22.5.1959] *Das politische Phänomen*.*
Die religiöse Offenheit der Gegenwart. [Letzte Fassung von 1934; vgl. zur Datierung Knoll, *Glaube*, 570.] *Religiöse Offenheit*.*
Sinn der „Gegensatzlehre". [26.5.1964]
Über Freiheit und Gesellschaftsformen. [Besprechung in Bayrischzell mit F. Messerschmid und H. Waltmann, 18.3.1959.] *Freiheit und Gesellschaftsformen*.*
Das Verhältnis der Formeln für das Wesen des Guten zu einander. [o.J.] *Verhältnis der Formeln für das Wesen des Guten*.*
Was Sittlichkeit ist? [22.12.1949] *Sittlichkeit*.*
Wissenschaft und Freiheit. [2. Redaktion von 30.7.1953]
Zum Beginn der Vorlesungen in Tübingen. [15.11.1945] *Beginn der Vorlesungen*.*

Der Zusammenhang des menschlichen Schaffens. Umriß einer Kulturphilosophie.
[1941] *Zusammenhang menschlichen Schaffens**.
Zwischenspiel in der Tübinger Vorlesung über das Menschenbild Pascals. [Juli 1949] *Zwischenspiel**.

b) Für die folgenden Titel dienten die in der Bayerischen Staatsbibliothek in München befindlichen Exemplare als Quelle [Handschriftenabteilung, Signatur Ana 342]:

„Der Mensch. Grundzüge einer christlichen Anthropologie" (Abschnitte I-IV, 1-441, Abschnitt VI, 1-40, und Abschnitt VII, 1-62. 1938/1939. [Der Abschnitt V, der sich im Archiv der Katholischen Akademie Bayern befindet, konnte nicht berücksichtigt werden.] *Mensch**.
Typoskript über Nietzsche. [o.J.] *Nietzsche**.
Typoskript zu „Welt und Person". [o.J.] *Welt und Person**.

3. Sekundärliteratur

AHLHORN, Knud, Das Meißnerfest der Freideutschen Jugend 1913. In: KINDT, 105-115.
AMELUNG, Eberhard, Autonomie. In: TRE 5 (1980) 4-17. *Autonomie.*
DERS., Autorität. Ethisch. In: TRE 5 (1980) 36-40. *Autorität.*
AMMICHT-QUINN, Regina, Feministische Theologie. IV. Theologisch-ethisch. In: LThK 3 (³1995) 1229f.
ARISTOTELES, Nikomachische Ethik, hg. von Günter Bien auf der Grundlage der Übersetzung von Eugen Rolfes (= Philosophische Biblithek Meiner 5) Hamburg ⁴1985.
AUBERT, Roger, Die Theologie während der ersten Hälfte des 20. Jahrhunderts. In: BTZJ 2 (1969) 7-70.
AUER, Alfons, Autonome Moral und christlicher Glaube. 2. um einen Nachtrag verbesserte Aufl. Düsseldorf 1989. *Autonome Moral.*
DERS., Die autonome Moral im christlichen Kontext. In: Walter SEIDEL/ Peter REIFENBERG (Hg.), Moral konkret. Impulse für eine christliche Weltverantwortung, Würzburg 1993, 15-39. *Autonome Moral im christlichen Kontext.*
DERS., Die Bedeutung der christlichen Botschaft für das Verständnis und die Durchsetzung der Menschenrechte. In: Ansgar PAUS (Hg.), Werte – Rechte – Normen, Kevelaer 1979, 29-86. *Bedeutung.*
DERS., Die Bedeutung des Christlichen bei der Normfindung. In: J. SAUER (Hg.), Normen im Konflikt. Grundfragen einer erneuerten Ethik, Freiburg 1977, 29-54. *Bedeutung des Christlichen.*
DERS., Das Christentum vor dem Dilemma: Freiheit zur Autonomie oder Freiheit zum Gehorsam. In: Conc 13 (1977) 643-647. *Christentum.*
DERS., Die ethische Relevanz der Botschaft Jesu. In: DERS./ Albert BIESINGER/ Herbert GUTSCHERA (Hg.), Moralerziehung im Religionsunterricht, Freiburg 1975, 58-90.
DERS., „Geschmack an der Freiheit vermitteln." Ein Gespräch mit Professor Alfons Auer über Moraltheologie heute. In: HerKorr 39 (1985) 165-170. *Geschmack an der Freiheit.*
DERS., Ist die Kirche heute noch „ethisch bewohnbar"? In: MIETH (Hg.), *Moraltheologie*, 296-315.

Ders., Ein Modell theologisch-ethischer Argumentation: „Autonome Moral". In: Ders./ Albert Biesinger/ Herbert Gutschera (Hg.), Moralerziehung im Religionsunterricht, Freiburg 1975, 27-57.

Ders., Nach dem Erscheinen der Enzyklika „Humanae Vitae". Zehn Thesen über die Findung sittlicher Weisungen. In: ThQ 149 (1965) 75-85. *Zehn Thesen.*

Babolin, Albino, Romano Guardini. Filosofo dell' alterita. I Realta e persona. II Situazione humana ed esperienza religiosa, Bologna 1968 und 1969.

Baier, Walter, Erinnerungen aus der Zeit um und mit Romano Guardini. In: IKZ 22 (1993) 250-267.

Balthasar, Hans Urs von, Romano Guardini. Reform aus dem Ursprung, München 1970.

Barth, Karl, Der Römerbrief, Zürich ⁹1947.

Bayerlein, Walter, Eine Attacke auf die Öffentlichkeit unseres Glaubens. In: AnzSS (1995) 544-552.

Becker, Werner, Einführung. In: Ders. (Hg.), Romano Guardini. Ein Gedenkbuch mit einer Auswahl aus seinem Werk, Leipzig 1969, 5-27.

Beintker, Horst, Autorität. Systematisch-theologische Aspekte. In: TRE 5 (1980) 40-51.

Ben-Chorin, Schalom, Die Tafeln des Bundes, Tübingen ²1987.

Berning-Baldeaux, Ursula, Person und Bildung im Denken Romano Guardinis (= Weltbild und Erziehung 28) Würzburg 1968.

Beierwaltes, W., Gegensatz. In: HWP 3, Stuttgart 1974, 106-117.

Binkowski, Johannes, Guardinis Beziehungen zur Sprache. In: *Zur geistigen Gestalt,* 3-16.

Ders., Jugend als Wegbereiter. Der Quickborn von 1909-1945, Stuttgart 1981. *Quickborn.*

Biser, Eugen, „Das Christentum ist eine therapeutische Religion." Fragen zur Situation von Glaube und Christentum an Eugen Biser. In: HerKorr 48 (1994) 452-458. *Das Christentum.*

Ders., Erkundigung des Menschlichen. Romano Guardinis Anthropologie im Umriß. In: Ratzinger (Hg.), *Wege zur Wahrheit,* 70-95. *Erkundigung.*

Ders., Glaube in dürftiger Zeit: In: Albrecht Langner (Hg.), Katholizismus und philosophische Strömungen in Deutschland, Paderborn 1982, 105-118.

Ders., Glaubensprognose. Orientierung in postsäkularistischer Zeit, Graz 1991. *Glaubensprognose.*

Ders., Interpretation und Veränderung. Werk und Wirkung Romano Guadinis, Paderborn 1979. *Interpretation.*

Ders., Romano Guardini – Wegweiser in eine neue Epoche. In: Seidel (Hg.), *Christliche Weltanschauung,* 210-240.

Ders., Sich selbst annehmen: Die Tugend der Zustimmung. In: Norbert Kutschki (Hg.), Kardinaltugenden. Alte Lebensmaximen neu gesehen, Würzburg 1993, 85-95. *Sich selbst annehmen.*

Ders., Vermächtnis und Anstoß. Zu Romano Guardinis nachgelassenem Werk „Die Existenz des Christen". In: ThRv 74 (1978) 441-450. *Vermächtnis.*

Ders., Wer war Romano Guardini? Fragen zu einer Antwort. In: StZ 203 (1985) 435-448. *Wer war.*

Blumenberg, Hans, Autonomie und Theonomie. In: RGG 1 (³1957) 788-792.

Böckle, Franz, Bestrebungen in der Moraltheologie. In: Johannes Feiner/ Josef Trütsch/ Ders. (Hg.), Fragen der Theologie heute, Einsiedeln 1957, 425-446. *Bestrebungen.*

DERS., Ethik. Aus katholischer Sicht. In: NHThG 1 (1984) 275-287. *Ethik.*
DERS., Existentialethik. In: LThK 3 (²1959) 1301-1304. *Existentialethik.*
DERS., Fundamentalmoral, München ³1981. *Fundamentalmoral.*
DERS., Gesetz und Gewissen. Grundfragen theologischer Ethik in ökumenischer Sicht, Luzern 1965. *Gesetz.*
DERS., Die Kirche und ihr Lehramt. In: HCE 1, aktualisierte Neuausgabe Freiburg 1993, 269-281. *Kirche und Lehramt.*
DERS., Menschenwürdiges Sterben. In: Ja zum Menschen. Bausteine einer konkreten Moral. Aus dem Nachlaß hg. von Gerhard HÖVER, München 1995, 257-275. *Menschenwürdiges Sterben.*
DERS., Theonome Autonomie. Zur Aufgabenstellung einer fundamentalen Moraltheologie. In: Johannes GRÜNDEL u.a. (Hg.), Humanum. Moraltheologie im Dienst des Menschen, Düsseldorf 1972, 17-46. *Theonome Autonomie.*
DERS., Theonomie und Autonomie der Vernunft. In: Willi OELMÜLLER (Hg.), Fortschritt wohin? Zum Problem der Normenfindung in der pluralen Gesellschaft, Düsseldorf 1972, 63-86. *Theonomie.*
DERS., Worin besteht das unterscheidend Christliche einer christlichen Ethik? In: DERS., Ja zum Menschen. Bausteine einer konkreten Moral. Aus dem Nachlaß hg. von Gerhard HÖVER, München 1995, 9-23. *Worin besteht das unterscheidend Christliche.*
BÖHM, Winfried, Über das geistige Erbe Romano Guardinis. In: Josef SCHREINER (Hg.), Communio Sanctorum. Festschrift für Paul-Werner Scheele, Würzburg 1988, 610-623.
BÖNING, Gunda, Dasein vom Anderen her – Aspekte der Anthropologie Romano Guardinis. In: Burgbrief (1993, 2) 8-22. *Dasein vom Anderen.* [Siehe auch Gunda BRÜSKE.]
DIES., Strukturen der Freiheit. Eine Interpretation von Guardinis Verständnis der Freiheit. In: SCHILSON (Hg.), *Konservativ mit Blick nach vorn,* 49-67. *Strukturen.*
DIES., Theologie der Existenz. Zum 25. Todestag Romano Guardinis am 1. Oktober 1993. In: MThZ 44 (1993) 359-363. *Theologie.*
BÖRSIG-HOVER, Lina, Das personale Antlitz des Menschen. Eine Untersuchung zum Personbegriff bei Romano Guardini, Mainz 1987.
BOLLNOW, Otto Friedrich, Begegnung und Bildung. In: Romano GUARDINI/ DERS., Begegnung und Bildung (= Weltbild und Erziehung 12) Würzburg 1956, 25-52.
DERS., Wesen und Wandel der Tugenden, Frankfurt 1975. [¹1958] *Tugenden.*
BONDOLFI, Alberto, „Autonomie" und „autonome Moral". Untersuchungen zu einem Schlüsselbegriff. In: Conc 20 (1984) 167-173.
BONDY, Max, Jugendbewegung und Katholizismus. In: KINDT, 274-287. [Zuerst veröffentlicht in: Schildgenossen 2 (1921/22) 44-56.] *Jugendbewegung und Katholizismus.*
DERS., Noch einmal Jugendbewegung und Katholizismus. Eine Entgegnung auf Guardinis Antwort. In: Schildgenossen 2 (1921/22) 275-283. *Noch einmal Jugendbewegung.*
BORGHESI, Massimo, Romano Guardini. Dialettica e antropologia, Roma 1990.
BREUNING, Wilhelm, Trinitätslehre. In: BTZJ 3 (1970) 21-36.
BRÖCKLING, Ulrich, Katholische Intellektuelle in der Weimarer Republik: Zeitkritik und Gesellschaftstheorie bei Walter Dirks, Romano Guardini, Carl Schmitt, Ernst Michel und Heinrich Mertens, München 1993.
BRUGGER, Walter, Gegensatz. In: DERS. (Hg.), Philosophisches Wörterbuch, Freiburg ⁶1957, 100f.

BRUNNER, August, Der echte Gegensatz, die Gestalt und die Seinsstufe des Biologischen. In: Scholastik X (1935) 193-228.
BRÜSKE, Gunda, Wahrnehmungslehre des Guten. Zu Guardinis Münchener Ethik-Vorlesungen. In: MThZ 47 (1996) 83-87. *Wahrnehmungslehre des Guten.*
BRÜSKE, Martin, Die Aporie der Religion. Vorbemerkungen zur Theologie der Offenbarung im Werk Romano Guardinis. In: SCHILSON (Hg.), *Konservativ mit Blick nach vorn*, 83-102.

DELIUS, H., Phänomenologie. In: RGG 5 (^{3}1961) 320-322.
DERS., Husserl, Edmund. In: RGG 3 (^{3}1959) 493-495. *Husserl.*
DETTLOFF, Werner, Romano Guardini. In: Heinrich FRIES/ Georg KRETSCHMAR (Hg.), Klassiker der Theologie 2, München 1983, 318-330.
DILTHEY, Wilhelm, Weltanschauungslehre. Abhandlungen zur Philosopie der Philosophie (= Gesammelte Schriften VIII) Göttingen, ^{2}1960.
DIRKS, Walter, Ein angefochtener sehr treuer Christ. Zur Erinnerung an Romano Guardini. In: Die Zeit (11.10.1968).
DERS., Einleitung des Herausgebers. In: GUARDINI, *Der Blick auf das Ganze*, 7-13. *Einleitung.*
DERS., Das Ende der Neuzeit ist nicht das Ende des Menschen. In: *Unsere Geschichtliche Zukunft*, 29-45. *Ende der Neuzeit.*
DERS., Guardini und die Politik: Nähe und Distanz. In: Orientierung 49 (1985) 28-30. *Guardini und Politik.*
DERS., Neue Dimensionen der Politik und Macht. In: GUARDINI, *Der Blick auf das Ganze*, 49f. *Neue Dimensionen.*
DERS., Romano Guardini. In: Hans-Jürgen SCHULTZ (Hg.), Tendenzen der Theologie im 20. Jahrhundert, Stuttgart 1966, 248-252. *Romano Guardini.*
DERS., Welt und Umwelt. In: GUARDINI, *Der Blick auf das Ganze*, 15f. *Welt und Umwelt.*

EGENTER, Richard, Moraltheologie. In: LThK 7 (^{2}1962) 613-618.
EICHER, Peter, Offenbarung. Prinzip neuzeitlicher Theologie, München 1977, 261-292.
EID, Volker, Tugend als Werthaltung. In: Johannes GRÜNDEL u.a. (Hg.), Humanum. Moraltheologie im Dienst des Menschen, Düsseldorf 1972, 66-83.
ENGELHARDT, Paulus, Erziehung zur Tugend. Ein Vorschlag zur moralpädagogischen Diskussion. In: Alberto BONDOLFI u.a. (Hg.), Ethos des Alltags. Festgabe für Stephan Pfürtner zum 60. Geburtstag, Zürich 1983, 161-183.
ERIKSON, Erik H., Identität und Lebenszyklus (= suhrkamp taschenbuch wissenschaft 16) Frankfurt, ^{13}1993.
ERNST, Wilhelm (Hg.), Grundlagen und Probleme der heutigen Moraltheologie, Würzburg 1989. *Grundlagen.*

FABER, Eva-Maria, Das Kirchenbild Guardinis: Impulse und Grenzen. In: SCHILSON (Hg.), *Konservativ mit Blick nach vorn*, 68-80. *Kirchenbild.*
DIES., Zum Verständnis von Natur und Gnade in den Ethik-Vorlesungen Romano Guardinis. In: ThRv 93 (1997) 1-16. *Verständnis.*
FASTENRATH, Elmar, In vitam aeternam: Grundzüge christlicher Eschatologie in der 1. Hälfte des 20. Jahrhunderts (= MthS 43) St. Ottilien 1982, 727-802.
FELDHAUS, Stephan/ KORFF, Wilhelm, Gesetz. Theologisch-ethisch. In: LThK 4 (^{3}1995) 586-588.

FISCHER, Dorothee, Glaubensvermittlung als „Deutung des Täglichen aus dem Ewigen heraus". In: SCHILSON (Hg.), Konservativ mit Blick nach vorn, 133-149. *Glaubensvermittlung.*
DIES., Wort und Welt. Die Pneuma-Theologie Romano Guardinis als Beitrag zur Glaubensentdeckung und Glaubensbegleitung (= Praktische Theologie heute 12) Stuttgart 1993. *Wort und Welt.*
FLORISTAN, Casiano, Der christliche Gehorsam. In: Conc 16 (1980) 603f.
FONK, Peter, Die Annahme seiner selbst als Thema der Moraltheologie. In: GuL 68 (1995) 179-195. *Annahme.*
DERS., Das Ende der Neuzeit. Überlegungen zum gleichnamigen Werk Romano Guardinis. In: Hans Michael BAUMGARTNER/Bernhard IRRGANG (Hg.), Am Ende der Neuzeit? Die Forderung eines fundamentalen Wertwandels und ihre Probleme, Würzburg 1985, 69-93. *Ende der Neuzeit.*
FORSCHNER, Maximilian, Über das Glück des Menschen. Aristoteles, Epikur, Stoa, Thomas von Aquin, Kant, Darmstadt 1993.
FORSTER, Karl (Hg.), Akademische Feier zum 80. Geburtstag von Romano Guardini (= Katholische Akademie in Bayern – Akademievorträge 5) Würzburg 1965. *Akademische Feier.*
FRESE, Jürgen, Phänomen. In: LThK 8 (^{2}1963) 431f.
DERS., Phänomenologie. In: LThK 8 (^{2}1963) 432-435.
FRIES, Heinrich, Die Katholische Religionsphilosophie der Gegenwart. Der Einfluß Max Schelers auf ihre Formen und Gestalten. Eine problemgeschichtliche Studie, Heidelberg 1949. *Katholische Religionsphilosophie.*
DERS., Nachwort und Deutung. In: GUARDINI, Weltanschauung, 41-94. *Nachwort.*
FRÜHWALD, Wolfgang, „Die vielfach verdunkelte und verwirrte Wirklichkeit." Romano Guardinis Deutung der Welt aus dem Wort der Dichter. In: SEIDEL (Hg.), *Christliche Weltanschauung,* 37-58.
DERS., Schönheit um der Wahrheit willen – Zum Problem einer christlichen Literatur am Beispiel Alfred Döblins. In: HONNEFELDER/ LUTZ-BACHMANN (Hg.), *Auslegungen des Glaubens,* 144-158.
FUCHS, Franz J., Weltanschauungssysteme. In: Hans GASPER u.a. (Hg.), Lexikon der Sekten, Sondergruppen und Weltanschauungen, Freiburg ^{5}1994, 1139-1143.
FUCHS, Josef, Autonome Moral und Glaubensethik: In: DERS., Für eine menschliche Moral. Grundfragen der theologischen Ethik I (= SThE 25) Freiburg 1988, 117-140. [Zuerst in: Dietmar MIETH/ F. COMPAGNONI (Hg.), Ethik im Kontext des Glaubens (= SThE 13) Freiburg 1978, 46-74.] *Autonome Moral.*
DERS., Gibt es eine unterscheidend christliche Moral? In: DERS., Für eine menschliche Moral. Grundfragen der theologischen Ethik I (= SThE 25) Freiburg 1988, 101-116. [Zuerst in: StZ 188 (1970) 99-112.] *Unterscheidend christliche Moral.*
FUHRMANN, M., Person. Von der Antike bis zum Mittelalter. In: HWP 7 (1989) 269-283.
FURGER, Franz, Zur Begründung eines christlichen Ethos – Forschungstendenzen in der katholischen Moraltheologie. In: Josef PFAMMATER (Hg.), Theologische Berichte IV, Zürich 1974, 11-87.

GABRIEL, Karl, Christentum zwischen Tradition und Postmoderne (= QD 141) Freiburg ^{4}1994.
GERBER, Uwe, Katholischer Glaubensbegriff. Die Frage nach dem Glaubensbegriff in der katholischen Theologie vom I. Vatikanum bis zur Gegenwart, Gütersloh 1966.

GERHARDS, Albert, Romano Guardini als Prophet des Liturgischen. Die Frage nach der Liturgiefähigkeit des heutigen Menschen neu gestellt. In: SCHUSTER (Hg.), *Guardini Weiterdenken,* 140-153.

GERL (FALKOVITZ), Hanna-Barbara, Anfechtung und Treue. Romano Guardinis geistige Gestalt in ihrer heutigen Bedeutung, Darmstadt ²1991.

DIES. u.a. (Hg.), Begegnungen in Mooshausen. Romano Guardini, Maria Knoepfler, Maria Elisabeth Stapp, Josef Weiger, Weißenhorn ²1990. *Begegnungen.*

DIES., „... daß die Frau sich wirklich selbst finde." Romano Guardinis Wahr-Nehmung der Frau. In: Renate JOST/ Ursula KUBERA (Hg.), Wie Theologen Frauen sehen – von der Macht der Bilder, Freiburg 1993, 127-141. *Die Frau.*

DIES., „Durchblick aufs Ganze." Romano Guardinis Werk in seiner Entfaltung. In: RATZINGER (Hg.), *Wege zur Wahrheit,* 32-69. *Durchblick.*

DIES., Einer Freundschaft Blühen. In: DIES., *Begegnungen,* 9-18. *Freundschaft.*

DIES., Leben in ausgehaltener Spannung. Nachwort. In: GUARDINI, *Gegensatz,* 217-235. *Leben.*

DIES., Romano Guardini. 1885-1968. Leben und Werk, Mainz, ³1987. *Romano Guardini.*

DIES., Romano Guardini und Nietzsche. Oder: Zur Einkreisung einer Frage. In: Unio apostolica 31 (1990) 9-16. *Guardini und Nietzsche.*

DIES., Weltanschauung. In: Hans GASPER u.a. (Hg.), Lexikon der Sekten, Sondergruppen und Weltanschauungen, Freiburg ⁵1994, 1136-1139. *Weltanschauung.*

GERNER, Berthold, Guardinis Bildungslehre. Beiträge zu einer Wirkungsforschung (= EdF 225) Darmstadt 1985.

GETZENY, Heinrich, Auf dem Wege Romano Guardinis. In: Hochland 21/II (1924) 637-647.

GIBELLINI, Rosino, Handbuch der Theologie im 20. Jahrhundert, Regensburg 1995.

GILLEN, Erny, Wie Christen ethisch handeln und denken. Zur Debatte um die Autonomie der Sittlichkeit im Kontext katholischer Theologie, Würzburg 1989.

GLUM, Elisabeth, Romano Guardini im Kolleg. Erinnerungen einer Hörerin. In: *Romano Guardini Mensch,* 88-91.

GOTTO, Klaus/ REPGEN, Konrad (Hg.), Kirche, Katholiken und Nationalsozialismus, Mainz ¹1980.

GRAF, Willi, Briefe und Aufzeichnungen, hg. von Anneliese KNOOP-GRAF und Inge JENS. Mit einer Einleitung von Walter Jens, überarbeitete Neuausgabe Frankfurt 1994.

GRÜNDEL, Johannes, Dekalog. IV. Theologisch-ethisch. In: LThK 3 (³1995) 66-68.

GRUBER, Hans-Günter, Autonome Moral oder Moral der Autonomie. Zur Diskussion um das Proprium einer theologischen Ethik. In: StZ 211 (1993) 691-699.

GRUNDGESETZ für die Bundesrepublik Deutschland, hg. von der Bundeszentrale für politische Bildung, Bonn 1994.

HÄRING, Bernhard, Äquiprobabilismus. In: LThK 1 (²1957) 782f.

DERS., Vielstimmiges Echo auf die Moralenzyklika „Veritatis Splendor". Literaturbericht. In: ThG 38 (1995) 140-149.

HARTMANN, Albert, Autonomismus. In: LThK 1 (²1957) 1131f.

HARTMANN, Nikolai, Grundzüge einer Metaphysik der Erkenntnis, Berlin ⁴1949.

HASTENTEUFEL, Paul, Katholische Jugend in ihrer Zeit. Band I: 1900-1918, Bamberg 1988.

DERS., Katholische Jugend in ihrer Zeit. Band II: 1919-1932, Bamberg 1989.

HAUBENTHALER, Reinhard, Askese und Freiheit bei Romano Guardini, Paderborn 1995.

HAUSMANNINGER, Thomas, Autorität. Theologisch-ethisch. In: LThK 1 (³1993) 1301f.

HEINZE, Jürgen, Postmoderne Kirche. In: Pastoralblatt 48 (1996) 150-153.
HEIST, Walter, Gespräche in Bayrischzell. Hans Waltmann erzählt von Romano Guardini. In: *Romano Guardini Mensch*, 59-68.
HENGSTENBERG, Hans-Eduard, Guardinis Aussage über den Anfang. In: *Zur geistigen Gestalt*, 3-16.
HENNER, Günter, Das ‚Lehren und Lernen' in der Pädagogik Guardinis. In: SCHILSON (Hg.), *Konservativ mit Blick nach vorn*, 158-171. *Lehren*.
DERS., Die Pädagogik im Denken Romano Guardinis, Paderborn 1990. *Pädagogik*.
HENRICH, Franz, Die Bünde katholischer Jugendbewegung. Ihre Bedeutung für die liturgische und eucharistische Erneuerung, München 1968. *Bünde*.
DERS., Leben, Persönlichkeit und Charisma Romano Guardinis. In: RATZINGER (Hg.), Wege zur Wahrheit, 9-31.
DERS., Romano Guardini und die katholische Akademie in Bayern. In: *Romano Guardini Mensch*, 40-44.
HERMANNS, Manfred, Guardinis soziologisches Denken im Berlin der Vorkriegszeit. In: SCHUSTER (Hg.), *Guardini Weiterdenken*, 179-197.
HILPERT, Konrad, Autonomie. In: WCEth (1975) 28-34. *Autonomie*.
DERS., Gehorsam. III. Theologisch-ethisch. In: LThK 4 (^{3}1995) 360-362. *Gehorsam*.
DERS., Gewissen. II. Theologisch-ethisch. In: LThK 4 (^{3}1995) 621-626. *Gewissen*.
DERS., Gut, das Gute. II. Theologisch-ethisch. In: LThK 4 (^{3}1995) 1114-1116. *Das Gute*.
DERS., Die Theologische Ethik und der Autonomie-Anspruch. In: MThZ 28 (1977) 329-366. *Theologische Ethik*.
HIRSCHBERGER, Johannes, Geschichte der Philosophie. II. Neuzeit und Gegenwart, Freiburg 1952.
HÖFFE, Otfried, Gerechtigkeit. In: DERS. (Hg.), Lexikon der Ethik, München ^{4}1992, 84-87. *Gerechtigkeit*.
DERS., Tugend. In: DERS. (Hg.), Lexikon der Ethik, München ^{4}1992, 280-282. *Tugend*.
HÖHLE, Michael, Die Einrichtung eines Lehrstuhls für Religionsphilosophie und katholische Weltanschauung in Berlin. Unveröffentlichter Vortrag, Bonn -Berlin 1996.
HÖLTERSHINKEN, Dieter, „Mitte" und „Maß". Zur pädagogischen Bedeutung der Gegensatzlehre Romano Guardinis. In: SCHUSTER (Hg.), *Guardini Weiterdenken*, 127-139. *Mitte*.
DERS., Über das Verhältnis von Autorität und Gehorsam bei Romano Guardini. In: VWPäd 46 (1970) 14-28. *Über Autorität*.
HÖVER, Gerhard, Autonomie. II. Theologisch-ethisch. In: LThK 1 (^{3}1993) 1296f. *Autonomie*.
DERS., Einleitung: Normativität und Gewissen. In: DERS./ HONNEFELDER (Hg.), *Streit um das Gewissen*, 11-24. *Normativität*.
DERS., Freiheit und Wahrheit. Zur Moralenzyklika Papst Johannes Pauls II. „Veritatis Splendor". In: Pastoralblatt 45 (1993) 354-362. *Freiheit*.
DERS., Gewissen – ein Gedankending oder sittliche Instanz? In: renovatio 45 (1985) 76-87. *Gewissen*.
DERS., Menschenwürdig sterben. Ein Plädoyer für Lebensbegleitung bis zuletzt. In: Pastoralblatt 48 (1996) 259-273. *Menschenwürdig sterben*.
DERS./ HONNEFELDER, Ludger (Hg.), Der Streit um das Gewissen, Paderborn 1993. *Streit um das Gewissen*.
DERS., Transzendentalität und argumentative Leistungskraft des Gewissens – Diskussionsbericht. In: DERS./ HONNEFELDER (Hg.), *Streit um das Gewissen*, 123-125. *Transzendentalität*.

DERS., Wahrheit und Freiheit – Diskussionsbericht. In: DERS./ HONNEFELDER (Hg.), *Streit um das Gewissen*, 93-96. *Wahrheit*.
HONNEFELDER, Ludger, Autonomie. I. Philosophisch. In: LThK 1 (³1993) 1294-1296. *Autonomie*.
DERS., Ethik. B. Philosophisch. In: LThK 3 (³1995) 901-908. *Ethik*.
DERS., Phänomenologie oder Hermeneutik: Über die Möglichkeit von Theologie. In: DERS./ LUTZ-BACHMANN (Hg.), *Auslegungen des Glaubens*, 8-20. *Phänomenologie*.
DERS., Praktische Vernunft und Gewissen. In: HCE 3, aktualisierte Neuausgabe Freiburg 1993, 19-43. *Praktische Vernunft*.
DERS., Der Streit um die Person in der Ethik. In: PhJ 100 (1993) 246-265. *Streit um die Person*.
DERS., Vernunft und Gewissen. Gibt es eine philosophische Begründung für die Normativität des Gewissens? In: HÖVER/ DERS. (Hg.), *Streit um das Gewissen*, 113-121. *Vernunft und Gewissen*.
DERS., Weltanschauung und Glaube – Zu Romano Guardinis Leben und Werk. In: DERS./ LUTZ-BACHMANN (Hg.), *Auslegungen des Glaubens*, 107-124. *Weltanschauung*.
DERS./ LUTZ-BACHMANN, Matthias (Hg.), Auslegungen des Glaubens. Zur Hermeneutik christlicher Existenz, Berlin 1987. *Auslegungen des Glaubens*.
DERS./ MÜLLER, Max, Autorität. Philosophisch. In: LThK 1 (³1993) 1298f. *Autorität*.
HORKHEIMER, Max, Zum Begriff der Verantwortung. In: Die Verantwortung der Universität. Drei Vorträge von Romano Guardini, Walter Dirks, Max Horkheimer, Würzburg 1954.
HOSSFELD, Frank-Lothar, Dekalog. I. Altes Testament. In: LThK 3 (³1995) 62-64.
HOVER, Winfrid, Schrecken und Heil. Aspekte politischer Zeiterfahrung bei Romano Guardini. Referat auf der internationalen Arbeitstagung des Instituts für Philosophie der Universität München vom 26.-29.9.1994 und anschließende Diskussion. In: Hans MAIER (Hg.), ‚Totalitarismus' und ‚Politische Religionen'. Konzepte des Diktaturenvergleichs, Paderborn 1996, 171-190.
HÜNERMANN, Peter, Autorität. Systematisch-theologisch. In: LThK 1 (³1993) 1300f.
HÜRTEN, Heinz, Deutsche Katholiken 1918-1945, Paderborn 1992.
Hupfeld, Renatus, Philosophische Rechtfertigung des Katholizismus. In: Zeitwende 4 (1928) 235-248.

JASPERS, Karl, Philosophie, Berlin ²1948. *Philosophie*.
DERS., Psychologie der Weltanschauungen, Berlin ²1922. *Psychologie*.
JENS, Walter, „ ...weitertragen, was wir begonnen haben." Zur Erinnerung an Willi Graf. In: GRAF, 7-26.
JOECKLE, Clemens, Gedanken zur Guardini-Rezeption heute. In: *Romano Guardini Mensch*, 96-98.
JUROS, Helmut/ STYCZEN, Tadeusz, Methodologische Ansätze ethischen Denkens und ihre Folgen für die theologische Ethik. In: Josef PFAMMATER (Hg.), Theologische Berichte IV, Zürich 1974, 89-108.

KANT, Immanuel, Grundlegung zur Metaphysik der Sitten. In: Werke in zehn Bänden 6. Hg. von Wilhelm WEISCHEDEL, Sonderausgabe Darmstadt 1983, 11-102. [Zitiert nach den ebd. angegebenen Seitenzahlen der ersten und zweiten Originalauflage von 1785 und 1786 (A und B).]
KASPER, Walter, Autonomie und Theonomie. Zur Ortsbestimmung des Christentums in der modernen Welt. In: Helmut WEBER/ Dietmar MIETH (Hg.), Anspruch der

Wirklichkeit und christlicher Glaube. Probleme und Wege theologischer Ethik heute, Düsseldorf 1980, 17-41. *Autonomie.*

DERS., Christliche Freiheit und neuzeitliche Autonomie. In: Menschenwürdige Gesellschaft (= Jahrbuch der Salzburger Hochschulwochen), hg. im Auftrag des Direktoriums der Salzburger Hochschulwochen, Graz 1977, 73-110. *Christliche Freiheit.*

DERS., Zeichen des Glaubens. In: *Zeichen der Zeit,* 27-33. *Zeichen.*

KEENAN, James F., Die erworbene Tugend als richtige (nicht gute) Lebensführung: Ein genauerer Ausdruck ethischer Beschreibung. In: Franz FURGER (Hg.), Ethische Theorie praktisch. Festschrift für Klaus Demmer, Münster 1991, 19-35.

KEIM, Anton Maria, Meine Begegnung mit Romano Guardini. In: *Romano Guardini Mensch,* 92-95.

KELBER, K.G. Wilhelm, Vom Sinne des Gehorchens. Kritik des gleichnamigen Aufsatzes von Romano Guardini. In: Schildgenossen 1 (1920/21) 113-115.

KIBLE, B.TH., Person. Hoch- und Spätscholastik. In: HWP 7 (1989) 283-299.

KINDT, Werner (Hg.), Grundschriften der Deutschen Jugendbewegung (= Dokumentation der Deutschen Jugendbewegung 1) Köln 1963.

KLEIBER, Hansruedi, Glaube und religiöse Erfahrung bei Romano Guardini (= FThSt 130) Freiburg 1985.

DERS., Romano Guardini. Rückblick auf ein Gedenkjahr. In: GuL 58 (1985) 467-471.

KLEIN, J., Weltanschauung. In: RGG VI (³1962) 1603-1606.

KLIMMER, Ingeborg, Die Verwirklichung des Guten in Gestalten sittlichen Lebens bei Romano Guardini. In: Burgbrief (1988, 1) 1-16.

KLUXEN, Wolfgang, Thomas von Aquin: Das Seiende und seine Prinzipien. In: Josef SPECK (Hg.), Grundprobleme der großen Philosophen. Philosophie des Altertums und des Mittelalters (= UTB 146) Göttingen ⁴1990, 171-214.

KNAPP, Markus, Die Christologie Romano Guardinis im Kontext seiner These vom Ende der Neuzeit. In: ThGl 83 (1993) 338-356. *Christologie.*

DERS., „Konservativ mit Blick nach vorn" – Zum heutigen Kontext der Guardini-Rezeption. In: Burgbrief (1995, 3) 1-15. *Kontext der Guardini-Rezeption.*

KNOLL, Alfons, Glaube und Kultur bei Romano Guardini, Paderborn 1994. *Glaube.*

DERS., „Die Seele wiederfinden" – Romano Guardini auf der Suche nach einer „anderen" Theologie. In: SCHILSON (Hg.), *Konservativ mit Blick nach vorn,* 11-31. *Seele.*

DERS., Folgenreiche Begegnungen. Romano Guardini in der Diözese Rottenburg-Stuttgart. In: GERL (Hg.), *Begegnungen,* 81-100. *Folgenreiche Begegnungen.*

KOHLENBERGER, H.K., Autonomismus. In: HWP 1 (1971) 720f.

KORFF, Wilhelm, Ethik. C. Theologisch. II. Geschichte. III. Systematisch. In: LThK 3 (³1995) 911-929. *Ethik.*

DERS., „Gnade setzt Natur voraus und vollendet sie." Thomas von Aquin und die Neuzeit. In: Wilhelm ERNST (Hg.), *Grundlagen,* 41-60.

DERS., Die naturale und geschichtliche Unbeliebigkeit menschlicher Normativität. In: HCE 1, aktualisierte Neuausgabe Freiburg 1993, 147-164. *Naturale und geschichtliche Unbeliebigkeit.*

KRIEG, Robert A., Romano Guardini's Reception in North America. In: Wilhelm GERLINGS/ Max SECKLER (Hg.), Kirche sein. Nachkonziliare Theologie im Dienst der Kirchenreform. Für Hermann Josef Pottmeyer, Freiburg 1994, 93-110.

KRINGS, Hermann, Freiheit. In: HPhG 2 (Studienausgabe 1973) 493-510.

KRÜGER, Gerhard, Unsere geschichtliche Zukunft. In: *Unsere geschichtliche Zukunft,* 53-91.

KUHN, Helmut, Romano Guardini. Der Mensch und das Werk, München 1961. *Romano Guardini.*

DERS., Romano Guardini – Philosoph der Sorge, St. Ottilien 1987. *Guardini – Philosoph.*
KUNISCH, Hermann, Interpretatio Christiana. Anlaß und Grundzüge der Deutung großer schöpferischer Gestalten durch Romano Guardini. In: RATZINGER (Hg.), Wege zur Wahrheit, 96-120.

LANGE, Hartmut, Zeichen der Kunst. In: *Zeichen der Zeit,* 20-26.
LANGEMEYER, Bernhard, Der dialogische Personalismus in der evangelischen und katholischen Theologie der Gegenwart, Paderborn 1963.
LAUBACH, Jakob, Romano Guardini und sein Mainzer Verlag. In: *Romano Guardini Mensch,* 45-50.
LAUN, Andreas, Autorität und Gehorsam. Grundsätzliche Überlegungen und salesianische Spiritualität. In: Karl HÖRMANN u.a. (Hg.), Verantwortung und Gehorsam. Aspekte der heutigen Autoritäts- und Gehorsamsproblematik, Innsbruck 1978, 55-104.
LAURIEN, Hanna-Renate, Guardini sprengt das Klassenzimmer. In: SCHUSTER (Hg.), *Guardini Weiterdenken,* 113-126.
LECHNER, Michael, Die Theologie des Maßes. Studien zur kulturgeschichtlichen Bedeutung der Askese bei Romano Guardini, St. Ottilien 1991.
LEE, Kyung-Won, Grundaspekte des Mensch-Seins bei Romano Guardini. Eine anthropologisch-religionsphilosophische Untersuchung, Frankfurt 1996.
LEHMANN, Karl, Phänomen, Phänomenologie. In: SM 3 (1969) 1157-1163.
LENZ, Hubert, Der bejahende Ruf Gottes – die Basis des Menschen. Verständnis, Vollzug und Gefährdung der Person nach Romano Guardini. In: LebZeug 40 (1985) 25-43.
LEUENBERGER, Robert, Probleme um das Lebensende. In: HCE 2, aktualisierte Neuausgabe Freiburg 1993, 95-112.
LUTZ, Heinrich, Demokratie im Zwielicht. Der Weg der deutschen Katholiken aus dem Kaiserreich in die Republik 1914 – 1925, München 1963. *Demokratie.*
DERS., Neuzeitende und Europazentrismus bei Guardini – Für ein Einbringen unserer Traditionen in heutige globale Perspektiven. In: *Zur geistigen Gestalt,* 84-113. *Neuzeitende.*
LUTZ-BACHMANN, Matthias, Der Begriff der Kirche bei Romano Guardini und in der zeitgenössischen Ekklesiologie. In: HONNEFELDER/ DERS. (Hg.), *Auslegungen des Glaubens,* 62-84. *Begriff der Kirche.*
DERS., Christlicher Glaube und Weltanschauung. In: SCHUSTER (Hg.), *Guardini Weiterdenken,* 49-59. *Christlicher Glaube.*

MAAS-EWERD, Theodor, „Anwalt des liturgischen Anliegens." Guardini und die Liturgische Bewegung. In: SEIDEL (Hg.), Christliche Weltanschaung, 163-183.
MAHR, Gerhard, Romano Guardini (= Köpfe des XX. Jahrhunderts 83) Berlin 1976.
MAIER, Hans, Gegner oder Verbündete? Freiheitsidee der Aufklärung und katholische Tradition. In: HerKorr 50 (1996) 580-587. *Freiheitsidee.*
DERS., „Katholische Weltanschauung" – die Fortsetzung in Tübingen und München. In: SCHUSTER (Hg.), *Guardini Weiterdenken,* 107-111.
DERS., Romano Guardini – ein Nachwort. In: SCHUSTER (Hg.), *Guardini Weiterdenken,* 236-243.
DERS., Zum Standort des deutschen Katholizismus in Gesellschaft, Staat und Kultur. In: Karl GABRIEL/ Franz-Xaver KAUFMANN (Hg.), Zur Soziologie des Katholizismus, Mainz 1980, 57-65. *Standort.*

MERCKER, Hans, Christliche Weltanschauung als Problem: Untersuchung zur Grundstruktur im Werk Romano Guardinis, Paderborn 1988. *Weltanschauung.*
DERS., Vorlesungen und Schriften Guardinis in seiner Berliner Zeit. In: SCHUSTER (Hg.), *Guardini Weiterdenken,* 78-106. *Vorlesungen.*
MERKLEIN, Helmut, Jesu Botschaft von der Gottesherrschaft. Eine Skizze (= SBS 111) Stuttgart ²1981. *Jesu Botschaft.*
MERKS, Karl-Wilhelm, Autonome Moral. In: MIETH (Hg.), *Moraltheologie,* 46-68. *Autonome Moral.*
DERS., Autonomie. In: Jean-Pierre WILS/ Dietmar MIETH (Hg.), Grundbegriffe der christlichen Ethik (= UTB 1648) Paderborn 1992, 254-281. *Autonomie.*
DERS., Gottebenbildlichkeit. Theologisch-ethisch. In: LThK 4 (³1995) 876f. *Gottebenbildlichkeit.*
MERTENS, Alfred, An den Grenzen der historisch-kritischen Methode. In: SEIDEL (Hg.), *Christliche Weltanschauung,* 141-162.
MESSERSCHMID, Felix, Bildungsfragen, Kirche und Glaube nach 1945. In: *Person und Bildung,* 7-30. *Bildungsfragen.*
DERS., In memoriam Romano Guardini. In: GWU 21 (1970) 709-711.
DERS., Romano Guardini. In: *Person und Bildung,* 31-40.
DERS., Romano Guardini. In: *Romano Guardini Mensch,* 10-31. *Romano Guardini.*
METTE, Norbert, Bildung und verbindliches Handeln. Identität in universaler Solidarität. In: StZ 212 (1994) 453-464.
MIETH, Dietmar, Autonome Moral im christlichen Kontext. Zu einem Grundlagenstreit der theologischen Ethik. In: Orientierung 40 (1976) 31-34. *Autonome Moral.*
DERS., Gewissen. In: CGG 12 (1981) 137-184. *Gewissen.*
DERS. (Hg.), Moraltheologie im Abseits: Antwort auf die Enzyklika „Veritatis Splendor" (= QD 153) Freiburg 1994. *Moraltheologie.*
DERS., Die neuen Tugenden. Ein ethischer Entwurf, Düsseldorf 1984. *Tugenden.*
DERS., Theologie und Ethik. Das unterscheidend Christliche. In: Jean-Pierre WILS/ Dietmar MIETH (Hg.), Grundbegriffe der christlichen Ethik (= UTB 1648) Paderborn 1992, 209-224. *Theologie.*
MIRGELER, Albert, Jugendbewegung vor dem Ende. Eine Abrechnung mit Romano Guardini und dem Quickborn. In: Ernst MICHEL (Hg.), Kirche und Wirklichkeit. Ein katholisches Zeitbuch, Jena 1923, 180-185.
MOLINSKI, Waldemar, Autorität: In: HThTlex 1 (1972) 260-269. *Autorität.*
DERS., Gehorsam. In: HThTlex 2 (1972) 380-386. *Gehorsam.*
MÜHLEN, Heribert, Gnadenlehre. In: BTZJ 3 (1970) 148-192.
MÜLLER, Max, Erfahrung und Geschichte. Grundsätze einer Philosophie der Freiheit als transzendentale Erfahrung, Freiburg 1971. *Erfahrung.*
DERS., Freiheit. Zur Philosophie der Freiheit. In: HThTlex 2 (1972) 316-330. *Freiheit.*
MÜLLER-SCHMID, Peter Paul, Phänomenologie und Existentialismus im Kontext des christlichen Denkens. In: Albrecht LANGNER, Katholizismus und philosophische Strömungen in Deutschland, Paderborn 1982, 105-118.
MÜNK, Hans J., Auf dem Wege zum perfekten Menschen? Ethische Urteilselemente aus Anlaß der ersten somatischen Gentherapieversuche am Menschen in Deutschland. In: StZ 213 (1995) 625-636.
MÜNSTER, Clemens, Ende der Neuzeit? Eine Kritik. In: *Unsere Geschichtliche Zukunft,* 1-16. *Ende der Neuzeit.*
DERS., Freiheit und Ohnmacht. In: *Unsere Geschichtliche Zukunft,* 46-52. *Freiheit.*
MUTSCHLER, Hans-Dieter, Guardini und das Problem der Technik. In: SCHUSTER (Hg.), *Guardini Weiterdenken,* 203-216.

NASTAINCZYK, Wolfgang, Autorität. V. Pädagogisch – Religionspädagogisch. In: LThK 1 (^{3}1993) 1302f.
NELL-BREUNING, Oswald von, Katholizismus. In: Karl GABRIEL/Franz-Xaver KAUFMANN (Hg.), Zur Soziologie des Katholizismus, Mainz 1980, 24-38.
NEUNDÖRFER, Karl, Politische Form und religiöser Glaube. Eine Bücherbesprechung. In: Schildgenossen 5 (1924/25) 323-331.
DERS., Zwischen Kirche und Welt. Ausgewählte Aufsätze aus seinem Nachlaß, hg. von Ludwig NEUNDÖRFER und Walter DIRKS, Frankfurt 1927.
NEUNDÖRFER, Ludwig, Aus einer Laudatio. In: *Romano Guardini Mensch*, 69-72.
NUSSER, K., Gehorsam. In: HWP 3 (1974) 146-154.

PANNENBERG, Wolfhart, Person. In: RGG 5 (^{3}1961) 230-235.
PATRICK, Anne, Die erzählte Geschichte und die gesellschaftliche Dynamik der Tugend. In: Conc 23 (1987) 223-232.
Person und Bildung – Gibt es ein Erbe Romano Guardinis? Referate der Werkwoche auf Burg Rothenfels 10.-15.10.1978, hg. von der Vereinigung der Freunde von Burg Rothenfels e.V.(= Rothenfelser Schriften 4), Rothenfels 1978 . *Person und Bildung.*
PESCH, Otto Hermann, Gnade. In: NHThG 2 (Erweiterte Neuausgabe 1991) 253-265. *Gnade.*
PIEPER, Annemarie, Einführung in die Ethik, Tübingen ²1991.
PIEPER, Josef, „Bedeutende Fördernis durch ein einziges Wort." Romano Guardini zum 70. Geburtstag. In: DERS., Tradition als Herausforderung, München 1963, 321-325.
DERS., Das Viergespann. Klugheit Gerechtigkeit Tapferkeit Maß, München ^{6}1991. *Viergespann.*
DERS., Tugend. In: HThG II (1963) 714-718. *Tugend.*
PLESSNER, Helmuth, Grenzen der Gemeinschaft. Eine Kritik des sozialen Radikalismus, Bonn 1924.
POHLMANN, Rosemarie, Autonomie. In: HWP 1 (1971) 701-719.
POSER, Hans, Zeichen der Wissenschaft. Zum Wissenschaftsbild und Wissenschaftsverständnis der Gegenwart. In: *Zeichen der Zeit*, 11-19.
PRZYWARA, Erich, Die Hauptrichtungen der katholischen Theologie und Philosophie. In: Max HORST/Richard HEBING (Hg.), Volk im Glauben! Ein Buch vom katholischen Deutschen, Berlin 1933, 181-192. *Hauptrichtungen.*
DERS., Tragische Welt? In: StZ 111 (1926) 183-198. *Tragische Welt.*

RAABE, Felix, Die Bündische Jugend, Stuttgart 1961.
RAHNER, Karl, Festvortrag zum 80. Geburtstag von Romano Guardini. In: FORSTER (Hg.), 17-35. *Festvortrag Romano Guardini.*
DERS., Grundkurs des Glaubens. Einführung in den Begriff des Christentums, Freiburg ²1976. *Grundkurs.*
DERS., Tugend(en). In: HThTlex 7 (1973) 364-367. *Tugenden.*
DERS., Über die Frage einer formalen Existentialethik. In: RahnerS II (^{6}1962) 227-246. *Frage einer Existentialethik.*
DERS., Über das Verhältnis von Natur und Gnade. In: RahnerS I (^{7}1964) 323-345. *Verhältnis.*
RATZINGER, Joseph (Card.), Freiheit und Wahrheit. In: IKaZ 24 (1995) 527-542. *Freiheit.*
DERS., Kommentar zum Prooemium, zum I. und II. Kapitel von „Dei Verbum". In: LThK, Das Zweite Vatikanische Konzil II (²1967) 504-528. *Offenbarung.*

DERS., Von der Liturgie zur Christologie. Romano Guardinis theologischer Grundansatz und seine Aussagekraft. In: DERS. (Hg.), *Wege zur Wahrheit*, 121-144. *Liturgie*.
DERS., (Hg.), Wege zur Wahrheit – die bleibende Bedeutung von Romano Guardini (= Schriften der Katholischen Akademie in Bayern 117) Düsseldorf 1985. *Wege zur Wahrheit*.
REDING, Marcel, Weltanschauung. In: SM IV (1969) 1313-1317.
REITER, Johannes, Modelle christozentrischer Ethik (= Moraltheologische Studien: Historische Abteilung 9) Düsseldorf 1984.
DERS./ KAULEN, Hildegard, Entschlüsselung des Lebenscodes. Das Humangenomprojekt als ethische Herausforderung. In: HerKorr 50 (1996) 246-251.
RENDTORFF, Trutz, Theologische Problemfelder der christlichen Ethik. In: HCE 1, aktualisierte Neuausgabe Freiburg 1993, 199-216.
RHONHEIMER, Martin, Über die Existenz einer spezifisch christlichen Moral des Humanums. In: IKaZ 23 (1994) 360-372.
RICKEN, Friedo, Allgemeine Ethik, Stuttgart ²1989.
RIEDL, Alfons, Autorität. In: NLChM (1990) 66-70.
RIESENHUBER, Klaus, Gut, das Gute. I. Philosophisch. In: LThK 4 (³1995) 1113f.
Romano Guardini. Der Mensch – Die Wirkung – Begegnung, hg. durch die Stadt Mainz, Textredaktion Walter Heist, Mainz 1979. *Romano Guardini Mensch*.
RÖTTGERS, Kurt, Autorität. In: HWP 1 (1971) 729-733.
RUSTER, Thomas, Die verlorene Nützlichkeit der Religion. Katholizismus und Moderne in der Weimarer Republik, Paderborn 1994. *Nützlichkeit*.
DERS., Vom „Sinn der Kirche". Guardinis Reaktion auf den Bedeutungsverlust der römisch-katholischen Religion in der Moderne. In: SCHILSON (Hg.), *Konservativ mit Blick nach vorn*, 103-114. *Sinn der Kirche*.

SCHEFFCZYK, Leo, Das Christusgeheimnis in der Schau Romano Guardinis. In: SEIDEL (Hg.),*Christliche Weltanschauung*, 110-140.
SCHELER, Max, Probleme einer Soziologie des Wissens. In: Die Wissensformen und die Gesellschaft (= Gesammelte Werke 8) Bern ²1960, 15-190. *Probleme*.
DERS., Die Stellung des Menschen im Kosmos, Frankfurt ¹⁰1983. *Stellung des Menschen*.
DERS., Weltanschauungslehre, Soziologie und Weltanschauungssetzung. In: Schriften zur Soziologie und Weltanschauungslehre (= Gesammelte Werke 6) Bern ²1963, 13-26. *Weltanschauungslehre*.
DERS., Zur Rehabilitierung der Tugend. In: Vom Umsturz der Werte (= Gesammelte Werke 3) Bern 1955, 13-31. *Zur Rehabilitierung*.
SCHERER, G., Person. Neuzeit. In: HWP 7 (1989) 300-319.
SCHILLEBEECKX, Eduard, Kritik des christlichen Gehorsams und christliche Antwort. In: Conc 16 (1980) 612-622.
SCHILSON, Arno, Christsein als Nachfolge. Aspekte christlicher Anthropologie bei Romano Guardini. In: DERS., *Perspektiven*, 158-198. *Christsein*.
DERS., Christusverkündigung und Christusnachfolge. Grundzüge der Christologie Romano Guardinis. In: DERS., *Perspektiven*, 120-155. *Christusverkündigung*.
DERS., Dimensionen der Ekklesiologie. Sein und Sendung der Kirche bei Romano Guardini. In: DERS., *Perspektiven*, 199-256. *Dimensionen*.
DERS., „Gottes Hoheit in der Welt hineintragen." Über Romano Guardinis posthum veröffentlichte „Ethik". In: HerKorr 49 (1995) 94-99. *Ethik*.
DERS., Romano Guardini und die liturgische Bewegung. In: Klemens RICHTER/ DERS. (Hg.), Den Glauben feiern. Wege liturgischer Erneuerung, Mainz 1989, 49-77. *Guardini und die liturgische Bewegung*.

DERS. (IIg.), Konservativ mit Blick nach vorn. Versuche zu Romano Guardini, Würzburg 1994. *Konservativ mit Blick nach vorn.*
DERS., Nachfolge Christi – Mitte christlicher Existenz. Die Bestimmung des Menschen nach Romano Guardini. In: Burgbrief (1994, 1) 12-23. *Nachfolge Christi.* [Vgl. auch DERS., La sequela di Cristo, centro dell'existenza cristiana. In: communio. Rivista internazionale di Teologia e Cultura (1993, n. 132).]
DERS., Perspektiven theologischer Erneuerung – Studien zum Werk Romano Guardinis, Düsseldorf 1986. *Perspektiven.*
DERS., Romano Guardini und die Theologie. Einleitende Hinweise. In: DERS., *Perspektiven,* 14-31.
DERS., Romano Guardini und seine Bedeutung für die Theologie der Gegenwart. In: Burgbrief (1989, 2) 1-7.
DERS., Welt und Person – Der Geistesgeschichtliche Hintergrund. Perspektiven der Anthropologie zu Beginn des 20. Jahrhunderts. In: Burgbrief (1991/3a) 1-23. *Welt und Person.*
SCHLEGELBERGER, Bruno, Gelassenheit als Kennzeichen christlicher Existenz. In: HONNEFELDER/ LUTZ-BACHMANN (Hg.), *Auslegungen des Glaubens,* 245-260.
SCHLETTE, Heinz Robert, Europas Aufgabe. Zur Kulturphilosophie Romano Guardinis. In: DERS., Konkrete Humanität. Studien zur Praktischen Philosophie und Religionsphilosophie, Frankfurt 1991, 158-167. *Europas Aufgabe.*
DERS., Guardini, Romano. In: TRE XIV (1985) 294-297.
DERS., Guardini-Literatur im Jubiläumsjahr. In: ThRv 81 (1985) 441-450. *Guardini-Literatur.*
DERS., „Die Religiösität der kommenden Zeit." Zu Guardinis Vorblick. In: *Zur geistigen Gestalt,* 62-83. *Religiösität.*
DERS., Romano Guardini. Versuch einer Würdigung. In: DERS., Aporie und Glaube. Schriften zur Philosophie und Theologie, München 1970, 247-287. *Romano Guardini Würdigung.*
DERS., Romano Guardini. Werk und Wirkung, Bonn [2]1985. *Romano Guardini Werk.*
SCHLÖGEL, Herbert, Gehorsam. In: NLChM (1990) 227-233.
SCHLÜTER-HERMKES, Maria, Die Gegensatzlehre Romano Guardinis. In: Hochland 26 (1929) 529-539.
SCHMIDT, Paul, Glaubenserfahrung und Glaubenskritik. Der Beitrag Romano Guardinis zu einer kritischen Theologie des Glaubens. In: ThGl 64 (1974) 323-338.
DERS., Die pädagogische Relevanz einer anthropologischen Ethik. Eine Untersuchung zum Werk Romano Guardinis, Düsseldorf 1973. *Pädagogische Relevanz.*
SCHMITZ, Philipp, Menschsein und sittliches Handeln. Vernachlässigte Begriffe in der Moraltheologie, Würzburg 1980.
SCHMUCKER-VON KOCH, Joseph, Romano Guardini – Christlicher Realismus und menschliche Selbstbestimmung. In: Josef SPECK (Hg.), Grundprobleme der großen Philosophen. Philosophie der Gegenwart VI (= UTB 1308) Göttingen 1984, 189-226. *Romano Guardini.*
DERS., Autonomie und Transzendenz. Untersuchungen zur Religionsphilosophie Romano Guardinis. Mainz 1985. *Autonomie.*
SCHNACKENBURG, Rudolf, Das Johannesevangelium. 1. Teil (= HThK IV, 1) Freiburg [6]1986.
SCHOCKENHOFF, Eberhard, Das Autonomieverständnis Kants und seine Bedeutung für die katholische Moraltheologie. In: Franz FURGER (Hg.), Ethische Theorie praktisch. Der fundamentaltheologische Ansatz in sozialethischer Entfaltung. Festschrift für Klaus Demmer, Münster 1981, 66-83. *Autonomieverständnis.*

DERS., Kirchliche Autorität und persönliche Entscheidung. In: Walter SEIDEL/ Peter REIFENBERGER (Hg.), Moral konkret. Impulse für eine christliche Weltverantwortung, Würzburg 1993, 58-80. *Kirchliche Autorität.*
DERS., Testimonium conscientiae. Was ist norma proxima des sittlichen Urteils? In: HÖVER/ HONNEFELDER, *Streit um das Gewissen*, 73-81. *Testimonium.*
DERS., Tugenden und Laster. In: NLChM (1990) 798-805. *Tugenden.*
SCHOLTISSEK, Klaus, Autorität. Biblisch. In: LThK 1 (³1993) 1299f.
SCHREIJÄCK, Thomas, Bildung als Inexistenz. Elemente einer theologisch-anthropologischen Propädeutik zu einer religionspädagogischen Bildungstheorie im Denken Romano Guardinis, Freiburg 1989.
SCHREY, Horst Heinz, Dialogisches Denken (= EdF) Darmstadt 1970.
SCHÜLER, Alfred, Mainz 1915-1920. Frühe Begegnungen mit Romano Guardini. In: *Romano Guardini Mensch*, 78-81.
SCHÜLLER, Bruno, Zu den Schwierigkeiten, die Tugend zu rehabilitieren. In: ThPh 58 (1983) 535-555. *Schwierigkeiten.*
DERS., Zur Wiedergewinnung eines rechten Tugendbegriffs. In: Ludwig HAGEMANN/ Ernst PULSFORT (Hg.), „Ihr alle aber seid Brüder": Festschrift für A.Th. Khoury, Würzburg 1990, 438-455. *Wiedergewinnung.*
SCHUSTER, Hermann Josef, Guardini Weiterdenken, hg. im Auftrag der Guardini Stiftung (= Schriftenreihe des Forum Guardini 1) Berlin 1993. *Guardini Weiterdenken.*
SCHWARTLÄNDER, Johannes, Sittliche Autonomie als Idee der endlichen Freiheit. Bemerkungen zum Prinzip der Autonomie im kritischen Idealismus Kants. In: ThQ 161 (1981) 20-33. *Sittliche Autonomie.*
DERS., Nicht nur Autonomie der Moral – sondern Moral der Autonomie. In: Helmut WEBER/ Dietmar MIETH (Hg.), Anspruch der Wirklichkeit und christlicher Glaube. Probleme und Wege theologischer Ethik heute, Düsseldorf 1980, 75-94. *Autonomie der Moral.*
SCHWAN, Alexander, Politik aus dem Geist des Personalen. Theologisch-politische Überlegungen im kritischen Anschluß an Romano Guardini. In: SCHUSTER (Hg.), *Guardini Weiterdenken*, 155-178.
SEIDEL, Walter (Hg.), „Christliche Weltanschauung". Wiederbegegnung mit Romano Guardini, Würzburg 1985. *Christliche Weltanschauung.*
SIMON, Werner, Was heißt christliche Bildung? Romano Guardini und das Problem einer christlichen Bildung. In: HONNEFELDER/ LUTZ-BACHMANN (Hg.), *Auslegungen des Glaubens*, 189-212.
SLADECZEK, Franz M., Zur Gegensatzlehre. Gedanken zu Guardinis Buch vom Gegensatz. In: Scholastik 3 (1928) 244-249.
SOEHNGEN, Gottlieb, Weltanschauung. In: LThK 10 (²1965) 1027-1029.
SPAEMANN, Robert, Wovon handelt die Moraltheologie? Bemerkungen eines Philosophen. In: IKaZ 6 (1977) 289-311.
SPANNER, Werner, „Der Drang zum Interpretieren". Guardini und die Literaturwissenschaft. In: *Romano Guardini Mensch*, 51-58.
SPECK, Josef, Guardinis Gegensatzlehre und das sog. „dialektische" Denken in der Pädagogik. In: VWPäd 40 (1964) 187-226.
SPLETT, Jörg, Freiheit und Autorität. Philosophische Grenzbetrachtungen. In: TrThZ 80 (1971) 1-19. *Freiheit.*
DERS., Zum Person-Begriff Romano Guardinis. In: SEIDEL (Hg.), *Christliche Weltanschauung*, 80-109. *Personbegriff.*
DERS., Spiel-Ernst. Anstöße christlicher Philosophie, Frankfurt 1993. *Spiel-Ernst.*

STOECKLE, Bernhard, Flucht in das Humane? Erwägungen zur Diskussion über die Frage nach dem Proprium christlicher Ethik. In: IKaZ 6 (1977) 312-325. *Flucht.*
DERS., Rechtfertigung der Tugend heute. In: StZ 192 (1974) 291-304. *Rechtfertigung.*
TEICHTWEIER, Georg, Eine neue Moraltheologie. In: LebZeug (1965, 1) 67-89.
THEUNISSEN, Michael, Falscher Alarm. Wiedergelesen: Romano Guardinis „Das Ende der Neuzeit". In: Frankfurter Allgemeine Zeitung 52 (3.3.1977) 19.
THEOBALD, Michael, Die Autonomie der historischen Kritik – Ausdruck des Unglaubens oder theologische Notwendigkeit? Zur Schriftauslegung Romano Guardinis. In: HONNEFELDER/ LUTZ-BACHMANN (Hg.), *Auslegungen des Glaubens*, 21-45.
THOMAS VON AQUIN, Summa Theologiae I-II, 90-105, zitiert nach DThA 13, Heidelberg/ Graz 1977.
THIELICKE, Helmut, Autorität. In: RGG 1 (^{3}1957) 792-794.
TÖNNIES, Sibylle, Gemeinschaft von oben? Der amerikanische Kommunitarismus, eine antiliberale Bewegung? In: Frankfurter Allgemeine Zeitung 303 (30.12.1994) 27.
TUGENDHAT, Ernst, Vorlesungen über Ethik, Frankfurt 1993.
TÜRK, Hans Joachim, Zwischen Universalismus und Partikularismus. Zur politischen Ethik des Kommunitarismus. In: StZ 212 (1994) 537-545.

Unsere Geschichtliche Zukunft. Ein Gespräch über „Das Ende der Neuzeit" zwischen Clemens Münster, Walter Dirks, Gerhard Krüger und Romano Guardini, hg. vom Werkbund-Verlag, Würzburg 1953. *Unsere geschichtliche Zukunft.*

VAN DER VLOET, Jan, Romano Guardini und die (Nach-)Neuzeit. Ansätze einer theologischen Kritik der Moderne. In: SCHILSON (Hg.), *Konservativ mit Blick nach vorn*, 115-130.
VIRT, Günter, Der Gehorsamsbegriff bei Augustinus. In: Karl HÖRMANN u.a. (Hg.), Verantwortung und Gehorsam. Aspekte der heutigen Autoritäts- und Gehorsamsproblematik, Innsbruck 1978, 9-54.
Vorlesungen und Lehrveranstaltungen Romano Guardinis in Berlin, Tübingen und München. In: SCHUSTER (Hg.), *Guardini Weiterdenken*, 273-285. *Vorlesungen und Lehrveranstaltungen.*
VRIES, Josef de, Grundbegriffe der Scholastik, Darmstadt ^{3}1993.

WAANDERS, Stefan, Unterwegs zur Wahrheit. Ein Versuch über das Denken Romano Guardinis. In: SCHILSON (Hg.), *Konservativ mit Blick nach vorn*, 35-48.
WALTHER, Christian, Gehorsam. In: TRE 12 (1984) 148-157.
WATZAL, Ludwig, Das Politische bei Romano Guardini, Percha 1987.
WEBER, Helmut, Allgemeine Moraltheologie. Ruf und Antwort, Graz 1991.
WECHSLER, Fridolin, Romano Guardini als Kerygmatiker (= Schriften zur Pädagogik und Katechetik 22) Paderborn 1973.
WEIZSÄCKER, Viktor von, Begegnungen und Entscheidungen, Stuttgart 1949.
WIELAND, Georg, Ethik als praktische Wissenschaft. In: Ludger HONNEFELDER/ Gerhard KRIEGER (Hg.), Philosophische Propädeutik 2. Ethik, Paderborn 1996, 10-70.
WILHELM, Theodor, Einleitung. Der geschichtliche Ort der deutschen Jugendbewegung. In: KINDT, 7-29.
WILS, Jean-Pierre/ MIETH, Dietmar, Grundbegriffe der christlichen Ethik (= UTB 1648) Paderborn 1992.

WINTERSWYL, Ludwig A., Romano Guardini, Eigenart und Ertrag seines theologischen Werkes. In: Hochland 34, 2 (1937/38) 363-383.
WIRTH, Günter, Dokumente zur Errichtung des „Guardini-Lehrstuhls", zusammengestellt und einleitend erläutert. In: SCHUSTER (Hg.), *Guardini Weiterdenken*, 245-272. *Dokumente.*
DERS., Wie es zum Guardini-Lehrstuhl kam. In: SCHUSTER (Hg.), *Guardini Weiterdenken*, 61-77. *Zum Guardini-Lehrstuhl.*
WUCHERER-HULDENFELD, Karl, Die Gegensatzphilosophie Romano Guardinis in ihren Grundlagen und Folgerungen, Wien 1968.
WUST, Peter, Romano Guardinis Metaphysik des Gegensatzes. In: Kölnische Volkszeitung 875 (28.11.1926) Sonntagsbeilage 2 und ebd. 894 (5.12.1926).

ZANGERLE, Ignaz, Die Situation der Kirche in der Sicht Romano Guardinis. In: *Person und Bildung*, 41-51.
ZAHNER, Walter, „Wir stehen in der Wende von zwei Kulturen." Überlegungen zu Idee und Praxis von Architektur bei Romano Guardini. In: SCHUSTER (Hg.), *Guardini Weiterdenken*, 217-235.
Zeichen der Zeit. Festakt anläßlich der Gründung der Guardinistiftung am 1. und 2. September 1988 im Musikinstrumentenmuseum Berlin, hg. von der Guardinistiftung e.V., Berlin 1988. *Zeichen der Zeit.*
ZIEGLER, Josef Georg, Moraltheologie und Christliche Gesellschaftslehre im 20. Jahrhundert. In: BTZJ 3 (1970) 316-360.
Zur geistigen Gestalt Romano Guardinis. Materialien zum Bereich der Sprache und zur Frage des Endes der Neuzeit. Referate der Tagungen auf Burg Rothenfels 17.9.-20.9.1979 und 30.9.-5.10.1980, hg. von der Vereinigung der Freunde von Burg Rothenfels e.V. (= Rothenfelser Schriften 7), Rothenfels 1981. *Zur geistigen Gestalt.*

Personenregister

Adorno 303
Alexander von Hales 168, 237
Amelung 308, 327ff., 350f., 362
Anselm von Canterbury 110f., 237, 245, 319, 333
Aristoteles 66, 74, 77, 87, 191, 363, 368f.
Auer 130, 168, 171, 190, 251f., 279, 289, 291, 306-314, 324, 346, 355f., 358, 360ff.
Augustinus 51, 98, 129, 185, 189f., 192, 195, 198, 200, 237, 264, 334f., 363, 366, 400

Babolin 66
Balthasar, von 23, 35, 100, 379, 386
Barth 52, 116
Beierwaltes 85
Beintker 279, 281
Ben-Chorin 178
Berning-Baldeaux 96
Biser 23, 26, 34, 72, 97, 113, 152, 190, 297, 378f., 394, 404
Böckle 27, 116, 130, 220-224, 252, 278, 288, 306-310, 313, 339, 346, 350, 353, 361
Boethius 142, 332
Böhm 67
Bollnow 364, 368, 391
Bonaventura 20, 63, 90, 190, 225, 237, 264, 363
Bondy 261, 283, 285f., 291, 297
Böning 231, 233, 263
Bröckling 294, 296, 298
Brüske, Gunda 27, 32, 37
Brüske, Martin 101, 105
Buber 162, 166
Bultmann 116

Camus 330
Chardin, Teilhard de 356

Dante 98, 129
Delius 91, 95
Dilthey 43-45, 67
Dirks 28, 297, 300, 302, 305
Dostojewskij 98, 129, 206, 330
Driesch 66

Ebner 162, 166
Egenter 57, 220
Eicher 49, 106f.
Erikson 396

Faber 30, 32, 60, 101, 120ff., 170, 270
Fichte 239
Fischer 124
Foerster 32
Fonk 388, 396
Freese 92
Freud 89, 382
Fries 42ff., 52f., 73, 97
Fromm 291
Fuchs 346
Fuhrmann 167

Gabriel 21, 24, 58
Gehlen 144, 147
Gerl 19, 26, 28, 63, 66, 69, 78, 94, 115, 190
Getzeny 28, 296
Goethe 66, 88f., 190
Gotto 297
Graf 297
Grosche 298
Gründel 179

Haecker 162
Häring 220
Hartmann, Nikolai 32, 94, 114, 364
Haubenthaler 27, 152, 158f., 357, 376, 394, 405
Hastenteufel 293f.
Heidegger 90, 149, 166
Hengstenberg 314
Heraklit 66, 71
Hesse 88f.
Hilpert 308, 310, 312
Hirschberger 94
Höffe 371f.
Höhle 41, 58
Hölderlin 98
Honnefelder 25, 74, 135, 188, 210-217, 251, 278, 284, 289, 309, 327, 340, 345
Hover 298
Höver 181, 189, 211, 219, 225f., 228, 238, 241, 247, 308f., 314, 356
Hünermann 281
Hürten 298, 305
Husserl 90-95

Ignatius v. Loyola 51
Jaspers 43f., 53, 67
Johannes 117, 167, 375

Personenregister

Johannes Scotus Eriugena 85
Jung 88f.

Kahlefeld 115
Kant 69, 74, 142, 168f., 171, 191, 212, 231, 239, 278, 306-308, 311, 330, 333, 338, 343, 345-347, 352, 363, 398f.
Kasper 54, 289, 307, 311, 313, 315f., 318, 330, 332, 335, 346
Kelber 284f.
Kible 167
Kierkegaard 52, 67, 86, 98, 117, 141, 162, 335, 379, 382
Klimke 46
Kluxen 47
Knapp 23, 326
Knoll 24, 27, 29, 34f., 50, 52, 60f., 67, 82, 110, 120f., 140, 149, 263, 270-272, 276, 293, 336, 386
Koch 102f., 112, 134, 274, 276
Korff 131, 188, 192f., 220
Krings 240
Kues, Nikolaus von 85, 397
Kuhn 64

Langemeyer 27, 162, 167
Lee 399
Lessing 278
Luhmann 327
Lutz 25, 296, 299f.
Lutz-Bachmann 60, 271

Maier 252, 299, 301, 305
Marx 114
Mann, Thomas 88
Mercker 19, 29, 59, 99, 102, 112, 144, 200
Merklein 130
Merks 251, 309f., 313, 320, 326, 339, 352, 360f.
Messerschmid 19, 54, 262, 297, 300
Mieth 219, 225f., 309, 341, 405f.
Mirgeler 281, 284, 286f., 291f.
Mohlberg 19
Molinski 279
Müller, Max 231f., 234f., 241
Münster 173ff.
Musil 173
Mutschelle 308

Neundörfer, Karl 64, 67, 134, 300
Nietzsche 67, 81, 114, 131, 206, 253, 330, 353, 364, 392, 399

Pannenberg 162
Pascal 98, 124, 129, 370
Paul VI. 133

Paulus 117, 316, 382
Pelz 27, 399
Pesch 123
Pieper 32, 190, 367, 372
Pils 295
Platon 66, 96, 185, 189, 195, 197, 363, 400
Plessner 174, 299f.
Plotin 195
Pohlmann 327
Przywara 26, 87, 90

Raabe, Felix 293f.
Raabe, Wilhelm 98
Rahner, Karl 18, 121f., 124, 220-222, 246, 334, 384
Ratzinger 102, 112, 362
Rendtorff 309
Repgen 297, 305
Riedl 279
Rilke 98
Röttgers 296
Ruster 266, 272, 284f., 294-297

Sartre 114, 248
Scheler 32, 42, 44f., 90, 94, 96, 141, 144, 147f., 166, 185, 198, 363f., 368, 399
Scherer 142
Schilson 27, 59, 99, 124, 144, 293
Schleiermacher 67
Schlette 34f., 96, 114, 189, 248, 297, 303, 394
Schlögel 268
Schlüter-Hermkes 66, 87
Schmaus 26
Schmid 41
Schmidt 367
Schmitt 298
Schmitz 266, 279
Schmucker, Von Koch 243, 389
Schnackenburg 167
Schockenhoff 213, 306, 343, 346, 352, 392, 405f.
Scholtissek 279
Schöllgen 83, 220
Schrey 162
Schuster 19
Schwartländer 168f., 171, 307, 345ff.
Schwarz 293
Seckler 103
Semer 335
Simmel 66, 83
Simon 390
Sokrates 98
Sontheimer 296
Splett 284f., 344
Stachel 367
Stoeckle 310, 313

Teichtweier 27, 222
Theunissen 25
Tillmann 220
Thomas von Aquin 32, 47, 152, 189-193, 215f., 340, 356, 363, 391, 400
Tönnies 300
Troeltsch 44
Tugendhat 292, 370

Vloet, Van der 24
Vries, de 167

Weber 42
Weiger 134
Wilhelm 260, 293, 297
Wucherer-Huldenfeld 47, 76, 80